Für Claudia, die während der Arbeit an diesem Buch Folgendes hineinschrieb:

Hallo mein Schatz, dies wird auf gar keinen Fall gelöscht. Das ist das allerbeste am Buch!!

Intrusion Detection für Linux-Server

Intrusion Detection für Linux-Server

Mit Open Source-Tools
Angriffe erkennen und
analysieren

Mit einer Einführung in die
digitale Forensik

Ralf Spenneberg

new technology

Markt+Technik Verlag

Bibliografische Information Der Deutschen Bibliothek

Die Deutsche Bibliothek verzeichnet diese Publikation in der Deutschen Nationalbibliografie; detaillierte bibliografische Daten sind im Internet über <http://dnb.ddb.de> abrufbar.

10 9 8 7 6 5 4 3 2 1

06   05   04   03

ISBN 3-8272-6415-4

© 2003 by Markt+Technik Verlag,
ein Imprint der Pearson Education Deutschland GmbH,
Martin-Kollar-Straße 1012, D 81829 München/Germany
Alle Rechte vorbehalten
Lektorat: Boris Karnikowski, bkarnikowski@pearson.de
Fachlektorat: Wilhelm Dolle, Berlin
Herstellung: Ulrike Hempel, uhempel@pearson.de
Sprachliches Lektorat: Brigitta Keul, München; Friederike Daenecke, Zülpich
Satz: reemers publishing services gmbh, Krefeld (www.reemers.de)
Druck und Verarbeitung: Bercker, Kevelaer
Printed in Germany

Inhaltsverzeichnis

Vorwort

Dieses Buch versucht die verschiedenen Bereiche der Intrusion Detection vorzustellen. Dabei sollen dem Anwender verschiedene Werkzeuge und Vorgehensweisen nahe gebracht werden. Es wird sich hierbei ohne große Umschweife mit IDS-Systemen und deren Umfeld beschäftigen. Es wird vorausgesetzt, dass Sie mit Linux oder einem anderen kommerziellen UNIX-Derivat grundsätzlich vertraut sind. Des Weiteren werden Kenntnisse der verschiedenen Netzwerkprotokolle und Anwendungen erwartet. Tiefer gehende Kenntnisse werden in den entsprechenden Kapiteln aufgefrischt oder im Anhang angesprochen.

Das Buch ist in mehrere Teile aufgeteilt. In Teil A wird eine Einführung in die Intrusion Detection, ihre Aufgaben, Möglichkeiten und Grenzen gegeben.

In Teil B werden die verschiedenen Open Source-Softwarelösungen vorgestellt und ihre Konfiguration an Fallbeispielen erklärt.

Teil C erläutert dann den Einsatz dieser Produkte in größeren Netzen. Hier wird die zentrale Administration und Überwachung dieser Produkte besprochen. Der Anwender soll nicht die Überwachung sämtlicher Systeme von Hand vornehmen müssen.

In Teil D werden die Ergebnisse der IDS-Systeme analysiert. Hierbei werden modifizierte Dateien auf ihre Änderungen hin untersucht und die Erkennung von Rootkits erläutert. Falls die Dateien gelöscht wurden, werden verschiedene Methoden des Wiederherstellens besprochen. Schließlich werden verdächtige Netzwerkereignisse analysiert.

Der Teil E erläutert die Reaktion auf derartige Einbrüche. Diese reichen von einfachen Benachrichtigungen an verschiedene zentrale Gremien bis hin zur Übergabe an die Strafverfolgungsbehörden.

Der letzte Teil F bespricht den Aufbau von so genannten Honeypots. Hierbei handelt es sich um Rechner, welche spezifisch auf den Angreifer zielen. Die Analyse und Überwachung dieser Rechner kann sehr interessante Einblicke in die Vorgehensweise des Angreifers geben. Der Einsatz derartiger Honeypots ist jedoch unter Umständen von Rechts wegen als problematisch einzustufen.

Der Anhang wiederholt u. a. wichtige Grundlagen der TCP/IP-Protokollfamilie und bietet weitere nützliche Informationen bei der Einrichtung eines IDS. Dort finden Sie auch alle URLs aus dem Buch, ein Glossar und eine Inhaltsangabe zur beiliegenden CD-ROM.

Kontakt für Rückfragen und Anmerkungen

Kaum ein anderes Thema in der EDV-Welt lebt so von der Aktualität wie das Thema Sicherheit. Wenn Sie also zum Inhalt dieses Buches Updates, Korrekturen oder einfach Anregungen loswerden möchten, können Sie mich unter ralf.spenneberg@mut.de erreichen. Sofern es das Volumen zulässt, bin ich auch gerne bereit, Fragen zum Thema zu beantworten.

Einleitung

Das moderne Leben wird vom Computer geprägt. Es vergeht kein Tag, an dem man nicht mit Rechnern oder Rechnernetzen konfrontiert wird. Dies kann der Geldautomat aber auch die internetfähige Waschmaschine sein. Der Computer hat aber nicht nur eine dominante Rolle im täglichen Leben eingenommen, sondern in vielen Fällen sind Wirtschaftsprozesse oder ein normaler Lebensablauf ohne Computer heute nicht mehr denkbar. Ein Ausfall der Rechnersysteme führt in den meisten Fällen zu einem Chaos. Sei es im Kleinen, beim Lebensmitteldiscounter, der bei einem Rechnerausfall nicht mehr seine Kunden bedienen und die Lebensmittel kassieren kann, oder im Großen bei der Flugsicherung eines Flughafens, die bei Ausfall zentraler Rechnersysteme den Flugverkehr zu Vermeidung von Unfällen stilllegen muss.

Spätestens seit der Umstellung der Rechnersysteme auf das Jahr 2000 und den dafür notwendigen Vorbereitungen ist auch in den Managementetagen der großen wie kleinen Firmen das Bewusstsein für diese Abhängigkeit von den verwendeten Rechnersystemen entstanden. Dieses Bewusstsein wird zusätzlich geprägt von der Erkenntnis, wie fehlerhaftet diese Systeme sind. Auch dies hat das Jahr 2000 gezeigt. Es sind zwar kaum Probleme im Nachhinein aufgetreten, jedoch war der betriebene Aufwand im Vorfeld auch immens.

Diese Abhängigkeit von den Rechnersystemen wird mit weiterer Verbreitung des Internets weiter zunehmen. Der Ende des letzten Jahrtausends begonnene *dot.com*-Boom hat dies eindrucksvoll gezeigt. Die *dot.com*-Blase ist zwar zu Beginn des aktuellen Jahrtausends geplatzt, dennoch sind die Veränderungen in der allgemeinen Wirtschaftslandschaft nicht zurückzudrehen. E-Mail ersetzt zunehmend die persönliche und klassische schriftliche Kommunikation. Geschäftsreisen werden durch Videokonferenzen ersetzt und die Gespräche online durchgeführt. Einkäufe werden über das Internet getätigt. Dies erfolgt sowohl im privaten Sektor (Ebay, Amazon) als auch im geschäftlichen Sektor, in dem der Autohersteller beim Zulieferer neue Teile *just-in-time* bestellt. Diese Entwicklung wird auch dazu führen, dass sich die *dot.com*-Industrie bald erholen wird.

Sobald hohe Geldbeträge oder geheime Informationen ausgetauscht werden, sind Diebe jedoch nicht weit. Das Internet stellt hier keine Ausnahme dar. Im normalen Leben wird jeder Hausbesitzer bei Verlassen seines Hauses die Fenster und Türen verschließen. Damit ist das Haus sicherlich nicht einbruchsicher. Es besteht die Möglichkeit, eine Fensterscheibe einzuschlagen oder gar mit einem Bagger die Hauswand einzudrücken. Der Hausbesitzer wird sich aber dennoch keine Gedanken um die Sicherheit von Hab und Gut machen. Ein Juwelier wird stärkeren Einbruchsschutz in Form von Panzerglas installieren. Aber auch hier ist ein Bagger in der Lage, die Hauswand einzudrücken. Eine Bank wird versuchen, auch diesem Angriff vorzubeugen, indem der Safe unterirdisch angelegt wird. Im Wesentlichen vertrauen alle, dass der zu betreibende Aufwand für den Einbruch sehr hoch ist. Die Entdeckungsgefahr für den Einbrecher steigt proportional mit der Zeit und dem Lärm, den er erzeugt. Hat der Einbruch tatsächlich stattgefunden, vertraut der Geschädigte, dass die staatlichen Behörden in der Lage sind, den Einbrecher zu ergreifen und zu bestrafen. Der guten Funktion dieses Systems (Rechtsstaat) ist es zu verdanken, dass wenig derartige Straftaten begangen werden. Die Abschreckung ist sehr hoch (selbst bei einer hohen Anzahl von nicht aufgeklärten Verbrechen).

Das Internet unterscheidet sich wesentlich von dieser Umgebung. Es gibt im Internet keine absolute Strafverfolgungsbehörde, die in der Lage ist, die Einbrecher zu verfolgen und zur Rechenschaft zu ziehen. Eine Verfolgung ist fast unmöglich. Es ist daher ein Tummelplatz für Diebe, Einbrecher und Spione. Ein Einbruch oder der Diebstahl eines Dokumentes über das Internet bleibt fast immer unentdeckt und ungesühnt. Dies lockt eine ganze Armee von Angreifern an, die entweder aus Spaß oder Profitsucht wahllos oder gezielt Rechner im Internet angreifen. In vielen Fällen erfolgen diese Angriffe bereits automatisiert.

Aus diesen Gründen ist es für Firmen wie für Privatpersonen wichtig, sich in diesem Zusammenhang Gedanken über ihre Sicherheitsmaßnahmen zu machen. Diese Sicherheitsmaßnahmen sollten mindestens drei Punkte berücksichtigen:

• Prävention

• Detektion

• Reaktion

Der Bereich der *Prävention* wird von Firmen häufig recht gut abgedeckt. Ähnlich einem Juwelier, der sein Geschäft mit Panzerglas ausstattet, werden viele Netzwerke und Rechner durch eine Firewall geschützt. Privatpersonen sind hier häufig weniger umsichtig. Während der Juwelier aber einen Einbruch meist leicht *erkennen* kann, ist dies im Falle eines Netzwerkes recht kompliziert. Eine *Reaktion* durch Strafverfolgungsbehörden und eine Verstärkung der präventiven Maßnahmen ist aber nur dann möglich, wenn zuvor der Einbruch erkannt und analysiert wurde. Viele Einbrüche auf Rechnern bleiben aber unerkannt.

Viele Firmen und Anwender wiegen sich leider auch in einer falschen Sicherheit. Begründungen wie »Wer will bei mir schon einbrechen?«, »Wir haben eine Firewall des Herstellers XY installiert.« und »Ich bin nur kurz mit dem Internet verbunden.« müssen als Erklärung für fehlende Sorgfalt beim Einspielen von Updates herhalten. Diese Gruppe verkennt die Tatsache, dass heutzutage ein Großteil der Angriffe durch automatische Werkzeuge durchgeführt werden. Programme, die sich gleich einem Wurm durch das Internet fressen, greifen jeden verwundbaren Rechner in zufälligen Bereichen an, brechen ein, installieren sich selbst auf dem eroberten Rechner und beginnen das Spiel von neuem.

Intrusion Detection-Systeme (IDS) können in diesen Fällen eine sinnvolle Ergänzung der Sicherheitsstruktur darstellen. Hierbei handelt es sich um Systeme, die den Einbruch, den Missbrauch oder ungewöhnliche Nutzung (Anomalie-Erkennung) von Computersystemen erkennen. Es werden zwei verschiedene Arten von IDS unterschieden:

- **Netzwerkbasierte IDS (NIDS).** Diese Systeme untersuchen den Netzwerkverkehr nach unerlaubten oder ungewöhnlichen Paketen und melden diese als mögliche Einbrüche.
- **Rechnerbasierte IDS (Host IDS, HIDS).** Diese Systeme überwachen einzelne Rechner. Hier werden meist die Protokolldateien auf ungewöhnliche Ereignisse, die Systemdateien auf ihre Integrität und das Betriebssystem bezüglich seiner Ressourcenausnutzung, Netzkonfiguration und -verbindungen untersucht.

Ein Intrusion Detection-System kann so eine Sicherheitsstruktur aus Firewall und Virenscanner sinnvoll erweitern und zusätzliche Informationen liefern. Möglicherweise erkennt die Firewall aufgrund falscher Konfiguration oder fehlender Fähigkeit nicht den Einbruch. Der Virenscanner erkennt vielleicht nicht die Modifikation der Systemdateien. Das IDS kann dann dennoch diesen Angriff erkennen und melden.

Häufig erfolgt der Angriff auch nicht von außen, sondern der Angreifer befindet sich bereits im Netzwerk. Schätzungen gehen davon aus, dass etwa ein Drittel sämtlicher Angriffe von innen durch Insider erfolgt. Das australische Computer Emergency Response Team (AusCERT) hat im Jahre 2002 eine Umfrage (*www.auscert.org.au/Information/Auscert_info/2002cs.pdf*) veröffentlicht, in der 67% aller befragten Organisationen bestätigten, dass ein Angriff erkannt wurde. 89% dieser Organisationen waren von außen angegriffen worden. 65% dieser Organisationen wurden von innen angegriffen. 98% aller befragten Organisationen haben im weitesten Sinne Rechnerkriminalität erfahren. Hierbei handelte es sich um den Diebstahl von Laptops, Sabotage, Virusinfektionen und Betrug. Derartige Angriffe von innen können zum Beispiel auch durch einen unzufriedenen Mitarbeiter ausgeführt werden. Die Firewall wird dies nicht erkennen, da der Angriff nicht von außen kommt.

Jedoch ist auch ein IDS fehlbar. Auch das IDS erkennt nur die Angriffe, für die es konfiguriert wurde. Dies trifft auch auf die Anomalie-Erkennung zu. Zunächst muss der Administrator des IDS definieren, was *normal* ist! Aus diesem Grunde kann zusätzlich die Installation eines Honeypots erwogen werden. Ein Honeypot ist ein System, dessen einziger Zweck der Angriff und der Einbruch durch den Cracker sind. Durch Vergleich der hier gewonnenen Daten mit den Daten des IDS kann das IDS und auch die Firewall angepasst werden, sodass derartige Angriffe in Zukunft abgewehrt werden. Zusätzlich erlaubt ein Honeypot die Schulung der im Falle eines echten Angriffs erforderlichen Fähigkeiten der forensischen Analyse und des Recovery.

Einer der gefährlichsten Angriffe ist jedoch das Social Engineering. Hierbei handelt es sich um einen Angriff und einen Einbruch in die Vertrauenssphäre des Anwenders. Der Angreifer versucht durch Täuschung sicherheitsrelevante Informationen zu erhalten. Das CERT/CC hat hierzu zwei Informationen herausgegeben (*http://www.cert.org/advisories/CA-1991-04.html* und *http://www.cert.org/ incident_notes/IN-2002-03.html*). Hier werden Angriffe beschrieben, bei denen ein Benutzer zur Installation von Programmen oder zur Eingabe seines Kennwortes aufgefordert wird. Der Benutzer ist hierbei in dem guten Glauben, das Richtige zu tun. Social Engineering erfolgt heutzutage meist über E-Mail und Telefon. Hierbei werden Benutzer zum Beispiel auf bestimmte Webseiten gelockt, die anschließend Sicherheitslücken ihrer Webbrowser-Software ausnutzen. IDS-Systeme können nur dann diese Angriffe erkennen, wenn sie sinnvoll und richtig konfiguriert wurden. Weiterhin sollte eine Schulung der Mitarbeiter durchgeführt werden, um derartigen Angriffen zu begegnen.

Dieses Buch wird einige Werkzeuge, Möglichkeiten und Verhaltensweisen auf der Basis des Linux-Betriebssystems aufzeigen, mit denen der zuständige Anwender einen Einbruch erkennen kann. Die Anwendung der Werkzeuge ist aber nicht auf das Linux-Betriebssystem beschränkt. Einige Anwendungen existieren auch für andere Betriebssysteme wie zum Beispiel Microsoft Windows NT/2000, einige Anwendungen können weitere Betriebssysteme überwachen.

Teil I

Einführung in die Intrusion Detection

Die Computersicherheit ist eine recht junge Wissenschaft. Ihre Anfänge liegen in den siebziger Jahren. Die Intrusion Detection ist ein Teilbereich der Computersicherheit. James P. Anderson veröffentlichte im Oktober 1972 einen ersten Artikel, der sich mit der Computersicherheit beschäftigte (*http://seclab.cs. ucdavis.edu/projects/history/papers/ande72.pdf*). Er beschreibt in diesem Artikel die Sicherheitsprobleme bei der US Air Force als deren Angestellter. April 1980 konkretisierte er die Probleme und entwickelte Verfahren zur Überwachung dieser Sicherheitsprobleme (*http://seclab.cs.ucdavis.edu/projects/hsotry/papers/ ande80.pdf*). Dieser Artikel beschreibt verschiedene Möglichkeiten zum Audit von Computern. Diese stellen somit den Beginn der Überwachung und der Intrusion Detection dar. In den achtziger Jahren wurden von der amerikanischen Regierung verschiedene Projekte zur Entwicklung und Erforschung der Intrusion Detection-Systeme (IDS) gestartet. Die bekanntesten sind wahrscheinlich das *Multics Intrusion Detection and Alerting System (MIDAS)*, der *Network Audit Director and Intrusion Reporter (NIDAS)* und der *Network System Monitor (NSM)*. Der NSM war 1989 das erste Network-IDS. Ende der achtziger Jahre und Anfang der neunziger wurden die ersten kommerziellen IDS auf dem Markt verfügbar.

Da die Intrusion Detection ein derartig neues Feld darstellt, welches erst in den letzten fünf bis zehn Jahren kommerzielles Interesse findet, sollen im Folgenden wichtige Grundlagen erklärt und Begriffe bestimmt werden. Dies sind scheinbar so einfache Begriffe wie die *Intrusion* selbst wie auch einige Ausführungen zum Datenschutz bei Einsatz eines IDS.

Kapitel 1

Was ist eine Intrusion, was ist Intrusion Detection?

Dieses Kapitel versucht die Begriffe *Intrusion* und *Intrusion Detection* zu bestimmen. Anhand von Beispielen sollen die Begriffe erklärt und veranschaulicht werden. Dies soll zum einen die Vielfalt der möglichen Einbrüche oder Missbräuche aufzeigen und zum anderen den Blick zur Erkennung dieser Aktionen und möglicher Sicherheitslücken schärfen.

1.1   Was ist eine Intrusion?

Die meisten Bücher und Artikel über Intrusion Detection beginnen mit der Frage: Was ist Intrusion Detection? Die Intrusion selbst wird, wenn überhaupt, erst anschließend definiert. Es ist jedoch sinnvoll, zunächst den Begriff der Intrusion zu definieren, um anschließend ihre Detektion zu beschreiben.

Der Begriff der Intrusion ist jedoch nur schwer in wenigen Worten zu fassen. Eine Übersetzung ist möglich mit den Worten: Störung, Verletzung und Eindringen. Folgende Definition der *Intrusion Detection Sub Group* (IDSG) des *National Security Telecommunications Advisory Council* (NSTAC) ist sehr allgemein:

»Eine Intrusion ist ein unerlaubter Zugriff auf oder Aktivität in einem Informationssystem.«

Fasst man diesen Ausdruck etwas allgemeiner und weiter, so kann jede unerlaubte, nicht autorisierte Handlung im Zusammenhang mit einem Informationssystem als Intrusion bezeichnet werden. Dies gilt insbesondere, wenn die Handlung die Funktion des Systems beeinträchtigt. Hierzu zählen echte Hackerangriffe und -einbrüche, aber auch Missbräuche der Systeme durch die Anwender. Ein anormales Verhalten des Systems kann ebenfalls bereits eine Intrusion darstellen, wenn eine Richtlinie existiert, die die erlaubte normale Anwendung beschreibt.

Um diese Fälle unterscheiden zu können, wird häufig in der Literatur der Einbruch (Intrusion) vom Missbrauch (Misuse) und der Anomalie (Anomaly) unterschieden. Hierbei wird als Intrusion ein Angriff/Einbruch von außen bezeichnet. Der Missbrauch (Misuse) ist ein Angriff/Einbruch von innen. Die Anomalie stellt einen ungewöhnlichen Zustand dar, der auf einen Einbruch hinweisen kann. Diese genaue Unterscheidung soll im Rahmen dieses Buches nicht weiter gemacht werden. Dieses Buch wird Verfahren vorstellen, die sämtliche Bereiche abdecken.

Es zeigt jedoch, dass die Definition der Intrusion auch sehr stark von der Umgebung abhängt, in der sich das zu schützende Objekt befindet. Im Folgenden sollen nun einige Beispiele das belegen.

*   Am Beginn steht ein Portscan.
    *   Eine Person führt einen Portscan eines im *Internet öffentlich erreichbaren Rechners* durch. Damit ist sie in der Lage festzustellen, welche Netzwerkdienste auf dem Rechner angeboten werden.
    *   Eine Person führt in einem geschützten Netzwerk einen Portscan eines nicht öffentlich erreichbaren Rechners durch.

- Es erfolgt ein Einbruch auf einem Webserver mit anschließender Installation eines Kennwortsniffers. Der Kennwortsniffer ist in der Lage, alle übertragenen Kennwörter zu protokollieren.
- Es erfolgt eine Modifikation der Firewall-Regeln auf der Firewall des Unternehmens.
- Es erfolgt eine Modifikation der Einträge in einer Routing-Tabelle.
- Ein Austausch von Systemkomponenten wurde festgestellt. Hierbei können trojanische Pferde in Form von Hardware oder Software eingeführt worden sein.

Eine Entscheidung darüber, ob es sich bei den aufgeführten Begebenheiten um eine Intrusion handelt, ist sicherlich nicht immer ganz einfach. Einige der aufgeführten Beispiele stellen mit Sicherheit eine Intrusion dar.

Der Einbruch auf dem Webserver ist sicher eine echte Intrusion und verlangt eine Reaktion durch die verantwortlichen Personen. Die Installation des Kennwortsniffers sollte von einem Intrusion Detection-System eindeutig erkannt werden. Eine derartige Tätigkeit wird nicht von einer autorisierten Person durchgeführt. Ein Alarm sollte ausgelöst werden.

Bei der Modifikation der Firewall-Regeln kann nicht so einfach eine Zuordnung erfolgen. Dies trifft auch auf die Modifikation der Routing-Tabelle zu. Hier sind zusätzliche Informationen erforderlich.

- Wer hat die Modifikation durchgeführt?
- Warum wurde diese Modifikation durchgeführt?
- War diese Person autorisiert, die Modifikation durchzuführen?

Beim Austausch der Systemkomponenten treffen alle gerade aufgeworfenen Fragen zu. Zusätzlich ist jedoch noch folgende Information erforderlich:

- Ist die Herkunft der neuen Systemkomponenten nachvollziehbar?
- Wird die Integrität der Komponenten vom Hersteller garantiert?
- Besteht die Möglichkeit, dies anhand von Zertifikaten zu überprüfen?

Das Beispiel des Portscans führt immer wieder zu Fehlinterpretationen. Hier soll nun untersucht werden, ob es sich dabei um eine Intrusion handelt. Der Portscan eines öffentlichen Rechners ist im heutigen Internet wahrscheinlich normal. Ein derartiger Portscan stellt noch keinen Angriff geschweige denn einen Einbruch dar. Er kann aber häufig ein erster Schritt in dieser Richtung sein. Der Angreifer benötigt zunächst Informationen über den Rechner, bevor er einen gezielten Angriff starten kann. Daher kann er als eine mögliche Intrusion angesehen werden.

Die Realität sieht jedoch inzwischen anders aus. Das Internet wird heutzutage übersät mit Portscans von so genannten *Script-Kiddies*. Als Script-Kiddie werden Personen bezeichnet, die fertige Werkzeuge und Angriffe (z. B. Portscanner und Bufferoverflows) aus dem Internet laden und ausprobieren. Hierbei erzeugen diese Script-Kiddies zunächst ein Script, welches einen bestimmten Adressen-bereich nach interessanten Rechnern absucht und anschließend einen Angriff auf mögliche Opfern startet.

Wird zum Beispiel ein neues Sicherheitsproblem im WU-ftpd gefunden, so ist ein Script-Kiddie in der Lage, ein Script zu erzeugen, welches zunächst einen bestimmten Adressenbereich nach verfügbaren FTP-Servern absucht. Anschlie-ßend verbindet sich das Script mit den gefundenen FTP-Servern und ermittelt deren Version. Handelt es sich um eine verwundbare Version, führt dieses Script automatisch den Angriff und Einbruch durch.

Ein Portscan ist also nicht unbedingt als etwas anderes als ein spezifisches Inte-resse des Angreifers an einem einzelnen Rechner zu verstehen. Treten Portscans über mehrere Rechner gleichzeitig auf, so handelt es sich meist um ein derartiges automatisches Werkzeug. Tritt jedoch in einem größeren Netz ein spezifischer Portscan auf, der einen unternehmenskritischen Rechner als Ziel hat, so ist dieser Portscan ernster zu betrachten und kann auch bereits als Intrusion angesehen werden. Hierbei handelt es sich um eine nicht autorisierte und anormale Hand-lung.

Der Portscan eines nichtöffentlichen Rechners ist ein davon zu unterscheidendes Ereignis. Hierbei kann der Portscan nur von einer Person mit internem Zugang erzeugt werden. Es kann sich um einen Administrator handeln, dessen Aufgabe die Kartierung des Netzwerkes ist. Es kann sich aber auch um einen Mitarbeiter handeln, der in diesem Moment seine Kompetenzen überschreitet und die Richt-linien der erlaubten Verwendung (Acceptable Use) verletzt. Schließlich kann es sich auch um einen Hacker handeln, der bereits in das Netzwerk eingedrungen ist und nun versucht, weitere Informationen über dieses Netzwerk zu ermitteln. Die wesentlichen zusätzlichen Fragen sind auch hier wieder:

- Wer führt den Portscan durch?
- Warum wird dieser Portscan durchgeführt?

Sind diese Informationen bekannt, so kann entschieden werden, ob es sich bei dem Ereignis um eine Intrusion handelt oder nicht. Zusätzlich kann entschieden werden, ob es sich um den Spezialfall eines echten Angriffes/Einbruches (Intru-sion) oder einen Missbrauch (Misuse) handelt.

Im Grunde macht es Sinn, als Oberbegriff für Intrusion, Misuse und Anomaly einen neuen Begriff zu wählen. Hierbei wird in vielen anderen Veröffentlichun-gen der Begriff *Incident* gewählt. Dieser bezeichnet jedes Ereignis im Zusam-menhang mit einem Informationssystem, welches eine Reaktion durch die Admi-nistratoren erfordert. Dies können auch zum Beispiel Programmabstürze sein, die nicht aufgrund einer Intrusion oder Misuse erfolgen.

1.2 Was macht die Intrusion Detection?

Nachdem der letzte Abschnitt versucht hat, ein wenig Verständis für den Begriff der Intrusion aufzubauen und diesen Begriff genauer zu definieren, soll dieser Abschnitt nun die Intrusion Detection beschreiben. Ihre Aufgaben und ihre Verfahren sollen kurz und allgemein dargestellt werden.

Die Intrusion Detection besteht heute aus den drei Teildisziplinen:

*   Angriffs-/Erkennung (die eigentliche Intrusion Detection)
*   Missbrauchserkennung (Misuse Detection)
*   Erkennung, die Erkennung ungewöhnlicher Verhaltensmuster (Anomaly Detection)

Die bereits zitierte Intrusion Detection Sub Group (IDSG) definiert Intrusion Detection als einen Prozess, der »feststellt, dass eine Intrusion versucht wurde, gerade erfolgt oder in der Vergangenheit erfolgte«.

Die Intrusion Detection verwendet unterschiedliche Technologien und Systeme für die Erkennung dieser Ereignisse. In diesem Buch soll nicht weiter zwischen diesen einzelnen Teildisziplinen unterschieden werden, sondern es sollen praxisrelevante Beispiele gegeben werden. Die Technologien und Systeme werden in weiteren Kapiteln besprochen. Im Folgenden werden die drei Teildisziplinen der Intrusion Detection daher nur kurz angerissen.

1.2.1 Angriffs-/Einbruchserkennung

Diese Teildisziplin versucht einen nicht autorisierten Zugriff von außen zu erkennen. Der Einbruch auf dem Webserver, der im vorigen Abschnitt erwähnt wurde, stellt einen derartigen Einbruch von außen dar.

1.2.2 Missbrauchserkennung

Diese Teildisziplin versucht den Missbrauch durch Insider zu erkennen. Hierbei kann es sich zum Beispiel um Benutzer handeln, die bei Verletzung der Sicherheitsrichtlinien versuchen, Zugriff auf gewisse Dienste im Internet zu erhalten oder auf ihrem Rechner einen Dienst zu installieren, der Online-Spiele ermöglicht.

1.2.3 Anomalie-Erkennung

Diese Teildisziplin versucht ungewöhnliche Zustände der Systeme und des Netzwerkes zu erkennen. Benötigt ein Benutzer zum Beispiel für seine Anmeldung zehn Versuche oder werden plötzlich Netzwerkpakete versandt, die ein bisher nie genutztes Protokoll verwenden, so ist es Aufgabe dieser Disziplin, diese Ereignisse zu erkennen.

Kapitel 2

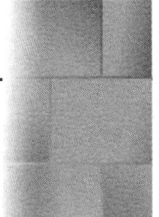

Benötige ich ein IDS und eine Firewall? – Einordnung der IDS in eine Sicherheitsstrategie

Dies Kapitel ist mit der Frage überschrieben: *Benötige ich ein IDS und eine Firewall?* Üblicherweise wird diese Frage anders herum gestellt: *Warum benötige ich ein IDS, wenn bereits eine Firewall installiert wurde?* Dieses Kapitel soll die Möglichkeiten und Grenzen einer Firewall und eines IDS aufzeigen und vergleichen. Am Ende werden Sie erkennen, dass die beiden Systeme sich recht gut ergänzen. Man sollte sich nie nur auf eine Firewall zur Sicherung des Netzwerkes verlassen, sondern immer versuchen, beide Systeme in Kombination einzusetzen.

2.1   Welchen Schutz bietet eine Firewall?

Wenn über die Sicherheit von Computernetzen gesprochen wird, fällt üblicherweise als Erstes der Begriff einer Firewall. Was ist nun eine Firewall? Sicherlich wird allen Lesern der Begriff vertraut sein, dennoch soll er hier noch einmal kurz betrachtet werden. Weiterführende Literatur findet sich im Anhang.

Was ist eine Firewall? Der Begriff Firewall wird zum Beispiel in der Autoindustrie verwendet, um die Wand zu kennzeichnen, die den Motorraum von den Insassen trennt. Sie stellt einen trennenden Schutz vor einem möglichen Motorbrand dar und muss in der Lage sein, diesem zu wiederstehen.

Übertragen auf Computernetze stellt eine Firewall ein trennendes Glied zwischen mindestens zwei Netzen dar. Sie unterbindet den ungehinderten Austausch von Informationen zwischen den Rechnern der beiden Netze. Lediglich bestimmte Informationen dürfen ausgetauscht werden. Hierbei sollte darauf geachtet werden, dass keine zweite Verbindung zwischen den beiden Netzen existiert, die eine Umgehung der Firewall erlaubt. Die Firewall muss die einzige Verbindung sein. Im Auto wäre es auch fatal, wenn ein Motorbrand über einen anderen Weg in den Innenraum gelangen könnte. Besteht zwischen den beiden Netzen eine weitere Verbindung parallel zur Firewall, könnte der Austausch auch über diese Verbindung ohne die überwachende Funktion der Firewall erfolgen.

Es gibt nun verschiedene Techniken, eine Firewall zu implementieren. Die beiden am weitesten verbreiteten Techniken sind der Paketfilter und der Filter auf der Schicht des Applikationsprotokolls, häufig auch als Proxy bezeichnet. In vielen Fällen setzen Firewall-Systeme beide Techniken ein. Beispiele für Open Source-Produkte, die diese Techniken implementieren, sind *ipchains* und *iptables (netfilter)* als Paketfilter und *squid* und *httpf* als Proxy. Beide Ansätze unterscheiden sich stark in ihrer Performanz und in ihren Filtermöglichkeiten.

Der Paketfilter ist in der Lage (der Name ist Programm), Pakete zu filtern. Dazu betrachtet der Paketfilter die Header der IP-Pakete. Die meisten Paketfilter können den IP Header und, wenn vorhanden, auch den TCP, UDP und ICMP Header lesen und verarbeiten. Bei diesen Informationen handelt es sich um die IP-Adressen, das IP-Protokoll (TCP, UDP, ICMP, IGMP etc.), wenn vorhanden, die TCP-

und UDP-Ports und den ICMP-Code (siehe auch Anhang A, »Netzwerkgrundlagen« ab Seite 531). Weitere Informationen sind der Fragmentierungszustand, Länge des Paketes, TTL- und TOS-Werte etc. Damit können Regeln definiert werden, die nur Pakete zu einem Webserver durchlassen, wenn sie an den Port 80 gerichtet sind. Ein Paketfilter ist normalerweise nicht in der Lage. den Inhalt der Pakete zu betrachten. Er kann nicht feststellen, ob diese Pakete tatsächlich eine HTTP-Anfrage enthalten und ob das HTTP-Protokoll fehlerfrei verwendet wird. Der Paketfilter arbeitet meist im Kernel des Betriebssystems auf den Schichten 3 und 4 des OSI-Modells. Er hat normalerweise keinerlei Zugriff auf die Applikationsdaten. Die zu filternden Pakete müssen nicht an eine Applikation im Userspace weitergegeben werden. Dadurch kann der Paketfilter sehr schnell arbeiten.

Es existieren zwei verschiedene Varianten eines Paketfilters: einfache zustandslose Paketfilter und zustandorientierte Paketfilter, so genannte *Stateful Inspection Packetfilter*.

Ein zustandsloser Paketfilter (z. B. ipchains[1]) ist in der Lage, einzelne Pakete zu filtern. Er ist jedoch nicht in der Lage, einen Zusammenhang zwischen verschiedenen Paketen herzustellen. Bei einem Paket, welches den Paketfilter von außen erreicht, ist er nicht in der Lage festzustellen, ob es sich um eine neue Netzwerkverbindung handelt. Das Paket könnte auch eine Antwort auf ein vorher von innen gesendetes Paket darstellen. Ein zustandsloser Paketfilter muss daher alle theoretisch möglichen Antwortpakete von außen erlauben, um eine reibungslose Kommunikation zu unterstützen.

Ein zustandsorientierter Paketfilter (z. B. iptables[2]) prüft bei jeder neuen Verbindung, ob sie entsprechend den Regeln erlaubt ist. Er erzeugt dann einen Eintrag in seiner Zustandstabelle. Anschließend können weitere Pakete dieser Verbindung automatisch zugelassen werden. Es müssen nicht mehr alle denkbar möglichen Antwortpakete erlaubt werden. Der Paketfilter erlaubt nur noch diejenigen Pakete, die zu vorher aufgebauten und entsprechend den Regeln authentifizierten Verbindungen gehören. Dies erhöht die Sicherheit des Paketfilters. Dies ist gewissermaßen ein Verbindungsfilter.

Viele dieser Paketfilter unterstützen die »Stateful Inspection«. Einige Protokolle weichen von dem üblichen Standard einer IP-Verbindung zwischen einem Client und einem Server ab. Normalerweise kontaktiert der Client von einem hohen

---

1 Der Paketfilter ipchains ist auch in der Lage, Pakete zu maskieren. Hierbei wird die Absender-IP-Adresse in den Paketen ausgetauscht. Damit die Antwortpakete später den korrekten Absendern zugeordnet werden können, muss ipchains eine Zustandtabelle pflegen und stellt in dem Moment eine Art zustandsorientierten Paketfilter dar. Dies trifft jedoch nur für die maskierten Verbindungen zu!

2 Der Paketfilter iptables ist nur dann ein zustandsorientierter Paketfilter, wenn das *ip_conntrack.o*-Modul geladen wurde. Dies erfolgt automatisch, wenn der Paketfilter ein Network Address Translation (NAT) durchführt. Zusätzlich müssen jedoch diese Funktionalitäten auch von den Regeln genutzt werden. Für die Stateful Inspection müssen ebenfalls weitere Module geladen werden.

Port (Port ≥ 1024) den Server auf einem privilegierten Port (Port <1024). Über diese Verbindung werden **alle** Informationen ausgetauscht.

Der bekannteste Vertreter der Protokolle, die sich nicht an diesen Standard halten. ist FTP. Der Client verbindet sich von einem hohen Port auf den Port 21 (*ftp control port*) auf dem Server. Diese Verbindung wird verwendet, um die Informationen zur Anmeldung und die weiteren Befehle zu übertragen. Sobald der Server Daten auf den Client übertragen muss (Verzeichnisinhalt oder Datei), öffnet der Server eine Verbindung von Port 20 (*ftp data port*) auf einen anderen hohen Port des Clients. Dies bezeichnet man als aktives FTP, da der Server eine aktive Rolle einnimmt. Der zu verwendende hohe Port wird zuvor vom Client an den Server in einem so genannten Port-Kommando übertragen. Stateful Inspection bedeutet, dass die Firewall in der Lage ist, das Port-Kommando zu erkennen und anschließend spezifisch die aktive FTP-Verbindung zu erlauben. Eine zustandslose Firewall kann diesen Zusammenhang nicht herstellen und muss daher grundsätzlich Pakete von jedem beliebigen Rechner und Port 20 auf jeden hohen Port eines Clients zulassen, um aktives FTP zu unterstützen.

Die Stateful Inspection stellt die einzige Ausnahme dar, bei der ein Paketfilter intelligent auf den Inhalt des Paketes zugreift. Dies kann auch für die Applikationsprotokolle Internet Relay Chat (IRC), Point to Point Tunneling Protocol (PPTP), H.323, ICMP und andere erfolgen. Ansonsten betrachtet jedoch ein Paketfilter nur die Header der Pakete. Er ist mehr oder weniger ein intelligenter Router!

Ein Paketfilter ist also in der Lage, den Aufbau der Verbindungen zwischen den Endpunkten Client und Server zu regeln. Es wird lediglich eine durchgehende Verbindung zwischen dem Client und dem Server aufgebaut.

Ein Filter auf den Schichten 5 bis 7 des OSI-Modells (Proxy) betrachtet die Pakete nicht. Ein Proxy arbeitet im Userspace und bekommt vom Betriebssystem die Pakete zu einem Datenstrom aufbereitet. Diesen Datenstrom kann nun der Proxy verarbeiten. Dabei ist er theoretisch in der Lage, auf sämtliche Informationen des Datenstroms zuzugreifen, diesen zu untersuchen und zu verändern.

Der Proxy fungiert hierbei als ein Mann in der Mitte (Man-in-the-Middle). Der Proxy nimmt an Stelle des Servers die Anfragen des Clients als Datenstrom entgegen. Er verarbeitet und filtert diese Anfragen und leitet sie anschließend als Client an den echten Server weiter. Dieser sendet seine Antwort an den Proxy, der erneut in der Lage ist, die Daten zu analysieren und zu filtern. Schließlich wird der Proxy die Daten dem echten Client zustellen.

Ein Proxy erlaubt nicht den Aufbau von Netzwerkverbindungen zwischen dem Client und dem Server. In Wirklichkeit werden zwei Netzwerkverbindungen aufgebaut: Client-Proxy und Proxy-Server. Es existiert kein Paketaustausch zwischen dem Client und dem Server!

Das größte Problem bei der Implementierung einer Firewall rein auf der Basis von Proxies stellen die Applikationsprotokolle selbst dar. Diese weisen keine gemeinsame Grundlage auf. Sie unterscheiden sich in ihren Befehlen, ihrer Syntax, Sprache und Funktionalität sehr stark. Daher ist es erforderlich, für jedes Applikationsprotokoll einen eigenen Proxy zu entwickeln, der in der Lage ist, dieses Protokoll zu verstehen, zu filtern und weiterzuleiten. So stellt das HTTP-Applikationsprotokoll andere Anforderungen an einen Proxy als das POP-3-E-Mail-Protokoll.

Kommerzielle Firewall-Lösungen auf der Basis eines Proxys wie auch Open Source-Lösungen sind daher nicht in der Lage, sämtliche Protokolle nativ zu unterstützen. In solchen Fällen kommen häufig weitere generische Proxies zum Einsatz, die lediglich die Verbindung auf einem Port entgegennehmen und eine neue Verbindung aufbauen. Hierbei ist aber keine Analyse oder Filterung des Datenstroms möglich.

Ein Proxy hat durch seine Sicht auf den Datenstrom wesentlich mehr Möglichkeiten als ein einfacher Paketfilter. Dies soll am Beispiel eines HTTP-Proxys für den Internet-Zugriff beschrieben werden:

• Der Proxy kann in Abhängigkeit von der URL filtern. Ein Paketfilter sieht lediglich die IP-Adressen der Kommunikationspartner. Heute werden häufig viele verschiedene Websites auf einem Rechner gehostet. Ein Paketfilter ist nicht in der Lage, zwischen diesen Sites oder verschiedenen Bereichen einer Site zu unterscheiden.

• Der Proxy kann in Abhängigkeit vom Inhalt der Datei filtern. Ein Proxy erkennt den Beginn und das Ende der Dateien. Dadurch kann er den Dateityp erkennen und überprüfen und den Inhalt auf bestimmte Eigenschaften oder Viren testen. Bei einem Bild kann zum Beispiel geprüft werden, ob es sich tatsächlich um ein Bild handelt, oder ob es doch eine ausführbare Datei ist.

• Ein Proxy kann den Datei-Inhalt verändern. Dies ist zum Beispiel sinnvoll bei aktiven Inhalten von Webseiten. Ein Proxy kann Javascript-Inhalte filtern und so modifizieren, dass sie vom Client nicht ausgeführt werden.

Dies sind Fähigkeiten, die ein normaler Paketfilter nicht zur Verfügung stellen kann. Der Proxy benötigt jedoch aufgrund der fortgeschrittenen Möglichkeiten wesentlich mehr Ressourcen als ein Paketfilter. Speziell ein Virenscan ist sehr zeitaufwändig.

Diese Fähigkeiten stehen jedoch nicht bei allen Proxies zur Verfügung. Besonders der generische Proxy ist nicht in der Lage, derartige Filterfunktionen zur Verfügung zu stellen. In vielen Umgebungen ist die Implementierung fortgeschrittener Filterfunktionen durch einen Proxy nicht möglich, da die Anforderungen an die Bandbreite der Netzwerkverbindung nur von einem Paketfilter erfüllt werden können.

Eine Firewall ist also in der Lage, die Kommunikation einzuschränken und nur in einer bestimmten Richtung bestimmte Inhalte zu erlauben. Dennoch kann eine Firewall nur im Rahmen der Richtlinien ihre Filterfunktionen wahrnehmen. Erlaubt eine Firewall den Zugriff auf Javascript-Inhalte einzuschränken, so besteht meist nicht die Möglichkeit, zwischen gutartigem und bösartigem Javascript zu unterscheiden. Ähnliche Einschränkungen gelten für Java und andere aktive Inhalte.

Ein weiteres Problem bei einer Sicherheitsstruktur, die lediglich eine Firewall einsetzt, taucht auf, wenn diese Firewall den Zugriff auf den Webserver erlaubt und überwacht. Wird nun eine neue Sicherheitslücke in der Software entdeckt, die als Webserver eingesetzt wird, so besteht die Gefahr, dass die Firewall diesen Angriff nicht erkennt, sondern zulässt. Als Beispiel mag der *Directory Traversal*-Angriff auf den Microsoft Internet Information Server 3.0, 4.0 und 5.0 dienen (*http://www.kb.cert.org/vuls/id/111677*). Hier bestand die Möglichkeit, durch die Verwendung von Unicode-Zeichen auf Bereiche zuzugreifen, die üblicherweise gesperrt sind. So bestand auch die Möglichkeit, auf dem Webserver beliebige Programme auszuführen. Ein Paketfilter kann diesen Angriff nicht von einem normalen Zugriff unterscheiden. Auch ein Proxy wird den Angriff nicht erkennen, da ein Unicode-Zugriff grundsätzlich erlaubt ist. Weitere Beispiele für Sicherheitslücken, die von einer Firewall meist nicht erkannt werden können, stellen die Bufferoverflows dar. Hierbei wird ein Programmierfehler durch den Angreifer ausgenutzt. So wurde zum Beispiel von der Firma *UssrBack* ein Bufferoverflow in Microsoft Outlook festgestellt (*http://www.ussrback.com/labs50 .html*). Hierbei ist es möglich, bei einem zu langen Datumsfeld in der E-Mail den Outlook E-Mail-Client zum Absturz zu bringen. Eine Firewall wird diese E-Mail meist passieren lassen. Selbst ein Viruscheck der E-Mail durch das Firewallsystem wird nicht den Bufferoverflow erkennen. Eine Erklärung der Funktionsweise des Bufferoverflows erfolgt im Exkurs »Bufferoverflow« ab Seite 240.

Häufig befindet sich der »Angreifer« bereits im Netzwerk. Es kann sich dabei um einen Wartungstechniker handeln, der prüfen möchte, ob Rechnersysteme der Konkurrenz eingesetzt werden. Es kann jedoch auch der eigene Angestellte sein, der in der aktuellen Ausgabe einer Computer-Zeitschrift von einem neuen Hackerwerkzeug gelesen hat und dies direkt ausprobieren möchte. Eine Firewall ist nur in der Lage, den Verkehr zu analysieren und einzuschränken, der über sie ausgetauscht wird. Sind die Angriffe des Angestellten gegen eigene Rechner gerichtet, so sieht die Firewall den Angriff nicht und kann ihn auch nicht erkennen. Sind die Angriffe nach außen gerichtet, so bestehen meist auf den Firewallsystemen Regelsätze, die Verbindungen von innen nach außen grundsätzlich zulassen und den Angriff ermöglichen.

Hier sind zusätzliche Maßnahmen erforderlich. Diese sollten ein Intrusion Detection-System implementieren. Weitere Maßnahmen, die teilweise in anderen Kapiteln in diesem Buch beschreiben werden, sind die Erstellung von Verhaltensrichtlinien in Form von Benutzerordnungen (Kapitel 13, »Datenschutz-Aspekte in einem Unternehmensnetzwerk« ab Seite 387) und die Installation von Virenscannern.

Diese Probleme werden häufig noch deutlicher, wenn zusätzlich virtuelle private Netze geschaffen werden, die einen Zugriff von außen an der Firewall vorbei erlauben. Dies kann zum Beispiel der Zugriff eines Abteilungsleiters von seinem

Heimbüro am Wochenende sein. Diese Zugriffe werden häufig so konfiguriert, dass der Anwender einen fast uneingeschränkten Zugriff auf die internen Strukturen erhält. Er soll von zu Hause genauso arbeiten können wie vor Ort. Ist dieser Rechner gleichzeitig der Rechner, mit dem die *böse* Tochter (meist ist es jedoch der Sohn ; -)) im Internet surft und chattet, so besteht die Gefahr, dass über diese Verbindungen Viren und Trojaner den Zutritt in das interne Netz erhalten. Möglicherweise verwendet der Abteilungsleiter auch ein kleines Netzwerk zu Hause und der Sohn surft gleichzeitig im Netz. Dann besteht vielleicht sogar aus dem Internet in dem Moment eine Verbindung über das VPN in das Unternehmensnetzwerk! Diese Zugriffe werden von der Firewall bewusst nicht gefiltert, denn hier soll ein ungehinderter Austausch möglich sein!

2.2 Welchen Schutz bietet darüber hinaus ein IDS?

Nachdem die verschiedenen Firewall-Technologien beleuchtet und ihre Möglichkeiten und Grenzen beim Schutz eines Netzwerkes erläutert wurden, sollen nun die Intrusion Detection-Systeme, ihre Funktionen und Grenzen betrachtet werden. Am Ende dieses Kapitels soll deutlich geworden sein, wie ein IDS eine Sicherheitsstruktur erweitern und verbessern kann.

Es sollte bisher bereits klar geworden sein, dass eine Firewall alleine nicht in der Lage ist, eine ausreichende Sicherheitsstruktur zur Verfügung zu stellen. Hier ist ein Intrusion Detection-System in der Lage, eine Firewall zu unterstützen.

Im Allgemeinen teilt man die Intrusion Detection-Systeme in zwei Gruppen ein. Es werden die Rechner-basierten Intrusion Detection-Systeme von den Netzwerk-basierten Systemen unterschieden. Die Rechner-basierten Systeme bezeichnet man auch als Host Intrusion Detection System (HIDS) im Gegensatz zum Network Intrusion Detection System (NIDS).

Diese Systeme setzen nun unterschiedliche Methoden ein, um eine Intrusion oder Misuse zu erkennen. Die verschiedenen Methoden und ihre Ergebnisse sollen nun für HIDS und NIDS getrennt untersucht werden.

2.2.1 Host Intrusion Detection System

Als Host Intrusion Detection System (HIDS) werden Systeme bezeichnet, die Daten analysieren, welche auf einem Rechner zur Verfügung stehen. Hierbei handelt es sich um Daten, die vom Betriebssystem oder von den Anwendungen erzeugt werden. Dies können Protokolle sein, die vom Betriebssystem oder den Anwendungen bereits zur Verfügung gestellt werden, oder das Intrusion Detection System erzeugt zusätzliche Ereignisprotokolle oder wertet Daten des Betriebssystems direkt aus. Eine besondere Form des HIDS stellen die Systeme dar, welche die Integrität des Systems überprüfen. Diese Systeme werden auch als System Integrity Verifier (SIV) oder File Integrity Assessment (FIA) bezeichnet.

Host Intrusion Detection-Systeme sind insbesondere in der Lage, eine miss-bräuchliche Verwendung der Systeme durch Insider zu erkennen. Hier ist eine Firewall meist überfordert. Da das HIDS die Systeme selbst überwacht, können hier möglicherweise unerlaubte Tätigkeiten erkannt werden.

Der Nachteil einer HIDS-Implementation ist die recht umständliche und kompli-zierte Überwachung einer großen Anzahl von Rechnern. Das HIDS muss in irgendeiner Form auf jedem zu überwachenden Rechner installiert werden. Dies kann in einer verteilten Struktur aus Agenten und einer Management-Zentrale erfolgen. Dennoch ist die Verwaltung und Administration immer noch recht auf-wändig.

HIDS: Erkennbare Angriffe

Ein HIDS ist nun in der Lage, insbesondere Angriffe von innen zu erkennen. Natürlich werden auch Angriffe von außen von einem HIDS erkannt. Einige klassische Beispiele sollen nun gegeben werden, um zu verdeutlichen, um wel-che Angriffe es sich hierbei handeln kann.

- Wartungstechniker oder externe Berater erhalten häufig für die Dauer ihrer Tätigkeit einen Zugang zum Rechnersystem, auf dem sie arbeiten müssen. Dieser Zugang ist meist privilegiert, damit sämtliche erforderlichen Änderun-gen durchgeführt werden können. Unter Linux wird ihnen daher häufig das *root*-Recht übertragen. Hiermit sind sie in der Lage, den gesamten Rechner zu administrieren. Während dieser Tätigkeit besteht für sie die Möglichkeit, eine Hintertür für einen späteren Zugang auf den Rechner zu öffnen. Viel zu häufig wird auch versäumt, den Zugang des externen Beraters nach der Tätig-keit wieder zu schließen, sodass dieser in der Lage ist, noch nach Monaten auf das System zuzugreifen.

- Die Konten ehemaliger Angestellter und Administratoren werden häufig nicht gelöscht oder deaktiviert. Diese Personen besitzen meist noch ihre alten Anmelde-Informationen und können sich noch Wochen und Monate später an den Systemen anmelden. Dies ist häufig umso prekärer, wenn diese Per-sonen inzwischen bei der Konkurrenz arbeiten.

- Einige Administratoren und Angestellte versuchen, auch für den speziellen Fall ihres Wechsels zu einem Konkurrenzunternehmen, sich eine Hintertür für einen späteren Zugang zu öffnen. Über diesen Zugang besteht die Mög-lichkeit, Unternehmensgeheimnisse zu erhalten.

- Angestellte modifizieren kritische Daten in Berichten oder in Personalakten. Hierdurch wird die Integrität sämtlicher Daten in Frage gestellt, da eine Erkennung dieser Modifikationen meist erst sehr spät erfolgt.

- Häufig versuchen Angestellte Zugriff auf die Personalakten oder andere ver-trauliche Informationen über ihre direkten Vorgesetzten oder Konkurrenten in der eigenen Firma zu erhalten. Diese Informationen werden dann einge-setzt, um diese Personen zu mobben oder zu übervorteilen.

- Modifikationen der Website (ein so genanntes Defacement) sind ein allseits beliebtes Mittel, mit dem eine Firma oder eine Person in Misskredit gebracht werden soll.

- Die Ausführung von Administrationsbefehlen durch eine unbekannte Person stellt sicherlich auch einen möglichen Angriff dar, der von einem HIDS erkannt werden kann.

- Die Installation von trojanischen Pferden oder Rootkits (siehe Anhang C, »Rootkits« ab Seite 573) stellt ebenfalls eine Tatsache dar, die vom HIDS erkannt und gemeldet werden sollte.

Sämtliche aufgelisteten Angriffe sollen von einem HIDS erkannt werden. Anschließend soll das HIDS die zuständigen Personen alarmieren oder sogar selbst eine Gegenmaßnahme ergreifen. So besteht die Möglichkeit, bei einem erkannten Website-Defacement den Webserver so zu konfigurieren, dass keine Seiten mehr angeboten werden. Getreu dem Motto: besser keine Seite, als eine mit pornographischem Inhalt. Erkennt das HIDS die Ausführung eines Administrationsbefehls zum Beispiel zur Modifikation von Firewall-Regeln durch einen unbekannten Benutzer, so kann es direkt diesen Benutzer aussperren und abmelden.

Im Folgenden sollen die unterschiedlichen Technologien betrachtet werden.

HIDS: Technologien

Die unterschiedlichen verfügbaren Host Intrusion Detection-Systeme verfolgen unterschiedliche Ziele und setzen dazu auch unterschiedliche Technologien ein. Diese Technologien sollen kurz vorgestellt und ihre Vor- und Nachteile aufgezählt werden. Viele kommerziell verfügbare HIDS setzen eine Kombination dieser Techniken ein. Open Source-Lösungen konzentrieren sich meist auf eine Technologie. Hier ist es erforderlich, eine Kombination der verfügbaren Lösungen einzusetzen.

- **Protokollanalyse.** Die Protokollanalyse stellt die einfachste und die ursprüngliche Form der Intrusion Detection dar. Hierbei überwacht das IDS die vom Betriebssystem und den Anwendungen zur Verfügung gestellten Protokolldateien. Viele HIDS erlauben die Definition einer Positiv-Liste. Sämtliche Meldungen, die mit dieser Liste übereinstimmen, lösen eine Alarmierung aus. Dabei können jedoch leicht wichtige Meldungen übersehen werden. Sinnvoller ist daher die Definition einer Negativ-Liste. Sämtliche Meldungen, die mit dieser Liste übereinstimmen, werden ignoriert. Alle weiteren, unbekannten Meldungen führen zu einer Alarmierung. Intelligente Protokollanalysatoren sind sogar in der Lage, diese Meldungen weiter aufzuarbeiten und zusammenzufassen. Damit braucht der Administrator nicht mehrere hundert oder tausend Zeilen Protokollmeldungen zu lesen, sondern erhält die Meldungen in übersichtlichen Berichten aufgearbeitet.

- **Integritätstest.** Eine große Anzahl von HIDS versucht eine Intrusion zu erkennen, indem sie konstant das System und seine Dateien auf ihre Integrität prüfen. Hierzu wurde nach der Installation und Konfiguration vom System ein Schnappschuss geschossen. Im Weiteren vergleicht das HIDS in regelmäßigen Abständen den Zustand des Systems mit diesem Schnappschuss. Hierbei werden häufig nur die Eigenschaften der Datei und ihre Prüfsummen verglichen, um Speicherplatz für den Schnappschuss zu sparen. Diese Intrusion Detection-Systeme werden daher auch System Integrity Verifier (SIV) oder File Integrity Assessment (FIA) genannt.

- **Echtzeitanalyse von Systemaufrufen und Dateizugriffen.** Eine letzte Gruppe von HIDS führt eine Echtzeitanalyse sämtlicher System- und Dateizugriffe durch. Dies ist die aufwändigste Variante eines HIDS. Das HIDS greift hierzu meist auf Betriebssystemebene ein. Unter Linux wird das HIDS meist als Kernel-Modul implementiert, welches anschließend jeden Zugriff protokollieren und überwachen kann. Es besteht dann die Möglichkeit, den Zugriff auf bestimmte Privilegien und Dateien zu überwachen und auch zu verweigern. So kann ein derartiges System erkennen, wenn die IP-Adresse des Rechners oder die Regeln einer Firewall modifiziert werden sollen. Diese Modifikationen können vom System in Echtzeit gemeldet werden und das System ist sogar in der Lage, die Modifikation zu unterbinden.

Ein großes Problem bei all diesen Technologien sind Falschmeldungen durch das HIDS. Hierbei gibt es zwei grundsätzliche Möglichkeiten einer Falschmeldung:

- **falsch-positiv:** So wird eine Alarmierung durch das IDS bezeichnet, die in Wirklichkeit keine Meldung darstellt. Es handelt sich um einen Fehlalarm. Dies ist zunächst recht harmlos, wenn es ein seltenes Ereignis darstellt. Kommen diese Fehlalarme jedoch häufig vor, ohne dass sie abgestellt werden, so führt dies über kurz oder lang zu einem Desinteresse und ein echter Alarm wird nicht ernst genommen.

- **falsch-negativ:** So wird eine fehlende Alarmierung durch das IDS bezeichnet. Das IDS hätte einen Alarm auslösen sollen, da ein Einbruch stattgefunden hat. Diese fehlenden Meldungen stellen eine große Gefahr dar, wenn das IDS nicht richtig konfiguriert wurde. Der Administrator verlässt sich zu einem gewissen Maß auf die korrekte Funktion des IDS. In diesem Fall versagt jedoch das IDS. Leider erfährt dies zunächst niemand.

Falschmeldungen können nur durch sorgfältige Konfiguration und aufmerksames Studium des IDS vermieden werden. Dieses Buch versucht das notwendige Wissen zu vermitteln, um dies zu erreichen.

2.2.2 Network Intrusion Detection System

Ein Network Intrusion Detection System bezieht seine Daten aus dem Netzwerk. Hierbei untersucht das System die Netzwerkpakete. Üblicherweise erhält es die Netzwerkpakete durch einen Netzwerk-»Sniffer«. Einige Systeme überwachen jedoch nur die Protokolle von Routern und Switches. Diese Systeme sind nicht so mächtig, wie NIDS, die einen eigenen Sniffer enthalten.

Network Intrusion Detection-Systeme sind insbesondere geeignet, um Angriffe und Einbrüche von außen zu erkennen. Sie können aber natürlich auch Insider, die versuchen weitere Rechner anzugreifen, erkennen. Hier kann eine Firewall nur wenig Schutz bieten. Ein NIDS ist in der Lage, diese Angriffe und Einbrüche dennoch zu erkennen. Häufig ist ein NIDS auch in der Lage zu erkennen, dass ein Angreifer von außen sich bereits im Netzwerk befindet und dort weitere Rechner anzugreifen versucht.

Die Installation und Administration von Network Intrusion Detection-Systemen ist meist nicht so aufwändig wie die Administration von HIDS. Es genügt oft die Installation eines NIDS-Sensors pro überwachtem Netzwerk. Netzwerke können meist zentral überwacht und verwaltet werden.

NIDS: Erkennbare Angriffe

*   **Denial of Service-Angriffe mit Bufferoverflows.** Diese Bufferoverflow-Angriffe verwenden meist Pakete mit sehr charakteristischen Eigenschaften. Hierbei handelt es sich zum Beispiel um den NOP Sled (siehe Exkurs »Bufferoverflow« ab Seite 240).

*   **Ungültige Pakete.** Angriffe wie der *TearDrop*, Bonk oder *Ping of Death* verwenden ungültige Pakete. Diese Pakete dürfen entsprechend der Protokoll-spezifikation nicht existieren. Sie sind grundsätzlich künstlich, zum Zweck des Angriffes, erzeugt worden.

*   **Angriffe auf Applikationsprotokoll-Schicht.** Viele Applikationen sind ledig-lich in der Lage, bei einer korrekten Anwendung des Applikationsprotokolls vorhersagbar zu reagieren. Angreifer nutzen dieses aus und verändern das Applikationsprotokoll, damit unerwünschte Funktionen genutzt werden kön-nen (siehe z. B. IIS Data Stream-Zugriff im Abschnitt »Data Stream-Zugriff« ab Seite 238).

*   **Zugriff auf vertrauliche Daten.** Ziel vieler Angriffe ist es, vertrauliche Informationen, die den Zugang zu weiteren Daten ermöglichen, zu erhalten. Das häufigste Ziel unter UNIX sind die Kennwortdatenbanken */etc/passwd* und */etc/shadow*. Ein NIDS kann sämtliche Pakete auf diese Zeichenketten hin untersuchen.

*   **Informationsdiebstahl.** Ein weiteres Ziel eines Angriffes ist häufig der Dieb-stahl von Informationen. Werden diese Informationen unverschlüsselt über-tragen, so kann ein NIDS diese Informationen an Schlüsselwörtern erkennen.

*   **Angriffe gegen die Firewall oder das NIDS.** Viele Angriffe sind auch gegen die Firewall und das NIDS selbst gerichtet. Diese Angriffe können ebenfalls von einem fortgeschrittenen NIDS erkannt werden. Hierzu muss das NIDS in der Lage sein, Angriffe mit fragmentierten Paketen zu erkennen. Weitere Angriffe auf die Zustandsüberwachung des NIDS sind mit modifizierten TCP-Paketen möglich. Auch die sollte ein NIDS erkennen.

- **Distributed Denial of Service (dDoS).** NIDS sind sicherlich kein Schutz vor einem dDoS, dennoch sind sie in der Lage, diesen häufig zu erkennen und den Verdacht, dass ein dDoS vorliegt, zu bestätigen.
- **Spoofing-Angriffe.** Häufig fälschen Angreifer ihre Herkunft auf MAC-, IP- oder DNS-Ebene. Ein NIDS sollte diese Spoofing-Angriffe soweit wie möglich erkennen können.
- **Portscans.** Ein Portscan sollte vom NIDS erkannt werden. Dies ist besonders der Fall, wenn es sich um intelligente langsame Portscans handelt, die pro Stunde oder gar pro Tag nur einen oder wenige Ports prüfen.

Alle aufgeführten Angriffe sollten von einem NIDS erkannt werden. Diese Angriffe müssen zu einer Alarmierung der verantwortlichen Personen führen wie auch möglicherweise eine direkte Reaktion des NIDS hervorrufen.

Die Konfiguration eines NIDS ist meist sehr aufwändig. Die Pflege erfordert meist mehr Zeit als die Pflege eines einzelnen HIDS. Auf einem NIDS-System müssen stets die neuesten Angriffe eingepflegt werden, sodass das NIDS auch in der Lage ist, diese zu erkennen.

Eine automatische Reaktion durch das NIDS ist in vielen Fällen zunächst als problematisch einzustufen, da ein Angreifer diese Funktionalität unter Umständen nutzen kann. Wenn dass NIDS jegliche Kommunikation zu den vermeintlichen Angreifern unterbricht, kann der Angreifer gezielt einen Angriff von einem wichtigen DNS-Server (Root-DNS-Server) oder E-Mail-Server vortäuschen. Das NIDS führt dann möglicherweise den Denial of Service-(DoS-)Angriff aus.

NIDS: Technologien

NIDS-Systeme verwenden eine Vielzahl von Technologien. Die wichtigsten Technologien werden kurz vorgestellt.

- **Signatur-Erkennung.** Die meisten NIDS arbeiten zunächst mit einer einfachen Signatur-Erkennung. Hierzu besitzen sie eine große Datenbank, in der die Signaturen oder Fingerabdrücke sämtlicher bekannten Netzwerkangriffe gespeichert sind. Nun vergleicht das NIDS jedes Paket mit dieser Datenbank und prüft, ob eine der Signaturen auf das Paket zutrifft. Ist dies der Fall, so wird das NIDS einen Alarm auslösen.
- **Zustandsorientierte Signatur-Erkennung.** Die ersten einfachen NIDS wiesen lediglich eine einfache Signatur-Erkennung auf. Ein Angreifer kann bei Kenntnis der Datenbank spezifisch Pakete erzeugen, die einen Alarm auslösen. Erzeugt er diese Pakete in genügender Anzahl, führt dies meist zu einer Überlastung des NIDS, da jedes Paket vom NIDS als Angriff gewertet wird. In Wirklichkeit handelt es sich jedoch nicht um einen Angriff. Alle zusätzlichen Pakete, die für den Verbindungsaufbau erforderlich sind, fehlen. Das Angriffsziel wird dieses Paket verwerfen. Die zustandsorientierte Signatur-Erkennung betrachtet nur Pakete, die tatsächlich in einer aufgebauten Verbindung übertragen werden. Alle weiteren Pakete werden vom NIDS genauso

verworfen, wie sie vom Zielsystem verworfen werden würden. Das NIDS pflegt hierzu eine Tabelle mit sämtlichen bekannten Verbindungen.

- **Protokolldekodierung.** Eine reine Angriffserkennung auf Signaturbasis ist meist zum Scheitern verurteilt. Moderne Applikationsprotokolle erlauben häufig verschiedenste Kodierungen derselben Anfrage. Ein Angreifer kann daher eine Signatur-Erkennung leicht unterlaufen, wenn er denselben Angriff anders kodiert. Ein fortgeschrittenes NIDS ist daher in der Lage, bevor der Vergleich der Signaturen durchgeführt wird, den Inhalt des Datenstroms zu normalisieren. Dies ermöglicht zum Beispiel die Erkennung von Angriffen auf Webservern mit unterschiedlichen Kodierungen wie Base64, ASCII und Unicode.

- **Statistische Anomalie-Analysen.** Viele Portscans und Angriffe können nicht mit einer Signatur-Analyse erkannt werden. Ein Portscan weist meist keine besondere Signatur auf, sondern ist nur durch die Häufigkeit zu erkennen. Neue bisher unbekannte Angriffe können nicht erkannt werden, da bisher noch keine Signatur in der Datenbank für diese Angriffe vorhanden ist. Eine statistische Analyse des Netzwerkverkehrs ist unter Umständen in der Lage, diese Vorgänge zu erkennen, wenn es sich um äußerst ungewöhnliche Pakete handelt.

- **Heuristische Analysen.** Ein einfacher 1:1-Vergleich der Signaturen mit den zu analysierenden Paketen ist meist sehr langsam. Heuristische Methoden können diese Analyse stark beschleunigen, ohne dass die Genauigkeit und Trefferhäufigkeit leidet. Ein Algorithmus, der derartige Heuristics verwenden kann, ist Bayer-Moore (*http://philby.ucsd.edu/~cse291_IDVA/papers/coit,staniford, mcalerney.towards_faster_string_matching_for_intrusion_detection.pdf*).

- **Reaktion.** Ein Netzwerk Intrusion Detection-System kann unterschiedlich auf einen erkannten Angriff reagieren. Die Reaktionen reichen von einem einfachen Protokolleintrag bis hin zur kompletten Sperrung aller weiterer Verbindungen des angreifenden Rechners durch eine Modifikation der Firewall. Dazwischen befinden sich meist die Möglichkeiten, spezifische Alarmmeldungen über SNMP, Pager oder SMS absetzen zu können, oder genau die Verbindung, die den Angriff durchführt, durch gespoofte Reset-Pakete abzubrechen.

Die verschiedenen Technologien, die von einem NIDS eingesetzt werden können, ergänzen sich meist in ihrer Funktionalität. Moderne kommerzielle und freie Systeme unterstützen viele oder sogar fast alle diese Technologien. Die Unterschiede finden sich dann in der genauen Implementierung und Umsetzung. Diese Unterschiede sind jedoch sehr bedeutsam und können große Auswirkungen auf die Geschwindigkeit des NIDS haben. Hierbei soll nicht vergessen werden, dass die Sicherheit und die Geschwindigkeit eines NIDS nur in zweiter Linie vom genauen Produkt abhängen. In erster Linie ist eine durchdachte und konstante Wartung und Administration erforderlich. Dies kann durch geschultes Personal oder im Rahmen eines Wartungsvertrages erfolgen.

Auch ein NIDS leidet wie ein HIDS unter falsch-positiven und -negativen Meldungen. Hier kann nur eine sorgfältige Administration und Pflege die Anzahl dieser Falschmeldungen reduzieren.

Kapitel 3

Was kann/soll ein IDS leisten?

Dieses Kapitel versucht die verschiedenen Wünsche und Erwartungen an ein IDS zu benennen. Nicht alle IDS sind in der Lage, diese Funktionen zu erfüllen. Einige Funktionen mögen nur von kommerziellen IDS zu Verfügung gestellt werden. Dennoch ist es für die Auswahl und die Implementierung eines Intrusion Detection-Systems wichtig, sämtliche Anforderungen im Vorfeld zu kennen und abwägen zu können.

3.1 Anforderungen an ein Intrusion Detection-System

Die wichtigste und am einfachsten zu formulierende Anforderung an ein Intrusion Detection-System ist:

Das Intrusion Detection-System soll Angriffe und Einbrüche auf zu schützenden Systemen erkennen und bei der Verteidigung dieser Systeme eine Unterstützung bieten.

Die Ziele und Anforderungen können jedoch weiter aufgeschlüsselt werden. Bei Beurteilung der eingesetzten oder projektierten Systeme ist eine detaillierte Liste der Anforderungen hilfreich. Die folgende Liste ist eine ausführliche Zusammenstellung der möglichen Ansprüche an ein IDS. Sie mag in dem einen oder anderen Umfeld eine Modifikation verlangen.

Allgemeine Ziele des IDS-Systems sind:

*   Verfügbarkeit der bereitgestellten Dienste
*   Integrität und Verfügbarkeit der bereitgestellten Daten
*   Unterstützung in der Reaktion auf einen Angriff
*   Fehlertoleranz
*   Kontinuierlicher Lauf ohne wesentliche Administration
*   Erzeugung minimalen Overheads
*   Leichte Integrierung in die vorhandene Struktur
*   Hohe Intelligenz, die ein Umgehen möglichst unmöglich macht

Um diese Ziele zu erreichen, sollte ein IDS folgende Funktionalitäten bieten:

*   Die Integrität der Daten, die das IDS nutzt, muss gewährleistet sein. Das IDS muss die Herkunft und Integrität der Daten überprüfen. Des Weiteren sollte das IDS diese Daten im Rohformat für eine spätere Überprüfung abspeichern können und hierbei eine digitale Signatur der Daten ermöglichen. Damit sollte einer späteren Verfälschung der Daten vorgebeugt werden.
*   Die Analyse der Daten muss nachvollziehbar erfolgen. Eine spätere erneute Analyse der identischen Rohdaten muss zu einem identischen Ergebnis führen. Nur so können die Ergebnisse später einer Überprüfung standhalten.

- Die Analyse der Daten muss selbstverständlich sämtliche möglichen Angriffe und Einbrüche, die im Vorfeld beschrieben wurden und die noch in Zukunft entwickelt werden, erkennen können.

- Die Erzeugung der Ergebnisse durch das IDS muss einen derartigen Rückschluss auf die Rohdaten erlauben, dass die Analyse nachvollzogen werden kann. Am einfachsten bietet das IDS die direkte Darstellung der Rohdaten in Zusammenhang mit der Alarmmeldung. Hierbei muss das IDS unterschiedliche Darstellungsformate für den Bericht erlauben und eine automatische Weiterverarbeitung unterstützen.

- Das IDS muss eine Konfiguration der Alarmierungsschwelle erlauben. Es muss die Möglichkeit bestehen, den verschiedenen Ereignissen Prioritäten zuzuweisen und nur bei Erreichen einer bestimmten Priorität den Alarm auszulösen.

- Das IDS sollte für die Speicherung der Daten und des Berichtsformates und der Alarmmeldungen ein allgemein anerkanntes Format verwenden. Dies erlaubt den einfachen Austausch der Informationen und die standardisierte Weiterverarbeitung der Daten mit weiteren Werkzeugen. Das IDS sollte auch in der Lage sein, Rohdaten in derartigen Formaten einlesen zu können.

- Das IDS muss Funktionen bieten, die die Vertraulichkeit der Daten garantieren können. In vielen Umgebungen ist die Speicherung von personenbezogenen Informationen nicht erlaubt. Hier ist die automatische Anonymisierung wünschenswert. Wünschenswert ist auch eine automatische Löschung der personenbezogenen Daten nach der Nutzung.

- Ein IDS sollte eine automatische Reaktion auf einen Angriff unterstützen. Diese Unterstützung sollte so implementiert worden sein, dass ein Angreifer diese Funktionalität nicht für einen Denial of Service ausnutzen kann.

Dies sind eine ganze Reihe von Anforderungen, die an ein Intrusion Detection-System gestellt werden müssen. Diese Anforderungen sind gültig unabhängig davon, ob es sich um ein Host-IDS oder ein Network-IDS handelt. Im nächsten Abschnitt sollen diese Anforderungen mit der Wirklichkeit verglichen und Beispiele für ihre Implementierung aufgezeigt werden.

3.2 Tatsächlich gebotene Leistung

Die Eier legende Wollmilchsau des Intrusion Detection-Systems muss erst noch entwickelt werden. Sämtliche freie wie kommerzielle IDS-Systeme haben den einen oder anderen Nachteil. Hier sollen kurz die Anforderungen des letzten Abschnittes wieder aufgegriffen und ihre Implementierung erläutert werden. Dies soll insbesondere beim Einsatz freier Open Source-Software Anregungen dazu geben, wie die Anforderungen umgesetzt werden können.

- **Integrität der Eingangsdaten.** Ein IDS kann die Integrität und die Herkunft der Daten am besten überprüfen, wenn es diese Daten selbst erzeugt oder ermittelt. Im Falle eines NIDS sollte das IDS selbst einen eigenen Sniffer zur Verfügung stellen. Ein HIDS, welches einen Integritätstest der Systemdateien durchführt, sollte selbst auf diese Dateien zugreifen und die Vergleichsdatenbank selbst in der Vergangenheit erzeugt haben. Hierbei ist es erforderlich, dass das HIDS eine Unterwanderung der Dateizugriffe erkennen kann. Am sinnvollsten wird dieses HIDS direkt ins Betriebssystem eingebettet (siehe LIDS in Kapitel 8.3, »Linux Intrusion Detection System – LIDS« ab Seite 161 und die Kernel-basierten Rootkits in Anhang C, »Rootkits« ab Seite 573). Bei einer Protokoll-Analyse muss das HIDS die Quellen der Protokolle überprüfen können. Ist dies bei einer zentralen Protokollierung über das Netzwerk nicht möglich, so muss zumindest bei der Protokollierung über das Netzwerk eine Authentifizierung der Clients erfolgen, die diese Protokollierung nutzen. Der einfache BSD Syslogd bietet keinerlei Authentifizierung (siehe Kapitel 12, »Zentrale Protokollserver« ab Seite 369). Zusätzlich sollten alle Daten und Dateien, die als Rohdaten vom IDS gelesen werden, weiterhin abgespeichert werden und ihre Integrität mit krytographischen Prüfsummen (z. B. MD5, SHA, etc) oder Signaturen (GnuPG) garantiert werden.

- **Reproduzierbare Analyse.** Um eine reproduzierbare Analyse der Daten zu ermöglichen, ist es erforderlich, alle relevanten Rohdaten zu speichern. Sämtliche Daten, die einen Alarm ausgelöst haben, sollten so abgespeichert werden, dass dieser Alarm später nachvollziehbar ist. Dies beinhaltet auch das Vorhalten älterer Versionen der Konfigurationsdateien und der zur Analyse verwendeten Werkzeuge. Meist stellt sich nicht das Problem der Werkzeuge, da Alarmmeldungen innerhalb weniger Stunden oder Tage bearbeitet werden. Werden dennoch die Daten für eine Verfolgung durch amtliche Behörden gespeichert und verwendet, so kann es durchaus einige Monate und Jahre dauern, bis diese Daten nicht mehr benötigt werden. Die Konfigurationsdateien werden häufig angepasst und modifiziert. Hier sollten sämtliche Variationen vorgehalten werden, da leichte Konfigurationsänderungen wesentliche Änderungen der Ergebnisse erzeugen können. Unter Linux können hier am sinnvollsten entweder das Revision Control System (RCS) oder das Concurrent Version System (CVS) zur Versionsverwaltung eingesetzt werden. Eine zusätzliche Signatur der Daten ist sinnvoll.

- **Vollständige Angriffserkennung.** Dies ist sicherlich die problematischste Anforderung. Insbesondere die Erkennung neuartiger Angriffe stellt für NIDS eine große Herausforderung dar. Die statistische Anomalie-Analyse steckt immer noch in ihren Kinderschuhen und kann es noch lange nicht mit der Signatur-basierten Erkennung aufnehmen. Die beste Garantie für die Erkennung neuer Angriffe bieten also eine dauernde Pflege und Administration des Systems, ein wachsamer Administrator und geschultes Personal. Kommerzielle Systeme versuchen dies zu umgehen, indem sie automatische Updates der Signatur-Datenbanken in Form von Wartungsverträgen erlauben. Die Aktualisierungen erfolgen jedoch nur wöchentlich oder gar nur einmal im Monat oder Quartal. Daher können diese Aktualisierungsabonnements nicht das geschulte Personal ersetzen. Ein weiteres Problem stellen die falsch-positiven Meldungen durch das IDS dar. Diese sind meist von der jeweiligen Umgebung abhängig und erfordern häufig langwierige Modifikationen und Tunings des IDS-Systems. Dies trifft sowohl auf HIDS als auch auf NIDS zu.

- **Berichtsformate.** Die Berichte des IDS müssen in unterschiedlichen Formaten mit unterschiedlichem Detailgrad erzeugt werden können. Dies ist häufig möglich. Dabei unterstützen viele Systeme auch einen direkten Export der Daten in eine Datenbank.

- **Prioritäten** Sämtliche verfügbaren IDS bieten die Funktion, unterschiedlich auf die verschiedenen Ereignisse zu reagieren. Durch eine Anbindung externer Dienste ist auch ein Versand von SNMP-Traps, E-Mails, Pager-Meldungen oder SMS möglich. Speziell der Versand von SMS ist unter Linux sehr einfach. Hierzu existieren Lösungen wie gsmlib (*http://www.pxh.de/fs/gsmlib/index.html*).

- **Standardformate.** Open Source IDS-Systeme sind häufig wesentlich progressiver in der Implementierung neuer Standardformate. Das Open Source-Netzwerk-IDS Snort bietet zum Beispiel die Möglichkeit, die Ergebnisse in XML abzuspeichern. Hierbei können zwei verschiedene Standard Document Type Definitions (DTD) zu Grunde gelegt werden, die öffentlich verfügbar sind. Hierbei handelt es sich um die Simple Network Markup Language (SNML, *http://www.cert.org/DTD/snml-0.2.dtd*) und das Intrusion Detection Message Exchange Format (IDMEF, *http://www.silicondefense.com/idwg/draft-ietf-idwg-idmef-xml-03.txt*). Die Rohdaten können in dem *libpcap*-Format abgespeichert werden. Die *libpcap*-Bibliothek stellt die Grundlage der meisten Programme unter Linux und inzwischen immer mehr auch unter Windows dar, die Pakete sniffen können. Die meisten Programme, die auf dieser Bibliothek aufbauen, können Dateien in diesem Format lesen und schreiben. Beispiele dieser Programme sind *tcpdump*, *snort*, *ethereal* etc. Häufig werden die Open Source-Produkte auch als Referenzimplementierung des Formates erzeugt. Kommerzielle Produkte tun sich hier meist schwerer. Häufig ist damit die Angst verbunden, den Kunden nicht an die eigene Produktreihe binden zu können.

- **Anonymisierung.** Beim Einsatz von IDS-Systemen darf das Thema Datenschutz nicht vernachlässigt werden. Das IDS sollte den Administrator unterstützen, indem es eine automatische Anonymisierung ermöglicht. Des Weiteren soll es möglich sein, den Zugriff auf die Daten unterschiedlich zu gestalten. Ein Zugriff auf personenbezogene Daten darf nur bestimmten Personen erlaubt werden. Die verfügbaren Systeme unterstützen dies teilweise. Unter Linux kann jedoch mit einfachen Bordmitteln (*sed*) eine Anonymisierung erreicht werden.

- **Intrusion Response.** Wenige Intrusion Detection-Systeme sind in der Lage, eine wirksame und schnelle automatische Reaktion zu ermöglichen. Dies hängt unter anderem damit zusammen, dass eine derartige Funktion schnell in ihr Gegenteil verkehrt werden kann. In Abhängigkeit von der Reaktion besteht die Möglichkeit, dass der Angreifer diese Funktion verwendet, um das System oder sämtliche Netzwerkfunktionalität außer Betrieb zu setzen. Diese Systeme müssen eine sehr intelligente und gezielte Antwort erlauben. Im Open Source-Bereich erlauben sowohl LIDS (Abschnitt 8.3, »Linux Intrusion Detection System – LIDS« ab Seite 161) als auch Snort (Abschnitt 9.2, »Snort« ab Seite 204) derartige Möglichkeiten.

Diese Betrachtung der Anforderungen im Lichte ihre Realisierung durch die verfügbaren Systeme soll zeigen, dass das ideale Intrusion Detection System noch nicht geschaffen wurde. Auf die Eier legende Wollmilchsau werden die Anwender noch einige Zeit warten müssen.

3.3   Aufwand und Kosten

Der Aufwand für die Installation und Pflege eines IDS-Systems und die damit verbundenen Kosten sind nur schwer abzuschätzen. Bei der Implementierung einer unternehmensweiten Sicherheitsstrategie sind aber Kosten und Nutzen abzuwägen. Hier werden häufig Begriffe wie *Total Cost of Ownership* (TCO) und *Return On Investment* (ROI) verwendet, um die Kosten und den Nutzen einer Strategie und ihrer Umsetzung abzuschätzen. Im Folgenden soll versucht werden, diese Begriffe auf die Umsetzung einer Intrusion Detection-Lösung anzuwenden.

Die folgenden Ausführungen können jedoch nur als eine grobe Richtung angesehen werden und sind sehr stark abhängig von der lokalen Umgebung im Unternehmen, dem vorhandenen Know-how und den verfolgten Zielen bei der Implementierung einer Intrusion Detection-Lösung. Die angegebenen Zahlen entsprechen den Erfahrungen der letzten Monate und Jahre bei der Implementierung von IDS Systemen in kleinen Umgebungen und werden sich sicherlich in nächster Zeit ändern. Auf der Kostenseite ist zum einen mit einer möglichen Reduktion zu rechnen, da die Konkurrenz unter den Firmen, die derartige Leistungen als externe Dienstleister anbieten, größer wird. Genauso können die Kosten in diesem Bereich aber auch steigen, da der Bedarf stark steigen wird. Eine IDS-Lösung von der Stange passt nur in den seltensten Fällen, sodass meist Beratungsleistungen erforderlich sind. Diese können intern zur Verfügung gestellt wie auch extern eingekauft werden. Dies wird entsprechend dem Gesetz von Angebot und Nachfrage möglicherweise auch die Kosten steigen lassen.

Eine Begründung für die Einführung eines IDS und eine Berechtigung für die damit verbundenen Kosten sind häufig nur sehr schwer zu finden. Meist ist die Begründung »FUD«. FUD steht für Fear (Angst), Uncertainty (Unsicherheit) und Doubt (Zweifel).

Dies überzeugt jedoch kaum das Management einer Firma geschweige denn die Aktionäre in einer Aktiengesellschaft, für die jede Ausgabe einen Verlust darstellt. Hier sind harte Zahlen gefragt. Bis zum letzten Jahr (2001) waren keine Zahlen verfügbar, die den Wert eines IDS messen konnten. Erforderlich sind Gutachten, die es ermöglichen, den ROI (Return on Investment) oder besser den Return On Security Investment (ROSI) zu berechnen. Eine Messung des Sicherheitsstandards ist jedoch sehr schwer oder unmöglich. Eine Quantifizierung der Sicherheit erfolgt immer in Anteilen subjektiv. Ich sehe diese Sichtweise sehr kritisch, aber sie wird sich auf Dauer durchsetzen.

Die Ausgabe 02/2002 des CIO-Magazins (*http://www.cio.com*) fasst die Probleme recht gut zusammen und stellt erste Forschungsergebnisse in diesem Bereich vor. Hier wird die Anschaffung eines Intrusion Detection-Systems mit der Anschaffung von Sprinkleranlagen in Baumwollspinnereien im 19. Jahrhundert verglichen. Im Weiteren wird in diesem Artikel die Forschungsarbeit von HuaQuiang Wei beschrieben, der, bei der Entwicklung des IDS Hummer (*http://www.csds.uidaho.edu/~hummer/*), erstmalig versuchte, die Kosten eines Angriffes zu quantifizieren und mit den Kosten zu vergleichen, die für den Aufbau des IDS erforderlich sind. Diese Daten wurden leider nicht veröffentlicht. Jedoch behauptet der zitierte Artikel, dass ein IDS-System, welches Kosten von $ 40.000 verursacht, in der Lage war, zu 85% Angriffe zu erkennen, die ansonsten Kosten von $ 100.000 erzeugt hätten. Damit kann das IDS $ 85.000 einsparen. Abzüglich den $ 40.000 Investition bleibt ein Nettogewinn von $ 45.000.

Hierbei handelt es sich jedoch weiterhin um Zahlen, die scheinbar aus der Luft gegriffen sind. Im August 2002 wurden auf der Webseite *http://www.security focus.com* zwei Artikel veröffentlicht, in denen David Kinn und Kevin Timm neue Rechenverfahren zur Diskussion stellten. Diese Berechnungsmethoden stellten zum Zeitpunkt der Verfassung dieses Buches die letzten und fortgeschrittensten Methoden zur Berechnung des ROI eines IDS dar.

In diesen beiden Artikeln wird der Return on Investment als Formel entwickelt:

```
ROI = R - ALE
Return on Investment = Recovery Cost - Annual Loss Expectancy
```

Der Return on Investment ist der zu erwartende Nettogewinn durch die Investition. Die Recovery Cost sind die aufzuwendenden Kosten bei den Einbrüchen, wenn kein IDS installiert ist. Die Annual Loss Expectancy bezeichnet die zu erwartenden Verluste, wenn ein IDS installiert ist. Die ALE kann weiter aufgeschlüsselt werden als:

```
ALE = (R - E) + T
Annual Loss Expectancy = (Recovery Cost - Annual Savings) + Annual Cost of IDS
```

Diese Artikel entwickeln die Formel weiter und versuchen die Einsparungen zu quantifizieren. Hierzu werden zunächst die zu schützenden Werte als Asset Value (AV) quantifiziert. Diese enthalten sämtliche Werte des möglicherweise kompromittierten Systems: Hardware, Software und Daten. Anschließend wird zusätzlich ein *Exposure Factor* (EF) eingeführt. Hiermit soll die Verwundbarkeit und Erreichbarkeit des initial kompromittierten Systems in Prozent gemessen werden. Zusätzlich werden die *Underlying Exposed Assets* (UEA) definiert. Dies sind die Systeme, die in einem zweiten Schritt bei einem Angriff vom Angreifer erreicht werden können. Hierfür wird auch ein Secondary Exposure Factor (EFs) definiert, der die prozentuale Verwundbarkeit dieser Systeme beschreibt. Anschließend wird aus diesen Daten ein *Cascading Threat Multiplier* (CTM) berechnet. Dieser stellt die eigentliche Neuerung bei dieser Methode dar. Der Angriff wird nicht singulär betrachtet, sondern die Berechnung bezieht weitere Systeme, die anschließend von dem Angreifer leichter attackiert werden können, mit ein. Aus den Werten der betroffenen Systeme lassen sich dann die CTM und die *Single Loss Expactancy* (SLE) berechnen. Die SLE bezeichnet die voraussichtlichen Kosten bei einem Einbruch auf einem System mit den erwarteten zusätzlichen Angriffen auf sekundären Systemen. Die CTM und die SLE werden berechnet als:

```
CTM = 1 + (( UEA x EFs ) / AV )
SLE = EF x AV x CTM
```

Um nun die jährlichen Verluste durch Angriffe zu berechnen, fehlt eine Angabe der Häufigkeit der Angriffe. Dies wird in der Variable *Annual Rate of Occurance* (ARO) ausgedrückt. Der jährliche Verlust durch einen Angriff kann dann berechnet werden als:

```
ALE = SLE x ARO
```

Nun sind weiterhin Annahmen erforderlich, die sich teilweise auf die Studien von HuaSamiang Wei stützen lassen und die Wirksamkeit eines IDS beschreiben. Hier wird davon ausgegangen, dass ein IDS im Schnitt in der Lage ist, Angriffe zu 80% zu erkennen. Es sind jedoch sicherlich nicht alle Angriffe gefährlich und erfolgreich. Daher soll hier von etwa 50% erfolgreichen Angriffen ausgegangen werden.

Um nun auf die Formel vom Beginn zurückzukommen, ist der ROI dann:

```
ROI = ALE - (ALE - 50% x ALE + T)
ROI = 50% ALE - T
```

Nun bleibten noch die Werte ALE und T zu bestimmen. Im Folgenden soll von der Firma *nohup.info* ausgegangen werden, die über eine Zentrale mit drei Filialen verfügt. Diese Firma verdient ihr Geld mit der Bereitstellung von Webdiensten. Da der Name Programm ist, garantiert diese Firma die ununterbrochene Bereitstellung dieser Dienste. Sie besitzt momentan 1500 Kunden und die Tendenz ist stark steigend. Sie garantiert jedem Kunden die ununterbrochene Verfügbarkeit der Dienste. Hierfür zahlt jeder Kunde mindestens EUR 250 pro Monat. Insgesamt erhält die Firma nohup.info pro Monat Einnahmen in der Höhe von EUR 450.000 für ihre Internetdienste. Ein Ausfall ihrer Internetverbindung würde diese Firma zahlungsunfähig machen. Ein Einbruch und die Offenlegung von internen Daten würde sie in den Ruin treiben.

Die Firma nohup.info wird über einen Router mit dem Internet verbunden. Intern verwendet sie momentan einen Apache-Webserver. Auf dringenden Kundenwunsch wird aber demnächst auch ein Windows 2000-Rechner mit IIS-Webserver eingerichtet werden. Auf beiden Plattformen werden Java-Applikationsserver eingesetzt. Der Wert jedes einzelnen Systems (Asset Value, AV) beträgt etwa EUR 3.000). Da die Systeme leidlich gut gewartet werden, liegt der Exposure Factor bei 50%. Die Administratoren dieser Firma sind wie bei allen Start-Ups hoffnungslos überlastet. Hinter diesen Systemen befindet sich das gesamte Know-how und die einzige Einnahmequelle der Firma. Ein Einbruch hätte katastrophale Folgen. Daher kann der monatliche Umsatz der Firma als Grundlage für die Underlying Exposure Assets herangezogen werden: EUR 450.000. Die entsprechende Verwundbarkeit dieser sekundären Rechner ist recht hoch, wenn der Angreifer sich bereits derartig nah an das Netzwerk heranarbeiten und einen primären Einbruch erfolgreich durchführen konnte. Daher ist der EFs (Secondary Exposure Factor) mit 50 % recht großzügig bemessen. Dieser Faktor muss nach oben angepasst werden, wenn zwischen den primären und den sekundären Systemen Vertrauensstellungen existieren. Hierbei kann es sich um Microsoft Windows NT- oder 2000-Domänen handeln. Jedoch genügen bereits gemeinsame Kennworte der Administratorkonten auf den Systemen. Dann ist dieser Faktor auf etwa 70-80 % anzupassen. Schließlich ist die Wahrscheinlichkeit eines Angriffes zu bewerten. Die Erfahrung zeigt, dass etwa vier bis fünf neue erfolgreiche Angriffe gegen gut gewartete Microsoft-Betriebssysteme und ein bis zwei erfolgreiche Angriffe gegen gut gewartete Linux-Distributionen pro Jahr veröffentlicht werden. Dies setzt bereits eine sehr stringente Administration der Systeme voraus. Diese Systeme bieten keine unnötigen Dienste an und die vorhandenen Dienste sind optimal konfiguriert. Ist dies nicht der Fall, so ist bei beiden Betriebssystemen die Zahl mit mindestens 2 zu multiplizieren. In der Vergangenheit durfte bei Linux- oder UNIX-Betriebssystemen in diesem Fall eine Multiplikation mit 4 oder 5 durchgeführt werden. UNIX- wie Linux-Betriebssysteme aktivierten in der Vergangenheit alle installierten Dienste. Dies ist heute (beginnend mit den Linux-Distributionen SuSE 8.0 und Red Hat 7) nicht mehr der Fall.

Nun kann die SLE berechnet werden:

```
CTM = 1 + (( UEA x EFs ) / AV ) = 1 + (( 450.000 x 50 % ) / 3.000 = 76
SLE = EF x AV x CTM = 50 % * 3.000 * 76 = 114000
```

Diese Rechnung zeigt bereits die Besonderheit bei der Berechnung nach Kinn und Timm. Die sekundär verwundbaren Systemen gehen stark in die Bewertung mit ein. Dies entspricht auch der Erfahrung in einem echten Angriff.

Um nun die Annual Loss Expectancy (ALE) zu berechnen, ist es erforderlich, diese Zahl mit der erwarteten Häufigkeit eines derartigen Angriffes zu multiplizieren. Wird hier von 1,5 statistisch erfolgreichen Angriffen pro Jahr ausgegangen, so ergibt sich eine ALE von:

```
ALE = ARO * SLE = 1,5 x 114.000 = 171.000
```

Wenn nun angenommen wird, dass ein IDS in der Lage ist, diese Angriffe in 50% der Fälle so zu entdecken und zu reagieren, dass diese Angriffe leicht behoben werden können, ohne dass der Angreifer auf weitere Systeme übergreifen kann, so berechnet sich die ROI als:

```
ROI = 50 % ALE - T
```

Nun fehlen noch die Kosten des Intrusion Detection-Systems (T). Handelt es sich hierbei um Open Source, so sind keine Lizenzgebühren fällig. Es bleiben die Administration und die Wartungskosten, Kosten für die Hardware usw.

Ein Administrator, der 50% seiner Arbeitszeit dem IDS widmet, kostet etwa EUR 40.000 – 50.000 pro Jahr. Es ergibt sich eine ROI von:

```
ROI = 50 % x 171.000 - 50.000 = 35.500
```

Dieses Beispiel sollte im Kleinen die Berechnung des ROI eines Intrusion Detection-Systems mit Zahlen nach der Methode von Kinn und Timm (*http:// online.securityfocus.com/infocus/1621*) zeigen. Für größere Firmen stellen sich selbstverständlich andere Zahlen dar, die den ROI wesentlich deutlicher zeigen. Dennoch, das Beispiel der Firma nohup.info zeigt, wie das IDS einen ROI von etwa 35.000 jährlich erwirtschaften kann. Wenn befürchtet werden muss, dass die Firma nohup.info bei einem erfolgreichen Angriff alle Kunden verliert, so kann als UEA der Jahresumsatz von ca. EUR 5.000.000 eingesetzt werden. Dies wird einen wesentlich deutlicheren ROI aufzeigen.

Die Anwendung dieser Methode und die wirtschaftliche Bewertung von Intrusion Detection-Systemen wird in der Zukunft weiter zunehmen. Hierzu werden weitere Methoden entwickelt werden. Die treibende Kraft werden die Versicherungsunternehmen sein. In naher Zukunft werden diese den IT-Markt wohl in großem Stil erschließen. Hierzu werden vergleichbare Berechnungsmethoden benötigt, die es erlauben, den jährlichen Verlust, die Exposition und die Sicherheitsstandards berechenbar zu machen. Das ist sicherlich nicht so einfach, wie bei Hausrat- oder KFZ-Versicherungen und wird noch einige Forschung erfordern. Dieses Kapitel soll eine momentan verfügbare Berechnungsmethode vorstellen, um die Kosten möglichst objektiv berechnen zu können.

3.4   Kommerzielle und freie IDS

Dieses Kapitel soll verschiedene kommerzielle und frei verfügbare Intrusion Detection-Systeme vorstellen. Die Funktionalitäten der unterschiedlichen Lösungen sollen kurz stichpunktartig aufgeführt werden. Leider bestand nicht die Möglichkeit, sämtliche Funktionalitäten der kommerziellen Systeme zu testen, da der Autor nicht in allen Fällen die entsprechende Testumgebung besaß.

Es handelt sich, wie bereits erwähnt, nicht um einen kompletten Vergleich aller verfügbaren Systeme. Sollte ein Leser eine Ungenauigkeit in diesem Vergleich entdecken oder ein IDS-System fehlen, welches unbedingt aufgenommen werden muss, so würde ich mich über eine E-Mail freuen.

Ein im Internet verfügbarer Vergleich, der jährlich durchgeführt wird, wird von der unabhängigen *The NSS Group* veröffentlicht. Die Dokumente sind nach einer Registrierung online verfügbar oder können als Acrobat-PDF erstanden werden (*http://www.nss.co.uk/*).

Die folgenden IDS-Systeme sind teilweise Stand-Alone-Lösungen und werden in Form einer Appliance verkauft. Eine Appliance stellt eine Kombination aus Hardware und Software dar, die komplett verkauft wird. Häufig kommt hierbei speziell angepasste Hard- oder Software zum Einsatz. Meistens sind diese Appliances in der Lage, eine bessere Leistung zu bieten, als wenn die Software auf handelsüblicher Hardware eingesetzt wird. Jedoch besteht in vielen Fällen die Möglichkeit, die Software einzeln zu erwerben und selbst die Hardware (und möglicherweise das Betriebssystem zur Verfügung zu stellen).

3.4.1 NetRanger/Cisco Secure IDS

Dieses NIDS (*http://www.cisco.com*) wird als Stand-Alone Appliance-Lösung von Cisco vertrieben. Es setzt auf einer stark modifizierten Variante des Sun Solaris UNIX-Betriebssystems auf. Dieses IDS wird in mehreren verschiedenen Ausbaustufen angeboten, die sich in erster Linie in ihrer Leistungsfähigkeit unterscheiden. Als besonderes Feature existiert das Cisco Secure IDS auch als Plug-In für einen Cisco Catalyst 6000 Switch. Dies ermöglicht direkt den Einsatz des IDS im Switch.

- Ausbaustufen:
  - IDS-4210: 45 Mbit/s ca. EUR 7.000
  - IDS-4235: 200 Mbit/s ca. EUR 11.000
  - IDS-4250: 500 Mbit/s ca. EUR 29.000
- Signatur-Analyse:
  - Vordefinierte Signaturen: >300
  - Erkennung von benutzerdefinierten Zeichenketten möglich
  - Updates etwa alle 60 Tage
  - Defragmentierung, Zustandsüberwachung, aber keine Protokolldekodierung
- Reaktion:
  - TCP Reset möglich
- Grafischer Client
  - Microsoft Windows NT
  - Solaris

3.4.2 RealSecure

RealSecure (*http://www.realsecure.com*) ist eines der ersten kommerziellen IDS-Systeme. Die aktuelle Version ist 7.0. Dieses NIDS kann auf verschiedenen Betriebssystemen eingesetzt werden. Zusätzlich wurde ein HIDS-Modul entwickelt: RealSecure Server Sensor.

- Preis
  - Network-Sensor: ca. EUR 9.500
  - Management: ca. EUR 500 pro Sensor
- Betriebssysteme:
  - Microsoft Windows NT/2000
  - Sun Solaris
  - Red Hat Linux
- Signatur-Analyse:
  - Vordefinierte Signaturen: >1.200
  - Unterstützung der Snort-Syntax (Trons Snort)
  - Defragmentierung, Protokolldekodierung, Zustandsüberwachung
- Reaktion
  - Konfiguration der Checkpoint FW-1
- Grafischer Client
  - Microsoft Windows NT/2000

3.4.3 Snort

Snort (*http://www.snort.org*) ist ein freies Open Source NIDS-System. Die aktuelle Version ist 1.8.8. In der Version 1.8.6 ist es von den ISCAlabs (*http://www.iscalabs.com*) zertifiziert worden. Dieses NIDS wurde zu Beginn von Marty Roesch entwickelt und kann auch in Form einer Appliance von verschiedenen Firmen (z. B. Sourcefire *http://www.sourcefire.com*) erworben werden. Inzwischen arbeiten an der Weiterentwicklung von Snort verschiedenste Gruppen mit. So wurden auch grafische Clients für dieses System entwickelt, deren Einsatz später in diesem Buch beschrieben wird. Snort ist ein echtes Open Source-Projekt.

- Preis
  - Open Source, daher keine Lizenzkosten
  - Als Appliance: Sourcefire NS 3000 für Gigabit-Netzwerke: $ 9.995
- Betriebssysteme:
  - UNIX (*BSD, Linux etc.)
  - Microsoft Windows NT

- Signatur-Analyse:
  - Vordefinierte Signaturen: 1881 (Stand 02.09.2002)
  - Tägliche Updates verfügbar durch verschiedenste Websites
  - Einfache Definition neuer Signaturen durch den Benutzer
  - Defragmentierung, Protokolldekodierung, Zustandsüberwachung
- Reaktion
  - TCP Reset, ICMP Unreachable
  - Konfiguration einer Firewall: Checkpoint FW-1, Cisco PIX, Cisco Router (mit SnortSam-Plug-In)
- Grafischer Client für Verwaltung und Analyse
  - Microsoft Windows NT/2000
  - UNIX

3.4.4 Network Flight Recorder NID

NFR (*http://www.nfr.com*) produziert sowohl ein NIDS als auch ein HIDS. Hier soll zunächst das NIDS besprochen werden. Network Flight Recorder ist von Marcus Ranum gegründet worden. Marcus Ranum hat mit der DEC Seal die wahrscheinlich erste Firewall entwickelt. Die NIDS-Sensoren werden als vorkonfigurierte Appliances zur Verfügung gestellt. Es existiert jedoch auch die Möglichkeit, die Software auf üblicher PC-Hardware zu installieren, wenn nur geringe Netzwerkdurchsätze erwartet werden. Die Verwaltung erfolgt von einem Desktop-Rechner.

- Preis
  - NID 310 100 Mbit/s
    - Nur Software: ca $ 7.000
    - Appliance: ca. $ 10.000
  - NID 315 Appliance 3x100 Mbit/s: ca. $ 16.000
  - NID 325 Appliance 1x1 Gbit/s: $ 18.000
- Signatur-Analyse:
  - NCode – Signatur-Sprache, viele Websites bieten Updates in NCode
  - Defragmentierung, Protokolldekodierung, Zustandsüberwachung
- Reaktion
  - TCP Reset
  - Konfiguration einer Firewall

- Grafischer Client für Verwaltung und Analyse
  - Microsoft Windows NT/2000
  - UNIX

3.4.5 Dragon

Dragon (*http://www.enterasys.com*) produziert sowohl ein NIDS als auch ein HIDS. Hier soll das NIDS besprochen werden. Der Dragon Sensor wird als konfigurierte Appliance oder als Software zur Verfügung gestellt.

- Preis
  - Dragon-Sensor
    - Nur Software: ca $ 3.000 – $ 15.000
    - Appliance: ca. $ 7.500 – $ 22.000
- Signatur-Analyse:
  - Vordefinierte Signaturen: >1300
  - Benutzerdefinierte Signaturen mit Scriptsprache
  - Wöchentliche Updates
  - Defragmentierung, Protokolldekodierung, Zustandsüberwachung
- Reaktion
  - Benutzerdefinierte Befehle
- Grafischer Client für Verwaltung und Analyse
  - UNIX

3.4.6 Entercept

Entercept (*http://www.entercept.com*) ist ein HIDS. Der Hersteller bezeichnet es als ein Verteiltes Host Intrusion Prevention-System. Es überwacht die Systemaufrufe im Betriebssystem und verhindert so einen Einbruch. Hierzu erlaubt es die Definition von Richtlinien in einer Regeldatenbank. Die Agents überwachen zentral gesteuert die einzelnen Rechner. Der Enteract Agent ist verfügbar für Microsoft Windows NT und 2000 und Sun Solaris. Die Verwaltungskonsole ist nur für Microsoft-Betriebssysteme verfügbar.

- Preis
  - Enteract Sensor: ca. $ 1.300
  - Enteract Console: ca. $ 5.000
- Überwachung:
  - Sämliche Prozessaufrufe
  - Zugriffe/Modifikation der Registry (Nur WinNT/2k)

- – Protokolldateien
- – Installation von Hintertüren
- Reaktion
  - – Verhindert die Ausführung des Angriffes
- Grafischer Client für Verwaltung und Analyse
  - – Microsoft Windows NT und 2000

3.4.7 NFR HID

Das NFR HID (*http://www.nfr.com*) ist ein HIDS der Firma NFR (s.o.). Es handelt sich ebenfalls um ein Verteiltes Host Intrusion Detection-System. Zusätzlich bietet es als Intrusion Management-System (IMS) auch NIDS-Funktionalitäten. Die Agents überwachen zentral gesteuert die einzelnen Rechner. Das NFR HIDS basiert auf der Centrax-Technologie von Cybersafe (*http://www.cybersafe*) und wurde stark modifiziert und erweitert. Der Agent ist verfügbar für Microsoft Windows NT4.0, Windows 2000, Sun Solaris 2.5, 2.6, 7.0 und 8.0, HP-UX 10.2 und 11.0 und IBM AIX 4.2.1, 4.3.2 und 4.3.3.

- Preis
  - – StarterPack (Konsole + 10 Sensoren) ca. $ 13.000
  - – Weitere Sensoren: ca. $ 800
- Überwachung:
  - – Benutzerverhalten
  - – Netzwerkverkehr des Rechners
  - – Protokolldateien
  - – Integritätstests mit *Tripwire*
- Reaktion
  - – Abmeldung des Benutzers
  - – Deaktivierung des Benutzerkontos
  - – Aktivierung von *Tripwire*
- Grafischer Client für Verwaltung und Analyse
  - – Microsoft Windows NT und 2000

3.4.8 LIDS

LIDS (*http://www.lids.org*) ist ein freies Open Source HIDS. Es arbeitet ähnlich wie das Werkzeug Enteract. Das Linux Intrusion Detection-System überwacht sämtliche Zugriffe auf Ressourcen im Kernel und kann den Zugriff entsprechend

definierter Richtlinien erlauben oder verweigern. LIDS steht nur als Patch für
Linux-Kernel 2.2 und 2.4 zur Verfügung.

- Preis
  - Open Source
- Überwachung:
  - Benutzerverhalten
  - Portscans
  - Protokolldateien
  - Verhalten der einzelnen Prozesse
  - Kernelprozesse/Module
- Reaktion
  - Abmeldung des Benutzers
  - Verweigerung des Zugriffes
- Grafischer Client für Verwaltung und Analyse
  - Nein

3.4.9 Tripwire

Tripwire (http://www.tripwire.org) ist ein freies Open Source HIDS für Linux.
Varianten für andere Betriebssysteme sind kommerziell erhältlich (*http://
www.tripwire.com*). Es handelt sich um ein Werkzeug, welches die Integrität der
Systemdateien in regelmäßigen Abständen überprüft.

- Preis
  - Open Source
- Überwachung:
  - Dateien und Datei-Inhalte
- Reaktion
  - Lediglich Alarmierung per E-Mail
- Grafischer Client für Verwaltung und Analyse
  - Nein, der Tripwire Manager ist lediglich kommerziell verfügbar für
    Microsoft Windows NT4.0 und 2000 und Sun Solaris (SPARC) 7 und 8.
    Der Tripwire-Manager kann dann die Tripwire-Installation auf den fol-
    genden Plattformen verwalten und überwachen: Windows NT4.0 und
    2000, Solaris (SPARC), IBM AIX; HP-UX, Compaq Tru64, FreeBSD
    und Linux.

Kapitel 4

Rechtliche Fragestellungen beim Einsatz eines IDS

Dieses Kapitel nennt die Gesetze, die bei einem Einsatz eines Intrusion Detection-Systems in der Bundesrepublik Deutschland zu beachten sind. In anderen Ländern sind die entsprechenden Gesetze zu konsultieren. Die angesprochenen Gesetze sind grundsätzlich zu beachten, wenn Rechnersysteme zur Datenverarbeitung eingesetzt werden. Jedoch erfordert der Einsatz eines IDS eine zusätzliche Betrachtung dieser Gesetze.

4.1 Welche Gesetze sind anwendbar?

Bei der Betrachtung der rechtlichen Fragestellungen beim Einsatz eines IDS müssen zwei Aspekte besonders betrachtet werden. Hierbei handelt es sich um

- den Datenschutz und
- die Verwertbarkeit der Daten vor Gericht.

Diese beiden Aspekte sollen nun kurz beleuchtet werden. Hierbei kann nur die persönliche Erfahrung des Autors wiedergegeben werden. Es handelt sich dabei um keine vollständige oder gar rechtsverbindliche Aussage. Sämtliche Darstellungen dieses Kapitels sind immer im Lichte der speziellen Situation neu zu evaluieren und mit der Rechtsabteilung des eigenen Unternehmens/Behörde abzustimmen.

4.1.1 Datenschutz und IDS

Hier kommen die folgenden Gesetze zum Tragen (keine Gewähr für Vollständigkeit):

- Recht auf informationelle Selbstbestimmung (Art. 1 Abs. 1 GG)
- Zweckbindung der Daten (BDSG § 3, § 14 (4) und § 31)
- Innerbetriebliche Mitbestimmung (BtrVG § 87 (1))
- Gesetz über die Nutzung der Teledienste (TDG)
- Teledienstedatenschutzgesetz (TDDSG § 4-6)

Ausführliche Ausführungen zu diesem Thema finden sich auch in dem Script *Internetrecht* von Dr. Thomas Hoeren (*http://www.uni-muenster.de/Jura.itm/ hoeren/*).

Das Bundesdatenschutzgesetz (BDSG) definiert in § 3 Abs. 1 den Schutz der personenbezogenen Daten. Dies begrenzt den Datenschutz auf natürliche Personen. Daten juristischer Personen werden nicht durch das BDSG geschützt. Das BDSG schützt alle Informationen, die eine Aussage über den Betroffenen machen (Name, Anschrift, Staatsangehörigkeit, Beruf etc.).

Sobald diese Daten anonymisiert oder aggregiert vorliegen, ist es herrschende Meinung, dass sie keine Einzelangaben mehr sind, wenn kein Rückschluss auf die einzelne Person möglich ist. Erfolgen Zuordnungen einzelner Benutzer zu diesen Gruppen, so wird jedoch der Personenbezug wiederhergestellt. Die Anonymität wird nach § 3 Abs. 7 BDSG als ausreichend angesehen, wenn die Daten »nicht mehr oder nur mit einem unverhältnismäßig großen Aufwand an Zeit, Kosten und Arbeitskraft einer bestimmten oder bestimmbaren natürlichen Person zugeordnet werden können«. Anonyme oder pseudomisierte Speicherungen sind erlaubt, wenn nicht eine Auflösung der Anonymität oder der möglicherweise verwendeten Pseudonyme durch den Datenverarbeiter möglich ist. Hierzu kann es zum Beispiel sinnvoll sein, die Daten getrennt zu speichern, sodass Verbindungsdaten und Personendaten auf unterschiedlichen Systemen an unterschiedlichen Orten gespeichert werden. Der Datenverarbeiter ist dann nicht autorisiert, auf beide Quellen zuzugreifen.

Das BDSG schützt sämtliche Verarbeitungsphasen der Daten: Erhebung, Speicherung, Veränderung, Übermittlung, Sperrung und Löschung. Dieser Schutz ist in § 3 des BDSG definiert.

Grundsätzlich ist jede Verarbeitung personenbezogener Daten verboten. Eine Verarbeitung ist nur erlaubt, wenn

- die betroffene Person ihre Einwilligung schriftlich erklärt hat,
- die Erlaubnis in einem Tarifvertrag oder einer Betriebsvereinbarung enthalten ist oder
- eine gesetzliche Vorschrift existiert.

Die schriftliche Einwilligung durch den Betroffenen ist nach § 4a Abs. 1 BDSG nur möglich, wenn der Betroffene zuvor über den Zweck der Speicherung und die mögliche Übermittlung der Daten aufgeklärt wurde. Besteht nicht die Möglichkeit, eine schriftliche Einwilligung der Betroffenen (z. B. bei Online-Verträgen) einzuholen, so erlaubt § 3 des TDDSG eine elektronische Einwilligung, die so gestaltet ist, dass eine bewusste Handlung des Kunden vorliegt. Genaue Angaben sind dem Gesetz zu entnehmen.

Die Erlaubnis kann auch in einem Tarifvertrag oder einer Betriebsvereinbarung geregelt werden. Zunächst ist die Nutzung der Internetdienste in dienstliche und private Nutzung zu trennen. Eine Überwachung privater E-Mails fällt unter das Fernmeldegeheimnis (§ 85 TKG). Darf der Anwender nur dienstliche E-Mails versenden, so darf der Arbeitgeber wahrscheinlich den Ein- und Ausgang von E-Mails einschließlich der Zieladressen festhalten. Er darf ferner bei Abwesenheit des Mitarbeiters E-Mails lesen, sofern diese nicht als privat zu erkennen sind. Ansonsten ist nur die Lektüre bei Nachweis eines berechtigten Interesses erlaubt (Verdacht auf strafbare Handlungen, Gefährdung des Betriebsfriedens oder Betriebsgeheimnisse).

Eine gesetzliche Vorschrift kann ebenfalls die Speicherung personenbezogener Daten erlauben. Sobald die Daten für die Rechnungsstellung benötigt werden oder für die Aufrechterhaltung des technischen Betriebes erforderlich sind, dürfen sie wahrscheinlich zweckgebunden gespeichert werden. Eine Löschung der Daten ist erforderlich, sobald sie nicht mehr benötigt werden.

Laut § 9 des Telekommunikations-Datenschutzgesetzes darf ein Telekommuni-
kationsanbieter im Einzelfall die Bestandsdaten und Verbindungsdaten der Beteiligten erheben, verarbeiten und nutzen, wenn dies zur Erkennung, Eingrenzung
und Beseitigung von Störungen dient.

Liegen Anhaltspunkte vor, so dürfen alle Bestands- und Verbindungsdaten erhoben, verarbeitet und genutzt werden, die zum »Aufdecken sowie Unterbinden
von Leistungserschleichungen und sonstigen rechtswidrigen Inanspruchnahmen
der Telekommunikationsnetze und -dienste erforderlich sind«. Hiervon sind
jedoch unverzüglich die Regulierungsbehörde für Telekommunikation und Post
und der Bundesbeauftragte für den Datenschutz in Kenntnis zu setzen.

Ein wahrscheinlich unproblematischer Einsatz eines IDS-Systems ist nur zu
gewährleisten, wenn die schriftliche Einwilligung der Beteiligten beziehungsweise eine Betriebsvereinbarung vorliegt oder das IDS nur bei einem Missbrauch
im Einzelfall eine Protokollierung der Verbindungsdaten vornimmt. Dies ist
jedoch kritisch, da das IDS falsch-positive Meldungen erzeugen kann. Es muss
daher versucht werden, möglichst sämtliche falsch-positiven Meldungen zu
unterdrücken.

§ 31 BDSG schreibt dann aber vor, dass die personenbezogenen Daten, die ausschließlich zu Zwecken der Datenschutzkontrolle, der Datensicherung oder zur
Sicherstellung eines ordnungsgemäßen Betriebes einer Datenverarbeitungsanlage
gespeichert werden, nur für diese Zwecke verwendet werden dürfen. Sie dürfen
zum Beispiel nicht zur Leistungskontrolle ausgewertet werden.

4.1.2 Verwertbarkeit vor Gericht

Die Verwertbarkeit der Daten von Intrusion Detection-Systemen vor Gericht
wird in zwei verschiedenen Gesetzen geregelt: in der Strafprozessordnung
(StPO) und in der Zivilprozessordnung (ZPO). Die Ergebnisse eines IDS sind
vor Gericht so zu behandeln wie der Augenschein oder eine Zeugenaussage. Die
Bewertung kann jedoch auch durch einen Sachverständigen vorgenommen werden. Es handelt sich nicht um ein rechtsverbindliches Beweismittel im Sinne von
§ 416 ZPO.

Von großem Nachteil ist die Tatsache, dass diese Daten üblicherweise sehr leicht
modifiziert oder gänzlich künstlich erzeugt werden können. Hier ist es erforderlich, die IDS-Daten mit einer automatischen Integritätssicherung zu versehen,
die eine spätere Modifikation erkennen lässt. Dies kann eine Speicherung auf
read-only-Datenträgern oder eine digitale Signatur sein. Ein weiteres Problem
stellt die Authentizität der Daten dar. Es muss gewährleistet sein, dass die Daten
so erhoben wurden, wie sie tatsächlich vorlagen und bei der Erhebung es nicht
zu einer Verfälschung der Daten gekommen ist. Eine Nachvollziehbarkeit ist am
wahrscheinlichsten beim Einsatz eines Open Source-Systems oder der Verwendung zertifizierter Software gewährleistet.

4.1.3 Allgemeiner Hinweis

Die hier gegebenen Ausführungen und Zitate wurden nach bestem Wissen ohne jede Gewährleistung und Anspruch auf Vollständigkeit gegeben. Eine Evaluierung muss immer vor Ort durch die entsprechende Rechtsabteilung des Unternehmens erfolgen. Einige weitere Hinweise diesbezüglich erfolgen im Kapitel 13, »Datenschutz-Aspekte in einem Unternehmensnetzwerk« ab Seite 387.

Kapitel 5

Vorbereitung auf den Ernstfall

Dieses Kapitel beschäftigt sich mit den vorbereitenden Maßnahmen beim Einsatz eines Intrusion Detection Systems. Hierbei handelt es sich auch um allgemeine Maßnahmen, die grundsätzlich bei der Entwicklung einer Sicherheitsstrategie ins Auge gefasst werden sollten. Bei der Umsetzung einer IDS-Struktur sind diese Maßnahmen aber besonders wichtig. Im Wesentlichen handelt es sich um folgende Fragestellung: Wer reagiert wie und wann?

5.1 Notfallteam: Computer Emergency Response Team

Bevor ein IDS-System implementiert wird, sollten bereits gewisse Vorkehrungen getroffen werden. Eine grundsätzliche Frage ist: Wer reagiert in einem Notfall (z. B. Einbruch)? Wird diese Frage erst gestellt, wenn der Einbruch stattgefunden hat, ist es eigentlich immer zu spät. Es finden sich möglicherweise nicht die geeigneten Personen. Die Teamarbeit dieser Personen ist nicht erprobt und die Kompetenzen sind nicht im Vorfeld abgeklärt worden. Die Kenntnisse der Personen genügen möglicherweise nicht dem Anspruch eines Notfallteams und die Personen benötigen zusätzliche Schulungen. Eine Anerkennung der Ergebnisse vor Gericht ist sehr fraglich, da die Fachkunde und die Sachkenntnis der beteiligten Personen nicht nachgewiesen werden kann.

Um derartige Probleme zu vermeiden, sollte jedes Unternehmen ab einer bestimmten Größe über ein Incident Response Team oder Computer Emergency Response Team (CERT) verfügen, welches in Notfällen die Kompetenz und das Wissen besitzt, zu reagieren. Hierzu sind die folgenden Fragen zu klären:

- Wie wird dieses Team finanziert?
- Wer ist Mitglied des Teams?
- Wem ist das Team Rechenschaft schuldig und wer ist weisungsberechtigt gegenüber dem Team?
- Welche Dienste bietet das CERT?

Die Vorteile eines derartigen Teams liegen auf der Hand. Die folgende Auflistung stellt eine Auswahl der Vorteile eines vorhandenen Teams dar:

- **Wissen.** Die Mitglieder des Teams können spezifisch geschult werden und beschäftigen sich mit hoher Priorität mit den Themen, für die das Team geschaffen wurde.
- **Koordination.** Die Kompetenzen im Team können einmalig verteilt werden. Eine Koordination unter den Mitglieder ist sehr leicht möglich, da sowohl der Leiter als auch die einzelnen Mitglieder ihre Fähigkeiten und Verfügbarkeiten gut beurteilen können.
- **Vorsorge.** Das Team ist in der Lage, Sicherheitsprobleme bereits im Vorfeld zu erkennen und deren Abhilfe anzuregen.
- **Unabhängigkeit.** Das Team kann als eigenständige Struktur im Unternehmen frei von politischen Querelen und Barrieren arbeiten.

Bei der Bildung eines Notfallteams wird häufig zu Beginn die Frage aufgeworfen, wie groß das Team werden muss. Dies hängt sicherlich von der Größe des Unternehmens und der Vielfalt der eingesetzten Systeme ab. Kleine Firmen werden kein Team bilden, da sie nicht über die personellen Ressourcen verfügen. Hier wird es sich meist um eine einzelne Person handeln, die die Aufgaben des Teams wahrnehmen wird. Je größer das Unternehmen ist und je mehr verschiedene Systeme zum Einsatz kommen, umso größer wird das Team werden. Das Team soll mindestens einen Experten für jedes eingesetzte Computersystem enthalten. Diese Personen müssen nicht ständige Mitglieder des Teams sein. Sie können bei Bedarf hinzugerufen werden. Es sollten aber einige ständige Mitglieder zur Koordination des Teams vorhanden sein.

Die Anforderungen an das Team und seine Funktionen müssen die folgenden Punkte umfassen:

- Das Notfallteam und die betroffene Abteilung führen gemeinsam die Tätigkeiten zur Behandlung des Notfalls durch. Jedoch sollte grundsätzlich geklärt sein, wer in diesem Fall weisungsberechtigt ist. Es ist auch möglich, dass das Team die vollständige Kontrolle übernimmt. Dies führt jedoch häufig zu einer fehlenden Bereitschaft zur Zusammenarbeit bei den betroffenen Abteilungen.

- Das Notfallteam sollte den Kontakt zu anderen Teams weiterer Unternehmen oder zu öffentlichen Notfallteams zum Zwecke des Informationsaustausches aufrechterhalten und pflegen. Hierbei sind die nationalen CERTs, CERT-Bund (*http://www.bsi.bund.de/certbund*) und DFN-CERT (*http://www.cert. dfn.de/*) sowie das CERT/CC (*http://www.cert.org*) besonders zu erwähnen.

- Das Notfallteam sollte Werkzeuge zur Verbesserung der Sicherheit entwickeln und/oder evaluieren.

- Das Notfallteam sollte Planungen für den Fall eines Einbruches oder eines Angriffes durchführen. Übungen ähnlich einer Feuerwehrübung können die Funktionsweise des Plans testen und nachweisen.

- Das Notfallteam muss seine eigenen Fähigkeiten in Schulungen erweitern und durch Schulungen der Mitarbeiter diese Informationen auch weitergeben.

In vielen Fällen werden die Unternehmen jedoch nicht selbst ein Team bilden wollen, welches diese Funktionen wahrnimmt, sondern diese Leistung extern einkaufen. Dies kann, insbesondere für kleinere Unternehmen, eine sehr effektive und kostengünstige Variante darstellen, da das Team nur mit den tatsächlich vorkommenden Ereignissen umgehen muss. Es muss nicht rund um die Uhr vor Ort verfügbar sein. Leider kennen derartige externe Notfallteams häufig nicht die internen Strukturen und Anforderungen des Unternehmens gut genug, um auf diese eingehen zu können. Des Weiteren sind diese Teams nicht immer verfügbar. Die Qualität ihrer Arbeit ist schwer zu beurteilen. Es existieren unterschiedlichste Anbieter mit den unterschiedlichsten Dienstleistungen in diesem Bereich des Marktes. Der teuerste ist nicht immer unbedingt der beste Anbieter.

5.2 Notfallplan

Ein ausgearbeiteter Notfallplan ist bei einem sicherheitsrelevanten Ereignis schnell in der Lage, Organisation in das enstehende Chaos zu bringen. Meist entsteht bei einem sicherheitsrelevanten Ereignis, wie zum Beispiel bei einem Einbruch auf einem Webserver, eine ziellose ungeordnete Aktivität, bei der verschiedenste Personen unterschiedliche Richtungen in der Behandlung des Ereignisses einschlagen.

Ein Einbruch ist vergleichbar mit einem Feuer. Das Notfallteam stellt die Feuerwehr dar. Eine Feuerwehr ohne Organisation und Plan ist kann nur die einfachsten und kleinsten Feuer löschen. Sobald ein Mehrfamilienhaus oder eine Lagerhalle mit unbekanntem Inhalt brennt, kann sie nicht mehr adäquat reagieren. Müssen zuerst Menschen gerettet werden? Mit welchen Löschmitteln darf gelöscht werden? Ist Atemschutz zu tragen? Kann das Feuer auf andere Gebäude übergreifen? Die Antworten auf diese Fragen und die Reihenfolge der auszuführenden Arbeiten können nur durch sorgfältige Planung und Training im Vorfeld bestimmt werden. Das Notfallteam steht vor denselben Fragen.

Der Notfallplan sollte die folgenden Fragen beantworten:

- Wie erfolgt die Alarmierung des Notfallteams?

  Dies beinhaltet die Adressen der Mitglieder, Mobiltelefon-Nummern und Regeln der Eskalation.

- Reaktion auf die üblichen Gefahren
  - Virus-Infektion
    - Auf einem Rechner
    - Infektion aller/vieler Rechner

  - Angriff eines Servers
  - Einbruch auf einem Server
    - Darf der Rechner abgeschaltet werden?
    - Wie lange darf der Rechner vom Netzwerk getrennt werden?

  - Angriff/Einbruch auf einer Workstation

- Recovery
  - Wird eine forensische Analyse durchgeführt?
  - *Wer* stellt *wann* den sicheren Zustand des Rechners *wie* wieder her?

- Berichterstattung
  - *Wer* erstattet *wann* und in welchen Abständen Bericht?
  - *Wie* ausführlich ist dieser Bericht?

Werden diese Fragen bereits im Vorfeld für die in Frage kommenden Rechner in einer Sicherheitsrichtlinie beantwortet und diese von der Unternehmensleitung abgesegnet, so kann das eigentliche Problem wesentlich schneller, reibungsloser und zielgerichteter behandelt werden.

5.3 Entwicklung der Sicherheitsrichtlinie

Eine Frage, die bisher noch gar nicht betrachtet wurde, soll in diesem Abschnitt gestellt werden: *Was* ist ein sicherheitsrelevantes Ereignis? Sicherlich ein Angriff oder ein Einbruch. Wie wird dieser Angriff, Einbruch oder Missbrauch definiert? Darf ein Anwender unternehmenseigene Dateien per E-Mail versenden? Darf ein Anwender auf javascripthaltige oder pornographische Seiten zugreifen? Darf ein Anwender ein Modem installieren?

Diese Fragen berühren das Intrusion Detection-System nicht nur am Rande. Ein Intrusion Detection-System ist, wie eine Firewall, in der Lage, bei vielen dieser Fragen das Einhalten einer Sicherheitsrichtlinie zu überprüfen. Hierzu muss allerdings eine Sicherheitsrichtlinie existieren, die mithilfe der Firewall und des IDS-Systems umgesetzt werden kann.

Dieses Kapitel soll einige Hilfen bei der Erstellung einer derartigen Sicherheitsrichtlinie geben.

Es sollten Richtlinien für die folgenden Bereiche entwickelt werden:

- Zugänge
    - Login-Name und Kennwortlänge
    - Verschlüsselung
    - PKI und Smartcards
- Akzeptierte Benutzung (Acceptable Use)
    - Allgemeine Verwendung der Systeme
    - Verhalten bei Viren
- Physikalische Sicherheit
    - Netzwerkarchitektur
    - physikalischer Zugang zu den Rechnern und dem Netzwerk
- Fernzugriff
    - Internetzugriff
    - VPN-Zugriff
    - Websurfen
    - E-Mail

Wichtig ist es bei der Verfassung der Sicherheitsrichtlinien, die Zielgruppe nicht aus den Augen zu verlieren. Die Sicherheitsrichtlinien müssen so verständlich geschrieben sein, dass ein normaler Benutzer in der Lage ist, sie zu verstehen. Dies kann nur durch kurze prägnante Richtlinien erreicht werden. Ein Anwender wird Sicherheitsrichtlinien, die länger als zehn Seiten sind, nicht lesen. Daher sollte für jeden der oben angesprochenen Aspekte eine eigene kurze Richtlinie verfasst werden, die der Anwender bei Bedarf gezielt lesen kann. Eine Benutzerordnung, die versucht, alle Punkte in einem Dokument zu erschlagen, wird wahrscheinlich ein Misserfolg sein, da keiner außer vielleicht der Verfasser selbst sie liest.

Einige der Sicherheitsrichtlinien werden für die Administratoren geschrieben, um sie bei der Umsetzung von Sicherheitsstrukturen zu unterstützen. Hierbei wird der Verfasser nicht bereits die fertige Lösung einer Sicherheitsstruktur vor Augen haben, sondern möglichst allgemein die Richtlinie definieren. Insbesondere die Nennung von bestimmten Produkten und Herstellern, möglicherweise von exakten Technologien, sollte unterbleiben. Werden derartige Spezifikationen in einer Sicherheitsrichtlinie festgelegt, so erschwert dies eine spätere Migration auf eine bessere Lösung eines anderen Herstellers, da zunächst die Richtlinie neu geschrieben werden muss. Dies lässt sich durch eine allgemeine Formulierung vermeiden.

Die Entwicklung von Sicherheitsrichtlinien lässt sich am einfachsten an Beispielen nachvollziehen. Im Folgenden sollen zwei Beispiele vorgestellt werden: *E-Mail* und *Acceptable Use*.

5.3.1 E-Mail Sicherheitsrichtlinie

E-Mail ist die häufigste Anwendung des Internets. E-Mail stellt auch eine der ältesten Anwendungen mit den meisten inhärenten Sicherheitslücken dar. Viele Viren und Würmer der letzten Jahre verwendeten das E-Mail-System für ihre Verbreitung.

- **Architektur:** Das Unternehmen ist verantwortlich für die Einrichtung und Wartung eines Systems für den sicheren und zuverlässigen Austausch von E-Mails innerhalb des Unternehmens und mit anderen Personen und Firmen über das Internet.

- **Untersuchung der E-Mail:** Um die Sicherheit der Firma zu gewährleisten, werden alle E-Mails auf Viren, Würmer, Trojaner und SPAM untersucht. Möglicherweise infizierte E-Mails werden zur Gewährung der Sicherheit nicht zugestellt, sondern für eine spätere Analyse abgespeichert. Der Absender und der Empfänger erhalten eine Benachrichtigung.

- **Aufgaben des Benutzers:** Eine E-Mail darf lediglich dienstliche oder berufliche Zwecke verfolgen. Private E-Mails dürfen nicht versandt werden. Bei der Versendung von E-Mails sind diese digital zu signieren, um eine spätere Modifikation zu verhindern.

- **Inhalt:** Sensitive oder vertrauliche Informationen dürfen nur geeignet verschlüsselt über das Internet an bevollmächtigte Personen gesendet werden. Die E-Mail eines Anwenders wird mit dem Unternehmen identifiziert. Persönliche Meinungen und Stellungnahmen müssen daher als solche gekennzeichnet werden. Der Inhalt einer E-Mail sollte nicht 100 kByte überschreiten. Das Versenden von Microsoft Office-Dokumenten in ihrem nativen Format ist nicht erlaubt. Derartige Dokumente dürfen nur als PDF versandt werden.

5.3.2 Acceptable Use

Diese Richtlinie beschreibt den Zugriff und die Benutzung elektronischer Systeme, die Weitergabe elektronisch gespeicherter Informationen und die Nutzung elektronischer Kommunikationsdienste. Diese Richtlinie betrifft alle Anwender, die die Rechnersysteme der Firma nohup.info verwenden. Das schließt alle Angestellten und externen Berater ein. Als Kommunikationsdienst wird jede Form der elektronischen Kommunikation angesehen (einschließlich des lokalen Netzwerkes, des Internets und der Telekommunikation).

- **Verwendung der Kommunikationssysteme:** Sämtliche Systeme zur Informationsverwaltung und -übertragung dürfen lediglich für dienstliche/berufliche Zwecke genutzt werden. Private Nutzung ist nur im Notfall erlaubt.
- **Überwachung:** Sämtliche Daten, die über die Systeme transportiert werden sind, geistiges Eigentum des Unternehmens. Alle Mitteilungen werden als dienstlich eingestuft. Das Unternehmen hat das Recht, diese Mitteilungen zu überwachen, zu kopieren, zu speichern oder zu löschen.
- **Missbrauch:** Der Missbrauch der Systeme ist nicht erlaubt. Es dürfen keine Daten, die dem besonderen Datenschutz unterliegen, über diese Systeme ausgetauscht werden. Die Anwendung dieser Systeme zum Schaden des Unternehmens ist verboten. Illegale Aktivitäten dürfen nicht auf diesen Systemen ausgeführt werden. Angriffe oder Einbrüche gegen die Systeme des Unternehmens oder Systeme im Internet sind verboten.
- **Software-Installation:** Die Installation zusätzlicher Software durch den Anwender ist nicht erlaubt. Eine Installation darf nur durch die autorisierten Personen vorgenommen werden. Hierbei sind die Lizenzbestimmungen der Software zu prüfen und anzuwenden. Die Anfertigung einer Kopie von Software, die das Eigentum des Unternehmens darstellt, ist nicht erlaubt. Die Kopie lizenzierter Software ist nur nach spezieller Autorisierung erlaubt.
- **Virenschutz:** Anwender dürfen nicht bewusst Viren erzeugen oder in das Netzwerk einschleusen. Bevor Daten auf Unternehmenssysteme übertragen werden, sind die entsprechenden Daten (Dateien, Datenträger) auf Viren zu testen.

Dieses Beispiel orientiert sich sehr stark an Beispielen des anglo-amerikanischen Raumes. Im Kapitel 13, »Datenschutz-Aspekte in einem Unternehmensnetzwerk« ab Seite 387 werden Beispielregelungen für den deutschen Raum vorgestellt.

Kapitel 6

IDS im Einsatz

Dieses Kapitel zeigt den typischen Zyklus bei der Umsetzung einer Sicherheitsstruktur auf. Hierbei wird auch auf den Einsatz eines IDS eingegangen. Der typische Zyklus besteht aus:

1. Prävention
2. Einbruch
3. Erkennung
4. Reaktion
5. Analyse
6. Recovery
7. Konsequenzen

6.1 Prävention

Bei der Umsetzung einer Sicherheitsstruktur wird zunächst mit der Phase der
Prävention begonnen. Hierbei werden grundsätzliche Maßnahmen zur Verbesserung der Sicherheit durchgeführt. Dies sind Maßnahmen sowohl zur Verbesserung der Sicherheit auf Software-Ebene als auch auf physikalischer Ebene.

Die Prävention besteht üblicherweise aus folgenden Eckpfeilern:

* Update der Betriebssysteme
* Deaktivierung der unnötigen Dienste
* Installation von Virenscannern auf den Systemen
* Audit und Reorganisation des Netzwerks
* Räumliche Trennung und Verschluss wichtiger Systeme
* Deaktivierung nicht verwendeter Netzwerkzugänge
* Installation einer Firewall
* Installation eines IDS
* Verwendung verschlüsselter Anmeldesysteme
* Bildung eines Notfallplans und Erzeugung eines Notfallplans

Leider wird die physikalische Sicherheit und die Installation von ID-Systemen
vernachlässigt. Die im Jahre 2002 durchgeführte Umfrage des *Computer Security
Institute* (CSI) in Kombination mit dem *Federal Beureau of Investigations* (FBI)
(503 befragte Unternehmen) zeigt, dass 84% aller Unternehmen physikalische
Sicherheit implementierten, 60% aller befragten Unternehmen verwenden ein
IDS und 50% verwendeten verschlüsselte Anmeldesysteme (*http://www.gocsi.
com/press/20020407.html*). Die im selben Jahr vom AusCERT durchgeführte
Umfrage zeigt ähnliche Werte für die australischen Unternehmen. (*http://www.
auscert.org.au/Information/Auscert_info/2002cs.pdf*)

Eine Aktualisierung der verwendeten Betriebssysteme auf den neuesten Stand und eine Deaktivierung sämtlicher nicht benötigter Dienste sollte selbstverständlich sein. Dies sollte eine allgemeine Tätigkeit der Administratoren bei der Installation und späteren Wartung eines Betriebssystems darstellen. Eine Firewall darf nicht als möglicher Ersatz der Systempflege angesehen werden!

Die Installation von Virenscannern auf allen Systemen ist ebenso erforderlich. Die reine Installation der Virenscanner auf bestimmten Servern ist nur dann möglich, wenn keine eigentlichen Clientsysteme existieren, wie zum Beispiel in einer Terminalserver-Lösung. Ansonsten bestehen zu viele Möglichkeiten des Vireneintritts in ein Netzwerk. Hierbei handelt es sich um E-Mails, Disketten und durch den Anwender hergestellte CD-ROMs. Weitere Möglichkeiten sind denkbar.

Eine Reorganisation der Netzwerkstruktur kann ebenfalls präventiven Charakter haben. Hierbei können die besonders kritischen Systeme für eine einfache Überwachung gruppiert werden. Querverbindungen können unterbunden werden, um eine Überwachung zu garantieren. Dies ermöglicht in einem weiteren Schritt die einfache Installation einer Firewall.

Die Deaktivierung der nicht verwendeten Netzwerkzugänge ist sehr wichtig. Häufig wird dies vergessen. Hiermit sind sowohl ungenutzte Modemzugänge als auch ungenutzte Patch-Dosen gemeint. Ansonsten besteht die Gefahr, dass ein Eindringling einen zusätzlichen Rechner mit dem Netzwerk verbinden kann. Dieser Rechner hat anschließend bereits die Firewall überwunden und kann ohne weitere Beschränkung im Netzwerk agieren. Interessierte mögen sich die Verwendung der Dreamcast-Spielekonsole zu diesem Zweck anschauen: *http://www.dcphonehome.com*.

Schließlich sollte eine Firewall als präventive Maßnahme installiert werden. Die Installation einer Firewall wird sehr ausführlich in verschiedenen weiteren Büchern beschrieben, unter anderem in *Linux Firewalls* von Robert Ziegler (Markt+Technik 2002, ISBN 3-8272-6257-7). Diese Firewall soll den Netzwerkverkehr entsprechend der Sicherheitsrichtlinie überwachen.

Die Installation eines IDS schließt die präventiven Maßnahmen ab. Dieses IDS soll den Erfolg der präventiven Maßnahmen bestimmen. Die Installation eines IDS wird in diesem Buch recht ausführlich behandelt.

Im Wesentlichen handelt es sich bei allen anderen präventiven Maßnahmen um Vorbeugungsmaßnahmen, die die vorhandenen bekannten Sicherheitslücken schließen sollen. Hiermit soll ein Einbruch nach bestem Wissen und Gewissen unmöglich sein.

6.2 Einbruch

Trotz aller präventiven Maßnahmen wird ein Einbruch stattfinden. Es ist eigentlich nur eine Frage der Zeit. Im Bereich der Computersicherheit arbeitet kaum jemand, der nicht selbst Opfer eines Einbruchs wurde. Wird dies dennoch behauptet, so haben diese Personen meist einen erfolgreichen Einbruch nicht erkannt. Diese Einbrüche sind die Folge verschiedenster Aspekte. Meist sind die folgenden Punkte verantwortlich:

- Schlampige Systemwartung
- Fehler bei der Administration der Firewall oder der Router
- Vergessene Testsysteme und -zugänge
- Neue unbekannte Sicherheitslücken in scheinbar sicheren Systemen

Diese Punkte sind verantwortlich für die meisten Sicherheitslücken in modernen Netzwerken. Hierbei handelt es sich zum Beispiel um den Systemadministrator, der vorübergehend die Regeln einer Firewall zu Testzwecken modifiziert. Leider wird nach dem Test vergessen, die Modifikationen wieder rückgängig zu machen oder es existiert keine Dokumentation, die eine Wiederherstellung des Grundzustandes erlaubt.

Genauso häufig werden zu Testzwecken Webserver oder E-Mail-Server installiert, die nach Beendigung des Tests nicht deaktiviert werden (*Wer weiß, ob wir den noch mal gebrauchen können?*).

Ein Einbruch ist also unausweichlich. Dies sollte jedem Administrator deutlich sein, der sich mit Sicherheitsfragen beschäftigt. Angriffe gehören sogar zur Tagesordnung.

6.3   Erkennung

Wenn der Einbruch erfolgt ist, ist es wichtig, diesen zu erkennen. Dies ist Aufgabe des Intrusion Detection-Systems, aber auch des Personals.

Viele Einbrüche können sehr gut von ID-Systemen erkannt werden. Hierzu ist es aber auch erforderlich, dass diese Systeme so installiert wurden, dass eine Erkennung möglich ist. Wenn gewisse Rechner ausgespart werden, weil die Installation eines IDS die Nutzung, Administration und Wartung stark beeinträchtigen würde, so wird dieses System nicht durch ein IDS überwacht. Eine Überwachung kann dann nur sekundär erfolgen, da dieses System vielleicht im Netzwerk Auffälligkeiten zeigt.

Ein typisches Beispiel sind normale Arbeitsplatzrechner. Diese werden meist nicht von einem IDS überwacht. Der geringe Wert der auf dem System gespeicherten Daten rechtfertigt in vielen Fällen nicht den Einsatz eines IDS. Eine Putzfrau oder ein Wartungstechniker ist aber in der Lage, diese Systeme möglicherweise von Diskette neu zu starten oder das Kennwort von einer gelben Klebenotiz unter der Tastatur abzulesen. Anschließend können diese Personen das Netzwerk scannen, Anmeldeversuche auf anderen Rechnern unternehmen oder nur den Netzwerkbetrieb stören. Diese Aktivitäten können nicht von einem IDS auf dem Rechner erkannt werden, da hier kein IDS existiert. Die Erkennung muss über die ID-Systeme erfolgen, welche die sekundär angegriffenen Rechner oder das Netzwerk überwachen.

Eine besondere Sorte von Angriffen kann nur vom Personal erkannt werden. Leider handelt es sich hierbei auch um einen der gefährlichsten Angriffe: *Social Engineering*. Das Social Engineering ist kein Angriff auf die Hard- oder Software, sondern auf den Menschen (genannt *Wetware*). Hierbei wird versucht, durch Täuschung sicherheitsrelevante Informationen zu erhalten. Das CERT/CC hat hierzu zwei Informationen herausgegeben (*http://www.cert.org/advisories/ CA-1991-04.html* und *http://www.cert.org/incident_notes/IN-2002-03.html*).

Damit diese Angriffe aber vom Personal erkannt und gemeldet werden können, ist es erforderlich, dass es diesbezüglich geschult wird.

6.4 Reaktion

Nach Erkennung des Einbruches erfolgt die erste Reaktion. Die wichtigste Regel an dieser Stelle ist:

Do Not Panic!

Anschließend sollten die folgenden Schritte unternommen werden. Dies kann auch im aufgestellten Notfallplan spezifiziert werden.

*   Stopp des Einbruchs, wenn möglich: Trennung des Systems vom restlichen Netzwerk, Deaktivierung des Benutzerkontos etc.[1]
*   Analyse und Dokumentation aller Umstände
*   Spiegelung des Systems für eine spätere Analyse
*   Einschätzung des Vorfalls
*   Berichterstattung

Die Analyse und die Dokumentation der vorgefundenen Umstände des Systems sind wichtig für die nun erfolgende *Einschätzung des Vorfalls*. Es ist nun zunächst wichtig zu ermitteln, wie viele Rechner in welchem Ausmaß und in welcher Form kompromittiert wurden. Dies kann sicherlich nicht sofort in allen Einzelheiten bestimmt werden. Das ist die Aufgabe einer späteren forensischen Analyse. Dennoch sollte durch eine Auswertung der IDS-Daten versucht werden, die betroffenen Rechner und Anwendungen zu bestimmen. Hierbei sollten die folgenden Fragen beantwortet werden:

*   Wie viele Rechner sind betroffen?
*   Wie viele Netzwerke sind betroffen? War der Einbrecher in der Lage, zum Beispiel über ein VPN auf andere Netze zuzugreifen?

---

1 Bei einer Trennung vom Netz ist jedoch zu beachten, dass möglicherweise die Daten über die aufgebauten Netzwerkverbindungen verloren gehen. Diese müssen dann im Vorfeld gesichert werden.

- Hat der Einbrecher privilegierte Rechte (*root*) erlangen können?
- Sind weitere Rechner ähnlich verwundbar?

Die Antworten auf diese Fragen sollten einen groben Eindruck vom Ausmaß des Einbruchs geben. Außerdem sind dies die Fragen, die auch in einem ersten Bericht beantwortet werden müssen.

Die Abgabe eines Berichtes ist verpflichtend. Dies ist am einfachsten mit einer Sicherheitsrichtlinie (Security Policy) zu erreichen. Diese Richtlinie muss die folgenden Punkte definieren:

- *Form des Berichtes:* Dies kann E-Mail, Papierform, mündlich etc. sein.
- *Empfänger des Berichtes*
- *Zeitpunkt des Berichtes:* Wie schnell muss dieser Bericht verfasst werden?
- *Inhalt:* Welche Informationen muss dieser Bericht enthalten und bei welchen Vorfällen muss ein Bericht angefertigt werden?

Dann sollte entschieden werden, wie reagiert wird. Dies kann von einer kompletten Abschaltung bis hin zu einem Ignorieren des Vorfalls reichen, wenn er sich als harmlos herausstellt.

6.5 Analyse

Im Folgenden wird der Vorfall genauer analysiert und der sichere Zustand wiederhergestellt. Die Reihenfolge dieser beiden Punkte wird meist von äußeren Umständen diktiert.

In Abhängigkeit vom betroffenen System oder Benutzerkonto kann das System für mehrere Stunden oder Tage aus dem Betrieb genommen werden. Einige Systeme dürfen jedoch nicht einmal für wenige Minuten oder Stunden den Betrieb einstellen. So wird die Entscheidung über das weitere Vorgehen nicht von den Administratoren, sondern von den Bedürfnissen des Unternehmens entschieden.

Ein Webserver, der eine E-Commerce-Lösung anbietet, wird wahrscheinlich bei einem kleineren Einbruch nicht sofort abgeschaltet werden. Hier steht das Unternehmensziel im Vordergrund, über diese Lösung weiterhin Kunden bedienen zu können. Wenn jedoch der Webserver auch einen Zugriff auf (Kreditkarten-) Informationen der Kunden ermöglicht, sollte über eine Abschaltung doch nachgedacht werden. In vielen Fällen wird eine Wiederherstellung des sicheren Zustandes im laufenden Betrieb angestrebt werden. Die Behandlung der unternehmenskritischen Systeme sollte auch in einer Sicherheitsrichtlinie definiert werden, damit später nicht zu viel Zeit für die Entscheidung verloren geht.

Ein Rechner, der lediglich als Backup zur Verfügung steht, kann unter Umständen für einige Tage oder Stunden von seiner Aufgabe für eine genauere Analyse und die folgende Wiederherstellung entbunden werden.

Unabhängig davon, ob die Analyse vor der Wiederherstellung, parallel oder anschließend durchgeführt wird, sollten die Daten des Systems für die Analyse gesichert werden. Die Analyse eines Systems wird im Kapitel 16, »Analyse des Rechners nach einem Einbruch« ab Seite 415 beschrieben.

Das Ziel der Analyse ist ein umfassendes Verständnis des Einbruchs. Dieses Verständnis ist erforderlich, um bei einer Wiederherstellung des Systems einen erneuten anschließenden Einbruch mit den gleichen Methoden verhindern zu können. Im Einzelnen soll die Analyse die folgenden Fragen beantworten:

• Welche Methode hat der Angreifer angewendet?

• Welche Systemkomponente wurde angegriffen und weist sie Sicherheitslücken auf?

• Welche Tätigkeiten hat der Angreifer anschließend ausgeführt?

• Welches Ziel verfolgte der Angreifer mit diesen Tätigkeiten?

• Wurden wichtige Unternehmensdaten modifiziert oder gelöscht?

• Wie kann dieser Angriff in Zukunft verhindert werden?

Es kann hier nicht verschwiegen werden, dass nicht immer alle Fragen beantwortet werden können. In Abhängigkeit von den Fähigkeiten des Angreifers und der analysierenden Person besteht auch die Gefahr, dass die Analyse keine Erkenntnisse liefert. Dies ist möglich, da der Angreifer in der Lage war, effektiv alle Spuren zu verwischen, oder die analysierende Person nicht über die Geräte, Fähigkeiten und Erfahrungen verfügt, diese Spuren zu erkennen.

6.6 Recovery

Die Wiederherstellung des Systems in einen sicheren Zustand ist die nächste Phase im Zyklus. Hierbei ist es das Ziel, das System in einen Zustand zu versetzen, der es erlaubt, den Dienst auf diesem System wieder aufzunehmen.

Erfolgte im Vorfeld eine Analyse des kompromittierten Systems, so existiert ein Verständnis für den Vorfall. Die ausgenutzte Sicherheitslücke und die anschließenden Tätigkeiten des Einbrechers sind hoffentlich in der Analyse erkannt worden. Dies erlaubt eine sehr zielgerichtete Wiederherstellung des Systems. Unter Umständen ist es sogar möglich, das System ohne eine Neuinstallation wieder in einen sicheren Zustand zu versetzen.

In vielen Fällen wird jedoch die Analyse nicht mit endgültiger Sicherheit sämtliche Tätigkeiten des Einbrechers erkennen lassen. Außerdem existieren häufig Sicherheitsrichtlinien, die bei einem Einbruch auf einem System eine Wiederherstellung des System von originalen Datenträgern und Sicherungen verlangen. Dann sollte das System mit den entsprechenden Datenträgern und Sicherungen wiederhergestellt werden. Es dürfen dazu nur Sicherungen verwendet werden, bei denen eindeutig sichergestellt ist, dass der Einbrecher zu diesem Zeitpunkt noch nicht auf dem System eingebrochen war.

Ein derartiges Recovery wird jedoch auch die alte Sicherheitslücke im System wiedereinführen. Bevor das System nun seinen Betrieb wieder aufnimmt, sollte diese Sicherheitslücke behoben werden. Dies kann möglicherweise durch eine Deaktivierung des Dienstes erfolgen und benötigt somit keine weitere Modifikation des Betriebssystems oder der Anwendung. In den meisten Fällen wird jedoch dieser Dienst benötigt und eine Abschaltung stellt keine Option dar. Dann bestehen immer noch zwei Möglichkeiten:

1. Patch des Herstellers
2. Modifikation der Firewall, sodass der Angreifer nicht mehr zugreifen kann.

Der Punkt 1 ist sicherlich die Methode der Wahl. Leider stehen jedoch gerade bei proprietären Anwendungen nicht immer Patches zur Verfügung. Wenn es sich um eine sehr neue Sicherheitslücke handelt, so erfolgte häufig noch keine Reaktion des Herstellers und ein Patch ist erst in Tagen oder Wochen verfügbar. Dann kann versucht werden, einen erneuten Zugriff des Angreifers auf diesen Dienst zu verhindern. Dies ist sicherlich nicht bei allen Diensten möglich. Besonders bei Diensten, die im Internet angeboten werden sollen, wird dies recht problematisch. Ein intelligentes IDS, welches in der Lage ist, den Angriff zu erkennen und die Verbindung zu unterbrechen, kann hier den letzten Ausweg darstellen.

6.7 Konsequenzen

Der letzte Schritt im Intrusion Detection-Zyklus sollte die Konsequenzen für das Netzwerk und die Sicherheitsstrukturen ermitteln. Leider wird dieser Teil viel zu häufig vergessen und versäumt. In diesem Schritt soll die Netzwerkstruktur, die vorhandenen Sicherheitsstrukturen, die Vorgehensweise bei der Behandlung des Vorfalls, die Fähigkeiten der beteiligten Personen etc. unter dem Lichte des Vorfalls betrachtet werden.

Wird ein Vorfall anschließend derartig aufgearbeitet, so lassen sich meist sehr nützliche Lektionen erlernen. Die Vorteile einer derartigen Aufarbeitung sind sehr vielfältig.

Zunächst wird die gesamte Netzwerkstruktur erneut einem Audit unterworfen. Hierbei werden spezifisch die Teile des Netzwerks untersucht, die überhaupt erst den Erfolg des Angriffs (oder zukünftiger ähnlicher Angriffe) möglich gemacht haben. Das Ergebnis dieser Untersuchung sollte entweder eine Modifikation der Netzwerkstruktur empfehlen oder ergeben, dass das Netzwerk optimal aufgebaut wird.

Anschließend sollen die Sicherheitsstrukturen (Firewall, IDS, Virenscanner, Anmeldesysteme etc.) untersucht und geprüft werden, in wieweit sie den Angriff oder ähnliche Angriffe ermöglichen. Auch dieser Audit kann zwei verschiedene Ergebnisse bringen. Entweder waren die Sicherheitsstrukturen optimal eingesetzt und konfiguriert oder es werden Verbesserungsvorschläge entwickelt. Diese Verbesserungsvorschläge können auch zum Austausch von Sicherheitsstrukturen führen. So kann zum Beispiel ein einfaches Anmeldesystem mit Login/Kennwort ersetzt werden durch ein Smartcard-System.

Die Evaluierung der Vorgehensweise und der Fähigkeiten der Personen, die mit der Behandlung des Vorfalls beauftragt wurden, soll mögliche Lücken aufzeigen. Hier sollte nicht eine Schuldzuweisung erfolgen oder gar dreckige Wäsche gewaschen werden. Es ist jedoch wichtig, dass Lücken bei der Vorgehensweise und fehlende Fähigkeiten erkannt werden, damit diese in Zukunft beseitigt werden können.

Wenn erkannt wurde, dass eine oder mehrere Personen ein bestimmtes Wissen oder die notwendige Erfahrung nicht besitzen, sollten diese Personen nicht ausgeschlossen werden. Sie wurden im Vorfeld auch aus bestimmten Gründen in das Team aufgenommen und haben bereits die Arbeit kennen gelernt. Vielmehr sollten diese Personen anschließend geschult werden. Dann werden sie auch bereit sein, selbst die Lücken zuzugeben und sich im Weiteren noch besser in ein Notfallteam einzugliedern.

Wenn jedoch die Lücken nicht richtig erkannt werden und keine Abhilfe durch Schulungen oder ähnliche Verfahren geschaffen wird, besteht die Gefahr, dass beim nächsten Einbruch wertvolle Fähigkeiten fehlen.

Diese Bewertung und die gezogenen Konsequenzen sollten immer zum Ziel haben, die Stabilität, die Fähigkeiten und die Zusammenarbeit des Teams zu verstärken. Daher muss sehr stark darauf geachtet werden, dass keine Konkurrenz zwischen den einzelnen Mitgliedern während der eigentlichen Behandlung des Vorfalls oder der Evaluierung entsteht.

Wenn die Evaluierung durchgeführt wurde und die entsprechenden Konsequenzen gezogen wurden, befindet sich der Zyklus wieder in der Phase 1: Prävention. Wir befinden uns an einem Punkt, an dem alle präventiven Maßnahmen abgeschlossen sind und das Notfallteam, das Computer Emergency Response Team, auf das nächste sicherheitsrelevante Ereignis (Einbruch) wartet. Dies sollte jedoch keine tote Phase sein, sondern sie muss stets eine weitere Verbesserung der Sicherheitsstrukturen und der Aufmerksamkeit der Anwender zum Ziel haben.

Teil II

Verfügbare
Open Source-Lösungen

Kapitel 7

Intrusion Detection selfmade

Einfache Intrusion Detection-Systeme können mit Linux-Hausmitteln selbst gebaut werden. Diese einfachen Lösungen zeigen sehr gut, wie auch professionelle Systeme arbeiten und funktionieren.

7.1 Ausnutzen der Protokollfunktionen allgemeiner Dienste

Bevor ein komplettes Intrusion Detection-System eingesetzt wird, sollte auch die Konfiguration der bereits vorhandenen Netzwerkdienste überprüft werden. In vielen Fällen kann durch eine kluge Anwendung der normalen Protokollfunktionen dieser Dienste bereits eine zielgerichtete und sehr genaue Alarmierung bei einem Angriff erzeugt werden. Viele Dienste ermöglichen es heute, klassische Sicherheitslücken zu deaktivieren. Hier haben die Linux-Distributoren in den letzten Jahren auch viel dazugelernt. Viele der Linux-Distributionen sind nun bereits bei einer Standardinstallation relativ sicher. Die installierten Dienste werden nicht, wie noch vor wenigen Jahren, alle automatisch gestartet. Ein Zugriff auf die Dienste und mögliche Sicherheitslücken können meist protokolliert werden. Auch diese Funktion ist bei modernen Distributionen oft aktiviert. Dies kann bereits als eine Form der Intrusion Detection gewertet werden. Je spezieller der Dienst und die angegriffene Sicherheitslücke sind, desto unwahrscheinlicher ist auch ein Fehlalarm. Viele Dienste und Werkzeuge erlauben auch die Protokollierung ungewöhnlichen Verhaltens. So erlauben viele Dienste die Einschränkung ihrer Ressourcen oder den Zugriff auf besondere Funktionen. Ein Erreichen dieser Grenzen oder ein Zugriff auf diese Funktionen kann als ein ungewöhnlicher Zustand ausgelegt werden. Werden diese Ereignisse protokolliert, so kann oft festgestellt werden, ob es sich um eine erlaubte Nutzung dieses Dienstes handelte oder ob gerade ein Denial of Service-(DoS-)Angriff stattfand.

Der folgende Abschnitt wird kurz zwei Beispiele vorstellen. Im ersten Beispiel wird gezeigt, wie durch eine sinnvolle Konfiguration des DNS-Nameservers Bind 9 außergewöhnliche Anfragen protokolliert werden können. Das zweite Beispiel zeigt, wie mit dem Linux-Paketfilter *Netfilter* ein SYN-Flooding erkannt werden kann. Hierbei handelt es sich um einen Denial of Service-Angriff, bei dem das Zielsystem mit sehr vielen SYN-Paketen pro Zeiteinheit überschwemmt wird.

7.1.1 Konfiguration des DNS-Nameservers Bind 9

Ein DNS-Server ist verantwortlich für die Auflösung von DNS-Namen in IP-Adressen. Jedes Mal, wenn ein Benutzer eine URL in seinem Browser eingibt, wird dieser einen DNS-Server kontaktieren, um die entsprechende IP-Adresse zu ermitteln. Diesen Vorgang bezeichnet man als *Query*. Um die Verwaltung des DNS-Namensraumes delegieren zu können, wird er in einer verteilten Datenbank aus mehreren tausend DNS-Servern verwaltet. Hierbei besteht die Möglichkeit, dass ein DNS-Server, der für den Namensraum *.de* zuständig ist, die einzelnen weiteren Domänen (z. B. *.deutschland.de*) zur Verwaltung an weitere DNS-Server abgibt. Damit dennoch jeder DNS-Server den gesamten Namensraum auflösen kann, sind die DNS-Server in der Lage, rekursiv die IP-Adresse eines DNS-Namens zu ermitteln. Hierbei kontaktiert der Browser des Benutzers den eigenen DNS-Server (oder den des Providers). Dieser prüft zunächst, ob er bereits selbst die IP-Adresse kennt. Ansonsten kontaktiert er rekursiv den DNS-Server, der für diesen DNS-Namen zuständig ist (Recursion). Diese Funktion ist erforderlich, wenn Benutzer den DNS-Server verwenden, um auf das Internet zuzugreifen. Wenn der DNS-Server aber nur verwendet wird, um eine Domäne zu verwalten, benötigt er diese Funktion nicht. Schließlich ist das DNS-System derartig wichtig für die Funktion des Internets, dass es ausfallsicher implementiert wird. Hierzu muss jede Domäne von mindestens zwei DNS-Servern verwaltet werden. Diese Rechner sollten sich in unterschiedlichen Netzen befinden, sodass ein Netzausfall nicht beide DNS-Server betrifft. Einer dieser Rechner wird als primärer DNS-Server (Master) implementiert. Alle weiteren DNS-Server werden als sekundäre DNS-Server (Slave) bezeichnet und kopieren die kompletten Informationen des primären DNS-Servers. Dieser Vorgang wird als Transfer bezeichnet.

Aus Sicherheitsgründen können und sollen diese Funktionen eingeschränkt werden. Hierzu bietet der DNS-Server Bind 9 Funktionen an, die als Access Control Lists bezeichnet werden. Hiermit können die erlaubten Funktionen eingeschränkt werden.

Die folgenden Zeilen definieren zunächst zwei Gruppen:

```
// our-nets sind die eigenen Clients
acl our-nets {192.168.0.0/24;};
// sec-dns sind die beiden sekundären Nameserver
acl sec-dns {192.168.0.101/32; 10.0.5.1/32;}
```

Mithilfe dieser Gruppen können nun die Funktionen eingeschränkt werden.

```
options {
    directory "/var/named";
    allow-recursion { our-nets; };
    allow-query { our-nets; };
    allow-transfer { sec-dns; };
};
```

Nun kann die Protokollierung noch speziell angepasst werden. Hierzu bietet Bind 9 die *logging*-Direktive:

```
logging {
    channel "intrusion" {
        file "intrusion.log" versions 3 size 20m;
        print-time yes;
```

```
        };
    category "security" { "intrusion"; };
};
```

Nun wird der DNS-Server unerlaubte Anfragen protokollieren. Diese Protokolle haben dann folgenden Inhalt:

Listing 7.1:   Datei /var/named/intrusion.log

```
Sep 21 12:39:50.286 client 192.168.5.4#32781: query 'nohup.info/IN' denied
Sep 21 12:41:00.222 client 192.168.5.3#33073: zone transfer 'nohup.info/IN'
denied
```

Diese Informationen geben bereits Aufschluss über die verschiedenen Clients, die verbotene Anfragen an den DNS-Server stellen. Die Implementierung der Regeln kann wesentlich feinfühliger und für jede einzelne Domäne (Zone) einzeln erfolgen.

7.1.2   Definition eines dDoS-Schwellwertes mit iptables

Verteilte DoS-Angriffe (distributed Denial of Service, dDoS) zeichnen sich durch eine große Anzahl von Paketen in kurzen Zeitabständen aus. Der Linux-Paketfilter *Netfilter* bietet die Möglichkeit, derartige Ereignisse zu protokollieren. Hierzu bedient man sich der Erweiterung -match limit mit der Option -limit. Handelt es sich bei dem überwachenden Rechner um einen Webserver mit geringer Auslastung, so kann wahrscheinlich bei 100 SYN-Paketen pro Sekunde bereits von einem Angriff ausgegangen werden. Dies stellt einen ungewöhnlichen Zustand dar. Eine Protokollierung dieser Tatsache kann mit folgendem Befehl erreicht werden:

```
iptables -A FORWARD --protocol tcp --dport 80 --match limit --limit 100/second \
  -j LOG --log-level 2 --log-prefix "SYN-ATTACK: "
```

Netfilter/iptables

Netfilter bietet drei verschiedene Tabellen (tables). Diese drei Tabellen beinhalten die unterschiedlichen Funktionen: filter, Network Address Translation (nat) und mangle (Paketmodifikationen). Firewalling-Funktionen werden in der Tabelle filter zur Verfügung gestellt. Diese Tabelle bietet drei verschiedene Ketten: INPUT, OUTPUT und FORWARD. Jede dieser drei Ketten betrachtet eine bestimmte Menge von Paketen:

- INPUT: Pakete, die an den Rechner gerichtet sind
- FORWARD: Pakete, die durch den Rechner weitergeleitet werden (geroutete Pakete)
- OUTPUT: Pakete, die vom Rechner erzeugt werden

Einer klassischen Firewall genügt es daher vollkommen, lediglich die FORWARD-Kette zu betrachten. Sollen zusätzlich die Pakete gefiltert werden, die an die Firewall selbst gerichtet sind oder von dieser erzeugt werden, so müssen auch die Ketten INPUT und OUTPUT betrachtet werden.

Die Regeln der Firewall werden mit dem Kommando iptables erzeugt und verwaltet. Dieses Kommando bietet sehr viele Optionen und Argumente. Eine Auswahl wird im Folgenden kurz erklärt:

- -t <table>: Angabe der Tabelle. Default ist filter.
- -A <KETTE>: Anhängen einer Regel an die angegebene Kette
- -protocol <protokoll>: Diese Regel betrifft nur Pakete mit dem angegebenen IP-Protokoll.
- -destination <Adresse>: Diese Regel betrifft nur Pakete mit der angegebenen Zieladresse.
- -dport <Port>: Diese Regel betrifft nur Pakete mit dem angegebenen Port (TCP oder UDP). Die Angabe des Protokolls ist obligatorisch.
- -j <Target>: Führe diese Aktion aus, wenn die Regel auf ein Paket zutrifft. Einige Ziele, wie zum Beispiel LOG, bieten hierbei noch die Möglichkeit, die Aktion weiter zu spezifizieren.
- -match <Erweiterung>: Lade die entsprechende Erweiterung.

In einer Regel können nun mehrere Optionen spezifiziert und mehrere Testerweiterungen geladen werden. Nur wenn alle Optionen zutreffen, wird die Aktion der Regel ausgeführt.

Wenn derartige Anfragen sporadisch vorkommen, kann zunächst auch ein weiterer Schwellwert definiert werden, bevor diese Regel zum Tragen kommt.

```
iptables -A FORWARD --protocol tcp --dport 80 --match limit --limit-burst 120 \
  --limit 100/second -j LOG --log-level 2 --log-prefix "SYN-ATTACK: "
```

Nun müssen zunächst 120 Pakete gezählt werden. Wenn anschließend die Rate gleichmäßig mindestens 100 Pakete pro Sekunde beträgt, wird die Protokollmeldung ausgegeben.

Weitere Informationen zum Kommando iptables und zum Paketfilter Netfilter können Sie dem Buch *Linux-Firewalls* von Robert Ziegler (Markt+Technik 2002, ISBN 3-8272-6257-7) entnehmen.

7.2   Einfache lokale IDS

Die Aufgabe eines Host Intrusion Detection-Systems ist es, Einbrüche zu erkennen und zu melden. Viele Systeme erreichen diese Funktion durch eine Überwachung der Systemdateien. Werden Änderungen an den Systemdateien festgestellt, so schlagen diese Systeme Alarm. *Tripwire* führt zum Beispiel solche Integritätstests durch. Bestehen nicht so hohe Anforderungen an das IDS, so können einfache Systeme auch mit den unter Linux verfügbaren Befehlen find und diff implementiert werden. Diese Systeme weisen natürlich nicht ähnlich viele Funktionen und Sicherheitseigenschaften auf. Dennoch lässt sich an derartig handgestrickten Lösungen recht gut die Funktionsweise der großen integrierten IDS nachvollziehen.

Die Implementierung eines einfachen Rechner-gestützten IDS soll hier erläutert werden. Dieses IDS soll die Integrität der Dateien in den Verzeichnissen */etc*, *sbin* und *bin* überprüfen.

Um zunächst den *Ist*-Zustand des Systems einzufangen, wird mit dem find-Befehl eine Baseline angelegt:

```
# find /etc -type f -exec ls -ail {} \; > /root/baseline.2002-07-08
# less /root/baseline.2002-07-08
          ... gekürzt ...
   99141 -rw-r--r--   1 root      root           12 Nov  4  2001 /etc/pam_smb.conf
   99133 -rw-r--r--   1 root      root         7172 Apr 19 05:53 /etc/screenrc
   99135 -r--r-----   1 root      root          580 Apr 18 18:35 /etc/sudoers
   99139 -rw-r--r--   1 root      root         5803 Jul 20  2001 /etc/ltrace.conf
   99127 -rw-r--r--   1 root      root         1913 Jun 24  2001 /etc/mtools.conf
          ... gekürzt ...
```

In der Datei *baseline.2002-07-08* ist nun jeder Dateieintrag (find -type f) des Verzeichnisses */etc* mit seiner Inodenummer (-i), den Rechten, dem Besitzer, der Größe und dem Änderungsdatum (-l) abgespeichert. Hierzu ruft der Befehl find für jede gefundene Datei den Befehl ls -ail auf und übergibt ihm den Namen der gefundenen Datei {}. Diese Datei kann nun auf einer Diskette mit Schreibschutz gespeichert werden und anschließend in regelmäßigen Abständen mit dem Systemzustand verglichen werden. Dieser Vergleich erfolgt sinnvollerweise mit dem diff-Befehl. Dazu wird die Diskette gemountet und die Datei verglichen.

```
# mount /mnt/floppy
# find /etc -type f -exec ls -ail {} \; | \
> diff /mnt/floppy/baseline.2002-07-08 - > aenderungen.txt
```

Wurde nach Erzeugung der Baseline ein Benutzer angelegt, so enthält die Datei *aenderungen.txt* folgende Einträge:

```
326c326
<   99212 -rw-r--r--   1 root     root       693 Jul  9 13:01 /etc/group
---
>   99211 -rw-r--r--   1 root     root       706 Jul  9 13:02 /etc/group
332c332
<  100538 -rw-r--r--   1 root     root      1766 Jul  9 13:01 /etc/passwd
---
>  100533 -rw-r--r--   1 root     root      1805 Jul  9 13:02 /etc/passwd
574c574
<   96744 -rw-------   1 root     root       681 Jun  7 16:15 /etc/group-
---
>   96744 -rw-------   1 root     root       693 Jul  9 13:01 /etc/group-
1275,1276c1275,1276
<  100534 -rw-------   1 root     root      1729 Jun  7 16:15 /etc/passwd-
<   99150 -rw-------   1 root     root      1229 Jun  7 16:15 /etc/shadow-
---
>  100534 -rw-------   1 root     root      1766 Jul  9 13:01 /etc/passwd-
>   99150 -rw-------   1 root     root      1256 Jul  9 13:01 /etc/shadow-
1278,1279c1278,1279
<   99211 -r--------   1 root     root      1256 Jul  9 13:01 /etc/shadow
<   99191 -r--------   1 root     root       569 Jul  9 13:01 /etc/gshadow
---
>  100538 -r--------   1 root     root      1284 Jul  9 13:02 /etc/shadow
>   99212 -r--------   1 root     root       579 Jul  9 13:02 /etc/gshadow
1283c1283
<   99151 -rw-------   1 root     root       560 Jun  7 16:15 /etc/gshadow-
---
<   99151 -rw-------   1 root     root       569 Jul  9 13:01 /etc/gshadow-
```

In dieser Datei werden nun alle Dateien aufgeführt, deren Informationen sich geändert haben. Hierbei handelt es sich um die Dateien */etc/group*, */etc/passwd*, */etc/group-*, */etc/passwd-*, */etc/shadow*, */etc/shadow-*, */etc/gshadow* und */etc/gshadow-*.

Soll dies System nun auf die oben angesprochenen Verzeichnisse ausgedehnt werden, so ist nur der Befehl find für die entsprechenden Verzeichnisse aufzurufen, um die Baseline zu erzeugen.

```
# find /etc /sbin /bin -type f -exec ls -ail {} \; > /root/baseline.2002-07-08
```

Ein Integritätstest erfolgt dann mit:

```
# find /etc /sbin /bin -type f -exec ls -ail {} \; | \
> diff /mnt/floppy/baseline.2002-07-08 - > aenderungen.txt
```

Ein Angreifer kann dieses System jedoch noch leicht aushebeln. Hierzu bieten sich ihm zwei Möglichkeiten. Er erzeugt die Datei, in der die Baseline gespeichert wird, neu. Wurde die Datei auf einer Diskette mit Schreibschutz abgespeichert, so kann er die Diskette aushängen und im verbleibenden Verzeichnis die Datei neu erzeugen. Überprüft der Systemadministrator nicht vor jedem Integritätstest den Mount-Zustand der Diskette, so wird der Vergleich mit der modifizierten Datei durchgeführt.

Eine zweite Gefahr stellt die Tatsache dar, dass der Angreifer in der Lage ist, eine Datei so zu verändern, dass der Befehl `ls -ail`, der die Eigenschaften der Datei ausliest, keine Modifikation anzeigt. Hierzu muss die veränderte Datei im gleichen Inode abgespeichert werden, das gleiche Änderungsdatum und die gleiche Größe aufweisen. Der Editor `vi` ist ein Editor, der Änderungen an einer Datei durchführt, ohne ihren Inode zu ändern. Der Befehl `touch` ist in der Lage, einer Datei einen willkürlichen Zeitstempel zuzuweisen. Schließlich können häufig Bereiche (z. B. Kommentare) aus Dateien ohne weitere Probleme gelöscht werden, um so die Originalgröße wiederherzustellen. Um derartige Modifikationen zu erkennen, sollte zusätzlich von jeder Datei eine Prüfsumme erzeugt werden und beim Integritätstest verglichen werden. Das kann sehr einfach mit dem Befehl `md5sum` erfolgen. Dieser Befehl berechnet einen kryptographischen MD5 Hash (siehe Abschnitt D.8.3, »Hash-Algorithmen« ab Seite 594).

```
#  find /etc /sbin /bin -type f -exec ls -ail {} \; \
>     -exec md5sum {} \; > /root/baseline.2002-07-08
```

Nun enthält die Baseline-Datei zusätzlich auch den MD5 Hash für jede Datei. Dieser kann bei einem Integritätstest überprüft werden.

```
#  find /etc /sbin /bin -type f -exec ls -ail {} \; -exec md5sum {} \; | \
>  diff /mnt/floppy/baseline.2002-07-08 - > aenderungen.txt
```

7.3   Einfache Netzwerk-basierte IDS

Die Aufgabe eines Network Intrusion Detection-Systems (NIDS) ist es, Einbrüche zu erkennen und zu melden. Viele Systeme erreichen diese Funktion durch eine Überwachung der Netzwerkaktivitäten. Werden ungewöhnliche Dienste genutzt oder enthalten die Netzwerkpakete verbotene Informationen, so lösen diese Systeme einen Alarm aus. Snort überprüft so zum Beispiel alle Netzwerkpakete. Bestehen nicht so hohe Anforderungen an das IDS, so können derartige Systeme auch mit den unter Linux verfügbaren Befehlen implementiert werden. Diese Systeme weisen natürlich nicht ähnlich viele Funktionen und Sicherheitseigenschaften auf, dennoch lässt sich an derartig handgestrickten Lösungen recht gut die Funktionsweise der großen integrierten IDS-Lösungen nachvollziehen.

Es werden die Werkzeuge *tcpdump* und *ngrep* vorgestellt.

7.3.1   Tcpdump

tcpdump ist inzwischen fester Bestandteil der meisten Distributionen geworden. Es wird unter der GPL-Lizenz vertrieben. Die Entwicklung von *tcpdump* wurde von der *Network Research Group* (NRG) der *Lawrence Berkeley National Laboratory* (LBNL) betrieben. Diese hat jedoch die weitere Entwicklung eingestellt. Neuere, erweiterte Versionen können nun auf der inoffiziellen Homepage *http://www.tcpdump.org* erhalten werden.

Im Folgenden soll ein NIDS für einen Webserver entwickelt werden. Hierbei wird davon ausgegangen, dass der Webserver lediglich seine Dienste über den Port *http* (80) und *https* (443) zur Verfügung stellt. Die Administration und Pflege erfolgt lokal. Eine Fernadministration ist nicht vorgesehen.

Der Rechner, der für die Überwachung des Webservers eingesetzt wird, muss sich in demselben Netzwerk befinden, in dem auch der Webserver lokalisiert ist. Dieses Netzwerk darf nicht von einem Switch verwaltet werden. Wenn ein Switch eingesetzt wird, so muss der Überwachungsrechner an einem so genannten Monitor- oder Spanning-Port angeschlossen werden. Die Dokumentation des Switches wird weitere Informationen liefern.

Der Befehl `tcpdump` weist nun eine Vielzahl von Optionen auf. Im Folgenden können nicht alle verfügbaren Optionen besprochen werden. Diese würde den Umfang dieses Kapitels sprengen. Es soll lediglich an dem angesprochenen Beispiel des Webservers gezeigt werden, wie *tcpdump* eingesetzt werden kann. Einzelne Optionen, insbesondere die Berkeley-Paketfilter-Syntax (BPF-Filter), werden auch von anderen Werkzeugen wie *ngrep* und *snort* unterstützt. Werden weitere Informationen benötigt, sollte zunächst die Manpage konsultiert werden.

Ein einfacher Aufruf von *tcpdump* fordert das Programm auf, mithilfe der *libpcap*-Bibliothek (*pcap=packet capture*) Netzwerkpakete zu sammeln und ihre Header anzuzeigen. Dabei arbeitet *tcpdump* automatisch im promiscuous-Modus. Das bedeutet, dass es sämtliche Pakete im Netzwerk anzeigt, einschließlich der Pakete, die nicht für den Rechner bestimmt sind.

```
# tcpdump
tcpdump: listening on eth1
07:45:58.371618 kermit.32794 > search.ebay.de.http: S 1900772718:1900772718(0)
win 5840 <mss 1460,sackOK,timestamp 467536 0,nop,wscale 0> (DF)
07:45:58.564903 search.ebay.de.http > kermit.32794: S 4032051610:4032051610(0)
ack 1900772719 win 8767 <mss 1460>
07:45:58.564995 kermit.32794 > search.ebay.de.http: . ack 1 win 5840 (DF)
07:45:58.565219 kermit.32794 > search.ebay.de.http: P 1:1186(1185) ack 1 win 5840
(DF)
07:45:58.800691 search.ebay.de.http > kermit.32794: . ack 1186 win 23431
07:45:59.573594 search.ebay.de.http > kermit.32794: P 1:119(118) ack 1186 win
24616
07:45:59.573670 kermit.32794 > search.ebay.de.http: . ack 119 win 5840 (DF)
```

Es wird nun kurz das Ausgabeformat von *tcpdump* erläutert. Hierbei beschränken wir uns auf das einfache Ausgabeformat bei IP-Paketen. In einigen Fällen wird auch hier die Ausgabe anders gestaltet sein. *tcpdump* ist in der Lage, DNS- und NFS-Kommunikation zu dekodieren. Wenn sich bei der Besprechung des Ausgabeformates Lücken in Ihrem TCP/IP-Wissen auftun, sollten Sie die entsprechenden Informationen im Anhang oder in *TCP/IP Illustrated* von Stevens, W. Richard (Bd. 1, 1. Aufl. Reading u. a.: Addison Wesley 1994) und in *Internet Core Protocols: The Definitive Guide* von Hall, Eric A. (1. Aufl. Sebastopol u. a.: O'Reilly 2000) nachlesen.

Die erste Information, die von *tcpdump* ausgeben wird, ist der Zeitstempel. Dieser erlaubt es, die Pakete zeitlich zuzuordnen. Dafür ist es jedoch wichtig, dass die Uhrzeiten der Rechnersysteme abgeglichen sind, damit Netzwerkvorkommnisse lokalen Ereignissen zugeordnet werden können (siehe den Abschnitt 12.3, »Zeitsynchronisation« ab Seite 383).

Listing 7.2: *tcpdump*-Ausgabe: Zeitstempel

```
07:45:58.371618 kermit.32794 > search.ebay.de.http: S 1900772718:1900772718(0)
win 5840 <mss 1460,sackOK,timestamp 467536 0,nop,wscale 0> (DF)
```

Der zweite Abschnitt in der Ausgabe zeigt die beiden Kommunikationspartner einschließlich der verwendeten Ports an. In diesem Fall kommuniziert *kermit* über seinen Port 32794 mit *search.ebay.de* Port http. *tcpdump* versucht die Namen der Kommunikationspartner über einen Reverse-DNS-Lookup aufzulösen. Diese Funktion lässt sich mit -n abschalten. Zusätzlich werden auch die Ports mithilfe der Datei */etc/protocols* durch ihre Namen ersetzt, wenn das möglich ist. Diese Funktion lässt sich mit -nn abschalten.

Listing 7.3: *tcpdump*-Ausgabe: Kommunikationspartner

```
07:45:58.371618 kermit.32794 > search.ebay.de.http: S 1900772718:1900772718(0)
win 5840 <mss 1460,sackOK,timestamp 467536 0,nop,wscale 0> (DF)
```

Im Weiteren kann in dieser Zeile erkannt werden, dass es sich um eine TCP-Information handelt. Im Falle eines normalen UDP-Paketes würde im Anschluss an die Kommunikationspartner die Information *udp* folgen.

> **ACHTUNG**
> *tcpdump* ist in der Lage, viele Protokolle zu interpretieren. DNS ist ein derartiges Protokoll. In dem Fall werden die übertragenen DNS-Informationen angezeigt. Eine Auflösung des Namens *www.pearson.de* ergibt folgende *tcpdump*-Ausgabe:
>
> ```
> 08:19:37.089352 kermit.32770 > DNS.SERVER.DE.domain:  25840+ A?
> www.pearson.de. (32) (DF)
> 08:19:37.209113 DNS.SERVER.DE.domain > kermit.32770:  25840* 1/2/2 A
> 194.163.213.75 (127)
> ```

> Der Rechner *kermit* kontaktiert den DNS-Server und stellt eine Anfrage (A?). Diese Anfrage erhält die Identifikationsnummer 25840, damit der Client später die Antwort zuordnen kann. Möglicherweise stellt er ja mehrere Anfragen, bevor der Server antwortet. Die Anfrage enthält den Namen des zu ermittelnden Rechners www.pearson.de.
> Wenige Sekundenbruchteile später antwortet der DNS-Server auf die Anfrage 25840 mit einem Answer Record, zwei Nameserver Records und zwei Authority Records (1/2/2). Der erste Record ist ein Address-Record mit dem Wert 194.163.213.75. Die Gesamtlänge der Anfrage war 127 Bytes lang.
> tcpdump ist bereits in der Lage, außer UDP DNS-Anfragen auch SMB/CIFS- und NFS-Anfragen zu dekodieren und anzuzeigen.

In unserem Beispiel handelt es sich jedoch nicht um ein UDP-Paket, sondern um ein TCP-SYN-Paket, mit dem eine TCP-Verbindung aufgebaut werden kann. Dies ist das erste Paket, in dem der Client dem Server seine Sequenznummer übermittelt, um seine Seite der Verbindung zu synchronisieren (siehe in Anhang A Abschnitt A.4.1, »Auf- und Abbau einer TCP-Verbindung« ab Seite 542).

Listing 7.4:   *tcpdump*-Ausgabe: SYN-Bit

```
07:45:58.371618 kermit.32794 > search.ebay.de.http: S 1900772718:1900772718(0)
win 5840 <mss 1460,sackOK,timestamp 467536 0,nop,wscale 0> (DF)
```

Die Sequenznummer ist 1900772718. Der Client überträgt in diesem Paket keine Daten: (0)

Listing 7.5:   *tcpdump*-Ausgabe: Sequenznummern

```
07:45:58.371618 kermit.32794 > search.ebay.de.http: S 1900772718:1900772718(0)
win 5840 <mss 1460,sackOK,timestamp 467536 0,nop,wscale 0> (DF)
```

Damit der Server weiß, wie viele Informationen der Client verarbeiten kann, übermittelt der Client seine TCP Window-Größe. Dieses Fenster definiert die maximale Datenmenge, die der Client in seinem Empfangspuffer speichern kann. Der Server muss nach der angegebenen Menge zunächst auf ein Acknowledgment des Clients warten, bevor weitere Daten gesendet werden.

Listing 7.6:   *tcpdump*-Ausgabe: TCP-Optionen

```
07:45:58.371618 kermit.32794 > search.ebay.de.http: S 1900772718:1900772718(0)
win 5840 <mss 1460,sackOK,timestamp 467536 0,nop,wscale 0>> (DF)
```

Für den Aufbau der Verbindung übermittelt der Client einige weitere Informationen. Diese werden als TCP-Optionen übermittelt.

Listing 7.7: *tcpdump*-Ausgabe: TCP-Optionen

```
07:45:58.371618 kermit.32794 > search.ebay.de.http: S 1900772718:1900772718(0)
win 5840 <mss 1460,sackOK,timestamp 467536 0,nop,wscale 0> (DF)
```

Zusätzlich verlangt der Client, dass das Paket auf seinem Weg zum Server nicht von Routern fragmentiert werden darf ((DF)). Wenn ein Router das Paket aufgrund einer zu kleinen Maximum Transmission Unit (MTU) nicht weiter transportieren kann, muss er eine Fehlermeldung (ICMP-Destination unreachable: Fragmentation needed) zurücksenden.

Das zweite Paket in der angegebenen Paketfolge stellt die Bestätigung dieses ersten SYN dar. Es enthält zusätzlich zu diesen Angaben eine Acknowledgment-Nummer, die den Empfang des ersten Paketes bestätigt. Alle weiteren Pakete enthalten Sequenz- und Acknowledgment-Nummern. Diese werden von *tcpdump* automatisch relativ berechnet, sodass die Umrechnung nicht mehr selbst erfolgen muss. Wird dieses Verhalten nicht gewünscht (oder gar vermutet, dass *tcpdump* hier Fehler macht), kann es abgeschaltet werden (-S).

```
07:45:58.564903 search.ebay.de.http > kermit.32794: S 4032051610:4032051610(0)
ack 1900772719 win 8767 <mss 1460>
```

Das sind bereits alles sehr interessante Informationen, jedoch werden ein Großteil der Pakete vollkommen normal sein und keinerlei Hinweise auf einen Einbruch enthalten. Dennoch existieren viele Organisationen, die den kompletten Verkehr in ihren Netzwerken mit *tcpdump* protokollieren. Im Falle eines Einbruchs kann dann häufig zurückverfolgt werden, wie dieser erfolgte und welche Vorbereitungen der Angreifer traf. Zusätzlich lassen sich aus diesem Wissen später Regeln für IDS-Systeme ableiten, die diesen Angriff vielleicht noch nicht kannten und erkennen konnten. Hierbei sollte jedoch die Privatsphäre der Benutzer beachtet werden. *tcpdump* bietet hierfür die Option *snaplen* (-s). Diese Option gibt die Anzahl der zu protokollierenden Bytes eines Paketes an, sozusagen die Länge. Der Defaultwert beträgt 68. Um die Pakete nun protokollieren zu können, kann *tcpdump* die Pakete in einer Datei (-w file) abspeichern. Diese Datei wird im so genannten *libpcap*-Format erzeugt. So besteht die Möglichkeit, den Inhalt später mit *tcpdump*, *snort* oder auch *ethereal* zu lesen und auf alle Informationen innerhalb der Snaplen zuzugreifen.

```
# tcpdump -s 100 -w tcpdump.log
```

Ein Lesen der Datei mit *tcpdump* erfolgt mit der Option -r file. Wenn hierbei der Inhalt der Pakete angezeigt werden soll, so wie er aufgezeichnet wurde, kann die Option -X angegeben werden. *tcpdump* gibt dann den Inhalt sowohl hexadezimal als auch in ASCII aus. Hierbei wird jedoch nur der Inhalt des IP-Paketes ausgeben. Wenn auch der Ethernet Header mit den MAC-Adressen angezeigt werden soll, kann dies mit der Option -e erreicht werden.

```
# tcpdump -X -r tcpdump.log
07:48:19.621692 kermit.32803 > listings.ebay.de.http: S 2047205616:2047205616(0)
win 5840 <mss 1460,sackOK,timestamp 481661 0,nop,wscale 0> (DF)
0x0000   4500 003c b98d 4000 4006 757e c0a8 00ca    E..<..@.@.u~....
0x0010   d820 721d 8023 0050 7a05 e0f0 0000 0000    ..r..#.Pz.......
0x0020   a002 16d0 f098 0000 0204 05b4 0402 080a    ...............
0x0030   0007 597d 0000 0000 0103 0300             ..Y}........
```

ACHTUNG

Die Option `tcpdump -X` wird nur von der weiterentwickelten Variante unterstützt. Das originale *tcpdump* kennt diese Option nicht. Hier kann nur die Option `tcpdump -x` verwendet werden. Sie erzeugt keine ASCII-Ausgabe!

Wenn diese Vorgehensweise im Falle des Webservers angewendet wird, besteht die Möglichkeit, zu einem späteren Zeitpunkt zu prüfen, ob über Port 80 und 443 hinaus gehende Verbindungen existierten. Um jedoch Festplattenplatz zu sparen, ist es unter Umständen sinnvoller, nur derartige Verbindungen zu protokollieren. Hier kommen nun die BPF-Filter zum Einsatz.

BPF-Filter

BPF-Filter definieren, welche Pakete von *tcpdump* und auch anderen *libpcap*-basierten Programmen gesammelt werden. Wenn kein Filter angegeben wird, werden alle Pakete gesammelt und von *tcpdump* ausgegeben. Der Filterausdruck kann aus einem oder mehreren Teilen (Primitiven) bestehen. Jeder dieser Teilausdrücke enthält mindestens eine Identifikation (Nummer oder Name), der meist eine der drei folgenden Eigenschaften (Qualifier) vorangestellt wird.

- **Typ.** Hierbei handelt es sich um eine von drei Möglichkeiten: `host`, `net` oder `port`. Der Typ gibt an, auf welche Eigenschaft des Paketes sich eine folgende Zahl bezieht. So trifft zum Beispiel `host 127.0.0.1` auf alle Pakete zu, die als Absender oder Zieladresse 127.0.0.1 tragen.

- **Richtung.** Hierbei kann die Richtung des Paketes bezogen auf den Typ angegeben werden. Mögliche Werte sind `src` (source, Quelle), `dst` (destination, Ziel), `src or dst` und `src and dst`. `dst port 22` trifft auf alle Pakete zu, die an einen SSH-Server gerichtet sind. Wird keine Richtung angegeben, so werden beide Richtungen angenommen (`src or dst`).

- **Protokoll.** Hier kann das Protokoll der zu sammelnden Pakete spezifiziert werden. Erlaubt sind `ether`, `fddi`, `tr`, `ip`, `ip6`, `arp`, `rarp`, `decnet`, `tcp` oder `udp`. Der SSH-Filter des letzten Absatzes lässt sich so weiter einschränken: `tcp dst port 22`

Zusätzlich besteht die Möglichkeit, die Länge des zu sammelnden Paketes einzuschränken. Mit `less` *<Länge>* werden sämtliche Pakete kleiner oder gleich der angegebenen Länge gesammelt, mit `greater` *<Länge>* entsprechend die Pakete, die länger oder gleich lang sind.

Häufig ist es einfacher, einen BPF Filter zu definieren für die Pakete, die ignoriert werden sollen. In diesen Fällen ist eine Negation des Filters erforderlich. Das ist mit der Angabe des ! oder `not` möglich. Das Ausrufezeichen wird in weiten Bereichen des UNIX-Betriebssystems zur Negation von Angaben benutzt.

Eine Kombination von Teilausdrücken ist mit logischen Operatoren möglich. Eine UND-Verknüpfung erfolgt mit `&&` oder `and`. Eine ODER-Verknüpfung erfolgt mit `||` oder `or`. Klammerausdrücke mit () sind möglich. Bei der Verwendung von Sonderzeichen ist jedoch zu beachten, dass die meisten Shells diese auswerten. Daher ist ein Escape der Sonderzeichen unerlässlich, z. B.: \(und \).

```
host ftpserver and \( port 21 or port 20 \)
```

Die BPF-Filter erlauben bei fast allen Paketsniffern, die auf der *libpcap*-Bibliothek basieren (*tcpdump, ngrep, snort, ethereal*), die Menge der zu sammelnden Pakete bereits vor der Verarbeitung zu reduzieren und damit die Verarbeitung auch zu beschleunigen!

Um nun lediglich Pakete zu sammeln, die einen unnatürlichen Charakter aufweisen, müssen die normalen Pakete mithilfe eines BPF-Filters ignoriert werden. Als normale Pakete sollen Pakete definiert werden, die in Webzugriffen ausgetauscht werden. Hierbei handelt es sich um Verbindungen auf dem Port *http* (80) und *https* (443).

Im folgenden Beispiel wird davon ausgegangen, dass der Webserver den DNS-Namen *web.beispiel.de* aufweist. Der folgende BPF-Filter trifft auf die erwarteten Pakete zu.

```
host web.beispiel.de
```

Dieser Filter würde aber auch auf Telnet-Verbindungen, bei denen der Webserver beteiligt ist, zutreffen. Eine weitere Einschränkung ist erforderlich.

```
host web.beispiel.de and \( port 80 or port 443 \)
```

Dieser Filter trifft jetzt nur noch auf HTTP- und HTTPS-Verbindungen zu, bei denen der Webserver beteiligt ist. Leider trifft er auch auf Verbindungen zu, bei denen der Webserver selbst die Verbindung als Client aufbaut. Dies ist aber nicht erwünscht und soll in diesem Beispiel auch nicht erlaubt sein. Daher ist es erforderlich, die Richtung zu berücksichtigen.

```
dst host web.beispiel.de and \( dst port 80 or dst port 443 \)
```

Dieser Filter wird aber lediglich die Pakete identifizieren, die an den Webserver gerichtet sind. Dieser wird aber auch antworten. Diese Pakete gehören auch zum erwarteten Verkehr.

```
\( dst host web.beispiel.de and \( dst port 80 or dst port 443 \) \) or \
\( src host web.beispiel.de and \( src port 80 or src port 443 \) \)
```

Nun fehlt noch die Angabe des Protokolls: *tcp*. Der Filter ist bereits recht aufwändig und umständlich geworden. Um nun mit *tcpdump* den gesamten ungewöhnlichen Verkehr zu protokollieren, muss tcpdump die Negation dieses Filters übergeben werden. Es wird dann nur Pakete sammeln und protokollieren, die dem erwarteten Verkehr nicht entsprechen. Sinnvollerweise werden diese Pakete abgespeichert und regelmäßig untersucht oder wenn eine »Echtzeitantwort« gewünscht wird, auf dem Bildschirm ausgegeben.

Listing 7.8: tcpdump-Filter: Fertiger Webserver-Filter

```
tcpdump -w webserver.log tcp and not \( \
\( dst host web.beispiel.de and \( dst port 80 or dst port 443 \) \) or \
\( src host web.beispiel.de and \( src port 80 or src port 443 \) \) \)
```

Dieser Filter wird alle zutreffenden Pakete im *libpcap*-Format in der Datei webserver.log ablegen.

7.4 ngrep

ngrep verwendet wie *tcpdump* und Snort auch die *libpcap*-Bibliothek, um Netzwerkpakete zu sammeln. Hierbei bietet es aber zusätzlich die Möglichkeit, reguläre Ausdrücke ähnlich GNU *grep* zu verarbeiten, die auf den Inhalt des Paketes angewendet werden. So können Pakete mit bestimmten Inhalt spezifisch gefiltert werden.

ngrep wird entwickelt von Jordan Ritter und ist leider noch nicht Bestandteil aller Linux-Distributionen. Es kann von seiner Homepage *http://ngrep.sourceforge. net* bezogen werden. Dort steht es sowohl als Quelltext als auch als RPM-Paket zur Verfügung. Jordan Ritter verwendet eine eigene Lizenz, die jedoch ähnlich der GPL eine Weiterverteilung und Modifikation der Software erlaubt. Jegliche Gewährleistung wird ausgeschlossen.

ngrep unterscheidet sich von tcpdump in der Tatsache, dass ngrep in der Lage ist, reguläre Ausdrücke auf den Inhalt des Paketes anzuwenden. Es bietet viele Funktionen, die auch von tcpdump und grep unterstützt werden. Die wichtigsten Optionen sollen kurz erklärt werden. Weitere Optionen werden in der Manpage erklärt.

-i   Ignoriere Groß/Kleinschreibung

-p   Kein promiscuous-Modus

-v   Invertiere den regulären Ausdruck

-s   Aufzuzeichnende Länge des Paketes (Snaplen)

-I   *Datei* Lese die Pakete aus der Datei

-O   *Datei* Schreibe die Pakete, auf die der reguläre Ausdruck zutrifft, in die Datei.

-A   *Nummer* Lese weitere *<Nummer>*-Pakete, wenn der reguläre Ausdruck zutrifft.

Diese Fähigkeiten erlauben den Einsatz von ngrep als Intrusion Detection-System. Eine ganz einfache Variante wird im Folgenden dargestellt.

Firma XYZ besitzt eine große Anzahl von Mitarbeitern. Die Firma befürchtet, dass ein bestimmter Mitarbeiter versuchen wird, auf Daten der Firma zur Weitergabe an die Konkurrenz zuzugreifen. Jede Anmeldung mit seiner Kennung an einem der Systeme soll gemeldet und überwacht werden. Die Firma verwendet FTP-Server zur Speicherung der Daten und POP-Server zur Speicherung der E-Mails. Der Mitarbeiter besitzt die Kennung jen0432.

Dieses Problem kann recht einfach mit dem Werkzeug *ngrep* gelöst werden. Hierzu wird *ngrep* angewiesen, die entsprechenden Protokolle bezüglich des Benutzernamens zu untersuchen:

```
ngrep -A 5 'jen0432' tcp port 21 or tcp port 110
```

Dieser ngrep-Aufruf wird nun sämtliche Anmeldeversuche des Benutzers erkennen und anschließend weitere fünf Pakete protokollieren.

Leider ist die Anwendung regulärer Ausdrücke recht zeitaufwändig. Daher sollten bei Verwendung von *ngrep* wenn möglich BPF-Filter eingesetzt werden. Wenn mehrere reguläre Ausdrücke gesucht werden sollen, so bietet sich zunächst die Sicherung der Pakete mit *tcpdump* in einer Datei an, die anschließend (auch parallel) in mehreren *ngrep*-Läufen untersucht wird. Sobald jedoch die Anforderungen steigen, sollte der Einsatz eines integrierten NIDS wie snort in Erwägung gezogen werden.

Diese Protokollierung kann jedoch nur erfolgreich sein, wenn die Übertragung der Daten in Klartext erfolgt. Eine Verschlüsselung durch die Secure Shell oder mit der Secure Socket Layer (SSL) umgeht die Erkennung und Protokollierung der Daten.

Kapitel 8

Host-basierte Intrusion Detection-Systeme

Host-basierte Intrusion Detection-Systeme (HIDS) stellen einen wichtigen Teil in der Sicherheitsstruktur eines Netzwerkes dar. HIDS sind in der Lage, die Ereignisse auf einzelnen Rechnern auf ungewöhnliche und möglicherweise bösartige Aktionen hin zu untersuchen. Hierbei können unterschiedlichste Aspekte betrachtet werden. So bieten einige HIDS die Möglichkeit, die Protokolldateien automatisch zu analysieren, häufige fehlerhafte Anmeldeversuche zu ermitteln oder wichtige Meldungen der Firewall zu erkennen. Andere HIDS überprüfen die Integrität der Systemdateien und melden den Austausch oder die Modifikation wichtiger Befehle (Installation einer Hintertür oder eines Trojaners) oder der Konfigurationsdateien. Diese Systeme werden häufig auch als System Integrity Verifier (SIV) bezeichnet. Schließlich existieren HIDS, die die auf dem Rechner ausgeführten Aktionen in Echtzeit analysieren und anhand entsprechender Richtlinien genehmigen oder ablehnen.

Verschiedene host-basierte IDS-Systeme stehen zur Wahl. Die folgenden Systeme werden in diesem Kapitel vorgestellt.

Am einfachsten ist die Implementierung der automatischen Protokoll-Analyse. Auch dies stellt bereits eine Form eines IDS-Systems dar. Ein Linux-Rechner erzeugt spielend ohne die Installation eines dedizierten IDS-Systems bereits Protokolldateien von 100 kByte bis zu 10 MByte pro Woche in Abhängigkeit der verwendeten Dienste. Die manuelle Analyse dieser Protokolldateien überfordert jeden Systemadministrator. Häufig enthalten diese Dateien aber bei einem Einbruch bereits wertvolle Hinweise.

Die weiteren IDS-Systeme, welche in diesem Kapitel vorgestellt werden, sind *Tripwire*, LIDS, das Linux Intrusion Detection-System und SNARE-System iNtrusion Analysis and Reporting Environment. *Tripwire* ist ein Programm, welches die Integrität der Systemdateien überprüft, indem es deren Eigenschaften (z. B. Prüfsummen) mit zuvor in einer Datenbank gespeicherten Sollwerten vergleicht.

LIDS überprüft die Integrität des Linux-Kernels und die Tätigkeiten des Systemadministrators *root*. Bei einer Verletzung vorher definierter Richtlinien unterbindet LIDS die Aktionen und führt eine Alarmierung durch.

SNARE ist ein Werkzeug zur Überwachung der Prozesse und des Kernels auf einem Linux-System. Es implementiert ein Audit-System im Stile eines C2-Systems. Hiermit besteht die Möglichkeit, sehr viele Ereignisse auf Kernel und Prozessebene zu überwachen und zu protokollieren. Dies kann insbesondere nach einem Einbruch sehr wertvoll sein, da die Möglichkeit besteht, die Aktionen des Einbrechers nachzuvollziehen. SNARE kommt mit einer grafischen Oberfläche, die die Administration und Nutzung stark vereinfacht.

8.1   Automatische Protokoll-Analyse

Es existieren eine Vielzahl von Werkzeugen, die in der Lage sind, Protokolle automatisch zu analysieren. Diese Werkzeuge reichen von Protokoll-Analysatoren für spezielle Dienste wie zum Beispiel Webservern oder Firewalls hin zu allgemeinen Werkzeugen, die täglich einen Bericht mit den wichtigsten Ereignissen des Tages als E-Mail zusenden. Die Notwendigkeit dieser Werkzeuge wird jedem Systemadministrator einleuchten, der sich die Mühe gemacht hat, seine Protokolldateien manuell regelmäßig zu analysieren. Ein beschäftigter Rechner erzeugt in Abhängigkeit des angebotenen Dienstes leicht Protokolldateien von 100 Kbyte bis 10 Mbyte pro Woche. Wurde auf dem Rechner eine Firewall oder ein IDS installiert, welches zusätzliche Protokolle erzeugt, so steigt die Größe der Dateien meist noch stark an.

Häufig macht sich daher bei vielen Systemadministratoren nach einigen Wochen eine Ohnmacht oder ein Desinteresse breit. Da die Dateien sowieso viel zu groß sind, werden sie nicht gelesen und überwacht. Die Installation einer Firewall oder eines IDS, dessen Protokolle nicht analysiert werden, erzeugt jedoch ein höheres Gefahrenpotential als ein Verzicht auf die Firewall/IDS. Dem Anwender wird besonders im Falle des IDS eine scheinbare Sicherheit suggeriert: Firewall bzw. IDS installiert = Sicherheit. Sicherheit ist jedoch ein Prozess und kein Zustand. Daher ist eine dauernde Überwachung und Pflege erforderlich.

Die folgenden drei Werkzeuge haben sich in der Praxis bewährt und stellen eine Auswahl der für Linux frei verfügbaren Open Source-Werkzeuge dar. Die Auswahl basiert auf meinen Erfahrungen und erfolgte daher rein subjektiv. Weitere Werkzeuge existieren sicherlich.

8.1.1   Logsurfer

Logsurfer ist ein Programm, welches in der Lage ist, text-basierte Protokolldateien in Echtzeit zu überwachen. Die Homepage des Projektes befindet sich unter *http://www.cert.dfn.de/eng/logsurf/*. Die letzte Version des Programmes (1.5a) ist verfügbar unter *ftp://ftp.cert.dfn.de/pub/tools/audit/logsurfer/logsurfer-1.5a.tar*.

Logsurfer bietet sehr mächtige Funktionen. Unter anderem weist es folgende Eigenschaften auf:

* Logsurfer kann jede Textdatei einschließlich der Standardeingabe verarbeiten.
* Die Überprüfung der Protokollmeldungen erfolgt mithilfe zweier regulärer Ausdrücke. Der erste Ausdruck muss zutreffen, während der zweite Ausdruck nicht zutreffen darf.
* Logsurfer kann mehrere Zeilen im Kontext betrachten. Viele Protokoll-Analysewerkzeuge können lediglich zeilenorientiert arbeiten.

- Logsurfer kann externe Programme (z. B. *sendmail*) aufrufen.

- Zeit- und Resourcenbeschränkungen können definiert werden. So kann Logsurfer nicht sämtliche Rechnerresourcen für sich in Anspruch nehmen und zu einem Denial of Service führen.

- Logsurfer bietet dynamische Regeln und erlaubt die Definition von mehreren Aktionen pro Regel.

Diese Eigenschaften machen Logsurfer zu einem der mächtigsten und flexibelsten Protokoll-Analysewerkzeuge. So ist Logsurfer in der Lage, wichtige Meldungen per E-Mail oder SMS zu versenden. Diese Meldungen können an unterschiedliche Personen gesendet werden. In der Meldung kann der Kontext des Protokollereignisses mit angegeben werden.

Logsurfer wird vertrieben unter einer Lizenz des DFN-CERT, welche die freie Nutzung der Software und die weitere Vertreibung als Quelltext und Binärcode bei Beibehaltung der Copyright-Notiz erlaubt.

Installation von Logsurfer

Die Installation von Logsurfer erfolgt recht einfach als RPM, wenn die entsprechende Distribution bereits die Logsurfer-Software enthält (SuSE). In den anderen Fällen sollte die Software selbst übersetzt werden.

Hierzu soll die aktuellste Version der Software vom oben angegebenen FTP-Server geladen werden und zunächst an geeigneter Stelle (z. B. */usr/local/src/*) ausgepackt werden.

```
# cd /usr/local/src
# tar xvf logsurfer-1.5a.tar
```

Anschließend wechseln Sie in das entstandene Verzeichnis und rufen das Autoconfigure-Script auf. Hierbei empfiehlt sich die Angabe des von Logsurfer zu verwendenden *etc*-Verzeichnisses. Logsurfer wird später hier seine Konfigurationsdatei *logsurfer.conf* suchen. Eine zusätzliche Angabe von -prefix=/usr erlaubt die Angabe des Verzeichnisses für die Installation des Binärprogrammes und der Manpages (-mandir=/usr/share/man). Alle zur Verfügung stehenden Optionen können Sie mit ./configure -help einsehen. Üblicherweise existiert jedoch die Konvention, dass Distributionspakete in */usr* und manuell übersetzte Pakete in */usr/local* installiert werden. Das /usr-Verzeichnis sollte jedoch keinerlei Konfigurationsdateien enthalten, damit es entsprechend dem Filesystem Hierarchy Standard (FHS, *http://www.pathname.com/fhs/*) read-only eingebunden werden kann. Als Konfigurationsverzeichnis sollte daher /etc gewählt werden.

```
# cd logsurfer-1.5a
# ./configure --with-etcdir=/etc
```

Ist die Konfiguration abgeschlossen und sind hierbei keine Fehler aufgetreten, so kann die Software übersetzt und installiert werden. Bei der Installation mit `make install` benötigen Sie Administratorrechte.

```
# make
# make install
```

Konfiguration von Logsurfer

Logsurfer liest seine Regeln aus einer Konfigurationsdatei. Jede Zeile einer Protokolldatei wird mit jeder Regel der Konfigurationsdatei verglichen. Wenn eine Regel zutrifft, wird die entsprechende Aktion zu dieser Regel ausgeführt. Unter anderem können die entsprechenden Zeilen der Protokolldateien in so genannten Kontexts (*context*) gesammelt werden. Diese werden im Speicher vorgehalten und können eigene Aktionen definieren. Des Weiteren können Zeitbeschränkungen für die Speicherdauer des Kontextes definiert werden.

Logsurfer ist in der Lage, dynamisch neue Regeln hinzuzufügen oder alte Regeln zu löschen. Schließlich kann Logsurfer in Abhängigkeit von den Regeln externe Programme aufrufen, die E-Mails (z. B. *sendmail*) oder SMS versenden (z. B *gsmlib*, siehe *http://www.pxh.de/fs/gsmlib/index.html*) oder ein WinPopUp (z. B. `smbclient -M Workstation`) veranlassen.

Da die Konfigurationsmöglichkeiten sehr mächtig sind, soll zunächst die allgemeine Syntax dargestellt und anschließend an ein paar Beispielen verdeutlicht werden.

Das grundlegende Format einer Regel in der Datei */etc/logsurfer.conf* ist:

```
match_regex not_match_regex stop_regex not_stop_regex timeout [continue] action
```

Die einzelnen Elemente haben die folgende Bedeutung:

- `match_regex`. **Wenn dieser reguläre Ausdruck für die Protokollzeile zutrifft, wird der Rest der Regel abgearbeitet. Diese Angabe ist erforderlich.**
- `not_match_regex`. **Dieser reguläre Ausdruck darf nicht in derselben Zeile zutreffen. Diese Angabe kann durch ein »-« ersetzt werden und wird dann nicht gewertet.**
- `stop_regex`. **Trifft dieser reguläre Ausdruck zu, so wird diese Regel aus der Liste entfernt. Ein »-« deaktiviert diese Funktion.**
- `not_stop_regex`. **Wenn ein** `stop_regex` **definiert wurde, darf zusätzlich dieser reguläre Ausdruck nicht zutreffen, damit die Regel entfernt wird. Auch diese Option kann mit einem »-« deaktiviert werden.**
- `timeout`. **Dieser Wert gibt die Lebenszeit der Regel in Sekunden an. Nach der angegebenen Zeit wird die Regel entfernt. Die Angabe von 0 deaktiviert diese Funktion.**

- continue. Dieses Schlüsselwort zwingt Logsurfer, weitere Regeln für diese Zeile zu untersuchen. Ansonsten beendet Logsurfer die Regelabarbeitung bei dem ersten Treffer. Die Angabe ist optional und darf nicht durch ein »-« ersetzt werden.

- action. Diese Angabe definiert die auszuführende Aktion, wenn die Regel zutrifft. Hierzu stehen folgende Möglichkeiten zur Verfügung:

  - ignore. Keine weitere Aktion. Keine weitere Abarbeitung der Regeln (außer continue wurde angegeben!).

  - exec. Ausführung des angegebenen Programmes mit weiteren Argumenten. Hierbei können Teile des gefundenen Ausdruckes angegeben werden (s.u.).

  - pipe. Ausführung des angegebenen Programmes und Übergabe der Protokollzeile über eine Pipe. Das bedeutet, dass das aufgerufene Programm die Zeile von der Standardeingabe lesen kann.

  - open. Öffnet einen neuen Kontext (s.u.). Existiert der Kontext bereits, so ist diese Aktion ohne Funktion.

  - delete. Diese Aktion schließt einen Kontext. Der Kontext wird identifiziert über den exakten Ausdruck match_regex.

  - report. Diese Aktion erzeugt einen Bericht durch Aufruf eines externen Programmes. Die Angabe weiterer Kontexte erlaubt die Übergabe von deren Zusammenfassungen über die Standardeingabe.

  - rule. Diese Option erlaubt die Erzeugung neuer Regeln. In direktem Anschluss erfolgt die Angabe der Position der neuen Regel (before, behind, top oder bottom) und ihre Definition.

Im Folgenden werden zunächst einfache Beispiele für einige Regeln gegeben.

Zu Beginn soll eine Regel vorgestellt werden, die jede Zeile erneut ausgeben wird:

```
# /etc/logsurfer.conf
#
# Match all rule
# match_regex not_match_regex stop_regex not_stop_regex timeout action
'.*' - - - 0 exec "/bin/echo $0"
```

Diese Regel wird auf alles zutreffen (».*«), ohne eine Ausnahme (erstes »-«). Sie besitzt keine Löschaufforderung (zweites und drittes »-«) und besitzt unendliche Lebensdauer (»0«). Als Aktion wird der Befehl /bin/echo ausgeführt und es wird ihm die Variable $0 übergeben. Diese Variable enthält die gesamte Zeile, die von Logsurfer getestet wurde.

Logsurfer erlaubt die Verwendung von Variablen. Folgende werden unterstützt:

- $0 - Gesamte Zeile
- $1 - Zeichenkette, die von dem regulären Ausdruck (match_regex) gefunden wurde.
- $2-$9 - Teiltreffer des regulären Ausdrucks (siehe den Exkurs über reguläre Ausdrücke).

Reguläre Ausdrücke

Ein regulärer Ausdruck ist ein Suchmuster. Reguläre Ausdrücke werden von verschiedensten Werkzeugen verwendet. Die bekanntesten Werkzeuge, die reguläre Ausdrücke verwenden können, sind *grep* und *perl*.

Der einfachste reguläre Ausdruck ist eine normale Zeichenfolge wie zum Beispiel *Muster*. Dieser Ausdruck trifft auf alle Zeichenketten zu, die diese Zeichenfolge enthalten.

Die Mächtigkeit der regulären Ausdrücke liegt jedoch in der Möglichkeit, Metazeichen zu verwenden, die ähnlich wie Wildcards aufgelöst werden. Das wichtigste Metazeichen ist der Backslash (\). Dieser kann, wie allgemein üblich unter UNIX, verwendet werden, um die Bedeutung von Metazeichen aufzuheben und um Sonderzeichen zu erzeugen.

Beispiele: Soll ein Suchmuster den Backslash selbst enthalten, so ist ein doppelter Backslash zu verwenden, um die Metabedeutung aufzuheben: \\. Soll das Suchmuster einen Tabulator enthalten, so kann dieser mit: \t definiert werden.

Ein weiteres sehr wichtiges Metazeichen ist der Punkt (.). Er ist ein Metazeichen für ein beliebiges Zeichen. Das trifft auf jedes Zeichen zu und hat somit eine ähnliche Bedeutung wie das Fragezeichen (?) als Wildcard auf Verzeichnisebene.

Das Fragezeichen weist in einem regulären Ausdruck eine andere Bedeutung auf. Es definiert die Häufigkeit des voranstehenden Musters. Ein Fragezeichen bedeutet, dass das letzte Muster ein- oder keinmal vorkommen darf. Ein Stern bedeutet, dass das letzte Muster beliebig häufig (also auch keinmal) vorkommen darf. Ein Plus (+) definiert, dass das letzte Muster mindestens einmal vorkommen darf.

Um exakt die Häufigkeit des Musters zu definieren, kann die Angabe in geschweiften Klammern erfolgen: d{5} trifft auf exakt fünf Buchstaben d zu.

Um die Position des Musters in der Zeichenkette zu definieren, existieren für die Angabe des Beginns ^ und für die Angabe des Endes $. Beispiel: ^Jun 25 1.:..:.. sucht in Protokolldateien nach allen Einträgen des 25. Juni zwischen 10:00 Uhr und 19:59. Das Suchmuster muss dabei in der ersten Spalte der Zeile beginnen.

Der Punkt ist ein Metazeichen für ein beliebiges Zeichen. Häufig soll die Menge jedoch eingeschränkt werden. Dies erfolgt durch Angabe der erlaubten Zeichen in eckigen Klammern, z. B. [abc] oder [123456789]. Lediglich diese Zeichen werden dann vom regulären Ausdruck erkannt. In einigen Fällen ist es sinnvoll, die Ausnahmen zu definieren. Das ist möglich durch die Angabe des ^ in den eckigen Klammern. Der Ausdruck [^]+ trifft auf eine Zeichenfolge ohne Leerzeichen mit einer Länge von mindestens einem Zeichen zu.

Schließlich ist es häufig sinnvoll, die regulären Ausdrücke zu gruppieren. Diese Gruppierung erfolgt mit einfachen runden Klammern (). Die Gruppierung bietet die Möglichkeit, später auf die Zeichenkette, die vom gruppierten Ausdruck erkannt wurde, wieder zuzugreifen. Eine Referenz auf den ersten gruppierten Ausdruck ist mit \1 möglich. So trifft (baka)\1ko\1 auf bakabakakobaka zu.

Dies kann nur als ein erster Einstieg in die regulären Ausdrücke dienen. Ausführlichere Beschreibungen finden sich in dem Buch von Friedl, Jeffrey E.F.: *Reguläre Ausdrücke* (1. Aufl. Köln: O'Reilly 1997), in jedem guten Buch über Perl und grep und an verschiedensten Stellen im Internet, zum Beispiel *]www.cert.dfn.de/eng/logsurf/regex.ps.gz.*

Logsurfer ist in der Lage, externe Programme wie /bin/echo aufzurufen. Dieser Aufruf externer Programme durch Logsurfer kann jedoch Sicherheitslöcher erzeugen. Wenn dem externen Programm Teile der originalen Protokollmeldung übergeben werden, so besteht die Möglichkeit, dass ein Angreifer in der Lage ist, eine besondere Protokollmeldung zu erzeugen, die Sonderzeichen enthält, welche das externe Kommando veranlassen, andere Aktionen oder zusätzliche Aktionen mit den Rechten des Logsurfer-Benutzers auszuführen. Daher sollte darauf geachtet werden, dass nur Programme genutzt werden, die diese Funktionen nicht unterstützen (z. B. *sendmail*).

Im Folgenden wird nun ein Beispiel vorgestellt, welches eine E-Mail versendet:

```
'authentication failure' - - - 0 exec "/usr/bin/sendmail -odq root $0"
```

Kontexte erlauben nun die Betrachtung der Meldungen in ihrem Zusammenhang. Ein Kontext wird folgendermaßen definiert:

```
match_regex match_not_regex line_limit timeout_abs timeout_rel default_action
```

Hierbei bedeuten die einzelnen Optionen:

- match_regex. Regulärer wahrer Ausdruck (s.o.)
- not_match_regex. Regulärer falscher Ausdruck (s.o.)

- `line_limit`. Maximale Anzahl der Zeilen in diesem Kontext. Die Angabe ist sinnvoll, um sich vor Fehlkonfiguration und daraus resultierenden Speicherproblemen zu schützen. Geeignete Werte sind 500 oder vielleicht sogar 5000.
- `timeout_abs`. Absolute Lebensdauer des Kontextes. Bei Ablauf wird die *default_action* ausgeführt.
- `timeout_rel`. Relative Lebensdauer des Kontextes. Dieser Wert wird bei jeder neuen Zeile, die dem Kontext hinzugefügt wird, neu initialisiert. Das bedeutet, er misst den Abstand zwischen zwei dem Kontext zugefügten Zeilen.
- `default_action`. Diese entspricht den normalen Aktionen (s.o.). Nicht zur Verfügung stehen jedoch `open`, `delete` und `rule`.

Bei der Verwendung von Kontexten ist das Verständnis der internen Zeitverwaltung von Logsurfer wichtig. Logsurfer führt eine eigene Zeitprotokollierung der Zeilen, die den Kontexten hinzugefügt werden, durch. Logsurfer ist nicht in der Lage, die Zeitstempel zu lesen, die in den Protokolldateien hinterlegt sind. Das bedeutet, dass Logsurfer nur dann in der Lage ist, die Zeiten selbst zu messen und zu verwalten, wenn es die Meldungen in Echtzeit liest. Bei der Verarbeitung einer kompletten Protokolldatei in einem schnellen Durchgang werden alle Meldungen innerhalb weniger Sekunden gelesen. Sie enthalten von Logsurfer dann die gleiche Zeitzuordnung.

Die Verwendung eines Kontextes soll an zwei Beispielen gezeigt werden. Zunächst sollen mehrfache unerlaubte Anmeldungen protokolliert werden. Dies wird üblicherweise in der Datei */var/log/messages* mit folgender Zeile protokolliert:

```
May 28 14:09:58 kermit login[9745]: FAILED LOGIN 1 FROM (null) FOR xfce,
Authentication failure
```

Um derartige Versuche, die Kennwörter zu erraten, zu erkennen, soll nun ein Kontext angelegt werden, der fehlerhafte Anmeldungen erkennt und sammelt. Dies erfolgt für maximal 4.000 Zeilen und eine Stunde. Dabei wird alle 60 Sekunden eine neue fehlerhafte Anmeldung erwartet. Diese Anmeldungen werden in einzelnen Kontexten gespeichert. Diese Kontexte enhalten alle fehlerhaften Anmeldungen eine bestimmten Benutzers. Dies wird ermöglicht, indem ein regulärer Teilausdruck in Klammern verwendet wird: (`[^ ]*`). Dieser kann später mit der Variable `$2` referenziert werden. So wird für jeden Benutzer ein eigener Kontext erzeugt. Wenn der Kontext voll ist (4.000 Zeilen) oder die Timeout-Werte abgelaufen sind, werden alle im Kontext gesammelten Zeilen mit *report* protokolliert.

```
'FAILED LOGIN .* FOR ([^ ]*), Authentication failure' - - - 0 open
  "FAILED LOGIN .* FOR $2, Authentication failure" - 4000 3600 60
  report "/usr/bin/sendmail -odq "FAILED LOGIN .* FOR $2, Authentication
  failure"
```

Müssen die Regeln aufgrund ihrer Länge umbrochen werden, so liest Logsurfer aufeinanderfolgende Zeilen dann als eine Regel, wenn sie mit einem Leerzeichen beginnen. Kommentare können mit einem # eingefügt werden. Logsurfer interpretiert eine Zeile nur dann als neue Regel, wenn sie in der ersten Spalte beginnt.

Das zweite Beispiel soll das Surfverhalten auf einem Webserver überwachen. Eine normale Benutzung des Webservers soll keine Meldung erzeugen. Wenn jedoch ein Benutzer versucht auf eine Datei zuzugreifen, deren Zugriff nicht erlaubt ist, so sollen alle Zugriffe des Benutzers ausgegeben werden. Auch dieses Beispiel wird mithilfe eines Kontextes realisiert. Jedoch ist die default_action des Kontextes ignore. Dadurch wird Logsurfer die Meldungen des Benutzers lediglich im Kontext speichern. Es wird davon ausgegangen, dass ein Benutzer maximal für drei Stunden mit dem Webserver verbunden ist und dabei auf maximal 4.000 Dateien zugreift. Bei bestimmten Zugriffen des Benutzers soll jedoch der gesamte Kontext in einem Bericht zusammengefasst werden und als E-Mail versandt werden.

Protokolleinträge, die einen erfolgreichen Zugriff anzeigen, sehen folgendermaßen aus:

```
127.0.0.1 - - [28/May/2002:14:53:44 +0200] "GET / HTTP/1.1" 200 2900
"-" "Elinks (0.3; Linux 2.4.18-3 i686)"
```

Im Gegensatz dazu weisen verbotene Zugriffe einen Statuscode von 403 auf:

```
127.0.0.1 - - [28/May/2002:14:55:35 +0200] "GET /test/ HTTP/1.1" 403
292 "-" "Elinks (0.3; Linux 2.4.18-3 i686)"
```

Um nun diese Zugriffe zu sammeln, muss zunächst ein Kontext geöffnet werden. Bei einem normalen Surfverhalten soll dieser Kontext keine besondere Aktion ausüben:

```
'^([0-9]+\.[0-9]+\.[0-9]+\.[0-9]) ' - - - 0 open "^$2 " - 4000 10800 1800 ignore
```

Dies öffnet einen Kontext für maximal drei Stunden und 4.000 Zeilen. Der Kontext sammelt alle Protokollmeldungen für eine bestimme Client-IP-Adresse. Bei der Angabe der IP-Adresse wurde der Punkt mit dem Backslash maskiert. Dies ist erforderlich, da der Punkt in einem regulären Ausdruck eine Wildcard für ein beliebiges Zeichen ist. Für jede zugreifende IP-Adresse wird hier ein Kontext geöffnet.

Erfolgt nun ein verbotener Zugriff, sollen alle bisherigen Zugriffe in einem Bericht als E-Mail versandt werden:

```
'^([0-9]+\.[0-9]+\.[0-9]+\.[0-9]) .* 403 ' - - - 0 report
  "/usr/bin/sendmail -odq "^$2 " "$0"
```

Diese Funktionalität lässt sich auf jede Protokolldatei übertragen. So können wichtige Meldungen auch zum Beispiel direkt schwarz auf weiß ausgedruckt werden. Späteres Editieren der Protokolle ist so kaum möglich.

Aufruf von Logsurfer

Wenn die Konfiguration von Logsurfer abgeschlossen ist, kann Logsurfer aufgerufen werden. In Wirklichkeit werden Sie sicherlich während der gesamten Konfiguration Logsurfer immer wieder testweise aufrufen. Beim Aufruf können folgende Optionen spezifiziert werden:

-c *Konfigurationsdatei* (Default: */etc/logsurfer.conf*)

-d *Dumpdatei* Logsurfer protokolliert hier interne Informationen über Regeln und Kontexte (Default: */dev/null*).

-f Üblicherweise arbeitet Logsurfer eine Datei ab und beendet sich. Im Followmode wartet Logsurfer, ob die Datei wächst, und beendet sich nicht. Dieses Verhalten ist ähnlich `tail -f`.

-l *Zeilennummer* Logsurfer startet die Abarbeitung an der angegebenen Zeilennummer.

-p *PIDdatei* Logsurfer wird in der angegebenen Datei seine PID abspeichern.

-r *REGEX* Logsurfer startet die Abarbeitung der Datei mit der ersten Zeile, auf die der angegebene reguläre Ausdruck zutrifft.

-s Logsurfer gibt keine Informationen auf der Standardfehlerausgabe aus (*silent*)

Ein üblicher Aufruf erfolgt mit:

```
/usr/bin/logsurfer -c /etc/logsurfer -f /var/log/messages
```

Logsurfer bietet von sich aus keine Möglichkeit, den Benutzerkontext zu wechseln. Der Aufruf als *root* oder als normaler Benutzer kann jedoch problematisch sein. Ein Aufruf als *root* sollte immer unterlassen werden! Um dies zu vermeiden, wird zunächst ein Benutzer *logsurfer* angelegt. Anschließend kann Logsurfer in dessen Kontext aufgerufen werden. Dazu muss der Benutzer *logsurfer* natürlich Leserechte an den zu analysierenden Protokolldateien besitzen.

```
# useradd logsurfer -d /dev/null -s /bin/false
# su - logsurfer -c "/usr/bin/logsurfer -c /etc/logsurfer.conf \
  -f /var/log/messages"
```

Ein letztes Problem im Falle von Logsurfer und allen anderen Echtzeitprotokoll-Analysatoren stellt die Rotation der Protokolldateien dar. Als Rotation bezeichnet man den Vorgang, bei dem die Protokolldateien täglich oder wöchentlich umbenannt werden und eine neue Protokolldatei begonnen wird. Üblicherweise wird die Datei */var/log/messages* umbenannt in */var/log/messages.1*. Sobald sich Logsurfer jedoch an die Datei gebunden hat, erfolgt der Zugriff über den so genannten Filehandle, der unabhängig vom Dateinamen ist. Logsurfer erkennt diese Umbenennung nicht. Daher ist es erforderlich, dass nach jeder erfolgten

Rotation entweder Logsurfer neu gestartet oder das Signal SIGHUP gesendet wird. Ein Neustart hat zur Folge, dass Logsurfer sämtliche Informationen über dynamische Regeln und Kontexte verliert. Ein SIGHUP führt lediglich zu einem Schließen und Öffnen der zu analysierenden Protokolldatei. Die Verarbeitung erfolgt dann wieder ab der ersten Zeile.

```
# killall -HUP logsurfer
```

Wurden mehrere Logsurfer gestartet, welche unterschiedliche Protokolldateien untersuchen, dürfen nicht alle das Signal SIGHUP empfangen. Dann sollte die Option -p PIDdatei beim Aufruf genutzt werden:

```
# su - logsurfer -c "/usr/bin/logsurfer -p /var/run/logsurfer_mesg.pid \
> -c /etc/logsurfer.mesg -f /var/log/messages"
# su - logsurfer -c "/usr/bin/logsurfer -p /var/run/logsurfer_fw.pid \
> -c /etc/logsurfer.fw -f /var/log/firewall"
```

Wurde nun die Datei */var/log/messages* rotiert, so wird das SIGHUP-Signal folgendermaßen gesendet:

```
# kill -HUP `cat /var/run/logsurfer_mesg.pid`
```

8.1.2 Fwlogwatch

Fwlogwatch ist ein Echtzeit-Protokoll-Analysator speziell für Firewallprotokolle. *Fwlogwatch* wird von Boris Wesslowski unter der GPL-Lizenz vertrieben. Firewallprotokolle weisen häufig eine sehr spezielle Syntax auf. Die Erstellung von Zusammenfassungen und speziellen Alarmmeldungen gestaltet sich mit Werkzeugen wie logsurfer unter Umständen recht kompliziert. *Fwlogwatch* ist in der Lage, verschiedenste Protokollformate zu verstehen: Linux ipchains, Linux Netfilter/iptables, Solaris/BSD/Irix/HP-UX ipfilter, Cisco IOS, Cisco PIX, Windows XP Firewall und Snort IDS. Darüber hinaus unterstützt dieses Werkzeug (*gzip-*) komprimierte Protokolldateien, kann selbstständig Namensauflösungen durchführen und Berichte erstellen in Text und HTML-Format. Diese Berichte können automatisch oder interaktiv erstellt werden. Die Überwachung des laufenden fwlogwatch-Dienstes kann mit einem Web-Interface erfolgen.

Installation von Fwlogwatch

Fwlogwatch ist zum Zeitpunkt der Verfassung dieses Buches weder Bestandteil der Red Hat noch der SuSE-Distribution. Auf der Homepage *http://cert.uni-stuttgart.de/projects/fwlogwatch/* finden sich jedoch sowohl RPM-Pakete als auch Quelltextarchive. Das zum Zeitpunkt der Drucklegung dort vorgehaltene RPM-Paket ist unter Red Hat 7.3 übersetzt worden. Es funktioniert aber auch auf aktuellen SuSE-Distributionen. Die Installation erfolgt dann recht einfach mit:

```
# rpm -ivh fwlogwatch-version.i386.rpm
```

Lediglich der automatische Start muss bei der SuSE-Distribution einmalig von Hand eingerichtet werden. Bei der Red Hat-Distribution genügt ein Aufruf von:

```
# chkconfig --add fwlogwatch
```

Bei der SuSE-Distribution sollten von Hand die Verknüpfungen für den gewünschten Runlevel eingerichtet werden:

```
# ln -s /etc/rc.d/init.d/fwlogwatch /etc/rc.d/rc3.d/S90fwlogwatch
# ln -s /etc/rc.d/init.d/fwlogwatch /etc/rc.d/rc3.d/K10fwlogwatch
```

Installation von Fwlogwatch aus den Quellen

Nach dem Download des Paketes von der oben angegebenen Homepage kann es ausgepackt werden. Anschließend kann nach einem Wechsel in das Verzeichnis mit make das Programm übersetzt werden. Ein make install installiert das Programm und ein make install-config installiert eine Beispielskonfigurationsdatei und ein Template in */etc*.

Konfiguration von Fwlogwatch

Fwlogwatch unterstützt drei verschiedene Modi: Zusammenfassung, Bericht und Echtzeitantwort. Der Modus Zusammenfassung erlaubt es, aus einem Firewall-Protokoll mit mehreren tausend Einträgen in wenigen Sekunden einen Bericht zu erzeugen, in dem die Ereignisse zusammengefasst werden. Eine Beispielausgabe sieht folgendermaßen aus:

```
fwlogwatch-Zusammenfassung
Generiert Mit Mai 29 10:01:08 CEST 2002 von root.
18184 von 18362 Einträgen in der Datei "/home/xxx_firewall/messages.2" sind
Paketfiltereinträge, 139 sind eindeutig.
Erster Paketfiltereintrag: Mai 12 13:21:27, letzter: Mai 17 13:44:10.
Alle Einträge wurden vom diesem Rechner geloggt: "fwsteinfurt".
Alle Einträge haben das selbe Ziel: "-".
Mai 17 13:56:24 03:04:25:40 - eth1 3001 udp Pakete (187968 Bytes) von
 192.168.222.200 (-) bis 111.112.222.222 (-) Port 53
Mai 17 13:56:37 03:04:25:44 - eth1 2991 udp Pakete (187172 Bytes) von
 192.168.222.200 (-) bis 192.33.4.12 (c.root-servers.net) Port 53
Mai 17 13:56:33 03:04:25:50 - eth1 2983 udp Pakete (186434 Bytes) von
 192.168.222.200 (-) bis 192.112.36.4 (G.ROOT-SERVERS.NET) Port 53
Mai 17 13:56:37 03:04:25:44 - eth1 2976 udp Pakete (185906 Bytes) von
 192.168.222.200 (-) bis 192.5.5.241 (f.root-servers.net) Port 53
Mai 17 13:56:29 03:04:25:49 - eth1 2353 udp Pakete (142615 Bytes) von
 192.168.222.200 (-) bis 192.36.148.17 (i.root-servers.net) Port 53
Mai 17 11:14:21 03:20:24:24 AntiSpoofing: eth4 866 icmp Pakete (48496 Bytes)
 von xxx.yyy.200.249 (-) bis 192.168.201.5 (-) Port 0
```

Die deutsche Variante des Berichtes gibt leider als Übersetzung des englischen *to* das deutsche Wort *bis* anstatt sinnvoller *nach* an.

Dieser Bericht erlaubt einen wesentlich klareren Überblick über die Situation der Firewall und welche Rechner die Richtlinien verletzen, als die manuelle Analyse der Protokolldatei es ermöglicht.

Im interaktiven Berichtsmodus ist *Fwlogwatch* in der Lage, automatisch E-Mails zu generieren, die an ein CERT oder an die verantwortlichen Administratoren der »angreifenden« Rechner gesendet werden:

```
-------------------------------------------------------------------
From: root@kermit.spenneberg.de
To: [Insert address of abuse contact or CERT here]
Subject: Ereignisbericht 20020514-192.168.222.200

Dear Madam or Sir,

we would like to bring to your attention that [your organization's
networks] have been subject to heavy scans from a/several host/s in
your domain:


Angreifende IP-Adresse:    192.168.222.200
Ziel IP-Adresse:           111.112.222.222
Anzahl der geloggten Versuche: 3001
Verfolgungsnummer:         20020514-192.168.222.200


Please take the appropriate steps to stop these scans.
In case you need more information we would be glad to provide you
with the appropriate log file excerpts as far as they are available.


Thank you.
Yours sincerely
[Your signature]
-------------------------------------------------------------------
```

Leider besteht hier das Problem, dass die sinnvollerweise in Englisch gehaltene E-Mail mit deutschen Informationen gefüllt wird, wenn fwlogwatch in einer deutschen Umgebung verwendet wird. Dieses Problem (und auch das oben angesprochene) lässt sich vermeiden, wenn vor dem Aufruf die entsprechende Umgebungsvariable für die Locale modifiziert wird:

```
LANG="en_US" fwlogwatch -i 1000
```

Schließlich unterstützt *Fwlogwatch* auch einen Echtzeit-Modus. Hier kann *Fwlogwatch* in Echtzeit die Protokolldatei überwachen und Benachrichtigungen

z. B. per E-Mail oder *WinPopUp* versenden. Des Weiteren bietet der Echtzeit-Modus einen Webserver, über den der aktuelle Stand von fwlogwatch ausgelesen werden kann.

Um diese Funktionen anzubieten, besitzt *Fwlogwatch* zwei Konfigurationsdateien: *fwlogwatch.config* und *fwlogwatch.template*. Die Datei *fwlogwatch.template* stellt ein Template für die im interaktiven Berichts-Modus zu versendende E-Mail dar.

Die beiden mitgelieferten Konfigurationsdateien sind sehr gut dokumentiert und relativ selbsterklärend. Im Folgenden sollen kurz die wichtigsten Optionen der verschieden Modi erklärt werden. Die meisten Optionen können sowohl auf der Kommandozeile als auch in der Konfigurationsdatei definiert werden.

Allgemeine Optionen

Einige Funktionen stehen in allen Modi zur Verfügung:

include_file	Diese Option erlaubt das Einlesen weiterer Dateien. Damit lässt sich die Konfigurationsdatei aufsplitten.
verbose = yes|no, -v	Diese Option kann bis zu zweimal angegeben werden. Sie gibt mehr Informationen während der Verarbeitung der Datei aus.
resolve_hosts = yes|no, -n	Diese Option löst die IP-Adressen zu DNS-Namen auf.
resolve_services = yes|no, -N	Diese Option löst die Portnummern zu Diensten auf.
input = , -f	Diese Option gibt die zu analysierende Datei an.
parser = infcpws, -P	Diese Option gibt die Parser an (i – *ip-chains*, n – *netfilter*, f – *ipfilter*, c – *cisco IOS*, p-*cisco PIX*, w-*windowsXP*, s – *snort*)
src_ip, -S; dst_ip, -D; protocol, -p; ...	Vergleichskriterien für die Sortierung der Pakete
exclude_src_host, exclude_src_port, ...	Diese Pakete werden von *Fwlogwatch* ignoriert.
exclude_chain, exclude_branch, ...	Diese Ketten und Aktionen in den Protokollen werden ignoriert.
sort_order = , -O	Diese Option definiert die Sortierung der Einträge.

Zusammenfassung

Der Zusammenfassungs-Modus weist folgende Optionen auf:

data_amount, -b	Diese Option gibt die Summe der Pakete pro Angriff aus.
start_times = yes, -t; end_times = yes, -e	Diese Optionen zeigen den Beginn und das Ende eines jeden Angriffes an.
duration = yes, -z	Gibt die Dauer eines Angriffes an.
html = yes, -w	Erzeugt eine HTML-Ausgabe.
output = , -o	Erzeugt die Ausgabe in einer Datei.

Eine Beispielskonfigurationsdatei wird im Folgenden angegeben:

```
resolve_hosts = yes
parser = ns
src_ip = on
dst_ip = on
data_amount = yes
duration = yes
protocol = on
dst_port = on
sort_order = tacd
```

Bericht

Im Berichts-Modus besteht die Möglichkeit, automatisch einen Bericht für jedes Angriffsereignis zu versenden. Dieser Bericht kann an ein CERT oder an die verantwortlichen Administratoren des angreifenden Rechners gesendet werden. Dazu stehen folgende Optionen zur Verfügung.

interactive = *Zahl,* -i	Dies aktiviert den Berichts-Modus. Für alle Angriffe mit mehr Paketen als der angegebenen Zahl werden Berichte erzeugt.
sender = *email,* -F	E-Mail-Adresse des Absenders
recipient = *email,* -T	E-Mail-Adresse des Empfängers
cc = *email,* -C	Carbon Copy. Die E-Mail wird zusätzlich an diese Adresse gesendet.
template = , -I	Template für die E-Mail

Eine Beispielskonfiguration für den Berichts-Modus:

```
# Berichtsmodus
interactive = 3000
sender = ralf@spenneberg.de
recipient = incident@firma.de
cc = incident@spenneberg.de
template = /etc/fwlogwatch.incident
```

Echtzeit

Im Echtzeit-Modus ist *Fwlogwatch* in der Lage, Benachrichtigungen zu versenden und zu reagieren.

realtime_response = yes, -R	Diese Option schaltet den Echtzeit-Modus an.
run_as =	Diese Option weist *Fwlogwatch* an, seinen Benutzerkontext zu ändern.
alert_threshold = , -a	Schwellwert, bei dessen Überschreiten die Antwort ausgelöst wird
recent = , -l	Lebensdauer der Ereignisse. Nach Ablauf werden die Ereignisse vergessen.
notify = yes, -A	Führe das Notify-Script aus.
respond = yes, -B	Führe das Respond-Script aus.
notification_script =; *response_script*	Name der entsprechenden Scripts

Eine Beispielskonfiguration mit der Konfiguration des Webservers für die Überwachung kann folgendermaßen aussehen:

```
realtime_response = yes
run_as = fwloguser
alert_threshold = 5
notify = yes
notification_script = /usr/local/sbin/fwlw_notify
server_status = yes
bind_to = 127.0.0.1
listen_port = 8888
status_user = admin
status_password = 2fi4nEVVzOIXo
refresh = 10
```

8.1.3 Logwatch

Ein weiteres Protokoll-Analysewerkzeug ist *Logwatch*. *Logwatch* (*http://www. logwatch.org*) ist eine Sammlung von Perl-Scripts. Es erzeugt automatisch Zusammenfassungen der Systemprotokolle. Diese können mit unterschiedlichem Detailgrad (*high*, *med* oder *low*) für verschiedene Zeiträume (*today*, *yesterday* und *all*) erzeugt werden. Üblicherweise werden diese Berichte per E-Mail versandt. Logwatch ist nach der Installation bei den meisten Linux-Distributionen sofort lauffähig. In wenigen Ausnahmen sind weitere Konfigurationen erforderlich.

Installation von Logwatch

Logwatch ist als RPM-Paket Teil der Red Hat Linux-Distribution. Für den Einsatz in anderen Distributionen sind auf der oben angegebenen Homepage sowohl RPM-Pakete als auch ein Quelltextarchiv verfügbar. Die Installation des RPM-Paketes erfolgt mit:

```
# rpm -ivh logwatch-<version>.noarch.rpm
```

Die Installation des Quelltextarchives ist ebenfalls sehr einfach:

```
# cd /usr/local/src
# tar xvzf logwatch-<version>.tar.gz
# mv logwatch-<version> /etc/log.d
# ln -s /etc/log.d/scripts/logwatch.pl /usr/sbin/logwatch
```

Anschließend sollte die Datei */etc/log.d/logwatch.conf* ediert und ein Cronjob eingerichtet werden, der */usr/sbin/logwatch* täglich aufruft.

Konfiguration von Logwatch

Im Weiteren soll hier nur auf die Anpassung der Datei */etc/log.d/logwatch.conf* eingegangen werden. Eine tiefer gehende Konfiguration würde dieses Kapitel sprengen. Sowohl im RPM-Paket als auch im Quelltextarchiv ist eine Datei *HOWTO-Make-Filter* enthalten, die das Hinzufügen eines weiteren Filters beschreibt. Hierfür sind jedoch Kenntnisse der Programmiersprache Perl erforderlich, die im Rahmen dieses Buches nicht erlangt werden können und auch nicht vorausgesetzt werden sollen.

Die angesprochene Konfigurationsdatei enthält einige Direktiven, die kurz erklärt werden sollen:

`LogDir =`	Dieser Eintrag definiert das Verzeichnis, in dem das System die Protokolle ablegt.
`MailTo =`	Dieser Eintrag spezifiziert die E-Mail-Adresse, an die der Bericht gesendet wird.

Print = yes|no	Dieser Eintrag wählt zwischen der Ausgabe auf dem Bildschirm (yes) und der Ausgabe als E-Mail (no).
Save =	Wenn dieser Eintrag definiert wird, wird der Bericht nicht ausgegeben oder als E-Mail versendet, sondern in der angegebenen Datei abgespeichert.
Archives = yes|no	Dieser Eintrag gibt an, ob *Logwatch* auch rotierte Protokolle wie *log.1*, *log.2* und *log.1.gz* durchsuchen soll.
Range = all| yesterday|today	Dieser Eintrag spezifiziert den Zeitraum, für den der Bericht erstellt werden soll. Üblicherweise wird yesterday verwendet.
Detail = 0-10	Dieser Eintrag definiert den Detailgrad des Berichtes (low=0, med=5, high=10).
Service =	Dieser Eintrag spezifiziert den Dienst, für den der Bericht erstellt werden soll. Üblicherweise befindet sich hier ein All.
LogFile =	Dieser Eintrag beschränkt die Tätigkeit von *Logwatch* auf die angegebene Protokolldatei.

Ist logwatch konfiguriert worden, so kann es aufgerufen werden. Es erzeugt zum Beispiel folgende E-Mail:

```
From root  Sun Jun  2 17:07:50 2002
Return-Path: <root>
Received: (from root@localhost)
    by grobi.spenneberg.de (8.9.3/8.9.3) id RAA09458
    for root; Sun, 2 Jun 2002 17:07:50 +0200
Date: Sun, 2 Jun 2002 17:07:50 +0200
From: Ralf Spenneberg <root@spenneberg.de>
Message-Id: <200206021507.RAA09458@grobi.spenneberg.de>
To: root@grobi.spenneberg.de
Subject: LogWatch for grobi
X-AntiVirus: scanned for viruses by AMaViS 0.2.1 (http://amavis.org/)
Content-Length: 1933
Lines: 68


 ################### LogWatch 1.6.6 Begin ####################


 -------------------- PAM_pwdb Begin ---------------------

SU Sessions:
    spenneb(uid=500) -> root - 3 Time(s)
```

```
Opened Sessions:
   Service: su
      User news - 6 Time(s)
   Service: ssh
      User spenneb - 2 Time(s)

**Unmatched Entries**
3 more authentication failures; (uid=0) -> root for ssh service: 1 Time(s)
3 more authentication failures; (uid=0) -> spenneb for ssh service: 1 Time(s)
authentication failure; (uid=0) -> root for ssh service: 1 Time(s)
authentication failure; (uid=0) -> spenneb for ssh service: 3 Time(s)
service(ssh) ignoring max retries; 4 > 3: 2 Time(s)


--------------------- PAM_pwdb End ------------------------


--------------------- SSHD Begin ------------------------

Network Read Write Errors: 2

Connections:
   kermit (192.168.0.202): 4 Connection(s)
**Unmatched Entries**
connect from 192.168.0.202
log: RhostsRsa authentication not available for connections from unprivileged
port.
log: Password authentication for spenneb accepted.
connect from 192.168.0.202
log: RhostsRsa authentication not available for connections from unprivileged
port.
connect from 192.168.0.202
log: RhostsRsa authentication not available for connections from unprivileged
port.
connect from 192.168.0.202
log: RhostsRsa authentication not available for connections from unprivileged
port.
log: Password authentication for spenneb accepted.
log: executing remote command as user spenneb


--------------------- SSHD End ------------------------



------------------ Fortune --------------------

Lady, lady, should you meet
One whose ways are all discreet,
One who murmurs that his wife
```

```
Is the lodestar of his life,
One who keeps assuring you
That he never was untrue,
Never loved another one...
Lady, lady, better run!
      -- Dorothy Parker, "Social Note"
```

```
#########################  LogWatch End  #########################
```

8.1.4 Logsentry (ehemals logcheck)

Logsentry ist ebenfalls wie *Logwatch* ein Programm, welches die Protokolldateien des Systems durchsucht und einen Bericht erstellt. *Logsentry* ist erhältlich unter *http://www.psionic.com/products/logsentry.html*. Es stellt eine Weiterentwicklung des Werkzeuges *Logcheck* dar und ist Teil des HIDS von Psionic.
Hierzu gehören auch *Hostsentry* und *Portsentry*. Das Programm *Logsentry/
Logcheck* wird unter der GPL-Lizenz vertrieben. Die beiden weiteren Programme werden nicht als Open Source vertrieben, können jedoch im Quelltext
heruntergeladen werden. *Logcheck* durchsucht die Protokolldateien nach
bestimmten Schlüsselwörtern und meldet entweder alle Zeilen, die diese Schlüsselwörter enthalten, oder alle Zeilen, die diese Schlüsselwörter nicht enthalten.

Installation von Logsentry

Nach dem Download des *Logsentry*-Quelltextarchives kann dieses zunächst entpackt werden. Anschließend wird *Logsentry* übersetzt und installiert. Hierbei
erfolgt üblicherweise eine Installation in */usr/local/bin* und */usr/local/etc*. Werden andere Orte gewünscht, so muss die Datei *Makefile* angepasst werden. Im
Weiteren wird davon ausgegangen, dass die Installation am Default-Ort vorgenommen wurde.

```
# cd /usr/local/src
# tar xzvf logsentry-<version>.tar.gz
# cd logcheck-<version>
# make linux
```

Beim Entpacken von *Logsentry* wird ein Verzeichnis mit dem Namen *logcheck-
-<version>* erzeugt. Hier ist der Wechsel zum neuen Namen noch nicht vollzogen worden. Bei Erscheinung dieses Buches kann dies aber sehr wohl schon
passiert sein.

Anschließend sind einige Modifikationen der Datei */usr/local/etc/logcheck.sh*
erforderlich. Wichtig ist die Anpassung des *SYSADMIN*. Hier sollte die E-Mail-
Adresse des Berichtsempfängers eingetragen werden. Die zweite wichtige Modifikation betrifft die Protokolldateien. Unterhalb der *LOG FILE CONFIGURA-*

TION SECTION sollten die zu analysierenden Protokolldateien angegeben werden:

```
$LOGTAIL /var/log/messages > $TMPDIR/check.$$
$LOGTAIL /var/log/secure >> $TMPDIR/check.$$
$LOGTAIL /var/log/maillog >> $TMPDIR/check.$$
```

Das Programm *logtail* liest die Protokolldateien und schreibt deren Inhalt in die *check*-Datei. Diese wird anschließend analysiert. *Logtail* merkt sich den letzten Eintrag, sodass beim nächsten Durchgang nur neue den Protokolldateien hinzugefügte Einträge gelesen werden.

Wichtig ist, dass das Script */usr/local/etc/logcheck.sh* regelmäßig (z. B. stündlich) aufgerufen wird. Dies erfolgt sinnvollerweise mit einem Cronjob.

Es wird eine E-Mail mit folgendem Inhalt generiert.

```
Security Violations
=-=-=-=-=-=-=-=-=
Jun  2 16:39:13 kermit login(pam_unix)[1819]: authentication failure;
+logname=LOGIN uid=0 euid=0 tty=tty2 ruser= rhost=  user=xfce
Jun  2 16:39:15 kermit login[1819]: FAILED LOGIN 1 FROM (null) FOR xfce,
+Authentication failure
Jun  2 16:39:21 kermit login(pam_unix)[1819]: authentication failure;
+logname=LOGIN uid=0 euid=0 tty=tty2 ruser= rhost=  user=spenneb
Jun  2 16:39:23 kermit login[1819]: FAILED LOGIN 2 FROM (null) FOR spenneb,
+Authentication failure

Unusual System Events
=-=-=-=-=-=-=-=-=-=
Jun  2 13:09:23 kermit syslogd 1.4.1: restart.
```

8.2   Tripwire

8.2.1   Einführung

Tripwire, zu deutsch der Stolperdraht, ist sicherlich eines der bekanntesten Intrusion Detection-Systeme. Es ist das bekannteste Werkzeug, welches einen Integritätstest der Dateien durchführt. Derartige Programme werden auch als System Integrity Verifier (SIV) bezeichnet. Weitere ähnliche Werkzeuge existieren, weisen jedoch nicht diesen Verbreitungsgrad auf.

Tripwire ist ein Programm, welches die Integrität von Systemdateien überprüft. Dies erfolgt, indem *Tripwire* zunächst einen Rechner untersucht, in dem der aktuelle Zustand abgespeichert wird, und eine Datenbank anlegt. Diese Datenbank stellt sozusagen einen »Schnappschuss« des Systems dar. Anschließend kann *Tripwire* jederzeit das System mit der Datenbank vergleichen. Hierbei ist *Tripwire* in der Lage, Veränderungen an Dateien, neue und fehlende Dateien zu ermitteln und an den Administrator zu melden. Aufgabe des Administrators ist es, zu entscheiden, ob diese Modifikationen erlaubt sind oder auf einen möglichen Einbruch hinweisen. Sollte es sich um bösartige Modifikationen handeln, so erfährt der Administrator, welche Dateien betroffen sind und kann das Ausmaß des Einbruches abschätzen. Dies ist eine sehr wichtige Information, um das weitere Vorgehen nach dem Einbruch zu planen.

Die Funktionsweise und der Erfolg der Einbruchserkennung von *Tripwire* beruht also auf der Tatsache, dass ein Angreifer nach einem Einbruch immer gewisse Dateien verändern wird, um seinen Einbruch zu verschleiern, eine Entdeckung zu erschweren und Hintertüren für spätere Besuche zu öffnen.

Tripwire existiert für verschiedene Betriebssysteme in kommerzieller Form. Für Linux ist eine Open Source-Version veröffentlicht worden. Open Source *Tripwire* für Linux ist ein Produkt, welches in der Lage ist, einen einzelnen Rechner zu überwachen. Es stellt daher keinen Ersatz für eine Firewall dar. Das kommerzielle Pendant von *Tripwire* enthält den *Tripwire Manager*. Dieser erlaubt zusätzlich die einfache zentrale Überwachung mehrerer *Tripwire*-Installationen in einem Netzwerk. In Teil C werden aber auch einige Lösungen und Vorgehensweisen auf der Basis des Open Source-Produktes für den Einsatz im Netzwerk besprochen. *Tripwire* sollte dann auf allen wichtigen unternehmenskritischen Systemen zum Einsatz kommen.

Geschichte

Tripwire wurde 1992 von Gene Kim und Eugene H. Spafford an der Purdue University (Purdue Research Foundation) entwickelt. *Tripwire* wurde hier bis zur Version 1.2 entwickelt. Diese Version wird bis heute für nicht kommerzielle Zwecke als Quelltext kostenlos zur Verfügung gestellt. Gene Kim wurde Vizepräsident der Firma Visual Computing Corporation. Diese Firma lizenzierte im Dezember 1997 die *Tripwire*-Software und den Namen *Tripwire* von der Purdue University. Die Firma benannte sich anschließend in Tripwire Security Systems Inc. um. Inzwischen erfolgte eine weitere Namensänderung in Tripwire Inc. Im Weiteren entwickelte die Firma die Versionen 1.3 und 2.x. Diese Versionen waren zunächst nur als kommerzielle Binärprogramme erhältlich. Die Version 1.3 wurde später als so genannter Academic Source Release (ASR) im Quelltext zur Verfügung gestellt. Hierbei handelte es sich um eine Version für Endbenutzer ohne das Recht zur weiteren Verteilung (siehe originale README-Datei). Im Jahr 2000 kaufte Tripwire Inc. sämtliche Rechte an der Software von der Purdue University. Dies ermöglichte dann beginnend mit der Version 2.2.1 die Lizenzierung des Codes sowohl unter der *Tripwire* als auch unter der GNU GPL-Lizenz ab Oktober 2000. Die aktuelle Open Source-Version ist die 2.3.1.

Lizenz

Die Open Source-Version von *Tripwire* für Linux wird unter der GNU GPL-Lizenz in der Version 2 von Juni 1991 vertrieben. Diese Lizenz liegt als PDF auf der Buch-CD bei. Die wesentlichen Kernaussagen dieser Lizenz beinhalten (ohne Gewähr auf Richtigkeit):

- Gewährleistungsauschluss
- Erlaubnis der weiteren Verbreitung unter den Bedingungen dieser Lizenz
- Verpflichtung der Bereitstellung des Quelltextes bei Verbreitung in Binärform
- Erlaubnis der Modifikation des Quelltextes

Aufbau

Tripwire besteht aus mehreren Komponenten. Es besitzt zwei Konfigurationsdateien, eine Datenbank und erzeugt Berichte bei jedem Lauf. Die beiden Konfigurationsdateien sind die eigentliche Konfigurationsdatei (*twcfg.txt*) und die Richtliniendatei (Policyfile *twpol.txt*).

Die Konfigurationsdatei speichert Angaben spezifisch für den Rechner und das Betriebssystem. Diese Angaben wurden früher größtenteils als Optionen bei der Übersetzung von *Tripwire* angegeben.

Die Richtliniendatei definiert, welche Dateien auf dem System überprüft werden sollen. Hierbei erlauben die Richtlinien die Spezifikation der exakten zu überprüfenden Eigenschaften und der auszulösenden Aktionen. So kann *Tripwire* zum Beispiel E-Mails versenden.

Die Datenbank stellt das Herz von *Tripwire* dar. Nach der Installation und der Anpassung der Konfiguration erzeugt *Tripwire* die Datenbank. Diese Datenbank enthält den aktuellen Status der entsprechend der Richtliniendatei zu untersuchenden Dateien. Dieser umfasst Größe, Besitzer und Prüfsummen des Inhaltes der Dateien. Diese Datenbank sollte nur erzeugt werden, wenn der Rechner sich in einem bekannten Zustand befindet. Ist bereits ein Angreifer eingedrungen, so sieht *Tripwire* die vom Angreifer bereits veränderten Dateien als normal an.

Ein Administrator kann nun (sinnvollerweise regelmäßig) *Tripwire* aufrufen und den aktuellen Zustand mit dem in der Datenbank gespeicherten Zustand vergleichen. *Tripwire* wird modifizierte, gelöschte und hinzugefügte Dateien in einem Bericht melden.

Die Berichte stellen die letzte Komponente von *Tripwire* dar. Diese Berichte können in unterschiedlichem Detailgrad auf dem Bildschirm ausgegeben, abgespeichert oder als E-Mail versandt werden.

Zum eigenen Schutz werden die Datenbank und die Konfigurationsdateien von *Tripwire* ab Version 2.0 in einer binären und signierten Form auf der Festplatte gespeichert. Ein Angreifer könnte ansonsten nach einem Einbruch die entsprechenden Dateien modifizieren, die Tripwire-Konfiguration modifizieren und die Datenbank neu erzeugen, bevor die nächste Überprüfung von *Tripwire* durchgeführt worden wäre. In diesem Fall würde dann bei der nächsten Überprüfung der Einbruch nicht detektiert werden.

Die Erzeugung der El Gamal-Schlüsselpaare mit 1024 Bit Länge für die Signatur der Dateien erfolgt bei der Installation und vor der Erzeugung der Datenbank. Die privaten Schlüssel können und sollen anschließend mit einer Passphrase versehen werden. Diese Schlüssel werden verwendet, um die Dateien zu signieren bzw. zu verschlüsseln. Es handelt sich hierbei um eine Verschlüsselung mit dem privaten Schlüssel, die den Sinn einer Signatur hat. *Tripwire* verschlüsselt die Dateien mit dem privaten Schlüssel. Anschließend kann jeder, der Zugriff auf den öffentlichen Schlüssel hat, diese Dateien entschlüsseln. Dies ist jedoch nur möglich, wenn Datei und Schlüssel zueinander passen. Es wird also automatisch auch ihre Integrität geprüft. Der praktische Unterschied zwischen dieser Anwendung der Verschlüsselung und einer echten Signatur liegt in der Tatsache, dass bei Verlust des öffentlichen Schlüssels bei einer üblichen Signatur die Datei noch lesbar ist, ihre Integrität jedoch nicht mehr überprüft werden kann. Im Falle von *Tripwire* ist jedoch der Inhalt der Datei verloren. Im Weiteren wird sowohl Signatur als auch Verschlüsselung im Text verwendet, um diesem Umstand Rechnung zu tragen.

Es soll hier bereits darauf hingewiesen werden, dass dieses Verfahren keinen Schutz bietet, wenn der Angreifer die Datenbank löscht, neue Schlüssel erzeugt und die Datenbank neu erzeugt. Hier kann nur ein Schutz erfolgen, indem die Signatur der Datenbank regelmäßig geprüft wird (s.u. `twadmin -examine` und `siggen`) und sich auf einem read-only-Medium befindet.

Installation

Die Installation von *Tripwire* erfolgt entweder als RPM-Paket oder aus den Quellen. Viele Distributionen enthalten bereits das Tripwire RPM-Paket. Red Hat installiert es bei den neueren Distributionen standardmäßig mit. SuSE-Distributionen enthalten leider häufig nur die Version 1.3. In diesem Fall können Sie das Tripwire RPM von der Homepage *http://www.tripwire.org* laden. Dort finden Sie auch eine Verknüpfung nach *http://sourceforge.net/projects/tripwire/*. Hier wird der Quelltext gepflegt. Die aktuelle Version ist 2.3.1-2. Des Weiteren finden Sie auf *Sourceforge* auch die Dokumentation im Adobe Acrobat PDF-Format. Hierbei handelt es sich um etwa 120 Seiten Dokumentation.

Wurde das RPM-Paket heruntergeladen, so kann es mit folgendem Befehl installiert werden:

```
rpm -ivh tripwire-<version>.i386.rpm
```

Wenn Ihre Distribution nicht die Installation von RPM-Paketen erlaubt, müssen Sie *Tripwire* selbst übersetzen. Hierzu laden Sie zunächst das Quelltextarchiv und entpacken es an geeigneter Stelle. Eine Installationsanleitung befindet sich anschließend in der Datei *INSTALL*. Um nun die Übersetzung durchzuführen, ist es zunächst erforderlich, die Datei *Makefile* zu editieren. Diese Datei enthält zu

Beginn die Variable SYSPRE. Diese Variable definiert das Zielbetriebssystem und ist korrekt vordefiniert auf i686-pc-linux.

Das Open Source *Tripwire* unterscheidet sich vom kommerziellen *Tripwire* derselben Version in erster Linie in der Einhaltung des Filesystem Hierarchy Standards (FHS). Dieser Standard definiert, dass Konfigurationsdateien in */etc* zu speichern sind. So sucht *Tripwire* seine Konfigurationsdatei unter */etc/tripwire/tw.cfg*. Soll *Tripwire* seine Konfiguration in dem Verzeichnis suchen, in dem sich auch die Binärdatei befindet, so muss in der Datei *src/core/platform.h* folgender Eintrag geändert werden:

```
vorher:
#define USES_FHS IS_LINUX
nachher:
#define USES_FHS 0
```

Nach diesen Modifikationen kann *Tripwire* übersetzt werden. Hierbei können so genannte Release, und Debug-Versionen erzeugt werden. Die Debug-Versionen enthalten zusätzliche Informationen zur Fehlersuche und werden meist nicht benötigt.

```
# cd src
# make release
```

Nach der Übersetzung können die erzeugten Binärdateien installiert werden. Dies erfolgt mit einem Script, welches sich in dem Verzeichnis *install/* befindet. Ein Aufruf dieses Skriptes ist bei Verwendung des RPM Paketes nicht erforderlich. Die Einstellungen für dieses Script befinden sich in der Datei *install.cfg* und können meist ohne Probleme übernommen werden. Die Installation erfolgt dann mit:

```
# ./install.sh [<configfile>] [-n] [-f] [-s <sitepassphrase>] [-1
<localpassphrase>]
```

Die Verwendung der *<sitepassphrase>* und *<localpassphrase>* wird im nächsten Abschnitt genauer besprochen.

Vor der ersten Verwendung

Vor der ersten Anwendung von *Tripwire* sollten die beiden Konfigurationsdateien modifiziert werden. Diese Dateien befinden sich nach der Installation des RPM im Verzeichnis */etc/tripwire* und lauten *twcfg.txt* und *twpol.txt*. Bei der Installation aus den Quellen sollte vor deren Installation (s.o.) eine Modifikation der Datei *install/install.cfg* und *policy/twpol.txt* erfolgen.

Die mitgelieferten Dateien sind, insbesondere im Fall des Red Hat Linux RPM, sehr umfangreich und enhalten häufig Verweise auf nicht vorhandene Dateien.

Eine spätere Modifikation dieser Dateien ist möglich, daher sollen hier zunächst zwei sehr einfache Varianten vorgestellt werden. Weitere kompliziertere Beispiele der Konfiguration erfolgen weiter unten.

twcfg.txt

Diese Datei enthält die wesentlichen Systemeinstellungen für *Tripwire*. Diese Datei definiert die von *Tripwire* zu verwendenden Verzeichnisse und Dateien, Berichtsmethoden und den Detailgrad der Berichte. Eine Beispieldatei wird im Folgenden abgedruckt:

```
ROOT                    =/usr/sbin
POLFILE                 =/etc/tripwire/tw.pol
DBFILE                  =/var/lib/tripwire/$(HOSTNAME).twd
REPORTFILE              =/var/lib/tripwire/report/$(HOSTNAME)-$(DATE).twr
SITEKEYFILE             =/etc/tripwire/site.key
LOCALKEYFILE            =/etc/tripwire/$(HOSTNAME)-local.key
EDITOR                  =/bin/vi
LATEPROMPTING           =false
LOOSEDIRECTORYCHECKING  =false
MAILNOVIOLATIONS        =true
EMAILREPORTLEVEL        =3
REPORTLEVEL             =3
MAILMETHOD              =SENDMAIL
SYSLOGREPORTING         =false
MAILPROGRAM             =/usr/sbin/sendmail -oi -t
```

Bei der Installation aus den Quellen wird diese Datei vom Script *install/install.sh* automatisch erzeugt. Die Angaben werden aus der Datei *install/install.cfg* übernommen.

Die Funktionen der einzelnen Optionen sind eigentlich selbsterkärend. Sie werden jedoch weiter unten genauer erklärt.

twpol.txt

Die Datei *twpol.txt* definiert, welche Dateien von *Tripwire* untersucht werden sollen. Eine ganz einfache *twpol.txt*-Datei könnte folgendermaßen aussehen:

```
# Tripwire Richtliniendatei

!/etc/mtab ;
/etc -> +ugisMS (emailto="tripwire@spenneberg.de") ;
```

Die oben angegebene Richtliniendatei definiert die Überwachung des Verzeichnisses */etc*. *Tripwire* wird dieses Verzeichnis und alle Unterverzeichnisse rekursiv untersuchen. Hierbei werden der Eigentümer (*user*), die Gruppe (*group*), der Inode (*inode*), die Größe (*size*), die MD5-Prüfsumme (*MD5-Digest*) und die

SHA-Prüfsumme (*SHA*) ermittelt und in die Datenbank eingetragen. Bei allen weiteren Prüfungen werden diese Werte erneut verglichen.

Die Datei */etc/mtab* wurde ausgenommen. Sie ändert sich möglicherweise in Abhängigkeit von den eingebundenen Dateisystemen. Eine Änderung dieser Datei soll von *Tripwire* nicht gemeldet werden.

Verschlüsselung der Konfigurationsdateien

Tripwire verwendet nicht die oben aufgeführten Textdateien. Diese Dateien müssen für die spätere Verwendung von *Tripwire* in binäre Dateien überführt werden. Zusätzlich werden sie gegen spätere Modifikationen signiert. Diese Signatur erlaubt ein Lesen der Datei und die Überprüfung ihrer Integrität mit einem öffentlichen Schlüssel. Modifikationen sind nur bei Kenntnis des privaten Schlüssels möglich.

Diese Umwandlung in die Binärdateien erfolgt zu Beginn entweder mit dem Installationsskript des Quelltextarchives oder bei Verwendung des RPM mit dem Script */etc/tripwire/twinstall.sh*. Beide Skripte erzeugen bei ihrem Aufruf zwei Schlüsselpaare. Hierbei handelt es sich um einen so genannten *Site-Key* und einen so genannten *Local-Key*. Der *Site-Key* wird für die Signatur der Konfigurationsdateien verwendet. Der *Local-Key* dient zur Signatur der Datenbank. Dies erlaubt die Administration durch zwei verschiedene Benutzer. Ein Benutzer gibt die Richtlinien vor (*Site-Key*) und ein weiterer Benutzer kann die Datenbank im Rahmen der Richtlinien pflegen. Diese beiden Schlüsselpaare werden mit Passphrasen verschlüsselt. Diese werden von den Befehlen bei Aufruf angefragt.

Beispielsweise soll hier der Aufruf des Scripts *twinstall.sh* vorgestellt werden:

```
[root@kermit root]# /etc/tripwire/twinstall.sh

----------------------------------------------
The Tripwire site and local passphrases are used to
sign a variety of files, such as the configuration,
policy, and database files.

Passphrases should be at least 8 characters in length
and contain both letters and numbers.

See the Tripwire manual for more information.

----------------------------------------------
Creating key files...

(When selecting a passphrase, keep in mind that good passphrases typically
have upper and lower case letters, digits and punctuation marks, and are
at least 8 characters in length.)
```

```
Enter the site keyfile passphrase: Passphrase
Verify the site keyfile passphrase: Passphrase
Generating key (this may take several minutes)...Key generation complete.

(When selecting a passphrase, keep in mind that good passphrases typically
have upper and lower case letters, digits and punctuation marks, and are
at least 8 characters in length.)

Enter the local keyfile passphrase: Passphrase
Verify the local keyfile passphrase: Passphrase
Generating key (this may take several minutes)...Key generation complete.


-----------------------------------------------
Signing configuration file...
Please enter your site passphrase: Passphrase
Wrote configuration file: /etc/tripwire/tw.cfg
A clear-text version of the Tripwire configuration file
/etc/tripwire/twcfg.txt
has been preserved for your inspection.  It is recommended
that you delete this file manually after you have examined it.



-----------------------------------------------
Signing policy file...
Please enter your site passphrase: Passphrase
Wrote policy file: /etc/tripwire/tw.pol

A clear-text version of the Tripwire policy file
/etc/tripwire/twpol.txt
has been preserved for your inspection.  This implements
a minimal policy, intended only to test essential
Tripwire functionality.  You should edit the policy file
to describe your system, and then use twadmin to generate
a new signed copy of the Tripwire policy.
```

Die Erzeugung der Schlüssel und die Signatur der Konfigurationsdateien kann jedoch auch von Hand erfolgen. Hierzu kann das Kommando `twadmin` verwendet werden. Die entsprechenden Funktionen zur Erzeugung der Schlüssel und der Signatur werden kurz vorgestellt.

Generierung der Schlüssel

Das Kommando `twadmin` kennt viele verschiedene Funktionen. Eine dieser Funktionen ist die Generierung von Schlüsseln. Es ist in der Lage, sowohl den Site-Key als auch den Local-Key zu generieren. Hierbei werden die jeweiligen privaten Schlüssel mit einer Passphrase geschützt. Bei den erzeugten Schlüsseln handelt es sich um El Gamal-Schlüssel mit einer Länge von 1.024 Bits. Die Länge ist nicht veränderbar.

Bei der Erzeugung der Schlüssel ist darauf zu achten, dass durch ein Überschreiben der alten Schlüssel automatisch alle Dateien, welche mit dem alten Schlüssel signiert wurden, unbrauchbar werden. Daher sollte entweder bei der Erzeugung ein anderer Name verwendet werden, damit einem Überschreiben der alten Schlüsseldateien vorgebeugt wird, oder es wird von allen Dateien zuvor die Signatur entfernt. Diese Dateien können anschließend mit den neuen Schlüsseln erneut signiert werden. Hierzu werden natürlich die Passphrasen der alten Schlüssel benötigt. Im Zweifelsfall sollten Sie die zweite Variante vorziehen.

Ein weiterer wichtiger Punkt bei der Erzeugung der Schlüssel ist die Wahl der Passphrase. Diese Passphrase kann aus bis zu 256 Buchstaben inklusive Leerzeichen bestehen. Daher wird sie auch nicht als Passwort sondern Passphrase bezeichnet. Diese Passphrase sollte mindestens acht Buchstaben lang sein und mehrere Sonderzeichen enthalten. Die Sicherheit der Schlüssel hängt von dieser Passphrase ab. Daher soll auch nicht die Passphrase identisch zu anderen Passphrasen oder Passwörtern gewählt werden.

Die Schlüssel werden nun durch den Aufruf von

```
# twadmin -m G          ...     oder
# twadmin --generate-keys ...
```

generiert. Anschließend erfolgt die Angabe, ob der Site-Key (-S datei, -site-keyfile datei) oder der Local-Key (-L datei, -local-keyfile datei) generiert werden soll. Gleichzeitig kann die Passphrase für den Site-Key (-Q passphrase, -site-passphrase passphrase) oder den Local-Key (-P passphrase, -local-passphrase passphrase) angegeben werden. Die Optionen -v, -verbose und -s, -silent steuern die Ausgabe von Informationen auf dem Bildschirm.

Um nun einen Site-Key zu erzeugen, geben Sie Folgendes ein:

```
[root@kermit root]# twadmin -m G -S /etc/tripwire/spenneberg-site.key

(When selecting a passphrase, keep in mind that good passphrases typically
have upper and lower case letters, digits and punctuation marks, and are
at least 8 characters in length.)

Enter the site keyfile passphrase: passphrase
Verify the site keyfile passphrase: passphrase
Generating key (this may take several minutes)...Key generation complete.
```

Die Erzeugung des Local-Keys erfolgt analog. Im Folgenden wird der Aufruf mit ausgeschriebenen Optionen gezeigt:

```
[root@kermit root]# twadmin --generate-keys --local-keyfile \
  /etc/tripwire/kermit-local.key --local-passphrase Test
Generating key (this may take several minutes)...Key generation complete.
```

Wenn die Passphrase nicht auf der Kommandozeile spezifiziert wird, wird sie bei der Erzeugung vom Benutzer angefordert. Dies stellt die sichere der beiden

Varianten dar. Im zweiten Aufruf wird die Passphrase *Test* auf dem Bildschirm in Klartext angezeigt und in der History der Shell abgespeichert.

Umwandlung der Konfigurationsdateien in Binärform

Die Konfigurationsdateien werden von *Tripwire* nicht in ihrer Klartextform gelesen. Aus Sicherheits- und Geschwindigkeitsgründen liegen die Dateien in signierter/verschlüsselter und binärer Form vor. Die Erzeugung der Binärformen erfolgt für beide Dateien getrennt. Dabei werden aber beide Dateien mit dem Site-Key signiert. Der Local-Key wird für die Datenbank verwendet.

Die Umwandlung der Datei *twcfg.txt* erfolgt mit dem Befehl

```
# twadmin -m F ... twcfg.txt            oder
# twadmin --create-cfgfile ... twcfg.txt
```

Für eine Signatur der Dateien kann der Site-Key (`-S datei`, `-site-keyfile datei`) spezifiziert werden. Eine Passphrase kann direkt auf der Kommandozeile mit `-Q passphrase`, `-site-passphrase passphrase` angegeben werden. Wird diese Angabe unterlassen, fragt der Befehl `twadmin` nach der Passphrase. Wird keine Signatur gewünscht, so kann dies mit `-e`, `-no-encryption` spezifiziert werden. Dies stellt jedoch eine Sicherheitslücke dar, da die Datei lediglich in ihre Binärform umgewandelt wird!

Der Dateiname für die binäre, signierte Konfigurationsdatei wird mit `-c datei`, `-cfgfile datei` definiert. Diese Angabe ist optional.

Im Folgenden wird ein Beispielaufruf gezeigt:

```
[root@kermit root]# twadmin -m F -c /etc/tripwire/site-tw.cfg -S \
    /etc/tripwire/spenneberg-site.key /etc/tripwire/site-twcfg.txt
Please enter your site passphrase: passphrase
Wrote configuration file: /etc/tripwire/site-tw.cfg
```

Die Tripwire-Dokumentation rät, anschließend die Textdatei zu löschen. Diese kann später aus der Binärform wiederhergestellt werden:

```
# twadmin --print-cfgfile -c /etc/tripwire/site-tw.cfg
```

Da dies aber jedem Benutzer freisteht, der Ausführrechte am `twadmin`-Befehl besitzt (also auch einem Einbrecher, der *root*-Rechte erlangt hat) und die erzeugte Binärdatei lesen darf, stellt eine Löschung der Textdatei keine erhöhte Sicherheit dar!

Erfreulicherweise bleiben bei der Erzeugung des Binärformates und der späteren Regeneration des Klartextes aber Kommentare in der Datei erhalten. Es gibt daher auch keinen Grund die Datei nicht zu löschen.

Die Richtliniendatei wird ähnlich in ihre Binärform umgewandelt. Der folgende Befehl sollte jedoch nur vor der ersten Initialisierung der Datenbank für diesen

Prozess genutzt werden. Die Ausführung dieses Befehls erfordert immer eine Neuinitialisierung der gesamten Datenbank. Ist die Datenbank bereits erzeugt worden, so werden die Richtlinien sinnvollerweise mit dem Befehl `tripwire -update-policy` aktualisiert (s.u.). Dieser passt automatisch auch die Datenbank an die neuen Richtlinien an.

Die erstmalige Erzeugung der binären Form der Richtliniendatei kann jedoch mit dem Befehl

```
twadmin -m P   ... twpol.txt              oder
twadmin --create-polfile ... twpol.txt
```

erfolgen. Hierbei kann die Konfigurationsdatei angegeben werden (`-c datei`, `-cfgfile datei`). Der Dateiname der erzeugten binären Datei wird mit `-p datei`, `-polfile datei` übergeben.

Für die Signatur können der Site-Key (`-S sitekey`, `-site-keyfile sitekey`) und die Passphrase (`-Q passphrase`, `-site-passphrase passphrase`) spezifiziert werden. Wird keine Passphrase angegeben, fragt *twadmin* nach ihr. Dies ist die sichere Variante, da die Passphrase nicht im Klartext auf dem Bildschirm zu lesen ist und nicht in der History der Shell abgespeichert wird. Wird keine Signatur gewünscht, kann dies mit der Option `-e`, `-no-encryption` aktiviert werden.

Beim Auftreten eines Fehlers kann wie bei allen anderen Befehlen die Option `-v`, `-verbose` die Ausgabe weiterer Informationen veranlassen.

```
[root@kermit root]# twadmin -m P -c /etc/tripwire/site-tw.cfg -S \
   /etc/tripwire/spenneberg-site.key /etc/tripwire/twpol.txt
Please enter your site passphrase:
Wrote policy file: /etc/tripwire/spenneberg-tw.pol
```

Erzeugung der Datenbank

Unabhängig von der zur Erzeugung der Schlüssel und Signatur der Konfigurationsdateien verwendeten Methode wird die Datenbank initialisiert. Dies erfolgt immer mit dem Befehl

```
tripwire --init
```

Dieser Befehl verwendet den Standardwert für die Konfigurationsdatei (*/etc/tripwire/tw.cfg*) und entnimmt dieser Datei alle weiteren Informationen. Wurde nicht diese Datei verwendet, so können die Informationen auch auf der Kommandozeile spezifiziert werden.

`-c`, *–cfgfile*	Angabe der Konfigurationsdatei
`-e`, `-no-encryption`	Keine Signatur der Datenbank (gefährlich)
`-L`, *–local-keyfile*	Angabe des Local-Keys zur Signatur der Datenbank

`-P`, *–local-passphrase*	Passphrase für den privaten Local-Key
`-p`, *–polfile*	Angabe der Richtliniendatei
`-S`, *–site-keyfile*	Angabe des Site-Keys zur Überprüfung der Konfigurationsdateien
`-s,-silent`	Keine weitere Ausgabe
`-v,-verbose`	Ausgabe weiterer Informationen

Der Name der erzeugten Datenbank lautet üblicherweise */var/lib/tripwire/<hostname>.twd*. Dieser Name kann jedoch in der Tripwire-Konfigurationsdatei definiert werden.

Bei der Erzeugung der Datenbank ist es wichtig, dass sich der Rechner in einem bekannten und »sauberen« Zustand befindet. Ist bereits ein Einbruch auf diesem Rechner erfolgt, so kommt *Tripwire* zu spät. Eine Erzeugung der Datenbank auf diesem Rechner ist sinnlos. Daher wird die Datenbank sinnvollerweise direkt nach Installation und möglicher Konfiguration des Betriebssystems initialisiert. Bis zum Zeitpunkt der Initialisierung sollte das System noch keine Netzwerkverbindung besitzen. Auch bei der Betriebssysteminstallation sollte auf sichere Quellen zurückgegriffen werden. Selbst gebrannte und aus dem Internet heruntergeladene CDs sind indiskutabel!

Nach der Erzeugung dieser Datenbank muss sichergestellt werden, dass sie nicht gelöscht werden kann. Dies kann zum Beispiel durch die Kopie auf einen wiederbeschreibaren CD-Rohling erfolgen, der sich anschließend in einem normalen CD-ROM-Laufwerk befindet. Eine weitere Möglichkeit bietet ein NFS-Server im Netzwerk, der ein Verzeichnis im Nur-Lese-Modus exportiert, welches die Datenbank enthält (*/var/lib/tripwire*). So kann ein Angreifer die Daten der Datenbank nicht löschen. Ein Administrator kann jedoch die CD in einen CD-Brenner einlegen oder das NFS-Verzeichnis mit Schreibrechten freigeben, um die Datenbank zu modifizieren.

ACHTUNG
Auch die Verwendung von CD-ROMs und read-only-exportierten NFS-Verzeichnissen bietet keine hundertprozentige Sicherheit. Der Angreifer braucht lediglich das Verzeichnis aus dem Baum auszuhängen und kann dann in dem zurückbleibenden Verzeichnis des Mountpoints die Datenbank neu erzeugen.

Die Datenbank kann auch in Klartext betrachtet werden. Hierzu können Sie den Befehl

```
twprint --print-dbfile
```

verwenden.

Überprüfung der Datenbank

Nachdem die Datenbank initialisiert wurde, können nun Integritätstests durchgeführt werden. Diese Integritätstest werden mit folgendem Befehl ausgeführt:

```
tripwire --check
```

Ein Beispielbericht nach der Entfernung eines Benutzers ist im Folgenden abgedruckt.

```
[root@kermit tripwire]# tripwire --check
Parsing policy file: /etc/tripwire/tw.pol
*** Processing Unix File System ***
Performing integrity check...
Wrote report file:
/var/lib/tripwire/report/kermit.spenneberg.de-20020607-161519.twr


Tripwire(R) 2.3.0 Integrity Check Report

Report generated by:        root
Report created on:          Fre 07 Jun 2002 16:15:19 CEST
Database last updated on:    Never


===============================================================================
Report Summary:
===============================================================================


Host name:              kermit.spenneberg.de
Host IP address:        192.168.0.202
Host ID:                None
Policy file used:       /etc/tripwire/tw.pol
Configuration file used: /etc/tripwire/tw.cfg
Database file used:     /var/lib/tripwire/kermit.spenneberg.de.twd
Command line used:      tripwire --check


===============================================================================
Rule Summary:
===============================================================================


-------------------------------------------------------------------------------
  Section: Unix File System
-------------------------------------------------------------------------------

  Rule Name              Severity Level   Added   Removed  Modified
* etc                    0                0       0        8
  (/etc)
```

```
Total objects scanned:  2221
Total violations found:  8


===============================================================================
Object Summary:
===============================================================================


-------------------------------------------------------------------------------
# Section: Unix File System
-------------------------------------------------------------------------------


-------------------------------------------------------------------------------
Rule Name: etc (/etc)
Severity Level: 0
-------------------------------------------------------------------------------


Modified:
"/etc/group"
"/etc/group-"
"/etc/gshadow"
"/etc/gshadow-"
"/etc/passwd"
"/etc/passwd-"
"/etc/shadow"
"/etc/shadow-"


===============================================================================
Error Report:
===============================================================================


No Errors


-------------------------------------------------------------------------------
*** End of report ***

Tripwire 2.3 Portions copyright 2000 Tripwire, Inc. Tripwire is a registered
trademark of Tripwire, Inc. This software comes with ABSOLUTELY NO WARRANTY;
for details use --version. This is free software which may be redistributed
or modified only under certain conditions; see COPYING for details.
All rights reserved.
Integrity check complete.
```

Dieser Bericht wird auf der Konsole ausgegeben und zusätzlich in einer Datei abgespeichert. Leider kann bei der Ausgabe auf der Konsole nicht der Detailgrad angegeben werden. Dies ist nur bei der Versendung des Berichtes als E-Mail möglich (s.u.). Als Lösung kann jedoch auch der Bericht zu einem späteren Zeitpunkt erneut ausgedruckt werden. Hierbei kann dann auch der Detailgrad definiert werden:

```
[root@kermit tripwire]# twprint --print-report -r /var/lib/tripwire/\
  report/kermit.spenneberg.de-20020607-161519.twr --report-level 0
Note: Report is not encrypted.
TWReport kermit.spenneberg.de 20020607161519 V:8 S:0 A:0 R:0 C:8
[root@kermit tripwire]# twprint --print-report -r /var/lib/tripwire/\
  report/kermit.spenneberg.de-20020607-161519.twr --report-level 4
Note: Report is not encrypted.
Tripwire(R) 2.3.0 Integrity Check Report
```

```
Report generated by:        root
Report created on:          Fre 07 Jun 2002 16:15:19 CEST
Database last updated on:    Never


===============================================================================
Report Summary:
===============================================================================


Host name:                  kermit.spenneberg.de
Host IP address:            192.168.0.202
Host ID:                    None
Policy file used:           /etc/tripwire/tw.pol
Configuration file used:    /etc/tripwire/tw.cfg
Database file used:         /var/lib/tripwire/kermit.spenneberg.de.twd
Command line used:          tripwire --check


===============================================================================
Rule Summary:
===============================================================================


-------------------------------------------------------------------------------
  Section: Unix File System
-------------------------------------------------------------------------------


  Rule Name                Severity Level    Added    Removed  Modified
  ---------                --------------     -----    -------  --------
* etc                      0                 0        0        8
  (/etc)

Total objects scanned:  2221
Total violations found:  8


===============================================================================
Object Summary:
===============================================================================
```

```
-------------------------------------------------------------------------------
# Section: Unix File System
-------------------------------------------------------------------------------


-------------------------------------------------------------------------------
Rule Name: etc (/etc)
Severity Level: 0
-------------------------------------------------------------------------------


Modified:
"/etc/group"
"/etc/group-"
"/etc/gshadow"
"/etc/gshadow-"
"/etc/passwd"
"/etc/passwd-"
"/etc/shadow"
"/etc/shadow-"


===============================================================================
Object Detail:
===============================================================================


-------------------------------------------------------------------------------
  Section: Unix File System
-------------------------------------------------------------------------------


-------------------------------------------------------------------------------
Rule Name: etc (/etc)
Severity Level: 0
-------------------------------------------------------------------------------
  ----------------------------------------
  Modified Objects: 8
  ----------------------------------------

Modified object name:  /etc/group

  Property:          Expected              Observed
  ------------       -----------           -----------
  Object Type        Regular File          Regular File
* Inode Number       99192                 99191
  UID                root (0)              root (0)
  GID                root (0)              root (0)
* Size               693                   681
* MD5                AO3B4zbOZBE2tuzXXQ4ByW  CyhDr1ECnQ56oT9A+foFgY
* SHA                MBNdQbfteIlvAOC39+OSh+Ykh1w L9itTOlllrvzszww8kSPg+9PzFj
```

```
Modified object name:  /etc/group-

    Property:            Expected              Observed
    -------------        -----------           -----------
    Object Type          Regular File          Regular File
    Inode Number         96744                 96744
    UID                  root (0)              root (0)
    GID                  root (0)              root (0)
  * Size                 685                   693
  * MD5                  BLLUQBSOBPzAVQcszpZJGB A03B4zbOZBE2tuzXXQ4ByW
  * SHA                  F+Z4mUhAIucDBIUlXkvvd18ITcj MBNdQbfteIlvAOC39+OSh+Ykh1w

Modified object name:  /etc/gshadow

    Property:            Expected              Observed
    -------------        -----------           -----------
    Object Type          Regular File          Regular File
  * Inode Number         99187                 99192
    UID                  root (0)              root (0)
    GID                  root (0)              root (0)
  * Size                 569                   560
  * MD5                  A2ijYyoCKOz5Emg2zTlwSg CTLKggwID7iymN8cSRELmg
  * SHA                  IDMTwG8Nd3HK/uRMfKGhi9/TM2b LG4jicctAFOPte99BB/hZFuwoXs


Modified object name:  /etc/gshadow-

    Property:            Expected              Observed
    -------------        -----------           -----------
    Object Type          Regular File          Regular File
    Inode Number         99151                 99151
    UID                  root (0)              root (0)
    GID                  root (0)              root (0)
  * Size                 561                   569
  * MD5                  BwASGS8IKo1j2qZRd5iZxy A2ijYyoCKOz5Emg2zTlwSg
  * SHA                  EGRPRD3RFWn2VL5VWllMuHm1E5P IDMTwG8Nd3HK/uRMfKGhi9/TM2b


Modified object name:  /etc/passwd

    Property:            Expected              Observed
    -------------        -----------           -----------
    Object Type          Regular File          Regular File
  * Inode Number         99190                 99211
    UID                  root (0)              root (0)
    GID                  root (0)              root (0)
```

```
* Size            1766                    1729
* MD5             CD593c9qB5I3mAMdJjvz5L   D1KOtWfpYOoitPAD8/zHMt
* SHA             LNTwwN+/TYL91JrLa6YFGv2NQa4 E5sqOPO2Tiy1a36psdK2uGtvYoM
```

```
.... gekürzt
```

Folgende Optionen stehen bei der Prüfung der Datenbank zur Verfügung:

`-v`, *-verbose*	Zusätzliche erklärende Ausgaben
`-s`, *-silent*	Keine zusätzlichen Ausgaben
`-p`, *—polfile*	Richtliniendatei
`-d`, *—dbfile*	Tripwire-Datenbank
`-c`, *—cfgfile*	Konfigurationsdatei
`-S`, *—site-keyfile*	Site-Key zum Lesen der Konfigurationsdateien
`-L`, *—local-keyfile*	Local-Key zum Lesen der Datenbank
`-V`, *—visual*	Editor für die Option `-interactive`
`-I`, *—interactive*	Direkt nach dem Check wird automatisch `tripwire -update` aufgerufen.
`-P`, *—local-passphrase*	Die Passphrase ist erforderlich bei `-interactive` zum Datenbank-Update und bei `-signed-report` zur Signatur des Berichtes.
`-n`, *—no-tty-output*	Kein Bericht auf der Konsole
`-r`, *—twrfile*	Speichert den Bericht in der angegebenen Datei
`-M`, *—email-report*	Sendet den Bericht per E-Mail an die in der Richtliniendatei angegebenen E-Mail-Adressen (auch `GLOBALE-MAIL` in der Konfigurationsdatei)
`-E`, *—signed-report*	Signiert den Bericht und schützt ihn vor späterer Modifikation
`-t`, *—email-report-level*	Ein Wert von 0 (sehr wenig Details) bis 4 (sehr ausführlich)
`-l`, *—severity*	Prüft nur Richtlinien mit einer größeren oder gleichen Wertigkeit (`low`=33, `medium`=66, `high`=100)
`-R`, *—rule-name*	Testet nur die angegebene Richtlinie
`-i`, *—ignore*	Ignoriert und vergleicht nicht die in einer Liste angegebenen Eigenschaften
object1 object2	Objekte, die überprüft werden sollen

Insbesondere die Möglichkeit der Signatur des Berichtes und die Zustellung per E-Mail sind häufig eingesetzte Optionen.

Die Option -interactive bietet bei einem Aufruf auf der Kommandozeile die Möglichkeit, Verletzungen der Richtlinien sofort im Anschluss an die Überprüfung in die Datenbank aufzunehmen. Ohne diese Datenbankaktualisierung wird die Überprüfung der Datenbank immer dieselben Warnungen ausgeben. Derartige Dateimodifikationen werden häufig durch eine normale Administration an den überwachten Dateien bereits bedingt. Tripwire wird diese korrekten Veränderungen bei jeder Überprüfung melden. Dies lässt sich nur durch eine Datenbankaktualisierung abstellen (s.u.). Die Option -interactive ruft diese Aktualisierung automatisch im Anschluss an die Überprüfung auf.

Aktualisierung der Datenbank

Die Aktualisierung der Datenbank ist erforderlich, damit nicht bei jedem Test dieselben Warnungen ausgegeben werden. Die Warnungen erfolgen, da Änderungen an Systemdateien häufig im Rahmen von Administrationsvorgängen vorgenommen wurden. Diese Änderungen werden anschließend bei jedem Tripwire-Check als Warnung ausgegeben. Bei der Aktualisierung der Datenbank werden diese Änderungen als Status Quo in der Datenbank aufgenommen.

Die Aktualisierung wird mit dem folgenden Befehl gestartet:

```
tripwire --update
```

Dieser Befehl sucht bei der Standardkonfiguration in */etc/tripwire/twcfg.txt* nach einer Berichtsdatei mit dem aktuellen Datum und der aktuellen Uhrzeit *<hostname>-<datum>-<uhrzeit>.twr*. Wird ein Tripwire-Update nicht zum gleichen Zeitpunkt wie Tripwire-Check aufgerufen, findet der Befehl nicht die Berichtsdatei. Die Berichtsdatei kann dann mit der Option -r, -twrfile angegeben werden.

Die Tripwire-Update-Funktion startet einen Editor. Dieser Editor kann mit der Option -V, -visual, der EDITOR-Variablen in der Konfigurationsdatei oder der Umgebungsvariablen $EDITOR definiert werden.

Der Editor lädt den Bericht und zeigt ihn an. Bei jeder modifizierten Datei wird ein »[x]« angegeben. Wird das »x« gelöscht, wird die Datei nicht in der Datenbank aktualisiert. Wird das »x« nicht gelöscht, so wird die Datei aktualisiert.

```
Remove the "x" from the adjacent box to prevent updating the database
with the new values for this object.

Modified:
[x] "/etc/group"
[x] "/etc/group-"
[x] "/etc/gshadow"
[ ] "/etc/gshadow-"
```

```
[x] "/etc/passwd"
[ ] "/etc/passwd-"
[x] "/etc/shadow"
[x] "/etc/shadow-"
```

Jeder Bericht kann nur einmal zur Aktualisierung der Datenbank verwendet werden. Des Weiteren kann nicht ein älterer Bericht verwendet werden, wenn die Datenbank bereits mit einem jüngeren Bericht aktualisiert wurde. Diese Einschränkung kann mit der Option -Z low, -secure-mode low übergangen werden. Standardeinstellung ist der Modus -Z high, -secure-mode high.

Die weiteren Optionen sind:

-v, -verbose	Zusätzliche erklärende Ausgaben
-s, -silent	Keine zusätzlichen Ausgaben
-p, *–polfile*	Richtliniendatei
-d, *–dbfile*	Tripwire-Datenbank
-c, *–cfgfile*	Konfigurationsdatei
-S, *–site-keyfile*	Site-Key zur Prüfung der Konfigurationsdateien
-L, *–local-keyfile*	Local-Key zur Aktualisierung der Datenbank
-V, *–visual*	Editor für Aktualisierung
-P, *–local-passphrase*	Die Passphrase zur Verwendung des privaten Local-Keys zur Signatur der Datenbank
-r, *–twrfile*	Auf der Basis dieses Berichtes wird die Aktualisierung durchgeführt.
-a, -accept	Akzeptiere alle Modifikationen (kein Editoraufruf).
-Z, -secure-mode	High (default) erlaubt nur eine Aktualisierung, wenn Bericht und Datenbank konsistent sind. Low erlaubt auch bei Inkonsistenz eine Modifikation.

Aktualisierung der Richtlinien

Eine Aktualisierung der Richtlinien ist häufig nach Installation eines Softwarepaketes erforderlich. Wenn die vorhandenen Richtlinien die neu installierten Dateien nicht überprüfen, ist eine Änderung desselben nötig. Des Weiteren sind Änderungen erforderlich, wenn die Empfänger von E-Mail-Benachrichtigungen angepasst werden müssen. Sehr häufig sind auch zu Beginn des Einsatzes Modifikationen der Richtlinien gewünscht, da zu viele falsch-positive Meldungen ausgegeben werden. Gerade zu Beginn werden die Richtlinien häufig so eng gesetzt, dass es durch den täglichen Gebrauch des Systems zu Falschmeldungen kommt.

Um nun die Richtlinien modifizieren zu können, wird die Klartextversion der Richtliniendatei benötigt. Wurde diese aus Sicherheitsgründen gelöscht, so kann sie mit folgendem Befehl wiederhergestellt werden:

```
twadmin --print-polfile
```

Anschließend werden die nötigen Änderungen durchgeführt. Dabei können zum Beispiel weitere Verzeichnisse und Dateien hinzugefügt werden oder die Empfänger einer E-Mail-Regel modifiziert werden.

Nach der Anpassung der Klartextversion der Richtliniendatei muss diese wieder in ihr Binärformat umgewandelt und signiert werden. Dieser Prozess wird aktiviert mit dem Befehl

```
tripwire --update-policy policy.txt
```

Hierbei geht *Tripwire* folgendermaßen vor:

1. Tripwire vergleicht die neue Richtliniendatei mit der vorhandenen Datei.
2. Tripwire überprüft das Dateisystem basierend auf der *neuen* Richtliniendatei.
3. Nur die Veränderungen des Dateisystems, die in der *alten und neuen* Richtliniendatei definiert sind, werden entdeckt und angezeigt.

Falls im dritten Schritt Verletzungen der Richtlinien erkannt wurden, hängt das weitere Verhalten von Tripwire von dem gewählten Sicherheitsmodus ab:

- *HIGH.* In diesem Modus (Standard, `-secure-mode high`) bricht Tripwire bei Verletzungen ab und führt keine Aktualisierung der Richtlinie durch! Liegt keine Verletzung vor, so werden die Richtlinien und die Datenbank aktualisiert.
- *LOW.* In diesem Modus (`-secure-mode low`) werden die Verletzungen weiterhin angezeigt, aber sowohl eine Aktualisierung der Richtlinien als auch der Datenbank werden durchgeführt.

Bei einer vorhandenen und initialisierten Tripwire-Installation sollte nach Modifikation der Richtlinien immer die Aktualisierung der Richtliniendatei mit dem Befehl `tripwire -update-policy` gewählt werden. Es ist technisch aber auch möglich, eine neue Richtliniendatei zu erzeugen. In diesem Fall ist jedoch anschließend eine komplette Neuinitialisierung der Datenbank erforderlich. Zum einen wird diese Neuinitialisierung gerne vergessen, zum anderen wird die Datenbank auf einem nicht konstant überwachten System erzeugt. Möglicherweise erfolgte seit der letzten Überprüfung ein Einbruch und der Einbrecher modifizierte bestimmte Dateien. Da nun eine Neuinitialsierung durchgeführt wird, sind diese neuen modifizierten Dateien Grundlage der Datenbank.

Weitere Administration

Test der E-Mail-Benachrichtigung

Tripwire ist in der Lage, die Berichte in Form von E-Mails automatisch zu versenden. Dazu kann entweder die E-Mail-Adresse in der Konfigurationsdatei angegeben werden (GLOBALEMAIL) oder bei jeder Regel einzeln eine zu benachrichtigende E-Mail-Adresse spezifiziert werden.

Wird von Tripwire ein Bericht versandt, so ist alles in bester Ordnung. Bleibt jedoch ein Bericht aus, so kann dies zwei Gründe haben:

1. Es gibt kein meldepflichtiges Ereignis (die Regel hat nicht ausgelöst).
2. Tripwire versuchte eine E-Mail zu versenden, dabei kam es aber leider zu einem Fehler und die E-Mail wurde nicht zugestellt.

Um den zweiten Fall auszuschließen, bietet Tripwire eine E-Mail-Testfunktion an. Diese versucht eine Testnachricht zu versenden:

```
tripwire --test --email tripwire@spenneberg.de
```

Tripwire wird nun mit den Einstellungen der Konfigurationsdatei (MAILMETHOD, SMTPHOST, SMTPPORT und MAILPROGRAM) versuchen, die folgende E-Mail zuzustellen:

```
Date: Mon, 17 Jun 2002 14:52:12 +0200
From: "Tripwire(R) 2.3.1.2" <tripwire@kermit.spenneberg.de>
Subject: Test email message from Tripwire
To: tripwire@spenneberg.de
If you receive this message, email notification from tripwire is working
+correctly.
```

Wird die E-Mail nicht zugestellt, sollten die Tripwire-Einstellungen und die Protokolldateien der beteiligten Mailserver überprüft werden.

Ausdruck der Berichte und der Datenbank

Der twprint-Befehl bietet die Möglichkeit, die Datenbank und sämtliche Berichte in lesbarer Form auszugeben. So können der Stand der Datenbank überprüft und Berichte mit unterschiedlichem Detailgrad erzeugt werden.

Folgender Befehl gibt die Datenbank lesbar aus:

```
twprint --print-dbfile
```

Zusätzlich können die auszugebene Datenbank (-dbfile) und eine Auswahl von Objekten angegeben werden. Die Objekte werden einfach auf der Kommandozeile angegeben:

```
twprint --print-dbfile objekt1 objekt2 ...
```

Sollen Tripwire-Berichte ausgegeben werden, so wird der folgende Befehl verwendet:

```
twprint --print-report --twrfile report.twr
```

Die Angabe des auszugebenen Berichts ist hier erforderlich. Die Berichte verwenden in ihrem Namen Datum und Uhrzeit des Zeitpunktes ihrer Erzeugung. Weiterhin kann bei dem Befehl der Local-Key (-local-keyfile) angegeben werden, wenn der Bericht zusätzlich signiert wurde. Die wichtigste Option ist jedoch die Angabe des Detailgrades (-report-level). Dieser kann zwischen 0 und 4 variiert werden und gibt an, wie viele Informationen der Bericht enthalten soll. Dies erlaubt die Wahl eines niedrigen Detailgrades für den E-Mail Bericht, da anschließend der Bericht erneut sehr detailliert ausgegeben werden kann.

Verwaltung der Signaturen

Die Verwaltung der Signaturen der Tripwire-Dateien erfolgt mit dem twadmin-Kommando. Dieses Kommando ist in der Lage, die Schlüssel für die Signaturen zu generieren, die Signatur zu erzeugen (Encrypt), zu entfernen (Remove Encryption) und zu untersuchen (Examine). Des Weiteren kann es die Konfigurationsdateien von ihrer Klartextform in die Binärform überführen und umgekehrt.

Verwaltung der Konfigurationsdatei

Die Verwaltung der Konfigurationsdatei wurde weiter oben bereits angesprochen. Sie soll hier kurz der Vollständigkeit halber und zur Referenz vorgestellt werden.

Tripwire verwendet eine binäre signierte Konfigurationsdatei. Der Tripwire-Administrator ist in der Lage, diese zentrale Konfigurationsdatei, in der die Pfade und externen Programme definiert werden, in lesbarer Form auszugeben und auch neu zu erzeugen.

Um die Ausgabe in lesbarer Form zu erreichen, wird folgendes Kommando eingesetzt:

```
twadmin --print-cfgfile --cfgfile tw.cfg
```

Die angegebene Datei *tw.cfg* stellt die binäre Datei dar. Die Ausgabe erfolgt auf der Standardausgabe und kann in eine Datei umgelenkt werden.

Liegt eine Konfigurationsdatei in lesbarer Form vor, so kann diese in ihre Binärform umgewandelt und signiert werden. Das erfolgt mit:

```
twadmin --create-cfgfile twcfg.txt
```

Hierbei können zusätzlich der zu verwendende Site-Key (-site-keyfile) und die zu erzeugende Datei (-cfgfile) angegeben werden.

Verwaltung der Richtliniendatei

Die Verwaltung der Richtliniendatei wurde weiter oben bereits angesprochen. Sie soll hier kurz der Vollständigkeit halber und zur Referenz vorgestellt werden.

Tripwire verwendet eine binäre signierte Richtliniendatei. Der Tripwire-Administrator ist in der Lage, diese Richtliniendatei, in der die zu überprüfenden Dateien angegeben werden, in lesbarer Form auszugeben und auch neu zu erzeugen. Eine Neuerzeugung sollte jedoch nur durchgeführt werden, wenn anschließend auch die Datenbank neu initialisiert werden soll. Ansonsten ist eine Aktualisierung mit dem Kommando `tripwire -update` vorzuziehen.

Um die Ausgabe in lesbarer Form zu erreichen, wird folgendes Kommando eingesetzt:

```
twadmin --print-polfile --polfile tw.pol
```

Die angegebene Datei *tw.pol* stellt die binäre Datei dar. Die Ausgabe erfolgt auf der Standardausgabe und kann in eine Datei umgelenkt werden.

Liegt eine Richtliniendatei in lesbarer Form vor, so kann diese in ihre Binärform umgewandelt und signiert werden. Das erfolgt mit:

```
twadmin --create-polfile twpol.txt
```

Hierbei können zusätzlich der zu verwendende Site-Key (`-site-keyfile`) und die zu erzeugende Datei (`-cfgfile`) angegeben werden.

Erzeugen, Entfernen und Untersuchen der Signaturen

Tripwire verwendet signierte Dateien, um eine Veränderung der Informationen durch Dritte zu unterbinden. Um die Dateien modifizieren oder ersetzen zu können, ist ein privater Schlüssel erforderlich, der üblicherweise mit einer Passphrase geschützt wird. Nur bei Kenntnis der Passphrase ist eine Modifikation der Dateien möglich. Tripwire überprüft die Unversehrtheit der Dateien mit dem öffentlichen Schlüssel bei jedem Durchlauf.

Der Tripwire-Administrator ist in der Lage, diese Signatur zu erzeugen, zu entfernen und selbst zu untersuchen. Hierzu wird auch das Kommando `twadmin` eingesetzt. Dieser Vorgang ist zum Beispiel dann erforderlich, wenn die von Tripwire verwendeten Schlüssel aus Sicherheitgründen nach einem bestimmten Zeitraum neu generiert werden sollen. Ist dies der Fall, werden zunächst alle Signaturen von den Dateien entfernt, anschließend die Schlüssel neu generiert und die Dateien neu signiert.

Um die Signatur zu erzeugen, wird der folgende Befehl verwendet:

```
twadmin --encrypt datei1 datei2 ...
```

Bei Aufruf des Befehls können wie üblich zusätzlich die Schlüssel (-local-key-file, -site-keyfile) und die Konfigurationsdatei (-cfgfile) angegeben werden, wenn sie sich nicht an den üblichen Positionen befinden.

Um von einer signierten Datei die Signatur zu entfernen, wird der nachstehende Befehl verwendet:

```
twadmin --remove-encryption datei1 datei2 ...
```

Auch hier können mit den üblichen Optionen die üblichen Angaben gemacht werden. Die Konfigurationsdatei kann mit -cfgfile, die einzusetzenden Schlüssel mit -local-keyfile und -site-keyfile angegeben werden.

Wurden Dateien signiert, so ist es empfehlenswert, von Zeit zu Zeit die Signatur zu prüfen. Eine Prüfung erfolgt mit:

```
twadmin --examine datei1 datei2 ...
```

Auch hier können mit den üblichen Optionen eine vom Standard abweichende Konfigurationsdatei (-cfgfile) und vom Standard abweichende Schlüssel (-local-keyfile, -site-keyfile) angegeben werden.

Im Folgenden wird der Aufruf des Kommandos gezeigt:

```
[root@kermit root]# twadmin --examine /etc/tripwire/tw.cfg
File: "/etc/tripwire/tw.cfg"
File Type: Tripwire Config File (Ver 2.2.0.0)
Encoding: Asymmetric Encryption
The following keys decrypt this file:
    Site Keyfile: /etc/tripwire/site.key
```

Generierung der Schlüssel

Von Zeit zu Zeit sollten die Schlüssel, mit denen die Datenbank generiert wurde, ausgetauscht werden. Dies erlaubt zum einen einen tatsächlichen Austausch der Schlüssel, aber auch die Angabe einer neuen Passphrase. Die Schlüssel selbst stellen üblicherweise keine Sicherheitslücke dar, da sie über eine genügende Länge verfügen. Die Passphrase wird jedoch häufig nur wenige Buchstaben lang gewählt. Daher sollte hier regelmäßig ein Austausch erfolgen, analog der Neuvergabe von Kennwörtern.

Der Tripwire-Administrator ist in der Lage, mit dem folgenden Befehl die Schlüssel neu zu generieren:

```
twadmin --generate-keys --site-keyfile site.key
```

Der Befehl erwartet mindestens die Angabe einer Schlüsseldatei (-local-keyfile, -site-keyfile), jedoch können auch beide Schlüssel gleichzeitig erzeugt werden. Obwohl der Befehl es erlaubt, die Passphrase auf der Kommandozeile

bei Aufruf zu spezifizieren (-local-passphrase, -site-passphrase), ist dies eine
sehr schlechte Idee. Zum einen kann die Passphrase von Dritten mitgelesen werden, da sie auf dem Bildschirm lesbar erscheint, zum anderen speichern die meisten Kommando-Shells die eingegebenen Befehle in einer Geschichtsdatei
(~/.bash_history) ab, sodass ein Angreifer die Passphrase dieser Datei entnehmen kann.

> **ACHTUNG**
> Werden bei der Generierung der Schlüssel die alten Schlüsseldateien
> überschrieben, so sind alle mit dem alten Schlüssel signierten Dateien
> verloren. Eine Wiederherstellung in lesbarer Form bzw. ein sinnvoller
> Zugriff ist nicht mehr möglich. Entfernen Sie die Signatur vor Erzeugung
> neuer Schlüssel.

Generierung der Hashes

Tripwire verwendet einen eigenen Befehl, um die Hashes, die Prüfsummen, der
zu untersuchenden Dateien zu erzeugen. Dieser Befehl kann auch auf der Kommandozeile eingesetzt werden, um Prüfsummen von Dateien zu erzeugen. Dabei
besteht die Möglichkeit CRC-32 (-CRC32), MD5 (-MD5), SHA (-SHA), HAVAL
(-HAVAL) oder alle (-all) Prüfsummen zu erzeugen und diese in Base64-Kodie-
rung (-standard) oder hexadezimal (-hexadecimal) anzuzeigen.

```
siggen --SHA datei
```

Die Ausgabe erfolgt üblicherweise auf mehreren Zeilen:

```
[root@kermit root]# siggen --SHA --MD5 /etc/hosts
-------------------------------------------------------------------------
Signatures for file: /etc/hosts

MD5            BHLOuYDct5XK8oVzxUmjwI
SHA            EGp4303GSnBjCGGkFUYvANrOztG
-------------------------------------------------------------------------
```

Dies kann mit der Option -terse jedoch unterdrückt werden:

```
[root@kermit root]# siggen --SHA --MD5 --terse /etc/hosts
BHLOuYDct5XK8oVzxUmjwI EGp4303GSnBjCGGkFUYvANrOztG
```

Optimierung der Konfiguration

Die Konfigurationsdatei definiert den Ort weiterer Dateien, externe von Tripwire aufgerufene Programme und konfiguriert die Optionen für die E-Mail-Berichte und Protokolle. Im Folgenden ist eine Beispielskonfiguration angegeben:

```
ROOT                       =/etc/tripwire
POLFILE                    =$(ROOT)/tw.pol
DBFILE                     =/var/lib/tripwire/$(HOSTNAME).twd
REPORTFILE                 =/var/lib/tripwire/report/$(HOSTNAME)-$(DATE).twr
SITEKEYFILE                =$(ROOT)/site.key
LOCALKEYFILE               =$(ROOT)/$(HOSTNAME)-local.key
EDITOR                     =/bin/vi
LATEPROMPTING              =false
LOOSEDIRECTORYCHECKING =false
MAILNOVIOLATIONS           =true
EMAILREPORTLEVEL           =3
REPORTLEVEL                =3
MAILMETHOD                 =SENDMAIL
SYSLOGREPORTING            =false
MAILPROGRAM                =/usr/sbin/sendmail -oi -t
```

Die einzelnen Zeilen der Datei haben das folgende Format: *Variable = Wert*. Soll auf der rechten Seite der Gleichung eine Variable referenziert werden, wird ihr Name in Klammern gefasst und ein Dollar-Zeichen vorangestellt: $(TWROOT).

Im Folgenden werden die einzelnen Variablen kurz vorgestellt. Einige dieser Variablen sind zwingend erforderlich. Ein Fehlen ihrer Definition führt zu einer Fehlermeldung.

- Vordefinierte Konstanten (unveränderlich):
  - DATE. gibt Datum und Uhrzeit an: 20020617-054933
  - HOSTNAME. gibt den Rechnernamen an (Ausgabe von hostname)

- Dateien (diese Angaben sind erforderlich):
  - POLFILE. gibt den Namen der Richtliniendatei an
  - DBFILE. gibt den Namen der Datenbank an
  - REPORTFILE. gibt den Namen des Berichtes an
  - SITEKEYFILE. gibt den Namen des Site-Keys an
  - LOCALKEYFILE. gibt den Namen des Local-Keys an

- E-Mail-Variablen (optional):
  - MAILMETHOD. gibt an, ob das MAILPROGRAM oder eine SMTP-Verbindung zur E-Mail-Zustellung verwendet wird. Bei SMTP baut Tripwire eine SMTP-Verbindung zum angegebenen SMTPHOST:SMTPPORT auf. Ansonsten wird das angegebene MAILPROGRAM aufgerufen.
  - SMTPHOST. gibt bei MAILMETHOD=SMTP den Mailserver an
  - SMTPPORT. gibt bei MAILMETHOD=SMTP den anzusprechenden Port des Mailservers an (üblicherweise 25)
  - MAILPROGRAM. gibt bei MAILMETHOD=SENDMAIL das aufzurufende Programm an
  - EMAILREPORTLEVEL. nennt den Detailgrad der E-Mail-Berichte (0-4)
  - MAILNOVIOLATION. sendet eine E-Mail, auch wenn keine Verletzungen vorliegen. So erhält der Administrator in jedem Fall eine E-Mail.
  - GLOBALEMAIL. erlaubt die Spezifikation einer globalen E-Mail-Adresse, an die die Berichte versandt werden. Empfänger können komma- oder semikolonsepariert angegeben werden.

- Weitere Variablen (optional):
  - TEMPDIRECTORY. erlaubt die Angabe eines sicheren temporären Verzeichnisses. Dieses Verzeichnis sollte die Rechte 0700 aufweisen und dem Tripwire ausführenden Benutzer gehören.
  - EDITOR. benennt den bei Aktualisierungen aufzurufenden Editor. Dies ist standardmäßig *vi* und kann zum Beispiel in *emacs* oder *pico* geändert werden.
  - LATEPROMPTING. sorgt dafür, dass Tripwire erst im letzten Moment nach der Passphrase fragt.
  - LOOSEDIRECTORYCHECKING. entfernt redundante Meldungen, die enstehen, wenn aus einem überwachten Verzeichnis eine Datei entfernt wird. In diesem Fall wurde die Datei modifiziert (entfernt) und das Verzeichnis modifiziert (Inhaltsverzeichnis angepasst). Ist diese Option aktiviert, so wird die Tatsache nur einmal gemeldet.
  - SYSLOGREPORTING. aktiviert die Protokollierung von Tripwire-Ereignissen (Initialisierung, Integritätstests und Aktualisierung) durch Syslog. Es wird jedoch kein kompletter Bericht an Syslog übergeben. Lediglich die Ereignisse werden protokolliert.
  - REPORTLEVEL. definiert schließlich den Standarddetailgrad bei der Erstellung von Berichten.

Anpassung der Richtlinien

Die Richtliniendatei kann Kommentare, Direktiven und Regeln enthalten. Bei der Definition der Regeln können Variablen genutzt und zusätzliche Attribute angegeben werden. Kommentare werden wie in anderen Sprachen üblich mit

dem #-Zeichen angegeben. Alle auf das #-Zeichen folgenden Zeichen bis zum
Zeilenumbruch werden als Kommentar von Tripwire ignoriert. Kommentare
bleiben bei der Signatur/Verschlüsselung der Dateien erhalten!

Im Folgenden werden zunächst die Regelsyntax beleuchtet und einige Beispiele
gegeben. Im Anschluss erfolgt eine Untersuchung der Direktiven und ihrer
Anwendung.

Regelsyntax und Beispiele

Die Regeln stellen den Kern der Richtliniendatei dar. Sie haben folgende allgemeine Syntax:

```
Objekt -> Eigenschaften;
```

Das Objekt ist der komplette Pfad eines Verzeichnisses oder einer Datei, die von
Tripwire überwacht werden soll. Handelt es sich bei dem Objekt um ein Verzeichnis, so wird dieses Verzeichnis automatisch rekursiv, inklusive aller Dateien
und Unterverzeichnisse, überwacht. Diese rekursive Überwachung endet jedoch
an Dateisystemgrenzen. Befindet sich / und */home* auf unterschiedlichen Dateisystemen, so wird eine Regel, die / überwacht, nicht */home* überwachen. Für
/home ist eine weitere eigene Regel erforderlich.

Die Eigenschaften geben die von Tripwire zu überwachenden oder zu ignorierenden Eigenschaften an. Die beiden Angaben (Objekt und Eigenschaften) werden
mit der Zeichenfolge -> getrennt und mit einem Semikolon abgeschlossen.

Der Objektname muss als kompletter Pfad angegeben werden. Die Verwendung
von Shell-Umgebungsvariablen ist nicht möglich. Enthält der Pfad Sonderzei-
chen (!{}>()\n\t ,;=$#|\'+), so muss der Dateinamen in doppelte Hochkom-
mata eingefasst werden.

Beispiele:

```
/etc -> $(ReadOnly);
"/usr/local/Acrobat Reader/bin" -> $(ReadOnly)
```

Die Eigenschaften werden üblicherweise einzeln in einer Maske angegeben.
Diese Maske hat die allgemeine Syntax:

```
([+-][pinugtsldbamcrCMSH])+
```

Diese Maske muss bei jedem Objekt angegeben werden. Die Angabe einer leeren
Maske ist nicht erlaubt und auch sinnlos. Die Voranstellung eines Plus (+) vor
der Eigenschaft schaltet die Überwachung dieser Eigenschaft an, ein Minus (-)
schaltet sie ab.

Die Eigenschaften werden im Folgenden erläutert:

p   Dateirechte (permissions)

i   Inodenummer

n   Anzahl der harten Links, Referenzenzähler des Inodes (number of links)

u   Eigentümer der Datei (userid)

g   Gruppe

t   Typ der Datei

s   Größe (size)

d   Gerät, auf dem der Inode gespeichert ist (Device)

r   Gerät, auf das der Inode zeigt

b   Anzahl der allozierten Blöcke

m   Modifikationszeitstempel der Datei

c   Erzeugung/Modifikationszeitstempel des Inodes (creation time)

l   Datei darf größer werden (*larger*). Achtung! Die Dateigröße in der Datenbank wird nicht angepasst. Jede Größe größer der originalen Größe ist erlaubt. Hat die Datei die Größe von einem Kbyte bei der Initialisierung der Datenbank und wird die Datei mit einer Größe von fünf Kbyte vorgefunden, erfolgt keine Meldung. Ist die Datei beim nächsten Durchlauf nur noch drei Kbyte groß, erfolgt ebenfalls keine Meldung, denn 3 Kbyte > 1 Kbyte.

a   Zugriffszeitstempel (*access time*). Achtung! Dies führt zu Falschmeldungen, wenn gleichzeitig eine Prüfsumme spezifiziert wird, da zur Berechnung der Prüfsumme auf die Datei zugegriffen werden muss!

C   CRC-32 Posix 1003.2 konforme Prüfsumme (Cyclic Redundancy Check), schnell aber wenig sicher

M   MD5 Message Digest, sicher, 128 Bit

S   SHA Secure Hash Algorithm, sicher, 160 Bit

H   HAVAL Hash-Funktion mit variabler Länge, bei Tripwire 128 Bit

Am besten ist die Anwendung der Maske an einem Beispiel zu verstehen. Im folgenden Beispiel wird das Verzeichnis */etc* und sein Inhalt auf Berechtigungen (p), Inodenummer (i), Inodereferenzen (n), Eigentümer (u), Gruppe (g), Typ (t), Größe (s) und MD5-Prüfsumme (M) hin untersucht.

```
/etc -> +pinugtsM
```

Variablen erleichten die Arbeit

Da häufig identische Pfade auf der linken Seite und identische Masken auf der rechten Seite verwendet werden, bietet es sich an, diese Informationen in Variablen zu definieren. Werden später Anpassungen nötig, müssen diese lediglich einmal bei der Variablendefinition durchgeführt werden. Variablen werden wie folgt verwendet:

```
#Pfade
benutzer = /home ;

#Rechte
nurlesend = +pinugtsM ;

#Regeln
/etc   -> $(nurlesend) ;
$(benutzer) -> $(nurlesend)-M+H ;
```

Die Definition der Variablen erfolgt wie üblich mit dem Gleichheitszeichen. Die Zeile, wie alle anderen Zeilen, muss mit einem Semikolon abgeschlossen werden. Ein Zugriff auf die Variable erfolgt mit $(var).

Tripwire bietet bereits eine ganze Reihe von vordefinierten Variablen, die der Tripwire-Administrator sofort nutzen kann:

- ReadOnly +pinugsmtdbCM-raclSH
- Dynamic +pinugtd-rsacmblCMSH
- Growing +pinugtdl-rsacmbCMSH
- IgnoreAll -pinusgamctdrblCMSH
- IgnoreNone +pinusgamctdrblCMSH
- Device +pugsdr-intlbamcCMSH

Ausnahmen bestätigen die Regel

Bei der Überwachung von Verzeichnissen dürfen häufig einzelne Dateien nicht überwacht werden, da sie viele Falschmeldungen erzeugen. Bei der bisher besprochenen Syntax ist es in einer derartigen Situation erforderlich, für jede zu untersuchende Datei eine Regel zu definieren. Tripwire erlaubt aber auch die Definition von Ausnahmen. So kann weiterhin eine Regel das gesamte Verzeichnis für die Überwachung spezifizieren und mit einer Ausnahmeregel (Stoppoint) werden die zu ignorierenden Dateien angegeben. Diese Ausnahmen werden durch Voranstellen des Ausrufezeichens definiert.

Ein Beispiel zeigt dies anhand des Verzeichnisses */etc*. Die Datei */etc/mtab* enthält die momentan in den Verzeichnisbaum eingebundenen Dateisysteme. Diese Datei ändert sich, wenn weitere Dateisysteme eingebunden werden. Änderungen in dieser Datei sollen von Tripwire in diesem Beispiel nicht gemeldet werden.

```
# Untersuche das /etc Verzeichnis rekursiv ausser der Datei /etc/mtab
/etc -> $(ReadOnly) ;
!/etc/mtab ;
```

Häufig stellt sich nach der Erzeugung der Richtliniendatei heraus, dass die vorhandenen Regeln zu viele Falschmeldungen produzieren. In vielen Fällen können diese Falschmeldungen mit derartigen Stoppoints verhindert werden.

Attribute erweitern die Möglichkeiten

Die bisher besprochenen normalen Regeln können durch weitere Attribute in ihrem Verhalten modifiziert werden. Attribute werden in Klammern, im Anschluss an die Eigenschaften, definiert.

```
objekt -> eigenschaften (attribut=wert, attribut2=wert2, ...);
```

Attribute können jedoch auch für mehrere Regeln angegeben werden. Dann werden die Regeln in geschweiften Klammern zusammengefasst und die Attribute in einfachen Klammern vorangestellt:

```
(attribut=wert, attribut2=wert2, ...)
{
objekt  -> eigenschaften;
objekt2 -> eigenschaften2;
}
```

Werden beide Formen der Definition der Attribute eingesetzt, so überschreibt bei gleichen Attributen eine lokale Definition die globalere Attributdefinition. Eine Ausnahme stellt das weiter unten erklärte Attribut `emailto` dar. Dieses Attribut arbeitet additiv.

Rulename

Das Attribut `rulename` erlaubt die Definition von Namen für Regeln oder Regelblöcke. Mithilfe dieses Namens kann anschließend Tripwire aufgerufen werden, um nur diese Regeln abzuarbeiten. Der Einsatz des Attributes wird an einem Beispiel deutlich:

```
(rulename="Webserver")
{
# Htmlseiten
/var/www/ -> $(ReadOnly);
# Webserverkonfiguration
/etc/httpd -> $(ReadOnly);
# Protokolle
/var/log/httpd -> $(Growing);
# Apache Module
/usr/lib/apache -> $(ReadOnly);
```

```
# Apache Programm
/usr/sbin/httpd -> $(ReadOnly);
# Startskript
/etc/rc.d/init.d/httpd -> $(ReadOnly);
}
```

Wurden derartige Regeln für die Überwachung der Dateien des Apache-Webservers definiert (Pfade entsprechen Red Hat Linux 7.3), so kann Tripwire wie folgt aufgerufen werden:

```
tripwire --check --rule-name "Webserver"
```

Emailto

Das Attribut emailto erlaubt die Definition von E-Mail-Empfängern für einzelne Regeln oder Regelblöcke. So kann die Versendung von E-Mails sehr genau konfiguriert werden und jeder Verantwortliche erhält nur die Informationen, die für ihn relevant sind. So können unterschiedliche E-Mails an den Administrator des Webservers und den Administrator des Mailservers versandt werden.

> **ACHTUNG**
> Diese E-Mails werden nur versandt, wenn beim Tripwire-Aufruf die Option -email-report spezifiziert wurde. Die Angabe des Detailgrades ist optional. Das bedeutet, ein Aufruf sieht folgendermaßen aus:
> ```
> tripwire --check --email-report [--email-report-level 3]
> ```

Um das letzte Beispiel wieder aufzugreifen, kann Tripwire spezielle E-Mails an den Webmaster versenden:

```
(rulename="Webserver", emailto="webmaster@spenneberg.de")
{
# Htmlseiten
/var/www/ -> $(ReadOnly);
# Webserverkonfiguration
/etc/httpd -> $(ReadOnly);
# Protokolle
/var/log/httpd -> $(Growing);
# Apache-Module
/usr/lib/apache -> $(ReadOnly);
# Apache-Programm
/usr/sbin/httpd -> $(ReadOnly);
# Startskript
/etc/rc.d/init.d/httpd -> $(ReadOnly);
}
```

Severity

Das Attribut severity erlaubt wie das Attribut rulename eine Bündelung von Regeln, sodass sie später getrennt von Tripwire abgearbeitet werden können. Severity erlaubt jedoch die Einteilung der Regeln nach ihrer Wichtigkeit. Dies erfolgt durch die Zuweisung von Zahlen im Bereich 0 bis 1.000.000. Je höher die definierte Zahl ist, desto wichtiger ist die Überwachung durch die angegebene Regel. Wird die Angabe einer severity unterlassen, so wird 0 angenommen. Bei einem Aufruf von Tripwire kann dann die Wichtigkeit als Wert übergeben werden und Tripwire wird lediglich Regeln testen, deren Wichtigkeit größer oder gleich dem angegebenen Wert ist.

Im Folgenden wird das Webserver-Beispiel wieder aufgegriffen:

```
(rulename="Webserver", emailto="webmaster@spenneberg.de")
{
# Htmlseiten (ändern sich häufig)
/var/www/ -> $(ReadOnly) (severity=50);
#
# Webserverkonfiguration (ändert sich selten)
/etc/httpd -> $(ReadOnly) (severity=75);
#
# Protokolle (ändern sich nonstop)
/var/log/httpd -> $(Growing) (severity=25);
#
# Apache-Module (Binäre Informationen, dürfen sich nie ändern)
/usr/lib/apache -> $(ReadOnly) (severity=100);
#
# Apache-Programm (Binäre Informationen)
/usr/sbin/httpd -> $(ReadOnly) (severity=100);
#
# Startskript (darf sich ebenfalls nicht ändern)
/etc/rc.d/init.d/httpd -> $(ReadOnly) (severity=100);
}
```

Nun kann Tripwire mit folgendem Kommando aufgerufen werden:

```
tripwire --check --severity 75
```

Recurse

Das Attribut recurse ist das vierte und letzte Attribut. Mit diesem Attribut ist es möglich, die Rekursion durch Tripwire bei der Untersuchung von Verzeichnissen zu steuern. Dieses Attribut kann verschiedene Werte annehmen: true (oder -1), false (oder 0) oder Werte von 1-1.000.000. Wird das Attribut nicht angegeben, so wird ein Standardwert von true angenommen. Das bedeutet, dass das Verzeichnis mit seinem Inhalt und sämtlichen Unterverzeichnissen untersucht wird. Wird als Wert false definiert, so wird lediglich das Verzeichnis selbst ohne seinen Inhalt untersucht. Alle weiteren Werte geben die Rekursionstiefe in Ebenen an. Ein Wert von 2 bedeutet, dass das Verzeichnis, sein Inhalt und die direkten Unterverzeichnisse untersucht werden. Wurden zusätzlich Stoppoints definiert, so bleiben diese natürlich weiterhin gültig.

Ein Beispiel:

```
# Nur die wichtigen Protokolldateien, die sich direkt in /var/log befinden:
/var/log  -> $(Growing) (recurse=1);
```

Direktiven erlauben flexible Richtlinien

Mit der bisher besprochenen Syntax ist es bereits möglich, komplexe Richtliniendateien zu erstellen. Es muss jedoch für jeden einzelnen Rechner eine Richtliniendatei erstellt werden, da meist unterschiedliche Rechner unterschiedliche Dienste anbieten. Dies geht einher mit unterschiedlichen Konfigurationsdateien, Protokolldateien etc. Die Direktiven erlauben nun ähnlich dem Präprozessor der Programmiersprache C, den Inhalt der Datei zusätzlich zu gruppieren. Die einzelnen Gruppen werden dann nur unter bestimmten Bedingungen in die Tripwire-Richtliniendatei aufgenommen. Das ermöglicht die Erzeugung einer zentralen Tripwire-Richtliniendatei, die für jeden Rechner anders ausgewertet wird. So werden zum Beispiel die Webserver-Regeln nur auf Rechnern, die einen Webserver betreiben, aktiviert. Eine Richtliniendatei kann dann auf mehreren Rechnern genutzt werden. Der Wartungsaufwand kann reduziert werden.

Die allgemeine Syntax einer Direktive lautet:

```
@@direktive [argumente]
```

Im Folgenden werden die verfügbaren Direktiven vorgestellt und ihr Einsatz an Beispielen erläutert.

@@section, @@end

Die Direktive @@section erlaubt die Einteilung der Richtliniendatei nach dem Betriebssystem; auf dem sie eingesetzt wird. Die möglichen Werte sind:

GLOBAL	Globale Variablen für alle Betriebssysteme
FS	UNIX
NTFS	Microsoft Windows NT
NTREG	Microsoft Windows NT-Registrierung

Es existiert eine kommerzielle Version von Tripwire für Microsoft Windows NT (inzwischen in der Version 3.0). Mit dieser Direktive besteht die Möglichkeit, ein gemeinsames Tripwire-Richtlinientemplat für alle Rechner betriebssystemübergreifend zu verwenden.

Die Direktive @@end bezeichnet das logische Ende der Richtliniendatei. Alle weiteren Angaben werden ignoriert. Diese Direktive wird ohne Argument verwendet.

Beide Direktiven dürfen nicht innerhalb von Blöcken verwendet werden.

@@ifhost, @@else, @@endif

Diese Direktiven erlauben den Einsatz der angegebenen Regeln nur auf den entsprechenden Rechnern. So kann ein Richtlinientemplat zum Beispiel sowohl auf einem Webserver als auch einem Mailserver eingesetzt werden. Die Direktive @@ifhost erwartet als Argumente eine Liste von unqualifizierten Rechnernamen, die durch || voneinander getrennt sind.

Ein Beispiel soll den Einsatz verdeutlichen:

```
@@ifhost www
  (rulename="Webserver", emailto="webmaster@spenneberg.de")
  {
  # Htmlseiten (ändern sich häufig)
  /var/www/ -> $(ReadOnly) (severity=50);
  # Webserverkonfiguration (ändert sich selten)
  /etc/httpd -> $(ReadOnly) (severity=75);
  # Protokolle (ändern sich nonstop)
  /var/log/httpd -> $(Growing) (severity=25);
  # ... Aus Platzgründen gekürzt
  }
@@else
  @@ifhost mail
    (rulename="Mailserver", emailto="postmaster@spenneberg.de")
    {
    # Mailserverkonfiguration
    /etc/mail -> $(ReadOnly) (severity=75);
    # Mailserver Binärdateien Postfix auf Red Hat Linux 7.3
    /usr/libexec/postfix -> $(ReadOnly) (severity=100);
    /usr/sbin/sendmail.postfix -> $(ReadOnly) (severity=100);
    /usr/sbin/postalias -> $(ReadOnly) (severity=100);
    # ... Aus Platzgründen gekürzt
    }
  @@endif
@@endif
```

@@print, @@error

Die beiden Direktiven @@print und @@error erlauben die Ausgabe von diagnostischen Informationen. Die Direktive @@print gibt dabei lediglich eine Textmeldung auf der Standardausgabe aus, während die Direktive @@error nach dieser Ausgabe die weitere Abarbeitung mit einem Fehler abbricht.

So können die Richtliniendateien selbst ihren korrekten Einsatz überprüfen:

```
@@ifhost www
  (rulename="Webserver", emailto="webmaster@spenneberg.de")
  {
  # Htmlseiten (ändern sich häufig)
  /var/www/ -> $(ReadOnly) (severity=50);
  # Webserverkonfiguration (ändert sich selten)
  /etc/httpd -> $(ReadOnly) (severity=75);
  # Protokolle (ändern sich nonstop)
  /var/log/httpd -> $(Growing) (severity=25);
  # ... Aus Platzgründen gekürzt
  }
@@else
  @@ifhost mail
    (rulename="Mailserver", emailto="postmaster@spenneberg.de")
    {
    # Mailserverkonfiguration
    /etc/mail -> $(ReadOnly) (severity=75);
    # Mailserver Binärdateien Postfix auf Red Hat Linux 7.3
    /usr/libexec/postfix -> $(ReadOnly) (severity=100);
    /usr/sbin/sendmail.postfix -> $(ReadOnly) (severity=100);
    /usr/sbin/postalias -> $(ReadOnly) (severity=100);
    # ... Aus Platzgründen gekürzt
    }
  @@else
    @@error "Die Richtliniendatei ist NICHT auf diesem Rechner einsetzbar"
  @@endif
@@endif
```

Optimierung der Regeln

Eine Optimierung der Regeln kann zwei verschiedene Ziele verfolgen: Erhöhung der Lesbarkeit oder Erhöhung der Geschwindigkeit. Diese beiden Ziele müssen sich nicht zwangsläufig gegenseitig ausschließen. Gut lesbare Regeln können auch schnell sein.

Im Folgenden werden einige allgemeine Hinweise gegeben.

Lesbarkeit

Die Lesbarkeit der Richtliniendatei hängt wesentlich von ihrem strukturierten Aufbau und der Verwendung von Kommentaren ab. Um eine leicht lesbare und überschaubare Richtliniendatei zu erzeugen, sollten gewisse Formen eingehalten werden, wie sie eigentlich in den meisten Programmiersprachen üblich sind.

Variablen sollen zu Beginn definiert werden. Dies erlaubt später einen einfachen Überblick über die verwendeten Variablen und ihre einfache Anpassung an neue

Situationen. Jede Variable soll zusätzlich mit einem Kommentar erläutert werden. So können auch Administratoren, die die Tripwire-Installation später »erben«, den Sinn und Zweck der Variable erschließen.

Die Regeln sollten, so weit es sinnvoll erscheint, in Gruppen zusammengefasst werden. Dies ist möglich bei Verwendung der Attribute. So können Regeln die spezielle Subsysteme des Rechners überwachen (Webserver, Mailserver, Datenbank etc.) und in übersichtlichen Gruppen zusammengefasst werden. Diese Gruppen sollten auch optisch durch Einrücken gruppiert werden.

Ansonsten sollte es vermieden werden, jede Datei einzeln in einer eigenen Regel aufzunehmen. Stattdessen sollten die entsprechenden Verzeichnisse, möglicherweise unter Angabe von Ausnahmen mit Stoppoints, angegeben werden. Dies ermöglicht einen wesentlich einfacheren Überblick über die zu überwachenden Dateien. Ansonsten besteht die Gefahr, dass der Benutzer den Wald vor lauter Bäumen nicht mehr sieht.

Häufig erhöht es auch die Lesbarkeit, wenn Optionen, obwohl sie nicht vom Standardwert abweichen, dennoch definiert werden. Ein Beispiel ist `recurse=true`.

Eine einfache aber umfassende Beispieldatei wird im Folgenden gezeigt:

```
#######################
# allgemeine Regeln #
#######################

# Arbeite die allgemeinen Regeln immer ab (severity=110)

(severity=110, recurse=true)
{
  # überwache /etc außer /etc/mtab
  /etc              -> $(ReadOnly);
  !/etc/mtab

  # überwache /bin, /lib, /sbin
  /bin              -> $(ReadOnly);
  /lib              -> $(ReadOnly);
  /sbin             -> $(ReadOnly);

  # überwache /usr
  /usr              -> $(ReadOnly);

  # überwache Dateien des Bootvorganges /boot
  /boot             -> $(ReadOnly);
}
```

```
#######################
# Webserver          #
#######################
(rulename="Webserver", emailto="webmaster@spenneberg.de")
{
  # Htmlseiten (ändern sich häufig)
  /var/www/          -> $(ReadOnly) (severity=50);
  #
  # Webserverkonfiguration (ändert sich selten)
  /etc/httpd         -> $(ReadOnly) (severity=75);
  #
  # Protokolle (ändern sich nonstop)
  /var/log/httpd     -> $(Growing) (severity=25);
  #
  # Apache Module (Binäre Informationen, dürfen sich nie ändern)
  /usr/lib/apache    -> $(ReadOnly) (severity=100);
  #
  # Apache Programm (Binäre Informationen)
  /usr/sbin/httpd    -> $(ReadOnly) (severity=100);
  #
  # Startskript (darf sich ebenfalls nicht ändern)
  /etc/rc.d/init.d/httpd -> $(ReadOnly) (severity=100);
}
/
```

Geschwindigkeit

Die Geschwindigkeit einer Integritätsprüfung durch Tripwire hängt direkt ab von
der Anzahl der zu überprüfenden Dateien, der Anzahl der zu überprüfenden Eigenschaften (insbesondere der Prüfsummen) und der Leistungsfähigkeit des eingesetzten Rechners. Die Anzahl der zu überprüfenden Dateien und die Leistungsfähigkeit
des Rechners sind häufig nicht veränderbare, sondern konstante Größen. Zur Optimierung bleibt lediglich eine Variation der zu überprüfenden Eigenschaften. Hierbei sollte den Prüfsummenfunktionen besonderes Augenmerk gewidmet werden.
Diese Funktionen erzeugen den Löwenanteil der Rechenlast. Jedoch sind diese
Funktionen unterschiedlich schnell. Im Folgenden soll kurz ein (nicht repräsenta-
tiver) Vergleich vorgestellt werden. Die Zeiten wurden ermittelt mit einer
100 Mbyte großen Datei auf einem Mobile Pentium III-Prozessor mit 833 MHz.

Algorithmus	Zeit/100 Mbyte [s]
CRC-32	2,7
MD5	6,2
SHA	5,4
HAVAL	3,5

Die Tabelle zeigt, dass der CRC-32-Algorithmus der schnellste Algorithmus auf einem Mobile Pentium III-Prozessor ist. Leider handelt es sich bei diesem Algorithmus, unter dem Aspekt der Sicherheit, auch um den schlechtesten. Er eignet sich nicht als kryptografische Prüfsumme. Das bedeutet, dass es recht einfach ist, eine Datei so zu modifizieren, dass sie bei verändertem Inhalt eine identische CRC-32-Prüfsumme aufweist.

Unter Sicherheitsaspekten sollten daher nur die anderen drei Algorithmen in die engere Wahl gezogen werden. Der MD5-Algorithmus wird seit Jahren für diese Zwecke verwendet. Er weist jedoch theoretische Schwächen auf, die zum Beispiel von Bruce Schneier in seinem Buch *Applied Cryptography* besprochen werden. Diese theoretischen Schwächen haben jedoch auf den täglichen Einsatz bei Tripwire kaum Auswirkungen. Die beiden wahrscheinlich sichersten Algorithmen sind jedoch SHA und HAVAL. Zur Sicherheit sollten bei jeder zu überwachenden Datei zwei Algorithmen gewählt werden. Dies verhindert, dass möglicherweise ein Angreifer tatsächlich die Datei so modifizieren kann, dass der eingesetzte Algorithmus trotz Modifikation des Datei-Inhaltes ein identisches Ergebnis liefert.

Die oben angegebenen Werte sind stark von dem eingesetzten Prozessor abhängig. Daher ist es sinnvoll, die Werte auf der eigenen Hardware zu reproduzieren. Dies ist recht einfach möglich. Zunächst sollten Sie sich eine Testdatei erzeugen. Diese Datei muss hinreichend groß sein, sodass Sie messbare Ergebnisse bekommen.

```
dd if=/dev/random of=/tmp/testfile count=1 bs=100M
```

Der angegebene Befehl erzeugt eine Datei von 100 Mbyte Größe und füllt sie mit Zufallszahlen. Die Erzeugung dieser Datei wird einige Sekunden bis Minuten in Anspruch nehmen. Anschließend können Sie die Prüfsummen dieser Datei erzeugen:

```
for i in 1 2 3 4 do; time siggen --CRC32 /tmp/testfile; done
```

Der angegebene Befehl führt viermal die Erzeugung der Prüfsumme durch. Damit kann die zur Ausführung benötigte Zeit gemittelt werden. Die Dauer der Prüfsummenermittlung wird mit dem `time`-Befehl ausgegeben. Anschließend führen sie den Befehl auch für die Erzeugung von MD5-, SHA- und HAVAL-Prüfsummen durch und vergleichen die Ergebnisse.

Wichtig ist, dass die Testdatei nicht von der Festplatte eingelesen werden muss. Wenn Sie für alle Algorithmen ähnliche Werte erhalten, reduzieren Sie bitte die Größe der Testdatei. Wählen Sie als Größe etwa 1/3 ihres Hauptspeichers.

8.2.2 Zusammenfassung

Tripwire ist ein Intrusion Detection-System, welches die Integrität von Systemdateien überprüft und Änderungen meldet. Der Benutzer muss diese Meldungen überprüfen und entscheiden, ob es sich um einen Einbruch handelt oder ob die

Änderungen von ihm selbst vorgenommen wurden. Tripwire speichert zu diesem Zweck die Informationen der Dateien und Verzeichnisse in einer zentralen Datenbank, die kryptografisch gegen Modifikationen signiert wird. Die Syntax der Richtliniendatei, die die Erzeugung dieser Datenbank und die folgenden Dateisystemüberprüfungen steuert, ist recht einfach. Daher sollte sie selbst erzeugt werden. Die von den Distributoren mitgelieferten Dateien sind häufig zu umfangreich oder zu umständlich.

8.3 Linux Intrusion Detection System – LIDS

8.3.1 Einführung

Das Linux Intrusion Detection System (LIDS) ist kein Intrusion Detection-System im herkömmlichen Sinne. Es verfolgt eine ganz andere Zielsetzung als die klassischen Host- oder Netzwerk-basierten Systeme.

Der Benutzer *root* ist auf fast allen UNIX-Systemen ein Administrator mit unbeschränkten Rechten. Scherzhaft kann man ihn als den Gott des Systems bezeichnen. Es gibt nur einen (mit der Benutzernummer (UID) 0) und er darf alles. Ein Einbrecher wird bei einem Angriff immer versuchen, *root*-Privilegien zu erhalten. Dies erfolgt entweder bereits beim eigentlichen Angriff über das Netzwerk oder anschließend, nach lokaler Anmeldung als normaler Benutzer, durch die Ausnutzung lokaler Sicherheitslücken. Sind dem Einbrecher vom System die Rechte von *root* übertragen worden, kann er das System nach seinem Gutdünken verändern, trojanische Pferde und *Rootkits* installieren und den Kernel modifizieren. Fortgeschrittene Einbrecher sind sogar in der Lage, den Kernel so zu modifizieren, dass ein installiertes Tripwire IDS anschließend den Einbruch gar nicht erkennt. Dies erfolgt durch den Austausch einiger Kernel-Routinen, die anschließend Tripwire vorgaukeln, es habe keine Modifikation des Dateisystems gegeben. Hierzu existieren bereits sogar *Rootkits*, die dies stark verinfachen können. Derartige *Rootkits* und ihre Funktionsweise werden im Anhang besprochen.

LIDS stellt die Lösung für dieses Problem dar. LIDS ist ein Patch des Linux-Kernels, welcher es erlaubt, die uneingeschränkten Rechte von *root* sehr feinfühlig zu administrieren, sprich zu reduzieren. Ein Einbrecher, der glaubt, *root*-Rechte zu besitzen, wird anschließend nicht in der Lage sein, die Firewall-Regeln zu modifizieren, Dienste zu beenden oder einen Sniffer zu starten. Zusätzlich erlaubt LIDS den Schutz von Dateien und Prozessen, sodass selbst *root* sie nicht modifizieren oder entfernen darf. Hierfür verwendet LIDS ein kompliziertes Regelwerk aus Zugriffslisten ähnlich einer Firewall.

LIDS verdient dennoch seinen Namen als Intrusion Detection-System, da es zusätzlich bei einer Verletzung des Regelwerkes einen Alarm auslösen kann. So wird ein Einbrecher, der gegen die Regeln zu verstoßen versucht, von LIDS erkannt. LIDS ist auch in der Lage, das entsprechende Terminal zu beenden und so den Einbrecher direkt zu stoppen.

Weitere Funktionen von LIDS sind ein Portscan-Detektor im Kernel und die Möglichkeit des automatischen E-Mail-Versands durch LIDS bei einer Regelverletzung.

In diesem Kapitel wird die Installation (Kernel 2.4) und Konfiguration von LIDS erläutert. Da die Konfiguration nicht offensichtlich ist, werden am Ende vier Beispielskonfigurationen besprochen:

- ein Webserver basierend auf apache
- ein DNS-Server basierend auf bind
- ein Proxy-Server basierend auf squid
- eine Firewall/Snort Sensor

8.3.2 Geschichte

Das Projekt LIDS wurde im Oktober 1999 von Huagang Xie gestartet. Im Dezember 1999 trat Philippe Biondi dem Projekt bei. LIDS wurde zunächst als Patch für den Kernel 2.2 entwickelt. Die Versionsnummern folgen diesem Muster: 0.x.x. Alle Kernel 2.2 LIDS-Patches besitzen eine führende 0. Im Herbst 2000 wurde die Entwicklung eines Kernel-Patches für den Linux-Kernel 2.3/2.4 begonnen. Diese Patches trugen die Versionsnummer 1.x.x, um sie von den Kernel 2.2-Patches zu unterscheiden. Beide LIDS-Zweige werden bis heute weiterentwickelt und stehen unter der Aufsicht von Philippe Biondi. Neuentwicklungen finden jedoch nur für den Kernel 2.4 statt.

Im März 2002 begann Huagang Xie die Portierung von LIDS auf der Basis des Linux Security Modules (LSM) des Kernels 2.5 (*http://lsm.immunix.org*). Dies soll die Einbindung von LIDS in den Kernel stark vereinfachen, indem auf ein standardisiertes Interface zugegriffen wird (LSM). Diese LSM-Schnittstelle steht als Patch für den Kernel 2.4 und 2.5 zur Verfügung. Es wird wahrscheinlich bald in den Kernel 2.5 aufgenommen und Teil des kommenen Kernels 2.6 bzw. 3.0 sein.

Bei den Kernel-Versionen werden stabile Kernel und Entwicklungskernel unterschieden. Kernel mit einer geraden zweiten Ziffer (2.0, 2.2, 2.4) bezeichnet man als stabile Kernel. Gleichzeitig existieren meist Beta-Versionen in Form von Entwicklungskernels. Diese besitzen eine ungerade zweite Ziffer (2.1, 2.3, 2.5). Hier findet die Entwicklung der jeweils nächsten Generation des Linux-Kernels statt. Der nächste stabile Kernel, der die Änderungen des Entwicklungskernels 2.5 enthalten wird, wird entweder die Version 2.6 oder 3.0 tragen.

8.3.3 Lizenz

LIDS wird von Anfang an unter der GNU General Public License (GPL) veröffentlicht. Dies erlaubt den Einsatz von LIDS in privaten wie kommerziellen Umgebungen. Die GNU GPL liegt zur Referenz als PDF auf der Buch-CD bei.

8.3.4 Installation

Da die Installation von LIDS in Abhängigkeit vom Kernel unterschiedlich verläuft, soll hier kurz die Installation am Beispiel des Linux-Kernels 2.4.18 mit und ohne Linux Security Modul dargestellt werden. Das Linux Security Modul ist eine neue Entwicklung für den Linux-Kernel 2.5, jedoch noch nicht fester Teil dieses Kernels. Es ist auch hier noch ein zusätzlicher LSM-Patch erforderlich. Der Kernel 2.5 ist ein so genannter Entwicklungskernel. Er wird die Grundlage des nächsten stabilen Linux-Kernels darstellen. Das LSM Modul ist jedoch erfolgreich auf den Kernel 2.4 zurückportiert worden. Es steht also auch für den Linux-Kernel 2.4 ein LSM-Patch zur Verfügung. Der Autor hofft, dass die Informationen im entsprechenden Abschnitt über die LIDS-Installation mit LSM bei der Veröffentlichung des nächsten stabilen Kernels (2.6 oder 3.0?) weiterhin ihre Gültigkeit behalten.

Der Linux-Kernel 2.4 ist mittlerweile der Standard-Kernel in allen großen Distributionen geworden. Zum Zeitpunkt der Verfassung dieses Kapitels war der Linux-Kernel 2.4.18 der aktuelle Kernel und Grundlage der SuSE Linux Distribution 8.0 und der Red Hat Linux Distribution 7.3. Daher wurde er als Grundlage für die folgenden Ausführungen gewählt. Eine Übertragung auf andere Kernel sollte aber problemlos möglich sein.

Kernel 2.4 ohne LSM

Dieser Abschnitt bespricht die Installation von LIDS basierend auf einem originalen Kernel 2.4. Als Beispiel wird der angesprochene Kernel 2.4.18 verwendet.

Zunächst wird der Kernel-Quelltext benötigt. Leider nimmt der LIDS-Patch derartig starke Veränderungen am Kernel vor, dass ein bereits von einem Distributor veränderter Quelltextbaum meist nicht mehr verwendbar ist. Der LIDS-Patch und die vom Distributor eingefügten Patches schließen sich meist gegenseitig aus. Das LSM Modul (siehe nächster Abschnitt) wird hoffentlich in Zukunft für Abhilfe sorgen.

Das Quelltextarchiv kann am besten direkt vom Linux Kernel Repository (*http://www.kernel.org*) bezogen werden.

Zusätzlich wird der LIDS-Patch benötigt. Dieser steht unter der URL *http://www.lids.org* zum Download zur Verfügung.

Nach Extraktion des Kernels

```
$ cd /usr/local/src
$ tar xvzf /path/linux-2.4.18.tar.gz  # Wenn es ein tar.gz Archiv ist
$ tar xvjf /path/linux-2.4.18.tar.bz2 # Wenn es ein tar.bz2 Archiv ist
```

kann er gepatcht werden. Dazu sind folgende Schritte erforderlich:

```
$ mv linux linux-2.4.18-lids
$ tar xvzf lids-1.1.1r2-2.4.18.tar.gz
```

```
$ cd linux-2.4.18-lids
$ patch -p1 <../lids-1.1.1r2-2.4.18/lids-1.1.1r2-2.4.18.patch
```

Der Patchbefehl sollte die Namen der gepatchten Dateien auf dem Bildschirm ausgeben. Steht der Cursor einfach auf der nächsten Zeile, ohne dass etwas passiert, ist wahrscheinlich das <-Zeichen zur Eingabeumleitung vergessen worden.

Nun muss der Kernel konfiguriert und übersetzt werden. Besitzen Sie bereits einen übersetzten Linux-Kernel, so können Sie dessen Konfiguration übernehmen. Diese ist abgespeichert unter: */usr/src/linux/.config, /usr/src/linux-2.4/configs/** (Red Hat) oder unter */boot/vmlinux.config* (SuSE). Dazu kopieren Sie die Datei in das neue Kernel-Verzeichnis und nennen sie .config. Anschließend geben Sie den Befehl make oldconfig ein. Dieser wird die alte Konfiguration übernehmen und Ihnen neue Optionen (LIDS) zur Auswahl anbieten.

Wenn Sie keine alte Konfigurationsdatei besitzen, müssen Sie die Konfiguration von Hand durchführen. Rufen Sie dazu entweder make menuconfig (auf der Textkonsole) oder make xconfig (auf der grafischen Oberfläche) auf.

Folgende Konfigurationseinstellungen bietet Ihnen LIDS an. Die angegebenen Werte stellen sinnvolle Startwerte für Sie dar. Einige Parameter sind selbsterklärend. Die meisten von ihnen werden im Weiteren erläutert.

```
Linux Intrusion Detection System support  (EXPERIMENTAL) (CONFIG_LIDS) [Y/n/?]
*
* LIDS features
*
  Maximum protected objects to manage (CONFIG_LIDS_MAX_INODE) [256] 256
  Maximum ACL subjects to manage (CONFIG_LIDS_MAX_SACL) [256] 256
  Maximum ACL objects to manage (CONFIG_LIDS_MAX_OACL) [256] 256
  Hang up console when raising a security alert (CONFIG_LIDS_HANGUP) [N/y/?] N
  Security alert when execing unprotected programs before sealing LIDS
(CONFIG_LIDS_SA_EXEC_UP) [Y/n/?] N
    Do not execute unprotected programs before sealing LIDS
(CONFIG_LIDS_NO_EXEC_UP) [N/y/?] N
  Attempt not to flood logs (CONFIG_LIDS_NO_FLOOD_LOG) [Y/n/?] Y
    Authorised time between two identic logs (seconds)
(CONFIG_LIDS_TIMEOUT_AFTER_FLOOD) [60] 60
  Allow switching LIDS protections (CONFIG_LIDS_ALLOW_SWITCH) [Y/n/?] Y
    Restrict mode switching to specified terminals
(CONFIG_LIDS_RESTRICT_MODE_SWITCH) [Y/n/?] Y
      Allow mode switching from a Linux Console (CONFIG_LIDS_MODE_SWITCH_CONSOLE)
[Y/n/?] Y
      Allow mode switching from a serial Console (CONFIG_LIDS_MODE_SWITCH_SERIAL)
[N/y/?] N
      Allow mode switching from a PTY (CONFIG_LIDS_MODE_SWITCH_PTY) [N/y/?] N
    Number of attempts to submit password (CONFIG_LIDS_MAX_TRY) [3] 3
    Time to wait after a fail (seconds) (CONFIG_LIDS_TTW_FAIL) [3] 3
    Allow any program to switch LIDS protections
```

```
(CONFIG_LIDS_ALLOW_ANY_PROG_SWITCH) [N/y/?] N
   Allow reloading config. file (CONFIG_LIDS_RELOAD_CONF) [Y/n/?] Y
  Port Scanner Detector in kernel (CONFIG_LIDS_PORT_SCAN_DETECTOR) [Y/n/?] Y
  Send security alerts through network (CONFIG_LIDS_SA_THROUGH_NET) [Y/n/?] Y
   Hide klids kernel thread (CONFIG_LIDS_HIDE_KLIDS) [Y/n/?] Y
   Number of connection tries before giving up (CONFIG_LIDS_NET_MAX_TRIES) [3] 3
   Sleep time after a failed connection (CONFIG_LIDS_NET_TIMEOUT) [30] 30
   Message queue size (CONFIG_LIDS_MSGQUEUE_SIZE) [16] 16
    Use generic mailer pseudo-script (CONFIG_LIDS_MAIL_SCRIPT) [N/y/?] N
  LIDS Debug  (CONFIG_LIDS_DEBUG) [N/y/?] N
```

Wenn ein `make`-Befehlsaufruf fehlschlägt, prüfen Sie bitte zunächst, ob Sie sich im richtigen Verzeichnis befinden. Der Befehl sucht nach einer Datei `Makefile`, die sich im neu angelegten Kernel-Verzeichnis befindet. Das bedeutet, dass das Kernel-Quelltext-Verzeichnis ihr aktuelles Arbeitsverzeichnis sein muss. Wenn das nicht der Grund des Fehlers ist, prüfen Sie, ob alle Pakete zur Übersetzung des Kernels installiert wurden. Da dies distributionsabhängig ist, schauen Sie bitte in der Dokumentation Ihrer Distribution nach.

ACHTUNG

Diese Übersetzung kann zu Problemen führen, wenn Sie mehrere verschiedene Kernels der gleichen Version (2.4.18) verwenden wollen. Alle diese Kernels werden ihre Module in einem Verzeichnis suchen und bei der Installation gegenseitig überschreiben (*/lib/modules/2.4.18/*). Um dies zu vermeiden, kann die Datei `Makefile` im Quelltext-Verzeichnis editiert werden. Dort befindet sich in der vierten Zeile der Eintrag EXTRA-VERSION = . Fügen Sie dort zum Beispiel ein EXTRAVERSION = -lids ein. Damit ist der Kernel in der Lage, sich selbst in verschiedenen Versionen der gleichen Kernel-Version zu verwalten. Leider schlägt dann die Übersetzung der Administrationswerkzeuge zunächst fehl. Sie finden dort den entsprechenden Hinweis, wie die Übersetzung dennoch erfolgt.

Anschließend wird der Kernel übersetzt mit den Befehlen:

```
$ make depend
$ make bzImage
$ make modules
```

Nun muss dieser Kernel noch installiert werden. Dazu geben Sie bitte folgende Befehle ein:

```
# make modules_install
# cp arch/i386/boot/bzImage /boot/vmlinuz-2.4.18-lids
# cp System.map /boot/System.map-2.4.18
```

Möglicherweise muss nun noch eine initiale Ramdisk erzeugt werden. Dies erfolgt auf SuSE mit dem Befehl `mk_initrd -k "vmlinuz-2.4.18-lids"` und unter Red Hat mit dem Befehl `mkinitrd /boot/initrd-2.4.18 2.4.18`. Wenn Sie sich nicht sicher sind, so erzeugen Sie bitte diese Ramdisk.

Damit nun der Boot-Manager den Kernel beim nächsten Boot-Vorgang auch findet, muss er dem Boot-Manager bekanntgegeben werden. Zwei verschiedene Boot-Manager finden momentan Gebrauch: *Lilo* und *Grub*.

Zur Konfiguration von *Lilo* editieren Sie bitte die Datei */etc/lilo.conf* und hängen die folgenden Zeilen an (ersetzen Sie bitte *<Ihr Rootdevice>* mit dem entsprechenden Gerät, kopieren Sie den Eintrag einfach):

```
image  = /boot/vmlinuz-2.4.18-lids
label  = lids
root   = /dev/<Ihr Rootdevice>
initrd = /boot/initrd-2.4.18-lids
```

Anschließend rufen Sie bitte einmal den Befehl `lilo` auf.

Zur Konfiguration von *Grub* fügen Sie bitte die folgenden Zeilen an die Datei */etc/grub.conf* an:

```
title Lids (2.4.18-lids)
        root (<Ihr Bootdevice>)
        kernel /vmlinuz-2.4.18-lids ro root=/dev/<Ihr Rootdevice>
        initrd /initrd-2.4.18-lids.img
```

Ein Aufruf von Grub ist *nicht* nötig.

Damit wurde der Kernel installiert und nun können die Administrationswerkzeuge übersetzt und installiert werden.

Zunächst muss der Quelltext der Administrationwerkzeuge konfiguriert werden. Dies erfolgt mit dem Werkzeug `configure`:

> **ACHTUNG**
> Wenn im Vorfeld die Option EXTRAVERSION im Kernel Makefile modifiziert wurde, muss bei dem `configure`-Befehl zusätzlich die Option `-disable-versions-checks` aktiviert werden!

```
$ cd lids-1.1.1r2-2.4.18
$ ./configure KERNEL_DIR=/usr/local/src/linux-2.4.18-lids
$ make
# make install
```

Das Installationsscript verlangt die Eingabe eines Kennwortes. Bitte merken Sie sich das von Ihnen eingegebene Kennwort gut. Es stellt die einzige Möglichkeit dar, LIDS später online zu administrieren. Anschließend ist lediglich ein Neustart erforderlich. Denken Sie daran, beim Neustart im Boot-Menü den neuen Kernel auszuwählen. Funktioniert dieser, so können Sie ihn auch als Default-Kernel einstellen:

- Bei *Lilo* tragen Sie dazu folgende Zeile in der Datei */etc/lilo.conf* ein (oder editieren die vorhandene): `default=lids`
- *Grub* zählt die Einträge von oben beginnend mit Null durch. Dort müssen Sie entsprechend die Zahl in der Zeile `default=X` ändern.

Kernel 2.4 mit LSM

Dieser Abschnitt bespricht die Installation von LIDS basierend auf einem Kernel mit LSM Modul. Als Beispiel wird der angesprochene Kernel 2.4.18 verwendet. Diese Installation ähnelt sehr stark dem letzten Kapitel. Entsprechende Punkte werden hier nicht wiederholt.

Zunächst benötigen Sie den Kernel-Quelltext. Extrahieren Sie ihn wie im letzten Abschnitt beschrieben.

Nun benötigen Sie den Linux Security Modul-Patch (*http://lsm.immunix.org* und den LIDS-LSM (*http://www.lids.org*)-Patch. Der LIDS-Patch ist bereits im LSM-Patch enthalten. Jedoch ist der entsprechende Patch auf der LIDS-Homepage häufig aktueller. Diese Patches werden wie folgt angewandt:

```
$ cd /usr/local/src
$ gunzip patch-2.4.18-3lsm.gz
$ tar xvzf lids-2.01pre3-lsm.tar.gz
$ mv linux linux-2.4.18-lsm
$ cd linux-2.4.18-lsm
$ patch -p1 <../patch-2.4.18-3lsm
$ # Der folgende Befehl überschreibt das enthaltene LIDS mit dem aktuellen LIDS
$ mv ../2.01pre3/security/lids security/lids
```

Der Patch modifiziert automatisch in der Datei `Makefile` den Abschnitt `EXTRA-VERSION = lsm3`! Anschließend ist erneut die Konfiguration des Kernels erforderlich. Hierbei kann ebenfalls wie im vorherigen Abschnitt beschrieben auf eine alte Konfigurationsdatei zurückgegriffen werden.

Folgende neue Optionen stehen nun zur Verfügung:

```
* Security options
*
Capabilities Support (CONFIG_SECURITY_CAPABILITIES) [M/n/y/?] m
IP Networking Support (CONFIG_SECURITY_IP) [M/n/y/?] m
NSA SELinux Support (CONFIG_SECURITY_SELINUX) [N/y/m/?] n
LSM port of Openwall (EXPERIMENTAL) (CONFIG_SECURITY_OWLSM) [N/y/m/?] n
Domain and Type Enforcement (EXPERIMENTAL) (CONFIG_SECURITY_DTE) [N/y/m/?] n
*
* Linux Intrusion Detection System
```

```
*
Linux Intrusion Detection System support  (EXPERIMENTAL) (CONFIG_LIDS)
  [M/n/y/?] m
*
* LIDS features
*
  Maximum protected objects to manage (CONFIG_LIDS_MAX_INODE) [256] 256
  Maximum ACL subjects to manage (CONFIG_LIDS_MAX_SACL) [256] 256
  Maximum ACL objects to manage (CONFIG_LIDS_MAX_OACL) [256] 256
  Maximum protected proceeds (CONFIG_LIDS_MAX_PROTECTED_PID) [256] 256
  Security alert when execing unprotected programs before sealing LIDS
(CONFIG_LIDS_SA_EXEC_UP) [Y/n/?] y
    Do not execute unprotected programs before sealing LIDS
(CONFIG_LIDS_NO_EXEC_UP) [N/y/?] n
  Attempt not to flood logs (CONFIG_LIDS_NO_FLOOD_LOG) [Y/n/?] y
    Authorised time between two identic logs (seconds)
(CONFIG_LIDS_TIMEOUT_AFTER_FLOOD) [60] 60
  Allow switching LIDS protections (CONFIG_LIDS_ALLOW_SWITCH) [Y/n/?] y
  Security alert when execing unprotected programs before sealing LIDS
(CONFIG_LIDS_SA_EXEC_UP) [Y/n/?] y
    Do not execute unprotected programs before sealing LIDS
(CONFIG_LIDS_NO_EXEC_UP) [N/y/?] n
  Attempt not to flood logs (CONFIG_LIDS_NO_FLOOD_LOG) [Y/n/?] y
    Authorised time between two identic logs (seconds)
(CONFIG_LIDS_TIMEOUT_AFTER_FLOOD) [60] 60
  Allow switching LIDS protections (CONFIG_LIDS_ALLOW_SWITCH) [Y/n/?] y
    Restrict mode switching to specified terminals
(CONFIG_LIDS_RESTRICT_MODE_SWITCH) [Y/n/?] y
      Allow mode switching from a Linux Console (CONFIG_LIDS_MODE_SWITCH_CONSOLE)
[Y/n/?] y
      Allow mode switching from a serial Console (CONFIG_LIDS_MODE_SWITCH_SERIAL)
[Y/n/?] y
      Allow mode switching from a PTY (CONFIG_LIDS_MODE_SWITCH_PTY) [N/y/?] n
    Number of attempts to submit password (CONFIG_LIDS_MAX_TRY) [3] 3
    Time to wait after a fail (seconds) (CONFIG_LIDS_TTW_FAIL) [3] 3
    Allow any program to switch LIDS protections
(CONFIG_LIDS_ALLOW_ANY_PROG_SWITCH) [N/y/?] n
    Allow reloading config. file (CONFIG_LIDS_RELOAD_CONF) [Y/n/?] y
  Send security alerts through network (CONFIG_LIDS_SA_THROUGH_NET) [Y/n/?] y
    Number of connection tries before giving up (CONFIG_LIDS_NET_MAX_TRIES) [3] 3
    Sleep time after a failed connection (CONFIG_LIDS_NET_TIMEOUT) [30] 30
    Message queue size (CONFIG_LIDS_MSGQUEUE_SIZE) [16] 16
  LIDS Debug  (CONFIG_LIDS_DEBUG) [N/y/?] N
```

Die weitere Installation des Kernels erfolgt wie im letzten Abschnitt beschrieben.

Die Installation der Administrationswerkzeuge erfolgt bei einem LSM-Kernel getrennt. Die Administrationswerkzeuge werden in einem eigenen Archiv auf der LIDS-Homepage zur Verfügung gestellt. Sie finden dort eine Datei mit dem Namen *lidstools-0.1-lsm*. Laden Sie diese Datei herunter und entpacken Sie sie. Anschließend können Sie das Konfigurationsscript unter Angabe des Kernel-Verzeichnisses aufrufen. Zusätzlich können Sie einen Prefix definieren, der den Installationsort beschreibt.

```
# cd /usr/local/src
# tar xvzf lidstools-0.1-lsm.tar.gz
# cd lidstools-0.1-lsm
# ./configure KERNEL_DIR=/usr/local/src/linux-2.4.18-lsm --prefix=/usr
# make
# make install
```

Leider weist das Paket *lidstools-0.1-lsm.tar.gz* keine Manpage für den `lidsconf`-Befehl auf. Diese ist im Moment nur im klassischen Paket verfügbar. Wahrscheinlich ist dieser kleine Fehler bis zur Drucklegung behoben.

8.3.5 LIDS-Hintergründe

Wie bereits in der Einleitung angesprochen wurde, stellt eines der Sicherheitsprobleme unter Linux und UNIX die Allmacht von *root* dar. Sobald es einem Einbrecher gelingt, *root*-Privilegien zu erhalten, steht ihm das gesamte System offen. Diese Gefahr ist recht früh unter UNIX und auch unter Linux erkannt worden. Zur Abhilfe wurden die einzelnen *root*-Privilegien aufgeschlüsselt in so genannten *Capabilities* (Fähigkeiten). Eine Untergruppe dieser Fähigkeiten wurde als so genannte POSIX-Capabilities auch standardisiert.

Damit nun ein Benutzer bzw. ein Prozess eine bestimmte Aktion ausführen kann, benötigt er die entsprechende Fähigkeit. Ein Beispiel: Der Benutzer *root* möchte die IP-Adresse der Netzwerkkarte ändern. Für diesen Vorgang benötigt er die Fähigkeit `CAP_NET_ADMIN`. Normalerweise besitzt *root* unter Linux alle Fähigkeiten. Die Gesamtheit der für *root* verfügbaren Fähigkeiten werden in dem so genannten *Capabilities Bounding Set* zusammengefasst. Linux bietet bereits die Möglichkeit, einzelne Fähigkeiten aus dieser Menge zu entfernen. Leider besteht anschließend keine Möglichkeit mehr, diese Fähigkeit zurückzuerlangen, außer wenn der Rechner neu gestartet wird. Die Fähigkeit ist dauerhaft verloren. Dies stellt sicherlich einen Vorteil in Hochsicherheitsumgebungen dar, erschwert aber auch die Administration ungemein.

LIDS baut nun auf diesen Linux-*Capabilities* auf und erweitert sie. Zunächst besteht die Möglichkeit, ohne einen Neustart die entsprechenden Fähigkeiten von *root* zu aktivieren und zu deaktivieren. Dies bedeutet bereits einen starken Fortschritt. Zusätzlich bietet LIDS aber die Möglichkeit, bestimmten Prozessen die Möglichkeit zu geben, auf bestimmte Fähigkeiten zuzugreifen. War es in der Vergangenheit immer nötig, dass der Befehl `su` mit SetUID-*root*-Rechten installiert werden musste, damit er über die gesamte Menge des *Bounding Sets* verfügen durfte, so genügt es nun, dem Befehl die Fähigkeit CAP_SETUID und CAP_SETGID zuzuweisen. Entdeckt ein Einbrecher eine Sicherheitslücke in dem su-Befehl, die es ihm erlaubt, die Firewall zu stoppen (CAP_NET_ADMIN), so weist dieser Befehl su zwar die Sicherheitslücke, aber nicht die notwendige Fähigkeit auf. Die Firewall läuft weiter.

Diese Fähigkeiten erlauben es auch, Prozesse zu schützen. LIDS hat hierzu weitere Fähigkeiten implementiert, die nicht üblicherweise unter Linux zur Verfügung stehen. So existieren die Fähigkeiten CAP_HIDDEN, CAP_PROTECTED und CAP_KILL_PROTECTED. Diese Fähigkeiten verstecken einen Prozess, schützen einen Prozess vor Signalen (z. B. kill -9) und erlauben es einem Prozess, geschützte Prozesse dennoch zu beenden.

Da LIDS die Modifikationen im Kernel durchführt, existiert keine Möglichkeit aus dem Userspace, diese Modifikationen zu umgehen. Jedoch existieren bereits einige weitere Kernel-Module, die von Einbrechern geschrieben wurden. Diese Module versuchen genau die erwähnten Sicherheiten auszuhebeln. Kernelbasierte Rootkits existieren seit etwa 4-5 Jahren. Im letzen Jahr (2001) wurde das Kernel Intrusion System (KIS) vorgestellt. Dieses System ist in der Lage, den Kernel direkt durch den Zugriff über das Gerät */dev/kmem* zu modifizieren. Genauere Erläuterungen sind im Anhang zu finden.

In der Vergangenheit wurde hier häufig die Verwendung eines Kernels ohne Modulunterstützung empfohlen. Kernel-basierte *Rootkits* benutzten in der Vergangenheit häufig ladbare Kernel-Module, (LKM) um ihre Funktionalität im Kernel zu implementieren. Seit der Verfügbarkeit des Rootkits KIS ist dies jedoch kein Schutz mehr. KIS ist in der Lage, selbst bei einem monolithischen Kernel Veränderungen über einen direkten Schreibzugriff auf den Arbeitsspeicher (*/dev/kmem*) durchzuführen. Außerdem erzeugt ein monolithischer Kernel zusätzlichen Administrationsaufwand, wenn Hardware ausgetauscht werden soll. Meist ist die entsprechende Unterstützung nicht im Kernel aktiviert worden. Eine Neuübersetzung ist erforderlich. Bei einem modularen Kernel ist lediglich das Modul auszutauschen. LIDS ist in der Lage, einen modularen Kernel so zu schützen, dass sowohl mit LKMs als auch über */dev/kmem* kein Einbruch in den Kernel möglich ist. Auf dem Gerät */dev/kmem* darf nicht mehr geschrieben werden.

Es ist daher notwendig, dass der Kernel vor derartigen Angriffen geschützt wird. LIDS ist in der Lage, dies zu tun. Dazu wird nach dem Start sämtlicher Dienste und dem Laden sämtlicher für den Betrieb benötigter Kernel-Module der Kernel versiegelt. Anschließend sind alle Beschränkungen aktiviert und das Laden bzw. Entfernen von Kernel-Modulen wird unterbunden (CAP_SYS_MODULE). Ein Zugriff auf */dev/kmem* oder direkt auf die Festplatten (z. B. */dev/hda*) kann und soll über CAP_SYS_RAWIO unterbunden werden. Anschließend befindet sich das System bei korrekter Konfiguration in einem sehr sicheren Zustand.

Es besteht jedoch weiterhin die Gefahr, dass ein Einbrecher wesentliche Dateien des Rechners modifiziert oder Befehle austauscht. LIDS bietet hier eine Tripwire ähnliche Funktionalität auf Kernel-Ebene. Jede einzelne Datei oder ganze Verzeichnisse können von LIDS so überwacht werden, dass kein Zugriff, kein lesender Zugriff, kein nur anhängender Zugriff oder kein schreibender Zugriff erlaubt wird. Dies kann erlaubt werden in Abhängigkeit vom zugreifenden Befehl und von der aktuellen Uhrzeit. Anwendungsbeispiele folgen weiter unten. LIDS ersetzt jedoch Tripwire nicht. Die Überwachung mit LIDS ist wesentlich aufwändiger und erfordert einen höheren administrativen Aufwand, wenn Modifikationen speziell gewünscht werden. Teilweise erlaubt LIDS auch einigen Prozessen die Modifikation. Möglicherweise findet der Einbrecher genau diese Möglichkeit. Die von den Prozessen benötigten Fähigkeiten werden ähnlich verwaltet. Auch hier besteht die Möglichkeit, einem Prozess eine bestimmte Fähigkeit zu einem bestimmten Zeitpunkt zuzuweisen.

Die gesamte Verwaltung des Dateizugriffes und der Fähigkeiten erfolgt auf der Dateisystemebene. Hierbei wird von LIDS die Virtuelle Dateisystemebene (VFS) gewählt. Dies ermöglicht den Einsatz auf jedem Dateisystem (*ext2*, *ext3*, *reiserfs*, ...). Da LIDS zur internen Verwaltung die Inodes verwendet, ist die Wahl des Begriffes Prozess ein wenig irreführend. Soll zum Beispiel der Webserver Prozess das Recht erhalten, Daten an die Datei */var/log/httpd/access.log* anzuhängen, so erhält der Inode, der den Befehl httpd beherbergt, das entsprechende Recht. Dies führt zu Problemen, wenn zum Beispiel die Datei */var/log/httpd/access.log* rotiert wird. Auch diese Datei wird über ihren Inode in den Zugriffslisten referenziert. Eine Rotation benennt jedoch meist die vorhandene Datei (z. B. */var/log/messages*) lediglich um (*/var/log/messages.1*). Das bedeutet, dass diese Datei weiterhin in demselben Inode abgespeichert ist. Die Protokollierung wird in einer neuen Datei mit neuem Inode wieder aufgenommen. LIDS überwacht jedoch weiterhin die alte Datei. Dieses Problem kann umgangen werden, indem die Rotation deaktiviert wird, LIDS nach der Rotation neu initialisiert wird oder nach der Rotation die Protokollierung weiterhin im originalen Inode vorgenommen wird (Option copy-truncate). Letztere Funktion wird nicht von allen Rotationswerkzeugen unterstützt. Hierbei wird die Protokolldatei kopiert und zur Rotation umbenannt. Anschließend wird der Datei-Inhalt des originalen Inodes geleert und die weitere Protokollierung hier vorgenommen.

8.3.6 Konfiguration

Wenn die Installation von LIDS mit dem LIDS-Installationsskript vorgenommen wurde (make install), dann befindet sich bereits auf Ihrem Linux-System eine funktionsfähige LIDS-Konfiguration, die lediglich noch angepasst werden muss. Diese Anpassung soll später besprochen werden. Zunächst werden jedoch die Werkzeuge, deren Syntax und Konfigurationsdateien besprochen. Dies wird an einigen kleinen Beispielen vollzogen, bevor dann die eigentliche Konfiguration für einen vollständigen Linux-Server besprochen wird.

Das Kapitel LIDS wird mit einer Betrachtung der sinnvollerweise durch LIDS zu schützenden Rechner abschließen.

Kommandozeilenwerkzeuge

Abhängig von der LIDS-Versionen stehen ein oder zwei verschiedene Werkzeuge zur Verfügung. Frühe LIDS-Version kannten nur das Werkzeug lidsadm. Mit diesem Werkzeug wurde die gesamte Konfiguration und Administration durchgeführt. Moderne LIDS-Versionen (ab Version 1.1) verwenden zwei verschiedene Werkzeuge: lidsadm und lidsconf. lidsconf ist das Konfigurationswerkzeug, mit dem die Zugriffsregeln gesetzt und modifiziert werden. lidsconf speichert diese Informationen in der Datei */etc/lids/lids.conf*. lidsadm ist das Administrationswerkzeug, welches verwendet wird, um LIDS zu aktivieren, zu deaktivieren etc.

lidsadm

Der Befehl lidsadm ist das zentrale Administrationswerkzeug für LIDS. Mit diesem Werkzeug ist es möglich, im laufenden Betrieb den Kernel zu versiegeln und LIDS beziehungsweise einzelne Fähigkeiten an- oder abzuschalten.

Hierzu unterstützt der Befehl folgende Funktionen:

-h	Anzeige der Hilfe
-I	Versiegeln des Kernels
-S	An- bzw. Abschalten von LIDS oder einer Fähigkeit. Hierbei muss das LIDS Kennwort angegeben werden.
(+|-) KEY	An- (+) oder abzuschaltende (-) Fähigkeit (siehe unten)
-V	Anzeigen des LIDS-Status

Am wichtigsten ist die Versiegelung des Kernels. Diese sollte erfolgen, sobald das System seinen Arbeitszustand erreicht hat, sämtliche Dienste gestartet wurden und sämtliche für ihre Funktion erforderlichen Module geladen wurden. Daher kann der entsprechende Befehl gut in Form eines Startscriptes eingebunden werden.

Im Folgenden ist ein Beispielscript für Red Hat Linux abgedruckt, welches dann in die Startsequenz eingebaut werden kann:

```
#!/bin/bash
#
# lids          This scripts seals the Kernel.
#
# chkconfig: 345 99 99
# description: This calls lids and seals the Kernel. No module may be loaded\
#              afterwards.
```

```
case "$1" in
 start)
        action /usr/sbin/lidsadm -I
        ;;
esac
```

Natürlich ist es ebenfalls möglich, den Aufruf in ein *rc.local*-Script einzubauen.

lidsconf

Der Befehl `lidsconf` ist das zentrale Konfigurationswerkzeug für LIDS. Mit diesem Werkzeug ist der Administrator in der Lage, die zu überwachenden Dateien und Prozesse mit ihren Eigenschaften anzugeben. `lidsconf` speichert diese Konfiguration in der Datei */etc/lids/lids.conf* (siehe unten) ab.

Die Verwaltung der Regeln erfolgt ähnlich der Verwaltung von Firewallregeln mit `ipchains` oder `iptables`. Folgende Optionen stehen zur Verwaltung der Regeln zur Verfügung:

-A   Füge eine Regel hinzu (*Add*).

-D   Entferne eine Regel (*Delete*).

-Z   Lösche alle Regeln (*Zero*).

-U   Aktualisiere die Inode-Nummern in der Konfigurationsdatei (Update).

-L   Zeige die Regeln an (*List*).

-P   Definiere ein Passwort und speichere es RipeMD-160-verschlüsselt.

-v   Zeige die Versionsnummer.

-h   Zeige die Hilfe.

Die Syntax der Regeln wird weiter unten besprochen. Wichtig ist an dieser Stelle der Hinweis, dass sich die Regeln immer auf Inodenummern oder Gerätenummern beziehen. Ändert sich der Name der Datei, so wird LIDS immer noch die Datei schützen. Wird eine neue Datei mit identischem Namen angelegt und die alte Datei gelöscht, so wird LIDS weiterhin die alte (gelöschte) Datei schützen. LIDS müssen derartige Veränderungen mit der Option **-U** bekannt gemacht werden. Es wird dann seine gesamte Inodetabelle neu aufbauen.

LIDS-Fähigkeiten

Die Privilegien von *root* und der einzelnen Prozesse sind in Fähigkeiten aufgeteilt. Einige dieser Fähigkeiten stehen unter jedem Linux-System zur Verfügung, einige weitere wurden durch den LIDS-Kernel-Patch hinzugefügt. Die Fähigkeiten werden im Kernel durch Nummern repräsentiert. Im Folgenden werden die Fähigkeiten in dieser numerischen Reihenfolge aufgeführt und erklärt.

1. CAP_CHOWN. Fähigkeit, die Befehle chown und chgrp zu verwenden

2. CAP_DAC_OVERRIDE. Kompletter Zugriff auf Verzeichnisse und Dateien unabhängig von den gesetzten Rechten (Discretionary Access Control Override)

3. CAP_DAC_READ_SEARCH. Lese- und Suchzugriff auf Verzeichnisse und Dateien unabhängig von den gesetzten Rechten

4. CAP_FOWNER. Fähigkeit, Änderungen an einer Datei eines anderen Benutzers durchzuführen

5. CAP_FSETID. Fähigkeit, die SetUID- und SetGID-Rechte an Dateien anderer Benutzer zu setzen

6. CAP_KILL. Fähigkeit, Signale an Prozesse anderer Benutzer zu senden

7. CAP_SETGID. Erlaubt ein SetGID

8. CAP_SETUID. Erlaubt ein SetUID

9. CAP_SETPCAP. Erlaubt eine Weitergabe der eigenen Fähigkeiten an andere Prozesse

10. CAP_LINUX_IMMUTABLE. Erlaubt die Modifikation der Attribute append-only und immutable

11. CAP_NET_BIND_SERVICE. Erlaubt die Verwendung von TCP/UDP-Ports <1024

12. CAP_NET_BROADCAST. Erlaubt die Verwendung von Broadcast und Multicast

13. CAP_NET_ADMIN. Erlaubt viele Netzwerkadministrationsvorgänge (Netzwerkkarten, Firewall, Routing, Promiscuous Modus etc.)

14. CAP_NET_RAW. Erlaubt die Verwendung von *RAW sockets* (Ping)

15. CAP_IPC_LOCK. Erlaubt ein Locking von gemeinsam genutzten Speicherbereichen

16. CAP_IPC_OWNER. Übergeht InterProcessCall-Besitzbeschränkungen

17. CAP_SYS_MODULE. Erlaubt das Laden und Entfernen von Kernel-Modulen

18. CAP_SYS_RAWIO. Erlaubt den direkten Zugriff auf Geräte (*/dev/hda, /dev/kmem*)

19. CAP_SYS_CHROOT. Erlaubt die Verwendung von chroot

20. CAP_SYS_PTRACE. Erlaubt die Prozessverfolgung (z. B. mit strace)

21. CAP_SYS_PACCT. Erlaubt die Konfiguration von Prozess-Accounting (lastcomm)

22. CAP_SYS_ADMIN. Erlaubt viele Administrationsvorgänge (*hostname, mount, quota, swap, dma* etc.)

23. CAP_SYS_BOOT. Erlaubt den Reboot des Kernels

24. CAP_SYS_NICE. Erlaubt die Erhöhung der Prioriät eigener und anderer Prozesse

25. CAP_SYS_RESOURCE. Erlaubt das Setzen und Übergehen von Ressourcengrenzen

26. CAP_SYS_TIME. Erlaubt das Setzen der Rechnerzeit (sowohl System- als auch CMOS-Zeit

27. CAP_SYS_TTY_CONFIG. Erlaubt die Konfiguration von TTYs (z. B. *stty*)

28. CAP_MKNOD. Erlaubt die Erzeugung von Gerätedateien

29. CAP_LEASE. Erlaubt das Setzen von Leases (*filelocking read/write*)

LIDS hat die folgenden Fähigkeiten hinzugefügt:

- CAP_HIDDEN. Der Prozess wird vor dem gesamten System versteckt (kein Eintrag in */proc*)

- CAP_KILL_PROTECTED. Der Prozess hat das Recht, einen geschützten Prozess zu beenden.

- CAP_PROTECTED. Der Prozess ist geschützt. Lediglich SIG_CHLD-Signale von Kindprozessen und Signale von CAP_KILL_PROTECTED-Prozessen sind erlaubt.

Der Befehl lidsadm unterstützt zusätzlich noch folgende Schlüssel:

- LIDS_GLOBAL. An- und Abschalten von LIDS für den gesamten Rechner

- RELOAD_CONF. Erneutes Einladen der Konfigurationsdateien

- LIDS. An- und Abschalten von LIDS für die aktuelle Session. Dies bezeichnet man als LIDS-free Session (LFS). Die aktuelle Shell und alle gestarteten Kindprozesse stehen nicht unter der Überwachung durch LIDS.

Konfigurationsdateien

LIDS verwendet vier verschiedene Konfigurationsdateien. Diese Dateien befinden sich im Verzeichnis */etc/lids*. Dieses Verzeichnis wird von LIDS automatisch versteckt, wenn es aktiv ist.

lids.conf

Die Datei */etc/lids/lids.conf* enthält die Regeln, die mit dem Werkzeug lidsconf erstellt wurden. lidsconf ist im Wesentlichen ein Werkzeug, um die Regeln in dieser Datei zu administrieren. Diese Datei wird verwendet, um bei einem Neustart des Systems diese Regeln einlesen zu können. Darüber hinaus muss nach jeder Administration mit lidsconf der Inhalt dieser Datei neu eingelesen werden. Dies erfolgt mit dem Befehl lidsadm -S - +RELOAD_CONF (siehe unten). Damit ein derartiges Neueinlesen erlaubt ist, muss LIDS mit der Option *Allow reloading configuration file (CONFIG_LIDS_RELOAD_CONF) [Y/n/?] y* im Kernel konfiguriert worden sein.

Der Inhalt der Datei ähnelt der folgenden Liste:

```
#
#       This file is auto generated by lidsconf
#       Please do not modify this file by hand
#
```

```
0:0::1:0:402491:2050:/sbin:0-0
0:0::1:0:402486:2050:/bin:0-0
0:0::1:0:2:2049:/boot:0-0
0:0::1:0:402490:2050:/lib:0-0
0:0::1:0:305825:2050:/usr:0-0
0:0::1:0:225345:2050:/etc:0-0
```

Diese Datei wird automatisch von lidsconf generiert und sollte nicht von Hand angepasst werden. Dennoch soll das Format der Datei kurz erklärt werden. Die Datei enthält eine Tabelle, deren Spalten durch Doppelpunkte (:) getrennt werden.

```
s_inode:s_dev:s_file:Typ:Vererbung:o_inode:o_dev:o_file:von-bis
```

Die erste Spalte (s_inode) enthält den Inode des Subjekts der Operation. Die zweite Spalte (s_dev) enthält das Gerät, auf dem sich der Inode befindet. Die dritte Spalte (s_file) enthält den Dateinamen des Subjektes. Das Subjekt ist der Prozess, der die Operation durchführt (s.u.). Wurde kein Subjekt definiert, so werden die Spalten mit 0 gefüllt bzw. freigelassen.

Die vierte Spalte (Typ) enthält den Typ des Zugriffes. Hierbei sind die folgenden Zahlen den Typen zugeordnet: 0-*Deny*, 1-*Readonly*, 3-*Append*, 7-*Write* und 16-*Grant*. In der fünften Spalte wird die Vererbung der Rechte auf Kindprozesse definiert. Hier können die Ebenen angegeben werden (-1 = *unendlich*).

Die Spalten 6, 7 und 8 enthalten den Inode, das Gerät und den Dateinamen des Objektes. Handelt es sich bei dem Objekt um eine Fähigkeit, so wird die Nummer der Fähigkeit als Gerät eingetragen.

Die letzte Spalte definiert schließlich den Zeitraum, währenddessen die Regel aktiv ist.

LIDS prüft bei jedem Einlesen die Syntax dieser Datei. Sollten Sie manuell Änderungen vornehmen und dabei Syntaxfehler einfügen, so wird LIDS diese Fehler melden.

lids.cap

Die Datei */etc/lids/lids.cap* definiert den Satz der Fähigkeiten, auf die der Kernel zugreifen kann. Sämtliche Prozesse, selbst Prozesse, die mit *root*-Privilegien laufen, können maximal nur auf diesen Satz zugreifen. Der Inhalt dieser Datei ist der folgende:

```
-0:CAP_CHOWN
+1:CAP_DAC_OVERRIDE
+2:CAP_DAC_READ_SEARCH
+3:CAP_FOWNER
+4:CAP_FSETID
-5:CAP_KILL
```

Auch diese Datei ist als Tabelle aufgebaut. Sie enthält zwei Spalten durch Doppelpunkt (:) getrennt. In der ersten Spalte befindet sich die Nummer der Fähigkeit. Dieser Nummer wird ein Minus (-) vorangestellt, um die Fähigkeit abzuschalten, und ein Plus (+), um die Fähigkeit anzuschalten. In der zweiten Spalte wird der Name der Fähigkeit eingetragen. Diese Datei kann nicht mit *lidsconf* administriert werden. Die Einstellungen in dieser Datei sind aktiv, sobald der Kernel versiegelt wird. Dann liest *lidsadm* die Datei aus und setzt sie im Kernel um. Benötigt ein Prozess später eine Capability, die sich nicht in dieser Datei befindet, so muss sie ihm spezifisch zugewiesen werden (s.u. `GRANT`)

Aus Sicherheitsgründen sollten möglichst viele Fähigkeiten deaktiviert werden.

lids.pw

Die Datei */etc/lids/lids.pw* enthält das mit RipeMD-160 verschlüsselte Kennwort von LIDS. RipeMD-160 ist eine kryptografische Hash-Funktion, die einen 160-Bit-Wert erzeugt. RipeMD-160 stellt damit einen längeren Hash als MD5, welches lediglich einen 128-Bit-Hash erzeugt, zur Verfügung. RipeMD-160 fällt unter keine Patente und ist frei verfügbar.

Der Kennwort wird mit dem Befehl `lidsconf -P` in der Datei erzeugt.

lids.net

Die Datei */etc/lids/lids.net* enthält die Konfigurationseinstellungen für den Versand von E-Mails. LIDS ist in der Lage, Regelverletzungen per E-Mail direkt zu melden. Dazu muss der Kernel mit der entsprechenden Option konfiguriert worden sein (s.o.). Ist dies der Fall, so versendet LIDS, wenn die Option `MAIL_SWITCH=1` gesetzt ist, eine E-Mail für jede Regelverletzung. Wenn der E-Mail-Versand zunächst getestet werden soll, so kann der Kernel entsprechend konfiguriert werden und anschließend mit dieser Option der Versand an- beziehungsweise abgeschalten werden. Hier wird auszugsweise die Standarddatei gezeigt.

```
MAIL_SWITCH= 1
MAIL_RELAY=127.0.0.1:25
MAIL_SOURCE=lids.sinocluster.com
MAIL_RELAY=127.0.0.1:25
MAIL_FROM= LIDS_ALERT@lids.sinocluster.com
MAIL_TO= root@localhost
MAIL_SUBJECT= LIDS ALert
```

Regelsyntax und Beispiele

Syntax

Die Regeln, die mit `lidsconf` definiert werden können, haben folgende allgemeine Syntax:

```
[-s subject] -o object [-d] [-t from-to] [-i level] -j ACTION
```

-s subject   Ausführendes Programm auf dem System, z. B. /bin/su.

-o object   Datei, Verzeichnis oder Fähigkeit, auf das der Zugriff erfolgt. Falls es sich um CAP_NET_BIND_SERVICE handelt, ist die Angabe des Ports oder von Portbereichen möglich.

-d   Bei dem Objekt handelt es sich um eine Ausführungsdomäne (EXEC DOMAIN).

-i level   Vererbungstiefe des Zugriffes auf Kindprozesse des Subjektes. -1 definiert eine unendliche Vererbung.

-t from-to   Angabe des Zeitraumes, in dem die Regel gültig ist. Der Zeitraum von 09:00 Uhr bis 13:15 Uhr wird angegeben als 0900-1315. Ein Datum kann nicht angegeben werden.

-j ACTION   Dies erlaubt die Angabe des Zugriffes: DENY, READONLY, APPEND, WRITE, IGNORE oder GRANT. GRANT erlaubt die Zuweisung von Fähigkeiten (s.o.)

Diese Regeln können erzeugt (lidsconf -A) oder gelöscht (lidsconf -D) werden. Sie definieren, WER (-s subject) auf WAS (-o object) WANN (-t from-to) WIE (-j ACTION) zugreifen darf. Dabei kann zusätzlich ein Vererbungsgrad (-i level) definiert werden, der Kindprozessen gleichen Zugriff gewährt. Die Angabe von -d definiert eine EXEC DOMAIN. Zugriffe des Programmes außerhalb des angegebenen Objektes sind nicht erlaubt. Dies wird weiter unten an einem Beispiel erläutert.

Beispiele

LIDS ist in der Lage, eine ähnliche Aufgabe wie Tripwire (siehe Abschnitt 8.2, »Tripwire« ab Seite 122) wahrzunehmen. Hierbei kann LIDS nicht nur den Zugriff auf Konfigurationsdateien und den Austausch von Systembefehlen protokollieren, sondern sogar unterbinden. Im Folgenden werden einige Beispiele aus der Praxis gegeben.

Die wichtigsten Systemadministrationsbefehle (wie useradd, fdisk, fsck, iptables, route, ifconfig etc.) befinden sich üblicherweise im Verzeichnis */sbin*. Um nun jeden schreibenden verändernden Zugriff auf dieses Verzeichnis zu unterbinden, kann die folgende Regeln angewandt werden:

```
lidsconf -A -o /sbin -j READONLY
```

Diese Regel erlaubt nur noch lesenden Zugriff auf den Inhalt des Verzeichnisses.

Ein derartig eingeschränkter Zugriff wird häufig auch für das Verzeichnis */etc* gewünscht. Dies kann mit folgender Regel erreicht werden:

```
lidsconf -A -o /etc -j READONLY
```

Wurde LIDS nun aktiviert und versucht ein Benutzer einschließlich *root* eine Datei im Verzeichnis zu erzeugen, erhält er folgende Fehlermeldung:

```
# touch /etc/test
touch: creating `/etc/test': Operation not permitted
```

Diese Einschränkung erzeugt jedoch mehrere Probleme. Einige Dateien im Verzeichnis */etc* müssen häufig vom System modifiziert werden, andere verlangen strengere Einstellungen. Hierbei handelt es sich um:

- */etc/motd.* Diese Datei wird häufig neu erzeugt, um Benutzern bei ihrer Anmeldung Tagesinformationen (Message of the Day) zu übermitteln.
- */etc/mtab.* Diese Datei wird bei jedem Mountvorgang modifiziert.
- */etc/shadow.* Diese Datei sollte stärkeren Beschränkungen unterworfen werden, da sie die Kennwörter der Systembenutzer enthält. Hierzu zählen auch weitere Dateien, die sensible Daten enthalten wie zum Beispiel */etc/ppp/pap-secrets, /etc/ppp/chap-secrets, /etc/ipsec.secrets, /etc/cipe/options* etc.

Um diesen Anforderungen gerecht zu werden, kann zunächst der Zugriff auf bestimmte Dateien erlaubt werden:

```
# Erlaube keinen schreibenen Zugriff auf /etc
lidsconf -A                 -o /etc        -j READONLY
# Ausnahme für /etc/motd
lidsconf -A                 -o /etc/motd   -j WRITE
# Ausnahme für den mount-Befehl und /etc/mtab
lidsconf -A -s /bin/mount   -o /etc/mtab   -j WRITE
lidsconf -A -s /bin/umount  -o /etc/mtab   -j WRITE
# Erlaube keinen Zugriff auf /etc/shadow
lidsconf -A -o /etc/shadow                 -j DENY
# Ausnahme login, su, sshd
lidsconf -A -s /bin/login     -o /etc/shadow -j READONLY
lidsconf -A -s /bin/su        -o /etc/shadow -j READONLY
lidsconf -A -s /usr/sbin/sshd -o /etc/shadow -j READONLY
```

Diese Regeln definieren genau den Zugriff auf das Verzeichnis /etc und seine Dateien. Hierbei wird für die Datei */etc/shadow* eine Ausnahme angegeben. Dies erfolgt mit der Angabe des Subjektes, welches auf das angegebene Objekt zugreifen darf. Die Befehle /bin/login, /bin/su und /usr/sbin/sshd dürfen lesend auf die Datei zugreifen. Ein schreibender Zugriff wird nicht erlaubt. Wenn die Benutzer ihre Kennwörter ändern möchten, so muss zusätzlich dem Befehl /usr/bin/passwd die Schreibberechtigung eingeräumt werden.

Da nun ein Angreifer durch Austausch des Befehls /bin/su Leseberechtigung an der Datei */etc/shadow* erlangen würde, verlangt LIDS, dass Befehle, denen privilegierte Berechtigungen eingeräumt wurden, auch geschützt werden. Dies erfordert beim obigen Regelsatz zusätzlich die Regeln:

```
# Schütze Befehle
lidsconf -A -o /bin/login    -j READONLY
lidsconf -A -o /bin/su       -j READONLY
lidsconf -A -o /usr/sbin/sshd -j READONLY
```

LIDS speichert diese Regeln in einem eigenen Format in der Datei */etc/lids/ lids.conf* (s.o.). Diese Datei lässt sich leider nicht sehr gut verwalten. Daher empfiehlt es sich, die Datei nicht direkt zu editieren, sondern ein Script zu erzeugen, welches wiederum diese Datei erzeugt. Dazu werden einfach alle `lidsconf`-Aufrufe in einem Script zusammengefasst. Damit bei jedem Aufruf des Scripts der Regelaufbau wieder bei Null begonnen wird und nicht ältere Regeln zu Problemen führen, sollten zunächst alle Regeln gelöscht werden (`lidsconf -Z`). Ein fertiges Script sieht dann folgendermaßen aus:

```
# LIDS Script
# (c) 2002 Ralf Spenneberg
#
# Lösche alte Regeln
lidsconf -Z

# Schütze Befehle
lidsconf -A -o /bin/login    -j READONLY
lidsconf -A -o /bin/mount    -j READONLY
lidsconf -A -o /bin/umount   -j READONLY
lidsconf -A -o /bin/su       -j READONLY
lidsconf -A -o /usr/sbin/sshd -j READONLY

# Erlaube keinen schreibenden Zugriff auf /etc
lidsconf -A              -o /etc      -j READONLY
# Ausnahme für /etc/motd
lidsconf -A              -o /etc/motd  -j WRITE
# Ausnahme für den mount-Befehl und /etc/mtab
lidsconf -A -s /bin/mount    -o /etc/mtab  -j WRITE
lidsconf -A -s /bin/umount   -o /etc/mtab  -j WRITE
# Erlaube keinen Zugriff auf /etc/shadow
lidsconf -A -o /etc/shadow            -j DENY
# Ausnahme login, su, sshd
lidsconf -A -s /bin/login    -o /etc/shadow -j READONLY
lidsconf -A -s /bin/su       -o /etc/shadow -j READONLY
lidsconf -A -s /usr/sbin/sshd -o /etc/shadow -j READONLY
```

Bei jedem Aufruf des Scripts wird nun die LIDS-Regeldatenbank */etc/lids/ lids.conf* neu erzeugt. Das Script selbst sollte ebenfalls besonders geschützt werden. Am einfachsten erfolgt dieser Schutz, wenn das Script im Verzeichnis */etc/ lids* abgelegt wird. Dieses Verzeichnis ist automatisch beim Start von LIDS durch eine unsichtbare Regel geschützt.

Der Befehl `lidsconf` erlaubt auch die Definition von Zeitangaben und Fähigkeiten (Capabilities). Diese werden kurz erläutert, bevor allgemeine Grundregeln im nächsten Kapitel besprochen werden.

Protokolldateien (z. B. in */var/log*) stellen eine besondere Art von Datei unter Linux dar. Üblicherweise werden lediglich durch den Syslogd neue Meldungen an diese Dateien angehängt. Daher kann folgender Schutz für diese Dateien definiert werden:

```
lidsconf -A -o /var/log -j APPEND
```

Häufig wird jedoch zusätzlich eine Rotation der Protokolle gewünscht. Damit dies möglich ist, muss der Befehl zur Rotation Schreibrechte besitzen. Dadurch wird jedoch ein Sicherheitsproblem erzeugt. Ein Angreifer könnte diesen Zusammenhang erkennen und durch manuellen Start des Befehls `logrotate` (oder ähnlich) die Protokolle so lange rotieren, bis sie gelöscht werden. Meist werden die Protokolle nach einigen Rotationsdurchläufen gelöscht.

In diesem Fall ist es besser, dem `cron`-Dämon die entsprechenden Rechte zu geben, sodass er sie mittels Vererbung auf den `logrotate`-Befehl überträgt. Ein Angreifer könnte auch hier eine mögliche Sicherheitslücke im `cron`-Dämon ausnutzen und die Protokolle löschen. Zusätzlich sollte daher die Rotation nur in dem Zeitraum erlaubt werden, in dem sie auch tatsächlich durchgeführt wird. Unter Red Hat Linux ist dies der Zeitraum von 4:02 bis 4:04 morgens.

```
lidsconf -A -o /var/log -j APPEND
lidsconf -A -o /usr/sbin/crond -j READONLY
lidsconf -A -o /etc/crontab -j DENY
lidsconf -A -s /usr/sbin/crond -o /etc/crontab -j READONLY
lidsconf -A -s /usr/sbin/crond -o /var/log -i 2 -t 0402-0404 -j WRITE
```

Die Datei */etc/lids/lids.cap* enthält die Fähigkeiten, die nach der Versiegelung des Kernels für *root* verbleiben. Benötigt ein Prozess Fähigkeiten, die über diese hinausgehen, so müssen sie ihm spezifisch zugewiesen werden. So benötigt der Webserver *Apache* zum Beispiel das Recht, auf den Port 80 zuzugreifen. Dies ist die Fähigkeit `CAP_NET_BIND_SERVICE`. Entweder wird der Webserver Apache gestartet, bevor der Kernel versiegelt wurde (und diese Fähigkeit entfernt wurde) oder die Fähigkeit muss dem Prozess spezifisch zugewiesen werden:

```
lidsconf -A -o /usr/sbin/httpd -j READONLY
lidsconf -A -s /usr/sbin/httpd -o CAP_NET_BIND_SERVICE 80,443 -j GRANT
```

Außerdem benötigt der Webserver die Fähigkeit, seinen Benutzerkontext von *root* zu einem anderen Benutzer (*apache*) zu schalten. Dies sind die Fähigkeiten `CAP_SETUID` und `CAP_SETGID`. Dies wird weiter unten bei den Fallbespielen erneut aufgegriffen.

Aktualisierung der Regeln

Modifikationen der Datenbank */etc/lids/lids.conf* mit dem Werkzeug `lidsconf` oder mit einem Editor haben keine direkte Auswirkung auf das System. Diese Änderungen sind erst nach einem Neustart des Systems und erneuter Versiegelung des Kernels aktiv. Auch ein Neustart des LIDS-Systems im Kernel wird diese Veränderungen nicht bemerken und aktivieren.

Wurde jedoch LIDS im Kernel mit der Option `CONFIG_LIDS_RELOAD_CONF` übersetzt, so besteht die Möglichkeit, die Konfiguration mit dem Befehl

```
lidsadm -S -- +RELOAD_CONF
```

neu zu laden. Ein weitere Aktualisierung der Datenbank ist erforderlich, wenn die eigentlichen zu überwachenden Dateien ausgetauscht wurden. Der Befehl `passwd` wird bei jeder Modifikation eines Kennwortes die Datei */etc/shadow* neu erzeugen. Diese neue Datei wird eine andere Inodenummer aufweisen. Da die Datenbank */etc/lids/lids.conf* und der Kernel die Sicherheitseinstellungen über die Inodenummer definieren, müssen diese Strukturen aktualisiert werden. Das erfolgt mit dem Befehl:

```
lidsconf -U
```

Grundregeln für jeden Rechner

LIDS ist in der Lage, ähnliche Funktionen wie Tripwire auszuüben. Die Konfiguration von LIDS ist jedoch wesentlich aufwändiger und die spätere Administration wesentlich schwieriger. Daher sollte im Vorfeld genau abgewogen werden, welche Rechner mit LIDS gesichert werden sollten und für welche Dateien LIDS verantwortlich sein soll. In vielen Fällen kann mit Tripwire eine feinfühligere Überwachung des Rechners durchgeführt werden. Rechner, auf denen viele Benutzer angelegt wurden, die wöchentlich ihre Kennwörter ändern, sind mit LIDS schwer zu überwachen, da LIDS den Zugriff auf die Dateien über die Inodenummer kontrolliert. Hier ist zu überlegen, ob zentrale Authentifizierungsserver (LDAP, Kerberos, NIS) eingesetzt werden können.

Im Folgenden werden die wichtigsten Regeln, welche im Grunde auf allen Rechnern eingesetzt werden können, vorgestellt. Weitere Anregungen finden sich auf der LIDS-Homepage *http://www.lids.org* und dem LIDS-FAQ, welches über die Homepage erreichbar ist.

Zunächst sollte ein Schutz der binären ausführbaren Programme erfolgen. Wenn sämtliche Installationen auf dem System abgeschlossen wurden, sind keine schreibenden Zugriffe auf das System mehr nötig.

```
# LIDS Script
# (c) 2002 Ralf Spenneberg
#
```

```
# Lösche alte Regeln
lidsconf -Z

# Binärdateien und Bibliotheken
lidsconf -A                       -o /sbin        -j READONLY
lidsconf -A                       -o /bin         -j READONLY
lidsconf -A                       -o /lib         -j READONLY
lidsconf -A                       -o /usr         -j READONLY

# Erforderlich wenn sich /usr/local auf einer eigenen Partition befindet
lidsconf -A                       -o /usr/local   -j READONLY

# Systemkonfigurationsdateien
lidsconf -A                       -o /etc         -j READONLY
lidsconf -A                       -o /etc/shadow  -j DENY

# Abhängig von dem Bootmanager
lidsconf -A                       -o /boot/grub/grub.conf -j DENY
#lidsconf -A                      -o /etc/lilo.conf    -j DENY

# Erlaube Anmeldungen
lidsconf -A -s /bin/login         -o /etc/shadow     -j READONLY
lidsconf -A -s /usr/sbin/sshd     -o /etc/shadow     -j READONLY
lidsconf -A -s /bin/su            -o /etc/shadow     -j READONLY
lidsconf -A -s /bin/su            -o CAP_SETUID      -j READONLY
lidsconf -A -s /bin/su            -o CAP_SETGID      -j READONLY

# Protokolldateien
lidsconf -A                       -o /var/log        -j APPEND
lidsconf -A -s /bin/login         -o /var/log/wtmp   -j WRITE
lidsconf -A -s /bin/login         -o /var/log/lastlog -j WRITE
lidsconf -A -s /usr/sbin/sshd     -o /var/log/wtmp   -j WRITE
lidsconf -A -s /usr/sbin/sshd     -o /var/log/lastlog -j WRITE

# Herunterfahren ermöglichen
lidsconf -A -s /etc/rc.d/init.d/halt -o CAP_KILL      -i 1 -j GRANT
lidsconf -A -s /etc/rc.d/init.d/halt -o CAP_NET_ADMIN -i 1 -j GRANT
lidsconf -A -s /etc/rc.d/init.d/halt -o CAP_SYS_ADMIN -i 1 -j GRANT
```

Die letzten Regeln im angegebenen Script erlauben es diesem, den Rechner herunterzufahren, die Dienste zu beenden und eingebundene Dateisysteme aus-zuhängen.

8.3.7 Welche Rechner sollen mit LIDS geschützt werden?

Wie bereits im letzten Kapitel ausgeführt wurde, macht es keinen Sinn, jeden Rechner von LIDS überwachen zu lassen. Der administrative Aufwand wird dadurch enorm gesteigert. Viele Funktionen von LIDS können auch durch sinnvollen Einsatz von Tripwire zur Verfügung gestellt werden. LIDS kann aber ideal in einer Art Hybrid-System mit Tripwire zum Einsatz kommen. Hierbei kann LIDS den Zugriff auf die Tripwire-Dateien überwachen und diese vor Modifikationen schützen. Im Folgenden werden rein LIDS-basierte Konfigurationen für die entsprechenden Dienste vorgestellt. Diese Konfigurationsvorschläge stellen nur Beispiele dar und benötigen in vielen Umgebungen weitere Anpassungen.

Webserver

Die folgende Konfiguration definiert die Regeln für einen *Apache*-Webserver. Hierbei gehen die Regeln von den Standardpfaden einer Red Hat Linux-Distribution aus. Das bedeutet, das Protokollverzeichnis ist */var/log/httpd*, das Konfigurationsverzeichnis ist */etc/httpd* und die Webseiten befinden sich in */var/www*. Inbesondere die privaten Schlüssel eines SSL-Webservers sollten geschützt werden und befinden sich meist im Konfigurationsverzeichnis. Wenn ein Angreifer den privaten Schlüssel lesen kann und dieser nicht mit einer Passphrase geschützt wurde, besteht die Möglichkeit, einen Man-in-the-Middle-Angriff auf die SSL-Verschlüsselung zu starten. Es ergeben sich anschließend folgende Regeln:

```
# Schütze einen Webserver

# Binärdatei
lidsconf -A                      -o /usr/sbin/httpd   -j READONLY

# Module
lidsconf -A                      -o /usr/lib/apache   -j READONLY

# Konfiguration (speziell auch der private SSL Schlüssel)
lidsconf -A                      -o /etc/httpd        -j DENY
lidsconf -A -s /usr/sbin/httpd   -o /etc/httpd        -j READONLY

# Webseiten
lidsconf -A                      -o /var/www          -j DENY
lidsconf -A -s /usr/sbin/httpd   -o /var/www          -j READONLY

# Protokolle
lidsconf -A                      -o /var/log/httpd    -j DENY
lidsconf -A -s /usr/sbin/httpd   -o /var/log/httpd    -j WRITE
```

```
# Fähigkeiten
lidsconf -A -s /usr/sbin/httpd     -o CAP_SETUID            -j GRANT
lidsconf -A -s /usr/sbin/httpd     -o CAP_SETGID            -j GRANT
# Wenn Apache nicht zu Beginn gestartet wird
lidsconf -A -s /usr/sbin/httpd     -o CAP_NET_BIND_SERVICES 80,443 -j GRANT
```

DNS-Server

Die folgende Konfiguration definiert die Regeln für einen *Bind 9* DNS-Server. Hierbei gehen die Regeln von den Standardpfaden einer Red Hat Linux-Distribution aus. Das bedeutet, die Konfigurationsdateien sind */etc/named.conf, /etc/rndc.conf* und */etc/rndc.key*. Die Zonendateien befinden sich in /var/named. Insbesondere der Schlüssel zur Administration und die Schlüssel zur Signatur der Zonendateien sollen geschützt werden. Wenn ein Angreifer diese privaten Schlüssel lesen kann, besteht die Möglichkeit einer Kompromittierung des DNS-Servers. Daraus ergeben sich anschließend folgende Regeln:

```
# Schütze einen Bind DNS-Server

# Binärdateien und Bibliotheken
lidsconf -A                        -o /usr/             -j READONLY

# Konfiguration (speziell auch der private Schlüssel)
lidsconf -A                        -o /etc/named.conf   -j DENY
lidsconf -A                        -o /etc/rndc.conf    -j DENY
lidsconf -A                        -o /etc/rndc.key     -j DENY
lidsconf -A -s /usr/sbin/named     -o /etc/named.conf   -j READONLY
lidsconf -A -s /usr/sbin/rndc      -o /etc/rndc.key     -j READONLY
lidsconf -A -s /usr/sbin/rndc      -o /etc/rndc.conf    -j READONLY

# Zonen
lidsconf -A                        -o /var/named        -j DENY
lidsconf -A -s /usr/sbin/named     -o /var/named        -j READONLY


# Fähigkeiten
lidsconf -A -s /usr/sbin/named     -o CAP_SETUID        -j GRANT
lidsconf -A -s /usr/sbin/named     -o CAP_SETGID        -j GRANT
lidsconf -A -s /usr/sbin/named     -o CAP_SETPCAP       -j GRANT
lidsconf -A -s /usr/sbin/named     -o CAP_SYS_CHROOT    -j GRANT
lidsconf -A -s /usr/sbin/named     -o CAP_SYS_RESOURCE  -j GRANT
# Wenn Bind nicht zu Beginn gestartet wird
lidsconf -A -s /usr/sbin/named     -o CAP_NET_BIND_SERVICES 53 -j GRANT
```

Proxy-Server

Die folgende Konfiguration definiert die Regeln für einen *Squid* Proxy-Server. Hierbei gehen die Regeln von den Standardpfaden einer Red Hat Linux-Distribution aus. Das bedeutet, das Protokollverzeichnis ist */var/log/squid*, das Konfigurationsverzeichnis ist */etc/squid* und der Cache befindet sich in */var/spool/squid*. Inbesondere die Benutzerdatenbank von *Squid* mit den verschlüsselten Kennwörtern sollte geschützt werden. Sie befindet sich meist im Konfigurationsverzeichnis. Daraus ergeben sich anschließend folgende Regeln:

```
# Schütze einen Squid Proxy-Server

# Binärdateien und Hilfsprogramme
lidsconf -A                     -o /usr/sbin/squid      -j READONLY
lidsconf -A                     -o /usr/sbin/client     -j READONLY
lidsconf -A                     -o /usr/lib/squid       -j READONLY

# Konfiguration (speziell auch die Benutzerdatenbank)
lidsconf -A                     -o /etc/squid           -j DENY
lidsconf -A -s /usr/sbin/squid  -o /etc/squid      -i 2 -j READONLY


# Cache
lidsconf -A                     -o /var/spool/squid     -j DENY
lidsconf -A -s /usr/sbin/squid  -o /var/spool/squid -i 2 -j WRITE

# Protokolle
lidsconf -A                     -o /var/log/squid       -j DENY
lidsconf -A -s /usr/sbin/squid  -o /var/log/squid   -i 2 -j WRITE

# Fähigkeiten (Wenn Squid sich auf einen privilegierte Port binden soll)
lidsconf -A -s /usr/sbin/squid   -o CAP_NET_BIND_SERVICES 80 -j GRANT
```

Firewall/Snort Sensor

Die folgende Konfiguration definiert die Regeln für einen kombinierten *Firewall/Snort*-Rechner. Hierbei gehen die Regeln von den Standardpfaden einer Red Hat Linux-Distribution aus. Das bedeutet, die Protokolle befinden sich in /var/log/ und /var/log/snort. Die Konfiguration befindet sich in /etc/snort und /etc/sysconfig/iptables. Inbesondere die Regeln der Firewall und des Snort Sensors sollten geschützt werden. Daraus ergeben sich anschließend folgende Regeln:

```
# Schütze eine Firewall

# Binärdateien und Hilfsprogramme
lidsconf -A                     -o /usr/sbin/snort      -j READONLY
lidsconf -A                     -o /sbin/iptables       -j READONLY
```

```
lidsconf -A                        -o /sbin/iptables-save    -j READONLY
lidsconf -A                        -o /sbin/iptables-restore -j READONLY
lidsconf -A                        -o /lib/iptables          -j READONLY
lidsconf -A                        -o /etc/rc.d/init.d/iptables -j READONLY

# Konfiguration
lidsconf -A                        -o /etc/snort             -j DENY
lidsconf -A -s /usr/sbin/snort     -o /etc/snort             -j READONLY
lidsconf -A                        -o /etc/sysconfig/iptables -j DENY
lidsconf -A -s /sbin/iptables-restore -o /etc/sysconfig/iptables -j READONLY
lidsconf -A -s /etc/rc.d/init.d/iptables -o /etc/sysconfig/iptables -j READONLY


# Protokolle
lidsconf -A                        -o /var/log/snort         -j DENY
lidsconf -A -s /usr/sbin/snort     -o /var/log/snort         -j WRITE
lidsconf -A -s /usr/sbin/snort     -o /var/log/secure        -j APPEND
lidsconf -A                        -o /var/log/messages      -j APPEND

# Fähigkeiten
lidsconf -A -s /usr/sbin/snort     -o CAP_DAC_OVERRIDE       -j GRANT
lidsconf -A -s /usr/sbin/snort     -o CAP_NET_RAW            -j GRANT
lidsconf -A -s /usr/sbin/snort     -o CAP_SETUID             -j GRANT
lidsconf -A -s /usr/sbin/snort     -o CAP_SETGID             -j GRANT
lidsconf -A -s /usr/sbin/snort     -o CAP_CHROOT             -j GRANT

# (Wenn Snort unsichtbar sein soll)
lidsconf -A -s /usr/sbin/snort     -o CAP_HIDDEN -j GRANT
```

8.3.8 Protokollierung durch LIDS

LIDS kennt zwei verschiedene Methoden der Protokollierung: Eintrag in der Protokolldatei und E-Mail. Ein möglicher Eintrag in der Protokolldatei */var/log/messages* sieht wie folgt aus:

```
Jul  6 17:56:42 localhost kernel: LIDS: dhcpcd (dev 8:2 inode 402845) pid 463
ppid 426 uid/gid (0/0) on (null tty) : Attempt to mkdir /etc/dhcpc
Jul  6 17:56:42 localhost kernel: LIDS: rpc.statd (dev 8:2 inode 404463) pid 538
ppid 1 uid/gid (29/29) on (null tty) : violated CAP_NET_BIND_SERVICE
```

Diese Protokolleinträge sind selbsterklärend. Sie definieren genau, welcher Befehl mit welcher Prozessnummer versucht hat, eine nicht erlaubte Aktion durchzuführen. Wenn Sie beginnen, LIDS einzusetzen und zu konfigurieren, werden Sie viele derartige Einträge in Ihren Protokollen sehen. Diese helfen Ihnen bei der Fehlersuche.

Die zweite Möglichkeit der Protokollierung ist E-Mail. LIDS besitzt einen eigenen E-Mail-Client im Kernel. Wurde dieser bei der Kernel-Konfiguration aktiviert, so erfolgt die Konfiguration mit der Datei */etc/lids/lids.net*. Wurde die Konfiguration der Datei nicht verändert (siehe Abschnitt 8.1), dann versendet LIDS folgende E-Mails:

```
Message 1:
From LIDS_ALERT@lids.sinocluster.com  Wed Jun 19 12:01:41 2002
Date: Wed, 19 Jun 2002 12:01:41 +0200
From: LIDS_ALERT@lids.sinocluster.com
To: root@localhost.localdomain
Subject:  LIDS ALert

LIDS: dhcpcd (dev 8:2 inode 402845) pid 483 ppid 446 uid/gid (0/0) on (null tty)
: Attempt to mkdir /etc/dhcpc

Message 2:
From LIDS_ALERT@lids.sinocluster.com  Wed Jun 19 12:01:41 2002
Date: Wed, 19 Jun 2002 12:01:41 +0200
From: LIDS_ALERT@lids.sinocluster.com
To: root@localhost.localdomain
Subject:  LIDS ALert

LIDS: rpc.statd (dev 8:2 inode 404463) pid 558 ppid 1 uid/gid (29/29) on (null
tty) :  violated CAP_NET_BIND_SERVICE
```

8.3.9 Zusammenfassung

LIDS ist ein Kernel-basiertes IDS-System, welches die Zugriffsrechte des Linux-Systems neu definiert. Linux- und UNIX-Systeme besitzen üblicherweise einen allmächtigen Benutzer *root*. Die Rechte dieses Benutzers können mit LIDS entzogen und einzelnen Prozessen zugewiesen werden. Somit kann ein Einbrecher, auch wenn er Zugriff auf das *root*-Konto des Systems erlangt hat, kaum Änderungen am System vornehmen.

Die Konfiguration und Administration von LIDS ist recht umständlich und mühsam. Daher ist es häufig sinnvoll, LIDS in Zusammenarbeit mit anderen Systemen wie zum Beispiel Tripwire einzusetzen.

8.4 SNARE

Die australische Firma Intersect Alliance (*http://www.intersectalliance.com*) hat das *System iNtrusion Analysis and Reporting Environment* (SNARE) entwickelt. SNARE ist ein Werkzeug zur Überwachung der Prozesse und des Kernels auf einem Linux-System. Es implementiert ein Audit-System im Stile eines C2-

Systems. Hiermit besteht die Möglichkeit, sehr viele Ereignisse auf Kernel- und Prozessebene zu überwachen und zu protokollieren. Dies kann insbesondere nach einem Einbruch sehr wertvoll sein, da die Möglichkeit besteht, die Aktionen des Einbrechers nachzuvollziehen. SNARE kommt mit einer grafischen Oberfläche, die die Administration und Nutzung stark vereinfacht.

SNARE wird unter der GNU General Public License (GPL) vertrieben.

SNARE besteht aus einem Kernel-Modul *auditmodule.o*, einem Userspace-Daemon *auditd* und einem grafischen Konfigurations- und Berichtswerkzeug *snare*.

Das *auditmodule* implementiert die Überwachung im Kernel. Hierzu kapselt das *auditmodule* wichtige Systemaufrufe wie `execve`, `open` und `chroot`. So ist das Modul in der Lage, den Prozess und den Benutzer, der diesen Aufruf getätigt hat, festzustellen und an den *auditd*-Daemon zu übergeben.

Der *auditd*-Daemon liest die Informationen des Moduls über die Schnittstelle */proc/audit*. Die binären Daten werden analysiert, in Text umgewandelt und in */var/log/audit* protokolliert.

Das Protokoll kann anschließend sehr komfortabel mit dem grafischen Werkzeug *snare* analysiert werden. Dieses bereitet das Protokoll grafisch auf und verwendet Farben, um die unterschiedlichen Prioriäten der Meldungen anzuzeigen (Abbildung 8.1.)

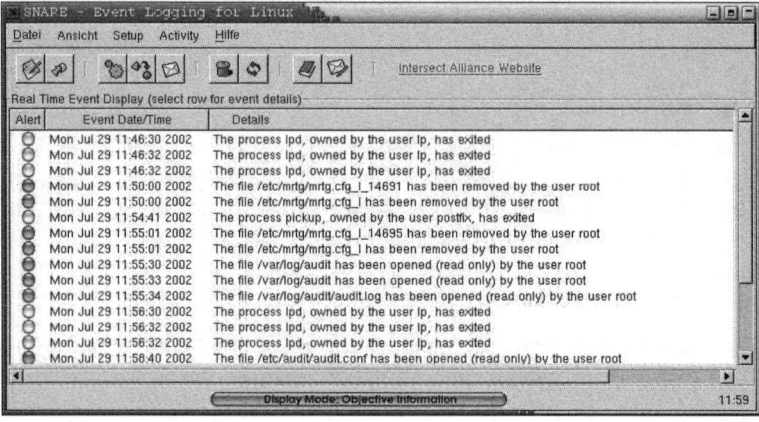

Abbildung 8.1:   SNARE-Konsole

8.4.1   SNARE-Installation

Die Installation von SNARE ist recht einfach. Auf der Homepage von SNARE (*http://www.intersectalliance.com/projects/Snare/*) werden von der Firma Intersect Alliance sowohl das Quelltextarchiv als auch vorkompilierte RPMs für die gängigen Distributionen vorgehalten. Die Installation als RPM ist vorzuziehen. Bei der manuellen Übersetzung der Pakete sind sowohl der Kernel-Quelltext des aktuell verwendeten Kernels als auch die Gnome-Entwicklungsbibliotheken erforderlich.

Nach der Installation ist SNARE sofort funktionsbereit. Bei einem Neustart wird sofort das entsprechende Kernel-Modul geladen und der User-Daemon gestartet. Dies kann ohne Neustart auch durch Aufruf des Startskriptes erfolgen:

```
# /etc/init.d/audit start
SNARE audit daemon: version 0.90 starting up
InterSect Alliance Pty Ltd
http://www.intersectalliance.com/
SNARE audit daemon: driver open, starting audit
```

8.4.2 SNARE-Konfiguration

Die gesamte Konfiguration von SNARE wird in der Datei */etc/audit/audit.conf* gespeichert. Diese Datei enhält alle Informationen für den *auditd*-Daemon. Das Format der Datei ist sehr stringent, daher sollten Änderungen mit einem Texteditor nur sehr sparsam und vorsichtig vorgenommen werden. Eine nicht konforme Datei führt zu einem nicht funktionstüchtigen *auditd*-Daemon. Die Konfiguration des *auditd*-Daemons und Änderungen an dieser Datei werden sinnvollerweise mit dem grafischen Frontend *snare* vorgenommen. Dazu wird der Konfigurationsdialog (Abbildung 8.2) über SETUP AUDIT CONFIGURATION aufgerufen.

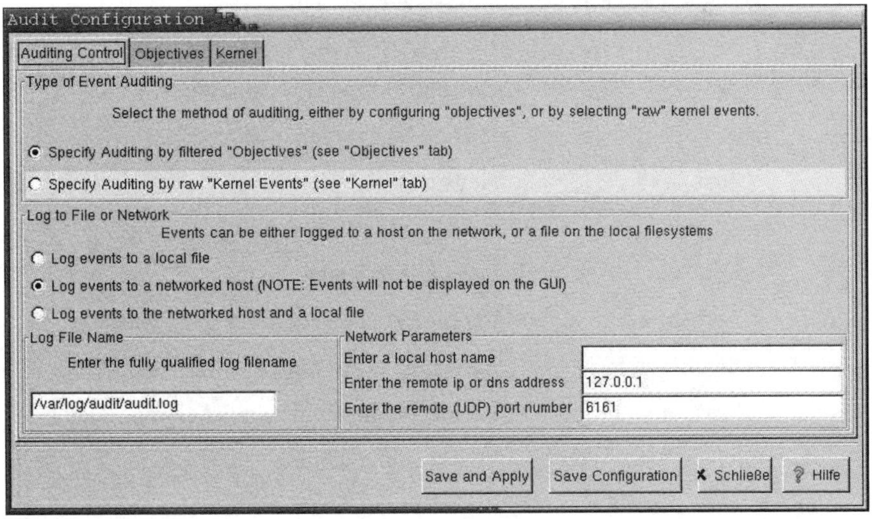

Abbildung 8.2: Snare-Konfiguration

SNARE unterstützt entweder den Audit bestimmter Vorgänge (Objectives) oder von Kernel-Ereignissen (Kernel Events). Diese beiden Überwachungsmodi schließen sich gegenseitig aus. Es kann nur der eine oder der andere Modus gewählt werden.

Wenn SNARE Kernel-Ereignisse überwachen soll, so besteht die Möglichkeit, folgende Ereignisse zu protokollieren:

`open,create`	Öffne/erzeuge Datei oder Gerät.
`rename`	Verschiebe Datei oder benenne um.
`chmod`	Ändere Dateirechte.
`setuid,setuid32`	Setze Benutzer-ID.
`setreuid,setruid32`	Setze echte und/oder effektive Benutzer-ID.
`setresuid,setresuid32`	Setze echte (r-*real*), effektive (e-*effective*) und gespeicherte (s-*saved*) Benutzer-ID.
`setgid, setgid32`	Setze Gruppen-ID.
`setregid, setregid32`	Setze echte und/oder effektive Gruppen-ID.
`setresgid, setresgid32`	Setze echte, effektive und gespeicherte Gruppen-ID.
`chown, lchown, chown32, lchown32`	Ändere den Besitzer einer Datei.
`truncate, truncate64`	Kürze/trunkiere eine Datei.
`execve`	Führe Programm aus.
`socketcall`	Erzeuge Netzwerkverbindung.
`chroot`	Ändere Wurzelverzeichnis.
`reboot`	Neustart
`exit`	Terminiere Prozess.
`mknod`	Erzeuge Gerätedatei.
`link, symlink`	Erzeuge einen Namen für eine Datei.
`mkdir`	Erzeuge Verzeichnis.
`unlink`	Lösche Namen und möglicherweise Datei.
`rmdir`	Lösche Verzeichnis.
`create_module`	Lade Kernel-Modul.

Hiermit besteht die Möglichkeit, jeden Aufruf zu überwachen und ein Über-
wachungsprotokoll im Stile eines C2 Audit-Systems zu erzeugen. Dazu können
die entsprechenden Optionen im grafischen Werkzeug ausgewählt werden (Abbildung 8.3).

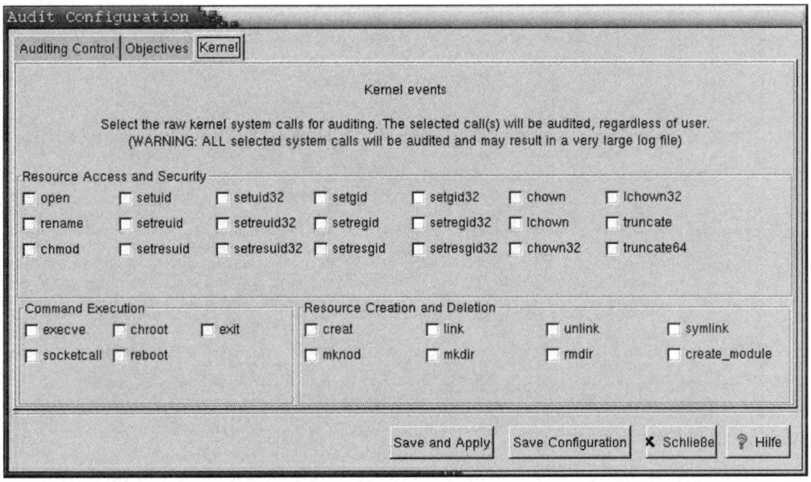

Abbildung 8.3:   SNARE Kernel Audit-Optionen

Wenn SNARE Vorgänge (Objectives) überwachen soll, so handelt es sich hierbei
um Filter, die definieren, was protokolliert werden soll. So werden nicht mehr
alle Datei-öffnen-Operationen protokolliert, sondern nur noch bestimmte Dateien
überwacht. Die Konfiguration erfolgt sehr komfortabel mit dem grafischen
Werkzeug (Abbildung 8.4).

Im folgenden Beispiel soll eine Regel hinzugefügt werden, die Schreibvorgänge
auf den Dateien */etc/ssh/ssh_host** meldet. Dies soll unabhängig vom entsprechenden Benutzer erfolgen. Um diese Regel nun zu implementieren, sollte
zunächst der Knopf ADD OBJECTIVE aus Abbildung 8.4 gewählt werden.
Anschließend kann im neuen Dialog (Abbildung 8.4) die Regel eingegeben werden. Hierzu wird unter Punkt 1 die Option *Write or create a file or directory*
gewählt. Unter Punkt 2 wird *Partial match* ausgewählt und ins Feld */etc/ssh/
ssh_host* eingegeben. Dieser Filter trifft nun auf alle Dateien zu, die mit dieser
Zeichenkette beginnen. Ein *Full match* würde nur auf die exakt angegebenen
Dateien zutreffen. Ein *Regular expression* erlaubt die Verwendung regulärer
Ausdrücke, zum Beispiel `^/etc/ssh/ssh_host.*key.*`. Der Vorgang soll sowohl
bei einem erfolgreichen Zugriff als auch bei einem Fehler unabhängig vom ausführenden Benutzer mit der Priorität *Critical* protokolliert werden. Es ergibt sich
für diese Regel der in Abbildung 8.4 gezeigte Bildschirmdialog.

Wird nun die Regel gespeichert, die Konfiguration angewendet und der *auditd*-Daemon neu gestartet, so protokolliert diese Regel nun jeden schreibenden Zugriff auf die entsprechende Datei. Der entsprechende Protokolleintrag wird im grafischen Werkzeug angezeigt (Abbildung 8.5) und durch Anklicken der Meldung erhält man nähere Informationen (Abbildung 8.6).

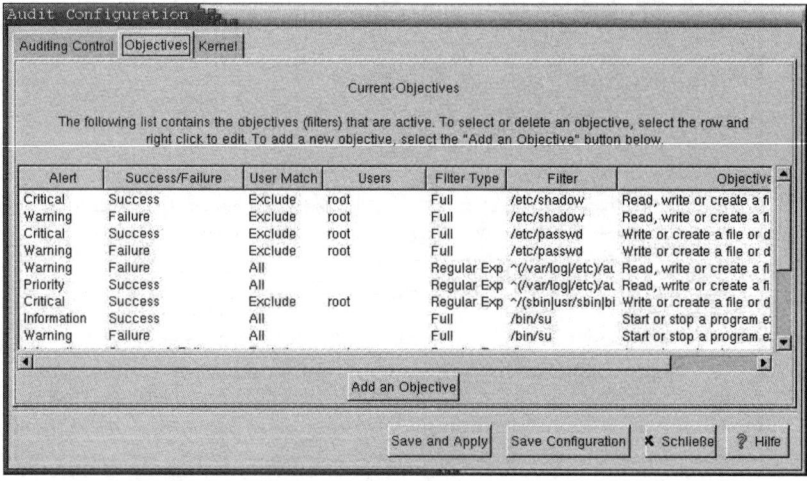

Abbildung 8.4:   Überwachung der Dateien */etc/ssh/ssh_host**

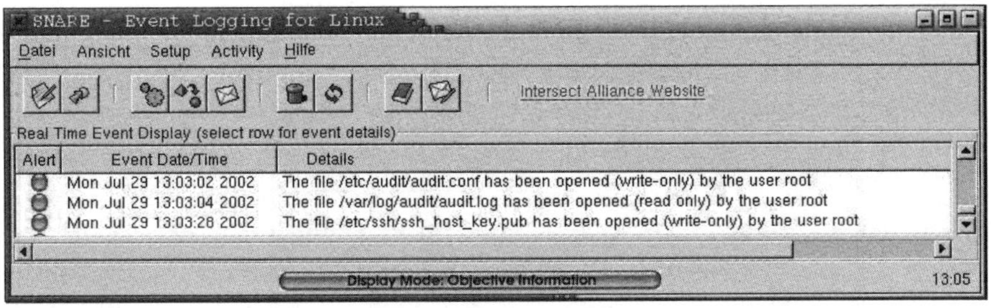

Abbildung 8.5:   Protokollierung des Zugriffes in SNARE

Die grafische Oberfläche SNARE bietet darüber hinaus noch die Konfiguration der Protokollierung über das Netzwerk zu einem anderen Syslog-Protokolldienst (Abbildung 8.7) und eine Benachrichtigung per E-Mail (Abbildung 8.8). Diese Funktionen sind jedoch noch nicht implementiert und können in einer der kommenden Versionen erwartet werden. Bisher bietet SNARE lediglich die Protokollierung in einer lokalen Datei oder über einen Syslog-Daemon ohne weitere Filterung. Die Einstellung dieser Funktionen ist in der Abbildung 8.2 zu erkennen.

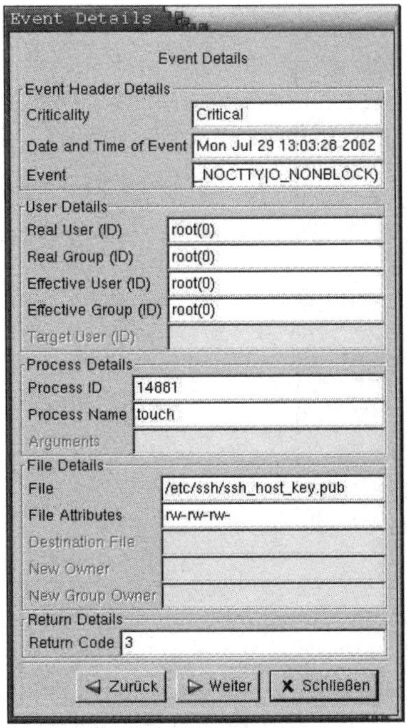

Abbildung 8.6:   Details des Protokollereignisses

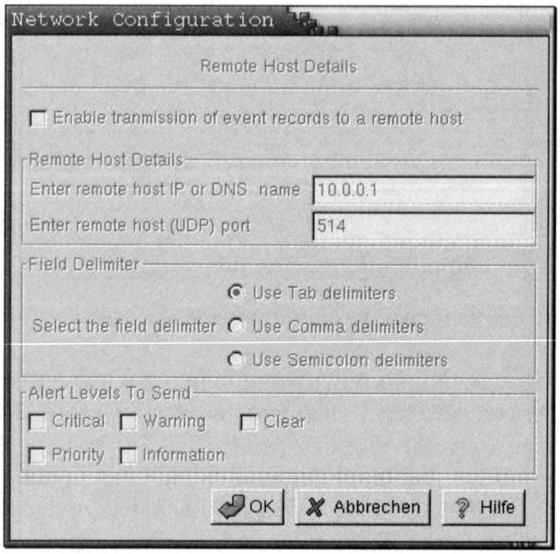

Abbildung 8.7:   Protokollierung über das Netzwerk

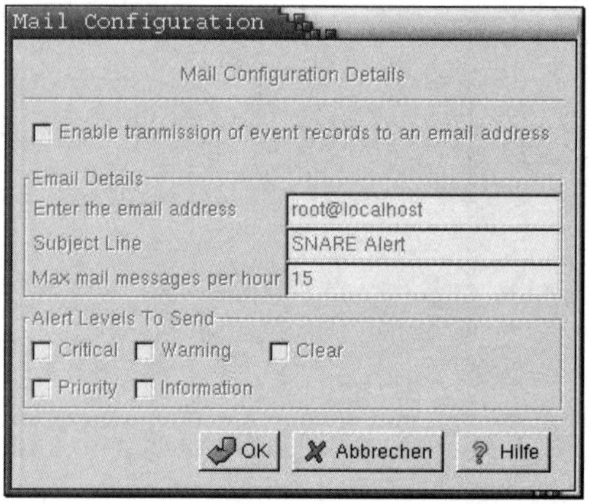

Abbildung 8.8:   Benachrichtigung per E-Mail

8.4.3   SNARE im Einsatz

SNARE ist kein Intrusion Detection-System im klassischen Sinne. Jedoch besteht die Möglichkeit, es in dieser Form einzusetzen. Leider ist die E-Mail-Benachrichtigung noch nicht implementiert worden. Es besteht aber die Möglichkeit, die besprochenen Protokoll-Analysewerkzeuge einzusetzen, um das

Audit Log zu analysieren und bei Auftreten einer kritischen Meldung eine Benachrichtigung durchzuführen.

SNARE erlaubt eine sehr detaillierte Protokollierung der Ereignisse auf einem Linux-System. Die bereits mitgelieferten Regelsätze erzeugen eine sehr erschöpfende Anzahl von Protokollereignissen. Diese können noch von Hand erweitert werden. SNARE kann so nach einem Einbruch eine sehr wertvolle Hilfe bei der Rekonstruktion der Ereignisse darstellen. Es kann auch bei der Analyse des Einbruches und der ausgenutzen Sicherheitslücke Hinweise geben. Im Anschluss kann nachvollzogen werden, welche Dateien vom Angreifer gelesen und modifiziert wurden und welche neu erzeugt bzw. gelöscht wurden. Damit der Angreifer jedoch nicht in der Lage ist, seine Spuren zu verwischen, sollte sichergestellt werden, dass die Protokolle zentral gespeichert werden (siehe Kapitel 12, »Zentrale Protokollserver« ab Seite 369).

In dieser Funktion kann SNARE auch sehr wertvolle Informationen auf einem Honeypot (siehe Kapitel 20, »Aufbau und Konfiguration eines »echten« Honeypots« ab Seite 507) aufzeichnen. Ein Honeypot dient dem Studium von Einbrüchen und Einbruchstaktiken.

HINWEIS
Wenn eine derartig detaillierte Protokollierung gewünscht wird, sollten aber Maßnahmen eingesetzt werden, die die maximale Größe der Protokolldateien überwachen. Hierzu können die üblichen Protokollrotationswerkzeuge der Linux-Distributionen eingesetzt werden. So genügt bei einer Red Hat Linux-Distribution die Erzeugung einer Datei */etc/logrotate.d/auditd* mit folgendem Inhalt

Listing 8.1:   Datei */etc/logrotate.d/auditd*

```
/var/log/audit/audit.log {
    daily
    rotate 5
    copytruncate
    compress
    notifempty
    missingok
}
```

Kapitel 9

Netzwerkbasierte Intrusion Detection-Systeme

Ein Netzwerk Intrusion Detection-System (NIDS) stellt einen wichtigen Teil in der Sicherheitsstruktur eines Netzwerkes dar. Sie sind in der Lage, den Netzwerkverkehr auf ungewöhnliche und möglicherweise bösartige Inhalte hin zu untersuchen.

Hierbei können unterschiedlichste Aspekte betrachtet werden. So bieten viele NIDS die Möglichkeit, die Header der IP-Pakete bezüglich nicht RFC-konformer Werte zu inspizieren. Einige NIDS ermöglichen auch die Analyse des Paketinhaltes auf verdächtige Zeichenketten. In diesem Kapitel werden Snort und ARPwatch vorgestellt.

9.1 Aufgaben eines NIDS

Netzwerkbasierte Intrusion Detection-Systeme (NIDS) versuchen anhand eines Regelsatzes oder einer Datenbank mit Fingerabdrücken bekannter Angriffe verdächtige Vorkommnisse im Netzwerkverkehr zu erkennen. Hierbei stehen sie in einem ständigen Wettstreit mit dem Angreifer, welcher versucht, das NIDS zu täuschen, zu umgehen oder seinen Angriff so zu verschleiern, dass es ihn nicht erkennen kann. Abbildung 9.1 zeigt die Funktion eines netzwerkbasierten Intrusion Detection Systems. Das System besitzt einen Parser, der sämtliche Pakete aufnimmt und untersucht. Dazu greift der Parser auf eine Datenbank bekannter Angriffe und häufig einen Anomaliedetektor zurück. Wird ein Paket gefunden, welches einen Angriff darstellen kann, so schlägt der Parser Alarm.

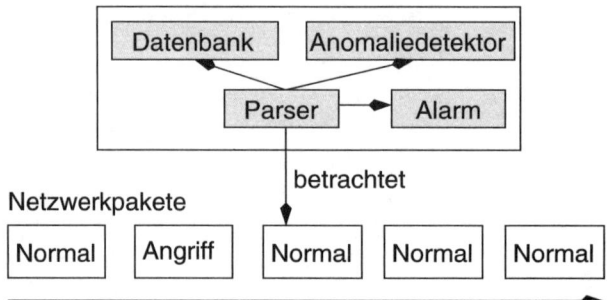

Abbildung 9.1:   Funktion eines netzwerkbasierten Intrusion Detection-Systems

9.1.1 Einfache Paketanalyse

Die meisten netzwerkbasierten Intrusion Detection-Systeme, kommerzielle wie freie, begannen als einfache Paketanalysatoren. Ihre Funktionalität ging nur wenig über die von *tcpdump* hinaus. Sie betrachteten den IP-Header und, wenn vorhanden, den UDP- oder TCP-Header des Paketes. Zusätzlich konnten einige den Inhalt des Paketes auf Signaturen untersuchen. So konnten sämtliche Angriffe entdeckt werden, welche Signaturen aufwiesen, die sich auf ein Paket beschränkten.

Im Folgenden sehen Sie zwei Beispiele für derartige Signaturen:

1. Ein SYN/FIN-Paket: SYN/FIN-Pakete wurden häufig bei Angriffen anstelle eines SYN-Paketes eingesetzt. Hierbei nutzt der Angreifer die Tatsache aus, dass in der Vergangenheit einige Firewallprodukte ein SYN-Paket an der Tatsache erkannten, dass lediglich das SYN-Bit in dem TCP-Header gesetzt war. Routete nun der Router sämtliche Pakete mit der Ausnahme reiner SYN-Pakete (die einen Verbindungsaufbau von außen darstellen), so fiele auch ein SYN/FIN-Paket, in dem ja zwei Bits im TCP-Header gesetzt sind, darunter. Die meisten Betriebsysteme, welche ein SYN/FIN-Paket erhalten, reagieren als handele es sich um ein reines SYN-Paket, und bauen trotz FIN-Bit die Verbindung auf. Heutzutage werden SYN/FIN-Pakete von allen NIDS erkannt.

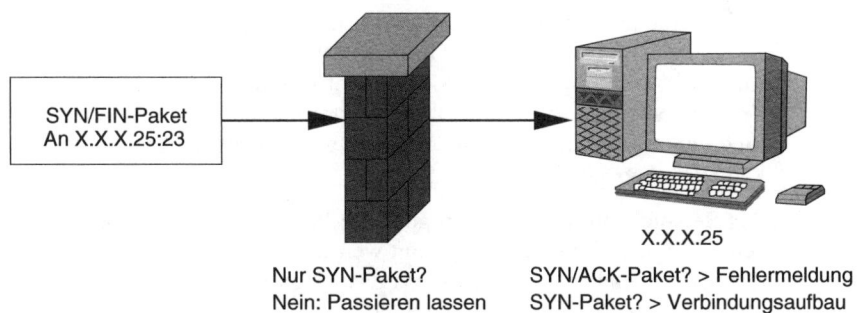

Abbildung 9.2: SYN/FIN-Angriff

2. Phonebook-Angriff *phf*: Mehrere Versionen des originalen NCSA-Webservers und frühe Versionen des Apache-Webservers enthielten zu Demonstrationszwecken ein Telefonbuch-CGI-Programm. Dieses in C geschriebene CGI-Programm verwendet eine Funktion `escape_shell_cmd()`, um gefährliche Metazeichen)&;`'"|*?~<>^()[]{}$) aus der URL filtern, bevor UNIX-Befehle aufgerufen werden. Da diese Funktion das Newline (\n, %0a) ignorierte, bestand die Möglichkeit, jeden UNIX-Befehl auszuführen und alle UNIX-Dateien anzuzeigen. In der Abbildung 9.3 wird das in dem Angriff auftretende Paket gezeigt. Der Angriff kann recht gut an dem Vorkommen der Zeichenkette `/cgi-bin/phf?` erkannt werden.

GET /cgi–bin/phf?Qalias=x%0a/bin/cat%20/etc/passwd

```
0x0000  4500 01fe 6fb5 4000 4006 cb42 7f00 0001  E...o.@.@..B....
0x0010  7f00 0001 831c 0050 9a5c c9e5 9a71 41f7  .......P.\...qA.
0x0020  8018 7fff d3c0 0000 0101 080a 0018 a657  ...............W
0x0030  0018 a657 4745 5420 2f63 6769 2d62 696e  ...WGET./cgi-bin
0x0040  2f70 6866 3f51 616c 6961 733d 7825 3061  /phf?Qalias=x%0a
0x0050  2f62 696e 2f63 6174 2532 302f 6574 632f  /bin/cat%20/etc/
0x0060  7061 7373 7764 2048 5454 502f 312e 310d  passwd.HTTP/1.1.
```

Abbildung 9.3:   Phonebook-Angriff

9.1.2   Defragmentierung

Sehr früh wurde von den Angreifern erkannt, dass ein NIDS, welches auf einem einfachen Paketanalysator beruht, mithilfe der Fragmentierung des Paketes umgangen werden konnte. Das Paket, welches den Angriff durchführte, wurde so in verschiedene Fragmente aufgeteilt, dass die Signatur nun auf mehrere Fragmente verteilt vorlag (weitere Informationen weiter unten in diesem Kapitel und im Anhang). Sämtliche NIDS, die nicht in der Lage sind, diese Fragmente vor der Untersuchung zu sammeln und zu defragmentieren, werden nun den Angriff nicht erkennen können. Ein Werkzeug, welches diesen Angriff durchführen kann, ist *fragrouter*.

Als Beispiel soll nun das eben gezeigte Paket zum Angriff des *phf.cgi*-Scripts in seiner fragmentierten Form gezeigt werden. Es führt immer noch zur Ausnutzung der Sicherheitslücke. Jedoch muss das NIDS nun in der Lage sein, die Signatur über mehrere Fragmente zu erkennen

GET /cgi–bin/phf?Qalias=x%0a/bin/cat%20/etc/passwd

```
0x0000  4500 001c e612 2004 4006 f112 c0a8 01fd  E.......@.......
0x0010  c0a8 0065 4745 5420 2f63 6769           ...eGET./cgi
```

```
0x0000  4500 001c e612 2005 4006 f111 c0a8 01fd  E.......@.......
0x0010  c0a8 0065 2d62 696e 2f70 6866           ...e-bin/phf
```

```
0x0000  4500 001c e612 2006 4006 f110 c0a8 01fd  E.......@.......
0x0010  c0a8 0065 3f51 616c 6961 733d           ...e?Qalias=
```

```
0x0000  4500 001c e612 2007 4006 f10f c0a8 01fd  E.......@.......
0x0010  c0a8 0065 7825 3061 2f62 696e           ...ex%0a/bin
```

```
0x0000  4500 001c e612 2008 4006 f10e c0a8 01fd  E.......@.......
0x0010  c0a8 0065 2f63 6174 2532 302f           ...e/cat%20/
```

Abbildung 9.4:   Phonebook-Angriff mit fragmentierten Paketen (erzeugt mit
`fragrouter -F1`

9.1.3 TCP-Streamreassemblierung

Einige Angriffe lassen sich nur erkennen, wenn das Paket in seinem Kontext der gesamten Verbindung gesehen wird. Es ist jedoch im Fall von TCP ohne weiteres möglich, die Informationen Buchstabe für Buchstabe in jeweils einem TCP-Segment und damit auch in einem Paket zu übertragen. Ein Mechanismus zur Defragmentierung hilft dem IDS in diesem Fall nicht, den Angriff zu erkennen. Im folgenden wird ein drittes Mal der *phf*-Angriff bemüht. In der Abbildung 9.5 werden die Pakete gezeigt, die entstehen, wenn jeder Buchstabe in seinem eigenen Segment versendet wird. Die Nutzdaten sind fett markiert. Der empfangende Rechner wird in seinem TCP-Stack die komplette Session reassemblieren und an die Applikation weiterleiten. Der Angriff ist weiterhin erfolgreich. Wenn das NIDS ebenfalls die TCP-Session reassemblieren kann, so kann es den Angriff auch erkennen.

GET /cgi–bin/phf?Qalias=x%0a/bin/cat%20/etc/passwd

```
0x0000  4500 0035 3cea 4000 4006 7a26 c0a8 01fd   E..5<.@.@.z&....
0x0010  c0a8 0065 040a 0050 5813 5ea0 b109 f9ee   ...e...PX.^.....
0x0020  8018 16d0 f3c1 0000 0101 080a 0017 6279   ..............by
0x0030  0020 d8b8 47                                    G...
```

```
0x0000  4500 0035 3cea 4000 4006 7a26 c0a8 01fd   E..5<.@.@.z&....
0x0010  c0a8 0065 040a 0050 5813 5ea1 b109 f9ee   ...e...PX.^.....
0x0020  8018 16d0 f5c0 0000 0101 080a 0017 6279   ..............by
0x0030  0020 d8b8 45                                    E...
```

```
0x0000  4500 0035 3cea 4000 4006 7a26 c0a8 01fd   E..5<.@.@.z&....
0x0010  c0a8 0065 040a 0050 5813 5ea2 b109 f9ee   ...e...PX.^.....
0x0020  8018 16d0 e6bf 0000 0101 080a 0017 6279   ..............by
0x0030  0020 d8b8 54                                    T...
```

Abbildung 9.5: NIDS müssen Pakete reassemblieren, um einige Angriffe zu erkennen (erzeugt mit `fragrouter -T1`)

9.1.4 Dekodierung des Applikationsprotokolls

Ein sehr großer Anteil der heutigen Angriffe richtet sich nicht gegen das IP-Protokoll, sondern gegen die Applikationen selbst. Hierbei werden Sicherheitslücken im Applikationsprotokoll oder in der Applikation selber ausgenutzt. Einige Applikationsprotokolle bieten nun unterschiedliche Kodierungsmöglichkeiten der Nachricht an. Dieselbe Information kann unterschiedliche binäre Formen annehmen. Das bekannteste Beispiel ist die URL-Kodierung nach RFC 1738. Weitere Kodierungen sind UNICODE und Base64. In dem Listing 9.6 wird ein viertes und letztes Mal der *phf*-Angriff bemüht. In diesem Fall werden einzelne charakteristische Zeichen durch ihre ASCII-Darstellung ersetzt.

GET /%63gi–bin/%70hf?Qalias=x%0a/bin/cat%20/etc/passwd

```
0x0000  4500 01f9 deb7 4000 3f06 d794 c0a8 01fd  E.....@.?.......
0x0010  c0a8 0065 040e 0050 d7ef a0d1 31bc 4fe5  ...e...P....1.O.
0x0020  8018 16d0 1b5f 0000 0101 080a 001a 7e65  ....._........~e
0x0030  0023 f4df 4745 5420 2f25 3633 6769 2d62  .#..GET./%63gi-b
0x0040  696e 2f25 3730 6866 3f51 616c 6961 733d  in/%70hf?Qalias=
0x0050  7825 3061 2f62 696e 2f63 6174 2532 302f  x%0a/bin/cat%20/
0x0060  6574 632f 7061 7373 7764 2048 5454 502f  etc/passwd.HTTP/
```

Abbildung 9.6: Wenn NIDS nicht das Applikationsprotokoll dekodieren können,
wird der zweite Angriff nicht erkannt. Hier wurde das **c** durch %63
und das **p** durch %70 ausgetauscht. Der Angriff ist weiterhin erfolgreich.

9.1.5   Anomalie Erkennung

Die neueste Errungenschaft vieler NIDS stellt die Anomalie-Detektion dar. Hierbei untersucht ein statistischer Algorithmus sämtliche Pakete und erkennt ungewöhnliche. Diese Pakete können zum Beispiel auf einen Portscan hinweisen,
welcher von einem normalen Portscan-Detektor nicht erkannt werden könnte.
Einfache Portscan-Detektoren erkennen lediglich an der Häufigkeit der Verbindungsaufnahmen und den verwendeten Ports den Portscan. Der Anomalie-Detek-
tor kann auch stark zeitversetzte Portscans erkennen. Derartige Anomalie-Detek-
toren können auch ungewöhnliche Netzwerkprotokolle erkennen.

9.1.6   Critical Path

Ein NIDS-System muss die aufgenommenen Pakete verarbeiten. Erfolgt dies
nicht multithreaded, so kann von einem NIDS-Prozess nur ein Paket gleichzeitig
verarbeitet werden. Es existiert nun ein kritischer längster Pfad, welcher von
einem Paket durchlaufen werden kann. Während dieser Zeit kann das NIDS kein
anderes Paket verarbeiten. Die Reduktion des kritischen Pfades ist daher sehr
wichtig, damit das NIDS auch in Umgebungen mit hohem Netzwerkverkehrsauf-
kommen sämtliche Pakete untersuchen kann und keine verliert.

9.2   Snort

9.2.1   Einführung

Snort ist laut seinem Programmierer Martin (Spitzname: Marty) Roesch ein
»Light Weight Intrusion Detection System«. Obwohl *Snort* als ein derartiges
Leichtgewicht der NIDS gestartet ist, weist es heute fast alle wesentlichen Funk-
tionen der vergleichbaren kommerziellen Systeme auf. Dennoch ist sein Einsatz

auf unterschiedlichsten Plattformen immer noch sehr einfach und genügsam. *Snort* basiert wie *tcpdump* auf der Berkeley-Paketfilterbibliothek *libpcap*. *Snort* filtert den Netzwerkverkehr mit Regelsätzen, welche die Fingerabdrücke möglicher Angriffe definieren. Im Falle eines Alarms bietet Snort unterschiedlichste Möglichkeiten einschließlich der Protokollierung in Dateien und verschiedensten Datenbanken, Echtzeitalarmierung mit Popup-Fenstern auf Microsoft Windows-Rechnern oder mittels SNMP. Eine flexible Antwort erlaubt das Beenden der gefährlichen Netzwerkverbindung. Dies kann so intelligent erfolgen, dass kein Denial of Service befürchtet werden muss.

Snort ist wahrscheinlich das im Moment am häufigsten eingesetzte NIDS seiner Art weltweit.

9.2.2 Geschichte

Martin Roesch begann mit der Entwicklung von *Snort* 1998. Er entwickelte es als *tcpdump*-Ersatz. Die Syntax und das Ausgabeformat von *tcpdump* waren für seinen Einsatz nicht aussagekräftig genug. Daher versuchte er Snort auf der Basis derselben Grundlage zu entwickeln. Hierbei handelte es sich um die Berkeley-Paketfilterbibliothek *lipcap*. Diese stellt heute die Grundlage der meisten Netzwerkanalysatoren dar. Sie existiert inzwischen auch auf anderen Betriebssystemen. Daher konnte *Snort* auf eine Vielzahl von Betriebssystemen portiert werden: Solaris 7/8, Tru64, HP-UX, IRIX, OpenBSD, FreeBSD, Win32 und Linux.

2001 gründete Martin Roesch *Sourcefire*. Sourcefire bietet kommerziellen Support für *Snort* und führt seine Entwicklung weiter. Des Weiteren entwickelt Sourcefire eine kommerzielle grafische Management-Konsole und eine Fernwartungssuite.

9.2.3 Lizenz

Snort ist Open Source. Martin Roesch veröffentlichte es unter der GNU General Public License in der Version 2 von Juni 1991. Dies sichert den Fortbestand der Software als Open Source. Wesentliche Neuerungen, die seine Firma Sourcefire für Snort entwickelte, wurden ebenfalls unter die GNU GPL gestellt. So wurden Barnyard, das Defragmentierungsplugin FRAG2 und der Streamreassemblierer STREAM4 von Sourcefire entwickelt.

9.2.4 Funktionen von Snort

Die Verwendung von *Snort* ist recht einfach. Jedoch sollte vorher die Funktionsweise verstanden werden. Snort ist in der Lage, als Sniffer, als Netzwerkprotokollant und als Network Intrusion Detection System eingesetzt zu werden. Diese Flexibilität beruht auf der inneren Struktur von Snort. Snort ist zunächst lediglich ein Produkt, welches mithilfe der *libpcap*-Bibliothek in der Lage ist, Pakete von einem Ethernet-Interface aufzunehmen. Dies kann in dem normalen Modus erfolgen, in dem die Netzwerkkarte lediglich Pakete entgegen nimmt, welche an ihre MAC-Adresse oder die Broadcast MAC-Adresse gerichtet sind, oder in dem so genannten *promiscuous mode*. Im *promiscuous mode* nimmt die Netzwerkkarte unabhängig von der MAC-Adresse alle Pakete entgegen. Der Benutzer kann nun mithilfe von Kommandozeilenoptionen das Verhalten von Snort definieren. So kann Snort die aufgenommenen IP-Pakete parsen und deren Information in Klartext anzeigen (Sniffer-Modus).

```
4500 0054 0000 4000 4001 da5d c0a8 6f32
c0a8 6fc8 0800 8b1b 381a 0000 cb2b d83c
9d5e 0900 0809 0a0b 0c0d 0e0f 1011 1213
```

```
192.168.111.50 -> 192.168.111.200
ICMP TTL:64 TOS:0x0 ID:0 ipLen:20 DgmLen:84 DF
Type:8  Code:0  ID:14362   Seq:0  ECHO
```

Abbildung 9.7:   Snort zeigt Pakete im Klartext an

Snort ist in der Lage, auch den Datenanteil und die Ethernet Header anzuzeigen. Anstatt die Daten anzuzeigen, kann Snort auch die Informationen geeignet protokollieren. So steht eine Protokollierung der Pakete in Binärform als auch in Klartext zur Auswahl. In dem Binärmodus erfolgt die Protokollierung kompatibel zu anderen Produkten wie *tcpdump* und *ethereal*. Im Klartext-Modus wird jedes einzelne Paket in einem Verzeichnis basierend auf der IP-Adresse eines der beiden beteiligten Rechner (s.u.) protokolliert.

Plug-Ins

Schließlich besteht auch die Möglichkeit, alle aufgenommenen Pakete zu inspizieren. Hierzu können Regelsätze definiert werden, die spezifische Aspekte des Paketes untersuchen. Die Detektionsfähigkeiten werden nicht von dem Snortkern selbst zur Verfügung gestellt, sondern mithilfe von Plug-Ins implementiert. Dies erlaubt einen sehr modularen und zukünftig erweiterbaren Aufbau von Snort. So können unterschiedliche Programmierer Plug-Ins für Snort schreiben. Snort unterstützt inzwischen Detektions-Plug-Ins, Präprozessoren und Output-Plug-Ins. Snort 1.8.6 kommt mit folgenden Detektions-Plug-Ins:

icmp_code_check	*ipoption_check*	*react*	*tcp_flag_check*
icmp_id_check	*ip_proto*	*reference*	*tcp_seq_check*
icmp_seq_check	*ip_same_check*	*respond*	*tcp_win_check*
icmp_type_check	*ip_tos_check*	*rpc_check*	*ttl_check*
ip_fragbits	*pattern_match*	*session*	
ip_id_check	*priority*	*tcp_ack_check*	

Diese Detektions-Plug-Ins untersuchen unterschiedliche Bestandteile des Paketes. Einige Pakete liegen jedoch fragmentiert vor oder der Inhalt des TCP-Stromes muss zur Analyse zunächst zusammengesetzt werden. Hierzu existieren Präprozessoren. Snort bietet die folgenden Präprozessoren:

anomsensor	*portscan*
arpspoof	*rpc_decode*
bo	*stream4*
defrag (veraltet, ersetzt durch *frag2*)	*tcp_stream2* (veraltet, ersetzt durch *stream4*)
frag2	*telnet_negotiation*
http_decode	*unicode*

Snort unterstützt unterschiedliche Ausgabeformate. So ist *Snort* in der Lage, Klartextformate, Binärformate und Datenbanken zur Protokollierung zu nutzen.

alert_fast	*idmef*
alert_full	*log_null*
alert_smb	*log_tcpdump*
alert_syslog	*SnmpTrap*
alert_unixsock	*unified*
csv	*xml*
database	

Detectionengine on the fly

Snort implementiert seine Detectionengine bei jedem Aufruf neu. Dabei liest Snort seine Konfigurationsdatei ein und baut seinen Detektionscode im Speicher auf; hierbei wird die Detektionsmaschine automatisch optimiert. Die Regeln werden zunächst intern sortiert und anschließend in Knoten angeordnet. Die Kenntnis des Optimierungsvorganges erlaubt die Erzeugung angepasster und damit optimaler Regeln. Der Optimierungsvorgang wird weiter unten detailliert besprochen.

9.2.5   Installation

Bei der Installation von Snort stehen unterschiedliche Möglichkeiten zur Verfügung. So ist Snort bereits von einigen Linux-Distributionen aufgenommen worden, sodass der Administrator lediglich das entsprechende Distributionspaket installieren muss. Enthält die Distribution keine Unterstützung für Snort oder soll Snort auf einer anderen Plattform installiert werden, kann der Download von vorkompilierten Binärpaketen von der Snort-Homepage erfolgen (*http://www. snort.org/dl/binaries*). Dort befinden sich unter *http://www.snort.org/dl/binaries/ RPMS* auch RPM-Pakete für alle RPM-basierten Linux-Distributionen. Bei der Wahl der Installation eines RPM-Paketes ist es wichtig, dass die Abhängigkeiten erfüllt sind. Snort benötigt eine aktuelle Version der Bibliothek *libpcap*. Diese Bibliothek ist als RPM-Paket entweder ebenfalls in der Distribution enthalten oder kann von der Webpage *http://www.tcpdump.org* heruntergeladen werden.

Installation aus den Quellen

In manchen Fällen stellt die Installation eines RPM-Paketes nicht die ideale Installationsform dar. Zum einen mag das RPM-Paket der Distribution nicht den neuesten Stand der Snort-Entwicklung darstellen. Zum anderen besteht bei der Installation aus dem Quelltext die Möglichkeit, die Software gemäß den eigenen Wünschen zu konfigurieren und entsprechende Eigenschaften zu aktivieren.

Damit die Übersetzung und die Installation von Snort gelingen kann, müssen einige andere Softwarepakete zuvor auf dem System installiert werden. Unabdingbar für die Übersetzung von Snort ist das Vorhandensein der Bibliothek *libpcap*. In Abhängigkeit von den aktivierten Eigenschaften werden einige weitere Produkte benötigt.

Funktionalität	Software-paket	URL	configure Option
IDMEF-XML	libntp	*www.ntp.org*	`-with-libntp-libraries`
IDMEF-XML	libidmef	*www.silicondefense. com/idwg/snort-idmef*	`-enable-idmef`
XML	libxml2	*xmlsoft.org*	`-with-libxml2`
XML	OpenSSL	*www.openssl.org*	`-with-openssl`
SNMP Traps	libsnmp	*net-snmp. sourceforge.net*	`-with-snmp`
WinPopUp	Samba	*www.samba.org*	`-enable-smbalerts`
FlexResp	Libnet	*www.packetfactory.net/ Projects/Libnet*	`-enable-flexresp`

Tabelle 9.1:   Zur Installation von Snort benötigte Pakete

Funktionalität	Software-paket	URL	configure Option
ODBC-Log	unixODBC	*www.unixODBC.org*	`-with-odbc`
MySQL-Log	MySQL	*www.mysql.org*	`-with-mysql`
PostgreSQL-Log	PostgreSQL	*www.postgresql.org*	`-with-postgresql`
Oracle-Log	Oracle	*www.oracle.com*	`-with-oracle`

Tabelle 9.1: Zur Installation von Snort benötigte Pakete (Forts.)

Um nun Snort zu übersetzen und zu installieren, laden Sie zunächst Snort von der Homepage *http://www.snort.org*, entpacken es in einem sinnvollen Verzeichnis, konfigurieren und übersetzen es.

Listing 9.1: Konfiguration, Übersetzung und Installation von Snort

```
$ cd /usr/local/src
$ wget http://www.snort.org/dl/snort-version.tar.gz
$ tar -xvzf snort-version.tar.gz
$ cd snort-version
$ ./configure --prefix=/usr --bindir=/usr/sbin --sysconfdir=/etc/snort \
    --enable-flexresp --enable-smbalerts --with-postgresql --with-mysql \
    --with-snmp
$ make
$ make install
```

Die bei der Konfiguration zusätzlich angegebenen Optionen `-prefix`, `-bindir` und `-sysconfdir` definieren den Ort der Binär- und Konfigurationsdateien. Ein derartig konfiguriertes und übersetzes Snort-Binärprogramm ist in der Lage, eine Protokollierung sowohl in der MySQL- als auch in der PostgreSQL-Datenbank vorzunehmen. Alarmierungen können mithilfe von SNMP und Windows PopUp-Nachrichten durchgeführt werden. Zusätzlich ist Snort in der Lage, flexibel auf Verbindungen zu reagieren und diese sogar zu beenden (s. *flexresp* im Abschnitt »Flexible Antwort*flexible Antwort*« ab Seite 248).

CVS

Experimentierfreudige Leser möchten vielleicht die neuesten Errungenschaften und Modifikationen von Snort testen. Diese Gruppe kann an der Entwicklung und dem Test der Software teilhaben. Hierfür besteht die Möglichkeit, den aktuellen Code aus dem Snort CVS zu laden. Hierbei handelt es sich ebenfalls um den kompletten Quelltext von Snort. Dieser ist anschließend genauso zu behandeln, wie in dem letzten Abschnitt besprochen. Es besteht lediglich die Gefahr, dass er entweder nicht fehlerfrei übersetzt wird oder anschließend nicht fehlerfrei funktioniert. Der Zugang kann auf zwei verschiedene Weisen erfolgen. Zunächst wird jede Nacht ein Schnappschuss des CVS angelegt und auf der Snort-Homepage zum Download angeboten. Dieser Schnappschuss ist unter *http://www.*

snort.org./dl/snapshots/ verfügbar. Hierbei wird aber jeweils der komplette Quelltext-Baum geladen. Möchte man dauernd auf dem aktuellen Stand bleiben, so bietet sich der direkte anonyme CVS-Zugang an. Dieser erlaubt anschließend dann auch eine Aktualisierung lediglich geänderter Dateien. Es muss nicht jedes Mal der komplette Baum erneut heruntergeladen werden.

```
cvs -d:pserver:anonymous@cvs.snort.sourceforge.net:/cvsroot/snort login
cvs -z3 -d:pserver:anonymous@cvs.snort.sourceforge.net:/cvsroot/snort co snort
```

9.2.6 Erste Anwendung

Dieses Kapitel wird Ihnen die erste Verwendung von Snort nahe bringen. Sie werden die verschiedenen Operationsmodi von Snort und die dazugehörigen Kommandozeilenoptionen kennen lernen. Es ist von Vorteil, wenn Sie auf einen Rechner zugreifen können, um die gezeigten Beispiele nachvollziehen zu können.

Snort verfügt über drei verschiedene Operationsmodi. Es kann als Sniffer eingesetzt werden. Hierbei sammelt Snort lediglich alle Pakete und gibt den Inhalt auf dem Bildschirm aus. Im Paketprotokollier-Modus sammelt Snort ebenfalls sämtliche Pakete, protokolliert sie jedoch auf der Festplatte. Im Network Intrusion Detection-Modus werden die Pakete von Snort entsprechend seines Regelsatzes analysiert und lediglich bei verdächtigen Paketen alarmiert und protokolliert Snort das Paket.

Paketsniffer

Im Paketsniffer-Modus verhält sich *Snort* ähnlich *tcpdump*. Es liest all Netzwerkpakete von einem Netzwerkinterface und zeigt deren Inhalt an. Dabei werden die Informationen, die in den IP/TCP/UDP/ICMP-Headern enthalten sind, in Klartext angezeigt.

```
$ snort -v

...
04/02-20:03:36.923839 65.208.228.222:80 -> 192.168.1.28:3818
TCP TTL:49 TOS:0x0 ID:50168 IpLen:20 DgmLen:1420 DF
***A**** Seq: 0x6EEFD7B9  Ack: 0x8AB052A4  Win: 0x7BFC  TcpLen: 20
=+=+=+=+=+=+=+=+=+=+=+=+=+=+=+=+=+=+=+=+=+=+=+=+=+=+=+=+=+=+=+=+

04/02-20:03:36.923973 192.168.1.13:1361 -> 64.236.16.52:80
TCP TTL:128 TOS:0x0 ID:12215 IpLen:20 DgmLen:40 DF
***A**** Seq: 0xE22D0E25  Ack: 0xC627431D  Win: 0x43A4  TcpLen: 20
=+=+=+=+=+=+=+=+=+=+=+=+=+=+=+=+=+=+=+=+=+=+=+=+=+=+=+=+=+=+=+=+

...
```

Soll nun Snort auch tatsächlich den Inhalt des Paketes und nicht nur die IP Header anzeigen, so kann es zusätzlich mit der Option -d aufgerufen werden. Die Option -e führt dazu, dass weiterhin die Ethernet-Daten angezeigt werden. Die Option -i erlaubt die Angabe der zu überwachenden Netzwerkkarte. Snort erlaubt wie andere UNIX-Kommandos die Eingabe der Optionen einzeln (-v -d -e -i eth0) als auch kombiniert (-vdei eth0).

```
$ snort -vdei eth0

...
04/02-20:03:37.089808 0:7:50:B7:16:A6 -> 0:60:1D:F1:6E:38 type:0x800 len:0x143
195.126.62.204:63847 -> 192.168.1.13:1342 TCP TTL:239 TOS:0x10 ID:3245 IpLen:20
DgmLen:309 DF
***A**** Seq: 0x32BFAD91  Ack: 0xE173BC12  Win: 0x246C  TcpLen: 20
37 F9 0F C9 D7 97 A9 F1 E1 0A 73 F6 B2 75 8B 8E   7........s..u..
27 A2 7C B1 1C 67 7C 91 49 34                     '.|..g|.I4
...
```

Beide Ausgaben zeigen sehr schön den Vorteil von Snort gegegenüber *tcpdump*. Snort zeigt wesentliche Informationen des IP Headers, welche in *tcpdump* der hexadezimalen Ausgabe entnommen werden müssen, in Klartext an. Soll die Ausgabe von Snort auf bestimmte Pakete beschränkt werden, so besteht die Möglichkeit, Berkeley-Paketfilterregeln (BPF-Regeln) an *Snort* zu übergeben. Diese BPF-Regeln sind identisch mit den BPF-Regeln von *tcpdump*. Sollen nur ICMP-Pakete angezeigt werden, so kann das erfolgen mit

```
$ snort -vdei eth0 icmp

...
04/02-20:03:34.422722 0:7:50:B7:16:A6 -> 0:7:E:B4:1C:AB type:0x800 len:0x46
192.168.67.65 -> 192.168.1.230 ICMP TTL:254 TOS:0x0 ID:45264 IpLen:20 DgmLen:56
Type:3  Code:13  DESTINATION UNREACHABLE: ADMINISTRATIVELY PROHIBITED,
PACKET FILTERED
** ORIGINAL DATAGRAM DUMP:
192.168.1.230:3007 -> 10.10.11.49:161 UDP TTL:126 TOS:0x0 ID:7939 IpLen:20
DgmLen:105
Len: 85
** END OF DUMP
00 00 00 00 45 00 00 69 1F 03 00 00 7E 11 45 B8   ....E..i....~.E.
C0 A8 01 E6 0A 0A 0B 31 0B BF 00 A1 00 55 19 D0   .......1.....U..
...
```

Paketlogger

Im letzten Abschnitt wurde bereits deutlich, dass Snort mehr Anwenderfreundlichkeit bietet als *tcpdump*. Jedoch bietet *tcpdump* die Möglichkeit, die aufgenommenen Pakete in einer Datei zu protokollieren. Snort bietet ebenfalls einen so genannten Paketlogging-Modus an.

Dieser Modus wird durch die Angabe eines Protokollverzeichnisses aktiviert:

```
snort -vdei eth0 -l /var/log/snort
```

Hierbei wird von Snort die Existenz des Protokollverzeichnisses vorausgesetzt. Ist dies nicht der Fall, so beendet sich Snort mit einer Fehlermeldung. Snort wird dann jedes Paket sammeln und protokollieren. Dazu erzeugt es Unterverzeichnisse, in denen die Pakete in einem lesbaren Format protokolliert werden. Dieses Format ähnelt dem Format des Sniffer-Modus. Die Unterverzeichnisse tragen als Namen eine IP-Adresse der beiden Kommunikationspartner. Snort versucht hierbei die IP-Adresse des Clients in der Client/Server-Beziehung zu wählen. Hierzu ermittelt Snort die IP-Adresse, die in der Verbindung den hohen UDP- oder TCP-Port verwendet. Um dieses Verhalten so zu beeinflussen, dass immer die externe IP-Adresse als Verzeichnisname verwendet wird, kann mit der Option -h das eigene (HOME) Netzwerk definiert werden:

```
snort -vdei eth0 -l /var/log/snort -h 192.168.111.0/24
```

Nun wird Snort die IP-Adresse des entfernten Kommunikationspartners als Namen des Unterverzeichnisses wählen. Handelt es sich um eine Kommunikation zwischen zwei Rechnern des eigenen Netzwerkes, so erfolgt die Auswahl aufgrund des höheren Ports.

Die Klartextprotokollierung durch Snort ist mit Vorsicht zu genießen. Snort erzeugt pro Protokoll und verwendetem Port eine Datei. Im Falle eines Portscans besteht die Gefahr, das 65.536 TCP-Ports und 65.536 UDP-Ports abgescannt und von Snort protokolliert werden. Dies erzeugt 131.072 Dateien in möglichweise einem einzelnen Verzeichnis.

In diesen Fällen ist eine binäre Protokollierung (-b) vorzuziehen. Dieser Modus protokolliert die Pakete in dem *libpcap*-Format, welches auch von *tcpdump* oder *ethereal* gelesen und geschrieben werden kann. *Snort* analysiert hierbei die Pakete nicht, daher wird die Angabe des Heimnetzwerkes ignoriert.

```
snort -i eth0 -b -l /var/log/snort
```

Ein erneutes Einlesen der binärprotokollierten Datei kann mit Snort unter Angabe der Option -r erfolgen:

```
snort -vder /var/log/snort/packet.log
```

NIDS

Die interessanteste Anwendung von Snort ist sicherlich der Intrusion Detection-Modus. Hierbei werden die Pakete entsprechend eines Regelsatzes untersucht. Nur Pakete, welche von den Regeln herausgefiltert werden, werden auch protokolliert. Die Snort-Distribution enthält bereits umfangreiche Regelsätze, welche eingesetzt werden können. Für die meisten Anwendungen sind diese Regel-

sätze jedoch zu umfangreich und erzeugen auch zu viele falsch positive Alarmmeldungen.

```
snort -de -l /var/log/snort/ -h 192.168.111.0/24 -c rules.conf
```

Die Datei *rules.conf* wird nun beim Start eingelesen und sämtliche Pakete werden anschließend entsprechend der Regeln untersucht. Wird kein Verzeichnis zur
Protokollierung angegeben, so wird */var/log/snort* als Standardwert angenommen. Die Protokollierung erfolgt in Klartext wie im Paketlogging-Modus.

Ausgabeformate im NIDS-Modus

Snort bietet unterschiedliche Ausgabeformate im Intrusion Detection-Modus an.
Wenn durch den Benutzer keine Angabe des zu verwendenden Modus gemacht
wurden, so protokolliert Snort in Klartext und alarmiert ausführlich (»full
alerts«). Insgesamt stehen sechs verschiedene Alarmierungsmethoden zur Verfügung:

-b	Binär-Protokoll (*libpcap*-Format)
-N	Keine Protokollierung
-A fast	Schnellster Modus, Zeitstempel, Alarmmeldung, IP-Adressen
-A full	Standard-Modus, Zeitstempel, Alarmmeldung, Paket-Header
-A unsock	Sendet Alarmmeldung an einen UNIX-Socket
-A none	Schaltet Alarmierung ab
-s	Alarmiert via *Syslogd*
-M	Sendet Alarmmeldung via *WinPopUp* an Windows-Rechner

Eine Beispielausgabe von Snort im »Full Alert«-Modus sieht folgendermaßen
aus:

Listing 9.2:   Full Alert-Modus

```
[**] [111:10:1] spp_stream4: STEALTH ACTIVITY (nmap XMAS scan) detection [**]
05/06-08:28:05.513152 128.176.61.198:43164 -> 192.168.111.202:7200
TCP TTL:54 TOS:0x0 ID:14357 IpLen:20 DgmLen:40
**U*P**F Seq: 0x0  Ack: 0x0  Win: 0xC00  TcpLen: 20  UrgPtr: 0x0
```

Automatischer Start von Snort

Um als Intrusion Detection-System eingesetzt zu werden, sollte Snort automatisch bei einem Systemstart gestartet werden. Der manuelle Start ist zu Testzwecken gut zu gebrauchen, jedoch später auf Produktionssystemen unprakti-
kabel.

Die meisten modernen Linux-Distributionen verwenden den *System V Init*-Befehl zur Verwaltung der unterschiedlichen Betriebszustände (Runlevel) und zum automatischen Start und Beenden der entsprechenden Dienste. Dieser SysVinit verwendet üblicherweise ein Shellscript mit dem Namen *rc*, um die Dienste für den entsprechenden RunLevel zu beenden und zu starten. Dieses Script ermittelt über eine Verzeichnisstruktur aus sieben *rcX.d*-Verzeichnissen und den enthaltenen Verknüpfungen, welcher Dienst gestartet und beendet werden soll und ruft entsprechend ein Startscript des Dienstes mit dem Argument start oder stop auf.

Die Runlevel werden von den modernen Distributionen meist wie folgt verwendet:

0   Halt

1   Single User

2   Multiuser ohne Netzwerkdienste

3   Multiuser im Textmodus

4   Reserviert

5   Multiuser mit Grafischer Anmeldung

6   Reboot

Das Startscript wird üblicherweise von der Distribution mitgeliefert, wenn Snort Teil der Distribution ist. Wurde Snort von Ihnen aus den Quellen übersetzt, so müssen Sie das Script selbst erstellen. Hierbei sollte darauf geachtet werden, dass auf der Startzeile möglichst wenig Optionen an Snort übergeben werden. Angaben wie das eigene Netzwerk (-h) oder der Alarmierungs-Modus (-A) sollten in der Konfigurationsdatei definiert werden. Im Folgenden ist ein Beispiel angegeben. Hier wird Snort mit der Option -D aufgerufen. Das führt dazu, dass Snort im Daemon-Modus im Hintergrund läuft.

Listing 9.3:   Snort-Startscript

```
#!/bin/sh
#
# Kommentare für Red Hat Distribution (ntsysv, chkconfig)
# snortd         Start/Stop das Snort NIDS
#
# chkconfig: 2345 40 60
# description:  snort ist ein Netzwerk Intrusion Detection System
#


# See how we were called.
case "$1" in
  start)
```

```
          echo -n "Starting snort: "
          cd /var/log/snort
          /usr/sbin/snort -D -c /etc/snort/snort.conf  && \
      echo " OK " || echo " Failed "
          ;;
    stop)
          echo -n "Stopping snort: "
          killall snort && \
      echo " OK " || echo " Failed "
          echo
          ;;
    restart)
          $0 stop
          $0 start
          ;;
    status)
          ps -ax | grep snor[t]
          ;;
    *)
          echo "Usage: $0 {start|stop|restart|status}"
          exit 1
esac

exit 0
```

Das Einbinden des Startscriptes in den SysVinit-Prozess soll nun am Beispiel der beiden am häufigsten eingesetzten Linux-Distributionen Red Hat und SuSE vorgestellt werden:

Red Hat

Bei allen Red Hat-Distributionen bis zum Erscheinen dieses Buches befinden sich die Startscripts im Verzeichnis *etc/rc.d/init.d*. Diese Scripts werden über Verknüpfungen aus den Verzeichnissen */etc/rc.d/rc[0-6].d/* aufgerufen. Hierbei zeichnet sich eine Verknüpfung, welche den Dienst startet, durch ein *S*, und eine Verknüpfung, welche einen Dienst beendet, durch ein *K* aus. Alle Verknüpfungen im Verzeichnis werden entsprechend ihrer alphabetischen Reihenfolge abgearbeitet. Das bedeutet, dass bei einem Wechsel in einen anderen Runlevel zunächst alle *K**-Einträge, anschließend alle *S**-Einträge im Verzeichnis des entsprechenden Runlevels abgearbeitet werden.

Zur Integration des Scripts wird zunächst das Script in das Verzeichnis *init.d* kopiert und *S*-Verknüpfungen in den Verzeichnissen, in denen Snort gestartet werden soll, erzeugt. Dies sind üblicherweise die Verzeichnisse *rc[2-5].d*. Die Wahl der Startnummer sollte so erfolgen, dass mindestens das Netzwerk und der Syslogd bereits gestartet wurden. Sollen später noch andere Protokolldienste verwendet werden, z. B. Datenbanken, so ist sicherzustellen, dass diese vor Snort gestartet werden. Dadurch wird Snort nun automatisch in den entsprechenden

Runleveln gestartet. Damit Snort nun auch ordnungsgemäß beendet wird, sollte eine entsprechende *K*-Verknüpfung in den Verzeichnissen *rc0.d* und *rc6.d* (entsprechend dem Runlevel *Halt* und *Reboot*) angelegt werden. Hier sollte sichergestellt werden, dass Snort beendet wird, bevor eine genutzte Datenbank, der Syslogd oder das Netzwerk beendet wird.

```
# mv snort.startskript /etc/rc.d/init.d/snort
# chmod 755 /etc/rc.d/init.d/snort
# cd /etc/rc.d/rc2.d
# ln -s ../init.d/snort S60snort
# cd /etc/rc.d/rc3.d
# ln -s ../init.d/snort S60snort
# cd /etc/rc.d/rc4.d
# ln -s ../init.d/snort S60snort
# cd /etc/rc.d/rc5.d
# ln -s ../init.d/snort S60snort
# cd /etc/rc.d/rc0.d
# ln -s ../init.d/snort K40snort
# cd /etc/rc.d/rc6.d
# ln -s ../init.d/snort K40snort
```

SuSE

SuSE hat mit dem Erscheinen der Distribution SuSE 8.0 das Startverhalten der eigenen Dienste modifiziert. Im Folgenden wird zunächst das Verhalten der Version 8.x besprochen. Hier werden die Startscripts im Verzeichnis */etc/init.d* vorgehalten. Diese Startscripts werden wie bei der Red Hat-Distribution unter Verwendung von Start-(*S**-) oder Stopp-(*K**-)Verknüpfungen aufgerufen. Dabei werden beim Wechsel in einen Runlevel alle *S**-Verknüpfungen des entsprechenden Verzeichnisses und bei einem Verlassen alle *K**-Verknüpfungen aufgerufen. Es befinden sich also zum Beispiel im Verzeichnis *rc3.d* des Runlevels 3 sowohl ein *K**- als auch ein *S**-Eintrag für jeden Dienst. Beim Wechsel in den Runlevel wird die *S**-Verknüpfung und beim Verlassen die *K**-Verknüpfung abgearbeitet.

Die SuSE-Distributionen 7.* verwenden ebenfalls die gerade vorgestellte Struktur aus Verknüpfungen, jedoch verwenden SuSE eigene Startscripts zusätzlich die Datei */etc/rc.config* und die Dateien in */etc/rc.config.d/*. Jedes SuSE-eigene Startscript liest die rc.config-Datei ein und überprüft, welcher Wert der Variablen START_DIENST zugewiesen wurde. Ist die Variable auf yes gesetzt, so wird der Dienst automatisch gestartet. Ist er auf no gesetzt, so wird der Dienst automatisch beendet. Das Vorhandensein der *S*-Verknüpfung in dem entsprechenden Verzeichnis genügt nicht für den automatischen Start des Dienstes. SuSE-Distributionen vor der Version 7.0 verwenden eine andere Zuordnung der Runlevel. Bitte lesen Sie die Kommentare in der Datei */etc/inittab*, bevor Sie die Verknüpfungen einrichten!

Wenn Sie das selbst erstellte Startscript verwenden, ist es unerheblich, welche Version Sie einsetzen. Erzeugen Sie in dem Verzeichnis, in dessen Runlevel Snort gestartet werden soll, sowohl die *S-* als auch die *K*-Verknüpfung.

Snort-Konfiguration

Bisher wurde Snort von Hand auf der Kommandozeile gestartet. Optionen, die die Protokollierung oder die Alarmierung betrafen, wurden beim Aufruf auf der Kommandozeile angegeben. Die meisten dieser Optionen können in die Konfigurationsdatei, welche auch die Snort-Regelsätze enthält, verschoben werden. Darüber hinaus bietet die Konfigurationsdatei weitere mächtige Direktiven, die das Verhalten von Snort modifizieren können.

Listing 9.4: Beispiel Snort-Konfiguration

```
#
# Snort-Konfigurationsdatei
# Ralf Spenneberg
#
# $Id: snort.xml,v 1.2 2002/09/07 10:52:41 spenneb Exp spenneb $
#
var HOME_NET 192.168.111.0/24
var EXTERNAL_NET any
var DNS_SERVERS 192.168.111.53
var INCLUDEPATH ./

# Verwende Interface eth0
config interface: eth0
# Verwende einen anderen Benutzerkontext
config set_gid: snort
config set_uid: snort

Preprocessor frag2
Preprocessor stream4
Preprocessor http_decode: 80 8080
Preprocessor portscan: $HOME_NET 4 2 portscan.log
Preprocessor portscan_ignorehosts: $DNS_SERVERS

Output log_tcpdump: binary.log
Output alert_syslog: LOG_AUTH LOG_ALERT
Output database: log, mysql, user=snortuser dbname=snortdb host=localhost

Include $INCLUDEPATH/rules.conf
```

Anhand des aufgeführten Beispieles sollen nun die Möglichkeiten der Konfiguration von Snort erklärt werden.

Variablen

Häufig werden bestimmte Angaben, wie IP-Adressen, Ports und Pfade in der Konfigurationsdatei angegeben. Müssen diese Angaben später modifiziert werden, so ist es erforderlich, sämtliche Vorkommen anzupassen. Die Definition von Variablen kann diesen Vorgang stark vereinfachen. Dazu wird lediglich zu Beginn des Skriptes die IP-Adresse, der Port oder der Pfad definiert und anschließend nur mit der Variablen gearbeitet. Im Beispiel wird dies recht gut deutlich. Die spätere Administration wird vereinfacht und Fehler aufgrund von Inkonsistenzen können sich seltener einschleichen.

Die Zuweisung eines Wertes an eine Variable erfolgt mit:

```
var VARIABLE wert
```

Die Auswertung der Variable erfolgt ähnlich wie bei der Bourne Shell-Variablen mit:

```
Include $INCLUDEPATH/rules.conf
```

Bei der Zuweisung von Variablen können auch Standardwerte definiert oder bei fehlender Wertzuweisung Fehlermeldungen ausgegeben werden. Auch diese Syntax wurde aus den Shellsprachen übernommen. Beispiele für Standardwerte oder Fehlermeldungen sind:

```
var HOME_NET $(HOME_NET:-192.168.111.0/24)
var HOME_NET $(HOME_NET:?Variable HOME_NET ist noch nicht definiert!)
```

Konfigurationsdirektiven

Drei Konfigurationsdirektiven wurden in der Konfigurationsdatei angegeben. Diese definieren das Laufverhalten von Snort. Die meisten dieser Optionen können auf der Kommandozeile wie auch in der Konfigurationsdatei angegeben werden. Werden Sie auf der Kommandozeile spezifiziert, so überschreiben sie immer die in der Datei angegebenen Werte. Hier werden die zu überwachende Netzwerkkarte und der zu verwendende Benutzerkontext spezifiziert. Die Angabe eines Benutzers erhöht die Sicherheit. Snort wird nach dem Start, der mit *root*-Privilegien erfolgen muss, die Rechte von *root* ablegen und nur noch die Rechte des angegebenen Benutzers aufweisen. Es schaltet den Benutzerkontext um auf den angegebenen Benutzer. Weist Snort eine noch nicht bekannte Sicherheitslücke auf, so kann der Angreifer nur auf die Dateien zugreifen, auf die der Snort-Benutzer zugreifen kann. Er erlangt nicht *root*-Rechte auf dem System.

Präprozessor-Plug-Ins

Präprozessoren erlauben Snort den Netzwerkverkehr ausführlicher zu analysieren. Snort wird mit einer Vielzahl von Präprozessoren ausgeliefert, die bereits in der Einleitung besprochen und in weiteren Kapiteln genauer untersucht werden.

Bei der Angabe der Präprozessoren in der Konfigurationsdatei ist jedoch auf deren Reihenfolge zu achten. Die Präprozessoren werden in genau dieser Reihenfolge auch abgearbeitet. Das bedeutet, dass IP-(*frag2*-)Präprozessoren vor TCP-(*stream4*-)Präprozessoren und vor Applikations-Präprozessoren (*http_decode*) aufgerufen werden müssen.

Output-Plug-Ins

Snort stellt sehr flexible Ausgabemöglichkeiten zur Verfügung, welche alternativ oder gleichzeitig genutzt werden können. Hierzu können für die Protokollierung und die Alarmierung jeweils mehrere verschiedene Methoden mit verschiedenen Zielen gewählt werden. Dadurch kann Snort unterschiedliche Instanzen in unterschiedlichen Formaten alarmieren und die Protokollierung dort durchführen. Die wesentlichen Output-Plug-Ins wurden bereits vorgestellt. Bei der Angabe in der Konfigurationsdatei ist jedoch zu beachten, dass Angaben auf der Kommandozeile jegliche Konfiguration in der Datei überschreiben. Daher sollte darauf geachtet werden, dass das Startscript kein Ausgabeformat auf der Startzeile angibt. Die Konfiguration im Einzelnen und die Vor- bzw. Nachteile der einzelnen Plug-Ins werden weiter unter besprochen.

Include

Die Snort-Konfigurationsdatei kann leicht mehrere hundert Zeilen lang werden. Die mit dem Snort-Paket ausgelieferten Regelsätze zählen mehr als 1000 Regeln. Daher kann es ab einer bestimmten Größe vom administrativen Aufwand und vom Überblick her sinnvoll werden, die Datei auf mehrere Dateien aufzuteilen. So kann in einer Datei die Verwendung der Präprozessoren und der Output-Plug-Ins beschrieben werden. Weitere Dateien enthalten die Regelsätze für Angriffe gegen UNIX-Rechner, Windows-Rechner und allgemeine Applikationsangriffe zum Beispiel auf Webserver. Diese einzelnen Dateien können dann in der Masterdatei *snort.conf* mit der Direktive Include eingebunden werden.

Kommentare

Eine wichtige Eigenschaft der Konfigurationsdatei ist die Möglichkeit, Einträge mit Kommentaren zu versehen. So können alle Einträge mit Erläuterungen versehen werden. Auch eine Dokumentation der Datei selbst mit Änderungsdatum, Autor etc. (auch über RCS) ist möglich. Schließlich soll auch die Möglichkeit hervorgehoben werden, zu Testzwecken Teile der Konfigurationsdatei durch ein Voranstellen des Kommentarzeichens (#) zu deaktivieren

> **HINWEIS**
> Wenn Sie Modifikationen an der Snort-Konfigurationsdatei durchführen und anschließend Snort neu starten, so starten Sie zunächst Snort von der Kommandozeile ohne die Option -D. Diese Option veranlasst Snort sich von der Konsole zu lösen und als Daemon im Hintergrund zu laufen. Jedoch wird Snort dann keine Fehlermeldungen auf der Konsole ausgeben, welche auf Syntaxfehler in der Konfigfigurationsdatei hinweisen können.

Kommandozeilenkonfiguration

Viele Optionen, die bisher nur auf der Kommandozeile definiert werden konnten, können in neueren Versionen (ab 1.8) auch in der Konfigurationsdatei definiert werden. Dies erlaubt den Aufruf von Snort lediglich mit der Angabe der Konfigurationsdatei. Hiermit können konsistente Aufrufe wesentlich leichter garantiert werden.

Snort verlangt folgendes Format:

```
config DIREKTIVE[: Wert]
```

Snort unterstützt die folgenden Konfigurationsdirektiven:

alertfile	Name der Alert-Datei. Normalerweise protokolliert Snort die Alerts in der Datei *alerts* im Protokollverzeichnis. Der Name kann mit diesem Parameter modifiziert werden.
alert_with_ interface_name	Snort hängt den Namen der Netzwerkkarte an die Alert-Meldung an (snort -I). Dies erlaubt mehreren Snort-Prozessen gleichzeitig ein Alert-Zielmedium zu verwenden und weiterhin die Snort-Prozesse zu unterscheiden.
bpf_file	Snort sammelt nur Pakete, welche dem BPF-Filter aus der angegebenen Datei genügen (snort -F datei). Diese BPF-Filter sind identisch mit den von tcpdump verwendeten BPF-Filtern. So kann die Menge der Pakete, die von Snort untersucht werden soll, bereits im Vorfeld reduziert werden. Dies erhöht die Geschwindigkeit.
chroot	Snort wechselt nach dem Start in das entsprechende Verzeichnis und beschränkt sein Wurzelverzeichnis auf dasselbe (snort -t). Der Snort-Prozess ist anschließend nicht in der Lage, auf Dateien außerhalb des Verzeichnisses zuzugreifen. Das bedeutet, dass sämtliche erforderlichen Dateien wie die Bibliotheken, Konfigurationsdateien und Protokolle sich innerhalb dieses Verzeichnisses befinden müssen. Symbolische Links sind nicht erlaubt. Diese Option erhöht

die Sicherheit des Systems bei einem Einbruch über Snort. Die Konfiguration wird am Ende dieses Kapitels genauer beleuchtet.

`checksum_mode`   Hier können die Pakete angegeben werden, deren Prüfsummen berechnet und kontrolliert werden sollen. Mögliche Werte sind `none`, `noip`, `notcp`, `noicmp`, `noudp` und `all`.

`classification`   Hier werden die Klassifizierungstabellen erzeugt. Die Klassifizierung erlaubt die Zuordnung der Regeln zu bestimmten Angriffsklassen. Dies erleichtert die Bewertung der protokollierten Ereignisse (siehe auch weiter unten den Abschnitt »Erzeugung der Regeln«).

`daemon`   Snort läuft als Daemon im Hintergrund (`snort -D`).

`decode_arp`   Aktiviert die Dekodierung und die Anzeige von ARP-Paketen (`snort -a`).

`decode_data_link`   Snort protokolliert zusätzlich den Data Link Header (`snort -e`). Hierbei handelt es sich üblicherweise um die Ethernet-Rahmendaten, zum Beispiel die MAC-Adressen der beteiligten Rechner.

`dump_chars_only`   Snort gibt lediglich die ASCII-Darstellung der Pakete aus (`snort -C`). HEX-Ausgaben werden unterdrückt.

`dump_payload`   Snort gibt den Inhalt des Paketes aus (`snort -d`). Normalerweise wird lediglich der Kopf (Header) des Paketes protokolliert.

`dump_payload_verbose`   Snort gibt den gesamten Inhalt des Paketes inklusive der Data Link Layer (Ethernet-Informationen) aus (`snort -X`).

`interface`   Dies erlaubt die Angabe der Netzwerkkarte, die von Snort verwendet werden soll (`snort -i ethX`). Bisher ist es leider nicht möglich, Snort gleichzeitig auf mehreren Netzwerkkarten zu binden. Hierzu sind im Moment mehrere Snort-Prozesse erforderlich.

`logdir`   Snort verwendet das angegebene Protokollverzeichnis (`snort -l`).

`nolog`   Die Protokollierung wird abgeschaltet (`snort -N`).

`no_promisc`   Snort wird nicht die Netzwerkkarte in den so genannten promiscuous Modus schalten (`snort -p`). Das bedeutet, die Netzwerkkarte sieht lediglich die Pakete, die für sie aufgrund der MAC-Zieladresse bestimmt sind.

`obfuscate`   Diese Option verbirgt die IP-Adressen bei der Klartextausgabe (`snort -O`). Ist das eigene Netz angegeben worden mit

-h oder `reference_net`, so werden nur die eigenen IP-Adressen verborgen. Dabei werden die IP-Adressen ersetzt durch *xxx.xxx.xxx.xxx*. Diese Option bietet sich für die Veröffentlichung der Daten auf Mailinglisten oder Webseiten an. Außerdem ermöglicht diese Variante eine Protokollierung in datenschutzrechtlich bedenklichen Umgebungen, in denen ein Rückschluss auf den Benutzer über die IP-Adresse möglich ist.

`order` Ändert die Regelreihenfolge von Passregeln (`snort -o`). Normalerweise werden die Passregeln von Snort als letzte abgearbeitet. Das bedeutet, dass sie wirkungslos sind. Damit die Passregeln, so wie gewünscht, vor allen anderen Regeln abgearbeitet werden, muss die Reihenfolge geändert werden. Dies wurde als Sicherheitsfeature implementiert. Snort arbeitet die Regeln in der angegebenen Reihenfolge ab. Standardreihenfolge ist:

```
config order: activation dynamic alert pass log
```

`pkt_count` Snort sammelt lediglich die angegebene Menge von Paketen und beendet sich anschließend (`snort -n`).

`quiet` Snort gibt bei einem Start von der Kommandozeile keine Start/Status-Informationen aus (`snort -q`).

`reference_net` Definiert das eigene Netzwerk (`snort -h`). Alle Protokolleinträge werden nun so durchgeführt, dass die entsprechende Gegenseite als Client angesehen wird. Die Protokollverzeichnisse tragen also als Namen die IP-Adresse der Gegenseite.

`set_gid` Snort wechselt in diese Gruppe und verlässt die *root*-Gruppe (`snort -g`). Bei der Verwendung dieser Option und der `set_uid`-Option (s.u.) ist zu beachten, dass der angegebene Snort-Benutzer und die Gruppe Schreib- und Leserechte auf die Regeldateien und die Protokollverzeichnisse benötigen.

`set_uid` Snort ändert den ausführenden Benutzer auf die angegebene UID und gibt die Rechte des Benutzers *root* ab (`snort -u`). Es gelten diegleichen Bemerkungen wie bei set_gid.

`show_year` Snort protokolliert auch das Jahr (`snort -y`). Üblichweise protokolliert Snort lediglich Monat, Tag und Uhrzeit einer Meldung. Diese Option fügt das Jahr hinzu.

`stateful` Diese Option definiert, ob das Stream-Reassemblierungs-Plug-In alle TCP-Pakete untersuchen soll (Wert: `all`) oder nur Pakete, bei denen es den TCP Handshake zum Verbindungsaufbau gesehen hat (Wert: est). Weitere Informationen zu diesem Plug-In folgen weiter unten.

umask   Snort nutzt die angegebene Umask (snort -m 077). Das bedeutet, dass alle Dateien mit den entsprechenden Rechten angelegt werden. Beim angegebenen Beispiel dürfte nur der Snort-Benutzer die Dateien lesen und schreiben.

utc   Verwendet für alle Protokolleinträge die Zeitzone *utc* (snort -U). Diese Option erleichtert die Korrelation von Snort-Ereignissen auf verschiedenen, sich in verschiedenen Zeitzonen befindlichen Snort-Sensoren.

verbose   Schaltet die Protokollierung auf der Standardausgabe an (snort -v). Bedenken Sie, dass die Standardausgabe lediglich als serielles Gerät simuliert wird. Die Geschwindigkeit beträgt üblicherweise 38400 Baud. Dies ist wesentlich weniger, als eine 10-Mbit/s-Netzwerkkarte zu leisten vermag!

Erzeugung der Regeln

Unabhängig davon, ob Sie Snort als RPM-Paket der Distribution installieren oder es selbst übersetzen, wird es mit einem umfangreichen Regelsatz ausgeliefert. Diese Regeln werden ständig modifiziert und erweitert. Sie stellen ein Sammelsurium aller Regeln dar, die als sinnvoll erachtet werden. In 99% aller Fälle ist eine Anwendung aller Regeln jedoch nicht sinnvoll. Die Regeln müssen angepasst und in ihrem Umfang reduziert oder erweitert werden. Damit Sie dies erfolgreich durchführen können, wird Sie dieses Kapitel in die Geheimnisse der Regelsyntax und der Entwicklung eigener Regeln an einigen Beispielen einführen. Die nächsten Kapitel werden sich anschließend mit fortgeschrittenen Regeln und den zur Verfügung stehenden Präprozessoren beschäftigen

Regelsyntax

Die Regeln definieren nun die Eigenschaften der Pakete, die von Snort untersucht werden sollen. Die Syntax ist recht einfach und erlaubt die Inspektion der IP-Adressen, Ports und auch des Inhaltes des Paketes. Jede Regel muss in einer Zeile definiert werden.

> **HINWEIS**
> Ab der Version 1.8 besteht die Möglichkeit, das Zeilenende mit einem Backslash zu maskieren. So kann eine Regel doch optisch über mehrere Zeilen verteilt werden. Es ist jedoch wichtig, dass der Backslash der letzte Buchstabe vor dem Zeilenende ist.

Jede Regel besteht im Grunde aus zwei Teilen:

- Regelrumpf
- Regeloptionen

Ein Regelrumpf ist bei jeder Regel erforderlich. Die Optionen sind, wie der Name schon sagt, optional. Der Regelrumpf beschreibt die beiden Kommunikationspartner, das »Wer mit wem?« der Verbindung. Die Optionen beschreiben den Inhalt, das »Was?«, der Kommunikation. Üblicherweise bestehen Regeln sowohl aus einem Rumpf als auch aus Optionen. In seltenen Fällen kann eine Regel lediglich aus einem Regelrumpf bestehen. Dies kommt zum Beispiel in so genannten Passregeln vor. Diese missachten bestimmte Pakete vor der Anwendung der restlichen Regeln. Logregeln können alle Pakete eines bestimmtes Rechners protokollieren.

```
alert icmp 192.168.111.50 any <> 192.168.111.200 any (msg: "PING-Paket";)
└────┘
```
Aktion

Abbildung 9.8:   Aufbau der Snortregeln: Aktion

Der Regelrumpf beginnt mit der Aktion. Diese Aktion definiert, wie Snort bei einer zutreffenden Regel reagieren soll. Snort bietet hierzu folgende Schlüsselwörter an:

- Alert. Snort alarmiert und protokolliert das Paket. Die Alarmierung und Protokollierung erfolgt entsprechend der gewählten Output-Plug-Ins. Bei der Standardeinstellung werden lediglich die Header des Paketes in der Alert-Datei und in dem entsprechenden Protokollverzeichnis protokolliert.

- Log. Snort protokolliert das Paket lediglich. Snort wird keine Alarmierung durchführen.

- Pass. Snort betrachtet das Paket nicht weiter. So können Pakete ausgefiltert werden, die ansonsten von späteren Regeln betroffen sein würden.

- Activate. Snort alarmiert und aktiviert weitere Regeln. Diese weiteren Regeln sind bereits als »Dynamic« definiert, jedoch noch nicht aktiv. Sie werden dynamisch durch diese Regel aktiviert.

- Dynamic. Snort kann diese Regeln dynamisch anschalten. Der Anschaltvorgang wird von »Activate«-Regeln ausgelöst. Anschließend arbeiten diese Regeln analog den »Log«-Regeln.

- *Eigene Definition*. Im nächsten Kapitel wird die Definition eigener Aktionen beschrieben. So ist es möglich, in Abhängigkeit der Regel unterschiedliche Ausgabeformate und -ziele zu wählen.

Anschließend an die Aktion folgt das Protokollfeld. Dieses Feld definiert das Protokoll, welches von dem Paket verwendet werden darf.

alert **icmp** 192.168.111.50 any <> 192.168.111.200 any (msg: "PING-Paket";)
|_____|

Protokoll

Abbildung 9.9:   Aufbau der Snortregeln: Protokoll

Snort kennt bisher die folgenden Protokolle:

- IP
- ICMP
- TCP
- UDP

Weitere Protokolle können in der Zukunft hinzukommen.

An das Protokoll schließt sich die Source IP-Adresse an. Diese IP-Adresse definiert die Herkunft des zu untersuchenden bösartigen Paketes. Die Adresse wird in der Classless Internet Domain Routing (CIDR) Notation angegeben, beispielsweise 192.168.0.0/8. Das bedeutet, dass die Netzmaske als Anzahl der von links durchgängig gesetzten Bits angegeben wird.

alert icmp **192.168.111.50** any <> 192.168.111.200 any (msg: "PING-Paket";)
|_____|

Source-IP

Abbildung 9.10:   Aufbau der Snortregeln: Source IP

Das Format der IP-Adresse kann in folgenden Formen angegeben werden:

- *10.0.0.0/8* – Klasse A
- *172.16.0.0./16* – Klasse B
- *192.168.111.0/24* – Klasse C
- *192.168.111.200/32* – Rechner
- *any* – Jede IP-Adresse
- *!* – Negation
- *[10.0.0.0/8,172.16.0.0/16]* – IP-Liste
- *$DNS_SERVERS* – Angabe mit einer Variablen

Die Verwendung von IP-Listen wird seit der Version 1.7 unterstützt. Die Liste besteht aus IP-Adressen in CIDR-Notation, getrennt durch Kommata und eingeschlossen mit eckigen Klammern. Diese Liste darf keine Leerzeichen enthalten. Bei der Verwendung von Variablen muss die Variable im Vorfeld der Konfigurationsdatei definiert sein. Snort liest die Konfigurationsdatei in einem Durchlauf. Alle später genutzten Variablen müssen vorher definiert werden.

Auf die Source IP-Adresse folgt die Angabe des Source-Ports.

alert icmp 192.168.111.50 **any** <> 192.168.111.200 any (msg: "PING-Paket";)

Source-Port

Abbildung 9.11: Aufbau der Snort-Regeln: Source-Port

Der Port definiert den Port, den der Absender verwendet hat, um das Paket zu versenden. Gültige Formate des Quell-Ports wie auch des Ziel-Ports (Destination Port) sind:

- *80* – Angabe des einzelnen Ports
- *!80* – Negation, alle Ports außer 80
- *33434:33690* - Port-Bereich
- *:1023* – Alle Ports kleiner/einschließlich 1023
- *1024:* – Alle Ports größer/einschließlich 1024
- *any* – Jeder Port

ACHTUNG

Das Protokoll ICMP verwendet keine Ports. Jedoch schreibt die Regelsyntax zwingend einen Quell- und einen Ziel-Port vor. Dies ist auch bei ICMP-Regeln erforderlich, jedoch wird dieser Wert ignoriert. Daher wird üblicherweise hier any eingesetzt.

alert icmp 192.168.111.50 any <> 192.168.111.200 any (msg: "PING-Paket";)

Richtung

Abbildung 9.12: Aufbau der Snortregeln: Richtung

Damit ist der Absender des Paketes erschöpfend definiert. Nun erfolgt die Angabe der Verbindungsrichtung. Hier stehen zwei Möglichkeiten zur Auswahl. Entweder handelt es sich um eine unidirektionale (->) Regel, welche Pakete von links nach rechts untersucht, oder um eine bidirektionale (<>) Regel, bei der das Paket von links nach rechts wie auch umgekehrt gesendet werden kann. Hierbei werden dann Quell-Adresse/-Port und Ziel-Adresse/-Port ausgetauscht.

alert icmp 192.168.111.50 any <> **192.168.111.200 any** (msg: "PING-Paket";)

|_____|

Destination-IP und -Port

Abbildung 9.13: Aufbau der Snort-Regeln: Ziel-IP-Adresse und -Port

Es folgt nun die Ziel-IP-Adresse und der -Port. Diese werden analog der Quell-IP-Adresse und dem Quell-Port definiert. Es gelten dieselben Einschränkungen bezüglich des Formates.

Die Regeloptionen erlauben nun eine weitere Spezifikation des Paketes. Sie definieren im Wesentlichen die Funktion des Paketes. Sie werden nur dann von Snort hinzugezogen, wenn der Regelrumpf mit dem Paket übereinstimmt. Die Optionen definieren nun weitere Eigenschaften des verwendeten Protokolls (z. B. TCP-Flaggen) als auch des eigentlichen Paketinhaltes (content). Zusätzlich besteht die Möglichkeit, eine Protokollmitteilung (msg:"")zu definieren, die bei Zutreffen der Regel zusätzlich protokolliert wird.

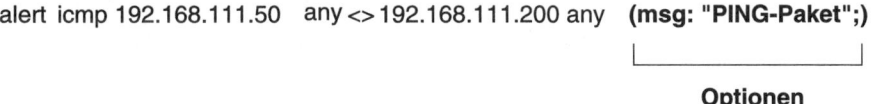

alert icmp 192.168.111.50 any <> 192.168.111.200 any **(msg: "PING-Paket";)**

|_____|

Optionen

Abbildung 9.14: Aufbau der Snortregeln: Optionen

Das augenscheinlichste Merkmal bei der Syntax der Regeloptionen ist zunächst ihre Angabe in runden Klammern. Diese Klammern sind zwingend erforderlich und nicht optional. Die Regeloptionen können aus Paketattributen, Werten oder Aktionen bestehen. Hier können über die Standardaktionen hinausgehende Aktionen (z. B. SNMP Trap) definiert werden. Innerhalb der Klammern werden die einzelnen Attribute und Aktionen durch Semikola (;) getrennt. Selbst das letzte Attribut wird mit einem Semikolon abgeschlossen

Die Attribute, welche von Snort in dem Paket untersucht werden, werden üblicherweise als ein Paar aus Schlüsselwort und Wert angegeben. Hierbei folgt auf das Schlüsselwort ein Doppelpunkt und anschließend der zu überprüfende Wert. Dies weist Snort an, die entsprechende Eigenschaft des Paketes auf Übereinstimmung mit dem angegebenen Wert zu testen. Trifft dies zu, so ist diese Option gültig.

Snort unterstützt eine ganze Reihe von Attributen. Zum Zeitpunkt der Erstellung dieses Buches handelte es sich um die folgenden:

• IP-Protokoll
  – tos. Testet den Wert des *Type of Service*-Feldes. Dieser Test ist nur bei einer exakten Übereinstimmung erfolgreich.

- ttl. Testet den Wert des *Time to Live*-Feldes. Dieser Test ist nur bei einer exakten Übereinstimmung erfolgreich.
- id. Testet die *IP/Fragment-Identifikationsnummer*. Häufig weist dieses Feld bei Angriffen charakteristische Einträge auf.
- ip_proto. Testet das verwendete *IP-Protokoll*. Sowohl die numerische Angabe als auch der Protokollname entsprechend der Datei */etc/protocols* sind erlaubt.
- sameip. Testet, ob Quell- und Ziel-IP-Adresse identisch sind.
- ipopts. Testet auf das Vorhandensein von IP-Optionen. Diese Optionen verändern das Verhalten des Paketes und können zu Angriffen genutzt werden. Die unterstützten Werte sind:
  - rr. *Record Route*. Trägt die Router in einer Liste im IP-Header ein, die diese Pakete weiterleiten.
  - eol. *End Of List*
  - nop. *No Operation*. Wird zum Auffüllen der IP-Optionen verwendet. Der komplette IP Header muss eine durch 4 teilbare Länge in Bytes besitzen. Er wird im Zweifelsfall mit NOPs aufgefüllt.
  - ts. *Time Stamp*. Diese Option erlaubt die Ermittlung der Laufzeit von Paketen.
  - sec. *IP Security Option*. Proprietär. Wird nur in militärischen Netzwerken genutzt. Hat keine Verbindung zu IPsec.
  - lsrr. *Loose Source Routing*. Definiert bis zu acht Router, über die das Paket unter anderen das Ziel erreichen soll.
  - ssrr. *Strict Source Routing*. Definiert exakt bis zu acht Router, über die das Paket das Ziel erreichen muss. Weitere Router sind nicht zugelassen.
  - satid. *Stream Identifier*.
- fragbits. Testet die Bits im IP-Header, die die Fragmente verwalten oder reserviert sind. Dies sind drei verschiedene Bits.
  - R. *Reserved Bit*. Dieses Bit ist reserviert und darf nicht verwendet werden.
  - M. *More Fragments* (MF-Bit). Wurde ein IP-Paket fragmentiert, so trägt jedes Fragment außer dem letzten dieses gesetzte Bit. Das deutet an, dass weitere Fragmente folgen.
  - D. *Do not Fragment* (DF-Bit). Dieses Bit zeigt an, dass der Absender einem Router verbietet, das Paket zu fragmentieren.

Diese verschiedenen Bits können nun in unterschiedlichen Varianten auftreten. Snort erlaubt den Test in folgender Form:

- fragbits: DF. Testet, ob D und F gesetzt und M nicht gesetzt sind.
- fragbits: D+. Testet, ob D und beliebige weitere Bits gesetzt sind.

— `fragbits: DF*`. Testet, ob `D` oder `F` gesetzt sind.

— `fragbits: !D`. Testet, dass `D` nicht gesetzt ist.

— `dsize`. Testet die Größe des Dateninhaltes des Paketes. Dies kann ein Test gegen einen exakten Wert sein wie auch die Vergleichsoperatoren < und > nutzen. Beispiel:

`dsize: > 500`

- ICMP-Protokoll

    — `icmp_id`. Testet die Identifikationsnummer von ICMP Echo-Paketen (Ping). Einige Angriffswerkzeuge (Stacheldraht, Tunnelwerkzeuge etc.) verwenden statische bekannte Identifikationsnummern.

    — `icmp_seq`. Führt denselben Test wie `icmp_id` auf dem ICMP-Sequenznummernwert durch.

    — `itype`. Testet den Typ des ICMP-Paketes. Destination Unreachable ist Typ 3. Weitere Typen siehe Anhang.

    — `icode`. Testet den Code des ICMP-Paketes. Host Unreachable ist Typ 3 und Code 1. Weitere Codes siehe Anhang.

- TCP-Protokoll

    — `flags`. Testet den Zustand der sechs definierten und zwei reservierten Flags in dem *TCP Flags* Byte im TCP Header.

ACHTUNG

Die beiden angesprochenen reservierten Bits sind in der Vergangenheit viel verwendet worden, um Informationen über die angesprochenen Betriebssysteme zu erhalten. Verschiedene Personen haben herausgefunden, dass unterschiedliche Betriebssyteme auf diese gesetzten Bits unterschiedlich antworten. Daraufhin wurden Werkzeuge geschrieben, die mithilfe von Paketen, die diese Bits verwenden, in der Lage sind, das Betriebssystem auf der anderen Seite zu bestimmen. Die bekanntesten Vertreter dieser Gattung sind *queso* und *nmap*. In der Vergangenheit wurden daher von vielen Firewalls und Intrusion Detection-Systemen diese Pakete als gefährlich eingestuft. Dies hat sich geändert. RFC2481 definiert die *Explicit Congestion Notification* (ECN). Der Linux-Kernel 2.4 ist das erste Betriebssystem, welches ECN nutzen kann. ECN verwendet und setzt die bisher reservierten Bits im TCPHeader. Ob ECN auf Ihrem Linux-Rechner möglich und aktiviert ist, lässt sich an dem Vorhandensein und dem Wert der Datei */proc/sys/net/ipv4/tcp_ecn* ablesen. Ist die Datei vorhanden und der Wert 1, so ist ECN aktiviert.

Folgende Flags können getestet werden: F (FIN), S (SYN), R (RST), P (PSH), A (ACK), U (URG), 2 (2. reserviertes Bit), 1 (1. reserviertes Bit), 0 (kein Bit gesetzt). Die logische Gruppierung dieser Bits erfolgt wie bei den Fragment-Bits im IP Header. Eine ausführliche Erläuterung der Bits und ihrer Funktionen erfolgt im Anhang.

– seq. Erlaubt das Testen der Sequenznummer. Einige Angriffswerkzeuge verwenden statische Sequenznummern. Ansonsten weist diese Option keinen großen Nutzwert auf.

– ack. Erlaubt das Testen der Acknowledgement-Nummer. Nmap verwendet zum Beispiel eine Ack-Nummer von 0 bei gesetztem Ack TCP Bit bei einem so gennannten nmap TCP Ping. Dieser TCP Ping lässt sich wie folgt starten: nmap -PT host.

• Inhalt

– content. Definiert eine Bytefolge, nach der im Paket gesucht wird. Bei Auftreffen dieser Bytefolge ist der Test erfolgreich. Diese Bytefolge wird üblicherweise in ASCII angegeben und in Anführungszeichen eingefasst. Soll die Bytefolge binäre Informationen enthalten, so werden diese erneut in Pipe-Zeichen (|) eingefasst. Eine Negation kann durch Voranstellen des Ausrufezeichens erfolgen. Wird in der Bytefolge das Anführungszeichen, der Doppelpunkt oder das Pipe-Zeichen benötigt, so muss es mit dem Backslash maskiert werden. Der *content*-Test ist groß-/kleinschreibungs-sensitiv. Beispiel:

```
(content: "|4053 c0ff 4532|/bin/ksh";)
```

– uricontent. Uricontent verhält sich wie Content, jedoch durchsucht es lediglich den URI-Anteil eines Paketes.

– content-list. Diese Option erlaubt die Angabe einer Datei. Diese Datei enthält je Zeile exakt eine Zeichenkette, die überprüft wird. Die Angabe einer Negation kann mit einem Ausrufezeichen erfolgen.

– regex. Der Content-Test darf Wildcards (* und ?) enthalten. Es handelt sich nicht um echte reguläre Ausdrücke. In Versionen vor 1.8.3 gab es Probleme im Zusammenhang mit dem Attribut nocase.

– offset. Der Content-Test durchsucht standardmäßig das gesamte Paket. Offset definiert den Beginn des zu durchsuchenden Bereiches und verlangt in derselben Regel auch ein content-Attribut.

– depth. Der Content Test durchsucht standardmäßig das ganze Paket. Depth definiert die maximale Tiefe, die der Content-Test im Paket durchsuchen soll.

– nocase. Der Content-Test beachtet bei Vergleichen die Groß- und Kleinschreibung. Diese Option deaktiviert das Verhalten.

– session. Erlaubt die Protokollierung des gesamten Inhaltes der Verbindung. Session kann zwei verschiedene Werte annehmen: Printable und all. Printable gibt lediglich lesbare Informationen aus, z. B. die in einer telnet-Verbindung eingegebenen Kommandos, und all gibt alle auch nicht sichtbaren Buchstaben (in ihrem Hexadezimal-Äquivalent) aus.

ACHTUNG
Diese Option benötigt viele Ressourcen und sollte nicht im Online-Modus eingesetzt werden. Sinnvoller kann diese Option zur Prozessierung von binären Protokolldateien genutzt werden.

- rpc. Betrachtet, dekodiert und testet Remote Procedure Calls. Hierbei können die Anwendung, die Prozedur und die Version einzeln getestet werden. Jeder der beiden letzten Parameter kann durch * als Wildcard ersetzt werden. Beispiel:

  `(rpc: 100083,*,*; msg:"RPC ToolTalk Server";)`

- Ausgabe
  - msg. Definiert eine Zeichenkette, welche bei Zutreffen der Regel mit protokolliert wird. So kann von jeder Regel eine spezifische Protokollmeldung erzeugt werden. Sonderzeichen werden mit dem Backslash maskiert.
  - logto. Definiert eine Datei, welche zur Protokollierung dieser Regel genutzt wird. So lassen sich die Ausgaben verschiedener Regeln in einzelnen Dateien zusammenfassen. Dieses Attribut funktioniert nicht im binären Protokoll-Modus.
  - reference. Erlaubt die Angabe einer Referenz zu einer Regel. Diese Referenz wird definiert mit der Angabe des Systems und einer systemspezifischen ID. Mehrere Referenzen können in einer Regel angegeben werden. Momentan werden unterstützt:
    - bugtraq. *http://www.securityfocus.com/bid/*
    - cve. *http://cve-mitre.org/cgi-bin/cvename.cgi?name=*
    - arachnids. *http://www.whitehats.com/info/IDS*
    - mcaffee. *http://vil.nai.com/vil/dispVirus.asp?virus_k=*
    - url. *http://* Dies erlaubt die Angabe einer wahlfreien URL.
  - sid. Definiert eindeutig die Snort-Regel. Sid erlaubt die Angabe einer Nummer, mit der eindeutig die Regel identifiziert werden kann. Die möglichen Nummern sind in drei verschiedene Bereiche eingeteilt worden:
    - <100 – Reserviert für zukünftige Verwendung (Marty Roesch verwendet diese momentan noch privat).
    - 100 – 1.000.000 – Regeln in der Snort-Distribution
    - >1.000.000 – Verwendbar für lokal entwickelte Regeln
  - rev. Definiert eindeutig die Revisionsnummer der Regel. In Kombination mit der sid-Nummer erlaubt diese Angabe später die eindeutige Referenzierung der Snort-Regel, welche die entsprechende Ausgabe erzeugt hat.
  - classtype. Classtype erlaubt die Kategorisierung von Angriffen in Klassen. Die Klassifizierung muss grundsätzlich in Snort mit der Konfigurationsoption `config classification` aktiviert worden sein (s.o.). Dann

kann eine Regel mit dem Attribut `classtype` einer dieser Gruppen zuge-wiesen werden. Snort enthält bereits einige Standardklassen, welche in der Datei *classification.config* definiert wurden.

— `priority`. Priority bietet die Möglichkeit, der Regel eine Priorität zuzu-weisen. Diese Priorität kann später bei der Analyse der Protokolle genutzt werden.

— `tag`. Diese Option erlaubt die Protokollierung weiterer Pakete dieses Rechners nach der erfolgreichen Auswertung der Regel. So kann die Ant-wort eines Rechners auf bösartige Anfragen im Nachhinein untersucht werden. Tag verlangt die Angabe des Typs, der Anzahl, der Einheit und optional der Richtung:

  — Typ

    — `session`. Protokolliert alle Pakete aus derselben Session.

    — `host`. Protokolliert alle Pakete desselben Rechners. Diese Option nutzt die optionale Option Richtung.

  — Anzahl. Anzahl der zu protokollierenden Einheiten

  — Einheit

    — `packets`. IP-Pakete

    — `seconds`. Sekunden

  — Richtung

    — `src`. Protokolliert alle weiteren Pakete der Quell-Adresse.

    — `dst`. Protokolliert alle weiteren Pakete der Ziel-Adresse.

- Reaktion

  — `resp`. Die Flexible Response (flexible Antwort) ermöglicht Snort die aktive Reaktion auf verdächtige Verbindungen. Snort ist in der Lage, diese Verbindungen aktiv zu beenden. Weitere Informationen und die Anwendung werden weiter unten im Kapitel besprochen. Dieses Attribut ist in der Lage, mit folgenden Antworten auf Pakete zu reagieren:

    — `rst_snd`. Sendet ein TCP Reset an den Absender des Paketes. Damit wird der Absender informiert, dass die Verbindung beendet wurde und neu aufgebaut werden muss.

    — `rst_rcv`. Sendet ein TCP Reset an den Empfänger des originalen Pake-tes. Damit wird der Empfänger informiert, dass die Verbindung been-det wurde und im Zweifelsfall neu aufgebaut werden muss.

    — `rst_all`. Sendet ein TCP Reset jeweils an den Absender und den Emp-fänger. Dies ist die sicherste Variante, eine TCP-Verbindung zu unter-brechen.

    — `icmp_net`. Sendet ein `ICMP_NET_UNREACHABLE` an den Absender.

    — `icmp_host`. Sendet ein `ICMP_HOST_UNREACHABLE` an den Absender.

- react - Diese Option erlaubt weitergehende Antworten. So können Anfragen von Benutzern an bestimmte Webserver blockiert und ihnen Warnmeldungen gesendet werden. Momentan werden bei react folgende Aktionen und Argumente unterstützt:
    - `block`. Beenden der Verbindung und Senden der Mitteilung
    - `warn`. Senden der Warnung, Kein Beenden der Verbindung. *Noch nicht implementiert!*
    - `msg`. Mitteilung
    - `proxy`. Zu verwendender Proxy Port. *Noch nicht implementiert!*

- Modifikation der Präprozessoren
    - `stateless`. Betrachtung des Paketes unabhängig vom Verbindungszustand des Paketes entsprechend dem *stream4*-Präprozessor. Ab Version 1.9 wurde das Attribut unter `flow` eingeordnet (s.u.)
    - `flow`. Diese Option erlaubt die Anwendung der Regel auf lediglich eine Seite der Verbindung. *Sie ist lediglich ab 1.9 implementiert.* Diese Option erlaubt zusätzlich die Angabe von:
        - `to_client`, `from_server`. Testet nur Serverantworten.
        - `to_server`, `from_client`. Testet nur Clientanfragen.
        - `stateless`. Testet alle Pakete unabhängig von dem Zustand des *stream4*-Präprozessors.
        - `established`. Testet nur aufgebaute Verbindungen.

Beispiele

Im Folgenden sollen nun einige Beispiele für einfache Regeln gegeben werden. Hierbei werden zunächst die Pakete vorgestellt, die erkannt werden sollen und anschließend die Regeln entwickelt.

Ping

In diesem Beispiel wird eine Regel entwickelt, um Ping-Pakete zu erkennen. Dabei soll diese Regel nur Ping-Anfragen erkennen. Eine typische lokale Ping-Anfrage und ihre Antwort bei einem Linux-Kernel 2.4 sieht, ausgegeben durch Snort, folgendermaßen aus:

```
05/07-21:32:27.614104 192.168.111.50 -> 192.168.111.200
ICMP TTL:64 TOS:0x0 ID:0 IpLen:20 DgmLen:84 DF
Type:8 Code:0 ID:14362  Seq:0 ECHO
CB 2B D8 3C 9D 5E 09 00 08 09 0A 0B 0C 0D 0E 0F  .+.<.^..........
10 11 12 13 14 15 16 17 18 19 1A 1B 1C 1D 1E 1F  ................
20 21 22 23 24 25 26 27 28 29 2A 2B 2C 2D 2E 2F  !"#$%&'()*+,-./
30 31 32 33 34 35                                012345
```

```
05/07-21:32:27.616047 192.168.111.200 -> 192.168.111.50
ICMP TTL:255 TOS:0x0 ID:23999 IpLen:20 DgmLen:84
Type:0  Code:0  ID:14362  Seq:0  ECHO REPLY
CB 2B D8 3C 9D 5E 09 00 08 09 0A 0B 0C 0D 0E 0F  .+.<.^..........
10 11 12 13 14 15 16 17 18 19 1A 1B 1C 1D 1E 1F  ................
20 21 22 23 24 25 26 27 28 29 2A 2B 2C 2D 2E 2F  !"#$%&'()*+,-./
30 31 32 33 34 35                                012345
```

Bei dem ersten der beiden angegebenen Pakete handelt es sich um eine Ping-Anfrage (Echo Request) von 192.168.111.50 an 192.168.111.200. Diese Ping-Anfrage wird in dem zweiten Paket von 192.168.111.200 an 192.168.111.50 beantwortet. Als IP-Protokoll wird ICMP verwendet. Diese Tatsache könnte in einer Regel ausgedrückt werden als:

```
alert icmp 192.168.111.50 any <> 192.168.111.200 any
```

Bedenken Sie, dass das Protokoll ICMP keine Ports verwendet, jedoch die Regelsyntax zwingend die Angabe der Ports fordert. Es wird hier als Port any eingesetzt, da Snort den Port sowieso ignorieren wird. Die oben angegebene Regel würde folgende Ausgabe im Falle der angegebenen Pakete erzeugen:

```
[**] Snort Alert! [**]
05/07-21:32:27.614104 192.168.111.50 -> 192.168.111.200
ICMP TTL:64 TOS:0x0 ID:0 IpLen:20 DgmLen:84 DF
Type:8  Code:0  ID:14362   Seq:0  ECHO

[**] Snort Alert! [**]
05/07-21:32:27.616047 192.168.111.200 -> 192.168.111.50
ICMP TTL:255 TOS:0x0 ID:23999 IpLen:20 DgmLen:84
Type:0  Code:0  ID:14362  Seq:0  ECHO REPLY
```

Zum einen ist diese Ausgabe noch ein wenig nichtssagend, zum anderen dürfte die bisher verwendete Regel noch Probleme in ihrer Eindeutigkeit aufweisen. So würden von der Regel auch Fehlermeldungen ICMP DESTINATION UNREACHABLE protokolliert werden.

Um die Ausgabe auf dem Bildschirm aussagekräftiger zu gestalten, soll eine Mitteilung ausgegeben werden. Diese Mitteilung soll Informationen über das protokollierte Paket enthalten. Als Meldung wird gewählt: »PING Paket, möglicher Erkundungsversuch«. Um diese Mitteilung nun zu implementieren, wird die Regel modifiziert:

```
alert icmp 192.168.111.50 any <> 192.168.111.200 any (msg: "PING Paket, \
  möglicher Erkundungsversuch";)
```

Werden dieselben Ping-Pakete nun von dieser Regel bearbeitet, so ändert sich die Ausgabe in der Datei */var/log/snort/alert* folgendermaßen:

```
[**] [1:0:0] PING Paket, möglicher Erkundungsversuch [**]
05/07-21:32:27.614104 192.168.111.50 -> 192.168.111.200
ICMP TTL:64 TOS:0x0 ID:0 IpLen:20 DgmLen:84 DF
Type:8  Code:0  ID:14362   Seq:0  ECHO

[**] [1:0:0] PING Paket, möglicher Erkundungsversuch [**]
05/07-21:32:27.616047 192.168.111.200 -> 192.168.111.50
ICMP TTL:255 TOS:0x0 ID:23999 IpLen:20 DgmLen:84
Type:0  Code:0  ID:14362   Seq:0  ECHO REPLY
```

Um später eine genaue Zuordnung der Meldung zu der erzeugten Regel durchführen zu können, soll die Regel eine Identifikationsnummer und eine Revisionsnummer erhalten.

```
alert icmp 192.168.111.50 any <> 192.168.111.200 any (msg: "PING Paket, \
  möglicher Erkundungsversuch"; sid:1000001; rev:1)

[**] [1:1000001:1] PING Paket, möglicher Erkundungsversuch [**]
05/07-21:32:27.614104 192.168.111.50 -> 192.168.111.200
ICMP TTL:64 TOS:0x0 ID:0 IpLen:20 DgmLen:84 DF
Type:8  Code:0  ID:14362   Seq:0  ECHO

[**] [1:1000001:1] PING Paket, möglicher Erkundungsversuch [**]
05/07-21:32:27.616047 192.168.111.200 -> 192.168.111.50
ICMP TTL:255 TOS:0x0 ID:23999 IpLen:20 DgmLen:84
Type:0  Code:0  ID:14362   Seq:0  ECHO REPLY
```

Um nun die Treffsicherheit der Regel zu erhöhen, können weitere Eigenschaften des Ping-Paketes ausgenutzt werden. Die Ping-Anfrage verwendet den ICMP Typ 8 und den ICMP Code 0. Die Ping-Antwort verwendet den ICMP-Typ 0 und den ICMP-Code 0. Soll die Regel nun lediglich die Ping-Anfragen melden, so kann sie wie folgt abgeändert werden. Wenn sowohl Ping-Anfragen als auch Ping-Antworten getrennt voneinander gemeldet werden, so sind zwei Regeln erforderlich:

```
alert icmp 192.168.111.50 any <> 192.168.111.200 any (msg: "PING Anfrage, \
  möglicher Erkundungsversuch"; itype:8; sid:1000001; rev:1)
alert icmp 192.168.111.50 any <> 192.168.111.200 any (msg: "PING Antwort, \
möglicher Informationsleckage"; itype:0; sid:1000002; rev:1)
```

Übung

Versuchen Sie die Entwicklung der Regel nachzuvollziehen und die einzelnen Schritte zu kontrollieren. Hierzu sollten Sie sich selbst die entsprechenden Pakete erzeugen und anschließend mit Snort bearbeiten.

1. Erzeugen Sie sich Ihre eigenen Ping-Pakete. Am einfachsten erfolgt dies unter Linux, indem Sie zwei verschiedene virtuelle Textkonsolen oder zwei *xterm* verwenden. Starten Sie *tcpdump* in einem der beiden Terminals:

```
tcpdump -n icmp -w pingpakete
```

In dem anderen Fenster starten Sie *Ping* exakt einmal. Wählen Sie bitte als Rechner einen Computer, der Ihr Ping beantwortet.

```
ping -c 1 RECHNER
```

Anschließend beenden Sie *tcpdump* mit [Strg]+[C]. Nun sollte die Datei *pingpakete* zwei ICMP-Pakete enthalten. Dies können Sie kontrollieren mit:

```
snort -vdr pingpakete
```

Webzugriff

Dieses Beispiel entwickelt eine Regel, die den Zugriff auf einen Webserver meldet. Diese Regel wird im Weiteren so entwickelt, dass Sie einen typischen Webangriff meldet. Hierbei handelt es sich um einen Zugriff auf einen so genannten Data Stream. Dieser Zugriff erlaubt auf einem verwundbaren Microsoft Internet Information Server den Zugriff auf den Quelltext einer Active Server Pages-(ASP-)Datei. Die Kenntnis des Quelltextes kann einen Angreifer den internen Aufbau der Webapplikation erkennen lassen oder sogar Kennwörter für einen Datenbankzugriff enthalten. Microsoft hat dieses Problem unter *http:// support.microsoft.com/default.aspx?scid=kb;EN-US;q188806* veröffentlicht und diskutiert.

Ein Zugriff auf einen Webserver wird mit dem Applikationsprotokoll HTTP durchgeführt. HTTP ist ein Protokoll, welches eine TCP-Verbindung für die Übertragung der Daten nutzt. Daher benötigen wir eine Regel, welche TCP-Pakete zwischen zwei beliebigen Rechnern untersucht. Das TCP-Protokoll ordnet den Verbindungen die Applikationen auf der Basis von Ports zu. Das bedeutet, dass eine Applikation sich an einen Port binden kann und ab diesem Moment alle Verbindungen an diesen Port automatisch an die Applikation weitergeleitet werden. HTTP verwendet üblicherweise den Port 80 (siehe auch die Datei */etc/ services*). Die Regel kann also schon so weit eingeschränkt werden, dass sie lediglich TCP-Pakete an Port 80 untersucht.

```
alert tcp any any <> any 80 (msg: "Webzugriff Port 80";)
```

Nun werden während eines Webzugriffes viele Pakete ausgetauscht. Interessieren uns nur die Aufbauten, so können wir ein weiteres Attribut definieren, welches die TCP-Flags testet. TCP-Verbindungsaufbauten sind dadurch gekennzeichnet, dass nur das SYN-Bit der TCP-Flags gesetzt ist. Snort bietet diesen Test mit dem Attribut *flags*. Die Regel sieht dann folgendermaßen aus:

```
alert tcp any any -> any 80 (msg: "Webzugriff Port 80"; flags:S;)
```

Bei der gerade entwickelten Regel kann dann auch die Richtung eindeutig angegeben werden. Das SYN-Paket wird immer an Port 80 gesendet.

Diese Regel erlaubt nun die Verfolgung sämtlicher Webzugriffe im Netzwerk. Dies erscheint vielleicht zunächst nur akademischen Nutzen zu haben, da ja bereits die Webserver alle Zugriffe protokollieren. Jedoch kann die Regel leicht abgeändert werden, sodass ein tatsächlicher Nutzen zu erkennen ist. Möchten Sie zum Beispiel nicht autorisierte Webserver in Ihrem Netzwerk aufspüren, so modifizieren Sie die Regel so, dass Zugriffe auf bekannte Webserver nicht protokolliert werden. Dazu definieren Sie der Einfachheit halber eine Variable WEB-SERVER, in der alle in Ihrem Netz bekannten Webserver aufgeführt werden. Des Weiteren benötigen Sie ein Variable HOME_NET, die Ihr Netzwerk definiert. Anschließend können Sie folgendermaßen die Regel anpassen:

```
config order: pass alert
WEBSERVER=[192.168.111.50/32,192.168.111.80/32]
HOME_NET=192.168.111.0/24
pass tcp any any -> $WEBSERVER 80
alert tcp any any -> $HOME_NET 80 (msg: "Webzugriff Port 80"; flags:S;)
```

Bedenken Sie, dass die *Passregel* alle zutreffenden Pakete ignoriert. Sie werden von weiteren Regeln nicht untersucht. Dazu muss jedoch Snort mit der Option -o gestartet werden oder in der Konfigurationsdatei die Option order gesetzt sein.

Diese Option wird nun zunächst die Reihenfolge der Regeln verkehren, sodass die Passregeln als erste Regeln abgearbeitet werden. Anschließend werden alle Pakete an bekannte Webserver ignoriert und lediglich verbleibende HTTP-Anfragen auf unbekannte oder unautorisierte Webserver protokolliert.

Übung

Erzeugen Sie einen Regelsatz, welcher nichtautorisierte Telnet-Server aufzeigt.

1. Stellen Sie sicher, dass der Telnet-Server auf Ihrem Rechner aktiviert ist und zur Verfügung steht.

2. Erzeugen Sie zunächst den Regelsatz. Geben Sie als autorisierten Telnet-Server Ihre eigene IP-Adresse an.

3. Überprüfen Sie Ihre IP-Adresse mit dem Befehl ifconfig eth0.

4. Geben Sie sich vorübergehend eine weitere IP-Adresse. Wählen Sie hierzu eine nicht belegte IP-Adresse IP2.

   ```
   ifconfig eth0:0 IP2
   ```

5. Starten Sie anschließend Snort mit Ihrer Konfigurationsdatei und testen Sie die Telnet-Verbindung unter Angabe der ersten und der zweiten IP-Adresse. Betrachten Sie die Ausgaben von Snort.

Data Stream-Zugriff

In diesem Beispiel wird die im letzten Abschnitt entwickelte Regel erweitert, sodass Sie den Zugriff auf Data Streams (*http://support.microsoft.com/ default.aspx?scid=kb;EN-US;q188806*) erkennt. Hierzu ist es nun wichtig, nicht die Pakete des Verbindungsaufbaus zu untersuchen, sondern spätere Pakete nach Aufbau der Verbindung. Diese TCP-Pakete zeichnen sich dadurch aus, dass sie mindestens das Acknowledge Bit (ACK) gesetzt haben. Weitere Bits wie Push (PSH) können gesetzt sein. Hierzu wird die Regel folgendermaßen abgewandelt:

```
alert tcp any any -> any 80 (msg: "Webzugriff Port 80"; flags:A+;)
```

Diese Regel wird nun jedes Paket anzeigen, welches zu einer aufgebauten HTTP-Verbindung gehört und von dem Client kommt.

Diese Regel soll jedoch nur Anfragen protokollieren, welche in der URI die Zeichenkette .asp::$data enthalten. Mit dieser Anfrage gelang es, auf den Microsoft Internet Information Server (IIS) in der Version 1.0 bis 4.0 den Inhalt der ASP-Datei herunterzuladen, anstatt sie auf dem IIS auszuführen. Um dies zu erreichen, kann nun gut das Attribut content eingesetzt werden.

```
alert tcp any any -> any 80 (msg: "IIS Data Stream Zugriff"; content:\
  ".asp\:\:$data"; flags:A+;)
```

Denken Sie daran, dass : \" \| in Content-Regeln maskiert werden muss. Diese Regel wird bereits ihre Aufgabe zufriedenstellend erfüllen. Sie kann jedoch noch optimiert werden. Es existiert eine besondere Version des Attributes content: uricontent. Dieses Attribut betrachtet nur den URI-Anteil des Paketes. Dadurch wird nicht das komplette Paket durchsucht.

```
alert tcp any any -> any 80 (msg: "IIS Data Stream Zugriff"; uricontent:\
  ".asp\:\:$data"; nocase; flags:A+;)
```

Um nun vor unterschiedlichen Groß- und Kleinschreibungen gefeit zu sein, wird zusätzlich die Option nocase definiert.

Weiter unten wird diese Regel entwickelt, um als Grundlage einer dynamischen Regel zu dienen.

HINWEIS

Snort verfügt bereits über eine Regel, die diesen Angriff (SID: 975) und alle weiteren in diesem Kapitel vorgestellten Angriffe erkennen kann. Jedoch soll die Entwicklung derartiger Regeln an realen Beispielen vorgeführt werden.

SYN/FIN Scan

Der SYN/FIN Scan wurde in der Vergangenheit häufig eingesetzt, um Firewalls und IDS zu umgehen und zu verwirren. Dies soll im Folgenden kurz erläutert werden.

Das SYN-Bit darf lediglich im ersten Paket der Kommunikation gesetzt sein und zeigt den Verbindungsaufbau und den Wunsch der Synchronisation der TCP-Sequenznummern an. Das FIN-Bit wird von den Kommunikationspartnern verwendet, um den Wunsch des Abbaus der Verbindung auszudrücken.

Frühe auf Paketfilter basierende Firewall-Implementierungen testeten bei eingehenden TCP-Paketen lediglich das Vorhandensein des SYN-Bits. War das SYN-Bit als einziges Bit gesetzt, handelte es sich um einen Verbindungsaufbau von außen und das Paket wurde abgelehnt. Waren weitere Bits gesetzt, angenommen es war das ACK-Bit, gehörte das Paket zu einer bereits aufgebauten Verbindung und wurde zugelassen. Wie reagiert nun der ensprechende Rechner, der schließlich das Paket erhält? Handelt es sich um ein SYN/ACK-Paket, welches zu einer aufgebauten Verbindung gehört, wurde es normal verarbeitet. Handelt es sich um ein SYN/ACK-Paket einer nicht bekannten Verbindung, wird ein TCP Reset (RST) an den Absender zurückgeschickt. Handelt es sich um ein SYN/FIN-Paket, so wird das FIN-Bit ignoriert und das Paket als SYN-Paket akzeptiert. *Die Firewall ordnete das Paket einer aufgebauten Verbindung zu, während der Rechner das Paket als Verbindungsaufbau akzeptierte!*

Auch IDS-Systeme waren zu Beginn nicht auf SYN/FIN-Pakete eingestellt. Heutzutage weisen keine Firewallprodukte und kein IDS diese Schwächen mehr auf. Jedoch kann durch eine falsche Konfiguration eine derartige Schwäche unter Umständen durch den Administrator eingeführt werden.

Die Entwicklung dieser Regel ist nun recht einfach. Sie soll TCP-Pakete untersuchen. Hierbei interessieren uns nur Pakete, welche an unser eigenes Netz gerichtet sind. Diese sollen auf die Bits SYN und FIN untersucht werden. In einem »echten« SYN/FIN-Scan handelt es sich hierbei um die beiden einzigen Bits. Jedoch soll unsere Regel auch Pakete erkennen, die zusätzlich weitere Bits gesetzt haben.

```
HOME_NET=192.168.111.0/24
alert tcp any any -> $HOME_NET any (msg: "SYN-FIN Scan (klassisch)";
flags:SF;)
alert tcp any any -> $HOME_NET any (msg: "SYN-FIN Scan (modifiziert)";
flags:SF+;)
```

Übung

Als Übung erzeugen Sie eine Regel für den Nmap XMAS-Scan. Nmap ist ein sehr mächtiges Open Source-Werkzeug zur Kartierung von Netzwerken. Es bietet die Möglichkeit, verschiedene Arten von Portscans durchzuführen. Einer dieser Portscans ist der so genannte XMAS Tree-Scan. Dieser Scan erfolgt mit TCP-Paketen, in welchen die Bits FIN, URG und PSH gesetzt sind (nmap manpage).

1. Installieren Sie *nmap. nmap* ist möglicherweise Teil Ihrer Linux-Distribution. Ansonsten können Sie *nmap* auf *http://www.nmap.org* herunterladen.

2. Erzeugen Sie die Regel.

3. Starten Sie Snort und testen Sie Ihre Regel mit nmap -sX *host*.

Bufferoverflow

In diesem Beispiel soll die Entwicklung einer Regel für einen Bufferoverflow vorgestellt werden. Hierzu wurde eine im April 1998 entdeckte Sicherheitslücke des Washington University IMAP Servers ausgewählt. Es wurde bewusst ein derartig alter Bufferoverflow gewählt, jedoch entspricht die Vorgehensweise exakt der Vorgehensweise bei aktuellen Bufferoverflows.

Was ist ein Bufferoverflow?

Die Möglichkeit eines Bufferoverflows in einer Anwendung resultiert aus einem Programmierfehler. Im Wesentlichen werden zu viele Daten in einen zu kleinen Kasten gezwungen.

In vielen Programmen kommen einzelne Aufgaben wiederkehrend vor. Diese Aufgaben werden dann gerne in einem Unterprogramm realisiert, welches von verschiedenen Stellen des Hauptprogramms aufgerufen werden kann. Damit das Unterprogramm später weiß, wohin es im Hauptprogramm zurückspringen muss, sichert der Prozessor vor dem Aufruf des Unterprogramms den aktuellen Stand des Befehlszeigers (Instruction Pointer, IP) auf dem Stapel (Stack). Der Stapel ist eine dynamische Struktur, auf der ein Programm vorübergehend Daten ablegen kann. Jedes Programm besitzt einen eigenen Stapel. Ein Stapel erlaubt lediglich das Lesen und Schreiben der Daten auf dem höchsten Punkt. Dieser wird mit dem Stapelzeiger (Stackpointer) referenziert (siehe Abb. 9.15). Benötigt nun das Unterprogramm vorübergehend Speicherplatz für eine Eingabe des Benutzers, so fordert es diesen Puffer (Buffer) auf dem Stapel an. Der Stapelzeiger wird um die ensprechende Anzahl Bytes verschoben und als Referenz an das Unterprogramm zurückgegeben (siehe Abb. 9.16). Das bedeutet, das Unterprogramm kann nun Daten auf dem Stapel beginnend bei dem Stapelzeiger in rückwärtiger Richtung ablegen.

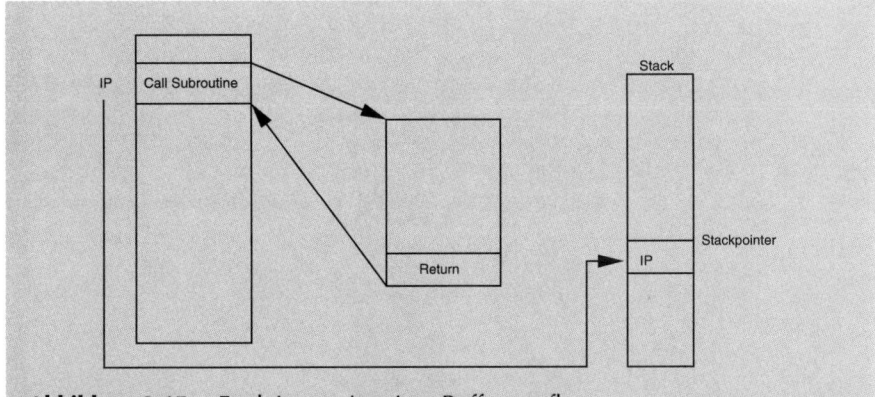

Abbildung 9.15:   Funktionsweise eines Bufferoverflow

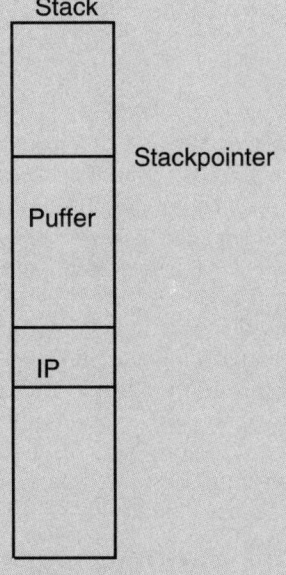

Abbildung 9.16:   Pufferreservierung auf dem Stapel

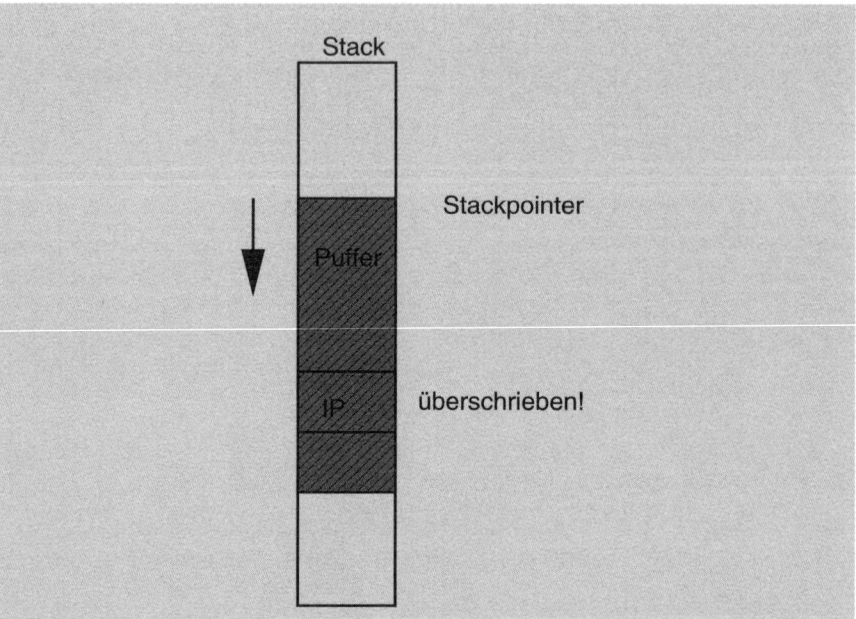

Abbildung 9.17: Überlaufen des Puffers

Stellen wir uns vor, das Programm erwartet die Eingabe des Geburtsdatums des Benutzers. So genügen sicherlich 25 Bytes, um diese Eingabe entgegenzunehmen. Diese 25 Bytes werden nun auf dem Stapel reserviert. Aus irgendeinem Grund (Unwissenheit, Bösartigkeit) gibt der Benutzer jedoch 100 Zeichen ein. Überprüft der Programmierer vor der Kopie der Zeichenkette in den dynamisch allozierten Datenbereich auf dem Stapel ihre Länge nicht, so werden alle 100 Bytes auf den Stapel kopiert. Dadurch werden auch Bereiche überschrieben, die andere gültige Daten enthielten. Es kommt zu einem Überlaufen (Overflow) des originalen Puffers (siehe Abb. 9.17). Hierbei können auch zum Beispiel Rücksprungadressen der Unterprogramme überschrieben werden.

Es gibt einige Programmiersprachen, die dem Programmierer diese Arbeit (das so genannte Boundary Checking) abnehmen, jedoch gehört die Programmiersprache C nicht dazu. In C werden die meisten Anwendungen für UNIX-und auch Windows-Betriebssysteme programmiert.

Handelt es sich um willkürliche Daten, so stürzt das Programm ab und es kommt zum Segmentation Fault (Linux) oder zu einer Allgemeinen Schutzverletzung (General Protection Fault, Windows). Der Prozessor erkennt, dass es sich um eine unerlaubte Rücksprungadresse handelt. Ein Zugriff auf den Speicher an der Zieladresse ist dem Programm nicht erlaubt.

Unter Umständen besteht jedoch auch die Möglichkeit, den Ort einer Rücksprungadresse auf dem Stack vorherzusagen und so zu überschreiben, dass ein gezielter Rücksprung auf Code, der sich im Vorfeld in den eingegebenen Daten befand, erfolgt. Dann wird in dem Benutzerkontext des missbrauchten Programms der gerade eingegebene Code ausgeführt. Üblicherweise handelt es sich hierbei um den Aufruf einer UNIX-Shell. Daher bezeichnet man diesen von dem Einbrecher verwendeten Code auch häufig als Shellcode. Dies ist unter UNIX besonders brisant, da viele Netzwerkdienste über Rootprivilegien verfügen und Eingaben aus ungewisser Quelle entgegen nehmen. Weisen diese Dienste derartige Mängel auf, so können sie ausgenutzt werden, um Rootprivilegien auf dem entsprechenden Rechner zu erlangen. In diesem Fall spricht man von Root Exploits.

Diese Art des Bufferoverflows ist recht leicht an dem so genannten NOP Sled zu erkennen. Ein gezielter Rücksprung, wie gerade beschrieben, ist meist nicht möglich. Der Angreifer kann nicht genau den Zustand des Stacks vorhersagen. Daher kann er auch nicht die Rücksprungadresse berechnen. Nun versieht er seinen Code zu Beginn mit bis zu mehreren hundert NOP-Befehlen. Ein NOP ist ein No-Operation-Befehl. Dieser Befehl hat, wenn er von dem Prozessor ausgeführt wird, keine Funktion außer den Instructionpointer weiterzubewegen. Ist der Code für den Bufferoverflow derartig angepasst, so muss die Rücksprungadresse nur noch ungefähr in den Bereich der NOP-Befehle zeigen. Dies bezeichnet man als NOP-Schlitten (Sled), da der Befehlszeiger wie auf einem Schlitten über die NOPs zum Bufferoverflow rutscht und schließlich diesen Code ausführt.

Bufferoverflows sind nicht die einzigen Sicherheitslücken, welche auf Programmiererfehler zurückzuführen sind. So genannte Format String-Fehler sind ähnlich tückisch und erlauben Angriffe ähnlicher Wirksamkeit. Im Anhang finden Sie weitere Informationen zu Bufferoverflows, Format String Errors und dem Schutz vor der Ausnutzung dieser Sicherheitsmängel.

Erzeugung der Regeln

Um nun eine Regel erzeugen zu können, die diesen Bufferoverflow erkennen kann, benötigen wir zunächst ein wenig mehr Informationen über den Bufferoverflow selbst. Eine recht umfangreiche Datenbank, in der viele relevante Sicherheitslücken archiviert werden, ist die Vulnerability Database auf *http://www.securityfocus.com*. Der angesprochene IMAP-Bufferoverflow wird dort unter *http://online.securityfocus.com/bid/130/* besprochen.

Der Washington University IMAP Server ist ein Netzwerkdienst, welcher einen Zugriff mit dem IMAP-Protokoll (Internet Message Access Protocol) auf E-Mail-Konten erlaubt. Dieser Dienst besitzt Rootprivilegien, wenn er unter UNIX gestartet wird.

Um nun eine Regel zu entwickeln, welche diesen Angriff erkennen kann, benötigen wir zunächst mehr Informationen über die beteiligten Pakete. Momentan ist bekannt:

1. Das IMAP-Applikationsprotokoll nutzt das TCP-Protokoll zur Übertragung der Daten.
2. Der IMAP-Server bindet sich auf den Port 143 (*/etc/services*).
3. Da es sich um einen Bufferoverflow der Anwendung handelt, muss bereits eine TCP-Verbindung aufgebaut sein. Es kann sich nicht um eine Eigenschaft der SYN-Pakete handeln.

Diese Informationen genügen jedoch noch nicht. Würden alle Pakete, die diesen Anforderungen genügen, protokolliert werden, so würde jede korrekte Nutzung des IMAP-Servers zu einer Alarmierung führen. Weitere Informationen über den Inhalt des kritischen Paketes werden benötigt. Hierzu eignet sich am besten ein Blick in den Code, welcher zur Ausnutzung dieser Sicherheitslücke geschrieben wurde. Ein weiteres sehr gutes Archiv derartiger Programme befindet sich unter *http://www.packetstormsecurity.org*. Hier wird unter *http://packetstormsecurity.nl/new-exploits/ADM-imap4r1-linux.c* das originale Programm vorgehalten. Dieses Programm enthält Shellcode, der während des Angriffes übertragen wird und den Bufferoverflow auslöst.

Das folgende Listing enthält einen Auszug:

```
/*

    THIS IS UNPUBLISHED PROPRIETARY SOURCE CODE OF THE ADM CREW

    Linux WU-IMAPD 4.1 remote root exploit (4/98)
    by    ndubee||plaguez
          dube0866@eurobretagne.fr

    Usage:    ./imapx <offset>
where offset = -500..500  (brute force if 0 doesnt work)

    Credits:
      - Cheez Whiz (original x86 BSD exploit)
      - #!w00w00 and #!ADM

    Note:
       if you plan to port this to other OS., make sure the
       shellcode doesn't contain lower case chars since imapd
       will toupper() the shellcode, thus fucking it up.

*/


#include <stdio.h>
#include <stdlib.h>
```

```
#include <limits.h>
#include <string.h>

#define BUFLEN 2048
#define NOP 0x90

char shell[] =
/*
        jmp 56
        popl %esi
        movl    %esi,%ebx
        movl    %ebx,%eax

        addb    $0x20,0x1(%esi)
        addb    $0x20,0x2(%esi)
        addb    $0x20,0x3(%esi)
        addb    $0x20,0x5(%esi)
        addb    $0x20,0x6(%esi)



        ... gekürzt ...

"\x31\xc0\xaa\x89\xf9\x89\xf0\xab"
"\x89\xfa\x31\xc0\xab\xb0\x08\x04"
"\x03\xcd\x80\x31\xdb\x89\xd8\x40"
"\xcd\x80\xe8\xc3\xff\xff\xff\x2f"
"\x42\x49\x4e\x2f\x53\x48\x00";

void
main (int argc, char *argv[])
{
  char buf[BUFLEN];
  int offset=0,nop,i;
  unsigned long esp;


  fprintf(stderr,"usage: %s <offset>\n", argv[0]);

  nop = 403;
  esp = 0xbfffff520;
  if(argc>1)
        offset = atoi(argv[1]);

  memset(buf, NOP, BUFLEN);
  memcpy(buf+(long)nop, shell, strlen(shell));
```

```
... gekürzt ...
  return;
```

Aus diesem Shellcode können nun eine gewisse Anzahl von Bytes gewählt werden, die im Inhalt des Paketes überprüft werden sollen. Hierbei sollte darauf geachtet werden, dass es sich nicht um zu wenige Bytes handelt, da es sonst zu falschpositiven Meldungen kommen könnte. In diesem Beispiel sollen die Bytes \x03\xcd\x80\x31\xdb\x89\xd8\x40 verwendet werden. Die Regel soll also jedes in Frage kommende Paket nach dieser Byte-Sequenz durchsuchen.

```
alert tcp any any -> $HOME_NET 143 (msg:"IMAP Bufferoverflow";flags: A+; \
    content:"|03cd 8031 db89 d840|";reference:bugtraq,130; \
    reference:cve,CVE-1999-0005; classtype:attempted-admin; sid:1000003;
rev:1;)
```

Es soll an dieser Stelle nicht verschwiegen werden, dass Snort bereits über eine Regel verfügt, die diesen Angriff erkennen kann (SID: 295). Dieses Beispiel hat jedoch recht gut verdeutlicht, wie eine Regel für eine neue Sicherheitslücke geschrieben werden kann.

Fortgeschrittene Regeln

In diesem Kapitel sollen fortgeschrittene Regeln vorgestellt werden. Hierbei werden zunächst eigene Aktionen für Regeln definiert. Anschließend werden dynamische Regeln vorgestellt. Hieran wird die flexible Antwort aufgezeigt und an Beispielen implementiert. Des Weiteren wird die Konfiguration der Präprozessoren besprochen.

Regel-Aktionen

Das erste Schlüsselwort im Regelrumpf definiert die Aktion, die ausgeführt wird, wenn die Regel zutrifft. Snort bietet hier eine Auswahl von fünf vordefinierten Aktionen. Hierbei handelt es sich um die bereits in »Erzeugung der Regeln« ab Seite 223 erwähnten Aktionen: alert, log, pass, activate und dynamic. Zur Protokollierung werden lediglich die Aktionen alert und log zur Verfügung gestellt. Die Protokollierung erfolgt dann entsprechend der Konfiguration der Output-Plug-Ins (siehe »Fortgeschrittene Protokollierung« ab Seite 265).

Diese zentrale Definition der zu verwendenen Output-Plug-Ins ist in einigen Fällen zu starr und unflexibel. Wünschenswert wäre bei unterschiedlichen Ereignissen, die Alarmierung in unterschiedlichen Dateien vorzunehmen. Individuelle Alarmmeldungen können so an bestimmte Benutzer versandt werden. Damit besteht die Möglichkeit, dass Webadministratoren spezifisch über Angriffe auf dem Webserver informiert werden.

Snort bietet hierzu die Möglichkeit, eigene Regeltypen (*ruletypes*) zu definieren. Die allgemeine Syntax dieser Regeltypen ist:

```
ruletype NAME
{
    type TYP
    output PLUGIN
}
```

Ein mögliches Beispiel für eine derartige Regel ist im Folgenden angegeben. Dabei wird der Regeltyp *AlarmStufeRot* definiert. Dieser Regeltyp führt eine Alert-ähnliche Aktion aus. Dazu verwendet er drei verschiedene Output-Plug-Ins mit den entsprechenden Optionen. Für eine genauere Betrachtung der Output-Plug-Ins und ihrer Optionen sehen Sie bitte unter »Fortgeschrittene Protokollierung« ab Seite 265 nach. Spätere Regeln können dann diesen Typ verwenden, wie im Beispiel angegeben.

```
ruletype AlarmStufeRot
{
    type alert
    output alert_syslog: LOG_AUTH LOG_CRIT
    output trap_snmp: alert, bordersensor, trap, 192.168.111.222, nids
    output alert_smb: Adminmachines
}
AlarmStufeRot tcp any any -> any 80 (msg: "IIS Data Stream Zugriff"; \
            uricontent:".asp\:\:$data"; nocase; flags:A+;)
```

Mithilfe des Schlüsselwortes `ruletype` kann für diesen Typ ein Name vergeben werden. Mit diesem Namen kann später auf den Regeltyp zugegriffen werden. Die Option `type` übt in der Definition eine wichtige Aufgabe aus. Sie definiert, was passiert, wenn dieser Regeltyp verwendet wird. So kann eine eigene dynamische, aktivierende oder alarmierende Regel definiert werden.

Dynamische Regeln

Snort bietet die sehr mächtige Funktion der dynamischen Regeln. Dazu bietet es zwei verschiedene Arten von Regeln: aktivierende Regeln und zu aktivierende Regeln.

Die `activate`-Regel enthält ein zwingend erforderliches Attribut `activates: Nummer`. Die angegebene Nummer verknüpft die *activate*-Regel mit der entsprechenden `dynamic`-Regel.

Die `dynamic`-Regel enthält ein analoges Attribut `activated_by: Nummer`. Die Regel wird durch alle `activate`-Regeln mit identischer Nummer aktiviert. Die Dauer der Aktivierung wird mit dem Attribut `count: Anzahl` festgelegt.

Die Verwendung der Optionen wird am einfachsten an einem Beispiel deutlich:

```
activate tcp any any -> any 80 (msg: "IIS Data Stream Zugriff"; \
        uricontent:".asp\:\:$data"; nocase; flags:A+; activates: 1;)
dynamic tcp any 80 -> any any (msg: "IIS Data Stream Pakete"; flags: A+; logto:
"datastream.log" \
        activated_by: 1; count: 100; )
```

Die erste Regel ist bereits bekannt. Sie prüft, ob ein Zugriff auf einen ASP Data Stream erfolgen soll. Dies wird dann alle Regeln aktivieren, welche ebenfalls die Nummer 1 verwenden. Dadurch wird die zweite Regel angeschaltet. Diese zweite Regel wird anschließend alle weiteren 100 Pakete von einem Port 80 in der Datei *datastream.log* protokollieren. Wahrscheinlich wird sich die Antwort des Webservers innerhalb dieser 100 Pakete befinden. So kann durch eine spätere Analyse dieser Datei ermittelt werden, wie der Webserver auf diesen Angriff reagierte.

In den Standardregelsätzen, welche mit Snort mitgeliefert werden, werden bisher (Version 1.8.4) keine `activate`- und `dynamic`-Regeln verwendet. Jedoch erlauben diese Regeln eine sehr feinfühlige Protokollierung und Reaktion.

Flexible Antwort

Die flexible Antwort erlaubt Snort die aktive Reaktion auf bösartige Pakete und unerwünschte HTTP-Anfragen (siehe unten). Hierbei werden nicht sämtliche Pakete von einem bestimmten Rechner unterbunden, sondern nur spezifisch die Verbindungen beendet, die die Verletzung der Richtlinien verantworten. Es kann also kaum zu einem Denial of Service durch gefälschte Absenderadressen kommen. Andere Werkzeuge führen häufig eine Reaktion durch, die von dem Angreifer ausgenutzt werden kann. Hierbei blockiert das Werkzeug alle weiteren Pakete des Angreifers. Fälscht der Angreifer im Folgenden die Absenderadresse seiner Pakete, sodass diese scheinbar von DNS-Servern oder vom E-Mail-Server des wichtigsten Kunden kommen, so werden diese Rechner danach komplett gesperrt. So kann ein Angreifer einen Denial of Service erzeugen. Snort beendet jedoch spezifisch nur die Verbindung, die die Richtlinienverletzung erzeugt. Weitere Verbindungen des gleichen Rechners bleiben unbenommen.

Dies ermöglicht, dass Snort nicht nur passiv die Pakete protokollieren und einen Alarm auslösen kann, sondern in der Lage ist, die Verbindung aktiv zu beenden. Dazu kann Snort Fehlermeldungen an einen oder beide Kommunikationspartner senden, welche diesen suggerieren, dass die Verbindung von der jeweils anderen Seite unterbrochen wurde. So besteht die Möglichkeit, Angriffe direkt während ihrer Durchführung zu vereiteln.

Führt ein Angreifer zum Beispiel einen Angriff mit dem oben besprochenen IMAP-Bufferoverflow durch, so verfolgt er das Ziel, im Kontext des IMAP-E-Mail-Servers eine Bourne Shell zu starten, welche dann von ihm über die bestehende Netzwerkverbindung mit weiteren Befehlen gefüttert werden kann.

Das bedeutet, dass der eigentliche Angriff erst anschließend erfolgt, da entsprechend von dem Angreifer die Befehle über die bestehende Netzwerkverbindung eingegeben werden.

> **ACHTUNG**
>
> Das ist nur bei Bufferoverflows so üblich. Andere Angriffe übertragen die auszuführenden Befehle bereits im ersten Paket, z. B. TCP/IP Session Hijacking.

Bricht Snort nun direkt nach der Erkennung des Bufferoverflow-Paketes diese Verbindung ab, so ist der Angreifer nicht mehr in der Lage, die eigentlichen Befehle mithilfe der gerade erfolgreich gestarteten Shell auszuführen.

Vorraussetzung für diesen Abbruch ist jedoch eine Fehlermeldung, die Snort an einen oder beide Kommunikationspartner sendet. Dies erfolgt mit dem Attribut resp. Hierbei stehen in Snort folgende Möglichkeiten zur Verfügung:

- TCP Reset-Pakete an den Absender (rst_snd), an den Empfänger (rst_rcv) oder beide Kommunikationspartner (rst_all)
- ICMP-Fehlermeldungen an den Absender
  - icmp_net. *ICMP Network Unreachable*
  - icmp_host. *ICMP Host Unreachable*
  - icmp_port. *ICMP Port Unreachable*
  - icmp_all. Alle drei Fehlermeldungen werden an den Absender gesendet.

Diese Optionen können auch miteinander gemischt werden.

Nun besteht die Möglichkeit beim Auffinden gefährlicher Pakete, in aufgebauten Verbindungen die entsprechenden Verbindungen zu beenden. Hierbei eignen sich die TCP Reset-Pakete für TCP-Verbindungen und die ICMP-Pakete für alle Arten von Verbindungen. Jedoch ist bei einer TCP-Verbindung ein TCP Reset erfolgreicher. Eine ICMP-Fehlermeldung zeigt eine (vorübergehende) Netzwerkstörung an. Ein TCP Reset setzt die entsprechende Verbindung immer zurück.

Wenn diese Funktionen nun zum Schutz vor dem besprochenen Bufferoverflow eingesetzt werden sollen, so kann die ensprechende Regel wie folgt abgeändert werden:

```
alert tcp any any -> $HOME_NET 143 (msg:"IMAP Bufferoverflow";flags: A+; \
    content:"|03cd 8031 db89 d840|"; resp: rst_all; reference:bugtraq,130; \
    reference:cve,CVE-1999-0005; classtype:attempted-admin; sid:1000003;
rev:1;)
```

Snort wird bei einem Einbruchsversuch mit diesem IMAP-Bufferoverflow an beide Kommunikationspartner ein TCP Reset senden. Es ist sinnvoll, das TCP Reset an beide Partner zu senden, da unter Umständen der Angreifer seinen Rechner so modifiziert hat, dass er nicht auf TCP Reset-Pakete reagiert. Werden die Pakete in beide Richtungen gesendet, so sollte mindestens der angegriffene Rechner die Verbindung schließen und keine weiteren Pakete für diese Verbindung annehmen.

Die flexible Antwort bietet auch die Möglichkeit, gezielt HTTP-Anfragen und die Antworten der Webserver nach Schlüsselwörtern zu durchsuchen und dem Benutzer Warnmeldungen zu senden bzw. den Zugriff auf die Webseite zu blockieren. Dies erfolgt mit dem Attribut `react`. React ist in der Lage, bei allen TCP-Verbindungen einen Abbruch zu erzielen. Jedoch lediglich bei HTTP-Verbindungen kann Snort eine erklärende Webseite an den Benutzer senden. Dieses Attribut besitzt die folgenden Optionen:

- `block`. Schließe die Verbindung und sende eine HTML/Javascript-Seite an den Benutzer.

- `warn`. Sende eine Warnung, aber schließe die Verbindung nicht!

Zum Zeitpunkt der Verfassung dieser Zeilen waren die Optionen `warn` und `proxy` noch nicht implementiert, aber bereits vorgesehen.

Diese beiden Optionen konnten mit zwei weiteren Optionen in ihrem Verhalten modifiziert werden:

- `msg`. Zeige den Inhalt des Attributes `msg`: in der Webseite mit an.

- `proxy`. Verwende für die Antwort den angegebenen Proxy-Port. Diese Option ist erforderlich, wenn der Zugriff auf Webseiten über einen Proxy erfolgt.

Das Attribut `react` wird häufig mit dem Attribut `content-list` eingesetzt, um den Zugriff auf Webseiten, die spezifische Schlüsselwörter enthalten, zu unterbinden. Im Folgenden soll ein Beispiel dargestellt werden.

Der Zugriff auf Webseiten, die in Zusammenhang mit Raubkopien stehen, soll unterbunden werden. Dazu wird zunächst eine Datei mit Schlüsselwörtern erzeugt:

```
# Inhalt der Datei warez.keywords
"warez"
"Raubkopie"
"key generator"
```

Anschließend wird eine Regel definiert, die diese Datei zur Untersuchung der Pakete nutzt.

```
alert tcp any any <> any 80 (msg: "Mögliches Raubkopie Archiv"; flags: A+; \
  content-list: "warez.keywords"; react: block, msg;)
```

Greift nun ein Benutzer auf eine Webseite zu, welche eines der angegebenen Schlüsselwörter enthält, wird Snort den Zugriff abbrechen und dem Benutzer eine Webseite senden, auf der dieses Verhalten erklärt wird.

Leider ist diese Webseite in der aktuellen (1.8.4) Version noch in dem Quelltext des Plug-Ins *react* kodiert. Das bedeutet, dass eine Modifikation dieser Seite eine anschließende Übersetzung des Quelltextes erfordert.

> **HINWEIS**
> Wenn Sie diese Funktion wünschen, so sollten Sie sich die entsprechende Stelle in der Quelltextdatei *react.c* ansehen. Dort finden Sie eine Funktion `ParseReact`, welche auf den ersten Zeilen die Definition der Webseite in Inline HTML enthält. Modifizieren Sie diese, soweit es für Sie nötig ist. Wichtig ist sicherlich die Anpassung der dort eingetragenen E-Mail-Adresse und möglicherweise eine Übersetzung in die deutsche Sprache. Anschließend übersetzen Sie dann Snort neu und installieren das ensprechende Plug-In *react*.

Präprozessoren

Snort selbst ist ein sehr einfacher Paketanalysator und kann lediglich ein einziges Paket gleichzeitig untersuchen. Häufig erfordert der Einsatz als NIDS jedoch die gleichzeitige Untersuchung mehrerer Pakete, zum Beispiel beim Vorliegen fragmentierter Pakete. Snort verwendet Präprozessoren, welche die ankommenden Pakete untersuchen und defragmentieren, reassemblieren und dekodieren können. Des Weiteren können Sie Portscans durch mehrere Pakete erkennen und Netzwerkanomalien untersuchen.

Frag2

Frag2 ist der aktuelle Präprozessor zur Defragmentierung von Paketen. Dieser Präprozessor ist in der Lage, Fragmente zu erkennen, zu sammeln und das komplette defragmentierte Paket an die Detektionsmaschine von Snort weiterzuleiten. Frag2 stellt dabei eine komplett überarbeitete Defragmentierungsroutine zur Verfügung. Das ältere Plug-In *defrag* wies einige Nachteile auf, die in *frag2* entfernt wurden.

Fragmentierung

Fragmentierung ist ein ganz natürlicher Prozess in Computer-Netzwerken. Computer-Netzwerke besitzen in Abhängigkeit des eingesetzten Mediums (Ethernet, Token Ring etc.) eine optimale und maximale Größe der Übertragungseinheit (Maximum Transmission Unit, MTU). Diese beträgt bei Ethernet typischerweise 1500 Bytes. Verbindet ein Router zwei Netze mit unterschiedlichen MTUs, zum Beispiel 2000 Bytes und 1000 Bytes, so kann ein Paket, welches mit einer Größe von 1900 Bytes von links ankommt, nicht nach rechts weitergesendet werden, da die MTU eine maximale Paketgröße von 1000 Bytes vorschreibt. Es existieren nun zwei verschiedene Möglichkeiten:

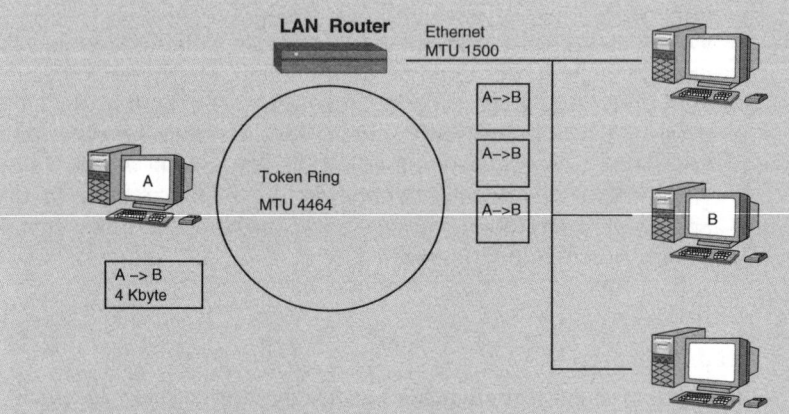

Abbildung 9.18: Normale Fragmentierung

1. Der Absender hat zusätzlich im Paket vermerkt, dass dieses Paket nicht fragmentiert werden darf (DF-Bit, Do not Fragment). Dann verwirft der Router das Paket und sendet eine Fehlermeldung an den Absender (ICMP-Destination Unreachable, Fragmentation needed). Der Absender muss anschließend das Paket erneut in kleinerer Größe senden. Dieses Verfahren wird auch bei der Path MTU Discovery eingesetzt. Hierbei ermittelt der sendende Rechner zunächst die MTU der gesamten Verbindung und sendet anschließend nur noch mit dieser MTU.

2. Der Router darf das Paket fragmentieren. Er schneidet das Paket bei 1000 Bytes ab und erzeugt ein zweites Paket mit identischem IP Header. An dieses Paket hängt er die restlichen Daten an. Als Hinweis der Fragmentierung setzt er im ersten Paket das MF-Bit (More Fragments) und initialisiert den Fragment Offset mit 0. Im zweiten und letzten Paket wird das MF-Bit gelöscht und der Offset entsprechend auf 1480 (1500-20 (IP-Header)) gesetzt. Der empfangende Rechner wird alle Fragmente sammeln, zusammensetzen und das fertige Paket auswerten.

Diese Fragmente können nun zur Umgehung von NIDS eingesetzt werden. Stellen Sie sich vor, der Angreifer ist in der Lage, das Paket für den IMAP-Bufferoverflow so zu produzieren, das der erste Teil des Shellcodes sich in dem ersten Fragment befindet und der zweite Teil in dem zweiten Fragment. Wenn Snort nun nicht in der Lage ist, die Fragmente zusammenzusetzen, bevor die Pakete inspiziert werden, wird es diesen Angriff nicht erkennen. Der Angriff wird jedoch weiterhin erfolgreich sein, da der Rechner mit dem IMAP-Server zunächst alle Fragmente sammeln wird, anschließend defragmentiert und das fertige Paket dann den Bufferoverflow im IMAP-Server verursacht.

Bei der Anwendung dieses Präprozessors sind einige Überlegungen erforderlich, denn die Defragmentierung ist nicht ganz unproblematisch. Für diesen Vorgang benötigt der Präprozessor Arbeitsspeicher. Ist einem Angreifer diese Funktion bekannt, so kann er Hunderte von Fragmenten senden, welche scheinbar alle zu unterschiedlichen IP-Paketen gehören. Der Präprozessor wird hierfür dann den Arbeitsspeicher reservieren. So kann von einem Angreifer der gesamte Arbeitsspeicher des analysierenden Rechners aufgebraucht werden. Dies ist noch wirksamer, wenn der Angreifer nie sämtliche Fragmente der entsprechenden Pakete sendet, da Snort den Arbeitsspeicher dann nicht wieder freigeben kann. Dies war ein großes Problem beim originalen Defragmentierungs-Plug-In. *Frag2* verwendet aus diesem Grund Grenzwerte. Der *Frag2* zur Verfügung stehende Arbeitsspeicher (memcap) wird beschränkt auf 4 Mbyte und die Wartezeit (Timeout) für alle Fragmente eines Paketes wird beschränkt auf 60 Sekunden. Diese Werte können jedoch beim Aufruf des Präprozessors modifiziert werden:

```
preprocessor frag2: memcap 8000000, timeout 120
```

Als Arbeitsspeicher müssen mindestens 16 Kbyte zur Verfügung gestellt werden, ansonsten verwendet *Frag2* seinen Standardwert von 4 Mbyte.

Stream4

Stream4 bietet TCP-Datenstrom-Reassemblierung und zustandsabhängige (*stateful*) Analysen. Diese Fähigkeit beschränkt sich jedoch auf TCP-Pakete. Damit besteht die Möglichkeit, die Anzahl der falsch positiven Meldungen stark zu reduzieren. *Stream4* besteht aus zwei Präprozessoren: *stream4* und *stream4_reassemble*.

Um zu verstehen, welche Aufgabe der *Stream4*-Präprozessor hat, sollen kurz die Werkzeuge *stick* und *snot* erwähnt werden. Diese Werkzeuge sind in der Lage, Netzwerkverkehr aufzuzeichnen und zu einem späteren Zeitpunkt mit maximaler Geschwindigkeit wieder abzuspielen. Dies führt üblicherweise zu einer Überlastung des NIDS. Der *Stream4*-Präprozessor versucht nun, bei TCP-Paketen zu überprüfen, ob diese Pakete gültig sind. Hierfür pflegt der Präprozessor eine Zustandstabelle, in der jede gültige TCP-Verbindung eingetragen wird. Für diese Gültigkeit verlangt Snort einen erfolgreichen TCP Handshake. Anschließend kann Snort überprüfen, ob Pakete zu derartigen aufgebauten Verbindungen gehören und alle anderen verwerfen (Option `config stateful:est`). Pakete, die nicht Teil einer aufgebauten Verbindung sind, werden auch vom Empfänger nicht beachtet und verworfen. Die Detektionsmaschine braucht diese Pakete nicht zu testen.

Um zu verstehen, welche Aufgabe der Stream4 Reassemble-Präprozessor hat, wird kurz eine Telnet-Session vorgestellt. Hierbei wird nach der Anmeldung jeder Buchstabe, der vom Benutzer in den Telnet-Client eingegeben wird, in einem einzelnen Paket vom Client zum Telnet-Server übertragen. Der Telnet-Server nimmt diesen Buchstaben entgegen und bestätigt den Empfang. Zusätzlich sendet er den Buchstaben im Falle der Telnet-Verbindung auch wieder an den Client, damit der auf dem Bildschirm des Telnet-Clients dargestellt wird.

Snort sieht also jeden Buchstaben einzeln und nicht im Kontext. Snort kann daher nicht die Eingaben des Benutzers auf bestimmte unerlaubte Befehle (z. B. su ‑ root) untersuchen. Wenn Snort den gesamten TCP-Stream betrachtet, kann es doch diese Zeichenkette entdecken. Dies ermöglicht dieser Präprozessor.

Ein weiterer häufiger Versuch, NIDS-Systeme zu umgehen, wird ebenfalls von diesem Stream-Präprozessor erkannt. Um beim Telnet-Beispiel zu bleiben, senden einige Angreifer zunächst die Pakete, welche die Buchstaben su enthalten. Anschließend senden Sie ein TCP Reset-Paket. Dieses Reset-Paket weist jedoch falsche Sequenznummern bei korrekten Portnummern auf. Einfache zustandsorientierte NIDS ordnen dieses Paket der überwachten Verbindung zu und brechen die Beobachtung der Verbindung ab. Der empfangende Rechner verwirft jedoch das Paket als ungültig und nimmt weitere Pakete auf dieser Verbindung an. Anschließend sendet der Angreifer die restlichen Buchstaben, um das Kommando zu vervollständigen. Der *Stream4*-Präprozessor erkennt derartige Zustandsprobleme und -verletzungen und protokolliert diese. Auch SYN-Pakete, welche bereits Daten enthalten, werden erkannt.

Weitere Funktionen sind die mögliche Protokollierung aller Verbindungen in der Datei *session.log* und die Erkennung von Portscans. Sämtliche Optionen werden im Folgenden angegeben:

- *stream4:*
  - noinspect. **Keine Zustandsanalyse (Default: Nein)**
  - keepstats. **Speichere Verbindungen in session.log (Default: Nein)**
  - timeout. **Dauer (Sekunden), die eine inaktive Verbindung in der Zustandstabelle verbleibt (Default: 30)**
  - memcap. **Arbeitsspeicher. Wenn Snort diese Grenze überschreitet, werden inaktive Verbindungen entfernt. (Default: 8 Mbyte)**
  - detect_scans. **Alarmiere bei einem Portscan (Default: Nein)**
  - detect_state_problems. **Alarmiere bei Zustandsverletzungen (Default: Nein)**

- *stream4_reassemble*
  - clientonly. **Reassemblierung nur für Client-Pakete (Default: Ja)**
  - serveronly. **Reassemblierung nur für Server-Pakete (Default: Nein)**
  - both. **Reassemblierung für beide Seiten (Default: Nein)**
  - noalerts. **Keine Alarmierung bei Problemen bei der Reassemblierung (Default: Nein)**

- ports. Liste der zu überwachenden Ports. all betrachtet alle Ports. default aktiviert die Überwachung folgender Ports: 21, 23, 25, 53, 80, 110, 111, 143 und 513.

Der *Stream4*-Präprozessor kann zusätzlich noch über zwei Kommandozeilen-optionen bzw. Konfigurationsdirektiven in seinem Verhalten modifiziert werden.

Die Konfigurationsdirektive checksum_mode (snort -k) erlaubt das Abschalten der Prüfsummenberechnung für einzelne (noip, notcp, noudp, noicmp) oder alle Protokolle (none). Diese Prüfsummenberechnung ist sehr zeitaufwändig. Häufig führen jedoch bereits Router oder Switches diese Berechnung durch und verwerfen ungültige Pakete.

Die Konfigurationsdirektive stateful (snort -z) ermöglicht die Beschränkung der Analyse von TCP-Paketen auf tatsächlich aufgebaute Verbindungen (config stateful: est). Künstlich erzeugte TCP-Pakete, welche nicht Teil einer vorher aufgebauten Verbindung sind, werden nicht von Snort untersucht. In der Standardeinstellung (config stateful: all) untersucht die Detektionsmaschine trotz *Stream4*-Präprozessor alle Pakete.

Beispielkonfiguration:

```
# Unser Switch führt bereits Prüfsummenvalidierung durch
config checksum_mode: none
# Lediglich TCP Pakete in aufgebauten Verbindungen betrachten
config stateful: est

preprocessor stream4: keepstats, detect_state_problems
preprocessor stream4_reassemble
```

HTTP-Normalisierung

Es existieren zwei Präprozessoren zur Dekodierung von HTTP URI-Zeichenketten: http_decode und unidecode. Beide haben das gleiche Ziel, jedoch ist *unidecode* angeblich in der Lage, Unicode-Angriffe besser zu erkennen.

Diese Plug-Ins wurden in erster Linie geschrieben, um Angriffe, welche in ASCII oder Unicode kodiert sind, auf Webservern zu erkennen.

Was ist Unicode?

Üblicherweise kodieren Computer Buchstaben im ASCII-Alphabet. Da das ASCII-Alphabet die Kodierung in einem Byte durchführt, kann es nicht sämtliche landestypischen Zeichen aufnehmen. Daher wurden zu Beginn so genannte (landestypische) Codepages eingeführt. Auch diese genügen jedoch nicht, um sämtliche chinesischen Schriftzeichen zu kodieren. Hierzu wurde

Unicode geschaffen. Dabei handelt es sich um ein neues Alphabet, welches die Kodierung der Zeichen in einem Wort (2 Bytes) vornimmt. Damit können 65536 verschiedene Zeichen in Unicode kodiert werden. So gibt es zum Beispiel für das Zeichen / (der Schrägstrich) den ASCII-Code 0x2f und den Unicode 0xc11c.

Die meisten verfügbaren Webserver sind fähig, ASCII-Code und Unicode genauso wie normale Zeichen zu verarbeiten. Das bedeutet, dass ein / in der URI genau die gleiche Auswirkung hat, wie ein %2f und ein %c1%1c. Wenn nun ein NIDS die URI untersucht, muss es nicht nur mit den üblichen Buchstaben, sondern auch mit ASCII-Kodierungen und auch mit einer Unicode-Kodierung umgehen können. Um nun sämtliche Regeln Hexadezimal- und Unicode-fähig zu machen, müssten alle Regeln in weiteren Formen vorliegen. Das Ganze wird zusätzlich erschwert, da zum Beispiel der / (Schrägstrich) in Unicode mehrere verschiedene Kodierungen kennt (0xc11c, 0xc0af, 0xc19c).

Einfacher wird die Analyse für Snort, wenn die Detektionsmaschine von Snort lediglich die aus der Kodierung resultierende URI sieht. Hierzu sind die beiden Präprozessoren in der Lage. Sie dekodieren jegliche kodierte Angabe in der URI und Snort untersucht die dekodierte Anfrage.

Hierzu weisen beide Präprozessoren folgende Optionen auf:

- *Portliste*. Hier können die Ports angegeben werden, bei denen die Dekodierung durchgeführt werden soll.
- -unicode. Dies führt dazu, dass lediglich hexadezimale Bytes dekodiert werden, jedoch kein Unicode.
- -cginull. Hier werden bei CGI NULL-Code Angriffe nicht erkannt. Dabei handelt es sich um CGI-Aufrufe, welche in der URI ein Byte mit dem Wert 0 enthalten, hinter dem weitere Befehle gesendet werden. Die Programmiersprache C sieht das Nullbyte als Ende der Zeichenkette.

Ein Beispiel für die Anwendung des Unidecode-Präprozessors:

```
preprocessor unidecode: 80 8080  -cginull
```

telnet_decode

Das Telnet-Protokoll ist ein wenig komplizierter als weiter oben angesprochen. Leider werden noch sehr viele zusätzliche Zeichen übertragen, welche zur Verwaltung der Telnet-Verbindung genutzt werden. Dieser Präprozessor entfernt diese Zeichen und normalisiert die Daten so, dass Snort später nur die tatsächlich übertragenen Nutzdaten, zum Beispiel eingegebene Befehle, sieht. Dieser Präprozessor nimmt keine Argumente an:

```
preprocessor telnet_decode
```

rpc_decode

Das Remote Procedure Call-Protokoll bietet ähnlich dem HTTP-Protokoll unterschiedliche Kodierungsmöglichkeiten. Damit das *rpc*-Attribut in der Lage ist, alle verschiedenen Kodierungen zu verarbeiten, normalisiert dieser Präprozessor diese Anfragen. Hierzu benötigt er die Angabe der Ports, die von RPC-Diensten genutzt werden. Im Folgenden ist ein Beispiel gezeigt:

```
preprocessor rpc_decode: 111 32768
```

Arpspoof-Detektion

Hierbei handelt es sich um einen experimentellen Präprozessor (Version 1.8.4).

Was ist ARP-Spoofing?

ARP-Spoofing ist eine Technik, welche von Netzwerksniffern eingesetzt wird.

Um in einem Netzwerk sämtliche Pakete mitzulesen, ähnlich der Operation, die Snort durchführt, muss sich die entsprechende Netzwerkkarte im so genannten promiscuous-Modus befinden. In diesem Modus nimmt die Netzwerkkarte alle Pakete entgegen und nicht nur die Pakete, welche an ihre oder die Broadcast MAC-Adresse gerichtet sind. Dies funktioniert auch in Netzwerken, welche über Hubs kommunizieren. Wird im Netzwerk jedoch ein Switch eingesetzt, so verteilt der Switch bereits die Pakete in Abhängigkeit der MAC-Adresse. Das bedeutet, dass ein Rechner, welcher an einem Switch angeschlossen wurde, nur noch maximal die Pakete sehen kann, welche an seine MAC- oder die Broadcast MAC-Adresse gesendet wurden. Andere Pakete werden von dem Switch nicht mehr an den Rechner weitergeleitet. Snort leidet in einer geswitchten Umgebung unter demselben Problem. Für den Sniffer heißt die Lösung: ARP-Spoofing. Bevor ein Rechner ein Paket an einen anderen Rechner senden kann, muss er zunächst dessen MAC-Adresse ermitteln. Dies erfolgt in einem ARP (Address Resolution Protocol) Request. Diese Anfrage ist an alle (Broadcast) gerichtet und bittet um die zu einer IP-Adresse gehörende MAC-Adresse. Kann der Angreifer diese Antwort fälschen und seine eigene MAC-Adresse dem fragenden Rechner unterschieben, so wird das resultierende IP-Paket an die richtige IP-Adresse, aber die falsche MAC-Adresse gesendet. Der Switch kann nicht die IP-Adressen, sondern nur die MAC-Adressen zuordnen. Er wird das Paket zunächst an den Angreifer zustellen. Dieser kann das Paket analysieren und an den echten Empfänger weiterleiten. ARP-Spoofing erlaubt also einem Angreifer in einem geswitchten Netzwerk dennoch den gesamten oder gezielten Netzwerkverkehr mitzulesen und zum Beispiel auf Kennwörter hin zu analysieren.

Der Präprozessor *arpspoof* ist in der Lage, ARP-Spoofing-Versuche zu erkennen. Dazu benötigt er eine Datenbank mit den IP-Adressen und den dazugehörigen MAC-Adressen. Snort wird dann die Anfragen und die Antworten mit diesen Informationen vergleichen und bei fehlender Übereinstimmung alarmieren. Zusätzlich kann Snort Unicast ARP Requests erkennen. Dies wird aktiviert mit der Option -unicast. Unicast ARP Requests werden verwendet, wenn gezielt der Netzwerkverkehr eines bestimmen Rechners protokolliert werden soll.

```
preprocessor arpspoof: -unicast
preprocessor arpspoof_detect_host: 192.168.111.1 00:50:8B:D0:61:C3
```

> **HINWEIS**
> Ein besseres Werkzeug für diese Aufgabe stellt *ARPwatch* dar. ARPwatch wird ebenfalls am Ende dieses Kapitels betrachtet.

BackOrifice-Detektor (bo)

Der BackOrifice-Detektor *bo* wurde von Martin Roesch geschrieben, da in einem Vergleich verschiedener NIDS durch eine Fachzeitschrift das Fehlen eines derartigen Detektors als großer Nachteil dargestellt wurde. Dieser BackOrifice-Detektor ist in der Lage, BO- (nicht BO2k-)Verkehr zu erkennen und unter Umständen auch zu entschlüsseln. Bei der Entschlüsselung kann ein Standardwert angegeben werden oder der Detektor versucht eine Entschlüsselung mit brutaler Gewalt (*brute force*). Hierbei werden alle Möglichkeiten für einen Schlüssel durchgespielt. Soll die Entchlüsselung nicht versucht werden, so ist die Option -nobrute zu spezifizieren.

Ein Beispiel:

```
preprocessor bo: -nobrute
```

Portscan-Detektor

Der Portscan-Detektor versucht Portscans zu erkennen. Hierzu hält er eine Liste sämtlicher Verbindungen vor und prüft, ob ein bestimmter Rechner in einer bestimmten Zeitperiode einen Grenzwert von zugelassenen Verbindungen überschreitet. Wenn dies der Fall ist, wird ein Alarm ausgelöst. Das bedeutet, dass in der angegebenen Datei der Rechner protokolliert wird.

Der Portscan-Detektor erkennt auch Stealth-Portscans (NULL, FIN, SYN/FIN und XMAS). Hierbei handelt es sich um Portscans, welche üblicherweise auf dem gescannten Rechner nicht zu einem Protokolleintrag führen. Es ist möglich, durch eine Aktivierung des Portscan-Detektors eine Reduktion der Protokolle zu erlangen, wenn gleichzeitig sämtliche einzelnen Regeln, die diese Pakete auch melden, deaktiviert werden. Die Pakete würden ansonsten auch doppelt protokolliert werden.

Das Portscan-Präprozessor-Plug-In erwartet einige Angaben:

```
preprocessor portscan: "Netzwerk" "Anzahl Ports" "Beobachtungsdauer" "Logdatei"
```

Hierbei bedeuten:

- *Netzwerk*: Das zu beobachtende Netzwerk
- *Anzahl Ports*: Der Grenzwert, wann von einem Portscan auszugehen ist
- *Beobachtungsdauer*: Die Zeit (Sekunden), in der der Grenzwert überschritten werden muss
- *Logdatei*: Die Datei, in der diese Informationen protokolliert werden

Ein Beispiel für den Einsatz des Portscan-Detektors folgt:

```
preprocessor portscan: $HOME_NET 10 5 /var/log/snort/portscan.log
```

Häufig stellt man nach kurzer Zeit fest, dass es im Netzwerk Rechner gibt, die derartig häufig Verbindungen zu anderen Rechnern aufbauen, dass sie vom Detektor gemeldet werden. Dies kann jedoch vollkommen normal sein, wie zum Beispiel bei DNS-Servern. Daher gibt es die Möglichkeit, gewisse Rechner auszusparen:

```
preprocessor portscan-ignorehosts: $DNS_SERVERS
```

SPADE

Der im letzten Abschnitt vorgestellte Portscan-Detektor ist in der Lage, Portscans an der Häufigkeit der initiierten Verbindungen zu erkennen. Werden diese Portscans jedoch sehr langsam oder ausgehend von mehreren unterschiedlichen Rechnern ausgeführt, ist der Portscan-Detektor nicht in der Lage, diese zu erkennen. Dies ist die Aufgabe von SPICE. SPICE ist die Stealthy Probing and Intrusion Correlation Engine. SPICE besteht aus SPADE und einem Korrelator. SPADE ist die Statistical Packet Anomaly Detection Engine. Der Korrelator steht noch nicht zur Verfügung, sondern befindet sich noch in der Entwicklung durch Silicon Defense (*http://www.silicondefense.com/*), den Entwickler von SPADE.

Wie funktioniert nun SPADE? SPADE beobachtet das Netzwerk und vergibt Anomaliewerte. Je seltener ein bestimmtes Paket im Netzwerk vorkommt, desto höhere Anomaliewerte bekommt es zugewiesen. Dazu pflegt SPADE intern eine Wahrscheinlichkeitstabelle, in der die Wahrscheinlichkeit einer bestimmten IP-Adressen-/Port-Paarung vorgehalten und aktualisiert wird. Die Anomalie ergibt sich logarithmisch aus der Wahrscheinlichkeit.

Zitat aus der Datei *README.spade*:

»We would know, for example, that P(dip=10.10.10.10,dport=8080) is 10% but that P(dip=10.10.10.10,dport=8079) is 0.1%. The anomaly score is calculated directly from the probability. For a packet X, $A(X) = -log2(P(X))$. So the anomaly score for a 10.10.10.10, 8080 packet is 3.32 (not very anomalous) and the score for a 10.10.10.10, 8079 packet is 9.97 (fairly anomalous (?))«

Werte oberhalb eines bestimmten Grenzwertes werden dann von SPADE protokolliert.

Zusätzlich kann SPADE statistische Auswertungen der in einem Netzwerk existierenden Pakete erstellen. Dies erlaubt eine statistische Analyse der in einem Netzwerk verwendeten Ports und Dienste.

SPADE ist nicht in der Lage, gut von böse zu unterscheiden. Es ist lediglich eine Methode, seltene und damit ungewöhnliche Pakete zu erkennen. SPADE kann keine Korrelation von verwandten Paketen durchführen. Dies ist die Aufgabe des sich in der Entwicklung befindlichen Korrelators.

SPADE erzeugt seine Meldungen dort, wo auch sämtliche anderen Snortregeln Alert-Meldungen erzeugen. Dabei können zwei verschiedene Ausgaben erzeugt werden. Zum einen werden ungewöhnliche Pakete protokolliert, zum anderen meldet SPADE automatische Anpassungen des Grenzwertes. SPADE ist in der Lage, seinen Grenzwert selbst automatisch anzupassen (s.u.).

Die Verwendung von SPADE erfordert folgende Konfiguration:

```
preprocessor spade: "Grenzwert" "Zustandsdatei" "Logdatei"
"Wahrscheinlichkeitsmodus" "Sicherungsfrequenz" "-corrscore"
```

Hierbei bedeuten:

- *Grenzwert* Der Grenzwert, ab dem ein Paket als unnormal angesehen und protokolliert wird. Eine negative Zahl deaktiviert die Protokollierung. (Default: -1)

- *Zustandsdatei.* Hier werden die Wahrscheinlichkeitstabellen abgespeichert, sodass bei einem Neustart von SPADE die Tabellen nicht neu aufgebaut werden müssen, sondern aus dieser Datei eingelesen werden (Default: *spade.rcv*)

- *Logdatei.* SPADE-Protokolldatei. Hier werden die Anzahlen der untersuchten Pakete und generierten Alarmmeldungen protokolliert. Die eigentlichen Alarmmeldungen werden von Snort zentral protokolliert.

- *Sicherungsfrequenz.* Diese Zahl gibt an, nach wie vielen Paketen regelmäßig die Zustandsdatei neugeschrieben werden soll. Eine 0 deaktiviert diesen Vorgang. (Default: 50000)

- *Wahrscheinlichkeitsmodus.* Es existieren vier verschiedene Modi, um die Wahrscheinlichkeit des Paketes zu berechnen. Weitere Informationen enthält die Datei *README.Spade.Usage.* Eine Änderung des Wahrscheinlichkeitsmodus erfordert eine neue Zustandsdatei. Die alte Zustandsdatei muss gelöscht werden, da ansonsten falsche Wahrscheinlichkeiten ermittelt werden. (Default: 3)

- `-corrscore`. Ein Fehler in alten Implementierungen führte zu falschen absoluten Berechnungen (Die Datei *README.Spade.Usage* hat genauere Angaben). Aus Kompatibilitätsgründen ist diese »fehlerhafte« Berechnung noch das Standardverhalten. Diese Option korrigiert dies. Des Weiteren verwendet die Alarmierung statt »spp_anomsensor:« den Namen »Spade:«.

Ein Beispiel:

```
preprocessor spade: 9 spade.rcv spade.log 3 50000
```

Spade wird alle Pakete mit einem Anomaliewert größer 9 protokollieren. Dabei wird die Wahrscheinlichkeit nach dem Modell 3 (Default) ermittelt. Die Zustandsdatei wird alle 50.000 Pakete (Default) in der Datei *spade.rcv* (Default) gespeichert. Allgemeine Protokolle werden in der Datei *spade.log* vorgehalten.

Spade erlaubt weiteres Tuning seiner Funktion. Zunächst kann das *spade-homenet* definiert werden. Diese Direktive weist Spade an, nur noch an dieses Netzwerk gerichtete Pakete zu analysieren.

```
preprocessor spade-homenet: $HOME_NET
```

Das größte Problem beim Spade-Tuning ist jedoch die Ermittelung eines geeigneten Grenzwertes. Wird dieser Grenzwert zu niedrig gewählt, wird Spade viele vollkommen normale Pakete als unnormal melden. Ist er zu hoch gewählt, so wird Spade viele Pakete übersehen. Spade bietet verschiedene Hilfen hierfür an.

- **Automatisches Erlernen des Grenzwertes.** Spade bietet die Möglichkeit, den Netzwerkverkehr für eine gewisse Zeit (Dauer in Stunden, Default 24) zu beobachten und anschließend den Grenzwert zu errechnen und zu melden, der für eine gewisse Anzahl an Meldungen (Events, Default 200) benötigt worden wäre.

```
preprocessor spade-threshlearn: Events Dauer
```

Zwischenberichte können mit einem `killall -HUP` *snort* erzeugt werden.

- **Automatische Grenzwertanpassung I.** Hierbei beobachtet Snort den Trend und passt in regelmäßigen Abständen den Grenzwert an. Dies wird in der Spade-Protokolldatei protokolliert. Hierbei wird die Zeitdauer (Dauer, Default 2) definiert, in der eine gewünschte Anzahl von Meldungen (Events, Default 20) erzeugt werden soll. Anschließend wird die Wichtung (Wichtung, Default 0.5) angegeben. Eine Wichtung größer 0.5 berücksichtigt die neuen Werte stärker. Abschließend kann optional der Wert 1 angegeben werden, der dazu führt, dass die Dauer nicht in Stunden, sondern in Paketen gemessen wird.

```
preprocessor spade-adapt: Events Dauer Wichtung 0 (oder 1)
```

- **Automatische Grenzwertanpassung II.** Hierbei beobachtet Snort ebenfalls den Trend, führt jedoch eine Langzeitwichtung durch. Snort benötigt die Angabe der Beobachtungsdauer (Dauer in Minuten, Default: 15) und die gewünschten Events. Sind die angegebenen größer oder gleich 1, handelt es sich um die Anzahl gemeldeter Pakete pro Zeiteinheit (Dauer). Ist diese Zahl kleiner 1, so handelt es sich um den prozentualen Anteil am Netzwerkverkehr (Default: 0.01). Anschließend werden drei Wichtungszeiträume definiert: Kurzzeit (Einheit sind die definierten Beobachtungzeiträume Dauer, Default:

4), Mittelzeit (Einheit ist die Kurzzeit, Default: 24) und Langzeit (Einheit ist die Mittelzeit, Default: 7).

```
preprocessor spade-adapt2: Events Dauer Kurzzeit Mittelzeit Langzeit
```

- **Automatische Grenzwertanpassung III.** Hierbei führt Snort ebenfalls eine Langzeittrendanalyse durch. Diese ist jedoch wesentlich einfacher als die gerade vorgestellte Variante. Es werden die angestrebten Meldungen (Events, Default: 0.01) pro Zeiteinheit (Dauer in Minuten, Default: 60) definiert. Anschließend ermittelt Snort das Mittel des optimalen Grenzwertes der letzten N (Default: 168) Beobachtungszeiträume.

```
preprocessor spade-adapt3: Events Dauer N
```

Für die zukünftige Unterstützung von dem sich in Entwicklung befindenen Korrelator gibt es die Möglichkeit, mit dem Output-Plug-In *idmef* (s.u.) Pakete, die den Anomaliegrenzwert überschreiten, an einen anderen Rechner zu senden.

```
preprocessor spade-correlate: IP-Adresse Port
```

Schließlich kann Spade auch statistische Berichte seiner Arbeit verfassen. Diese Berichte betrachten immer einen bestimmten Beobachtungszeitraum (Dauer in Minuten, Default: 60) und können in einer Datei abgespeichert werden (Logdatei, Default: Standardausgabe).

```
preprocessor spade-survey: Logdatei Dauer
```

Zusätzlich existiert jedoch noch ein Statistik-Modus, in dem statistische Informationen über den Netzwerkverkehr gesammelt und protokolliert werden. Hierbei stehen Entropie- (entropy), einfache Wahrscheinlichkeiten (uncondprob) und bedingte Wahrscheinlichkeiten (condprob) zur Verfügung. Diese werden als Optionen angegeben.

```
preprocessor spade-stats: option option option
```

Spade ist sicherlich ein sehr interessantes Plug-In. Leider fehlt ihm bisher die Eigenschaft der Korrelation. Da Spade momentan ein experimentelles Plug-In ist und darüber hinaus hohe Prozessorleistung verlangt, sollte das Spade-Plug-In nicht unüberlegt aktiviert werden. Im Zweifelsfall ist es sicherlich sinnvoller, zwei Snort-Prozesse zu starten. Ein Snort-Prozess übernimmt die »übliche« Arbeit, während der zweite Snort-Prozess lediglich das Spade-Plug-In startet und nutzt. Siehe auch Performance-Tuning weiter unten.

Netzwerkdatenuntersuchung zur Regelentwicklung

Im Abschnitt über Bufferoverflows wurde beschrieben, wie die Entwicklung von Regeln erfolgen kann, wenn der Quelltext des Angriffswerkzeuges existiert. Häufig steht jedoch der Quelltext nicht zur Verfügung. Lediglich die Binärprogramme oder mitgeschnittener Netzwerkverkehr sind möglicherweise vorhanden.

Im Folgenden soll am Beispiel des bereits vorgestellten Bufferoverflows die Vorgehensweise besprochen werden.

Sie benötigen idealerweise drei Rechner, können das Ganze aber auch auf einem lokalen Rechner durchführen. Die benötigte Software besteht aus dem Bufferoverflow in Binärform, Snort und idealerweise *Netcat* (*http://www.atstake.com/research/tools/index.html#network_utilities*). Netcat ist ein Werkzeug, welches in der Lage ist, Informationen über das Netzwerk mit dem TCP- oder UDP-Protokoll zu versenden und entgegenzunehmen. In diesem Fall dient es als IMAP-Server-Ersatz, da kein echter Bufferoverflow erzeugt werden soll.

Zunächst konfigurieren Sie *Netcat* auf dem Server. Netcat soll den IMAP-Server auf Port 143 ersetzen. Dazu starten Sie Netcat mit den Optionen:

```
nc -l -p 143
```

Anschließend konfigurieren Sie *Snort* auf einem zweiten Rechner. Snort soll sämtlichen Verkehr auf dem Port 143 protokollieren:

```
snort -l ./imaplog -b port 143
```

Schließlich können Sie den Client konfigurieren. Dazu verwenden Sie die Binärform des Bufferoverflows. Diese rufen Sie auf und übergeben die Ausgabe an netcat, welche sie an den Server auf Port 143 weiterleitet.

```
./a.out 0 | nc server 143
```

> **HINWEIS**
> Wenn Sie dieses Beispiel nachempfinden möchten, so können Sie sich selbst den IMAP-Bufferoverflow übersetzen. Sie erhalten den Quelltext an der oben angegebenen Adresse und können ihn einfach mit dem GNU C Compiler übersetzen. Unter Umständen gibt es eine Fehlermeldung, da die letzte geschweifte Klammer im Quelltext fehlt.
> ```
> gcc ADM-imap4r1-linux.c
> ```
>
> Sie können den kompletten Aufbau auch auf einem einzelnen Rechner durchführen. Hierzu definieren Sie beim Aufruf von Snort das Loopback Interface mit der Option -i lo und geben beim Aufruf des Clients als Servernamen localhost an.
> ```
> snort -l ./imaplog -b -i lo port 143
> ./a.out 0 | nc localhost 143
> ```

Anschließend können Sie mit dem Kommando

```
snort -vdr imaplog/snort-0514\@1129.log
```

die protokollierten Daten analysieren:

```
05/14-11:29:39.685257 127.0.0.1:32942 -> 127.0.0.1:143
TCP TTL:64 TOS:0x0 ID:3832 IpLen:20 DgmLen:60 DF
******S* Seq: 0xF8BEBE17  Ack: 0x0  Win: 0x7FFF  TcpLen: 40
TCP Options (5) => MSS: 16396 SackOK TS: 1814767 0 NOP WS: 0


=+=+=+=+=+=+=+=+=+=+=+=+=+=+=+=+=+=+=+=+=+=+=+=+=+=+=+=+=+=+=+=+


05/14-11:29:39.685311 127.0.0.1:143 -> 127.0.0.1:32942
TCP TTL:64 TOS:0x0 ID:0 IpLen:20 DgmLen:60 DF
***A**S* Seq: 0xF91D17A2  Ack: 0xF8BEBE18  Win: 0x7FFF  TcpLen: 40
TCP Options (5) => MSS: 16396 SackOK TS: 1814767 1814767 NOP WS: 0


=+=+=+=+=+=+=+=+=+=+=+=+=+=+=+=+=+=+=+=+=+=+=+=+=+=+=+=+=+=+=+=+


05/14-11:29:39.685345 127.0.0.1:32942 -> 127.0.0.1:143
TCP TTL:64 TOS:0x0 ID:3833 IpLen:20 DgmLen:52 DF
***A**** Seq: 0xF8BEBE18  Ack: 0xF91D17A3  Win: 0x7FFF  TcpLen: 32
TCP Options (3) => NOP NOP TS: 1814767 1814767


=+=+=+=+=+=+=+=+=+=+=+=+=+=+=+=+=+=+=+=+=+=+=+=+=+=+=+=+=+=+=+=+


05/14-11:29:39.685617 127.0.0.1:32942 -> 127.0.0.1:143
TCP TTL:64 TOS:0x0 ID:3834 IpLen:20 DgmLen:2125 DF
***AP*** Seq: 0xF8BEBE18  Ack: 0xF91D17A3  Win: 0x7FFF  TcpLen: 32
TCP Options (3) => NOP NOP TS: 1814767 1814767
2A 20 41 55 54 48 45 4E 54 49 43 41 54 45 20 7B   * AUTHENTICATE {
32 30 34 38 7D 0D 0A 90 90 90 90 90 90 90 90 90   2048}...........
90 90 90 90 90 90 90 90 90 90 90 90 90 90 90 90   ................
90 90 90 90 90 90 90 90 90 90 90 90 90 90 90 90   ................
90 90 90 90 90 90 90 90 90 90 90 90 90 90 90 90   ................
90 90 90 90 90 90 90 90 90 90 90 90 90 90 90 90   ................
90 90 90 90 90 90 90 90 90 90 90 90 90 90 90 90   ................
90 90 90 90 90 90 90 90 90 90 90 90 90 90 90 90   ................
90 90 90 90 90 90 90 90 90 90 90 90 90 90 90 90   ................
90 90 90 90 90 90 90 90 90 90 90 90 90 90 90 90   ................
90 90 90 90 90 90 90 90 90 90 90 90 90 90 90 90   ................
90 90 90 90 90 90 90 90 90 90 90 90 90 90 90 90   ................
90 90 90 90 90 90 90 90 90 90 90 90 90 90 90 90   ................
90 90 90 90 90 90 90 90 90 90 90 90 90 90 90 90   ................
90 90 90 90 90 90 90 90 90 90 90 90 90 90 90 90   ................
90 90 90 90 90 90 90 90 90 90 90 90 90 90 90 90   ................
90 90 90 90 90 90 90 90 90 90 90 90 90 90 90 90   ................
90 90 90 90 90 90 90 90 90 90 90 90 90 90 90 90   ................
90 90 90 90 90 90 90 90 90 90 90 90 90 90 90 90   ................
90 90 90 90 90 90 90 90 90 90 90 90 90 90 90 90   ................
```

```
90 90 90 90 90 90 90 90 90 90 90 90 90 90 90 90   ................
90 90 90 90 90 90 90 90 90 90 90 90 90 90 90 90   ................
90 90 90 90 90 90 90 90 90 90 90 90 90 90 90 90   ................
90 90 90 90 90 90 90 90 90 90 90 90 90 90 90 90   ................
90 90 90 90 90 90 90 90 90 90 90 90 90 90 90 90   ................
90 90 90 90 90 90 90 90 90 90 EB 38 5E 89 F3 89   ..........8^...
D8 80 46 01 20 80 46 02 20 80 46 03 20 80 46 05   ..F. .F. .F. .F.
20 80 46 06 20 89 F7 83 C7 07 31 C0 AA 89 F9 89    .F. .....1.....
F0 AB 89 FA 31 C0 AB B0 08 04 03 CD 80 31 DB 89   ....1........1..
D8 40 CD 80 E8 C3 FF FF FF 2F 42 49 4E 2F 53 48   .@......./BIN/SH
90 90 90 90 90 90 90 90 90 90 90 90 90 90 90 90   ................
```

```
.... weitere Daten folgen ....
```

Bei der Analyse der Pakete ist zunächst der TCP Handshake zu sehen. Dies ist ein ganz normaler TCP Handshake. Er wurde auch nicht vom dem IMAP-Bufferoverflow, sondern von Netcat generiert. Das interessante Paket ist das vierte sehr große Paket. Dieses Paket weist folgende Merkmale auf:

- Es ist ein TCP-Paket mit den gesetzten Flags ACK und PSH und ist an Port 143 gerichtet.
- Es beginnt mit einem Text *AUTHENTICATE*.
- Es weist am Ende den Text */BIN/SH* auf.
- Im mittleren Bereich besitzt es einen so genannten NOP-Schlitten (NOP sled). Dieser wird häufig in Bufferoverflows verwendet. (Siehe Kasten zu »Bufferoverflows« ab S. 240). NOP ist ein Assemblerbefehl, bei dem der Prozessor keine Operation durchführt (*No OPeration*). Er wird hexadezimal 0x90 kodiert.

Mit diesem Wissen lässt sich nun folgende Regel implementieren

```
alert tcp any any -> $HOME_NET 143 (flags: AP+; content:"AUTHENTICATE"; \
        content "/BIN/SH"; content: "|9090 9090 9090 9090 9090 9090|";\
        msg:"IMAP Bufferoverflow";)
```

Diese Regel wird ebenso den Bufferoverflow erkennen wie die oben entwickelte Regel.

Fortgeschrittene Protokollierung

In diesem Kapitel werden die Output-Plug-Ins von Snort vorgestellt. Ihr Einsatz in einem Unternehmensnetzwerk mit mehreren Snort-Sensoren wird später im Buch vorgestellt. In diesem Kapitel werden jedoch bereits die zur Verfügung stehenden Plug-Ins und ihr Einsatz beschrieben. Es gibt zwei unterschiedliche Formen der Plug-Ins: *alert* und *log*. Alert-Plug-Ins protokollieren die Snort-Meldung und Informationen über das Paket. Log-Plug-Ins protokollieren das Paket selbst.

> **ACHTUNG**
> Die in der Konfigurationsdatei definierten Output-Plug-Ins sind nur aktiv,
> wenn beim Aufruf von Snort auf der Kommandozeile keine Output-
> Optionen (wie -l, -s, -A etc.) definiert wurden. Funktionieren die Output-
> Plug-Ins nicht, prüfen Sie den Aufruf von Snort!

Klartextprotokollierung in eine Datei

Die Defaulteinstellung von Snort ist die Klartextprotokollierung. Diese Protokollierung wird durch zwei verschiedene Output-Plug-Ins zur Verfügung gestellt:
alert_fast und *alert_full*

alert_fast

Dieses Output-Plug-In protokolliert jedes Paket in der Alert-Protokolldatei
(Default: */var/log/snort/alert*) auf einer einzelnen Zeile. Hierbei handelt es sich
sicher um eines der schnellsten Output-Plug-Ins. Jedoch werden die Header und
auch der Inhalt des Paketes nicht protokolliert. Diese Option kann jedoch gut
zusammen mit der Binärprotokollierung eingesetzt werden.

```
output alert_fast: /var/log/snort/alert
```

Die Ausgabe sieht dann wie folgt aus:

```
05/14-12:31:11.631460  [**] [1:528:2] BAD TRAFFIC loopback traffic [**]
[Classification: Potentially Bad Traffic] [Priority: 2] {ICMP} 127.0.0.1 ->
127.0.0.1
```

Sämtliche Informationen befinden sich in einer Zeile, zu Beginn Datum und Uhrzeit. Anschließend eingefasst in [**] die Regelidentifikation [1:528:2] (Genera-
tor, RegelId, Version) und die Mitteilung der Regel. Hieran schließt sich die
Klassifizierung und die Priorität der Regel an. Schließlich werden das Protokoll
und die beteiligten IP-Adressen und Ports angegeben, wenn vorhanden. Eine
darüber hinaus gehende Protokollierung wird von *alert_fast* nicht durchgeführt.

alert_full

Dieses Output-Plug-In protokolliert jedes Paket mehrfach. Zunächst schreibt es
ähnlich *alert_fast* einen Eintrag in der Alert-Protokolldatei. Dieser ist jedoch
wesentlich ausführlicher und enthält zusätzlich den Header des Paketes:

```
[**] [1:528:2] BAD TRAFFIC loopback traffic [**]
[Classification: Potentially Bad Traffic] [Priority: 2]
05/14-12:36:55.941462 127.0.0.1 -> 127.0.0.1
ICMP TTL:255 TOS:0x0 ID:30644 IpLen:20 DgmLen:84
Type:0  Code:0  ID:49441  Seq:768  ECHO REPLY
```

Darüber hinaus wird jedoch auch noch im Snort-Protokollverzeichnis (Default: */var/log/snort*) ein Unterverzeichnis für diese Pakete erzeugt und dort entsprechend dem Protokoll und den Ports ebenfalls der Paket-Header protokolliert. In diesem Fall wird in */var/log/snort/* ein Verzeichnis *127.0.0.1/* angelegt werden. In diesem Verzeichnis wird Snort eine Datei *ICMP_ECHO* erzeugen und dort diese Pakete anhängen. Im Falle einer TCP- oder UDP-Verbindung wird eine Datei angelegt werden, deren Name sich aus dem Protokoll und den verwendeten Ports ergibt, zum Beispiel: *TCP:62170-22.* Das bedeutet, dass für jede Netzwerkverbindung, die von Snort protokolliert wird, eine Datei erzeugt wird. Dies ist zum einen recht langsam und kann zum anderen im Falle eines Portscans zu extremen Verzeichnisgrößen führen. Dieser Modus sollte nicht in Produktionsumgebungen genutzt werden.

Rotation

Snort protokolliert so lange in diese Klartextdateien, wie das Betriebssystem Speicherplatz zur Verfügung stellt. Da moderne Linux-Distributionen nicht mehr an die Dateigrenze von 2 GB gebunden sind, können diese Dateien sehr groß werden und auch sämtlichen freien Speicherplatz in Anspruch nehmen. Die Lösung für dieses Problem ist die Rotation der Protokolldateien. Bei dieser Rotation wird die aktuelle Protokolldatei umbenannt, eine neue leere Protokolldatei erzeugt und Snort mit dem Signal *HUP* dazu aufgefordert, die neue Protokolldatei zu nutzen.

Die meisten Distributionen liefern entsprechende Werkzeuge mit. Hier soll am Beispiel des Befehls `logrotate` der Red Hat Linux-Distribution die Konfiguration erklärt werden. Andere Distributionen verhalten sich ähnlich.

Der Befehl `logrotate` liest seine Konfiguration aus der Datei */etc/logrotate.conf*. Bei Red Hat enthält diese Datei einen Verweis auf das Verzeichnis */etc/logrotate.d* und liest so alle in diesem Verzeichnis befindlichen Konfigurationsdateien zusätzlich ein. Um `logrotate` nun anzuweisen, die zusätzlichen Snort-Protokolle zu rotieren, muss lediglich hier eine zusätzliche Konfigurationsdatei *snortlogs* erzeugt werden:

```
/var/log/snort/alert {
    weekly
    rotate 5
    compress
    notifempty
    missingok
    postrotate
        /usr/bin/killall -HUP snort
}
```

Nun muss nur noch sichergestellt werden, dass *logrotate* regelmäßig aufgerufen wird. Dies erfolgt bei Red Hat Linux durch ein entsprechenden Script im Verzeichnis */etc/cron.daily*. Dieses Script wird täglich aufgerufen und prüft, ob Protokolldateien rotiert werden müssen.

Wenn Ihre Distribution nicht über ein ähnliches Werkzeug verfügt, so befindet sich in der Snort-FAQ (*http://www.snort.org/docs/faq.html* unter Punkt 6.8 ein Beispiel-Script, welches diese Aufgabe auch erfüllt.

Syslog-Protokollierung

Der zentrale Protokolldienst unter UNIX ist der `syslogd`. Dieser Dienst erhält seine Meldungen über einen so genannten Socket (*/dev/log*). Alle klassischen UNIX-Prozesse (nicht Apache, Squid oder Samba), die eine Protokollierung wünschen, senden ihre Meldungen an den Syslog. Der Syslog analysiert die Meldung und protokolliert sie in Abhängigkeit der Quelle (`facility`) und der Priorität (`priority`) an unterschiedlichen Orten. Die Konfiguration des Syslog erfolgt in der Datei */etc/syslog.conf*. Diese Datei besitzt folgende Syntax:

```
# facility.priority                 file
# Beispiel:
mail.*                              /var/log/messages
# Protokollierung auf Geräten:
kern.*                              /dev/console
# Protokollierung auf einem zentralen Syslogserver
local7.*                           @snortlogserver
```

Das Snort-Output-Plug-In *alert_syslog* kann nun so konfiguriert werden, dass es eine bestimmte Quelle (`facility`) und Wertigkeit (`priority`) an den Syslog bei jeder Meldung übergibt.

Mögliche Quellen (`facility`): `LOG_AUTH, LOG_AUTHPRIV, LOG_DAEMON, LOG_LOCAL0 - LOG_LOCAL7` und `LOG_USER`.

Verfügbare Prioritäten (`priority`): `LOG_EMERG, LOG_ALERT, LOG_CRIT, LOG_ERR, LOG_WARNING, LOG_NOTICE, LOG_INFO, LOG_DEBUG`.

Beispielkonfiguration:

```
output alert_syslog: LOG_LOCAL7 LOG_INFO
```

Auch bei einer Alert-Protokollierung über den Syslog sollte sichergestellt sein, dass eine Rotation der Protokolldatei durchgeführt wird. Einzelheiten sind im vorigen Abschnitt beschrieben.

WinPopUp-Alarmierung

Snort ist in der Lage, über das Output-Plug-In *alert_smb* mit dem Kommando `smbclient` Mitteilungen an andere Microsoft Windows-Rechner zu senden, wenn auf diesen Rechnern der Nachrichtendienst aktiviert wurde. Die Konfiguration des Output-Plug-Ins ist sehr einfach. Es benötigt lediglich eine Datei, in der die NETBIOS-Namen aller zu alarmierenden Rechner aufgeführt sind.

```
output alert_smb: rechnerliste.txt
```

Wenn das Plug-In nicht zu funktionieren scheint, prüfen Sie zunächst, ob das Kommando `smbclient` tatsächlich installiert ist und sich im Suchpfad befindet. Bei einer `Chroot`-Installation muss sich das Kommando im Chroot-Verzeichnis befinden! Anschließend prüfen Sie bitte, ob Sie mit einem direkten Aufruf dieses Befehls ein WinPopUp senden können. Wenn dies nicht erfolgreich ist, prüfen Sie die Einstellungen des Nachrichtendienstes auf Ihrem Windows-Rechner. Seien Sie sich bewusst, dass Snort durchaus sehr viele Meldungen besonders in einer Angriffssituation erzeugt. Dies kann zu einem Denial of Service auf dem Windows-Rechner führen, da er mit PopUp-Meldungen überschwemmt wird.

```
echo "Linux WinPopUp" | smbclient -M NETBIOS-Name
```

Binärprotokollierung in eine Datei

Dieses Output-Plug-In (*log_tcpdump*) ermöglicht die Protokollierung des gesamten Paketes in der angegebenen Datei. Dieses Plug-In arbeitet sehr schnell, da es im Gegensatz zum *alert_full*-Plug-In nicht verschiedenste Dateien öffnen und auf externe Befehle oder Dienste warten muss. Das Format der resultierenden Protokolldatei ist das *libpcap*-Format. Snort ist, wie auch *tcpdump*, *ethereal* und weitere Befehle, in der Lage, diese Datei wieder einzulesen.

```
output log_tcpdump: binary.log
```

Sinnvollerweise wird in einer Umgebung, in der die Geschwindigkeit von Snort essentiell ist, dieses Plug-In genutzt. Die Analyse der protokollierten Pakete kann dann später offline durch Einlesen und Klartextausgabe dieser Datei erfolgen.

XML-Protokollierung

Es existieren zwei verschiedene Output-Plug-Ins, die die Informationen als XML aufbereiten. Dabei handelt es sich um die Plug-Ins *xml* und *idmef*.

xml-Plug-In

Das *xml*-Plug-In verwendet die Sprache Simple Network Markup Language (SNML, auch Snort Markup Language). Die DTD steht unter *http://www.cert. org/DTD/snml-1.0.dtd* zum Download bereit. Das Plug-In wurde am CERT Coordination Center als Teil des AIRCERT-Projektes entwickelt.

Das *xml*-Plug-In kann sowohl von *alert*- als auch von *log*-Regeln genutzt werden. Des Weiteren können Parameter angegeben werden, die das weitere Verhalten definieren:

```
output xml: [log | alert] optionen
```

Folgende Optionen stehen zur Verfügung:

- file. Lokale Protokolldatei oder Script auf dem entfernten Rechner. Wenn eine Protokoll (nächste Option) angegeben wird, wird dieses Script als CGI auf dem entfernten Rechner in einer HTTP POST-Operation aufgerufen und die Daten übertragen.
- protocol
  - http. HTTP POST unter Aufruf eines CGI-Scripts (file muss angegeben werden.)
  - https. HTTPS POST (file, cert und key müssen angegeben werden.)
  - tcp. Einfache TCP-Verbindung. Ein Server muss auf der anderen Seite gestartet werden (z. B. *Netcat*) (port ist erforderlich).
  - iap. Intrusion Alert Protocol – noch nicht implementiert.
- host. Protokollserver
- port. (Default: http-80, https-443, tcp-9000, iap-9000)
- cert. Client x509-Zertifikat in *pem*-Format
- key. Privater Schlüssel des Clients in *pem*-Format
- ca. Zertifikat der Zertifikatsautorität, um das Zertifikat des Servers zu validieren in pem-Format
- server. Datei, in der die Titel der Serverzertifikate abgelegt werden
- sanitize. Das angegebene Netzwerk/Netzmaske wird anonymisiert.
- encoding. Kodierung des binären Paketinhaltes (hex, base64, ascii)
- detail. full/fast. full protokolliert alle Informationen über das Paket inklusive des Inhalts. fast protokolliert lediglich ein Minimum an Daten.

Die Option encoding bedarf einer genaueren Betrachtung. Es stehen drei verschiedene Kodierungen zur Verfügung. Hex benötigt den doppelten Platz zur Speicherung der Daten, bietet jedoch gute Suchfunktionen. Base64 benötigt den 1,4-fachen Speicherplatz, lässt sich dafür aber kaum durchsuchen. Ascii benötigt keinen zusätzlichen Speicherplatz, führt dabei aber zu Datenverlust, da alle nicht druckbaren Zeichen durch einen ».« dargestellt werden. Es bietet dafür aber eine sehr gute Lesbarkeit der enthaltenen Texte.

Beispielkonfiguration:

```
output xml: log protocol=https host=snortlog.example.com file=snort.cgi \
            cert=sensor1_cert.pem key=sensor1_key.pem ca=ca_cert.pem \
            server=serverlist.txt
```

IDMEF-Plug-In

Das IDMEF-Plug-In wurde wie SPADE von Silicon Defense (*http://www. silicondefense.com/idwg/snort-idmef/*) geschrieben. Es gibt die Protokollmeldungen im Intrusion Detection Message Exchange-Format aus. IDMEF wurde von der Arbeitsgruppe Intrusion Detection Working Group (IDWG) der Internet Engineering Task Force (IETF) entwickelt. Dies ist der Versuch, eine allgemeine Sprache zur Behandlung von NIDS-Ereignissen zu entwickeln.

Das Plug-In wird ähnlich den anderen Output-Plug-Ins aktiviert:

```
output idmef: $HOME_NET key=value ...
```

`$HOME_NET` definiert das eigene Netzwerk in der Notation-Netzwerk/CIDR-Netzmaske, z. B. 192.168.111.0/24. Folgende Parameter müssen zusätzlich angegeben werden:

- `logto`. Protokolldatei
- `dtd`. Ort der DTD-Datei
- `analyzer_id`. Eindeutige Identifikation dieses Sensors

Folgende Parameter sind optional:

- `category`. Netzwerkkategorie (`unknown`, `ads`, `afs`, `coda`, `dfs`, `dns`, `kerberos`, `nds`, `nis`, `nisplus`, `nt`, `wfw`)
- `name`. Voll qualifizierter Name dieses Sensors in der Domäne
- `location`. Physikalischer Ort des Sensors
- `address`. Netzwerkadresse dieses Sensors
- `netmask`. Dazugehörige Netzmaske
- `address_cat`. Art der Adresse (`unknown`, `atm`, `e-mail`, `lotus-notes`, `mac`, `sna`, `vm`, `ipv4-addr`, `ipv4-addr-hex`, `ipv4-net`, `ipv4-net-mask`, `ipv6-addr`, `ipv6-net`, `ipv6-net-mask`)
- `homenet_cat`. Kategorie des eigenen Netzes
- `homenet_loc`. Physikalischer Ort des eigenen Netzes
- `default`. Format der Meldungen vom Typ *default* (`disable`, `hex`, `ascii`, `base64`)
- `web`. Format der Meldungen vom Typ *web*
- `overflow`. Format der Meldungen vom Typ *overflow*
- `indent`. Einrücken der XML-Meldungen (`true|false`)
- `alert_id`. Datei, in der die Nummer der letzten Meldung zwischengespeichert wird

Um nun das IDMEF-Plug-In nutzen zu können, muss es zunächst aktiviert werden. Anschließend müssen die Regeln entsprechend angepasst werden. Regeln, die nun dieses Plug-In nutzen sollen, benötigen ein zusätzliches Attribut `idmef: default|web|overflow;`

```
output idmef: $HOME_NET logto=/var/log/snort/idmef_alert analyzer_id=Sensor1
dtd=idmef-message.dtd category=dns location=Steinfurt
```

```
alert tcp any any -> any 80 (msg:"Directory Traversal"; flags: AP; content:
"../";idmef: web;)
```

Diese Regel erzeugt folgende Ausgabe:

```
<IDMEF-Message version="0.1">
<Alert alertid="329440" impact="unknown" version="1">
<Time>
<ntpstamp>0x3a2da04c.0x0</ntpstamp>
<date>2002-05-11</date>
<time>16:41:30</time>
</Time>
<Analyzer ident="Sensor1">
<Node category="dns">
<location>Steinfurt</location>
</Node>
</Analyzer>
<Classification origin="vendor-specific">
<name>Directory Traversal</name>
</Classification>
<Source spoofed="unknown">
<Node>
<Address category="ipv4-addr">
<address>3.3.3.3</address>
</Address>
</Node>
</Source>
<Target decoy="unknown">
<Node category="dns">
<location>Steinfurt</location>
<Address category="ipv4-addr">
<address>192.168.111.50</address>
</Address>
</Node>
<Service ident="0">
<dport>80</dport>
<sport>1397</sport>
</Service>
</Target>
<AdditionalData meaning="Packet Payload" type="string">GET
../../etc/passwd</AdditionalData>
</Alert>
</IDMEF-Message>
```

Protokollierung in einer Datenbank

Snort ist in der Lage, die Protokollierung direkt in einer relationalen Datenbank durchzuführen. Dies ermöglicht eine Analyse der Protokolle in der Datenbank in Echtzeit. Das `database`-Output Plug-In unterstützt PostgreSQL-, MySQL-, unix-ODBC-, MS SQL- und Oracle-Datenbanken.

Snort ist nicht in der Lage, die Datenbank selbst zu erzeugen, jedoch befinden sich im Snort-Quelltextarchiv im *contrib*-Verzeichnis entsprechende *create_database*-Dateien, die diese Aufgabe übernehmen. Hier soll die Datenbankerzeugung am Beispiel von MySQL, der am häufigsten für die Aufgabe verwendeten Datenbank, durchgespielt werden.

Stellen Sie zunächst sicher, dass die MySQL-Datenbank auf Ihrem System installiert ist und gestartet wurde. Wenn Ihre Distribution die MySQL-Datenbank nicht mitliefert, können Sie die neueste Version bei *http://www.mysql.org* herunterladen. Dort finden Sie üblicherweise auch RPM-Pakete, die die Installation vereinfachen. Anschließend prüfen Sie bitte, ob Snort mit MySQL-Unterstützung übersetzt wurde.

```
[root@kermit root]# ldd /usr/sbin/snort
    libz.so.1 => /usr/lib/libz.so.1 (0x4002e000)
    libm.so.6 => /lib/i686/libm.so.6 (0x4003d000)
    libnsl.so.1 => /lib/libnsl.so.1 (0x4005f000)
    libmysqlclient.so.10 => /usr/lib/mysql/libmysqlclient.so.10 (0x40074000)
    libc.so.6 => /lib/i686/libc.so.6 (0x42000000)
    libcrypt.so.1 => /lib/libcrypt.so.1 (0x400a9000)
    /lib/ld-linux.so.2 => /lib/ld-linux.so.2 (0x40000000)
```

Wenn Snort keine Unterstützung für MySQL aufweist, übersetzen Sie Snort bitte mit der *configure*-Option `-with-mysql` erneut. Erzeugen Sie nun eine Datenbank für Snort in MySQL. Geben Sie nach Aufforderung das Kennwort von *root* für die Datenbank ein.

```
[root@kermit root]# echo "CREATE DATABASE snortdb;" | mysql -u root -p
```

Erzeugen Sie nun einen Benutzer, in dessen Kontext Snort die Datenbank füllen kann:

```
echo "grant INSERT,SELECT On snortdb.* to snortuser@localhost identified\
   by 'geheim';" | mysql -u root -p
```

Erzeugen Sie anschließend das Datenbankschema. Hierzu existiert im *contrib*-Verzeichnis des Snort-Quelltextpaketes die Datei *create_mysql*:

```
mysql snortdb -u root -p < contrib/create_mysql
```

Nun können Sie das Output-Plug-In in Snort definieren. Hierbei geben Sie den Protokolltyp (*log* oder *alert*), den Datenbanktyp (`mysql`, `postgresql`, `odbc`, `mssql` oder `oracle`), den Datenbanknamen (`dbname=`) und weitere optionale Parameter an. Folgende Parameter sind erlaubt:

`host`	Rechner, auf dem der Datenbankserver läuft
`port`	Port, auf dem der Datenbankserver zu erreichen ist
`user`	Anmeldung erfolgt durch diesen Benutzer
`password`	Anmeldung erfolgt mit diesem Kennwort
`sensor_name`	Name des Sensors (wird sonst automatisch generiert)
`encoding` `hex`	(**default**), `ascii`, `base64`
`detail`	`full`, `fast`

Zur Diskussion der Optionen `encoding` und `detail` verweise ich auf das XML-Plug-In.

Die Beispielkonfiguration für obige MySQL-Datenbank sieht folgendermaßen aus:

```
output database: log, mysql, dbname=snortdb user=snortuser password=geheim \
                 host=localhost port=3306 encoding=hex detail=full
```

Ein Problem, welches leider immer wieder bei der Konfiguration von Snort vergessen wird, basiert auf der Tatsache, dass Snort kein multithreaded Programm ist. Das bedeutet, dass Snort nur eine Tätigkeit gleichzeitig ausführen kann. Snort kann erst dann das nächste Paket analysieren, wenn das letzte Paket erfolgreich analysiert und im Zweifelsfall protokolliert wurde. Bei Verwendung des *database*-Plug-Ins muss Snort auf die erfolgreiche Bestätigung der Protokollierung durch die Datenbank warten. Während dieser Zeit können keine weiteren Pakete analysiert werden. In einem späteren Kapitel (Snort im Unternehmenseinsatz) wird diese Problematik wieder besprochen und werden Auswege aufgezeigt.

CSV – Kommaseparierte Klartextprotokollierung

Das `CSV`-Plug-In ist ein reines Alert-Plug-In. Es erlaubt die Protokollierung von Alert Ereignissen in einem kommasepariertem Format, welches sich für den Import in Datenbanken und Tabellenkalkulationen eignet.

Die Konfiguration des *CSV*-Plug-Ins ist recht einfach. Die Angabe eines Dateinamens und der zu protokollierenden Informationen genügt. Snort wird dann die geforderten Informationen kommasepariert in der angegebenen Reihenfolge in der Datei protokollieren:

```
output CSV: /var/log/snort/alert.csv timestamp, msg
```

Folgende Informationen können protokolliert werden:

timestamp	Uhrzeit
msg	Alarmmeldung
proto	Protokoll
src	Absender-IP-Adresse
dst	Empfänger-IP-Adresse
srcport, dstport	(entsprechende Ports)
ethsrc, ethdst	(MAC-Adressen des Absenders und Empfängers)
ethlen.	Länge des Ethernet-Rahmens
tcpflags	Gesetzte TCP-Flags
tcpseq	TCP-Sequenznummer
tcpack	TCP-Acknowledgenummer
tcplen	Länge des TCP-Segments
tcpwindow	Größe des TCP-Windows
ttl	Time To Live
tos	Type of Service
id	IP Fragment-Identifikationsnummer
dgmlen	Länge des UDP-Datagramms
iplen	Länge des IP-Paketes
icmptype	ICMP-Typ (siehe Anhang)
icmpcode	ICMP-Code (siehe Anhang)
icmpid	ICMP-Identifikationsnummer
icmpseq	ICMP-Sequenznummer

Unified/Barnyard

Das unified-Plug-In tritt mit dem Anspruch an, das schnellste Output-Plug-In für Snort zu sein. Hierbei protokolliert das Plug-In zwei Dateien: eine Alert-Datei und eine Paketprotokoll-Datei. In einer zukünftigen Version wird die Ausgabe in nur einer Datei erfolgen. Beide Dateien besitzen ein binäres Format. Das bedeutet, sie sind nicht direkt lesbar. Hierfür existiert das Werkzeug Barnyard, welches dieses Format lesen und in unterschiedlichen Formaten wieder ausgeben kann. Das Unified-Format wird das Format der Wahl in Umgebungen werden, die auf hohe Performanz angewiesen sind. Snort kann in diesen Umgebungen ohne Verzögerung alle Pakete analysieren, während Barnyard unabhängig davon die Formatierung der Ausgabe übernimmt. Das *unified*-Plug-In und Barnyard befinden sich noch in aktiver Entwicklung, jedoch können sie bereits eingesetzt werden.

Die Konfiguration des Output-Plug-Ins ist recht unproblematisch:

```
output alert_unified: /var/log/snort/unified_alert
output log_unified: /var/log/snort/unified_log
```

Snort wird automatisch beim Start eine Zeitmarke in Form von *MonatTag@ StundeMinute-* vor den Dateinamen hängen, um die verschiedenen Protokolle auseinanderzuhalten.

Barnyard

Um nun die Protokolle zu analysieren, können sie von *Barnyard* verarbeitet werden. Barnyard ist unter *http://www.snort.org/dl/barnyard/* zu finden.

Barnyard unterstützt drei verschiedene Modi:

- Einmalige Verarbeitung der Dateien (One-Shot)
- Fortlaufende Verarbeitung der Dateien (Continual)
- Fortlaufende Verarbeitung der Dateien mit Statusdatei (Waldofile) (Continual with checkpoint)

Barnyard verwendet eine Konfigurationsdatei. In dieser Datei können die folgenden Optionen definiert werden:

```
# Eingabeprozessoren
# Dieser Prozessor verarbeitet die unified_alert Datei
processor dp_alert
# Dieser Prozessor verarbeitet die unified_log Datei
processor dp_event
#
#
# Ausgabeprozessoren
# Dieser Prozessor erzeugt Ausgaben analog dem alert_fast Output Plug-In
output alert_fast: /var/log/snort/snort_alert
# Dieser Prozessor erzeugt menschenlesbare Ausgaben inklusive Paketinhalten
output log_dump: /var/log/snort/snort_dump
# Dieser Prozessor erzeugt Protokolle in pcap-Format
output log_pcap: /var/log/snort/snort_pcap
# Dieser Prozessor erzeugt Datenbankeinträge für ACID (lediglich für MySQL)
output alert_acid_db: mysql, database snortdb, server host, user snortuser, \
password geheim; sensor_id Sensor1; detail full
# Dieser Prozessor protokolliert via Syslog
output alert_syslog: LOG_LOCAL7 LOG_INFO
```

Beim Start von Barnyard können nun weitere Optionen definiert werden:

`-a` *Archiv*	Archiviert die Spooldateien nach ihrer Prozessierung (noch nicht implementiert (Version 0.1.0-beta4).
`-c` *Konfig*	Gibt die Konfigurationsdatei für Barnyard an.
`-d` *Spool-Verzeichnis*	In diesem Verzeichnis sucht Barnyard nach den Spooldateien (Default /var/log/snort).
`-f` *Spooldatei*	Diese Option definiert den Basisnamen der zu analysierenden Spooldateien.
`-g` *Generatordatei*	Diese Option definiert die Kartendatei *gen*-msg.txt. Diese Datei ordnet Präprozessorereignissen Texte zu (bei Barnyard dabei).
`-h/-?`	Hilfe
`-o`	One-Shot-Modus
`-s` *SidMapDatei*	Diese Datei enthält die Meldungen entsprechend den Snort-IDs (bei Snort dabei).
`-t` *Zeit*	Beginnen mit Dateien, deren Zeitstempel im Namen jünger ist als **Zeit**
`-w` *WaldoDatei*	Statusdatei, damit Barnyard bei einem Neustart kontrollieren kann, wo es sich in einer wachsenden Protokolldatei befand.
`-L` *Datei*	Ausgabeprotokoll
`-R`: *Trockenlauf*	Barnyard testet die übergebenen Optionen und die Konfigurationsdatei auf Fehler.

Ein Beispielaufruf von Barnyard kann wie folgt aussehen:

```
barnyard -c /etc/barnyard/barnyard.conf -d /var/log/snort -f unified_alert\
        -g /etc/barnyard/gen-msg.map -s /etc/barnyard/sid-msg.map
```

SNMP Traps

Snort ist in der Lage, Informationen mit SNMP über das *trap_snmp*-Output-Plug-In zu versenden. Hierzu verwendet Snort SNMP Version 2. Snort verwendet hierzu eine Management Information Base (MIB), die in den Dateien *Snort-CommonMIB.txt* und *SnortIDAlertMIB.txt* abgelegt ist. Dieses Plug-In wird nicht unter der GPL, sondern unter der BSD-Lizenz vertrieben.

Das Plug-In erwartet die folgenden Angaben:

- `alert`. Bisher können nur alerts protokolliert werden.
- `SensorID`. Identifikation des Sensors
- `trap|inform`. Verwendung von SNMP Traps oder SNMP Informs
- *SNMP-Optionen*. `-v 2c SNMPv2c` *Community*, `-p` *Port*
- `Sink`. Trap-Empfänger
- `Community`. Community-Zeichenkette

Ein Beispielaufruf des Plug-Ins:

```
output trap_snmp: alert, Sensor1, trap, 192.168.111.50, private
```

Dieses Plug-In erlaubt die Integration von *Snort* in Netzwerkmanagement Software wie *HP Openview* oder *Scotty/Tkined*. Diese erlauben häufig eine feinfühlige Alarmierung zum Beispiel mit SMS oder Pager.

log_null

Häufig gibt es den Bedarf, Regeln zu erzeugen, welche zwar einen Alert erzeugen, jedoch keine Protokollierung des Paketes. Für diese Fälle gibt es die Kommandozeilenoption `-N` und das Output-Plug-In *log_null*. Dies wird am sinnvollsten in einem eigenen Regeltyp eingesetzt:

```
ruletype info {
            type alert
            output alert_fast: snort.info
            output log_null
}
```

MD5-Verkettung/GnuPG-Signatur

Wenn die Protokolldateien als späteres Beweismaterial genutzt werden sollen, sollte sichergestellt werden, dass diese Protokolle später nicht modifiziert werden können. Dies ist am einfachsten sicherzustellen, indem die Protokolle mit GPG signiert und mit MD5-Prüfsummen verkettet werden.

Die Signatur der Dateien garantiert die Echtheit der Dateien. Andere Personen können die Dateien nicht modifizieren. Zunächst müssen Sie sich einen GnuPG-Schlüssel erzeugen:

```
[root@kermit root]# gpg --gen-key
gpg (GnuPG) 1.0.6; Copyright (C) 2001 Free Software Foundation, Inc.
This program comes with ABSOLUTELY NO WARRANTY.
This is free software, and you are welcome to redistribute it
under certain conditions. See the file COPYING for details.
```

```
Bitte wählen Sie, welche Art von Schlüssel Sie möchten:
   (1) DSA und ElGamal (voreingestellt)
   (2) DSA (nur signieren/beglaubigen)
   (4) ElGamal (signieren/beglaubigen und verschlüsseln)
Ihre Auswahl? 1
Der DSA Schlüssel wird 1024 Bit haben.
Es wird ein neues ELG-E Schlüsselpaar erzeugt.
            kleinste Schlüssellänge ist  768 Bit
            standard Schlüssellänge ist 1024 Bit
     grösste sinnvolle Schlüssellänge ist 2048 Bit
Welche Schlüssellänge wünschen Sie? (1024) 2048
Brauchen Sie wirklich einen derartig langen Schlüssel? j
Die verlangte Schlüssellänge beträgt 2048 Bit
Bitte wählen Sie, wie lange der Schlüssel gültig bleiben soll.
        0 = Schlüssel verfällt nie
      <n>  = Schlüssel verfällt nach n Tagen
      <n>w = Schlüssel verfällt nach n Wochen
      <n>m = Schlüssel verfällt nach n Monaten
      <n>y = Schlüssel verfällt nach n Jahren
Der Schlüssel bleibt wie lange gültig? (0)
Der Schlüssel verfällt nie.
Ist dies richtig? (j/n) j

Sie benötigen eine User-ID, um Ihren Schlüssel eindeutig zu machen; das
Programm baut diese User-ID aus Ihrem echten Namen, einem Kommentar und
Ihrer E-Mail-Adresse in dieser Form auf:
    "Heinrich Heine (Der Dichter) <heinrichh.duesseldorf.de>"

Ihr Name ("Vorname Nachname"): Ralf Spenneberg
E-Mail-Adresse: ralf@spenneberg.de
Kommentar: Protokoll Signatur
Sie haben diese User-ID gewählt:
    "Ralf Spenneberg (Protokoll Signatur) <ralf.spenneberg.de>"

Ändern: (N)ame, (K)ommentar, (E)-Mail oder (F)ertig/(B)eenden? F
Sie benötigen ein Mantra, um den geheimen Schlüssel zu schätzen.

Mantra wurde nicht richtig wiederholt; noch einmal versuchen.
Wir müssen eine ganze Menge Zufallswerte erzeugen.  Sie können dies
unterstützen, indem Sie z.B. in einem anderen Fenster/Konsole irgendetwas
tippen, die Maus verwenden oder irgendwelche anderen Programme benutzen.
++++++++++..+++++++++.+++++.+++++++++++++.+++++++++++++++++.+++++.
+++++++++++++++++.+++++++++++++++.+++++.+++++++++++++++++++++
++++++...+++++
Wir müssen eine ganze Menge Zufallswerte erzeugen.  Sie können dies
unterstützen, indem Sie z.B. in einem anderen Fenster/Konsole irgendetwas
tippen, die Maus verwenden oder irgendwelche anderen Programme benutzen.
..+++++++++++++++++++++++++++...++++++++++.+++++.++++++++++..++++++++++++++
```

```
+++++++++++....+++++++++++..++++++++++.++++++++++++++...++++++++++..++++++++
+++++++++++++++++++..++++++++++.+++++........................+++++
Öffentlichen und geheimen Schlüssel erzeugt und signiert.
```

Mit dem nun erzeugten Schlüssel können Dateien signiert werden:

```
[root@kermit root]# gpg -b /var/log/snort/alert

Sie benötigen ein Mantra, um den geheimen Schlüssel zu entsperren.
Benutzer: "Ralf Spenneberg (Protokoll Signatur) <ralf@spenneberg.de>"
1024-Bit DSA Schlüssel, ID C1E4766C, erzeugt 2002-05-14
```

Nun kann später immer die Originalität der Dateien überprüft werden:

```
[root@kermit root]# gpg --verify /var/log/snort/alert.sig /var/log/snort/alert
gpg: Unterschrift vom Die 14 Mai 2002 20:48:09 CEST, DSA Schlüssel ID C1E4766C
gpg: Korrekte Unterschrift von "Ralf Spenneberg (Protokoll Signatur)
<ralf@spenneberg.de>"
```

Jedoch besteht noch die Möglichkeit, dass einzelne Dateien modifiziert und anschließend neu signiert werden. Um dies zu unterbinden, können die Dateien mit einer Prüfsumme verkettet werden. Dazu erzeugen Sie zunächst eine MD5-Prüfsumme aus Zufallszahlen, die anschließend mit der ersten Protokolldatei verkettet eine neue Prüfsumme ergibt. Dies wird für die nächste Protokolldatei wiederholt:

```
[root@kermit root]# dd if=/dev/random count=1024 bs=1 | md5sum >
initialisierungsvektor
1024+0 Records ein
1024+0 Records aus
[root@kermit root]# cat /var/log/snort/alert initialisierungsvektor | md5sum >
                    alert.md5
[root@kermit root]# cat /var/log/snort/alert.new alert.md5 | md5sum >
                    alert.new.md5
```

Tuning

Dieses Kapitel zeigt die Performanzprobleme beim Einsatz von Snort auf und gibt Hinweise zur optimalen Konfiguration von Snort. Hauptsächlich die folgenden Aufgaben stellen die Nadelöhre bei Geschwindigkeitsproblemen dar:

- **Sammeln der Pakete mit** *libpcap*. Hier kann der Benutzer keine Geschwindigkeitssteigerung erreichen. Lediglich der Einsatz von Berkeley-Paketfiltern kann eine Reduktion der aufzunehmenden Pakete erzielen.

- **Interne Speicherverwaltung**. Auch hier kann der Benutzer keinen Einfluss nehmen.

- **Mustererkennung.** Hier wird Snort 2.0 einen neuen Mechanismus verwenden, der laut Marty Roesch eine bis zu fünffache Geschwindigkeitssteigerung erzielt.

- **Anordnung der Regeln und der Attribute in der Regel.** Bei Kenntnis der inneren Funktion kann durch eine intelligente Anordnung die Geschwindigkeit gesteigert werden.

- **Prüfsummenverifizierung.** Snort überprüft für jedes Paket sämtliche im Paket befindlichen Prüfsummen. Existieren bereits Netzwerkgeräte wie Router oder Switches, die diese Aufgabe erfüllen, kann diese Funktion deaktiviert werden (siehe `checksum_mode`).

- **Präprozessoren und Outputprozessoren bearbeiten die Pakete vor bzw. nach der Detektion.** Da Snort kein multithreaded Progamm (bis jetzt) ist, kann das nächste Paket erst bearbeitet werden, wenn das letzte vollständig bearbeitet wurde. Insbesondere komplizierte Output-Plug-Ins können Snort bremsen. Auf der anderen Seite kann jedoch mit den zustandsorientierten Präprozessoren Snort in gewissen Umständen stark beschleunigt werden. Angriffswerkzeuge wie *stick* oder *snot* führen nicht zu einer Überlastung von *Snort*. Diese Werkzeuge senden zusammenhangslos IP-Pakete. Diese Pakete gehören nicht zu aufgebauten Verbindungen. Ein zustandsloses NIDS muss jedes Paket analysieren und protokollieren. Ist der *stream4*-Präprozessor in Snort aktiviert, so filtert dieser bereits derartige Pakete aus.

  Der Linux-Kernel 2.4 bietet die Möglichkeit, mit dem *ip_conntrack.o*-Modul sämtliche Pakete zu defragmentieren. Sobald dieses Modul geladen wurde, werden alle Pakete, die als Fragment den Rechner erreichen, vor der Analyse durch die Paketfilterrichtlinien defragmentiert. Snort greift jedoch über die *libpcap*-Bibiliothek auf diese Pakete zu und sieht weiterhin die Fragmente. Ein Abschalten der Defragmentierung ist also nicht möglich.

Output-Tuning

Das Tuning der Protokollierung durch Snort stellt wahrscheinlich eine der effektivsten Formen in vielen Installationen dar. Viele Benutzer werden geblendet durch die Vielzahl der verfügbaren Output-Plug-Ins und aktivieren mehrere dieser Plug-Ins. Um grafische Analysewerkzeuge einsetzen zu können (Besprechung erfolgt im nächsten Kapitel) wird üblicherweise auch eine Datenbank als Protokollziel gewählt. Viele Anwender vergessen jedoch, dass diese Protokollierung sehr viel Zeit kostet, da momentan für jedes einzelne Paket eine (Netzwerk-)Verbindung mit der Datenbank geöffnet wird, das neue Objekt in die Datenbank geschrieben und committet und anschließend die Verbindung geschlossen wird. Es existieren Dokumentationen im Internet, in denen zusätzlich die Übertragung des Paketes in einem SSL-Tunnel empfohlen und beschrieben wird. Dies erzeugt einen zusätzlichen Overhead und Verzögerungen.

Ein weiterer häufiger Fehler ist die Protokollierung auf dem Bildschirm. Es ist zwar recht nett, wilde Zeilen über den Bildschirm fliegen zu sehen, jedoch darf nicht vergessen werden, dass üblicherweise unter Linux (auch andere UNIXe) der Bildschirm als virtuelles Terminal emuliert wird. Dieses Terminal hat üblicherweise eine Geschwindigkeit in der Größenordnung von 38400 Baud. Das bedeutet, dass Informationen mit 38,4 Kbit/s geschrieben werden können. Es ist leicht einzusehen, dass es hier zu Problemen kommen kann, wenn Snort ein Netzwerk mit 10 Mbit/s (10.000 Kbit/s) oder gar 100 Mbit/s (100.000 Kbit/s) beobachtet. So angenehm diese Ausgabeformate auch sind, sie brauchen sehr viel Zeit in ihrer Erzeugung.

Sinnvollerweise wird auf dem eigentlichen Sensor lediglich im Binärformat oder im Unified-Format protokolliert. Snort ist dann in der Lage, ohne Verzug die notwendigen Informationen zu protokollieren. Für die Ausgabe werden diese Dateien in regelmäßigen Abständen auf einen anderen Rechner transferiert und dort von einem zweiten Snortprozess (snort -r) oder *Barnyard* analysiert. Im nächsten Kapitel wird ein derartiges Szenario beschrieben und implementiert.

Wird eine Echtzeit-Alarmierung gewünscht, so sollte zusätzlich auf dem Sensor ein *alert_fast*-Plug-In die entsprechenden Ausgaben in einer Datei erzeugen. Ein weiteres Protokollanalysewerkzeug kann die Datei überwachen und zum Beispiel E-Mails oder WinPopUps versenden. In diesem Fall erfolgt das aber unabhängig vom Snort-Prozess.

Optimierung der Präprozessoren

Bei der Optimierung der Präprozessoren kann im Allgemeinen festgestellt werden, dass Snort umso schneller arbeitet, je weniger Präprozessoren aktiviert sind. Daher sollte darauf geachtet werden, dass nur die Präprozessoren aktiviert werden, deren Funktionalität benötigt wird.

Zwei Präprozessoren lassen sich jedoch darüber hinaus optimieren: *Frag2* und *Stream4*.

Frag2 ist der Defragmentierungpräprozessor. Er ist wesentlich schneller als der alte defrag-Präprozessor. Er erwartet als Option die Angabe des verwendbaren Speichers und einen Timeout-Wert. Diese Werte erlauben die Optimierung. Der Timeout-Wert gibt die Zeit an, die *Frag2* auf sämtliche Fragmente eines Paketes wartet. Je länger dieser Wert ist, desto mehr Speicher benötigt *Frag2*. Defaultwerte sind 4 Mbyte und 60 Sekunden. Steht auf dem Sensor genügend Speicher zur Verfügung, so sind sinnvollerweise 16 Mbyte oder mehr zu wählen. In Abhängigkeit von der Geschwindigkeit des zu beobachtenden Netzwerkwes (der Internetanbindung) kann der Timeout-Wert auf 30 Sekunden reduziert werden.

Stream4 erweitert Snort um die Fähigkeit, TCP.Pakete Verbindungen zuzuordnen. Er ersetzt stream und ist in der Lage, für mehrere Tausend Verbindungen gleichzeitig die Reassemblierung und für bis zu 64.000 Verbindungen die zustandsorientierte Überwachung durchzuführen. Auch dieser Präprozessor benötigt die Angabe eines Timeouts und des zu verwendenden Speichers. Der Timeout ist bei Snort als Standardwert mit 30 Sekunden sehr klein gewählt. Dieser Wert führt dazu, dass Snort eine Verbindung aus der Zustandstabelle entfernt, wenn in den letzten 30 Sekunden kein weiteres Paket dieser Verbindung gesehen wurde. Der Speicher ist als Standard auf 8 Mbyte eingestellt. Auch dieser Wert sollte erhöht werden, wenn genügend Speicher zur Verfügung steht. Soll der *stream4*-Präprozessor nun eingesetzt werden, um die Detektionsmaschine zu entlasten, so muss Snort mit der Option `-z est` gestartet werden oder die Konfigurationsdatei muss einen Eintrag `config stateful est` tragen.

Der *stream4*-Präprozessor besitzt noch eine andere Option, die die Geschwindigkeit beeinflussen kann. Hierbei handelt es sich um die Einstellung, für welche Protokolle die in den Paketen hinterlegten Prüfsummen überprüft werden sollen. Häufig überprüfen bereits andere Netzwerkgeräte wie Router oder Switches diese Prüfsummen und verwerfen bereits die Pakete, die fehlerhafte Prüfsummen aufweisen. In diesem Fall kommen derartige Pakete nicht mehr bei *Snort* an. Dann macht es auch keinen Sinn, bei den bekannt korrekten Paketen die Prüfsummen erneut zu überprüfen. Dieser Vorgang kann komplett oder für einzelne Protokolle abgeschaltet werden und die entsprechende Zeit zur Paketanalyse genutzt werden:

```
# entweder noip notcp noudp noicmp oder none
config checksum_mode: none
```

Die Reassemblierung benötigt sehr viel Speicher (und Zeit). In einer Hochgeschwindigkeitsumgebung sollte die Reassemblierung auf dem Sensor deaktiviert werden.

Regel-Tuning

Um die Regeln möglichst gut an das zu überwachende Netzwerk anzupassen, sind genaue Informationen über das Netzwerk erforderlich. Der Regelsatz, der mit Snort ausgeliefert wird, ist für die meisten Anwendungen zu groß und enthält sehr viele Regeln, deren Anwendung entweder nicht nötig ist (weil kein Webserver existiert) oder deren Anwendung viele falsche Alarmierungen verursacht (weil zum Beispiel Netzwerküberwachungswerkzeuge *Ping* zur Überwachung von Netzwerkgeräten einsetzen und PING-Pakete von *Snort* gemeldet werden).

Um eine Optimierung des Regelsatzes zu erreichen, sollten zunächst nur Regeln, deren Anwendung sinnvoll ist, aktiviert werden. Weitere Optimierungen werden in den nächsten beiden Abschnitten besprochen.

Attribut-Reihenfolge

Snort-Regeln bestehen aus einem Rumpf und weiteren Optionen. Der Rumpf der Regel wird immer zuerst überprüft. Nur wenn die Angaben im Rumpf mit dem Paket übereinstimmen, werden die Optionen getestet. Daher sollten bereits möglichst viele Informationen im Rumpf spezifiziert werden. Der IMAP-Server-Bufferoverflow ist zum Beispiel nur gefährlich, wenn er an Port 143 gerichtet ist.

Anschließend werden die Attribute in der Reihenfolge überprüft, in der sie spezifiziert werden. Die einzige Ausnahme von dieser Regel stellen `content`, `uricontent` und `content-list` dar. Da sie in ihrer Überprüfung die aufwändigsten Attribute sind, werden sie grundsätzlich am Ende ausgeführt. Sind weitere Informationen über das Paket bekannt, zum Beispiel die verwendeten Flags, sollten diese auf jeden Fall angegeben werden, da nun nur dann das Attribut `content` getestet wird, wenn die korrekten TCP-Flags gesetzt sind. Zusätzlich sollte bei Einsatz des `content`-Attributes geprüft werden, ob die Angabe eines Offsets (`offset`) oder einer maximalen Tiefe (`depth`) für die Suche möglich ist.

False Positives/Negatives

Ein sehr großes Problem bei dem Einsatz von Intrusion Detection-Systemen sind die Falschmeldungen. Man unterscheidet zwischen falsch-positiven und falsch-negativen Meldungen.

Die falsch-positiven Meldungen sind eigentlich harmlos, aber lästig. Sie können jedoch auf lange Sicht auch gefährlich werden. Hierbei handelt es sich um Meldungen des NIDS, die behaupten, ein gefährliches Paket gesehen zu haben, welches in Wirklichkeit vollkommen gültig und korrekt war. Wenn Snort mit dem mitgelieferten Regelsatz aktiviert wird, werden zunächst in den meisten Umgebungen wahrscheinlich Hunderte falsch-positive Meldungen erzeugt. Hier ist der Administrator gefordert, der die Meldungen analysieren muss, ihren Wahrheitsgehalt überprüfen muss und anschließend entscheidet, ob es sich um ein normales erlaubtes Verhalten in diesem Netzwerk handelt. Ist dies der Fall, sollte die entsprechende Regel deaktiviert oder modifiziert werden. Die große Gefahr bei einer Vielzahl von falsch-positiven Meldungen liegt in der Wahrscheinlichkeit, wichtige Meldungen zu übersehen, oder in der Erzeugung eines Desinteresses bei dem Benutzer, da er mit Meldungen überschwemmt wird.

Die falsch-negativen Meldungen sind wesentlich gefährlicher, da es sich hierbei um fehlende Meldungen tatsächlich ereigneter Einbrüche handelt. Das NIDS kann nur die Einbrüche erkennen, für die es konfiguriert wurde. Pakete und Einbrüche, die in den Regeln nicht berücksichtigt werden, werden auch nicht detektiert. Dies kann nur durch eine dauernde Pflege des Regelsatzes vermieden werden. Mehrere Webseiten im Internet bieten aktuelle Regelsätze für Snort an. Die URLs werden im Anhang aufgeführt.

Sortierung der Regeln – Aufbau der Detektionsmaschine

Die Reihenfolge der Regeln in der Konfigurationsdatei stimmt nicht unbedingt mit der internen Sortierung der Regeln durch Snort überein. Um dies zu verstehen, sind tiefere Kenntnisse des Aufbaus der Detektionsmaschine erfoderlich.

Zunächst werden alle Regeln entsprechend ihres Regeltyps (ihrer Aktion) sortiert. Die Regeln werden dann in der Reihenfolge *activation*, *dynamic*, *alert*, *pass*, *log* und anschließend die benutzerdefinierten Regeltypen abgearbeitet.

Diese Reihenfolge kann mit der Konfigurationsoption `config order:` modifiziert werden:

```
# info sei von dem Benutzer definiert
config order: pass activation dynamic info alert log
```

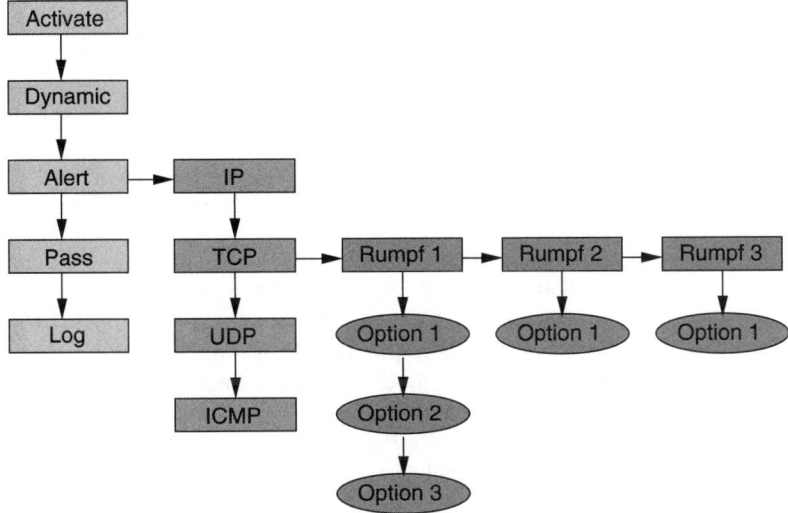

Abbildung 9.19: Aufbau der Snort-Detektionsmaschine

Standardmäßig führt Snort also die *Alert*-Regel vor der *Pass*-Regel aus. Das bedeutet, dass die *Pass*-Regel eigentlich ihre gewünschte Wirkung verfehlt. Dies ist so beabsichtigt, damit diese Regeln nur von erfahrenen *Snort*-Nutzern eingesetzt werden können.

Sind die Regeln nach Typen sortiert, werden sie anschließend nach den vier Snort bekannten Protokollen *ip*, *tcp*, *udp* und *icmp* sortiert. Für jeden dieser vier Bäume werden nun die Regeln nach ihrem Rumpf sortiert. Jeder Rumpf erzeugt einen (Regel-)Knoten im Baum. Unterhalb des Knotens wird dann für jede Regel mit identischem Rumpf ein Optionsknoten erzeugt, in dem die Optionen dieser Regel festgehalten werden. Die Erzeugung dieser Optionsknoten erfolgt in der Reihenfolge, in der die Regeln in der Konfigurationsdatei vorkommen.

Analysiert Snort nun ein Paket, so prüft es zunächst das Protokoll und springt in den entsprechenden Baum. Dort werden nun die IP-Adressen des Paketes mit dem Inhalt jedes Regelknoten verglichen. Stimmen sie überein, erfolgt der Vergleich der Ports. Stimmen IP-Adressen oder Ports nicht mit dem Inhalt des Regelknotens überein, springt Snort zum nächsten Regelknoten. Stimmen die Angaben im Regelknoten mit dem Paket überein, werden die Optionsknoten der Reihe nach getestet. Wird hier keine Übereinstimmung gefunden, springt Snort ebenfalls zum nächsten Regelknoten. Findet Snort hier eine Übereinstimmung, so wird die mit der Regel verbundene Aktion durchgeführt und die Detektionsmaschine verlassen.

Dieser interne Aufbau führt zu Konstellationen, die zunächst schwer zu verstehen sind. Betrachten Sie folgende Regeln:

```
# Regel 1
alert tcp any any -> $HOME_NET 23 (content: "su - root"; msg: "su to root
attempt";)
# Regel 2
alert tcp any any -> $HOME_NET 1:1023 (flags: S; msg: "Connectionattempt to
privileged port";)
# Regel 3
alert tcp any any -> $HOME_NET 23 (flags: S; msg: "Connectionattempt to telnet")
```

Unvoreingenommen würde ein Benutzer annehmen, dass die oben angegebenen Regeln in der Reihenfolge 1, 2 und 3 von Snort abgearbeitet werden würden. Dies würde dazu führen, dass die Regel 3 nie abgearbeitet werden würde, da die Regel 2 derartige Pakete mit einschließt. Mit Kenntnis der internen Struktur der Snort-Detektionsmaschine ist jedoch klar, dass Snort die Regeln zunächst nach ihrem Rumpf gruppieren wird. Das bedeutet, die Regeln 1 und 3 und die Regel 2 werden getrennt gruppiert. Da die Regel 1 sich vor der Regel 2 in der Konfiguration befand, werden alle Regeln, welche einen zu Regel 1 identischen Regelrumpf verwenden, vor Regel 2 getestet, so also auch die Regel 3. Das bedeutet, Snort arbeitet die Regel in der Reihenfolge 1, 3 und dann 2 ab.

Um nun über die Reihenfolge eine Geschwindigkeitssteigerung zu erreichen, sollte versucht werden, die häufiger zutreffenden Regeln zu Beginn anzuordnen, dann wird die Detektionsmaschine früh die Regel finden, die Aktion ausführen und die Abarbeitung für dieses Paket beenden.

Sicherheit – Chrooting Snort

Snort ist ein Netzwerkdienst. Wie andere Netzwerkdienste nimmt Snort Pakete ungewisser Herkunft an. Diese Pakete können bösartig sein. Snorts Aufgabe ist es, sogar diese bösartigen Pakete zu erkennen und zu melden. Es wurde bereits der Bufferoverflow als Sicherheitslücke erwähnt und im Anhang finden sich weitere Informationen über die Funktionsweise des Bufferoverflows. Auch Snort kann Sicherheitslücken aufweisen, wenn auch im Moment keine öffentlich bekannt sind. Entweder wurden sie noch nicht entdeckt oder eine neue Funktionalität einer zukünftigen Version wird sie in Snort einführen.

Um die Auswirkungen des Bufferoverflows möglichst gering zu halten, bietet Snort zwei Verfahren an: Abgabe der *root*-Privilegien und Chrooting. Schließlich soll Snort ein Werkzeug zur Einbrucherkennung sein und nicht Einbrüche fördern. Snort ist in der Lage, nach dem Start seinen Benutzerkontext zu ändern. Snort muss mit Root-Privilegien gestartet werden, damit es in der Lage ist, die

Netzwerkkarte in den promiscuous-Modus zu schalten und Pakete zu sammeln. Sobald dies geschehen ist, werden die Root-Privilegien nicht mehr benötigt und können abgegeben werden. Dies erfolgt enweder mit Kommandozeilenoptionen

```
snort -u snortuser -g snortgroup ...
```

oder mithilfe von Konfigurationsdirektiven:

```
config setuid: snortuser
config setgid: snortgroup
```

Ein Einbrecher, der mit einem Bufferoverflow in der Lage ist, die Kontrolle über Snort zu übernehmen, könnte nun nur noch Aktionen mit den Rechten des Benutzers *snortuser* und der Gruppe *snortgroup* ausführen. Dennoch hätte er noch Zugriff auf den gesamten Rechner und könnte jede Datei lesen/modifizieren, auf die dieser Benutzer Zugriff hat!

Das zweite Verfahren zur Beschränkung der Auswirkungen eines möglichen Angriffes auf Snort ist das *chroot*-Verzeichnis. Hierbei modifiziert der Snort-Prozess den Verweis auf sein Root-Verzeichnis so, dass er nicht mehr auf den gesamten Rechner zugreifen kann, sondern nur noch auf einen Teilbaum.

Dazu muss jedoch jede von Snort benötigte Datei sich innerhalb dieses Verzeichnisses befinden. Dazu zählen Bibliotheken, Konfigurationsdateien und Protokolldateien.

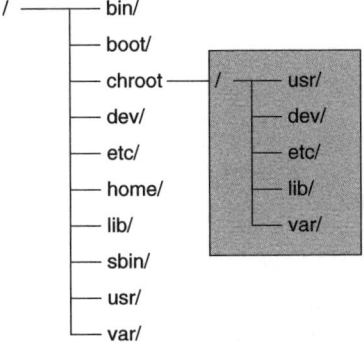

Abbildung 9.20: Chrooting Snort. Wenn Snort gestartet wird, wechselt es sein /-Verzeichnis und kann auf Dateien außerhalb nicht mehr zugreifen.

Die Erstellung dieses Verzeichnisses ist recht einfach. Hierzu ermitteln Sie zunächst die von Snort benötigten Bibliotheken:

```
#ldd /usr/sbin/snort
    libz.so.1 => /usr/lib/libz.so.1 (0x4002e000)
```

```
    libm.so.6 => /lib/i686/libm.so.6 (0x4003d000)
    libnsl.so.1 => /lib/libnsl.so.1 (0x4005f000)
    libmysqlclient.so.10 => /usr/lib/mysql/libmysqlclient.so.10 (0x40074000)
libc.so.6 => /lib/i686/libc.so.6 (0x42000000)
    libcrypt.so.1 => /lib/libcrypt.so.1 (0x400a9000)
    /lib/ld-linux.so.2 => /lib/ld-linux.so.2 (0x40000000)
```

Erzeugen Sie nun ein Verzeichnis, welches anschließend als *chroot* genutzt werden soll, erzeugen Sie die Verzeichnisstruktur und kopieren Sie die Dateien:

```
# mkdir -p /chroot_snort/usr/lib
# mkdir -p /chroot_snort/lib
# mkdir -p /chroot_snort/dev
# mkdir -p /chroot_snort/usr/sbin
# mkdir -p /chroot_snort/etc/snort
# mkdir -p /chroot_snort/lib/i686
# mkdir -p /chroot_snort/usr/lib/mysql
# mkdir -p /chroot_snort/var/log/snort

# cp /usr/lib/libz.so.1 /chroot_snort/usr/lib/
# cp /lib/i686/libm.so.6 /chroot_snort/lib/i686/
# cp /lib/libnsl.so.1 /chroot_snort/lib/
# cp /usr/lib/mysql/libmysqlclient.so.10 /chroot_snort/usr/lib/mysql/
# cp /lib/i686/libc.so.6 /chroot_snort/usr/lib/i686
# cp /lib/libcrypt.so.1 /chroot_snort/lib/
# cp /lib/ld-linux.so.2 /chroot_snort/lib/
# cp /etc/snort/* /chroot_snort/etc/snort/
# cp /etc/passwd /chroot_snort/etc/
### Der Vollständigkeit halber auch das Snort binary (streng genommen nicht
nötig!)
# cp /usr/sbin/snort /chroot_snort/usr/sbin/
```

Damit nun Snort dieses Verzeichnis auch nutzt, kann Snort auf der Kommandozeile mit der Option -t das Verzeichnis übergeben werden oder es wird ein Eintrag in der Konfigurationsdatei vorgenommen:

```
config chroot: /chroot_snort
```

Achten Sie darauf, dass nun die Protokolle sich in */chroot_snort/var/log/* befinden. Wünschen Sie eine Protokollierung durch den Syslog, so benötigt Snort das Socket */dev/log*. Wenn Sie den Syslog starten, können Sie ihn mit der Option -a anweisen weitere Sockets zu öffnen.

```
syslog -m 0 -a /chroot_snort/dev/log
```

Stealth – Konfiguration des Snortsensors als passives Element

Als *Stealth*-Modus bezeichnet man die Tatsache, dass das Interface, welches von Snort verwendet wird, um den Netzwerkverkehr zu protokollieren, nicht in der Lage ist, Pakete zu versenden. Dies ist ein Sicherheitsfeature, da es (fast) unmöglich zu erkennen ist, dass dieses Interface existiert und bei einem Angriff einer Sicherheitslücke in Snort der Angreifer keine Antwort erhält.

Ein derartiger *Stealth*-Modus kann mit Software- und Hardwaremitteln erreicht werden.

Softwarebasierte Stealth-Konfiguration

Die Konfiguration ist recht einfach auf dem Linux-Betriebssystem. Dazu kann die Netzwerkkarte aktiviert werden, ohne dass ihr eine IP-Adresse zugewiesen wird. Dies erfolgt mit:

```
ifconfig eth1 up
```

Diese Netzwerkkarte kann nun nicht mehr IP-Pakete versenden. Jedoch kann diese Netzwerkkarte noch ARP-Anfragen senden (und theoretisch auch beantworten). Um auch dies zu unterdrücken, kann das ARP-Protokoll auf der Netzwerkkarte deaktiviert werden.

```
ifconfig eth1 -arp up
```

Hardwarebasierte Stealth-Konfiguration

Es ist wesentlich schwieriger, Kabel herzustellen, welche nur den Empfang von Paketen ermöglichen und ein Senden unterbinden. Als noch AUI-Konnektoren eingesetzt wurden, konnten einfach die beiden Sendekabel unterbrochen werden. Wenn noch AUI-Transceiver vorhanden sind, können einfach die Kontakte 3 und 10 unterbrochen werden. Diese Transceiver werden nur noch das Empfangen von Paketen ermöglichen. Leider kann man kaum noch AUI-Transceiver kaufen. Außerdem sind mir keine 100-Mbit/s-Transceiver bekannt.

Wird als Medium 10Base2 (ThinCoax) eingesetzt, so ist es vollkommen unmöglich, ein Nur-Empfangskabel zu erzeugen, da lediglich zwei Adern existieren und diese Adern zum Senden und Empfangen benötigt werden.

Auch im Falle von 10BaseT und 100BaseTX liegt der Fall nicht so einfach. Ein Durchtrennen der Sendeleitungen für dazu, dass der Hub oder Switch, an dem das Kabel angeschlossen wird, den entsprechenden Port deaktiviert. Ein Hub erwartet über die Sendekabel einen regelmäßigen Impuls, ansonsten wird ein toter Link angenommen. Eine Möglichkeit der Modifikation des Kabels besteht darin, das Kabel so abzuändern, dass die Fehlerrate stark ansteigt. Der Hub wird weiterhin den Link erkennen, jedoch die Pakete wegen fehlerhafter Prüfsummen verwerfen. Dies kann erfolgen, indem im Kabel zwei Adern entdrillt werden. Netzwerkkabel sind paarweise verdrillt (Twisted Pair), um ihre Unempfindlichkeit gegen Umgebungseinflüsse zu erhöhen (*http://www.robertgraham.com/ pubs/sniffing-faq.html*).

Eine zweite Möglichkeit ist die Einführung eines Kondensators (*http://personal. ie.cuhk.edu.hk/~msng0/sniffing_cable/* .

Ist Snort an einen alten Hub angeschlossen, so besteht auch die Möglichkeit, die Signale, die vom Hub gesendet werden, an den Hub zurückzusenden. Dies ist jedoch bei einem Switch meist nicht möglich. Dazu werden am Hub-Ende die Pins 1 und 2 aufgetrennt und mit den Pins 3 und 6 verbunden.

Eine letzte Möglichkeit ist die Verbindung von Pin 1 und 2 mit den Pins 3 und 6 eines weiteren Ports des Hubs. Dies funktioniert auch mit allen mir bekannten Switches (*http://www.theadamsfamily.net/~erek/snort/ro_cable_and_hubs.txt*).

```
HUB PORT 1            HUB PORT 2
----------           ----------

x x r r                r r x x
6 3 2 1                1 2 3 6
| | | |                  | |
| | | ------------------- |
| | -------------------------
| |
| |
| |
| |
6 3 2 1
r r x x
-------
```

Weiterhin gibt es natürlich auch kommerziell erhältliche »WireTaps« (z. B. Shomiti), die in der Lage sind, diese Aufgabe zu übernehmen.

Hogwash

Hogwash (*http://hogwash.sourceforge.net*) ist der Versuch, die Fähigkeiten von Snort in einer Firewall zu nützen. Der Autor bezeichnet Hogwash als Paketschrubber. Dazu besteht die Möglichkeit, das Linux-Betriebssystem so zu erweitern, dass bei einem weiterzuleitenden Paket nicht oder nicht nur die Paketfilterregeln (*iptables/netfilter*) abgearbeitet werden, sondern auch Hogwash aufgerufen wird. Besonders interessant ist die Möglichkeit, Hogwash komplett unsichtbar auf der Ebene 2 des Netzwerkprotokollstapels laufen zu lassen. Dann benötigt das zugrunde liegende Betriebssystem keinen IP-Stack und arbeitet als filternde Bridge im Netzwerksegment. Hogwash ist eine besondere Variante von Snort, momentan basierend auf der Version 1.8.1, die die Pakete testet und über ihre Weiterleitung entscheidet. Hogwash ist momentan noch im Betastadium, wird jedoch bereits weltweit Stellen genutzt. Laut seinem Autor Jed Haile skaliert Hogwash bis 100 Mbit/s. Weitere Informationen über Hogwash finden Sie auf der Homepage.

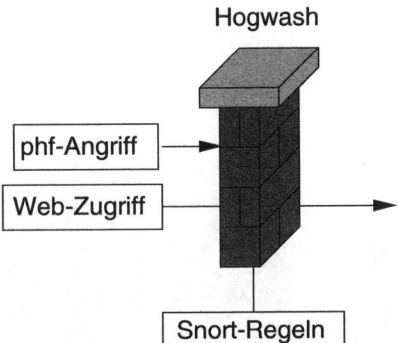

Abbildung 9.21: Funktionsweise von Hogwash

Snort in einer geswitchten Umgebung

In einem Netzwerk, welches über einen Switch kommuniziert, kann Snort lediglich den Verkehr sehen, der vom Switch an den Snort-Sensor geschickt wird. In derartigen Umgebungen kann Snort daher nicht zufriedenstellend eingesetzt werden.

Zwei Möglichkeiten bestehen dennoch für den Einsatz von Snort. Möglicherweise besitzt der Switch einen so genannten Monitor oder Spanning Port. Dieser Port kann so konfiguriert werden, dass er sämtlichen Verkehr oder den Verkehr einer bestimmten Anzahl von Ports sieht. Snort wird dann an diesen Port angeschlossen. Bei der Auswahl der Ports sollten die interessanten Rechner berücksichtigt werden. Nicht alle Switches unterstützen diese Konfiguration. Werden mehrere Switch Ports an den Monitor-Port weitergeleitet, so besteht auch die Gefahr, dass bei einer Auslastung der überwachten Ports die Geschwindigkeit des Monitor-Ports nicht ausreicht.

Als zweite Möglichkeit existiert der Anschluss von Snort mittels eines Hubs am Uplink des Switches. Häufig sollen sowieso nur die Pakete, die das Netzwerk von außen erreichen, von Snort untersucht werden. Wenn dies der Fall ist, so besteht die Möglichkeit, die Uplink-Verbindung des Switches über einen Hub zu gewährleisten, an dem dann auch der Snort-Sensor angebunden wird.

9.2.7 Konfigurationswerkzeuge für Snort

Die Konfiguration von Snort kann wie beschrieben mit einem Texteditor vorgenommen werden. Viele Anwender wünschen jedoch menübasierte oder sogar grafische Werkzeuge.

Es existieren mehrere Werkzeuge hierfür, die kurz mit einem Bildschirmfoto und der Angabe ihrer Homepage vorgestellt werden sollen. Das Werkzeug Snort-Center wird später vorgestellt.

Snortconf

Snortconf wird unter *http://www.xjack.org/snortconf/* gepflegt. Der Autor
A. L. Lambert veröffentlicht das Programm unter der GNU GPL-Lizenz.

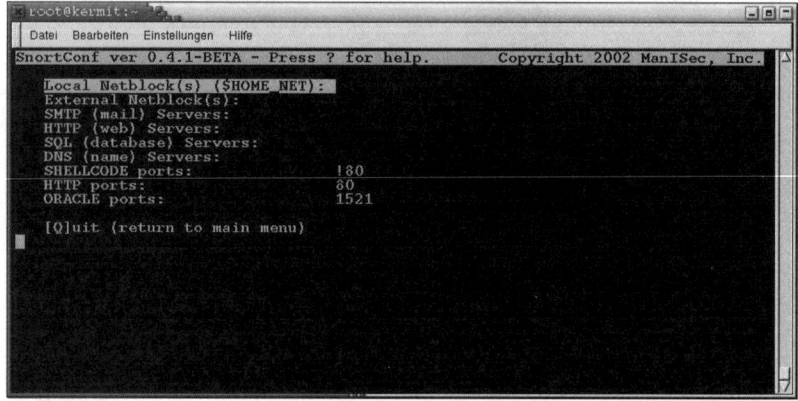

Abbildung 9.22: SnortConf-Bildschirm

Sneakyman

Sneakyman wird unter *http://sourceforge.net/projects/sneak* gepflegt. Der Autor
Eric Whitten veröffentlicht das Programm ebenfalls unter der GNU GPL-Lizenz.

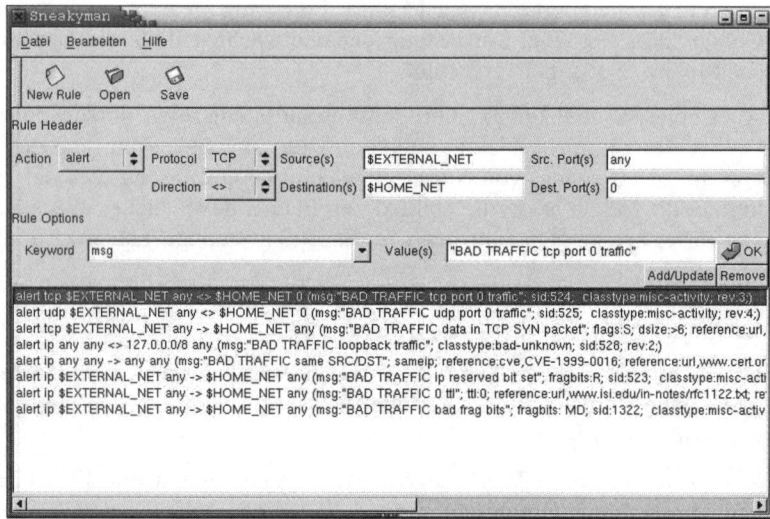

Abbildung 9.23: SneakyMan-Bildschirm

SnortKonsole

SnortKonsole wird unter *http://sourceforge.net/projects/snortkonsole/* gepflegt. Der Autor Ronny Standtke veröffentlicht das Programm ebenfalls unter der GNU GPL-Lizenz. Das Programm wurde in Java geschrieben und als *jar*-Archiv vertrieben. Der Aufruf dieses Programmes erfolgt daher mit: `java -jar SnortKonsole-0.1.jar`

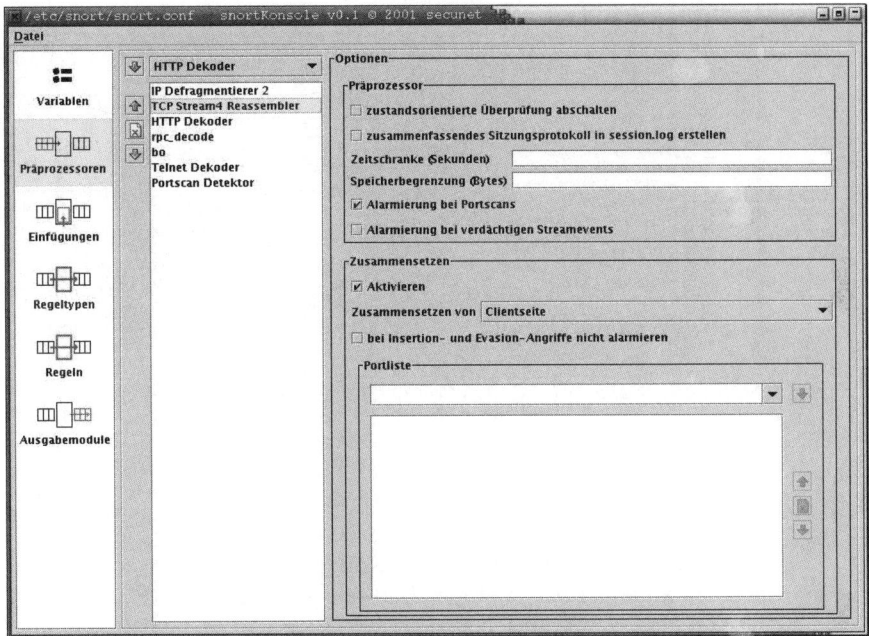

Abbildung 9.24: SnortKonsole-Bildschirm

Win32 IDS Policy Manager

Der IDS Policy Manager wird unter *http://www.activeworx.com/idspm/index.htm* gepflegt. Jeff Dell veröffentlicht das Programm als Freeware.

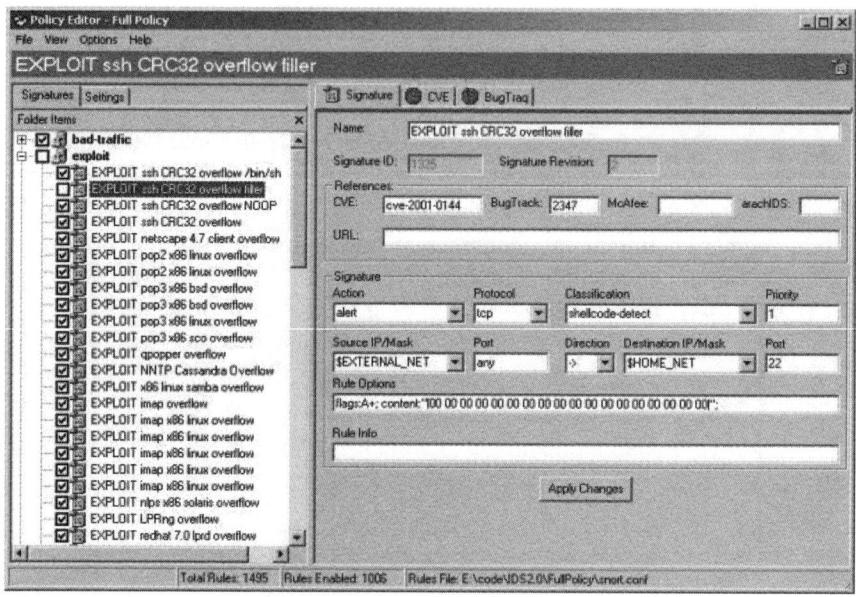

Abbildung 9.25: Win32 IDS Policymanager-Bildschirm

9.3 ARPwatch

ARPwatch ist sicherlich kein vollständiges Network Intrusion Detection System, aber es kann einen wichtigen Baustein darstellen. ARPwatch wird unter der GNU GPL-Lizenz vertrieben.

Im Snort-Kapitel und auch im Anhang finden Sie Informationen über ARP-Spoofing. Kurz zusammengefasst stellt ARP-Spoofing eine Methode dar, mit der ein Angreifer, der die Kontrolle über einen Rechner in einem Netzwerk erlangt hat, trotz Einsatz eines Switches, beliebigen Netzwerkverkehr belauschen und zum Beispiel auf Kennwörter hin analysieren kann. Hierbei fälscht der Angreifer die im Netzwerk vorhandenen MAC-Adressen, indem er vorgetäuschte ARP-Antworten im Netzwerk verteilt. Dies führt zu falschen IP-Adresse/MAC-Adresse-Paarungen in den ARP-Tabellen der kommunizierenden Rechnern.

Dieser Angriff ist mit den üblichen Methoden nur sehr schwer zu bemerken. ARPwatch kann jedoch die Paarungen in einer Tabelle protokollieren und kontrollieren. Ähnlich einem Switch liest *arpwatch* alle ARP-Pakete mit und pflegt eine Tabelle (*arp.dat*) mit den Informationen. Tauchen widersprüchliche Informationen auf, so protokolliert *arpwatch* dies und sendet zusätzlich eine E-Mail an den Administrator *root*.

ARPwatch ist wahrscheinlich bereits Teil der von Ihnen eingesetzten Distribution. Ansonsten kann ARPwatch von *ftp://ftp.ee.lbl.gov/arpwatch.tar.gz* heruntergeladen werden.

Die Konfiguration von *arpwatch* ist recht einfach. Es besitzt folgende Optionen:

`-f arp.dat`	MAC/IP-Datenbank
`-i eth0`	Interface
`-n`	*Netzwerk/Maske* Weitere »lokale« Netzwerke
`-u user`	Verwendet die Rechte des Benutzers *user*

Vor dem Start von *arpwatch* ist es wichtig, die Datei *arp.dat* als leere Datei anzulegen.

```
# touch /var/arpwatch/arp.dat
# arpwatch -u arpuser -i eth1 -f /var/arpwatch/arp.dat
```

ARPwatch wird dann eine neue MAC/IP-Paarung wie folgt mit dem *Syslog* protokollieren

```
May 15 14:44:51 kermit arpwatch: new station 192.168.111.101 0:e0:7d:7d:70:69
```

und folgende E-Mail an *root* senden:

```
Delivered-To: postfix@kermit.spenneberg.de
From: arpwatch@kermit.spenneberg.de (Arpwatch)
To: root@kermit.spenneberg.de
Subject: new station (grobi)
Date: Wed, 15 May 2002 14:44:51 +0200 (CEST)
X-Virus-Scanned: by AMaViS perl-11

            hostname: grobi
          ip address: 192.168.111.101
    ethernet address: 0:e0:7d:7d:70:69
     ethernet vendor: Encore (Netronix?) 10/100 PCI Fast ethernet card
           timestamp: Wednesday, May 15, 2002 14:44:51 +0200
```

Teil III

Einsatz in einem Unternehmensnetzwerk

Beim Einsatz von Intrusion Detection Systemen in größeren Unternehmensnetzwerken sind häufig Aspekte zu berücksichtigen, die über die bereits besprochenen Funktionen hinausgehen. So nimmt in einem derartigen Netzwerk die Anzahl der zu überwachenden Rechner und der Netzwerke stark zu. Diese Überwachung und ihre Administration wird dadurch sehr aufwändig und zeitintensiv. In einigen Fällen mag sie mit den besprochenen Ansätzen nicht mehr akzeptabel zu lösen sein.

Diese Umgebungen verlangen häufig zentrale Administrations- und Überwachungsmethoden. Der Sicherheitsbeauftragte kann nicht sämtliche von allen Tripwire-Installationen versandten E-Mails täglich lesen und die Snort-Protokolle manuell untersuchen. Die Analyse der weiteren Protokolle auf zahllosen Rechnern wirft häufig ungeahnte Probleme auf und bei der Korrelation der protokollierten Ereignisse stellt sich oft heraus, dass die Uhren der unterschiedlichen Systeme unterschiedlich falsch gehen. Eine Korrelation der Protokollmeldungen unterschiedlicher Systeme ist daher häufig vollkommen unmöglich.

Dieser Teil versucht verschiedene Techniken an einem hypothetischen Beispielszenario vorzustellen, die eine Lösung dieser Probleme darstellen können. Hierbei werden die zentrale Administration und die Auswertung von Tripwire-Installationen, die Konfiguration von mehreren Snort-Sensoren und ihre zentrale Protokollierung in eine Datenbank, die Implementation eines zentralen Protokollservers und der Einsatz von Zeitsynchronisationssystemen besprochen. Den Abschluss bildet dann die Installation und Implementation von grafischen web-basierten Adminstrations- und Überwachungsanwendungen für Ereignisse im Netzwerk.

Als hypothetisches Beispiel soll das Netzwerk der imaginären Firma *nohup.info* dienen. Diese Firma besteht aus einer Zentrale mit drei Filialen. Diese Filialen sind mit der Zentrale über ein VPN verbunden und besitzen eigene Zugänge zum Internet. Diese Zugänge werden über einen Squid-Proxy in ihrer demilitarisierten Zone (DMZ) realisiert. Das Netzwerk der Zentrale verfügt ebenfalls über eine Netzwerkverbindung. Über diese Netzwerkverbindung werden zusätzlich Dienste im Internet bereitgestellt. Die entsprechenden Rechner, die diese Dienste zur Verfügung stellen, befinden sich ebenfalls in einer demilitarisierten Zone (DMZ). Dort werden ein Webserver, ein E-Mail-Server und ein DNS-Server für den Zugriff aus dem Internet zur Verfügung gestellt. Der Zugriff der Mitarbeiter auf das Internet erfolgt ebenfalls über einen Proxy. Intern befinden sich in dem Netzwerk der Zentrale weiterhin ein interner E-Mail-Server, ein Samba-Datei- und Druckserver und ein OpenLDAP-Server für die Authentifizierung. Die entsprechenden Paketfilter auf den in der Abbildung als Firewall bezeichneten Systemen wurden entsprechend so konfiguriert, dass die gewünschte Kommunikation erfolgen kann.

Kapitel 10

Tripwire im Unternehmensnetzwerk

Tripwire stellt ein sehr mächtiges Werkzeug zur Integritätsüberwachung der im Netzwerk befindlichen Rechner dar. In großen Unternehmensumgebungen befinden sich die Rechner meist in unterschiedlichen Netzen und an unterschiedlichen physikalischen Orten. Eine klassische Administration von Hand kann eine konsistente und nachvollziehbare Verwaltung dieser Rechner nicht ermöglichen. Daher sollen in diesem Kapitel Methoden und Werkzeuge vorgestellt werden, die eine zentralisierte Administration und Überwachung von Tripwire ermöglichen. Bei den zusätzlich eingesetzten Werkzeuge handelt es sich ausnahmslos um Open Source-Werkzeuge, die auf jeder Linux-Distribution eingesetzt werden können und meist auch verfügbar sind.

Um die Tripwire-Installationen zentral verwalten zu können, sollte ein Rechner zur Verfügung stehen, der keine weiteren Dienste anbietet. Er sollte lediglich als IDS-Workstation zur Verarbeitung der Daten dienen. Besteht für den Angreifer die Möglichkeit, auf diesem zentralen Rechner einzubrechen, so kann er, wenn nicht zusätzlich Werkzeuge wie LIDS eingesetzt werden, die Berichte und die Datenbanken nach Gutdünken modifzieren.

10.1 Zentrale Erzeugung der Konfigurationsdateien

Ein ganz wichtiger Punkt in der Verwaltung der Konfigurationsdateien ist deren Einheitlichkeit. Sinnvoll ist die Erzeugung einer einzigen Konfigurationsdatei, die die entsprechenden Regeln für alle zu überprüfenden Rechner enthält. Zusätzlich sollten Werkzeuge existieren, die es ermöglichen, die Konsistenz dieser Dateien über alle verwalteten Rechner sicherzustellen. Desgleichen sollten die Datenbanken auf einem zentralen Rechner gesichert und in regelmäßigen Abständen überprüft werden. Der Aufruf der Integritätsprüfungen mit der Tripwire-Datenbank und die Alarmierung der verantwortlichen Administratoren kann auch zentral gesteuert erfolgen. Die Berichte der Überprüfungen werden zentral gesammelt und ausgewertet (siehe nächster Abschnitt).

Die Konfigurationsdateien *twcfg.txt* und *twpol.txt* werden im Folgenden für die Firma *nohup.info* beispielhaft entwickelt. Die Firma *nohup.info* verfügt über die folgenden durch Tripwire zu überwachenden Rechner: Squid-Proxy, E-Mail-Server, Webserver, DNS-Server, Samba-Server und OpenLDAP-Server.

10.1.1 twcfg.txt

Die Datei *twcfg.txt* enthält die Konfiguration der Pfade und der E-Mail-Einstellungen. Diese Datei hat folgendes Format:

```
ROOT                    =/usr/sbin
POLFILE                 =/etc/tripwire/tw.pol
DBFILE                  =/var/lib/tripwire/$(HOSTNAME).twd
REPORTFILE              =/var/lib/tripwire/report/$(HOSTNAME).twr
```

```
SITEKEYFILE               =/etc/tripwire/site.key
LOCALKEYFILE              =/etc/tripwire/$(HOSTNAME)-local.key
EDITOR                    =/bin/vi
LATEPROMPTING             =false
LOOSEDIRECTORYCHECKING =false
MAILNOVIOLATIONS          =true
EMAILREPORTLEVEL          =3
REPORTLEVEL               =3
MAILMETHOD                =SENDMAIL
SYSLOGREPORTING           =false
MAILPROGRAM               =/usr/sbin/sendmail -oi -t
GLOBALEMAIL               =tripwire@nohup.info
```

Die Berichte sollen später mit entsprechenden Werkzeugen auf den zentralen Server übertragen werden. Dazu ist es sinnvoll, dass der Dateiname des Berichtes nicht den Zeitstempel enthält. Dann ist später ein einfacher Zugriff auf die Datei möglich. Wird der Zeitstempel mit in den Namen aufgenommen, ist die Kenntnis für einen späteren Zugriff erforderlich. Im Weiteren ist zu überlegen, ob eine grundsätzliche E-Mail-Benachrichtigung sinnvoll ist oder ob sie deaktiviert werden sollte. Dann können spezifische E-Mails versendet werden (s.u.).

10.1.2 twpol.txt

Die Datei *twpol.txt* beschreibt die Richtlinien, mit denen die Rechner überwacht werden sollen. Sinnvollerweise wird eine Datei erzeugt, die für sämtliche Rechner anschließend angewendet werden kann. Dies ermöglicht eine einfache zentrale Konfiguration der Richtliniendatei und ihre anschließende Verteilung.

Bei der Erzeugung der Tripwire-Richtliniendatei sollte die spätere Wartbarkeit und Pflege berücksichtigt werden. Dies lässt sich besonders durch eine strukturierte und gut dokumentierte Konfigurationsdatei erreichen. Des Weiteren sollte die Konfigurationsdatei lesbar und überschaubar gehalten werden. Im Folgenden soll beispielhaft die Erzeugung dieser Datei beschrieben werden.

Die Konfigurationsdatei sollte mit der Definition allgemeiner Regeln beginnen. Diese Regeln überprüfen die Integrität der Systemdateien, die allen Rechnern gemeinsam sind.

Listing 10.1: Allgemeine Tripwire-Regeln

```
(rulename=general)
{
  # überwache /etc außer /etc/mtab
  /etc              -> $(ReadOnly);
  !/etc/mtab
```

```
# überwache Binärdateien in /bin und /sbin
/bin              -> $(ReadOnly);
/sbin             -> $(ReadOnly);

# überwache Bibliotheken
/lib              -> $(ReadOnly);

# überwache /usr
/usr              -> $(ReadOnly);

# überwache Geräte
/dev              -> $(ReadOnly);

# überwache Dateien des Bootvorganges /boot
/boot             -> $(ReadOnly);

# überwache Protokolldateien
/var/log          -> $(Growing);

# überwache Heimatverzeichnis von root
/root             -> $(ReadOnly);
}
```

Anschließend sollten die Regeln für die einzelnen Rechner hinzugefügt und angepasst werden. Dies erfolgt am einfachsten mit @@ifhost-Direktiven.

Der Squid-Proxy-Rechner befindet sich in der DMZ. Er dient den internen Benutzer zum Zugriff auf das Internet. Hierzu kontaktieren diese den Squid-Prozess, der dann die Verbindung zu den eigentlichen Webservern im Internet aufbaut. Häufig wird im Zusammenhang mit dem Squid auch eine Authentifizierung der Benutzer verlangt und zusätzliche Werkzeuge wie zum Beispiel squidGuard (*http://www.squidguard.org*) eingesetzt.

Der Squid-Proxy besteht aus einem Binärprogramm und mehreren Authentifizierungs-Modulen. Die Konfiguration befindet sich üblicherweise im Verzeichnis */etc/squid*. Die Protokolle und der Cache befinden sich in den Verzeichnissen */var/log/squid* und */var/spool/squid* (Red Hat) oder */var/squid/logs* und */var/squid/cache* (SuSE).

Um nun den Squid-Proxy mit Tripwire zu überwachen, werden die folgenden Regeln benötigt:

Listing 10.2: Squid Tripwire-Regeln

```
@@ifhost squid
(rulename = squid, emailto=squid_admin@nohup.info)
{
```

```
# Squid Konfiguration
/etc/squid              -> $(ReadOnly);

# Squid Binärdateien
/usr/sbin/squid         -> $(ReadOnly);

# Squid Bibliotheken
/usr/lib/squid          -> $(ReadOnly);    # Red Hat
/usr/share/squid        -> $(ReadOnly);    # SuSE

# Squid Protokolle
/var/log/squid          -> $(Growing);     # Red Hat
/var/squid/logs         -> $(Growing);     # SuSE
}
@@endif
```

Für den E-Mail-Server werden zwei verschiedene Konfigurationen benötigt. Die Firma *nohup.info* verfügt über zwei E-Mail-Server. Ein E-Mail-Server wird als E-Mail-Relay in der DMZ eingesetzt und ein weiterer E-Mail-Server übernimmt die Rolle des internen E-Mail-Hubs. Der interne E-Mail-Hub verfügt zusätzlich zum Mail Transport Agent (MTA) auch über einen IMAP-Server. In diesem Fall handelt es sich um den Einsatz von Sendmail als MTA[1] und UW-Imap-Server. Dieser UW-Imap Server wird über den *xinetd* (Red Hat) oder den *inetd* (SuSE) gestartet.[2]

Damit Tripwire diese Dienste überwachen kann, werden die folgenden Regeln eingesetzt:

```
@@ifhost mailrelay
(rulename = mailrelay, emailto=relay_admin@nohup.info)
{
  # Sendmail Konfiguration
  /etc/sendmail.cf        -> $(ReadOnly);
  /etc/aliases            -> $(ReadOnly);
  /etc/mail               -> $(ReadOnly);

  # Postfix Konfiguration
  # /etc/postfix          -> $(ReadOnly);

  # Red Hat verwendet ein Alternatives System zur Wahl von Sendmail/Postfix
  /etc/alternatives       -> $(ReadOnly);
```

---

1 *Sendmail* ist immer noch der Standard Mail Transport Agent unter Linux. Andere Mail-Server wie *Postfix* oder *Qmail* sind aber genauso gut möglich. Hier soll *Sendmail* lediglich als Beispiel dienen.

2 Andere IMAP-Server wie zum Beispiel der *Cyrus IMAP-Server* laufen als selbstständige Dienste.

```
    # Binärdateien (SuSE, Links bei Red Hat)
    /usr/bin/mailq           -> $(ReadOnly);
    /usr/bin/newaliases      -> $(ReadOnly);
    /usr/sbin/sendmail       -> $(ReadOnly);
    # Binärdateien (Red Hat)
    /usr/bin/mailq.sendmail   -> $(ReadOnly);
    /usr/bin/newaliases.sendmail -> $(ReadOnly);
    /usr/sbin/sendmail.sendmail  -> $(ReadOnly);

    # Protokolldateien
    /var/log/maillog         -> $(Growing);
}
@@endif

@@ifhost mailhub
(rulename = mailhub, emailto=mail_admin@nohup.info)
{
    # Sendmail Konfiguration
    /etc/sendmail.cf         -> $(ReadOnly);
    /etc/aliases             -> $(ReadOnly);
    /etc/mail                -> $(ReadOnly);

    # Postfix Konfiguration
    # /etc/postfix           -> $(ReadOnly);

    # Red Hat verwendet ein alternatives System zur Wahl von Sendmail/Postfix
    /etc/alternatives        -> $(ReadOnly);

    # Imap Konfiguration
    /etc/inetd.conf          -> $(ReadOnly);    # SuSE
    /etc/xinetd.conf         -> $(ReadOnly);    # Red Hat
    /etc/xinetd.d            -> $(ReadOnly);    # Red Hat

    # Binärdateien (SuSE, Links bei Red Hat)
    /usr/bin/mailq           -> $(ReadOnly);
    /usr/bin/newaliases      -> $(ReadOnly);
    /usr/sbin/sendmail       -> $(ReadOnly);
    # Bei Verwendung des inetd
    #/usr/sbin/inetd         -> $(ReadOnly);
    #/usr/sbin/imapd         -> $(ReadOnly);

    # Binärdateien (Red Hat)
    /usr/bin/mailq.sendmail   -> $(ReadOnly);
    /usr/bin/newaliases.sendmail -> $(ReadOnly);
    /usr/sbin/sendmail.sendmail  -> $(ReadOnly);
    # Bei Verwendung des xinetd
    /usr/sbin/xinetd         -> $(ReadOnly);
    /usr/sbin/imapd          -> $(ReadOnly);
```

```
   # Protokolldateien
   /var/log/maillog          -> $(Growing);
}
@@endif
```

Der Webserver bietet Informationen über die Firma nohup.info an. Hierzu wird der Apache-Webserver eingesetzt. Dieser Webserver ist auch in der Lage, den Zugriff auf bestimmte Seiten über SSL zu ermöglichen. Die entsprechenden Regeln für einen PHP-gestützten Webserver können folgendermaßen definiert werden:

```
@@ifhost www
(rulename = www, emailto=www_admin@nohup.info)
{
   # Konfigurationsdateien
   /etc/httpd/conf          -> $(ReadOnly);

   # Binärdateien
   /usr/sbin/httpd          -> $(ReadOnly);
   /usr/sbin/ab             -> $(ReadOnly);
   /usr/sbin/apachectl      -> $(ReadOnly);
   /usr/sbin/suexec         -> $(ReadOnly);
   /usr/sbin/logresolve     -> $(ReadOnly);
   /usr/sbin/rotatelogs     -> $(ReadOnly);
   /usr/bin/checkgid        -> $(ReadOnly);
   /usr/bin/htpasswd        -> $(ReadOnly);
   /usr/bin/htdigest        -> $(ReadOnly);
   /usr/bin/dbmmanage       -> $(ReadOnly);

   # Module
   /usr/lib/apache          -> $(ReadOnly);

   # Web Site
   /usr/local/httpd/htdocs  -> $(ReadOnly); # SuSE
   /var/www/                -> $(ReadOnly); # Red Hat
   /www/docs                -> $(ReadOnly); # Generic

   # Protokolle
   /var/log/httpd           -> $(Growing);
}
@@endif
```

Der DNS-Server ist in der DMZ lokalisiert. Er dient als primärer Master DNS-Server der Auflösung der Zone *nohup.info*. Zusätzlich stellt er für alle weiteren Dienste einen cachenden DNS-Server. Das bedeutet, dass alle weiteren Dienste nicht direkt die Nameserver im Internet kontaktieren, sondern diese Aufgabe vom cachenden DNS-Server übernommen wird. Als Beispiel für den DNS-Server dient hier der Bind 9. Diese Software ist sicherlich der Standard für DNS-Dienste unter

Linux. Der Einsatz anderer Programme wie *djbdns* (*http://cr.yp.to/djbdns.html*) oder MaraDNS (*http://www.maradns.org*) ist jedoch genauso möglich.

Listing 10.3: Tripwire-Regeln für Bind 9

```
@@ifhost dns
(rulename=dns, emailto=dns_admin@nohup.info)
{
  # Regeln für Bind9

  # Konfigurationsdateien
  /etc/named.conf           -> $(ReadOnly);
  /etc/rndc.conf            -> $(ReadOnly);
  /etc/rndc.key             -> $(ReadOnly);

  # Binärdateien
  /usr/sbin/dns-keygen          -> $(ReadOnly);
  /usr/sbin/dnssec-keygen       -> $(ReadOnly);
  /usr/sbin/dnssec-makekeyset   -> $(ReadOnly);
  /usr/sbin/dnssec-signkey      -> $(ReadOnly);
  /usr/sbin/dnssec-signzone     -> $(ReadOnly);
  /usr/sbin/lwresd              -> $(ReadOnly);
  /usr/sbin/named               -> $(ReadOnly);
  /usr/sbin/named-bootconf      -> $(ReadOnly);
  /usr/sbin/named-checkconf     -> $(ReadOnly);
  /usr/sbin/named-checkzone     -> $(ReadOnly);
  /usr/sbin/rndc                -> $(ReadOnly);
  /usr/sbin/rndc-confgen        -> $(ReadOnly);

  # Zonendateien
  /var/named                -> $(ReadOnly);
}
@@endif
```

Der Samba-Server bietet ebenfalls unternehmenskritische Dienste an. Die Sicherheit dieser Dienste und die Unversehrtheit der gespeicherten Daten soll mit Tripwire überprüft werden. Der Samba-Server bietet verschiedene Verzeichnisse für die Windows- und Linux-Clients an. Unter anderem werden auch verschiedene Read-Only-Verzeichnisse freigegeben. Diese sollen auch von Tripwire überwacht werden.

Listing 10.4: Tripwire-Regeln für Samba 2.2

```
@@ifhost samba
(rulename=samba, emailto=samba_admin@nohup.info)
{
  # Konfigurationsdateien
  /etc/pam.d/samba                -> $(ReadOnly);
```

```
  /etc/samba/                   -> $(ReadOnly);
  /lib/security/pam_smbpass.so  -> $(ReadOnly);

  # Binärdateien
  /usr/bin/make_unicodemap      -> $(ReadOnly);
  /usr/bin/mksmbpasswd.sh       -> $(ReadOnly);
  /usr/bin/smbadduser           -> $(ReadOnly);
  /usr/bin/smbcontrol           -> $(ReadOnly);
  /usr/bin/smbstatus            -> $(ReadOnly);
  /usr/sbin/nmbd                -> $(ReadOnly);
  /usr/sbin/smbd                -> $(ReadOnly);
  /usr/bin/make_printerdef      -> $(ReadOnly);
  /usr/bin/make_smbcodepage     -> $(ReadOnly);
  /usr/bin/smbpasswd            -> $(ReadOnly);
  /usr/bin/testparm             -> $(ReadOnly);
  /usr/bin/testprns             -> $(ReadOnly);
  /usr/bin/wbinfo               -> $(ReadOnly);
  /usr/sbin/winbindd            -> $(ReadOnly);

  # Bibliotheken
  /usr/include/libsmbclient.h   -> $(ReadOnly);
  /usr/lib/libsmbclient.a       -> $(ReadOnly);
  /lib/libnss_winbind.so        -> $(ReadOnly);
  /lib/libnss_winbind.so.2      -> $(ReadOnly);
  /lib/libnss_wins.so           -> $(ReadOnly);
  /lib/libnss_wins.so.2         -> $(ReadOnly);
  /lib/security/pam_winbind.so  -> $(ReadOnly);

  # Freigaben
  /share/readonly               -> $(ReadOnly);
}
@@endif
```

Der OpenLDAP-Server wird als zentrale Benutzerverwaltung eingesetzt. Die Sicherheit des Rechners ist daher besonders wichtig. Jedoch können nur die Konfigurationsdateien und die Binärdateien des OpenLDAP-Servers überwacht werden. Die LDAP-Datenbanken ändern sich bei jeder Kennwortänderung durch einen Benutzer.

Listing 10.5: Tripwire-Regeln für OpenLDAP

```
@@ifhost ldap
(rulename=ldap, emailto=ldap_admin@nohup.info)
{
  # Konfigurationsdateien
  /etc/openldap                 -> $(ReadOnly);

  # Migration Files
```

```
/usr/share/openldap/migration  -> $(ReadOnly);

# Binärdateien
/usr/sbin/fax500                -> $(ReadOnly);
/usr/sbin/go500                 -> $(ReadOnly);
/usr/sbin/go500gw               -> $(ReadOnly);
/usr/sbin/in.xfingerd           -> $(ReadOnly);
/usr/sbin/mail500               -> $(ReadOnly);
/usr/sbin/maildap               -> $(ReadOnly);
/usr/sbin/rcpt500               -> $(ReadOnly);
/usr/sbin/rp500                 -> $(ReadOnly);
/usr/sbin/slapadd               -> $(ReadOnly);
/usr/sbin/slapadd-gdbm          -> $(ReadOnly);
/usr/sbin/slapcat               -> $(ReadOnly);
/usr/sbin/slapcat-gdbm          -> $(ReadOnly);
/usr/sbin/slapd                 -> $(ReadOnly);
/usr/sbin/slapindex             -> $(ReadOnly);
/usr/sbin/slappasswd            -> $(ReadOnly);
/usr/sbin/slurpd                -> $(ReadOnly);
/usr/sbin/xrpcomp               -> $(ReadOnly);

# LDAP Datenbanken (führt zu Problemen bei Kennwortänderungen)
/var/lib/ldap                   -> $(ReadOnly);
}
@@endif
```

Diese Regeln erlauben nun die Erzeugung der Konfigurationsdateien für alle Rechner basierend auf einem einheitlichen zentralen Regelsatz.

10.2 Zentrale Verwaltung der Schlüssel

Sinnvollerweise werden die Klartextvarianten der Konfigurationsdateien auf dem zentralen Überwachungrechner vorgehalten. Auf diesem Rechner können auch die binären verschlüsselten Versionen der Konfigurationsdateien erzeugt werden. Dazu muss zunächst der Site-Key für Tripwire generiert werden. Hier genügt ein Site-Key für das gesamte Netzwerk.

```
# twadmin --generate-keys --site-keyfile /etc/tripwire/site.key
# twadmin --create-cfgfile -c /etc/tripwire/tw.cfg /etc/tripwire/twcfg.txt
# twadmin --create-polfile -p /etc/tripwire/tw.pol /etc/tripwire/twpol.txt
```

Schließlich können auch die Schlüssel Local-Key für die einzelnen zu überwachenden Rechner erzeugt werden. Hierbei sollte für jeden Rechner ein individueller Schlüssel mit einer individuellen Passphrase erzeugt werden. Die Passphrasen sollten nicht auf einem Rechner abgespeichert, sondern entsprechend der Unternehmenspolitik verwaltet werden. Dies kann zum Beispiel bedeuten, dass diese Passphrasen niedergeschrieben und in einem Safe aufbewahrt werden.

```
# twadmin --generate-keys --local-keyfile /etc/tripwire/dns-local.key
# twadmin --generate-keys --local-keyfile /etc/tripwire/squid-local.key
# twadmin --generate-keys ...
```

Die so erzeugten Dateien und Passphrasen müssen nun noch auf die zu überwachenden Rechner verteilt werden.

10.3 Distribution der Dateien mit rsync

Für die Distribution der Dateien stehen unter UNIX/Linux verschiedene Werkzeuge zur Verfügung. Eines der intelligentesten Werkzeuge ist *rsync*. *rsync* verbindet sich ähnlich dem Befehl *rcp* mit einem anderen Rechner und tauscht
Dateien aus. Es ist jedoch in der Lage, nur die veränderten Teile einer Datei zu
erkennen und zu übertragen. Hierzu werden die modifizierten Anteile mit einer
MD4-Prüfsumme erkannt. Dies reduziert die zu übertragende Datenmenge
erheblich und erlaubt eine sehr einfache und schnelle Verteilung der Dateien.

rsync ist Bestandteil der so genannten *r-tools*. Diese Werkzeuge (*rsh*, *rlogin*, *rcp*
und *rexec*) wurden entwickelt, um die Administration vieler Rechner zu vereinfachen. Hierzu erlauben diese Werkzeuge mit geeigneten Konfigurationsdateien
die Anmeldung auf entfernten Rechnern ohne eine erneute Eingabe von Kenn-
worten durchzuführen. Die Konfigurationsdateien (*.rhosts*) enthalten dazu Vertrauensstellungen. Alle *r-tools* werden heute als unsicher angesehen, da die komplette Übertragung in Klartext erfolgt und die Vertrauensstellungen keinerlei
Authentifizierung erfordert.

Die *r-tools* wurden daher weitgehend durch die Secure Shell (*ssh* und *scp*)
ersetzt. Diese Werkzeuge erlauben die Authentifizierung von Rechnern und
Benutzern mit starken öffentlichen Schlüsseln. Dennoch kann für den Einsatz in
Skripten die automatische Anmeldung auf einem anderen Rechner ohne die
interaktive Eingabe eines Kennwortes ermöglicht werden.

rsync ist in der Lage, die Synchronisation auch basierend auf der Secure Shell
durchzuführen. Die Authentifizierung und die Übertragung der Dateien auf die
entfernten Rechner erfolgt dann stark verschlüsselt.

Authentifizierung bei der Secure Shell

In diesem kleinen Exkurs soll kurz die Funktionsweise der Authentifizierung
bei der Secure Shell vorgestellt werden.

Wenn ein Client eine SSH-Verbindung aufbauen möchte, so müssen im Vorfeld bestimmte Schlüssel erzeugt und ausgetauscht worden sein.

Der SSH-Server (Version 2) erzeugt bei seinem Start ein DSA-Schlüsselpaar. Dieses identifiziert den Server eindeutig. Der Server legt diese Schlüs-

sel im Verzeichnis */etc/ssh* als *ssh_host_dsa_key.pub* (öffentlicher Schlüssel)
und *ssh_host_dsa_key* (privater Schlüssel) ab. Der öffentliche Schlüssel
muss nun allen Clients bekannt gemacht werden. Dazu kann er auf eine Diskette kopiert und bei den entsprechenden Benutzern, die sich mit dem SSH-
Server verbinden wollen, in der Datei *~/.ssh/known_hosts2* abgelegt werden
(2 für Protokoll/Version 2). Diese Datei enthält alle öffentlichen SSH-Ser-
ver-Schlüssel, mit denen sich der Benutzer verbinden möchte.

Zusätzlich erzeugt der Benutzer ein DSA-Schlüsselpaar. Die Erzeugung dieser Schlüssel erfolgt bei der *OpenSSH* mit dem Befehl

```
# ssh-keygen -t dsa
```

Dieser Befehl legt die Schlüssel üblicherweise unter *~/.ssh/id_dsa.pub* (öffentlicher Schlüssel) und *~/.ssh/id_dsa* (privater Schlüssel) ab. Der private
Schlüssel kann zusätzlich mit einer Passphrase geschützt werden. Dies
erhöht die Sicherheit, da ansonsten der private Schlüssel in Klartext gespeichert wird und sich zum Beispiel auch auf jeder Sicherung dieses Rechners
im Klartext befindet. Der öffentliche Schlüssel muss nun auf allen Servern,
auf denen sich der Benutzer anmelden darf, an die Datei *authorized_keys2*
des Benutzers, als der die Anmeldung erfolgen soll, angehängt werden. Die
Datei *authorized_keys2* eines Benutzers Otto enhält also alle öffentlichen
Schlüssel aller anderen Benutzer, die sich als Otto anmelden dürfen. Der
Benutzer Otto kann also selbst entscheiden, welche weiteren Benutzer sich
unter seinem Namen anmelden dürfen, da er die Datei *authorized_keys2* verwaltet.

Bei der Authentifizierung verlangt der Client nun zunächst die Authentifizierung des Servers. Hierzu sendet er eine Herausforderung (*challenge*) an den
Server. Dabei handelt es sich um eine sehr große Zufallszahl. Der Server
muss nun diese Zahl verschlüsseln und zurücksenden. Besitzt der Client den
öffentlichen Schlüssel des Servers und wurden die Schlüssel auf dem Server
nicht verändert, so kann der Client die korrekte Verschlüsselung durch die
Entschlüsselung prüfen. Erhält er dabei nicht das erwartete Ergebnis, so wurden entweder die Pakete beim Transport modifiziert, die Schlüssel auf dem
Server verändert oder es handelt sich nicht um den echten Server, sondern
um einen Man-in-the-Middle-Angriff.

Anschließend verlangt der Server die Authentifizierung des Clients. Hierbei
sendet der Server dem Client die Herausforderung, die nun vom Client verschlüsselt wird. Der Server überprüft auf die gleiche Art die Korrektheit
durch die Entschlüsselung.

Die Verwendung von Zufallszahlen als Herausforderung verhindert einen
Angriff, bei dem der Angreifer den Verkehr abhorcht und anschließend
selbst eine Anmeldung mit zuvor abgehörten Paketen versucht. Der Angrei-

fer wird jedes Mal eine neue zuvor nicht gesehende Zufallszahl angeboten bekommen.

Wurde der private Schlüssel des Benutzers mit einer Passphrase gesichert, so besteht keine Gefahr, wenn eine dritte Person Zugang zu der Datei erhält, in der dieser Schlüssel abgespeichert wurde. Leider erfordert dies jedoch bei jeder Verbindung die Eingabe der Passphrase.

Um die Sicherheit der Schlüssel mit einer Passphrase zu gewährleisten, dennoch aber eine bequeme Benutzung der Secure Shell auch mit Scripts zu ermöglichen, wurde der `ssh-agent` erzeugt. Die Schlüssel werden weiterhin mit einer Passphrase auf dem Dateisystem geschützt. Für den Gebrauch werden sie einmalig mit dem Befehl `ssh-add` geladen und die Passphrase eingegeben. Anschließend liegen sie im Arbeitsspeicher entschlüsselt vor. Ein Einbrecher kann weiterhin nur die durch eine Passphrase geschützten Schlüssel entwenden. Sicherlich ist er in der Lage, die im Arbeitsspeicher vorhandenen Schlüssel zu nutzen; dies jedoch nur so lange, wie der `ssh-agent` läuft. Nach einem Neustart sind die Informationen verloren. Ein Auslesen aus dem Arbeitsspeicher ist sehr aufwändig.

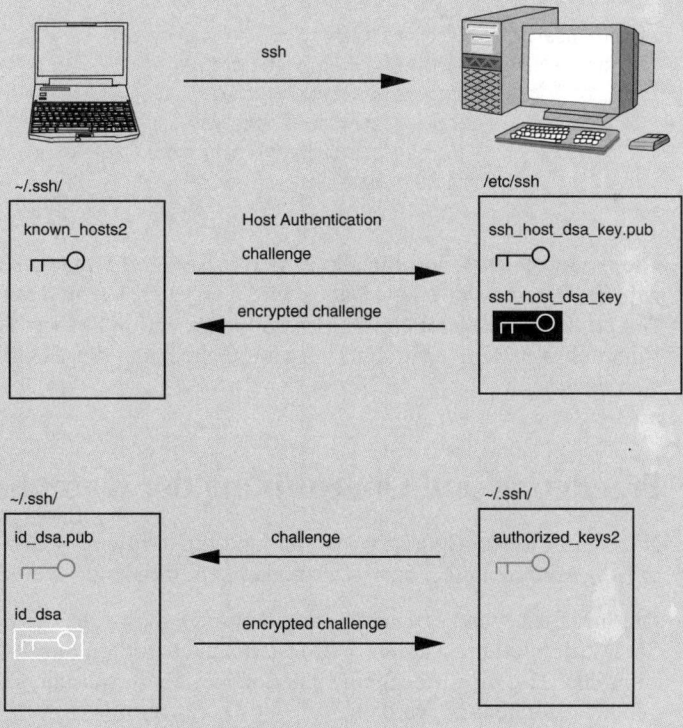

Abbildung 10.1: SSH-Authentifizierung

Um nun die Verteilung der Dateien mit der Kombination *rsync* und *ssh* durchzuführen, muss zunächst auf dem zentralen Verwaltungsrechner ein Benutzer erzeugt werden, der diese Arbeiten durchführen soll. Anschließend sollte dieser Benutzer entsprechende DSA-Schüssel erzeugen und mit einer Passphrase sichern.

```
# useradd distributor
# su - distributor
$ ssh-keygen -t dsa
```

Der entsprechende öffentliche Schlüssel wird anschließend auf allen mit Tripwire überwachenden Rechnern als autorisierter Schlüssel für eine Anmeldung als *root* in der Datei */root/.ssh/authorized_keys2* eingetragen.

Wurden zuvor die zu verteilenden Konfigurationsdateien und Tripwire-Schlüsseln im Verzeichnis */home/distributor* angelegt, so kann die Verteilung erfolgen mit dem Script:

```
#!/bin/bash

for remote in squid dns www relay
do
  echo "Bearbeite Rechner: $remote"
  rsync -e ssh -v /home/distributor/tw.cfg \
                  /home/distributor/tw.pol \
                  /home/distributor/site.key \
                  /home/distributor/$remote-local.key \
                  root@$remote:/etc/tripwire
done
```

Dieses Script wird nun für alle in der for-Schleife angegebenen Rechnernamen auf die Dateien verteilen. Dabei wird bei jeder Verbindung die Passphrase für den privaten Schlüssel angefordert. So kann verhindert werden, dass durch einen Einbruch auf dem zentralen Verwaltungsrechner die Schlüssel kompromittiert werden.

10.4   Erzeugung und Überprüfung der Datenbanken mit ssh

Nachdem die Konfigurationsdateien und die Tripwire-Schlüssel verteilt wurden, müssen zunächst die Tripwire Datenbanken initialisiert werden.

Die Initialisierung der Datenbanken kann ebenfalls aus der Ferne mit der Secure Shell durchgeführt werden. Die Datenbanken sollten anschließend auch auf der zentralen Tripwire-Managementstation gesichert werden. Hierzu kann das folgende Script genutzt werden:

```
#!/bin/bash

for remote in squid dns www relay
do
  echo "Erzeuge Tripwire Datenbank auf Rechner: $remote"
  ssh root@$remote tripwire --init
  scp root@$remote:/var/lib/tripwire/$remote.twd \
                    /var/lib/tripwire/$remote.twd
done
```

Dieses Script kann nicht unbeaufsichtigt ablaufen, da es sowohl die Passphrase für den privaten SSH-Schlüssel benötigt als auch die Passphrase für den lokalen Tripwire-Schlüssel des Zielrechners. Die Abfrage der SSH-Passphrase lässt sich bei Einsatz des `ssh-agent` vermeiden.

Sobald die Datenbanken erzeugt wurden, kann die Integrität der zu überwachenden Rechner geprüft werden. Dies erfolgt sinnvollerweise ebenfalls zentral gesteuert. So kann ihre erfolgreiche Ausführung direkt zentral kontrolliert werden.

Für die Überprüfung der Integrität wird auf den zu überwachenden Rechnern ein weiterer Benutzer *tripwire* angelegt. Dieser Benutzer erhält das Recht, mit *root*-Rechten den Befehl `tripwire -check` auszuführen. Dieses Recht erhält er bei Verwendung des Kommandos `sudo`.

Um den Benutzer `tripwire` anzulegen, führen Sie bitte auf den zu überwachenden Rechnern den Befehl `useradd tripwire` aus oder verwenden Sie auf dem zentralen Verwaltungsrechner folgendes Script:

```
#!/bin/bash

for remote in squid dns www relay
do
  echo "Erzeuge Tripwire Benutzer auf Rechner: $remote"
  ssh root@$remote useradd tripwire
done
```

Anschließend muss die `sudo`-Konfigurationsdatei */etc/sudoers* angepasst werden, indem folgende Zeile hinzugefügt wird:

```
tripwire ALL = (root) NOPASSWD: /usr/sbin/tripwire --check
```

Dieser Eintrag in der Datei */etc/sudoers* erlaubt dem Benutzer *tripwire* den Aufruf von `/usr/sbin/tripwire -check` ohne Eingabe eines Kennwortes mit *root*-Rechten. Dies ist jedoch der einzige Befehl, den *tripwire* als *root* ausführen darf.

Sinnvollerweise wird nun mit `ssh-keygen` ein zweites Schlüsselpaar erzeugt, welches entweder keine Passphrase aufweist oder dessen Passphrase mit dem `ssh-agent` verwaltet wird:

```
[root@kermit root]# ssh-keygen -t dsa
Generating public/private dsa key pair.
Enter file in which to save the key (/root/.ssh/id_dsa): /root/.ssh/tripwire
Enter passphrase (empty for no passphrase):
Enter same passphrase again:
Your identification has been saved in /root/.ssh/tripwire.
Your public key has been saved in /root/.ssh/tripwire.pub.
The key fingerprint is:
cc:df:00:b1:52:52:2b:29:c7:59:58:9a:c0:1d:b0:ee root@kermit.spenneberg.de
```

Der öffentliche Schlüssel *tripwire.pub* wird auf den zu verwaltenden Rechnern in der Datei */home/tripwire/.ssh/authorized_keys2* abgelegt. Damit ist es nun *root* möglich, mit diesem zweiten Schlüssel sich als *tripwire* auf den entfernten Rechnern anzumelden. Die Überprüfung der Datenbanken kann nun mit folgendem Script erfolgen:

```
#!/bin/bash

for remote in squid dns www relay
do
   echo "Überprüfe Tripwire Datenbank auf Rechner: $remote"
   ssh -i /root/.ssh/tripwire tripwire@$remote sudo tripwire --check
done
```

Die Option -i /root/.ssh/tripwire verwendet statt des Standardschlüssels den angegebenen Schlüssel für die Anmeldung. So erfolgt die Anmeldung mit dem Schlüssel tripwire als der Benutzer *tripwire*, der anschließend nur den einen Befehl tripwire -check ausführt. Dieses Script sollte nun auf dem zentralen Verwaltungsrechner regelmäßig ausgeführt werden. Dazu wird es sinnvollerweise in Cron integriert. Der Aufruf kann stündlich bis täglich erfolgen. Dies hängt von der zu überprüfenden Datenmenge, der Leistungsfähigkeit der Rechner und dem persönlichen Sicherheitsbedürfnis beziehungsweise der Sicherheitsrichtlinie des Unternehmens ab. Bei einem sehr häufigen Aufruf sollte darauf geachtet werden, dass die Aufrufe sich nicht überschneiden!

10.5   Zentrale Auswertung

Wenn der Tripwire-Integritätstest der Rechner zentral gesteuert wird, ist es auch sinnvoll, die Auswertung zentral vorzunehmen und die Berichte zentral abzuspeichern. Dazu sollten die Berichte direkt nach Ihrer Erzeugung auf den zentralen Rechner übertragen werden. Dort können sie dann weiter analysiert werden und die Berichte ausgedruckt werden.

Am sinnvollsten werden die Berichte direkt nach ihrer Erzeugung übertragen. So besteht die geringste Gefahr einer Modifikation der Berichte durch einen Einbrecher. Hierzu wird geeigneterweise das Script, welches die Dateien erzeugt, ergänzt:

```
#!/bin/bash

for remote in squid dns www relay
do
  echo "Überprüfe Tripwire Datenbank auf Rechner: $remote"
  ssh -i /root/.ssh/tripwire tripwire@$remote sudo tripwire --check
  scp -i /root/.ssh/tripwire \
      tripwire@$remote:/var/lib/tripwire/report/$remote.twr \
      /var/lib/tripwire/reports/$remote/$remote-$(date +%Y%m%d-%H).twr
done
```

Mit dem an die Überprüfung anschließenden Befehl scp wird die gerade erzeugte Berichtsdatei *$remote.twr* auf die zentrale Verwaltungsstation kopiert. Dort wird der Bericht abgelegt unter */var/lib/tripwire/reports*. Hier wurde für jeden Rechner ein Verzeichnis entsprechend seinem Namen angelegt und der Bericht in diesem Verzeichnis mit Datum und Stunde abgespeichert. Wird die Überprüfung häufiger als einmal pro Stunde aufgerufen, so ist zusätzlich die Angabe der Minute erforderlich.

Die Ausgabe des Berichtes und die Versendung kann nun mit dem Befehl twprint erfolgen. Hierzu kann ebenfalls ein Script verwendet werden, das eine Zusammenfassung sämtlicher Berichte anfertigt:

```
#!/bin/bash

DETAIL=0  # Detailgrad 0-5

for remote in squid dns www relay
do
  echo "Erzeuge Bericht für Rechner: $remote"
  twprint -m r -t $DETAIL -r \
      /var/lib/tripwire/reports/$remote/$remote-$(date +%Y%m%d-%H).twr
done | mail tripwire@nohup.info -s "Berichtszusammenfassung"
```

Wurden Unterschiede beim Tripwire-Bericht gemeldet, so können diese auch auf der zentralen Tripwire-Managementstation zur Aktualisierung der Datenbank verwendet werden. Hierzu muss der Befehl tripwire -update unter Angabe aller benötigten Dateien aufgerufen werden. Dies erfolgt ebenfalls am besten mit einem Script. Das folgende Script erwartet die Angabe des Rechners, dessen Datenbank aktualisiert werden soll, und wählt automatisch den letzten Bericht aus:

```
#!/bin/bash

remote=$(1:?Fehler: Bitte als $0 rechner aufrufen)

bericht=$(ls -t /var/lib/tripwire/reports/$remote/ | head -1)

echo "Aktualisiere Datenbank für Rechner: $remote"
echo "Verwende Bericht: $bericht"
echo "Fortfahren? <ENTER>"
tripwire --update --cfgfile /home/distributor/tw.cfg \
                  --polfile /home/distributor/tw.pol \
                  --database /var/lib/tripwire/$remote.twd \
                  --local-keyfile /home/distributor/$remote-local.key \
                  --site-keyfile /home/distributor/site.key \
                  --twrfile $/var/lib/tripwire/reports/$remote/$bericht

echo "Soll die Datenbank direkt wieder auf den Rechner $remote übertragen
werden?"
echo "ja? <ENTER> nein? <Strg-C>"
rsync -e ssh /var/lib/tripwire/$remote.twd
root@$remote:/var/lib/tripwire/$remote.twd
echo "Fertig."
```

Das letzte Script erlaubt es, die Datenbank offline zu aktualisieren und anschließend auf den betroffenen Rechner zurückzuspielen. Dies erfolgt wieder mit dem Befehl `rsync` und der Secure Shell. Dies reduziert die zu übertragende Datenmenge und beschleunigt den Transfer.

10.6 Zusammenfassung

Die zentrale Verwaltung des Intrusion Detection-Systems Tripwire lohnt sich bereits ab einer geringen Anzahl von Installationen. Selbst bei zwei Systemen kann es sinnvoll sein. Hierzu sind auch kommerzielle Lösungen wie zum Beispiel der Tripwire-Manager erhältlich, der zusätzlich eine sehr beeindruckende grafische Oberfläche für die Administration bietet. Die in diesem Kapitel vorgestellten Techniken und Werkzeuge ermöglichen jedoch bereits eine sehr sichere und einfache Fernadministration einer beliebigen Anzahl von Tripwire-Installationen. Zusätzliche Sicherheitspunkte wie die Sicherung der Datenbanken und Berichte kommen als weitere Pluspunkte hinzu. Die gezeigten Bash Shell-Scripts zeigen recht eindrucksvoll, dass viele Aufgaben durch intelligenten Einsatz von Linux-Hausmitteln gelöst werden können. Wenn das Interface der Shell-Scripts zu einfach und bedienungsunfreundlich erscheint, besteht auch die Möglichkeit, die Funktionalität in PHP (oder Perl) einzubetten und über einen Webserver mit Browser zu steuern.

Kapitel 11

Aufbau eines Netzes aus Snort-Sensoren

Dieses Kapitel beschreibt den Aufbau eines Netzwerkes aus mehreren Snort-Sensoren, eine Art »NIDS Cluster« oder »Distributed NIDS«. Diese Sensoren untersuchen die Netzwerkpakete in den ensprechenden Netzwerken. Die Ergebnisse werden zentral zusammengefasst und in einer Datenbank abgespeichert. Hierbei soll besonderes Augenmerk auf hohe Geschwindigkeit und Sicherheit gelegt werden. Die Snort-Sensoren sollen sowohl die Netzwerkpakete analysieren als auch diese für eine spätere Analyse protokollieren.

Dieses Kapitel beschreibt den Einsatz von *Snort* als Paketsammler und -analysator, die Protokollierung in einer MySQL-Datenbank mit *Barnyard* verschlüsselt durch *stunnel* und die grafische Analyse der Informationen mit ACID. Für die Administration der Sensoren werden zwei verschiedene Varianten vorgestellt. Zunächst wird die Administration basierend auf dem Werkzeug *rsync* demonstriert. Anschließend erfolgt die Beschreibung des GNU-GPL Werkzeuges `snort-center`. Dieses erlaubt die automatische grafische Administration von Snort-Sensoren.

11.1   Auswahl der Sensor-Standorte

Die Auswahl der Standorte für die Snort-Sensoren sollte sehr sorgfältig erfolgen. Ein Snort-Sensor ist nur in der Lage, die Netzwerkpakete zu analysieren, die sich in der gleichen Ethernet-Kollisionsdomäne befinden. Das bedeutet, dass ein Snort-Sensor, der sich an einem Switch befindet, nur die Netzwerkpakete sieht und analysieren kann, die vom Switch an ihn weitergeleitet werden. Der Einsatz von Snort-Sensoren in geswitchten Netzwerken ist nur möglich, wenn der Switch dies mit einem so genannten Monitor-Port unterstützt.

Ansonsten sollte in jedem zu überwachenden Netzwerk ein Snort-Sensor installiert werden.

Um die Überwachung der Sensoren durch die zentrale Managementstation zu jeder Zeit zu gewährleisten, kann es durchaus empfehlenswert sein, ein zweites Netz aufzubauen. Die Sensoren benötigen dann zwei Netzwerkkarten. Eine Netzwerkkarte wird lediglich zur Sammelung und Analyse der Netzwerkpakete verwendet. Diese Netzwerkkarte wird jedoch keine Informationen aussenden. Die zweite Netzwerkkarte wird verwendet, um die Verbindung zur Managementstation herzustellen. Dieses zweite Netz sollte komplett vom Hauptnetz getrennt sein. Hierzu werden die Sensore und die Managementstation über einen eigenen Switch miteinander verbunden. So kann ein Angreifer auch nicht die Übertragung der Daten vom Sensor zur Managementstation verfolgen.

11.2   Installation der Sensoren

Bei der Installation der Snort-Sensoren sollten zwei Aspekte berücksichtigt werden: Software und Hardware. Bei der Software sollte die präferenzierte Linux-Distribution gewählt werden. Dabei muss darauf geachtet werden, dass diese

Distribution gute Hardwareunterstützung und regelmäßige Updates bietet. Wie bei allen anderen sicherheitsrelevanten Systemen ist die Aktualität der Distribution in Bezug auf Sicherheitslücken sehr wichtig. Einfache, vielleicht sogar automatische Aktualisierungen sind wünschenswert. Das Red Hat Network oder die Debian-Paketverwaltung bieten derartige Funktionen. Die weitere Installation der Software wird weiter unten beschrieben.

Die Hardware ist nicht weniger wichtig als die Wahl der Software. Hierbei ist insbesondere eine große und schnelle Festplatte, eine gute Netzwerkkarte, reichlich Hauptspeicher und ein guter Prozessor erforderlich.

Bei der Planung der Sensoren sollte auch ihre spätere Aufgabe berücksichtigt werden. Zwei Ansätze sind möglich. Zum einen besteht die Möglichkeit, dass der Sensor lediglich sämtliche Netzwerkpakete sammelt, aber diese nicht analysiert. In diesem Fall wird in erster Linie eine schnelle und große Festplatte benötigt. Beim zweiten Ansatz analysiert der Sensor auch diese Pakete und protokolliert und speichert nur die interessanten Pakete. Die Größe der Festplatte spielt hier eine geringere Rolle. Jedoch ist bei diesem Ansatz die Anforderung an den Prozessor wesentlich höher.

Ein zweiter Unterschied der beiden Ansätze soll nicht unter den Tisch fallen und ist unter Umständen sogar als wichtiger einzustufen: der Datentransfer. Wenn die eigentliche Analyse der Sensordaten auf einer zentralen Managementstation durchgeführt werden soll, so müssen die Daten auf diese Managementstation übertragen werden. Da jedoch beim ersten Ansatz sehr große Datenmengen anfallen, müssen Möglichkeiten existieren, diese in einem akzeptablen Zeitrahmen regelmäßig zu transportieren. Der zweite Ansatz reduziert die zu übertragende Datenmenge erheblich. So besteht auch die Möglichkeit, die Daten über WAN-(VPN-)Verbindungen zu übertragen.

Beim zweiten Ansatz wird jedoch bewusst auf Informationen verzichtet. Unter Umständen sind die protokollierten Netzwerkpakete nur Teil eines Angriffes. Der Sensor besaß möglicherweise nicht einen kompletten Regelsatz, da der Angriff noch nicht bekannt war. Der Angriff kann daher im schlimmsten Fall nicht erkannt oder verstanden werden. Wenn der Speicherplatz auf den Sensoren existiert, können daher die beiden Ansätze kombiniert werden. Hierzu wird sowohl der gesamte Netzwerkverkehr protokolliert als auch analysiert. Die Analyse-Ergebnisse werden auf die zentrale Managementstation übertragen und der Netzwerk-Dump verbleibt für einige Tage auf der Festplatte.

11.2.1 Hardware

Bei der Auswahl der Hardware gibt es einige allgemeine Regeln, die grundsätzlich angewendet werden sollen. So sollte auf gute Wartbarkeit und Ersatzteilversorgung geachtet werden. Beim Einsatz in einem zentralen Serverraum sind unterbrechungsfreie Stromversorgungen und Kühlung ebenfalls sehr wichtig.

Im Weiteren wird die ideale Austattung eines Sensors (Stand Juli 2002) beschrieben. Diese Austattung befähigt einen Sensor, in einem gesättigten 100-Mbit/s-Netzwerk ohne Paketverlust zu arbeiten. In Gigabit-Netzen kann der Sensor bis zu 250-300 Mbit bei entsprechendem Tuning verarbeiten.

Bei der Wahl der optimalen Hardware für einen Sensor ist besonders die Geschwindigkeit der I/O-Operationen wichtig. Zusätzlich sind für einen analysierenden Sensor die Geschwindigkeit des Prozessors und die Größe des Hauptspeichers wichtige Faktoren.

Motherboard/Prozessor/Arbeitsspeicher

Wenn der Sensor eine Analyse der Pakete durchführt, müssen die Pakete vom Regelwerk untersucht werden. Dieser Vorgang ist sehr rechenintensiv. Die Detektionsmaschine von Snort wird automatisch entsprechend dem Regelwerk zusammengestellt und befindet sich anschließend im Arbeitsspeicher. Bei der Wahl des Motherboards und des Prozessors sollte daher auf eine hohe Geschwindigkeit des Prozessors und des Zugriffes auf den Arbeitsspeicher Wert gelegt werden. Ein großer Prozessorcache kann eine zusätzliche Beschleunigung erreichen.

Die Verwendung von Mehrprozessorboards ist im Moment für einen Snort-Sensor mit einem Snort-Prozess nicht sinnvoll, da der Snort-Prozess nur in der Lage ist, einen Prozessor zu nutzen. Laufen jedoch auf dem Rechner weitere Prozesse (z. B. Barnyard, MySQL) die eine hohe CPU-Leistung benötigen, so kann sich der Einsatz eines Mehrprozessorsystems lohnen. Snort wird dann nicht durch diese Prozesse benachteiligt. Wenn mehrere Snort-Prozesse auf einem Rechner eingesetzt werden sollen, bietet sich ebenfalls der Einsatz eines Mehrprozessorsystems an. Wird die Übertragung der Daten auf die Managementstation verschlüsselt durchgeführt, kann dies auch den Einsatz eines weiteren Prozessors als sinnvoll erscheinen lassen. Dieser weitere Prozessor ist dann in der Lage, die verschlüsselte Übertragung der Daten zu übernehmen. Bei mehreren Snort-Prozessen sollte auch eine weitere Netzwerkkarte für jeden weiteren Snort-Prozess in Betracht gezogen werden.

Snort benötigt etwa 8 Mbyte Arbeitsspeicher bei einer Standardinstallation. Dies ist recht wenig, verglichen mit modernen PCs. Einige Präprozessoren sind jedoch bei entsprechender Konfiguration sehr speicherhungrig. Defragmentierung und Reassemblierung benötigen sehr viel Arbeitsspeicher. Dies trifft im Falle eines Angriffs mit fragmentierten Paketen um so mehr zu. Werden weitere Prozesse (z. B. Barnyard oder MySQL) auf demselben Rechner gestartet, so benötigen diese auch Arbeitsspeicher. Zusätzlich sollte die Geschwindigkeitssteigerung des Festplattenzugriffs durch den Einsatz des Arbeitsspeichers als Cache nicht unberücksichtigt bleiben. Daher sind 512 Mbyte oder 1 Gbyte Arbeitsspeicher zu empfehlen.

Festplatte und Festplattencontroller

Bei der Wahl der Festplatte und des Controllers sollte zunächst grundsätzlich eine Entscheidung zugunsten von SCSI oder IDE fallen. SCSI-Festplatten sind üblicherweise teurer, weisen dafür aber eine höhere Haltbarkeit im Dauerbetrieb auf (MTBF – Mean Time Between Failure). IDE-Festplatten sind wesentlich günstiger und erreichen inzwischen ähnliche Durchsatzraten.

Wenn ein SCSI-Controller und eine -Festplatte eingesetzt werden sollen, ist es erforderlich, die Unterstützung des Controllers durch den Linux-Kernel der eingesetzten Distribution zu prüfen. Leider werden noch nicht alle SCSI-Controller in allen Modi unterstützt. Der Kauf eines SCSI LVD 160-Controllers, dessen Geschwindigkeit nicht unter Linux unterstützt wird, ist eher unsinnig.

Wenn ein IDE-Controller eingesetzt wird, so sollte ein ATA/100 oder ATA/133 verwendet werden. Bei der Festplatte soll darauf geachtet werden, dass sie ebenfalls diesen Modus unterstützt. Die Verbindung zwischen den beiden Geräten soll der Spezifikation entsprechen und nur das beste Kabel verwenden. Selbst wenn all diese Aspekte berücksichtigt wurden, wird der Linux-Kernel nur das einfache DMA für die Platte aktivieren. Damit die Platte später den maximal möglichen DMA-Modus verwendet, kann der folgende Befehl eingesetzt werden:

```
hdparm -d1 -m16 -c3 -X(64+DMA-Mode) # DMA-5: -X69
```

Damit dieser Befehl nach jedem Neustart aufgerufen wird, kann er bei SuSE-Distributionen in der Datei */etc/rc.config.d/idedma.rc.config* beziehungsweise bei Red Hat in der Datei */etc/sysconfig/harddisks* eingetragen werden.

Es besteht natürlich auch die Möglichkeit, Firewire-Festplatten einzusetzen. Diese sind jedoch noch recht selten. Es handelt sich in erster Linie um SCSI- oder IDE-Festplatten, die über einen zusätzlichen Firewire-Controller verfügen. Eine Geschwindigkeitssteigerung ist hier daher nicht zu erwarten.

Unabhängig vom verwendeten System ist die Größe der Festplatte. Die hängt ab von dem erwarteten Datenaufkommen. Wenn der Snort-Sensor nur die Analyse-Ergebnisse auf der Festplatte ablegt und diese regelmäßig an die Managementstation übertragen werden, genügt sicherlich eine kleine Festplatte in der Standardgröße. Sollen zusätzlich sämtliche Pakete gesammelt und für spätere Analysen lokal gespeichert werden, so kann die Festplatte nicht groß genug sein. Eine 100-Gbyte- oder 120-Gbyte-Festplatte sollte ausgewählt werden. Dies hat den zusätzlichen Vorteil, dass diese Produkte meist auch schneller sind als ihre kleineren Brüder und Schwestern.

Netzwerkkarte(n)

Die Netzwerkkarte ist einer der wesentlichen Bestandteile des Snort-Sensors. Sie ist dafür verantwortlich, dass sämtliche Pakete aufgenommen werden. Ein Paketverlust ist häufig die Folge einer schlechten Netzwerkkarte. Bei der Wahl der Netzwerkkarte hat es sich als sinnvoll erwiesen, eine Karte eines Markenherstellers zu wählen, z. B. 3Com, SMC oder Intel. Diese weisen meist einen recht guten Durchsatz auf. Ansonsten sind in Zeitschriften oder im Internet veröffentlichte Vergleiche (*http://www.tomshardware.com*) eine gute Entscheidungshilfe. Einen speziellen Vergleich aktueller Netzwerkkarten für Linux führt *http://www.fefe.de/linuxeth/* durch.

Für den Einsatz als Sensor ist die Anschaffung von zwei Karten pro Rechner empfehlenswert. Die erste Karte dient Snort zur Analyse des Netzwerkverkehrs und die zweite Karte wird verwendet, um die Ergebnisse dieser Auswertung an die zentrale Managementstation weiterzuleiten.

11.2.2 Software-Installation

Die Installation der Software ist sehr stark von der verwendeten Distribution abhängig. Die Installation der Distribution wird im Weiteren daher nicht im Detail beschrieben. Es werden lediglich Tipps, die bei der Installation beachtet werden sollen, hervorgehoben. Anschließend wird die Installation von Snort und Barnyard besprochen.

Die folgende Anleitung geht davon aus, dass die Snort-Sensoren über zwei Netzwerkkarten verfügen. Sollte diese Konfiguration nicht gewünscht sein, so wird im Text auch auf die entsprechenden Unterschiede hingewiesen.

Installation der Distribution

Die Installation der Distribution soll entsprechend der Anleitung des Herstellers erfolgen. Die Paketauswahl sollte jedoch möglichst reduziert werden. Eingeschlossen werden sollte aber die Secure Shell und der Befehl `rsync`. Bei der Installation von Snort und Barnyard als RPM-Pakete werden auch die Compiler-Werkzeuge nicht benötigt. Wird eine Übersetzung von Snort und Barnyard aus den Quellen gewünscht, so sollte überlegt werden, ob diese Übersetzung auf einem anderen Rechner erfolgt und anschließend als TAR-Archiv kopiert wird. So werden auch in diesem Fall keine Compiler auf den Snort-Sensoren benötigt[1].

Bei der Partitionierung der Festplatte sollte die spätere Aufgabe des Sensors berücksichtigt werden und etwa folgendes Schema gewählt werden:

/boot	32 Mbyte
/	800 Mbyte
/usr	800 Mbyte

---

1 Die Installation von Compilern auf sicherheitsrelevanten Systemen ist kritisch einzuschätzen. Es existieren automatische Einbruchswerkzeuge (z. B. der Linux Slapper Worm), die nach einem Einbruch sich selbst kompilieren und so auch in der Lage sind, über Architekturgrenzen zu springen. Wenn der Einbruch nicht automatisiert erfolgt, ist der Einbrecher jedoch meist in der Lage, in kurzer Zeit die entsprechenden Werkzeuge nachzuinstallieren. Er wird dann nur kurz aufgehalten.

/var	512 Mbyte
tmp	250 Mbyte
swap	512 Mbyte
/sensor	Rest

Dies garantiert, dass für die Verarbeitung der Daten genügend Speicherplatz zur Verfügung steht.

Anpassung der Netzwerkkonfiguration

Die Sensoren verfügen über zwei Netzwerkkarten. Daher kann eine Netzwerkkarte ausschließlich zur Sammlung von Netzwerkpaketen eingesetzt werden, während die andere Karte die Kommunikation mit der zentralen Managementstation aufrecht erhält. Die zweite Karte des Sensors sollte mit den Werkzeugen der Distribution so konfiguriert werden, dass eine spätere Kommunikation gewährleistet ist. Die erste Karte sollte wie im Abschnitt »Stealth – Konfiguration des Snortsensors als passives Element« ab Seite 289 besprochen konfiguriert werden. Hierzu sollte die Netzwerkkarte mit dem Befehl

```
ifconfig ethX -arp up          # X ist die Nummer der Netzwerkkarte
```

aktiviert werden. Dies verhindert, dass die Netzwerkkarte aktiv Pakete versenden kann.

Snort-Installation

Die Installation von Snort wurde im Wesentlichen bereits in Teil 2 des Buches besprochen worden. Hier werden jetzt nur einige allgemeine Hinweise gegeben.

Die Installation kann sowohl als RPM als auch unter Verwendung des Quelltextarchives erfolgen. Die Installation als RPM ist unter Umständen vorzuziehen, da so eine Aktualisierung leichter erfolgen kann. Beim Einsatz von Snort in einem *Chroot*-Verzeichnis hilft jedoch bisher auch kein RPM, da mir noch keines bekannt ist, das eine Installation von Snort in einem *Chroot*-Verzeichnis vornimmt. Hier ist möglicherweise die Installation nach eigener Übersetzung vorzuziehen.

Die Verwendung eines *Chroot*-Verzeichnisses ist zur Erhöhung der eigenen Sicherheit dringend anzuraten. Insbesondere dann, wenn der Snort-Sensor nur eine Netzwerkkarte besitzt. In diesem Fall besteht nicht die Möglichkeit, das Versenden von Paketen durch die Netzwerkkarte zu unterbinden. Eine Sicherheitslücke in Snort kann daher von einem Angreifer ausgenutzt werden. Darf die Netzwerkkarte keine Pakete versenden, so kann Snort angegriffen werden, jedoch nicht antworten. Der Angreifer erfährt nie, ob sein Angriff erfolgreich war.

Wenn Snort für die Verwendung auf den Sensoren konfiguriert und übersetzt wird, sind folgende Optionen für die Konfiguration sinnvoll:

```
./configure --prefix=/usr --bindir=/usr/sbin --sysconfdir=/etc/snort
```

Weitere Plug-Ins werden in der gewünschten Konfiguration nicht benötigt. Der in diesem Kapitel aufzubauende NIDS Cluster soll nicht selbst mit der Flexible Response reagieren können. Die Datenbankunterstützung wird durch Barnyard zur Verfügung gestellt.

Barnyard-Installation

Barnyard wird auf den Sensoren eingesetzt, um Snort zu entlasten. Würden die Snort-Prozesse direkt in die MySQL-Datenbank protokollieren, so würden sie während des jeweiligen Schreibvorganges in der Datenbank keine weiteren Pakete analysieren können. Dies führt in stark frequentierten Netzwerken zu Paketverlusten durch Snort. Die Verwendung des *Unified Output Plug-Ins* in Snort erlaubt diesem eine sehr schnelle Protokollierung der Ereignisse im Binärformat. Barnyard ist dann in der Lage, mit leichtem Zeitversatz diese Ereignisse in einer Datenbank zu protokollieren. Die Dauer dieser Protokollierung ist dann nicht mehr zeitkritisch, da Snort mit maximaler Geschwindigkeit arbeiten kann.

Barnyard ist bei den meisten Distributionen noch nicht als RPM enthalten. Es existieren einige Webseiten, die ein Barnyard-RPM vorhalten. Dennoch ist es sicherlich sinnvoll, die Installation von Barnyard selbst durchzuführen. Hierzu wird das neueste Quelltextarchiv von *http://www.snort.org/dl/barnyard* benötigt. Dieses wird ausgepackt, konfiguriert und übersetzt:

```
# cd /usr/local/src
# tar xvzf /path/barnyard-version.tar.gz
# ./configure --prefix=/usr --bindir=/usr/sbin --sysconfdir=/etc/snort \
        --enable-mysql --enable-postgresql
# make
```

Anschließend kann das Paket erneut in einem Archiv eingepackt und auf die Sensoren transferiert werden.

```
# cd ..
# tar cvzf barnyard-compiled.tar.gz barnyard-version/
```

Auf den Sensoren ist nun die Installation mit `make install` durchzuführen beziehungsweise sind von Hand die Dateien an die entsprechenden Stellen zu kopieren.

```
# cp barnyard /usr/sbin/
# mkdir /etc/barnyard
# cp etc/* /etc/barnyard
```

11.2.3 Konfiguration der Sensoren

Nachdem die Installation der Sensoren abgeschlossen wurde, kann die Konfiguration begonnen werden. Im Folgenden werden die Konfigurationen von Snort und Barnyard besprochen. Hierbei werden zwei Snort-Prozesse konfiguriert. Der erste Prozess speichert sämtliche Pakete für eine spätere Analyse nach einem Angriff ab. Der zweite Prozess analysiert parallel diese Pakete und protokolliert im *Unified Log Format*. Dieses wird parallel von Barnyard gelesen und in einer MySQL-Datenbank auf der zentralen Managementstation protokolliert.

Snort-Konfiguration

Die Snort-Konfiguration weicht nicht stark von der Standardkonfiguration einer Snort-Installation ab. Da jedoch die Konfiguration so weit wie möglich vereinfacht werden soll, werden die Daten, die für jeden Sensor spezifisch sind, in eine eigene Datei ausgelagert. Dies ermöglicht eine einfache Anpassung der Regeln aller Sensoren.

Um diese Möglichkeit der einfachen zentralen Verwaltung der Regelsätze zu schaffen, wird folgende Struktur der Konfigurationsdateien gewählt:

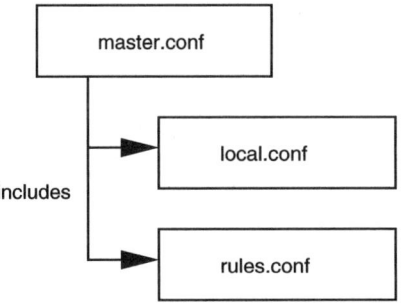

Die Datei *local.conf* enthält die lokalen Einstellungen für den Sensor. Hier werden für jeden Sensor die spezifischen IP-Adressen gespeichert und Variablen definiert. Diese Datei könnte folgendermaßen aussehen:

Listing 11.1: Datei *local.conf*

```
# local.conf
#
# Sensor 1
# Ort: DMZ

var HOME_NET 192.168.0.0/24

var EXTERNAL_NET !$HOME_NET

var SMTP 192.168.0.5/32

var HTTP_SERVERS 192.168.0.8/32
```

Die Präprozessoren und die weitere Konfiguration ist für alle Snort-Sensoren identisch und wird in der Datei *master.conf* definiert. Diese Datei formuliert die Optionen für die Präprozessoren und die zu verwendenden Regelblöcke. Diese Datei hat folgenden Inhalt:

```
# master.conf
#
# Snort Sensor Master Datei

##################################

# Konfiguration

# Gib root-Rechte ab

config set_gid: snort
config set_uid: snort

# Laufe im Hintergrund

config daemon

# Verwende /sensor/var/log als Protokollverzeichnis
# /sensor ist chroot, daher nur Angabe von /var/log

config logdir: /var/log

# Nutze chroot /sensor

config chroot: /sensor

# Verlasse dich auf die Prüfsummenkontrolle der Router

config checksum_mode: noip

# Betrachte nur Pakete in einer Verbindung

config stateful: est

##################################

# Lies lokale Umgebung ein

include local.conf

##################################

# Präprozessoren
```

```
# Verwende den Präprozessor zur Defragmentierung.
# Speicher ist reichlich vorhanden: 32 Mbyte

preprocessor frag2: memcap 32000000

# Nutze die Stateful Inspection
# Erkenne Stealth Scans

preprocessor stream4: detect_scans, memcap 32000000

# Nutze Reassemblierung von TCP-Verbindungen
# für Ports 21, 23, 25, 53, 80, 110, 111, 143, 513

preprocessor stream4_reassemble: ports default

# Erkenne kodierte Webangriffe

preprocessor http_decode: 80

# Erkenne kodierte RPC-Angriffe

preprocessor rpc_decode: 111 32771

##################################

# Output-Plug-Ins

output alert_unified: filename unified.alert
output log_unified:   filename unified.log

##################################

# Classifications

include classification.config

##################################

# Regeln

include rules.conf
```

Die von den Snort-Sensoren anzuwendenden Regeln werden in der Datei *rules.conf* vorgehalten. Diese Datei kann die Regeln direkt enthalten oder weitere Dateien mit der include-Direktive laden.

```
# Datei rules.conf
```

```
#####################################

# Lokale Snort-Regeln

alert tcp any any -> $HOME_NET 143 (flags: AP+; content:"AUTHENTICATE"; \
        content "/BIN/SH"; content: "|9090 9090 9090 9090 9090 9090|";\
        msg:"IMAP Bufferoverflow";)



#####################################

# Allgemeine Snort-Regeln

include scan.rules
include smtp.rules
include dos.rules
.....
```

Das unified Output-Plug-In legt nun die zwei Protokolldateien (*unified.alert* und *unified.log*) im angegebenen Protokollverzeichnis */var/log/snort* ab. Dieses Verzeichnis befindet sich im Chroot-Verzeichnis. Außerhalb von Chroot erfolgt der Zugriff daher mit */sensor/var/log/snort*. Snort wird dort nun die beiden Dateien ablegen und sie mit einem angehängten Zeitstempel versehen. Dieser Zeitstempel zählt die Sekunden seit dem 1.1.1970 (UNIX epoch). Dieser Zeitstempel erlaubt später die Unterscheidung der Dateien. Eine Umwandlung des Zeitstempels ist möglich mit dem Kommando:

```
perl -e 'print scalar localtime(999595410), "\n"'
```

Dies ist nicht für die Funktion erforderlich, jedoch kann so der Zeitstempel auch später noch nachvollzogen werden.

Barnyard-Konfiguration

Barnyard besitzt eine kleine Konfigurationsdatei */etc/snort/barnyard.conf* und benötigt zusätzlich noch drei Dateien von Snort:

- *classification.config*
- *gen-msg.map*
- *sid-msg.map*

Diese sollte sich in der Snort-Installation wiederfinden. Diese ingesamt vier Konfigurationsdateien werden von Barnyard im Verzeichnis */etc/snort* erwartet. Ihr Ort kann jedoch auch mit Optionen auf der Kommandozeile bestimmt werden.

Die Barnyard-Konfigurationsdatei bestimmt die Arbeit von Barnyard. Hier werden die Ein- und Ausgabe-Plug-Ins bestimmt. Die mitgelieferte Beispieldatei sieht folgendermaßen aus.

```
#-------------------------------------------------------------
#   http://www.snort.org     Barnyard 0.1.0 configuration file
#           Contact: snort-barnyard@lists.sourceforge.net
#-------------------------------------------------------------
# $Id: snort_net.xml,v 1.1 2002/07/26 12:23:55 spenneb Exp spenneb $
#HHHHHHHHHHHHHHHHHHHHHHHHHHHHHHHHHHHHHHHHHHHHHHHHHHHHHHHHH
# Currently you want to do two things in here: turn on
# available data processors and turn on output plugins.
# The data processors (dp's) and output plugin's (op's)
# automatically associate with each other by type and
# are automatically selected at run time depending on
# the type of file you try to load.
#HHHHHHHHHHHHHHHHHHHHHHHHHHHHHHHHHHHHHHHHHHHHHHHHHHHHHHHHH


# Step 0: configuration declarations
# To keep from having a commandline that uses every letter in the alphabet
# most configuration options are set here

# enable daemon mode
# config daemon

# use localtime instead of UTC (*not* recommended because of timewarps)
# config localtime

# set the hostname (currently only used for the acid db output plugin)
config hostname: sensor1

# set the interface name (currently only used for the acid db output plugin)
config interface: eth0

# set the filter (currently only used for the acid db output plugin)
config filter: not port 22

# Step 1: setup the data processors

# dp_alert
# -------------------------
# The dp_alert data processor is capable of reading the alert (event) format
# generated by Snort's spo_unified plug-in.  It is used with output plug-ins
# that support the "alert" input type.  This plug-in takes no arguments.
processor dp_alert


# dp_log
# -------------------------
# The dp_log data processor is capable of reading the log format generated
# by Snort's spo_unified plug-in.  It is used with output plug-ins
```

```
# that support the "log" input type.  This plug-in takes no arguments.
processor dp_log


# dp_stream_stat
# ---------------------------
# The dp_stream_stat data processor is capable of reading the binary output
# generated by Snort's spp_stream4 plug-in.  It is used with output plug-ins
# that support the "stream_stat" input type.  This plug-in takes no arguments.
processor dp_stream_stat


# Step 2: setup the output plugins

# alert_fast
#----------------------------
# Converts data from the dp_alert plugin into an approximation of Snort's
# "fast alert" mode.  Argument: <filename>

# output alert_fast

# log_dump
#----------------------------
# Converts data from the dp_log plugin into an approximation of Snort's
# "ASCII packet dump" mode.  Argument: <filename>

# output log_dump

# alert_html (experimental)
#---------------------------
# Creates a series of html pages about recent alerts
# Arguments:
#    [webroot] - base directory for storing the html pages
#
# Example:
#    output alert_html:  /var/www/htdocs/op_alert_html
#    output alert_html:  /var/www/htdocs/op_alert_html

# alert_csv (experimental)
#---------------------------
# Creates a CSV output file of alerts (optionally using a user specified format)#
Arguments:  filepath [format]
#
# The format is a comma-seperated list of fields to output (no spaces allowed)
# The available fields are:
#    sig_gen        - signature generator
#    sig_id         - signature id
#    sig_rev        - signatrue revision
```

```
#    sid              - SID triplet
#    class            - class id
#    classname        - textual name of class
#    priority         - priority id
#    event_id         - event id
#    event_reference  - event reference
#    ref_tv_sec       - reference seconds
#    ref_tv_usec      - reference microseconds
#    tv_sec           - event seconds
#    tv_usec          - event microseconds
#    timestamp        - prettified timestamp (2001-01-01 01:02:03) in UTC
#    src              - src address as a u_int32_t
#    srcip            - src address as a dotted quad
#    dst              - dst address as a u_int32_t
#    dstip            - dst address as a dotted quad
#    sport_itype      - source port or ICMP type (or 0)
#    sport            - source port (if UDP or TCP)
#    itype            - ICMP type (if ICMP)
#    dport_icode      - dest port or ICMP code (or 0)
#    dport            - dest port
#    icode            - ICMP code (if ICMP)
#    proto            - protocol number
#    protoname        - protocol name
#    flags            - flags from UnifiedAlertRecord
#    msg              - message text
#    hostname         - hostname (from barnyard.conf)
#    interface        - interface (from barnyard.conf)
#
# Examples:
#    output alert_csv: /var/log/snort/csv.out
#    output alert_csv: /var/log/snort/csv.out
timestamp,msg,srcip,sport,dstip,dport,protoname,itype,icode
#    output alert_csv: csv.out
timestamp,msg,srcip,sport,dstip,dport,protoname,itype,icode

# alert_syslog
#----------------------------
# Converts data from the alert stream into an approximation of Snort's
# syslog alert output plugin.  Same arguments as the output plugin in snort.

# log_pcap
#----------------------------
# Converts data from the dp_log plugin into standard pcap format
# Argument: <filename>

#output log_pcap

# acid_db
```

```
#------------------------------
# Available as both a log and alert output plugin.  Used to output data into
# the db schema used by ACID
# Arguments:
#      $db_flavor            - what flavor of database (ie, mysql)
#      sensor_id $sensor_id  - integer sensor id to insert data as
#      database $database    - name of the database
#      server $server        - server the database is located on
#      user $user            - username to connect to the database as
#      password $password    - password for database authentication
# output alert_acid_db: mysql, sensor_id 1, database snort, server localhost,
user root
# output log_acid_db: mysql, sensor_id 1, database snort, server localhost, user
root, detail full
```

Für unsere Zwecke benötigen wir die Protokollierung mit dem ACID Output-Plug-In in einer MySQL-Datenbank. Die Barnyard-Konfigurationsdatei für die Protokollierung in der MySQL-Datenbank der Managementkonsole hat folgenden Inhalt:

```
#-------------------------------------------------------------
#   http://www.snort.org    Barnyard 0.1.0 configuration file
#          Contact: snort-barnyard@lists.sourceforge.net
#-------------------------------------------------------------
# $Id: snort_net.xml,v 1.1 2002/07/26 12:23:55 spenneb Exp spenneb $
#############################################################
# Currently you want to do two things in here: turn on
# available data processors and turn on output plugins.
# The data processors (dp's) and output plugin's (op's)
# automatically associate with each other by type and
# are automatically selected at run time depending on
# the type of file you try to load.
#############################################################


# Step 0: configuration declarations
# To keep from having a commandline that uses every letter in the alphabet
# most configuration options are set here

# enable daemon mode
config daemon

# use localtime instead of UTC (*not* recommended because of timewarps)
# config localtime

# set the hostname (currently only used for the acid db output plugin)
config hostname: sensor1
```

```
# set the interface name (currently only used for the acid db output plugin)
config interface: eth0

# set the filter (currently only used for the acid db output plugin)
config filter: not port 22

# Lese Alert und Log Dateien

processor dp_alert

processor dp_log


# acid_db
#-------------------------------
# Available as both a log and alert output plugin.  Used to output data into
# the db schema used by ACID
# Arguments:
#        $db_flavor          - what flavor of database (ie, mysql)
#        sensor_id $sensor_id - integer sensor id to insert data as
#        database $database  - name of the database
#        server $server      - server the database is located on
#        user $user          - username to connect to the database as
#        password $password  - password for database authentication
# output alert_acid_db: mysql, sensor_id 1, database sensors, \
                    server localhost, user snort, password geheim
output log_acid_db: mysql, sensor_id 1, database snort_log, \
                    server localhost, user snort, password geheim, \
                    detail full
```

ACID ist in der Lage, Snort-Alerts und -Logs zu verwalten und zu analysieren. Daher kann eines der beiden Plug-Ins aktiviert werden. Das Log-Plug-In ist eine Obergruppe des Alert-Plug-Ins. Die Protokollierung erfolgt auf dem Rechner *localhost*. Hier übernimmt *stunnel* (s.u.) die Meldungen und überträgt sie SSL-verschlüsselt auf die Managementkonsole.

11.2.4 Start von Snort und Barnyard

Snort und Barnyard werden gemeinsam aufgerufen. Dies stellt sicher, dass die beiden Prozesse auch immer gemeinsam laufen und auf der Kommandozeile gestartet. Die unterstützten Optionen können in Teil 2 nachgelesen werden.

Der weitere Start von Snort und Barnyard für den Einsatz auf den Sensoren wird im Zusammenhang mit der Verschlüsselung der Übertragung auf die Managementkonsole besprochen.

11.3 Installation der Managementkonsole

Als Managementkonsole wird die *Analysis Console for Intrusion Databases* (*ACID*) verwendet. Diese Webserver-gestützte Konsole wurde vom *Computer Emergency Response Team Coordination Center* (*CERT/CC*) der Carnegie Mellon Universität im Rahmen des AirCERT-Projektes entwickelt. Das AirCERT-Projekt (Automated Incident Reporting – CERT) bemüht, sich IDS-Sensoren in den Netzwerken verschiedener mit dem Internet verbundener Organisationen zu platzieren, die ihre Daten sowohl in einer lokalen Datenbank ablegen als auch an das CERT/CC melden. Diese Daten werden dann in einer zentralen Datenbank des CERT/CC gepflegt und analyisiert.

Für die Pflege und Analyse der Datenbank wird ACID entwickelt. ACID ist jedoch nicht das einzige Produkt, welches die Verwaltung von Snort-Daten in einer Datenbank erlaubt. Ein weiteres sehr bekanntes Produkt ist DEMARC Puresecure (*http://www.demarc.com*). Dieses Produkt unterliegt jedoch nicht einer Open Source-Lizenz und wird nur für nicht kommerzielle Zwecke kostenlos abgegeben.

11.3.1 Analysis Console for Intrusion Detection (ACID)

Die *Analysis Console for Intrusion Detection* (*ACID*) ist eine grafische Oberfläche, die die Pflege und Analyse von Snort-Ergebnissen in einer SQL-Datenbank erlaubt. ACID wurde in der Sprache PHP geschrieben und benötigt für die Ausführung einen Apache-Webserver mit PHP-Unterstützung. Der Zugriff auf ACID erfolgt mit einem gängigen Webbrowser, der jedoch über eine Cookie-Unterstützung verfügen muss. In der Abbildung 11.1 auf S. 338 ist ein typischer Startbildschirm zu sehen.

Im Folgenden wird die Installation von ACID einschließlich der Installation der Datenbank *MySQL* und zusätzlicher Werkzeuge *ADOdb* und *PHPLOT* beschrieben.

Bevor ACID installiert und konfiguriert wird, sollten alle weiteren erforderlichen Programme installiert werden.

Installation von MySQL und Apache/PHP

Die Nutzung von ACID auf der Managementkonsole setzt die Installation des MySQL-Servers und des Apache mit PHP-Unterstützung vorraus. Diese Installation sollte am sinnvollsten mit den von der Distribution mitgelieferten Paketen erfolgen. Diese garantieren eine einfache Installation und spätere Aktualisierbarkeit. Bei der Installation sollte jedoch beachtet werden, dass PHP die Unterstützung für die MySQL-Datenbank enhält. Diese Unterstützung befindet sich üblicherweise in einem vom PHP-Paket getrennten Paket. Wenn ein späterer Zugriff auf den Apache-Webserver mit SSL verschlüsselt werden soll, so ist auch das *modssl*-Paket zu installieren. Schließlich wird auch noch *GD* benötigt für die

Erzeugung der Grafiken. Die folgende Liste enthält die Namen der erforderlichen Pakete einer Red Hat Linux-Distribution:

```
# rpm -i /mnt/cdrom/RedHat/RPMS/mysql-<version>.i386.rpm
# rpm -i /mnt/cdrom/RedHat/RPMS/mysql-server-<version>.i386.rpm
# rpm -i /mnt/cdrom/RedHat/RPMS/apache-<version>.i386.rpm
# rpm -i /mnt/cdrom/RedHat/RPMS/mod_ssl-<version>.i386.rpm
# rpm -i /mnt/cdrom/RedHat/RPMS/php-<version>.i386.rpm
# rpm -i /mnt/cdrom/RedHat/RPMS/php-mysql-<version>.i386.rpm
# rpm -i /mnt/cdrom/RedHat/RPMS/gd-<version>.i386.rpm
```

Nach der Installation der erforderlichen Pakete sollten PHP und die Datenbank konfiguriert werden. PHP benötigt nur eine Modifikation in der Datei /etc/php.ini. Hier sollte der Sendmail-Pfad für die Versendung von E-Mails angegeben werden:

```
sendmail_path = /usr/sbin/sendmail
```

Anschließend wird die Datenbank eingerichtet. Hierzu sollte zunächst der Datenbankserver gestartet werden (Red Hat oder SuSE):

```
# service mysqld start    # Red Hat
# rcmysqld start          # SuSE
```

Anschließend sollte das Kennwort des Datenbankadministrators *root* geändert werden:

```
# mysqladmin -u root password "n3u3sk3nnw0rt"
```

Nun kann die Datenbank erzeugt werden, die von den Snort-Sensoren genutzt werden soll. Die Barnyard-Prozesse der Snort-Sensoren werden über das Netzwerk ihre Daten in dieser Datenbank protokollieren. Für die Erzeugung des Datenbank-Schemas befindet sich in der Snort-Distribution jeweils eine Scriptdatei pro Datenbankprodukt. Für den Fall einer MySQL-Installation heißt dieses Script create_mysql.

```
# echo "CREATE DATABASE sensors;" | mysql -u root -p
Enter password: n3u3sk3nnw0rt
# mysql -u root -p sensors < create_mysql
Enter password: n3u3sk3nnw0rt
```

Hiermit wurde die Datenbank erzeugt und das Schema in die Datenbank übernommen. Im Folgenden müssen die Benutzer angelegt werden. Es wird ein Benutzer pro Sensor und einer für die ACID-Konsole benötigt. Die Sensoren benötigen lediglich das Recht, Einträge der Datenbank hinzuzufügen (INSERT). Die ACID-Konsole soll auch die Einträge verwalten können und benötigt daher mehr Rechte.

Wenn die Datenbankbenutzer auf den Sensoren *snortX* heißen und die Sensoren über den Namen *sensorX* erreichbar sind, kann folgendes Script verwendet werden.

```
#!/bin/bash
# Erzeugung der Benutzer snortX@sensorX in der Datenbank

for X in 1 2 3 4 5 6
do
  echo "GRANT INSERT ON sensors.* TO snort$X@sensor$X IDENTIFIED BY 'geheim';" \
  | mysql -u root -p
done
```

Die Rechte für den Zugriff der ACID-Konsole auf die Datenbank sind mächtiger. Hier sollten zunächst die Rechte *SELECT*, *INSERT*, *UPDATE* und *DELETE* zugewiesen werden. Später können diese Rechte wieder eingeschränkt werden.

```
# echo "GRANT ALL ON sensors.* TO aciduser@localhost \
> IDENTIFIED BY 'g3h3!m';" | mysql -u root -p
Enter password: n3u3sk3nnw0rt
```

ACID erlaubt die Archivierung von Snort-Daten in einer zweiten Archiv-Datenbank. Diese Datenbank kann verwendet werden, wenn die eigentliche Datenbank zu groß und eine Suche und Analyse in der Hauptdatenbank zu langwierig werden. Eine Vorbereitung dieser Datenbank ist sicherlich sinnvoll. Sie benötigt das gleiche Schema wie die Hauptdatenbank und wird daher mit denselben Befehlen angelegt. Es sollten aber aus Sicherheitsgründen ein anderes Datenbank-Login und -Kennwort gewählt werden. Im Folgenden werden kurz die Befehle angegeben, mit denen diese Datenbank erzeugt werden kann. Die Sensoren benötigen übrigens keinen Zugriff auf diese Datenbank. Sie wird lediglich aus der ACID-Konsole zur Archivierung genutzt.

```
# echo "CREATE DATABASE archive;" | mysql -u root -p
Enter password: n3u3sk3nnw0rt
# mysql -u root -p archive < create_mysql
Enter password: n3u3sk3nnw0rt
# echo "GRANT INSERT,SELECT,UPDATE,DELETE ON archive.* TO acidarchive@localhost \
> IDENTIFIED BY 'a7ch!v3';" | mysql -u root -p
Enter password: n3u3sk3nnw0rt
```

Hiermit wurde die Installation von MySQL und Apache/PHP erfolgreich abgeschlossen und die MySQL-Datenbank *sensors* vorbereitet. Nach dem Start des Apache-Webservers steht ein funktionsfähiges LAMP-System (Linux/Apache/MySQL/PHP) zur Verfügung.

Installation von PHPLOT

Für die Erzeugung der Grafiken setzt ACID das Paket *PHPLOT* ein. *PHPLOT* wurde von Afan Ottenheimer geschrieben, um PNG- und JPEG-Grafiken mit

PHP über die Bibliothek GD erzeugen zu können. ACID verwendet dieses Paket, um Kuchen- und Balkengrafiken zu erzeugen. Die Installation von *PHPLOT* ist recht einfach. Nachdem das Paket von der Homepage (*http://www.phplot.com*) geladen wurde, wird es lediglich im *DocumentRoot* des Apache-Webservers entpackt. Die aktuelle Version ist 4.4.6.

```
# cd /var/www/html            # Red Hat

# cd /usr/local/httpd/htdocs  # SuSE

# tar xvzf /pfad/phplot-<version>.tar.gz
```

Anschließend kann und sollte die Funktion von *PHPLOT* überprüft werden. Im Paket befindet sich eine Testseite *http://localhost/phplot-4.4.6/examples/test_setup.php*. Wenn der Webserver gestartet wurde und diese Seite in einem Browser aufgerufen wird, sollte ein Bild ähnlich Abbildung 5.1 auf S. 338 zu erkennen sein. Dann war die Installation erfolgreich. GIF wird aus patentrechtlichen Gründen nicht mehr von der Bibliothek *GD* unterstützt

Installation von ADOdb

ADOdb ist eine PHP-Bibliothek, die den Zugriff auf die Datenbank kapselt und ein einheitliches Interface dem PHP-Programmierer anbietet. Hiermit ist es möglich, PHP-Anwendungen zu entwickeln, die in der Lage sind, mit den unterschiedlichsten Datenbanken zusammenzuarbeiten. ACID verwendet *ADOdb* für den Zugriff auf die Datenbank. Die Installation von ADOdb ist ähnlich einfach wie die von *PHPLOT*. Das Paket wird, nachdem es von der Homepage (*http://php.weblogs.com/ADODB*) geladen wurde, in dem Verzeichnis *DocumentRoot* des Webservers ausgepackt. Aktuell ist die Version 2.21.

```
# cd /var/www/html            # Red Hat

# cd /usr/local/httpd/htdocs  # SuSE

# tar xvzf /pfad/adodb<version>.tgz
```

Installation von ACID

Die Installation von ACID ist ebenfalls recht einfach durchzuführen. Nach dem Download des neuesten Paketes von der Homepage (*http://www.cert.org/kb/acid/*) wird auch dieses Paket im Verzeichnis *DocumentRoot* des Webservers ausgepackt. Aktuell ist die Version 0.9.6b21.

```
# cd /var/www/html            # Red Hat
# cd /usr/local/httpd/htdocs  # SuSE
# tar xvzf /pfad/acid<version>.tar.gz
```

Anschließend ist dieses Paket zu konfigurieren. ACID benötigt verschiedene Informationen. Dies sind die Orte der Bibliotheken *ADOdb* und *PHPLOT*. Zusätzlich benötigt ACID den Ort des Datenbankservers, den Namen der Datenbank und das Login und Kennwort für die Anmeldung an der Datenbank. Diese Informationen werden in der Datei *acid/acid_conf.php* vorgehalten und müssen hier mit einem geeigneten Texteditor modifiziert werden.

```
$DBlib_path = "../adodb";
$DBtype = "mysql";

$alert_dbname    = "sensors";
$alert_host      = "localhost";
$alert_port      = "";
$alert_user      = "aciduser";
$alert_password  = "g3h3!m";

$archive_dbname   = "snort_archive";
$archive_host     = "localhost";
$archive_port     = "";
$archive_user     = "root";
$archive_password = "mypassword";


$ChartLib_path = "../phplot-4.4.6";
$chart_file_format = "png";
```

Nun kann ACID das erste Mal gestartet werden. Hierzu müssen der Datenbankserver und der Webserver gestartet worden sein. Anschließend kann mit einem Browser die Hauptseite von ACID geöffnet werden. Dazu erfolgt ein Zugriff auf *http://localhost/acid/acid_main.php*. Abbildung 11.1 zeigt den ersten Aufruf.

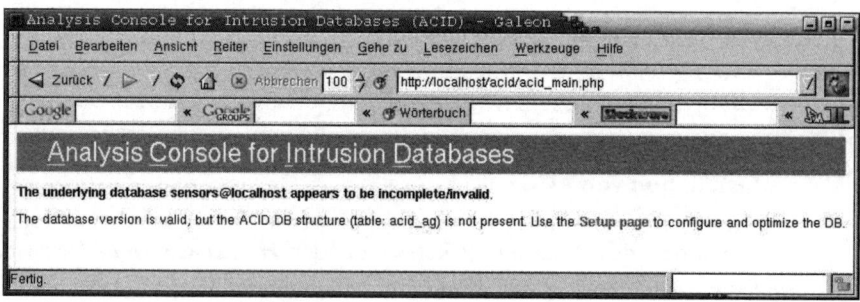

Abbildung 11.1: ACID-Startbild

ACID benötigt einige zusätzliche Strukturen in der Datenbank. Diese werden nun zunächst angelegt. Nach einem Aufruf der Setup-Seite können die Strukturen der Datenbank hinzugefügt werden (Abbildung 11.2).

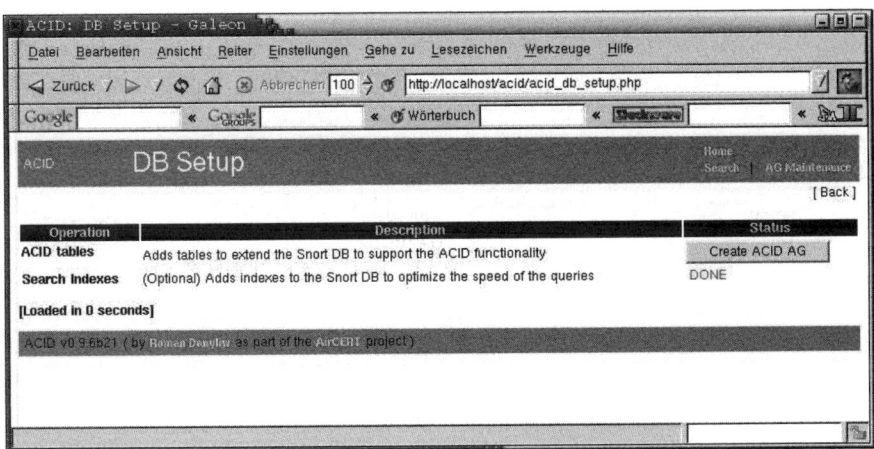

Abbildung 11.2:   ACID DB-Setup

Wurden die neuen Tabellen erfolgreich angelegt, so erscheint das Bild 11.3.

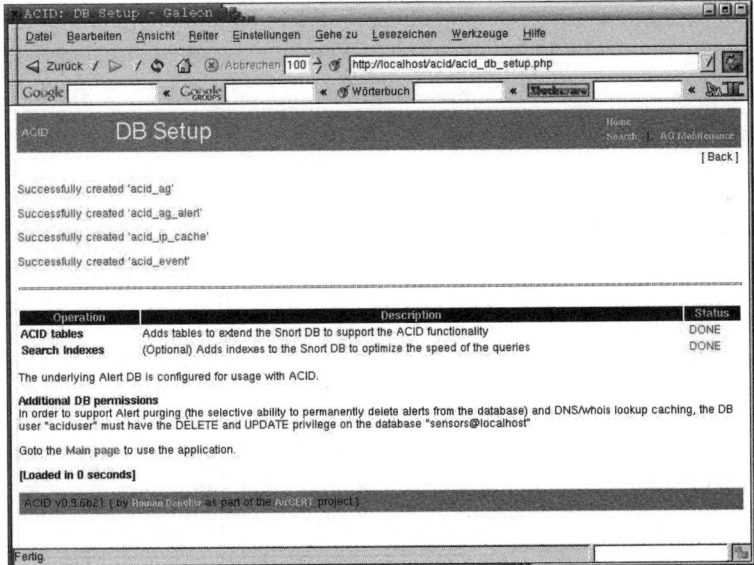

Abbildung 11.3:   ACID-Datenbank vervollständigt

Anschließend kann die Startseite von ACID aufgerufen werden. Diese Seite liefert später den Überblick über alle ACID-Funktionen. Von hier können die Such- und Analysefunktionen aufgerufen werden. Die Startseite sehen Sie in der Abbildung 11.4.

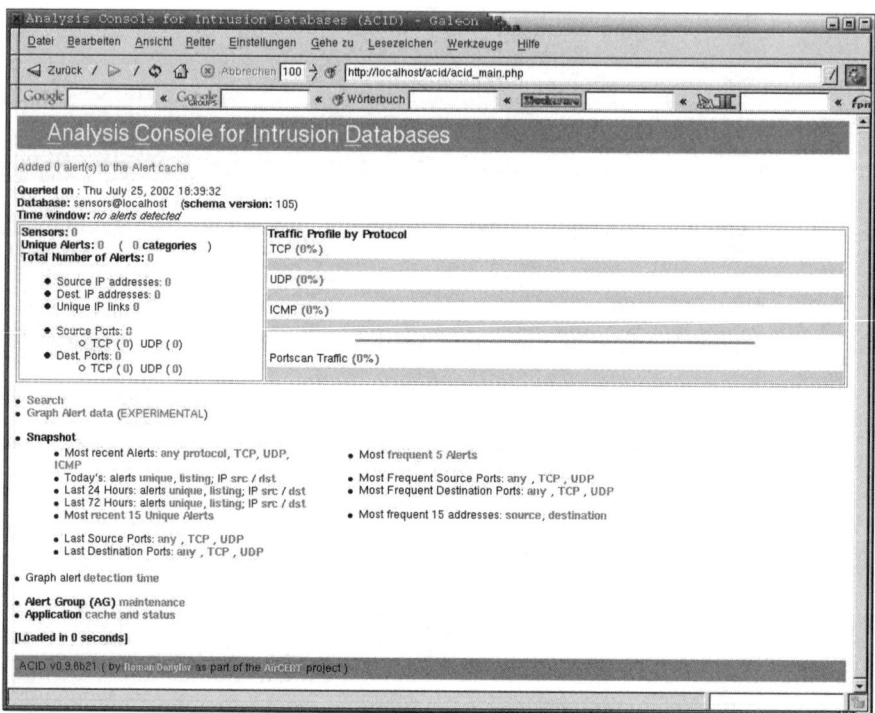

Abbildung 11.4: ACID-Startseite

Einschränken der Rechte

Nun sollen einige Rechte eingeschränkt werden. Nachdem die Datenbank von ACID erweitert wurde, können nun die Rechte des Benutzers *aciduser* eingeschränkt werden. Zusätzlich soll der Zugriff auf die ACID-Konsole eingeschränkt werden. Nicht jeder Benutzer soll in der Lage sein, die Datenbank zu verwalten. Beide Einschränkungen sollen auch erfolgen, um die Sicherheit zu erhöhen. Schließlich geht es bei dieser ganzen Installation um die Entdeckung von Einbrüchen. Die sollten auf der ACID-Managementkonsole auch unterbunden werden.

Die Einschränkung der Benutzung des Webservers kann sehr einfach erfolgen. Wenn es sich bei ACID um die einzige Anwendung handelt, die dieser Webserver nach außen hin anbietet, genügen die folgenden Schritte.

Zunächst sollte eine neue Datei *index.html* in dem Verzeichnis *DocumentRoot* des Webservers angelegt werden, die einen Redirect auf die Datei *acid/ acid_main.php* durchführt. Diese *index.html* kann folgendermaßen aussehen:

```
<HTML>
<HEAD>

<META HTTP-EQUIV = "REFRESH" CONTENT="0; URL=acid/acid_main.php">
<TITLE>Analysis Console for Intrusion Databases (ACID)</TITLE>

</HEAD>

</HTML>
```

Des Weiteren sollte der Zugriff auf ACID eingeschränkt werden. Dies kann in Abhängigkeit von der IP-Adresse des Clients erfolgen oder es kann auf einen Benutzer eingeschränkt werden, der sich mit einem Kennwort anmeldet. Im Folgenden werden beide Konfigurationen vorgestellt. Weitere Möglichkeiten werden in der Dokumentation des Apache-Webservers erläutert. Die Einstellungen erfolgen in der Datei */etc/httpd/conf/httpd.conf*

```
<Directory "/var/www/html">
Options None

# Einschränkung auf eine IP-Adresse
order deny,allow
deny from all
allow from IP-Address

# Einschränkung auf einen Benutzer
AuthUserFile /etc/httpd/conf/htusers
AuthName ACID
AuthType Basic
require valid-user

</Directory>
```

Die Einschränkung auf einen Benutzer verlangt zusätzlich eine Datei *NCSA htpasswd*. Diese wird mit dem Befehl `htpasswd` erzeugt:

```
# htpasswd -c /etc/httpd/conf/htusers Benutzer
New password:
Re-type new password:
Adding password for user Benutzer
```

Die Einschränkungen auf der Datenbank *sensors* erfolgen am einfachsten mit dem Werkzeug `mysql`. Diesem wird die Datei *aendere_rechte* übergeben: `mysql -u root -p < aendere_rechte`.

Listing 11.2: Datei *aendere_rechte*

```
REVOKE ALL ON sensors.* FROM aciduser@localhost;
GRANT SELECT ON sensors.* TO aciduser@localhost IDENTIFIED BY 'g3h3!m';
GRANT INSERT,DELETE ON sensors.acid_ag TO aciduser@localhost IDENTIFIED BY
'g3h3!m';
GRANT INSERT,DELETE ON sensors.acid_ag_alert TO aciduser@localhost IDENTIFIED BY
'g3h3!m';
GRANT INSERT,DELETE,UPDATE ON sensors.acid_event TO aciduser@localhost IDENTIFIED
BY 'g3h3!m';
GRANT INSERT,DELETE,UPDATE ON sensors.acid_ip_cache TO aciduser@localhost
IDENTIFIED BY 'g3h3!m';
GRANT INSERT,DELETE ON sensors.data TO aciduser@localhost IDENTIFIED BY 'g3h3!m';
GRANT INSERT,DELETE ON sensors.event TO aciduser@localhost IDENTIFIED BY
'g3h3!m';
GRANT INSERT,DELETE ON sensors.icmphdr TO aciduser@localhost IDENTIFIED BY
'g3h3!m';
GRANT INSERT,DELETE ON sensors.iphdr TO aciduser@localhost IDENTIFIED BY
'g3h3!m';
GRANT INSERT,DELETE ON sensors.opt TO aciduser@localhost IDENTIFIED BY 'g3h3!m';
GRANT INSERT,DELETE,UPDATE ON sensors.reference TO aciduser@localhost IDENTIFIED
BY 'g3h3!m';
GRANT INSERT,DELETE,UPDATE ON sensors.reference_system TO aciduser@localhost
IDENTIFIED BY 'g3h3!m';
GRANT DELETE ON sensors.sensor TO aciduser@localhost IDENTIFIED BY 'g3h3!m';
GRANT INSERT,DELETE,UPDATE ON sensors.sig_class TO aciduser@localhost IDENTIFIED
BY 'g3h3!m';
GRANT INSERT,DELETE,UPDATE ON sensors.sig_reference TO aciduser@localhost
IDENTIFIED BY 'g3h3!m';
GRANT INSERT,DELETE,UPDATE ON sensors.signature TO aciduser@localhost IDENTIFIED
BY 'g3h3!m';
GRANT INSERT,DELETE ON sensors.tcphdr TO aciduser@localhost IDENTIFIED BY
'g3h3!m';
GRANT INSERT,DELETE ON sensors.udphdr TO aciduser@localhost IDENTIFIED BY
'g3h3!m';
```

Diese Einstellungen sichern die Daten und den Zugriff auf die Konsole weitestgehend. Nun steht einer Benutzung der Konsole nichts mehr im Wege. Lediglich die Daten der Sensoren müssen auf sie übertragen werden.

Bisher muss eine Modifikation der Datenbank von Hand durchgeführt werden. Die Sensoren müssen in dieser Datenbank eingetragen werden. Hierzu ist der folgende Befehl notwendig:

```
insert into sensor values('1','Sensor1','eth0','NULL',1,0);
```

Die entsprechenden Werte sind die Nummer des Sensors, sein Hostname, das überwachte Interface, ein verwendeter BPF-Filter, der Detailgrad und eine Kodierung.

11.3.2 Zentrale Sammlung der Daten in Datenbanken

Bisher wurden die Sensoren und die Managementkonsole installiert und konfiguriert. Jedoch existiert noch keine Verbindung zwischen den Sensoren und der Konsole. Dieser Verbindung sollte besondere Aufmerksamkeit gewidmet werden. Die Authentizität der Sensoren muss bei der Übertragung überprüft werden. Außerdem sollte die Übertragung verschlüsselt erfolgen und die Integrität der Daten während der Übertragung garantiert werden.

Diese Anforderungen lassen sich bei einer Verschlüsselung mit *stunnel* oder einem Port-Forwarding mit *ssh* gewährleisten. In diesem Fall soll *stunnel* die Verbindung mit SSL verschlüsseln und die Vertraulichkeit und Integrität der Daten garantieren.

stunnel

stunnel ist ein Werkzeug, mit dem beliebige TCP-Verbindungen mit SSL verschlüsselt werden können. Die Funktionsweise ist in der nachfolgenden Abbildung dargestellt.

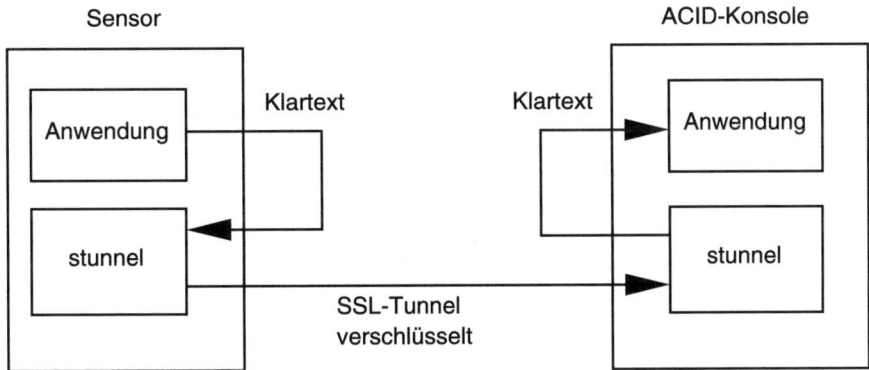

Abbildung 11.5: stunnel-Funktion

Die lokale Anwendung auf dem Sensor (Barnyard) verbindet sich nicht direkt mit der ACID-Konsole, sondern baut eine Klartextverbindung mit einer anderen Anwendung (*stunnel*) auf demselben Rechner auf. stunnel verschlüsselt die Daten mit SSL und transportiert sie über das Netz auf die ACID-Konsole. Dort werden sie von *stunnel* in Empfang genommen, entschlüsselt und über eine lokale Netzwerkverbindung an den eigentlichen Empfänger (MySQL-Server) weitergegeben.

Stunnel bietet hierbei die Authentifizierung von Client und Server mit SSL-Zertifikaten. Hierzu müssen diese jedoch zunächst erzeugt werden. Um diese Zertifikate signieren zu können, wird eine Zertifikatsautorität (Certificate Authority, CA) benötigt. Am einfachsten lässt sich diese CA unter Linux mit dem Paket

OpenSSL erzeugen. Dieses Paket enthält ein Script `CA` oder `CA.pl`, welches sehr einfach diese Aufgaben übernimmt.

Es muss nun zuerst eine CA erzeugt werden. Anschließend können dann die Zertifikate für alle Sensoren und für die ACID-Konsole erzeugt werden. Diese sollten nach der Erzeugung entsprechend umbenannt werden. Aus Sicherheitsgründen sollte die CA nicht auf einem Rechner gespeichert sein, sondern zum Beispiel auf eine Diskette ausgelagert werden. In Listing 11.3 wird beispielhaft die Erzeugung einer CA und eines Zertifikates gezeigt.

```
# mount /mnt/floppy
# cd /mnt/floppy
# mkdir stunnelCA
# cd stunnelCA
# /usr/share/ssl/misc/CA -newca
CA certificate filename (or enter to create)

Making CA certificate ...
Using configuration from /usr/share/ssl/openssl.cnf
Generating a 1024 bit RSA private key
................................+++++
.................................................+++++
writing new private key to './demoCA/private/./cakey.pem'
Enter PEM pass phrase:kennwortCA
Verifying password - Enter PEM pass phrase:kennwortCA
-----
You are about to be asked to enter information that will be incorporated
into your certificate request.
What you are about to enter is what is called a Distinguished Name or a DN.
There are quite a few fields but you can leave some blank
For some fields there will be a default value,
If you enter '.', the field will be left blank.
-----
Country Name (2 letter code) [GB]:DE
State or Province Name (full name) [Berkshire]:NRW
Locality Name (eg, city) [Newbury]:Steinfurt
Organization Name (eg, company) [My Company Ltd]:spenneberg.com
Organizational Unit Name (eg, section) []:stunnel
Common Name (eg, your name or your server's hostname) []:Certificate Authority
Email Address []:ralf@spenneberg.de

# openssl req -new -nodes -keyout newreq.pem -out newreq.pem -days 365
Using configuration from /usr/share/ssl/openssl.cnf
Generating a 1024 bit RSA private key
.............+++++
........................+++++
writing new private key to 'newreq.pem'
-----
```

You are about to be asked to enter information that will be incorporated
into your certificate request.
What you are about to enter is what is called a Distinguished Name or a DN.
There are quite a few fields but you can leave some blank
For some fields there will be a default value,
If you enter '.', the field will be left blank.

Country Name (2 letter code) [GB]:**DE**
State or Province Name (full name) [Berkshire]:**NRW**
Locality Name (eg, city) [Newbury]:**Steinfurt**
Organization Name (eg, company) [My Company Ltd]:**spenneberg.com**
Organizational Unit Name (eg, section) []:**stunnel**
Common Name (eg, your name or your server's hostname) []:**Sensor1**
Email Address []:**ralf@spenneberg.de**

Please enter the following 'extra' attributes
to be sent with your certificate request
A challenge password []:
An optional company name []:
Request (and private key) is in newreq.pem

/usr/share/ssl/misc/CA -sign
Using configuration from /usr/share/ssl/openssl.cnf
Enter PEM pass phrase:**kennwortCA**
Check that the request matches the signature
Signature ok
The Subjects Distinguished Name is as follows
countryName   :PRINTABLE:'DE'
stateOrProvinceName   :PRINTABLE:'NRW'
localityName   :PRINTABLE:'Steinfurt'
organizationName   :PRINTABLE:'spenneberg.com'
organizationalUnitName:PRINTABLE:'stunnel'
commonName   :PRINTABLE:'Sensor1'
emailAddress   :IA5STRING:'ralf@spenneberg.de'
Certificate is to be certified until Jul 26 07:52:54 2003 GMT (365 days)
Sign the certificate? [y/n]:**y**

Write out database with 1 new entries
Data Base Updated

The Certificate is printed on the screen

Signed certificate is in newcert.pem

mv newreq.pem sensor1.pem
mv newcert.pem sensor1cert.pem

Ähnlich werden die Zertifikate für die anderen Sensoren erzeugt und umbenannt in *sensor2.pem* und *sensor2cert.pem*. Auch die Zertifikate für die ACID-Managementkonsole werden erzeugt und entsprechend umbenannt in *acid.pem* und *acidcert.pem*.

Für die Verwendung in *stunnel* muss das Format der Dateien angepasst werden. Hierzu kann recht einfach der folgende Befehl verwendet werden:

```
# cat acidcert.pem acid.pem | \
  sed --silent -e '/BEGIN CERTIFICATE-/,/END CERTIFICATE-/p' \
              -e '/BEGIN RSA/,/END RSA/p' \
              > acidkeycert.pem
```

Dieser Befehl erzeugt eine Datei, in der sich lediglich das Zertifkat und der private RSA-Schlüssel befinden. Dieser Befehl muss für sämtliche Rechner ausgeführt werden. Anschließend existieren also für jeden Rechner folgende Dateien (Beispiel: *acid*): *acid.pem*, *acidcert.pem* und *acidkeycert.pem*.

Nun müssen diese Dateien auf die einzelnen Rechner verteilt werden. Jeder Rechner benötigt die eigene kombinierte Schlüssel-/Zertifikatsdatei *<name>keycert.pem* und das Zertifikat der CA *demoCA/cacert.pem*. Zusätzlich benötigt jeder Rechner die Zertifikate aller Rechner, mit denen die Verbindung aufgebaut werden soll. Diese sollten auf jedem Rechner in einem Verzeichnis `certs` abgelegt werden. Für die Ausführung von *Stunnel* sollte aus Sicherheitsgründen ein eigener Benutzer *stunnel* angelegt werden. Schließlich befindet sich zum Beispiel auf der Managementkonsole folgende Struktur:

```
/home/stunnel/|cacert.pem
              |acidkeycert.pem
              |certs/|sensor1cert.pem
                     |sensor2cert.pem
                     |sensor3cert.pem
```

Auf dem Sensor 1 befindet sich folgende Struktur:

```
/home/stunnel/|cacert.pem
              |sensor1keycert.pem
              |certs/|acidcert.pem
```

Die Dateien sollten sämtlich dem Benutzer *stunnel* gehören. Dieser Benutzer sollte der einzige Benutzer sein, der die Dateien lesen darf.

HINWEIS
stunnel kann noch zusätzlich in einem Chroot-Verzeichnis gestartet werden. Dies erhöht zusätzlich die Sicherheit. Weitere Hinweise enthält das Stunnel-FAQ

Aufruf von Snort/Barnyard/Stunnel

Um nun die Programme in der richtigen Reihenfolge aufzurufen, werden am sinnvollsten Skripte eingesetzt. Hierbei ist insbesondere auf die Reihenfolge zu achten. Zunächst muss stunnel auf der Managementkonsole gestartet werden. Dieser Start erfolgt mit diesen Befehlen:

```
c_rehash /home/stunnel/certs
stunnel -p /home/stunnel/acidkeycert.pem -v 3 -a /home/stunnel/certs \
        -r 3306 -d 3000 -A /home/stunnel/cacert.pem -s stunnel
```

Zu Testzwecken können zusätzlich die Optionen -f -D 7 hinzugefügt werden. Die Option -p gibt die Datei an, in der sich der private Schlüssel und das Zertifikat des Rechners befinden. Die Option -v 3 fordert den höchsten Test des Zertifikates der Gegenseite. Mit der Option -r wird der Port angegeben, zu dem die Verbindung aufgebaut wird. Die Option -d gibt an, auf welchem Port stunnel Verbindungen entgegennimmt. Damit stunnel nicht mit Administratorrechten ausgeführt wird, kann mit der Option -s ein weiterer Benutzer angegeben werden. Zusätzlich wird das Zertifikat gegen die Zertifikatsautorität (-A) geprüft und mit den Zertifikaten im angegebenen Verzeichnis (-a) verglichen. Wenn das Zertifikat sich nicht im Verzeichnis befindet, wird es abgelehnt. Damit *stunnel* das Zertifikat in diesem Verzeichnis findet, muss der Name zuvor mit dem Befehl c_rehash gehasht werden. Zu Testzwecken kann mit der Option -f dafür gesorgt werden, dass *stunnel* nicht im Hintergrund läuft, sondern seine Debugging-Meldungen (-D 7) auf dem Bildschirm ausgibt.

ACHTUNG

Der Befehl c_rehash befindet sich häufig in einem eigenen Paket: openssl-perl

Schließlich soll der Befehl stunnel die *root*-Rechte abgeben und den Benutzerkontext des Benutzers *stunnel* annehmen.

Um den Start von stunnel zu gewährleisten, kann dieser Befehl im Startskript von mysqld aufgenommen werden.

Für den Start der Programme auf den Konsolen ist folgendes Script notwendig:

```
# Starte Snort und protokolliere Meldungen
/sensor/usr/sbin/snort -c /etc/snort/master.conf
mv /var/run/snort_eth0.pid /var/run/snort_ids.pid

# Starte Snort und protokolliere alle Pakete für spätere Analysen
/sensor/usr/sbin/snort -b -l /var/log/snort -D -t /sensor -u snort
mv /var/run/snort_eth0.pid /var/run/snort_log.pid

# Starte Stunnel
/usr/bin/stunnel -c -p sensor1keycert.pem -v 3 -a /home/stunnel/certs/ \
  -A /home/stunnel/cacert.pem -d 127.0.0.1:3306 -r acid.nohup.info:3000
```

```
# Starte Barnyard
barnyard -D -c /etc/snort/barnyard.conf -d /sensor/var/log/snort/ \
        -f unified.alert -w waldo
```

Dieses Script startet zwei Snort-Prozesse. Der erste Snort-Prozess analysiert die Pakete und protokolliert Meldungen entsprechend der Konfigurationsdatei über das Output-Plug-In `unified`. Der zweite protokolliert sämtliche Pakete zusätzlich in einer Datei. So kann bei einem vermuteten Einbruch eine bessere Analyse des Netzwerkverkehrs durchgeführt werden.

ACHTUNG

Aus Datenschutzgründen ist diese zweite Protokollierung problematisch. Es sollten auf jeden Fall Funktionen implementiert werden, die die Daten in regelmäßigen Abständen löschen. Dies kann zum Beispiel erfolgen, indem dem Snort-Prozess pro Stunde das `SIGHUP`-Signal gesendet wird. Er wird dann automatisch eine neue Protokolldatei beginnen. Zusätzlich kann ein Script alle Dateien, die ein bestimmtes Alter aufweisen (z. B. vier Stunden), automatisch löschen. Red Hat bietet hierfür das Kommando `tmpwatch` an.

Anschließend wird der SSL-Tunnel gestartet. Hierzu wird `stunnel` im Client-Modus aufgerufen. Es bindet sich lokal an den Port 3306 und baut eine Verbindung zu der Managementkonsole auf Port 3000 auf.

Barnyard liest schließlich die Snort-Protokolle aus dem Verzeichnis */sensor/var/log/snort* und protokolliert sie entsprechend seiner Konfigurationsdatei in der Datenbank. Dazu baut Barnyard eine Verbindung zum lokalen MySQL-Port (3306) auf, die von *stunnel* auf die ACID-Managementkonsole weitergeleitet wird.

HINWEIS

Damit dieses Script bei jedem Start aufgerufen wird, ist es sinnvoll, die entsprechenden Zeilen zum Beispiel im Startskript des Snort-Dienstes */etc/rc.d/init.d/snortd* (Red Hat) oder */etc/init.d/snortd* (SuSE) zu hinterlegen.

Verwaltung der Konfigurationsdateien

Für den Aufbau des NIDS Clusters sind eine ganze Reihe von Konfigurationsdateien erforderlich. Um diese Dateien einfach zu verwalten, sollten sie zusätzlich auf der ACID-Managementkonsole vorliegen. Diese Dateien können dann zentral angepasst und anschließend an die Sensoren verteilt werden.

Um diese Verteilung einfach durchführen zu können, sollte zunächst auf der Managementkonsole eine Verzeichnisstruktur angelegt werden, die identisch mit der Struktur auf den Sensoren ist. Dann können die Sensoren sehr einfach konfiguriert werden.

```
/sensor-management/|sensor1/||/etc/|rc.d/|init.d/|snortd
                   |        |     |
                   |        |     |snort/|barnyard.conf
                   |        |           |gen-msg.map
                   |        |           |sid-msg.map
                   |        |           |classification.conf
                   |        |
                   |        |/home/stunnel/|cacert.pem
                   |        |             |sensor1keycert.pem
                   |        |             |certs/|acidcert.pem
                   |        |
                   |        |/sensor/etc/snort/|local.conf
                   |        |                 |master.conf
                   |        |                 |rules.conf
                   |
                   |sensor2/||/etc/|rc.d/|init.d/|snortd
                            |     |
                            |     |snort/|barnyard.conf
                            |           |gen-msg.map
```

Wurde die Verzeichnisstruktur auf der ACID-Managementkonsole erzeugt, so können nun die Dateien mit `rsync` sehr einfach auf die Sensoren übertragen werden. Soll zum Beispiel die Konfiguration von Barnyard auf Sensor 3 angepasst werden, so sind nur die entsprechenden Dateien zu ändern und anschließend auf den Sensor zu übertragen:

```
# rsync -avz -e ssh /sensor-management/sensor3 sensor3:/
```

Damit die Änderungen nun Wirkung zeigen, muss lediglich dem Prozess *Barnyard* das Signal `HUP` gesendet werden. Dies kann komfortabel von der zentralen Station aus mit der Secure Shell erfolgen:

```
# ssh root@sensor3 killall -HUP barnyard
```

11.4 Snort-Center

Snort-Center ist ein web-basiertes Client-Server Snort-Managmentsystem. Es wurde von Stefan Dens in PHP und Perl geschrieben und wird unter der GNU GPL-Lizenz vertrieben. Die Homepage des Projektes ist *http://users.pandora.be/ larc/index.html*. Dieses Werkzeug erlaubt die Erzeugung und Verwaltung von Snort-Konfigurations- und Signaturdateien. Dabei besteht die Möglichkeit, diese automatisch über SSL-verschlüsselte Verbindungen mit den Snort-Sensoren auszutauschen. Es verfügt über eine eigene Benutzerdatenbank mit Authentifizierung, der Möglichkeit des automatischen Updates der Signaturen in der Managementkonsole über das Internet. Des Weiteren können die Snort-Prozesse auf den Sensoren zentral gestartet und gestoppt werden und auf spezifischen Konfigurationsdateien verwaltet werden. Das Programm ist in verschiedenen Sprachen verfügbar (Englisch, Deutsch, Spanisch, Niederländisch und Französisch. Weitere Sprachen sind in der Vorbereitung.).

Leider kann Snort-Center selbst nur sehr schwer angepasst werden. Ein Einsatz ist daher nur in den Fällen möglich, die auch von Snort-Sensor unterstützt werden. Hier ist zu prüfen, ob Snort-Center zum Beispiel in Kombination mit Barnyard eingesetzt werden kann.

Snort-Center bietet zusätzlich ein ACID-Plug-In. Dies ermöglicht den Aufbau einer zentralen Management- und Überwachungstation aus Snort-Center und ACID.

11.4.1 Installation von Snort-Center

Die Installation von Snort-Center muss momentan noch mithilfe der Quelltextarchive erfolgen. Es existiert bisher kein RPM-Paket für die Installation. Bevor die Installation jedoch durchgeführt werden kann, müssen gewisse Voraussetzungen geschaffen werden. Snort-Center verlangt die folgenden Pakete auf dem System:

- ein funktionsfähiger Apache-Webserver (*http://www.apache.org*)
- eine funktionsfähige PHP-Installation > 4.0.4 (*http://www.php.net*)
- eine funktionsfähige MySQL-Installation > 3.23 (*http://www.mysql.org*)
- Curl (*http://curl.haxx.se/*)

Diese Produkte werden meist von der Distribution zur Verfügung gestellt. Für eine einfache spätere Administration und Pflege der Pakete sollten die entsprechenden Pakete der Distribution gewählt werden.

Wurden diese Pakete installiert, so kann die neueste Variante von Snort-Center von der Homepage geladen und an geeigneter Stelle ausgepackt werden.

```
# cd /usr/local/src/
# mkdir snort-center
# cd snort-center
# tar xvzf /path/snortcenter-v<version>.tar.gz
```

Anschließend wird der Inhalt des entstandenen Verzeichnisses *www/* in das Verzeichnis *DocumentRoot* des Webservers kopiert.

> **ACHTUNG**
> Dieser Kopierbefehl überschreibt Ihr *DocumentRoot*. Wenn Ihr Webserver weitere Dateien anbietet, sollten Sie den Einsatz eines NameVirtualHost erwägen. Lesen Sie hierzu die Dokumentation des Webservers.

```
# cd www
# cp -R * /var/www/html          # Red Hat
# cp -R * /usr/local/httpd/htdocs # SuSE
```

Anschließend muss das Programm adodb installiert werden. Diese Installation wurde bereits bei der Installation von ACID besprochen.

Nun ist die Installation abgeschlossen. Es muss lediglich die Datenbank angelegt und Snort-Center konfiguriert werden.

11.4.2 Konfiguration von Snort-Center

Zur Konfiguration von Snort-Center sollte zunächst eine MySQL-Datenbank angelegt werden, in der Snort-Center seine Daten abspeichern kann. Snort-Center benötigt die Rechte SELECT, UPDATE, DELETE und INSERT an der Datenbank.

```
# echo "CREATE DATABASE snortcenter;" | mysql -u root -p
Enter password: n3u3sk3nnw0rt
# echo "GRANT INSERT,SELECT,UPDATE,DELETE ON snortcenter.* TO
snortcenter@localhost \
> IDENTIFIED BY 'g3h3!m';" | mysql -u root -p
Enter password: n3u3sk3nnw0rt
```

Nachdem die Datenbank erzeugt wurde, kann die Konfiguration angepasst werden. Dies erfolgt in der Datei *config.php* im Verzeichnis *DocumentRoot*.

```
Auszug mit den wichtigen Optionen
$language = "en";

$DBlib_path = "./adodb/";

$curl_path = "";

$DBtype = "mysql";

$DB_dbname   = "snortcenter";
$DB_host     = "localhost";
$DB_user     = "snortcenter";
$DB_password = "g3h3!m";

$User_authentication = 2;

$hidden_key_num     = "342516";

$webmaster_email = "webmaster@nohup.info";

$startpage = "sensor.php";
```

```
$proxy = "";

$alert_console = "";

$snortrules_url           =
"http://www.snort.org/dl/signatures/snortrules.tar.gz";
$reference_url['bugtraq']  = "http://www.securityfocus.com/bid/";
$reference_url['cve']      = "http://cve.mitre.org/cgi-bin/cvename.cgi?name=";
$reference_url['arachNIDS'] = "http://www.whitehats.com/info/IDS";
$reference_url['McAfee']   = "http://vil.nai.com/vil/content/v_";
$reference_url['nessus']   = "http://cgi.nessus.org/plugins/dump.php3?id=";
$reference_url['url']      = "http://";
```

Die meisten dieser Parameter sind selbsterklärend und wurden bereits bei ACID angesprochen. Die weiteren Parameter sollen kurz erklärt werden.

curl_path	Dies gibt den Ort des Programmes *curl* an; optional, wenn sich *curl* im Suchpfad befindet.
User_authentication	1-enable 0-disable 2-disable **für *auto update*.**
hidden_key_num	Diese Zahl wird als Zufallszahl verwendet.
proxy	Dieser Proxy wird für den Download neuer Signaturen verwendet.
alert_console	Hier kann der Pfad zum ACID-Plug-In angegeben werden (s.u.).

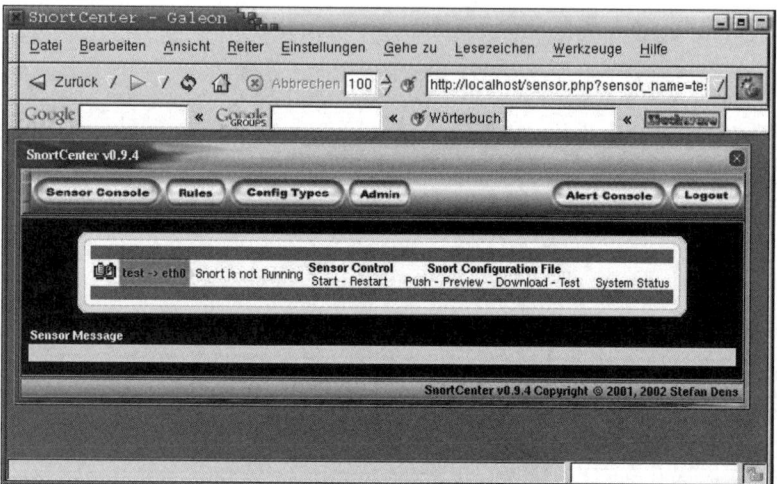

Abbildung 11.6: Snort-Center: Erster Aufruf

Nach dieser Konfiguration ist Snort-Center einsatzbereit und kann das erste Mal gestartet werden. Hierzu ist mit einem Browser die URL *http://localhost* anzusurfen. Hier ist zunächst die Erzeugung des Schemas in der Datenbank erforderlich. Dies erfolgt durch Anwählen von AMIN CREATE DB TABLES. Anschließend ist eine Anmeldung erforderlich. Dies erfolgt zunäct mit `admin` und Kennwort `change`. Nun ist die Snort-Center-Konsole einsatzbereit (Abbildung 11.6).

Die erste Handlung sollte die Änderung des Kennwortes sein. Dies erfolgt unter ADMIN-USER ADMINISTRATION-VIEW USERS.

11.4.3 Installation des Snort-Center Agents

Damit nun die Regeln mit dem Snort-Center verwaltet werden können, muss auf den Sensoren ein Snort-Center Agent installiert werden. Dieser wird vom Managementsystem über einen SSL-Tunnel kontaktiert. Der Agent basiert auf Webmin-Code (*http://www.webmin.de*).

Die Installation dieses Agents gestaltet sich sehr einfach, da es sich im Wesentlichen um Perl-Programme handelt. Damit jedoch eine SSL-Verbindung möglich ist, muss im Vorfeld *OpenSSL* und *Net::SSLeay*, die Perl-SSL-Unterstützung, installiert werden.

Am einfachsten erfolgt die Installation von *OpenSSL* mit RPM-Paketen. Dies erlaubt wieder die einfache Aktualisierung, falls später Sicherheitslücken in der SSL-Bibliothek entdeckt werden. Wenn das Perl-Modul *Net::SSLeay* manuell übersetzt werden muss, ist wichtig, dass auch das Entwicklungspaket installiert wird.

```
# rpm -ivh openssl-<version>.i386.rpm
# rpm -ivh openssl-devel-<version>.i386.rpm # nur wenn kein SSLeay Paket
                                              existiert
```

Wenn kein SSLeay-Modul existiert, so muss es manuell übersetzt werden:

```
# tar xvzf Net_SSLeay.pm-<version>.tar.gz
# cd Net_SSLeay.pm-<version>
# perl Makefile.PL
# make install
```

Die korrekte Installation kann mit dem Befehl `perl -e 'use Net::SSLeay'` überprüft werden. Wenn dieser Befehl eine Fehlermeldung ausgibt, so sollte geprüft werden, ob das Paket tatsächlich installiert wurde oder vielleicht einen anderen Namen verwendet.

Nun kann der Snort-Center Agent-Quelltext von der Homepage geladen und ausgepackt werden. Hierzu wird sinnvollerweise ein eigenes Verzeichnis verwendet. Anschließend wird das Konfigurationswerkzeug `setup.sh` aufgerufen.

```
# mkdir /snort
# cd /snort
# tar xvzf /path/snortcenter-agent-v<version>.tar.gz
# cd sensor
# ./setup.sh
*********************************************************************************
*       Welcome to the SnortCenter Sensor Agent setup script, version 0.1.4
*
*********************************************************************************

Installing Sensor in /sensor/sensor ...

*********************************************************************************
The Sensor Agent uses separate directories for configuration files and log files.
Unless you want to place them in a other directory, you can just accept the
defaults.

Config file directory [/sensor/sensor/conf]: <enter>
Log file directory [/sensor/sensor/log]: <enter>

*********************************************************************************
SnortCenter Sensor Agent is written entirely in Perl. Please enter the full path
to the
Perl 5 interpreter on your system.

Full path to perl (default /usr/bin/perl): <enter>

Testing Perl ...
Perl seems to be installed ok

*********************************************************************************
SnortCenter Sensor Agent needs Snort to be installed, 'As if you didn't know :-)'
Please enter the full path to snort binary.

Full path to snort: /usr/sbin

Ok, found Snort Version 1.8.4 (Build 99)

Snort Rule config file directory [/sensor/sensor/rules]: <enter>

****************************************************************************
Operating system name:    Redhat Linux
Operating system version: 7.3

****************************************************************************
SnortCenter Sensor Agent uses its own password protected web server
The setup script needs to know :
 - What port to run the Sensor Agent on. There must not be another
```

```
    service already using this port.
  - What ip address to listen on.
  - The login name required to access the Sensor Agent.
  - The password required to access the Sensor Agent.
  - The hostname of this system that the Sensor Agent should use.
  - If the Sensor Agent should use SSL (if your system supports it).
  - Whether to use ip access control.
  - Whether to start Snortcenter Sensor Agent at boot time.

Sensor port (default 2525): <enter>

If this host has multiple IP addresses,
the server can be configured to listen on
only one address (default any): <enter>
Login name (default admin): <enter>
Login password: kennwort
Password again: kennwort
Sensor host name (default kermit.spenneberg.de): <enter>
Use SSL (y/n): y


****************************************************************************
The Sensor Agent can be configured allow access only from certain IP addresses.
Hostnames (like foo.bar.com) and IP networks (like 10.254.3.0 or
10.254.1.0/255.255.255.128)
can also be entered.
You should limit access to your sensor to trusted addresses like the
SnortCenter Management Console, especially if it is accessible from the Internet.
Otherwise, anyone who guesses your password will have complete control of your
system.
You can enter multiple addresses by typing a space between them like (127.0.0.1
foo.bar.com)

Allowed IP addresses (default localhost): <enter>
Start Sensor at boot time (y/n): <enter>
************************************************************************
Creating Sensor Agent config files..
..done

Inserting path to perl into scripts..
..done

Creating start and stop scripts..
..done

Copying config files..
..done
```

```
Creating uninstall script /sensor/sensor/conf/uninstall.sh ..
..done

Changing ownership and permissions ..
..done

Attempting to start Sensor Agent..
Starting SnortCenter Sensor Agent server in /sensor/sensor
..done

**************************************************************************
SnortCenter Sensor Agent has been installed and started successfully.
You can now create and configure the sensor in the SnortCenter Management
Console.
Or use your webbrowser to go to

   http://kermit.spenneberg.de:2525/

and login with the name and password you entered previously.
```

Nun ist der Snort-Center Agent funktionsbereit und kann entweder über einen Webbrowser direkt oder mit der Snort-Center-Managementkonsole administriert werden.

11.4.4 ACID-Plug-In

Die Installation des ACID-Plug-Ins ist sehr einfach, wenn bereits ACID auf dem Rechner installiert ist. Bitte lesen Sie zunächst die entsprechenden Abschnitte in diesem Buch.

Anschließend ist es lediglich erforderlich, das ACID-Plug-In von der Snort-Center-Homepage zu laden, es auszupacken und einige Pfade anzupassen.

```
# cd /usr/local/src
# tar xvzf acid-<version>-plugin-v<version>.tar.gz
# cd /var/www/html/acid
# mv acid_main.php acid_main.php.orig
# mv acid_output_html.inc acid_output_html.inc.orig
# mv acid_style.css acid_style.css.orig
# cp -a /usr/local/src/acid-<version>-plugin/* .
```

Nun muss die neu erzeugte Datei *plugin.conf.php* angepasst werden und den Pfad zum Snort-Center enthalten.

```
$snortcenter_home = "http://localhost/";
```

Damit die Snort-Center-Konsole über die Gegenwart des ACID-Plug-Ins informiert wird, ist zusätzlich der Eintrag in der Datei *config.php* erforderlich.

```
$alert_console = "http://localhost/acid";
```

Das fertige Ergebnis sieht aus wie in Abbildung 11.7.

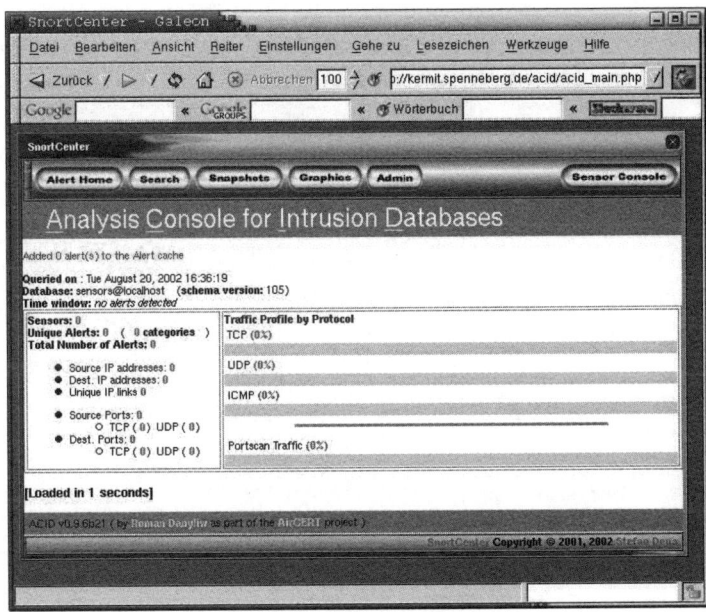

Abbildung 11.7: Snort-Center mit ACID-Plug-In

11.5   Korrelation und Analyse der Daten

Die Korrelation und Analyse der aufgenommenen Daten kann nun sehr einfach mit ACID erfolgen. ACID bietet grafische Analysewerkzeuge an, die über eine Menüstruktur aufgerufen werden können. Im Einzelnen bietet ACID bisher die folgenden Funktionen:

- Umfangreiche Suchfunktionen
- Betrachter für die Pakete
- Verwaltung der Meldungen
- Erzeugung von Statistiken und Grafiken

ACID ist in der Lage, die Daten, die vom NIDS Snort erzeugt werden, zu analysieren. Zusätzlich besteht die Möglichkeit, die Daten, die von den Paketfiltern *ipchains*, *iptables* oder *ipfw* erzeugt werden, zu analysieren. Hierzu werden diese

Daten mit dem Werkzeug LogSnorter (*http://www.snort.org/downloads/logsn-orter-0.2.tar.gz*) in das Snort-Format umgewandelt und in die Datenbank geladen.

Die wichtigsten Funktionen der ACID-Oberfläche (Abbildung 11.8) sollen im Folgenden vorgestellt werden. Dies kann vielleicht auch als Ersatz für das fehlende Handbuch dienen.

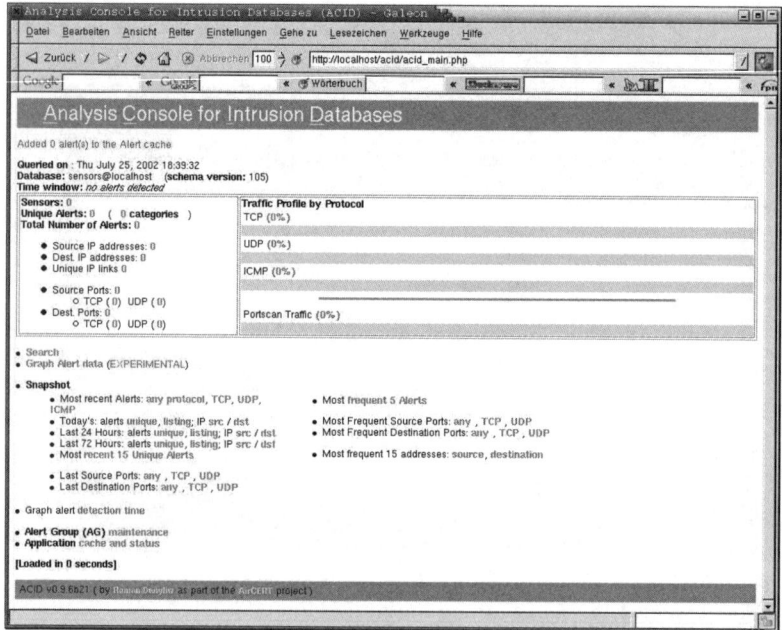

Abbildung 11.8: ACID-Oberfläche

Bei der Bedienung der ACID-Oberfläche wird davon ausgegangen, dass es sich nicht um ein Plug-In des Snort-Centers handelt. Wurde es als Snort-Center-Plug-In installiert, so befindet sich die Menüstruktur oberhalb der ACID-Ausgaben im Stil des Snort-Centers. Dort befinden sich jedoch die gleichen Befehle.

Diese Oberfläche bietet in der oberen Hälfte zunächst Zugriff auf die folgenden Informationen:

*   Beschreibung der Sensoren
*   Aufzählung der einzigartigen Angriffe mit ihrer Häufigkeit
*   Aufzählung der Angriffskategorien
*   Aufzählung aller einzelner Angriffe
*   Aufzählung aller Quell- und Ziel-IP-Adressen und Ports. Hierbei wird zwischen TCP- und UDP-Ports unterschieden.

- Grafische Anzeige und Aufzählung der gesamten TCP-, UDP- und ICMP-Angriffe

- Die Portscan-Anzeige ist lediglich aktiv, wenn ACID unter Angabe der Port-scan-Datei konfiguriert wird. Hier ist es jedoch nur möglich, eine Datei anzu-geben. Beim Einsatz von ACID für mehrere Sensoren ist diese Anwendung daher unmöglich.

In der unteren Hälfte der Anzeige besteht die Möglichkeit, auf statistische Aus-wertungen zugreifen zu können. Die angebotenen Funktionen sind:

- Anzeige der letzten Angriffe
- Anzeige der heutigen Angriffe
- Anzeige der Angriffe der letzten 24 Stunden
- Anzeige der Angriffe der letzten 72 Stunden
- Anzeige der letzten 15 einzigartigen Angriffe
- Anzeige der Ports der letzten 15 Angriffe
- Anzeige der 5 häufigsten Angriffe
- Anzeige der am häufigsten verwendeten Adressen und Ports

Schließlich kann noch recht einfach ein grafischer Vergleich der Angriffshäufig-keit durchgeführt werden. Diese Funktion ist verfügbar unter GRAPH ALERT DETECTION TIME. Anschließend können der Zeitraum und die Zeiteinheit gewählt werden. ACID wird dann ein Balkendiagramm erzeugen (Abbildung 11.9).

11.5.1 Verwaltung der Meldungen

Die Verwaltung der Meldungen ist die wichtigste Funktion von ACID. Hierzu bietet ACID zunächst Funktionen, um die einzelnen Meldungen zu betrachten und einzeln zu analysieren. Da dies auf Dauer jedoch recht umständlich sein kann, bietet ACID die Möglichkeit, sämtliche Meldungen in logischen Gruppen zusammenzufassen und in diesen Gruppen zu verwalten. Diese Gruppen können anschließend mit Kommentaren versehen werden und weiter statistisch oder gra-fisch analysiert werden.

Die Verwaltung der *Alert Groups (AG)* erfolgt durch die Anwahl der Funktion ALERT GROUP (AG) MAINTENANCE am unteren Ende des Startbildschirmes. Hier können die Gruppen verwaltet werden. Für die Verwaltung stehen mehrere Funktionen zur Verfügung:

- LIST ALL. Diese Funktion führt alle eingerichteten Gruppen auf. Hierbei wer-den die Identifikationsnummer (ID), der Name, die Beschreibung und die Anzahl der enthaltenen Meldungen aufgeführt. Ein Zugriff auf die Gruppe ist aus allen anderen Oberflächen über die ID oder den Namen möglich. Die Darstellung erlaubt ein Ändern, Löschen und Leeren der Gruppe.

- CREATE. Diese Funktion erzeugt eine neue Gruppe. Für die Erzeugung einer neuen Gruppe ist die Angabe eines Namens zwingend erforderlich. Die Angabe einer Beschreibung ist optional. Die ID wird automatisch von ACID zugewiesen. Wurde eine Gruppe gelöscht, so wird die ID der Gruppe nicht später wiederverwendet, sondern automatisch gesperrt, um Verwechslungen zu vermeiden.

- VIEW. Hiermit besteht die Möglichkeit, über die ID oder den Namen den Inhalt einer Gruppe zu betrachten und anschließend zu modifizieren. Hierbei können einzelne Meldungen gelöscht, als E-Mail versandt oder aus der Gruppe entfernt werden.

- EDIT. Die Editierfunktion erlaubt den Namen und die Beschreibung einer Gruppe zu ändern.

- DELETE. Die Löschfunktion löscht eine Gruppe aus der Datenbank. Die Meldungen bleiben jedoch in der Datenbank erhalten. Eine gelöschte Gruppe kann nicht wiederhergestellt werden. Die ID dieser Gruppe ist gesperrt.

- CLEAR. Diese Funktion erlaubt das Leeren einer Gruppe. Die Gruppe bleibt erhalten, jedoch werden alle Meldungen aus dieser Gruppe entfernt.

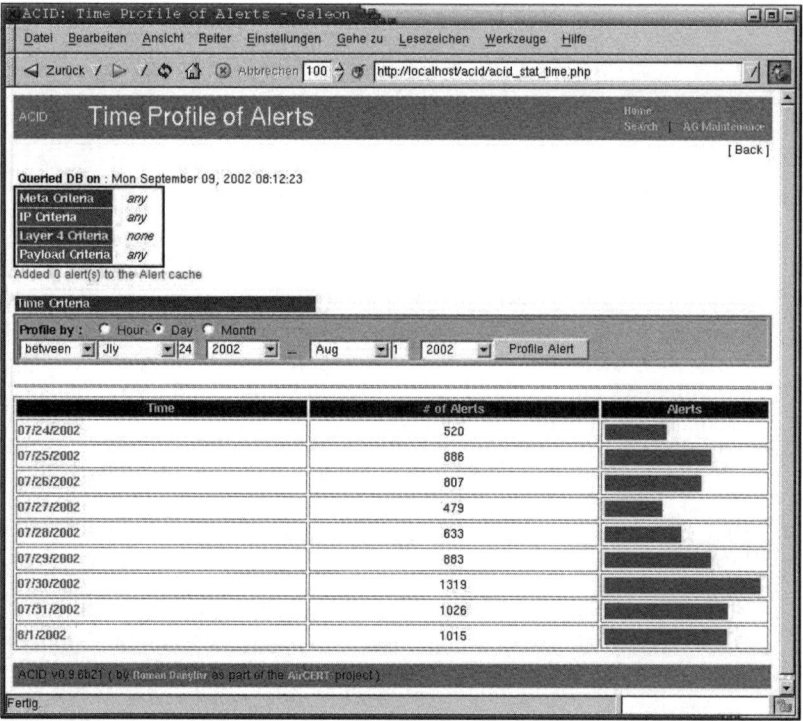

Abbildung 11.9: Grafische Darstellung der Angriffe mit GRAPH ALERT DETECTION TIME

Nachdem die Gruppen erzeugt wurden, müssen sie mit Daten gefüllt werden. Dies kann auf jedem Bildschirm geschehen, der Angriffe in einer Übersichtsliste anzeigt. Hierzu werden zunächst die gewünschten Angriffe ausgewählt und anschließend die Funktion gewählt, diese Angriffe einer *Alert Group* (AG) hinzuzufügen (Abbildung 11.10).

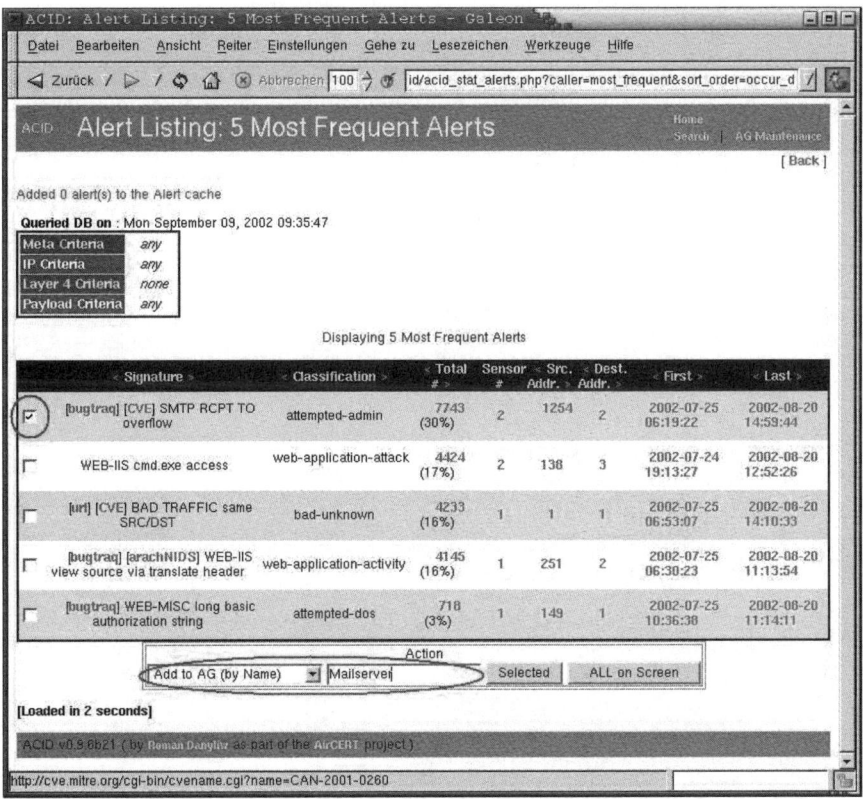

Abbildung 11.10: Füllen einer Alert Group (AG)

Ein wichtiger Punkt bei der Verwaltung der Daten ist die Möglichkeit ihrer Archivierung. Sobald die ACID-Datenbank eine gewisse Größe erreicht, werden die Aktionen auf ihr langsam. Aus diesem Grunde und um den Überblick zu behalten, bietet es sich an, alte oder uninteressante Einträge aus der Datenbank zu löschen. Alte Einträge sollen jedoch häufig nicht gelöscht werden, da sie möglicherweise später noch benötigt werden. Es bietet sich an, diese in einer zweiten Datenbank zu archivieren. ACID bietet diese Funktion. Dazu werden die Daten ausgewählt, als ob sie in einer AG aufgenommen werden sollen, und anschließend in die Archivdatenbank verschoben.

Diese Archivdatenbank weist das gleiche Schema auf wie die eigentliche ACID-Datenbank. Um sie zu verwalten, wird eine weitere Instanz von ACID benötigt. Als einfachste Lösung kopieren Sie den Ordner *acid/* im Document-Root Ihres Webservers und passen den Namen der Datenbank in der Datei *acid_conf.php* entsprechend an.

11.5.2 Suchfunktionen

ACID bietet sehr umfangreiche und komfortable Suchfunktionen. Hiermit besteht die Möglichkeit, die Datenbank nach sämtlichen möglichen Kriterien zu durchsuchen. Dabei können verschiedenste Metakriterien angegeben werden (Abbildung 11.11).

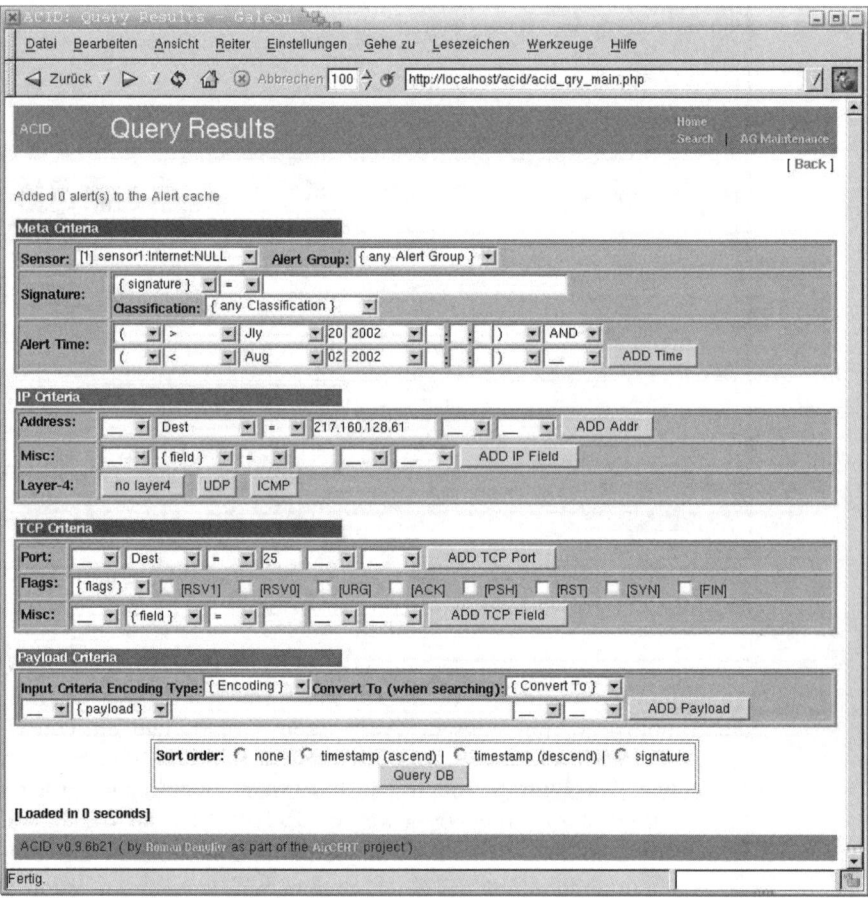

Abbildung 11.11: ACID-Suche

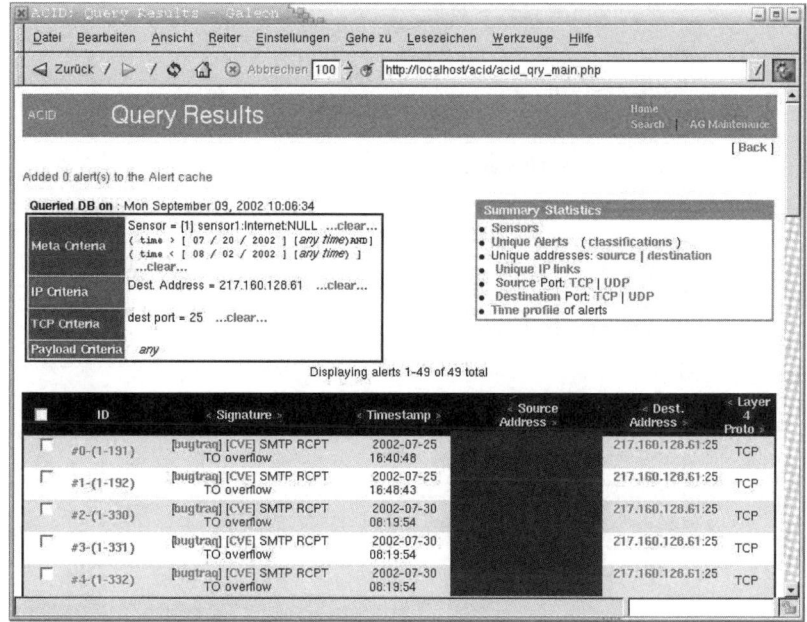

Abbildung 11.12: Ergebnis einer ACID-Suche

- Sensor
- Signatur
- Uhrzeit der Meldung

Anschließend besteht die Möglichkeit, IP-Kriterien anzugeben. Diese Angaben erlauben die Definition der Informationen im IP-Header:

- IP-Adresse
- TOS (Type of Service)
- TTL (Time to Live)
- ID (Identifikationsnummer)
- Offset (Fragmentoffset)
- Checksum (IP-Header-Prüfsumme)
- Length (Länge des IP-Paketes)

Anschließend kann das Protokoll der Layer 4 ausgewählt werden. ACID kann hier TCP, UDP und ICMP verwalten. In Abhängigkeit vom gewählten Protokoll kann die Suche weiter eingeschränkt werden:

- TCP
  - Port
  - TCP-Flags (Reserviert, URG, ACK, PSH, RST, SYN, FIN)

- – Sequenznummer
- – Acknowledgementnummer
- – Receive-Window
- – Urgent Pointer
- – Checksum (Prüfsumme)
- UDP
  - – Port
  - – Länge
  - – Checksum (Prüfsumme)
- ICMP
  - – Type
  - – Code
  - – Checksum (Prüfsumme)
  - – Identifikationsnummer
  - – Sequenznummer

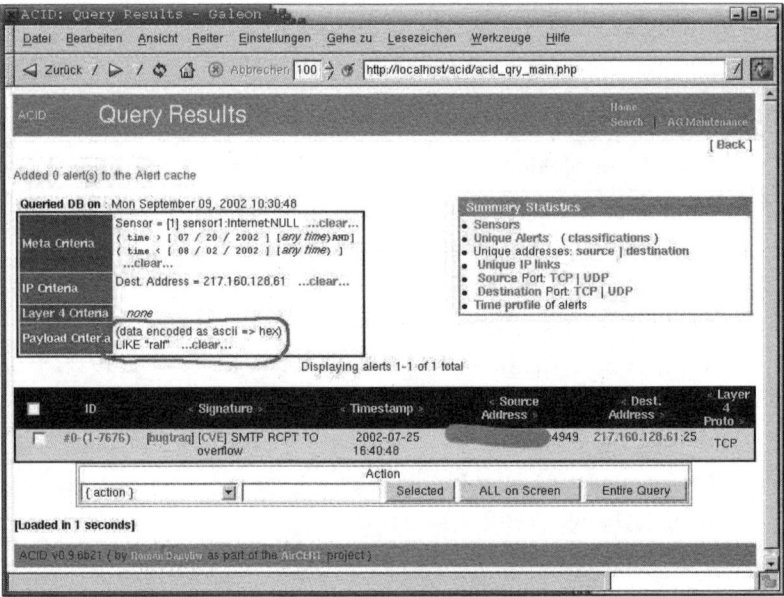

Abbildung 11.13: Volltextsuche mit ACID

Schließlich erlaubt ACID noch die Angabe einer bestimmten Payload, die sich im Paket befinden soll. Hiermit ist eine Volltextsuche im Paket möglich. Dabei ist jedoch zu beachten, dass der Inhalt des Pakets von Snort nur bis zu maximalen

SnapLen protokolliert wurde. Wenn der Inhalt der Pakete derartig durchsucht werden soll, ist es erforderlich, die Kodierung der Daten in der Datenbank zu berücksichtigen. ACID ist in der Lage, sowohl mit ASCII-Kodierung als auch mit HEX-Kodierung umzugehen. Daher ist es für die Lesbarkeit der Daten nicht erforderlich, diese in ASCII zu kodieren. Es empfiehlt sich eine Speicherung in der Datenbank in HEX. Dies erlaubt die Daten ohne Verlust zu speichern. Eine Speicherung in ASCII könnte nur einen Bruchteil der Daten darstellen. ACID ist in der Lage, dann eine ASCII-Eingabe für eine Suche in HEX umzuwandeln und die Pakete zu durchsuchen (siehe auch Abbildung 11.13).

11.5.3 Paketbetrachter

Wenn ein Angriff genauer untersucht werden soll, so bietet ACID einen Paket-betrachter. Dieser Paketbetrachter wird aufgerufen, wenn ein spezieller Angriff ausgewählt wird. Anschließend kann das Paket mit seinem Header und seinem kompletten Inhalt betrachtet werden. Hierbei werden die gesamten bekannten Metadaten, der IP Header, der TCP Header und der Inhalt des Paketes in Klartext und in Hexadezimal dargestellt. Dies ermöglicht eine genauere Untersuchung der Eigenschaften des Paketes. Ein Beispielpaket ist in Abbildung 11.14 zu sehen.

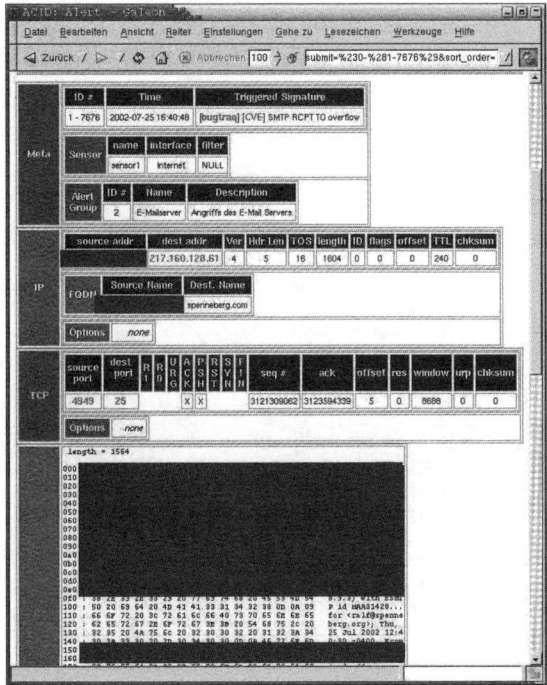

Abbildung 11.14: Betrachtung eines Paketes mit ACID

11.5.4 Erzeugung von Grafiken

Schließlich bietet ACID auch die Möglichkeit, mächtige Grafiken zu erzeugen, die anschließend in Präsentationen eingebunden werden können. Diese Grafiken folgen dem Motto *Ein Bild sagt mehr als tausend Worte*. Leider ist diese Funktion momentan noch experimentell. Die Darstellung der Grafik gelingt leider nicht mit jedem Browser. Daher sollten Sie einige Browser ausprobieren. Erfolgreich habe ich einige Versionen des Galeon, des Mozilla und des Konqueror getestet. Die Probleme scheinen mit der Cookie-Verwaltung verbunden zu sein. Häufig kann den Problemen durch einen Neustart des Browsers abgeholfen werden. Der Netscape-Browser und der Internet Explorer sind unter Microsoft Windows auch in der Lage, brauchbare Grafiken zu erzeugen.

Wenn ein funktionstüchtiger Browser gefunden wurde, so können diese Grafiken erzeugt werden. Zwei Beispielgrafiken sind in Abbildung 11.15 und 11.16 dargestellt.

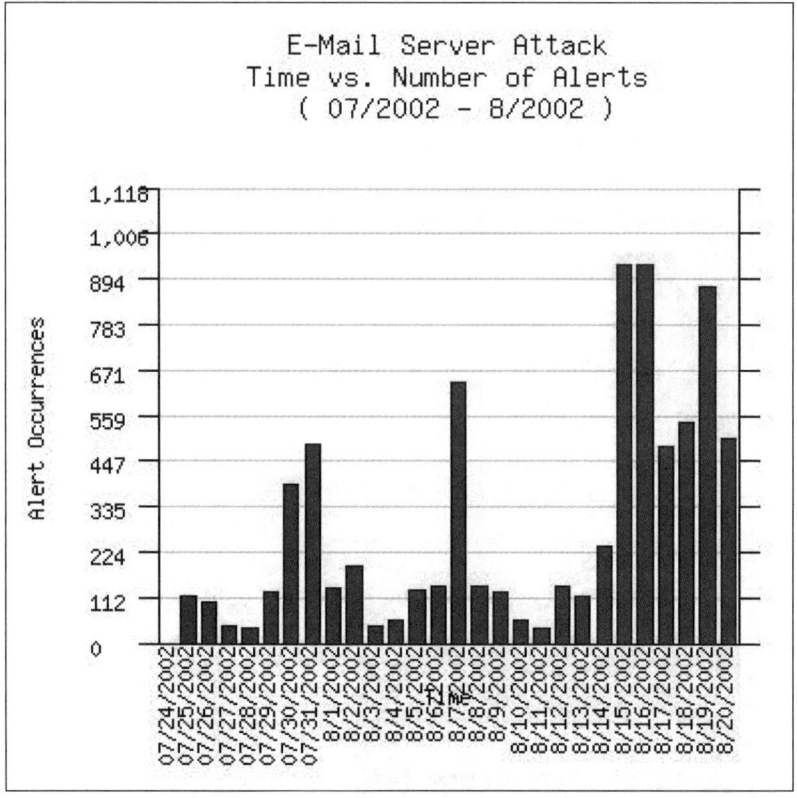

Abbildung 11.15: ACID-Grafik in Abhängigkeit vom Datum

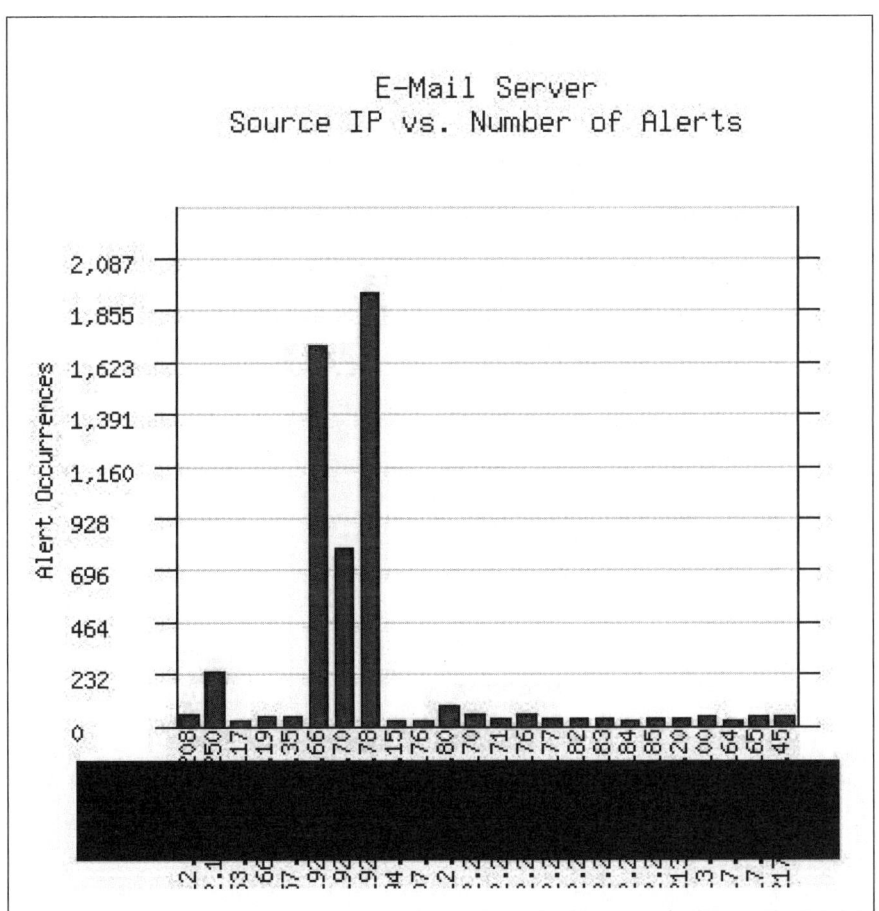

Abbildung 11.16: ACID-Grafik in Abhängigkeit von der Source-IP-Adresse

11.5.5 Fazit

ACID erlaubt die Daten, die von Snort in einer Datenbank protokolliert werden, sehr gut zu verwalten und zu analysieren. Hierbei können die Daten in Gruppen angeordnet und so auf sehr hoher Ebene verwaltet werden. Genauso besteht jedoch die Möglichkeit, auf jede einzelne Eigenschaft eines einzelnen Paketes zuzugreifen oder nach ihr zu suchen. Um die Daten verwaltbar zu halten, besteht die Möglichkeit, diese in eine zweite Datenbank zu übertragen und dort zu archivieren.

Kapitel 12

Zentrale Protokollserver

Sobald viele UNIX- oder Linux-Rechner überwacht werden müssen, stellen viele Administratoren fest, dass eine manuelle Überwachung der Protokolle auf jedem einzelnen Rechner sehr mühsam und fehlerträchtig ist. In diesem Zusammenhang wurden bereits im zweiten Teil des Buches Werkzeuge zur automatischen Protokoll-Analyse vorgestellt. Diese Werkzeuge analysieren die Protokolle und können regelmäßig einen Bericht versenden oder in besonderen Fällen direkt alarmieren. Dennoch erwartet den Administrator unter Umständen eine tägliche Flut von Berichten in Form von E-Mails. Daher bietet sich eine zentrale Protokollierung und die Erzeugung eines einzigen Berichtes an.

Es gibt aber noch einen weiteren, unter Sicherheitsaspekten wichtigeren Grund für eine zentrale Protokollierung. Wenn tatsächlich ein Einbrecher in der Lage war, in einen Linux-Rechner einzubrechen, so wird er zunächst versuchen, die Spuren, die der Einbruch hinterlassen hat, zu entfernen. Dies betrifft häufig auch entsprechende Einträge in den Protokollen. Werden diese Protokolle lediglich lokal und unverschlüsselt gespeichert, so hat er ein leichtes Spiel. Er kann mit einem Editor wie zum Beispiel dem *vi* die Protokolldatei editieren. Dieser Editor erlaubt sogar das Editieren der Datei, obwohl der Protokolldienst die Datei weiterhin geöffnet hat, um weitere Meldungen an diese Datei anzuhängen. Viele Systemadministratoren verbannen daher auch den *vi* von sicherheitsrelevanten Rechnern. Diese Maßnahme ist jedoch ähnlich kritisch einzustufen wie die Entfernung eines Compilers. Bei einem manuellen Einbruch ist der Einbrecher meist in der Lage, recht schnell die entsprechenden Programme nachzuinstallieren. Automatische Einbrüche können durch benötigte aber fehlende Bestandteile auf dem System gestoppt werden.

Protokolliert jedoch der Rechner seine Meldungen nicht nur lokal, sondern über das Netzwerk auch zentral auf einem anderen Protokollserver, so kann der Einbrecher zwar die Spuren in den lokalen Protokolldateien entfernen, nicht jedoch die Meldungen auf den zentralen Protokollserver löschen. Hierzu müsste zunächst wieder ein Angriff auf dem zentralen Protokollserver mit anschließendem Einbruch erfolgen.

Für die Auswertung der Protokolle ist es sehr wichtig, dass die überwachten Rechner eine gemeinsame Zeitbasis verwenden. Ansonsten besteht die Gefahr, dass bei einem Angriff die Meldungen der unterschiedlichen Rechner nicht miteinander korreliert werden können. Die Meldung eines Angriffes durch einen Snort-Sensor und die Modifikation von Dateien und die Installation eines Root-Kits auf einem anderen Rechner können nicht in einen kausalen Zusammenhang gestellt werden, wenn nicht die Zeiten der Meldungen bzw. Modifikationen vergleichbar sind. Im Folgenden wird daher die Installation eines Network Time Protocol (NTP) Zeit-Servers beschrieben.

12.1   Einrichtung der zentralen Protokollierung unter Linux

Die meisten Linux-Distributionen verwenden für die zentrale Systemprotokollierung eine Kombination aus zwei Diensten: *Syslogd* und *Klogd*. *Syslogd* ist der zentrale Protokolldienst unter Linux. Dieser Protokolldienst nimmt die Meldungen von verschiedenen anderen Systemen entgegen. Hierbei handelt es sich unter anderem um *Crond, E-Mail, News, Login, Lpd* etc. Der *Syslogd* ist typischerweise nicht zuständig für »neue« Dienste wie zum Beispiel einen Apache-Webserver, einen Squid-Proxy oder Samba. Der *Klogd* nimmt vom Kernel die Meldungen entgegen und leitet sie üblicherweise an den Syslogd weiter. Damit werden auch Meldungen des Linux-Kernels durch den *Syslogd* protokolliert.

Im Folgenden sollen kurz die wesentlichen Möglichkeiten der Konfiguration des *Syslogd* und des *Klogd* beschrieben werden. Anschließend wird ein weiterer Syslogd-Dämon beschrieben, der ersatzweise eingesetzt werden kann. Dieser modulare Syslogd ist nicht Bestandteil einer aktuellen Distribution und muss daher manuell installiert werden. Er verfügt jedoch über einige Eigenschaften, die seinen Einsatz auf sicherheitsrelevanten Systemen rechtfertigt.

Der *Syslogd* verfügt über lediglich eine Konfigurationsdatei. Dies ist die Datei */etc/syslog.conf*. Sie enthält Informationen darüber, welche Meldungen wo zu protokollieren sind. Hierzu wird die folgende Syntax verwendet:

```
facility.priority          location
```

Der Standard BSD Syslogd, der in den meisten aktuellen Linux-Distributionen eingesetzt wird, ist in der Lage, die folgenden *Facilities* zu unterscheiden:

```
auth

authpriv

cron

daemon

kern

lpr

mail

mark            (Lediglich für interne Verwendung)

news

security        (identisch mit auth, sollte jedoch nicht mehr eingesetzt werden)

syslog

user

uucp

local0 bis
local7
```

Als *Priority* werden die folgenden Werte unterstützt:

`debug`

`info`

`notice`

`warning`, `warn`   (identisch, sollte jedoch nicht mehr eingesetzt werden)

`err`, `error`   (identisch, sollte jedoch nicht mehr eingesetzt werden)

`crit`

`alert`

`emerg`, `panic`   (identisch, sollte jedoch nicht mehr eingesetzt werden.)

Bei einer Angabe wie zum Beispiel `cron.info` werden nun alle Meldungen von *cron* mit der Wertigkeit `info` und höher von dieser Regel protokolliert. Sollen spezifisch nur die Meldungen mit der Wertigkeit `info` protokolliert werden, so kann dies mit der Angabe `cron.=info` erfolgen. Außerdem ist die Negation möglich: `cron.!=info`. Zusätzlich besteht die Möglichkeit sowohl für die *Facility* als auch für die *Priority*, den Stern (*) als Wildcard zu verwenden.

Leider besteht beim Standard BSD Syslog nicht die Möglichkeit, in Abhängigkeit von einem Muster, zum Beispiel einem regulären Ausdruck, die Protokollierung zu konfigurieren.

Nachdem die zu protokollierenden Meldungen in der linken Spalte der */etc/syslog.conf* ausgewählt wurden, muss der Ort der Protokollierung definiert werden. Hier stehen ebenfalls mehrere Möglichkeiten zur Verfügung:

- Normale Datei, z. B. */var/log/messages*
- Named Pipe, z. B. l*/var/log/my_fifo*. Diese Named Pipe muss zuvor mit dem Befehl `mkfifo` erzeugt werden. Hiermit besteht die Möglichkeit, die Informationen ähnlich einer normalen Pipe an einen anderen Prozess weiterzuleiten.
- Terminal bzw. Konsole, z. B. */dev/tty10*
- Zentraler Protokollserver, z. B. @*logserver.example.com*
- Benutzer, z. B. *root*. Diese Personen erhalten die Meldungen auf ihrem Terminal, falls sie angemeldet sind. Es wird keine E-Mail versandt!
- Alle angemeldeten Benutzer *.

Im Folgenden sollen ein paar Beispiele angegeben werden:

```
# Kritische Kernelmeldungen auf der 10. virtuellen Konsole
# Notfälle direkt an root
kern.crit                                          /dev/tty10
kern.emerg                                         root
# Authentifizierungsvorgänge in einer geschützten Datei und zusätzlich
```

```
# zentral
authpriv.*                           /var/log/secure
authpriv.*                                         @remotesyslog
# E-Mail getrennt
mail.*                               /var/log/maillog
# Alles andere in einer Datei
*.info;mail.none;authpriv.none                     /var/log/messages
```

Der *Syslog* erhält üblicherweise die zu protokollierenden Meldungen über den UNIX-Socket */dev/log*. Dieser Socket wird vom Syslog beim Start erzeugt. Dies genügt in den meisten Fällen, da sämtliche lokalen Anwendungen auf diesen Socket zugreifen können. Bei einer Anwendung, die sich in einer *Chroot*-Umgebung befindet, besteht jedoch das Problem, dass ein derartiger Zugriff auf */dev/log* nicht möglich ist. Der Syslogd muss dann bei seinem Start einen zusätzlichen UNIX-Socket in der Chroot-Umgebung erzeugen. Dies kann mit der Option `-a` `socket` erfolgen. Hiermit können bis zu 19 weitere Sockets definiert werden.

Mithilfe dieser UNIX-Sockets ist jedoch der Syslogd nicht in der Lage, Meldungen über das Netzwerk entgegenzunehmen. Hierzu muss zusätzlich ein Internet-Socket geöffnet werden. Die Protokollierung über das Netzwerk erfolgt beim Standard BSD Syslogd an den UDP Port 514. Die Konfiguration dieser Portnummer erfolgt beim Syslogd in der Datei */etc/services*. Diese Datei enhält hierzu üblicherweise folgenden Eintrag:

```
syslog          514/udp
```

Leider erfolgt die Protokollierung nur mit UDP. Daher kann der *Syslog* nicht sicherstellen, dass sämtliche Meldungen tatsächlich den Empfänger erreichen. Einzelne Pakete können zum Beispiel aufgrund einer falsch konfigurierten Firewall oder einer Überlastung des Netzwerkes verloren gehen.

Damit der *Syslogd* nun diesen Port öffnet und Meldungen über diesen Internet-*Socket* annimmt, muss er mit der Option `-r` gestartet werden. Dann nimmt er jede Meldung, die an diesen Socket gesendet wird, an und protokolliert sie entsprechend seiner eigenen Konfigurationsdatei */etc/syslog.conf*. Es besteht leider nicht die Möglichkeit, im Syslogd die Clients, die die Meldungen senden, zu authentifizieren oder aufgrund Ihrer IP-Adresse einzuschränken. Dies kann lediglich durch das Setzen intelligenter Paketfilterregeln (*iptables*) geschehen. Ein Angreifer könnte daher den Protokollserver mit Meldungen (auch mit gefälschten Absenderadressen) bombardieren und so die Protokolle mit unsinnigen Meldungen füllen. Im Weiteren wird der modulare *Syslog* `msyslog` vorgestellt, der dieses Sicherheitsproblem nicht hat.

Der *Klogd* weist keine eigene Konfigurationsdatei auf. Die Meldungen des Kernels werden vom *Klogd* an den *Syslogd* weitergeleitet, der sie aufgrund seiner Konfigurationsdatei protokolliert. Der Klogd verfügt jedoch über eine interessante Startoption: `-c X`. Diese Option erlaubt die Definition einer Priority X. Kernel-Meldungen, die mindestens diese Wertigkeit aufweisen, werden direkt

vom *Klogd* auf der Konsole protokolliert. Dies ist jedoch den Geschwindigkeits-
beschränkungen der Konsole unterworfen. Die Konsole wird als serielles Terminal mit einer üblichen Geschwindigkeit von 38.400 Baud emuliert.

Die unterschiedlichen Distributionen verwalten die Startoptionen des *Klogd* und
des *Syslogd* an unterschiedlichen Positionen. Red Hat verwendet die Datei */etc/
sysconfig/syslog*. SuSE verwendet in Abhängigkeit von der Version entweder die
Datei */etc/rc.config* oder eine Datei im Verzeichnis */etc/sysconfig*.

Der Standard BSD Syslogd ist also bereits in der Lage, seine Meldungen über
das Netzwerk auf einem zentralen Logserver zu protokollieren. Leider weist er
weder Mustererkennung mit regulären Ausdrücken noch Authentifizierung oder
Verschlüsselung auf. Daher handelt es sich hierbei nicht um einen idealen Protokolldienst für sicherheitsrelevante Umgebungen.

12.2   Modular Syslog

Der modulare Syslog *Msyslog* von der Firma *Core Security Technologies* (ehemals *Core SDI, http://www.corest.com*) ist ein Ersatz für den Standard BSD Syslog und den *Klogd* unter Linux, die von den meisten Linux-Distributionen eingesetzt werden. Der *Msyslogd* ist komplett rückwärtskompatibel zum Standard
BSD Syslog und unterstützt zusätzlich folgende Funktionen:

- Annahme von Meldungen
  - Kernel-Meldungen über das BSD Kernel-Interface und das Linux */proc/
    kmsg*-Interface.
  - Systemmeldungen über das UNIX-Socket-Interface */dev/log*
  - Meldungen über eine TCP- oder eine UDP-Verbindung auf einem beliebi-
    gen Port
  - Meldungen aus einer beliebigen Datei oder Named Pipe
- Ausgabe von Meldungen
  - kompatibel zum klassischen BSD Syslogd
  - Mit einem kryptografischen Hash
  - Auf einem anderen Rechner mit TCP oder UDP
  - In Abhängigkeit von einem regulären Ausdruck
  - In einer MySQL- oder PostgreSQL-Datenbank
- Zusätzlich existiert das Werkzeug `peochk`, um die Integrität der Protokolle zu
  testen.

Weitere Programme, die einen möglichen Ersatz des BSD *Syslogd* darstellen,
sind *mbsyslog* (GPL, *http://michael.bacarella.com/projects.shtml*), *Metalog*
(GPL, *http://metalog.sourceforge.net/*) und *syslog-ng* (*http://www.balabit.hu/en/
downloads/syslog-ng/*). Die wesentlichen Unterschiede zwischen diesen weiteren

Programmen und dem modularen Syslogd liegen in den oben genannten Punkten. Keines der weiteren Programme unterstützt alle diese Fähigkeiten. Entweder sind sie nicht kompatibel zum Standard Syslog oder sie unterstützen nicht die automatische Verkettung der Daten mit einem Hash oder sie bieten nicht die Protokollierung über TCP oder in einer Datenbank.

Der *Secure Syslogd* ist eine Vorgängerversion des *Modular Syslogd* und wurde auch von Core Security Technologies erzeugt. Er wies auch alle diese Fähigkeiten auf.

12.2.1 Installation von msyslogd

Der modulare Syslogd *msyslogd* kann entweder von der Homepage von Core Security Technologies heruntergeladen werden (*http://www.corest.com*) oder von der Sourceforge-Projektseite (*http://sourceforge.net/projects/msyslog/*). Der modulare *Syslog* wird unter der BSD-Lizenz vertrieben. Es handelt sich also um freie Open Source-Software, die sowohl zu privaten als auch zu kommerziellen Zwecken im Rahmen der Lizenz eingesetzt werden darf. Auf der Sourceforge-Projektseite werden üblicherweise sowohl das Quelltextpaket als auch RPM-Pakete angeboten. Die RPM-Pakete sind an die Distribution von Red Hat Linux angepasst. Nach einer leichten Anpassung des im Paket enthaltenen Startskriptes */etc/rc.d/init.d/msyslogd* sollte das RPM-Paket jedoch auch auf SuSE Linux-Distributionen lauffähig sein. Für die Debian-Distribution existiert ebenfalls ein Paket. Eine Übersetzung des Quelltextarchives sollte daher in den seltensten Fällen nötig sein. Falls doch, so genügt meistens ein Aufruf von

```
# ./configure
# make
# make install
```

> **ACHTUNG**
> Die RPM-Pakete installieren den *msyslogd* unter dem Namen msyslogd. Dieser greift jedoch trotzdem auf die Datei */etc/syslog.conf* zu. Die Manpages wurden jedoch ebenfalls in den RPM-Paketen umbenannt: *msyslogd.8* und *msyslog.conf.5*. Das Quelltextarchiv installiert den *msyslogd* als *syslogd*! Die ganze mitgelieferte Dokumentation geht davon aus, dass der *msyslogd* unter letzterem Namen zu finden ist. Im Weiteren wird in diesem Buch aber davon ausgegangen, dass das RPM-Paket installiert wurde und der Befehl msyslogd lautet.

12.2.2 Konfiguration von msyslogd

Bei der Konfiguration von *Msyslogd* soll zunächst auf die hohe Kompatibilität zum Standard BSD *Syslog* hingewiesen werden. Das wird im nächsten Abschnitt noch genauer betrachtet.

Der wesentliche Unterschied bei der Verwendung des *msyslogd* liegt in seinem Aufruf. Aufgrund seines modularen Aufbaues ist es erforderlich, alle benötigten Eingabe-Module beim Aufruf zu benennen. Der *msyslogd* verfügt über die folgenden Eingabe-Module: *bsd*, *doors*, *linux*, *streams*, *tcp*, *udp* und *unix*. Des Weiteren besitzt er folgende Ausgabe-Module: *classic*, *mysql*, *peo*, *pgsql*, *regex*, *tcp* und *udp*.

Kompatibel zum Standard BSD Syslogd

Von großem Vorteil beim Einsatz des *Msyslogd* ist die Tatsache, dass dieser Syslogd abwärtskompatibel zum BSD Syslogd ist. Das bedeutet, dass bei einem Aufruf des Befehls `msyslogd` dieser sich auf einem Linux-System so verhalten wird, wie es von einem Syslogd erwartet wird.

Der Prozess liest automatisch seine Konfigurationsdatei */etc/syslog.conf* ein und liest die Kernel-Meldungen von */proc/kmsg* und öffnet den Socket */dev/log*.

Die Konfigurationsdatei */etc/syslog.conf* wird vom *msyslogd* identisch dem BSD Syslogd interpretiert. Leider existieren noch wenige Fehler in der Implementation der Kompatibilität. Die entsprechenden Vorraussetzungen sind jedoch sehr selten gegeben. Lesen Sie die Manpage (`msyslog.conf.5`) für weitere Informationen.

Die Kompatibilität mit den BSD Syslogd-Funktionen wird vom `%classic`-Modul bereitgestellt. Sobald die Funktionalität des *msyslgod* ausreichend getestet wurde, sollte die Konfigurationsdatei an die neue Syntax angepasst werden, sodass anschließend auch die neuen Fähigkeiten (siehe nächster Abschnitt) genutzt werden können. Dazu ist an den entsprechenden Stellen ein Aufruf des `%classic`-Moduls erforderlich. Im nächsten Listing wird die klassische Konfiguration aus dem Listing 12.1 mit Modulen gezeigt.

```
# Kritische Kernelmeldungen auf der 10. virtuellen Konsole
# Notfälle direkt an root
kern.crit                           %classic    /dev/tty10
kern.emerg                          %classic    root
# Authentifizierungsvorgänge in einer geschützten Datei und zusätzlich
# zentral
authpriv.*              %classic    /var/log/secure
authpriv.*                          %classic    @remotesyslog
# E-Mail getrennt
mail.*                  %classic    /var/log/maillog
# Alles andere in einer Datei
*.info;mail.none;authpriv.none              %classic    /var/log/messages
```

Um auch den Aufruf des `msyslogd` an seine neuen Fähigkeiten anzupassen, sollten die Eingabe-Module *linux* (für das Kernel-Interface */proc/kmsg*) und *unix* (für die Bereitstellung des */dev/log*-Sockets) geladen werden. Erfolgte der Aufruf bisher zum Beispiel mit

```
syslogd -m 0
```

dann sollte nun der Aufruf zusätzlich die entsprechenden Module laden:

```
msyslogd -m 0 -i linux -i unix
```

Bei der Verwendung des RPM-Paketes wird automatisch ein Startskript */etc/rc.d/init.d/msyslog* angelegt, welches die Startoptionen aus der Datei */etc/sysconfig/msyslog* liest. Diese Datei enhält folgende Optionen:

```
CONFIG=""          # example: "-f /etc/syslog.conf"
DEBUG=""           # example: "-d 20"
MARK=""            # example: "-m 20"
IM_BSD=""          # example: "-i bsd"
IM_DOORS=""         # example: "-i doors"
IM_LINUX="-i linux"    # example: "-i linux"
IM_STREAMS=""        # example: "-i streams"
IM_TCP=""          # example: "-i tcp accepted.host.com 514"
IM_UDP=""          # example: "-i udp:514"
IM_UNIX="-i unix"     # example: "-i unix"
# Look in the im_*.8 man pages for more details on these options
```

Hier sind bereits standardmäßig die beiden Module eingetragen. Daher genügt es, lediglich den klassischen *syslog*-Dienst zu deaktivieren und den *msyslog* zu aktivieren. Dies erfolgt bei einer Red Hat Linux-Distribution recht einfach mit:

```
# chkconfig --del syslog
# chkconfig --add msyslog
# chkconfig msyslog on
```

Wenn Sie eine SuSE-Distribution verwenden, unterscheidet sich das Vorgehen in Abhängigkeit von der Version. Bitte lesen Sie die entsprechende Besprechung in dem Kapitel »Snort« beziehungsweise im SuSE-Handbuch.

Nutzung der neuen Fähigkeiten

Wird nur der von den Distributionen verwendete Standard BSD Syslog durch den modularen Syslog ausgetauscht, so ergeben sich noch keine Vorteile. Die zusätzlichen Funktionen des modularen Syslog müssen aktiviert werden, damit sie genutzt werden können. Hierzu sind Anpassungen der Konfigurationsdatei */etc/syslog.conf* und des Aufrufes des Befehls msyslogd erforderlich. Zunächst sollen die unterschiedlichen Optionen beim Aufruf erläutert werden, bevor dann die Anpassung der Konfigurationsdatei beschrieben wird. Abgeschlossen wird die Betrachtung mit der Integritätsüberprüfung der Dateien mit dem peochk-Befehl.

Beim Aufruf des *msyslogd* können die folgenden Optionen angegeben werden:

- -d *level*. Debugging-Level
- -f *file*. Konfigurationsdatei (Default: */etc/syslog.conf*)

- -m *interval*. Intervall in Minuten zwischen –*MARK*– Meldungen (Default: 20, 0 schaltet ab)
- -u. Annahme von Meldungen über UDP-Port (ähnlich -r bei BSD Syslogd)
- -i *module*. Auswahl der Eingabe-Module

Hierbei stehen nun folgende Eingabe-Module zur Verfügung:

- bsd. Kernel-Meldungen eines BSD-Systems
- doors *[pfad]*. Eingabe-Modul für Doors Inter Process Call-(IPC-)Meldungen (Solaris)
- streams *[pfad]*. Eingabe-Modul für Streams Inter Process Call-(IPC-)Meldungen
- tcp. Eingabe-Modul für Meldungen über TCP-Verbindungen

  udp. Eingabe-Modul für Meldungen über UDP-Verbindungen
  - -h *host*. Nimmt auf der Adresse Anfragen an
  - -p *port*. TCP-Port, der geöffnet wird
  - -a. Extrahiert den Rechnernamen (FQDN)
  - -q. Extrahiert den Rechnernamen (nicht FQDN)
- file. Liest aus einer Datei oder Pipe
  - -f *datei*. Liest aus der angegebenen Datei
  - -p *pipe*. Liest aus der angegebenen Pipe
  - -n Name. Legt den Namen fest
- unix *[pfad]*. Liest aus einem UNIX-Socket (Default: */dev/log*)
- linux. Liest die Linux-Kernel-Meldungen
  - -c *level*. Setzt den Log-Level für die Konsole
  - -C *level*. Definiert den Log-Level eines laufenden *msyslog* neu und beendet sich
  - -k *ksym*. Kernel-Symboltabelle (Default: */proc/ksyms*)
  - -s. Verwendet das Syscall-Interface (Default: */proc/kmsg)*
  - -x. Keine Übersetzung der Kernel-Symbole

Um nun den *msyslogd* auf einem lokalen Rechner als Protokolldienst einzusetzen, genügt meist die Angabe von:

```
msyslogd -i unix -i linux
```

Wurde nun eine Anwendung, zum Beispiel ein DNS-Server, in einem *chroot*-Verzeichnis installiert, so benötigt dieser Dienst ein UNIX-Socket zur Protokollierung. Er ist nicht in der Lage, aus seinem *chroot*-Verzeichnis auf den UNIX-Socket */dev/log* zuzugreifen. Dann erfolgt der Aufruf als:

```
msyslogd -i unix -i 'unix /chroot_dns/dev/log' -i linux
```

Der *msyslogd* wird dann beim Start den zusätzlichen UNIX-Socket anlegen.

Wenn der *msyslogd* zusätzlich Daten über das Netzwerk entgegennehmen soll, so wird er aufgerufen mit:

```
msyslogd -i unix -i linux -i 'tcp -p 8000'
```

Hierbei ist jedoch zu beachten, dass die Übertragung mit UDP wie auch mit TCP unverschlüsselt und nicht authentifiziert erfolgt. Daher sollte zur eigentlichen Übertragung *stunnel* eingesetzt werden.

```
msyslogd -i unix -i linux -i 'tcp -h localhost -p 8001'
stunnel -d 8000 -r localhost:8001
```

Weitere Informationen über *stunnel* werden im Kapitel über den Netzwerkeinsatz von Snort besprochen (Abschnitt zu »stunnel« ab Seite 343).

Bei der Anpassung der Konfigurationsdatei */etc/syslog.conf* an die neuen Fähigkeiten ist sicherlich die Signatur der Protokolle mit dem PEO-Protokoll die wichtigste Funktion. Wir werden zunächst jedoch die weiteren Ausgabe-Module betrachten und zum Schluss die Signatur besprechen.

Zur Kompatibilität mit dem Standard BSD Syslog verfügt der *msyslogd* über das Modul *%classic*. Dieses Modul verfügt über die identischen Fähigkeiten. Es erlaubt die Protokollierung in einer Datei bei Angabe eines Dateinamens (*%classic /var/log/messages*). Die Protokollierung auf den Terminals sämtlicher angemeldeter Benutzer erfolgt mit *%classic *** und über eine kommaseparierte Liste können bestimmte Benutzer ausgewählt werden (z. B. *%classic xapfel,ybirne, zorange*. Eine Protokollierung über das Netz auf einem anderen Rechner erfolgt mit der Angabe von %classic @*logserver.example.net*.

Zusätzlich ist der *msyslogd* in der Lage, auf einem beliebigen UDP- oder TCP-Port die Protokollierung durchzuführen. Im Zusammenhang mit der Protokollierung über TCP bietet sich die Verschlüsselung mit *stunnel* an (s.o.). Das Modul *%udp* unterstützt hierbei die Angabe des Rechners (-h) und des Ports (-p). Zusätzlich kann mit der Option -a definiert werden, ob der eigene Rechnername in der Meldung übertragen wird. Beispiel:

```
kern.info    %udp -a -h logserver.example.net -p 514
```

Das Modul *%tcp* unterstützt zusätzlich zu diesen die weiteren Optionen -m und -s. Hiermit ist es möglich, eine maximale Zeit für Verbindungswiederholungen in Sekunden zu definieren und einen Puffer für die Aufnahme der noch nicht gesandten Meldungen zu generieren.

```
# TCP Verbindung zu logserver, Retry 30 Sekunden, Puffer 16384 Bytes
kern.info    %tcp -a -h logserver.example.net -p 8000 -m 30 -s 16384
```

Bei der Wahl zwischen UDP und TCP ist zu berücksichtigen, dass UDP-Pakete verloren werden können. Zusätzlich bieten weitere Werkzeuge (z. B. *stunnel*) die Möglichkeit, TCP-Verbindungen mit SSL zu verschlüsseln.

Ein weiteres sehr interessantes Ausgabe-Modul ist *%regex*. Dieses Modul erlaubt die Ausgabe der Meldungen in Abhängigkeit von einem regulären Ausdruck zu steuern.

Der normale BSD Syslog erlaubt lediglich eine Verwaltung der Protokollmeldungen über die Angabe der *Facility* und der *Priority*. Eine feinere Verwaltung der Meldungen und ihre Aufteilung auf unterschiedliche Protokolldateien ist nicht möglich. Der *msyslogd* ermöglicht mit dem Modul *%regex* die Verwendung von regulären Ausdrücken als Filter. Diese können getrennt auf die Nachricht (-m), den Rechnernamen (-h), das Datum (-d) und die Uhrzeit (-t) angewendet werden. Zusätzlich kann auch der reguläre Ausdruck mit -v invertiert werden (ähnlich *grep*).

Sollen auf einem zentralen Protokollserver die Protokolle für die verschiedenen Protokollclients (*client1* und *client2*) in unterschiedlichen Dateien abgelegt werden, so kann das durch folgende Einträge erfolgen:

```
*.*        %regex -h 'client1' %classic /var/log/client1.messages
*.*        %regex -h 'client2' %classic /var/log/client2.messages
```

Alle Meldungen, die im Host-Anteil nun den Namen *client1* tragen, werden mit dem %classic-Modul in der Protokolldatei */var/log/client1.messages* abgespeichert.

Das Modul *%regex* erlaubt so eine sehr feinfühlige Verteilung der Meldungen auf unterschiedliche Protokolldateien und -server.

Zwei weitere Module, die die Auswertung der Protokollmeldungen vereinfachen können, sind *%pgsql* und *%mysql*. Hiermit ist es möglich, Syslog-Meldungen direkt in einer Datenbank zu protokollieren. Dies erlaubt später eine einfache Suche und Korrelation der Daten. Zusätzlich besteht die Möglichkeit, mit anderen Systemen recht einfach eine Auswertung der Daten (z. B. Apache/PHP gestützt) vorzunehmen. Im Folgenden soll kurz die Konfiguration der Protokollierung in einer MySQL-Datenbank beschrieben werden.

Um die Protokollierung des *msyslogd* in einer Datenbank zu ermöglichen, ist es zunächst erforderlich, den MySQL-Datenbankserver und -client zu installieren. Dies erfolgt am einfachsten mit den Werkzeugen der Distribution. Nach der Installation und dem Start des MySQL-Datenbankservers müssen Sie das Kennwort des Datenbankadministrators *root* ändern. Dies erfolgt mit dem Befehl mysqladmin. Ein Beispielaufruf ist im Folgenden abgedruckt:

```
# mysqladmin -u root password "n3u3sk3nnw0rt"
```

Nun sollte die Datenbank für die Protokollierung durch *msyslogd* angelegt werden. Dies erfolgt mit den Befehlen:

```
# mysql -u root -p
Enter password:
Welcome to the MySQL monitor.  Commands end with ; or \g.
Your MySQL connection id is 12 to server version: 3.23.49

Type 'help;' or '\h' for help. Type '\c' to clear the buffer.

mysql> CREATE DATABASE syslog;
Query OK, 1 row affected (0.01 sec)

mysql> use syslog;
Database changed
mysql>  CREATE TABLE syslogTB (
    -> facility char(10),
    -> priority char(10),
    -> date date,
    -> time time,
    -> host varchar(128),
    -> message text,
    -> seq int unsigned auto_increment primary key
    -> );
Query OK, 0 rows affected (0.00 sec)
mysql> GRANT INSERT ON syslog.* TO msyslogd IDENTIFIED BY 'kennwort';
Query OK, 0 rows affected (0.00 sec)

mysql> quit;
Bye
```

Nun kann *msyslogd* in diese Datenbank protokollieren. Hierzu wird die folgende Zeile in der Konfigurationsdatei benötigt:

```
*.*     %mysql -s host:port -u msyslogd -p kennwort -d syslog \
                -t syslogTB -F -P
```

Die beiden Module *%mysql* und *%pgsql* benötigen identische Datenbankschemata und unterstützen auch die gleichen Optionen. Diese Optionen haben hierbei die folgende Bedeutung:

-s *host:port*	MySQL-Server. Der Port ist optional.
-u *user*	MySQL-Benutzer. Dieser Benutzer muss das Recht haben, Einträge hinzuzufügen.
-p *password*	Klartextkennwort. Achtung: Diese Datei sollte anschließend nicht für alle Benutzer lesbar sein!

-d *database*	Name der Datenbank
-t *table*	Name der Tabelle in der Datenbank
-D	Verzögerte Einfügungen (*Nur MySQL*: Hierbei erhält der Client sofort eine Bestätigung. Der tatsächliche Insert erfolgt verzögert. Dies beschleunigt die Zusammenarbeit mit MySQL!)
-F	Trage *facility* in einer eigenen Spalte ein
-P	Trage *priority* in einer eigenen Spalte ein

Das interessanteste Modul ist jedoch sicherlich das Modul %peo. Dieses PEO Modul verkettet die einzelnen Meldungen in einer Protokolldatei miteinander. Eine Modifikation der Protokolle wird daher später auffallen. Hierzu kann das Modul die Hash-Algorithmen MD5, SHA-1 (Default) oder RipeMD160 einsetzen.

Um diese Verkettung durchzuführen, verknüpft das Modul einen Schlüssel mit der ersten Meldung. Das Ergebnis wird wieder als Schlüssel für die nächste Meldung abgelegt. Bei der Überprüfung der Protokolldatei wird dieser Vorgang wiederholt. Dazu wird der initiale Schlüssel an einem sicheren Ort gespeichert. Die Konfiguration des Moduls %peo bietet drei Optionen:

-k *key*	Schlüssel, der für die Verknüpfung der nächsten Meldung verwendet wird
-l	Line Corruption Mode. Dieser Modus erlaubt es, die Zeile zu erkennen, auf der die erste Modifikation erfolgte. Hierzu wird eine zweite Datei angelegt. Diese Datei trägt denselben Namen wie die Schlüsseldatei mit der zusätzlichen Endung *.mac*.
-m *hash*	Hash-Methode. Möglich sind md5, sha1 und rmd160. Default ist sha1.

Eine Beispielskonfiguration des Moduls *%peo* könnte so aussehen:

```
*.*    %peo -l -k /var/ssyslog/.var.log.messages.key  %classic /var/log/messages
```

Damit diese Verkettung erfolgen kann, ist jedoch ein Initialisierungsvektor erforderlich. Die Erzeugung des initialen Schlüssels und auch die Überprüfung der Datei erfolgt mit dem Befehl peochk.

Um den initialen Schlüssel zu generieren, ist folgender Aufruf erforderlich:

```
# mkdir /var/ssyslog
# peochk -g -f /var/ssyslog/.var.log.messages.key -i messages.key0
```

Der Befehl peochk generiert nun einen Schlüssel und legt diesen in Binärformat in der Datei */var/ssyslog/.var.log.messages.key* ab. In ASCII-Format wird der

Schlüssel in der Datei *messages.key0* erzeugt. Diese ASCII-Datei sollte kopiert oder ausgedruckt und vom Rechner entfernt werden.

Anschließend muss die Protokolldatei rotiert werden. Das Modul %*peo* funktioniert nur, wenn es mit einer leeren (aber existenten) Protokolldatei beginnt.

Um die Integrität der Datei zu testen, kann nun ebenfalls das peochk-Werkzeug verwendet werden. Hierzu muss zunächst die Datei *messages.key0* zur Verfügung stehen. Dies kann zum Beispiel mit einer Diskette erfolgen. Diese Datei sollte auf dem Rechner selbst aus Sicherheitsgründen gelöscht werden.

```
# peochk -f /var/log/messages -i messages.key0 -k
/var/ssyslog/.var.log.messages.key
(0) /var/log/messages file is ok
```

Der Befehl peochk unterstützt einige weitere Optionen. Der Vollständigkeit halber werden hier noch einmal alle aufgeführt:

-f *log*	Protokolldatei. Default ist die Standardeingabe.
-g	Generiere initialen Schlüssel.
-i *key0*	Initialer Schlüssel in ASCII
-k *key*	Schlüssel in Binärformat
-l	Prüfe, in welcher Zeile die Korruption auftritt. Erfordert die MAC-Datei, die von dem Modul %peo mit der Option -l angelegt wird.
-m	Hash-Algorithmus (md5, rmd160 oder sha1 (Default)).
-q *Quiet*	Ausgabe einer 0, wenn die Datei nicht verändert wurde. Ansonsten wird eine 1 und die Zeilennummer (-l) ausgegeben, auf der die Korruption auftritt.

12.3 Zeitsynchronisation

Die zentrale Protokollierung vom Meldungen vereinfacht bereits stark die Korrelation von Ereignissen. So können auf dem zentralen Protokollserver die Meldungen unterschiedlichster Rechner in einer zentralen Datei abgelegt werden. Dies vereinfacht sehr stark ihre Zuordnung.

Häufig ist das jedoch aus Sicherheitsgründen nicht möglich. Es wird nicht gewünscht, dass Rechner, die sich in der demilitarisierten Zone (DMZ) einer Firewallstruktur befinden, Netzwerkzugriff auf Rechner hinter der Firewall erhalten, auch wenn es sich nur um zu übertragende Protokollmeldungen handelt. Dann werden gerne die Protokolle lokal abgelegt und in regelmäßigen Abständen von innen abgeholt oder lokal analysiert.

In anderen Fällen müssen die Protokolle mit anderen Informationsquellen, z. B.
tcpdump-Netzwerk-Mitschnitten oder Webserver-Protokollen verglichen werden.
Der Webserver protokolliert üblicherweise selbstständig und nicht über den Sys-
tem-Syslog. Daher ist eine zentrale Protokollierung nur aufwändig zu gestalten.

In den genannte Fällen ist es nun für eine Protokoll-Analyse und einen Vergleich
der Systeme unabdingbar, dass diese Systeme eine gemeinsame Zeitbasis nutzen.
Hierfür wird unter UNIX und Linux das NTP-Protokoll eingesetzt. Jede Distribution verfügt über ein Paket, welches in der Lage ist, dieses Protokoll als Client
und Zeitserver anzubieten. Dabei handelt es sich um das ntp-Paket von *http://
www.cis.udel.edu/~ntp*. Dieses Paket wird üblicherweise von den Distributionen
als *ntp-*.rpm* vertrieben.

Im Folgenden wird der Einsatz beschrieben.

12.3.1 Erste Synchronisation

Nach Installation des Paketes als RPM-Paket mithilfe des Quelltextpaketes von
der oben angegebenen URL sollte der Rechner einmal manuell synchronisiert
werden. Wenn die Rechneruhr und die Referenzzeit weit voneinander abweichen, kann es ansonsten zu ungewöhnlichen Nebeneffekten kommen. Die einmalige Synchronisation erfolgte in der Vergangenheit mit dem Befehl ntpdate.
Dieser Befehl wird jedoch in einer der nächsten *ntp*-Distributionen verschwinden
und wurde bereits ersetzt durch den Befehl ntpd -q. Mit der Option -q emuliert
der ntpd den Befehl ntpdate.

Um die Synchronisation durchzuführen, wird eine Zeitquelle benötigt. Diese
kann ganz unterschiedlicher Natur sein. Es existieren Treiber für DCF-77-Uhren,
GPS-Karten usw. Die Konfiguration der einzelnen Hardware-Zeitquellen ist
jedoch für eine Besprechung zu aufwändig. Daher wird im Weiteren davon ausgegangen, dass als Zeitquelle mehrere NTP-Server im Internet zur Verwendung
kommen. Es existieren eine ganze Reihe von öffentlichen kostenlosen NTP-
Servern. Eine Liste freier NTP-Server finden Sie unter *http://www.eecis
.udel.edu/~mills/ntp/clock1.htm*.

Solange der ntpdate-Befehl noch zur Verfügung steht, kann folgender Befehl für
eine erste Synchronisation eingegeben werden (Der Befehl ntpd -q benötigt eine
Konfigurationsdatei, s.u.):

```
# ntpdate <server>  # z. B. ntp0.uni-erlangen.de
22 Jul 13:47:10 ntpdate[5752]: adjust time server 131.188.3.220 offset 0.018978
sec
# ntpd -q              # Die Konfigurationsdatei muss existieren
ntpd: time slew 0.012685s
```

12.3.2   Konfiguration und Einsatz

Der Aufruf von `ntpdate` führt jedoch nur eine erste Synchronisation durch. Anschließend werden die beiden Uhren (lokale Rechneruhr und Zeitquelle) wieder auseinander laufen. Um dies zu vermeiden, ist es sinnvoll, den Zeitserver zu installieren. Der Zeitserver (`ntpd`) ist in der Lage, sich selbst in regelmäßigen Abständen mit einer Zeitquelle zu synchronisieren und diese Information auch weiteren Clients zur Verfügung zu stellen.

Die Konfiguration des Zeitservers ist sehr einfach. Er benötigt eine Konfigurationsdatei */etc/ntp.conf*. Im Wesentlichen müssen in dieser Datei die Zeitquellen aufgeführt werden. Dies können lokale GPS-Empfänger, aber auch andere Zeitserver im Internet sein. Die Zeitquellen werden auf einzelnen Zeilen mit dem Schlüsselwort `server` definiert:

Listing 12.1: Konfigurationsdatei */etc/ntp.conf*

```
server ntp0.uni-erlangen.de # Universität Erlangen
server ntp0.fau.de          # Universität Erlangen
server ptbtime1.ptb.de      # Physikalisch-Technische Bundesanstalt Braunschweig
server chronos.cru.fr       # Universität in Rennes, Frankreich
driftfile /etc/ntp/drift
```

Nach dem Start des NTP-Servers `ntpd` kann die Synchronisation verfolgt werden:

```
# service ntpd start   # SuSE rcntpd start
# ntpq -p
     remote           refid      st t when poll reach   delay   offset  jitter
==============================================================================
 ntp0-rz.rrze.un 0.0.0.0         16 u    -   64    0   0.000    0.000 4000.00
 ntp0-rz.rrze.un .GPS.            1 u    1   64    1  68.798   25.557   0.008
 ntp1.ptb.de     .PTB.            1 u    3   64    1  55.806   28.373   0.008
 chronos.cru.fr  .GPS.            1 u    4   64    3  56.858   30.467  11.900
```

Die Aktualisierung der Anzeige benötigt jedoch nach dem Start des NTP-Servers einige Sekunden bis zu einigen Minuten.

Dieser NTP-Server kann nun von anderen Clients im Netzwerk verwendet werden, um eine Zeitsynchronisation durchzuführen. Generell sollten pro Netzwerk zwei interne Zeitserver zur Verfügung stehen, die sich mit externen Quellen synchronisieren. Alle weiteren Rechner können dann diese beiden Zeitserver kontaktieren.

12.3.3   Sicherheit von ntpd

NTP ist ein integraler Dienst, wenn er verwendet wird. Eine Unterwanderung dieses Dienstes oder gar die Möglichkeit, falsche Zeiten an diesen Dienst melden zu können, würde die Zeitsynchronisation vereiteln und eine Korrelation der

Ereignisse vollkommen unmöglich gestalten. Daher ist es wichtig, dass die Sicherheit dieses Dienstes gewährleistet ist. Dazu sind einige weitere Einträge in der Konfigurationsdatei nötig.

Listing 12.2: Sichere Konfiguration von NTP

```
# Standard: Vertraue niemanden
restrict default notrust nomodify

# Vertraue der Zeit der folgenden vier Server
restrict ntp0.uni-erlangen.de mask 255.255.255.255 nomodify notrap noquery
restrict ntp0.fau.de         mask 255.255.255.255 nomodify notrap noquery
restrict ptbtime1.ptb.de     mask 255.255.255.255 nomodify notrap noquery
restrict chronos.cru.fr      mask 255.255.255.255 nomodify notrap noquery

server ntp0.uni-erlangen.de # Universität Erlangen
server ntp0.fau.de          # Universität Erlangen
server ptbtime1.ptb.de      # Physikalisch-Technische Bundesanstalt Braunschweig
server chronos.cru.fr       # Universität in Rennes, Frankreich

# Erlaube interne Clients
restrict 192.168.115.0      mask 255.255.255.0 nomodify notrust notrap
```

NTP verwendet als Server den UDP-Port 123. Meist verwendet der Client auch diesen Port. Es existieren jedoch auch einige Clients, die einen unprivilegierten Port für die Verbindung mit dem Server verwenden. Das bedeutet, dass natürlich die zwei internen NTP-Zeitserver über diesen Port externe Systeme kontaktieren müssen. Eine Firewall muss diesen Zugang erlauben. Alternativ bietet sich auch der Kauf von DCF77- oder GPS-Hardware an, die vom System direkt ausgelesen und per NTP im Netzwerk zur Verfügung gestellt wird.

Kapitel 13

Datenschutz-Aspekte in einem Unternehmensnetzwerk

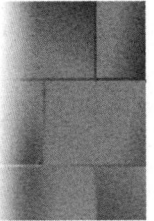

Wenn ein Intrusion Detection-System in einem kleinen Heimarbeitsnetz eingesetzt wird, ist dieser Einsatz eigentlich unproblematisch. Es existiert dort normalerweise kein Bedarf für einen besonderen Schutz der personenbezogenen Daten.
Administrator und Benutzer sind ein und dieselbe Person. Die Person, die das
IDS installiert, protokolliert lediglich die eigenen Daten.

Dies ist nicht der Fall, wenn die ID-Systeme in Unternehmen mit fünf oder 5.000
Angestellten eingesetzt werden. Hier muss sehr wohl der Datenschutz beachtet
werden. Das Kapitel 4, »Rechtliche Fragestellungen beim Einsatz eines IDS« ab
Seite 59 hat bereits die Probleme zu skizzieren versucht, die beim Einsatz eines
Intrusion Detection-Systems entstehen. Dieses Kapitel versucht nun einige Hilfs-
mittel an die Hand zu geben, die es ermöglichen, diesen Einsatz zu bewerten.
Des Weiteren werden Ausschnitte von Benutzerordnungen vorgestellt, die die
Verwendung eines IDS erlauben können.

Alle Schritte sollten jedoch mit dem Datenschutzbeauftragten des Unternehmens
abgesprochen werden. Dieser sollte bei Fragen die erste Anlaufstelle darstellen.

13.1   IDS im Unternehmen

Bei jedem Einsatz von Computern werden Daten verarbeitet. Dies ist nicht erst
der Fall beim Einsatz von Intrusion Detection-Systemen. Sobald hierbei personenbezogene Daten verarbeitet werden, ist der Datenschutz zu berücksichtigen. Damit dies gewährleistet werden kann, existiert das Bundesdatenschutzgesetz (BDSG). Dieses regelt den Datenschutz auf Bundesebene.

Um die Überwachung des Datenschutzes zu garantieren, verlangt das BDSG die
Einsetzung eines Datenschutzbeauftragten. Dieser Datenschutzbeauftragte muss
sowohl in öffentlichen als auch in nicht-öffentlichen Stellen, die personenbezogene Daten automatisiert erheben, verarbeiten oder nutzen, bestellt werden. Der
§ 4f (BDSG) definiert im Weiteren einige Ausnahmen, die jedoch nur auf sehr
kleine Firmen und öffentliche Stellen zutreffen.

Im Grunde muss jede Firma, die personenbezogene Daten (Personalakten, Kun-
dendaten, Arbeitszeiterfassung) erhebt, speichert und verarbeitet, einen Datenschutzbeauftragten bestellen.

Diese Person muss die für die Aufgabe notwendige Fachkunde und Zuverlässigkeit besitzen. Es besteht die Möglichkeit, diese Aufgabe auf eine externe Person
zu übertragen.

Diese Person sollte bei allen Fragen die erste Anlaufstelle darstellen.

Beim Einsatz des IDS sollte in Absprache mit dem Betriebsrat, der ein Mit-
bestimmungsrecht in diesem Punkt besitzt, der Anwender über die Tatsache der
Protokollierung aufgeklärt werden. Dies erfolgt sinnvollerweise in einer Benutzerordnung (siehe Abschnitt 13.2, »Benutzerordnungen« ab Seite 389). Hierbei
sollte die private Nutzung der Internetdienste nicht erlaubt werden. Dies ermög-

licht eine anschließende Überwachung durch das Unternehmen. Sobald eine private Nutzung erlaubt ist, ist das Unternehmen Diensteanbieter und muss das Fernmeldegeheimnis beachten!

Es existieren im Grunde die drei folgenden Möglichkeiten:

- Das Unternehmen bietet keine Dienste für Dritte an. Die eigenen Benutzer dürfen die Dienste nicht privat nutzen. Alle Verbindungen, die von außen aufgebaut werden, werden entweder durch eigene Benutzer, die von einem Telearbeitsplatz auf das Unternehmen zugreifen, initiiert oder sind mögliche Angriffe. Die eigenen externen Benutzer werden ebenfalls von der Benutzerordnung über den Zweck und die Art der Protokollierung aufgeklärt und haben ihr zugestimmt. Der Angreifer hinterlässt üblicherweise keine personenbezogenen Daten. Selbst wenn dies der Fall sein sollte, so ist wahrscheinlich das Interesse des Unternehmens an der Früherkennung von Angriffen schutzwürdiger als das Interesse des Angreifers, unerkannt zu bleiben. Die grundsätzliche Speicherung dieser Verbindungsdaten ist dann wahrscheinlich zulässig.

- Das Unternehmen erlaubt die private Nutzung des Internets durch die eigenen Anwender. Dann ist die grundsätzliche Protokollierung der Verbindungsdaten nicht erlaubt und durch das Telekommunikationsgesetz (TKG) als Fernmeldegeheimnis geschützt. Eine Protokollierung ist wahrscheinlich nur in Ausnahmefällen bei Verdacht einer Störung und bei einem begründeten Verdacht gegen einen Mitarbeiter möglich. Die letztere Variante muss jedoch mit dem Betriebsrat abgesprochen werden. Das bedeutet, das IDS darf lediglich die problematischen Netzwerkpakete protokollieren. Die Benutzerordnung sollte über die Art und den Umfang der Protokollierung aufklären.

- Das Unternehmen bietet Dienste für Dritte im Internet an. Dies kann zum Beispiel in Form eines Webservers oder eines Internet News Servers erfolgen. Das Unternehmen darf erneut keine personenbezogenen Verbindungsdaten protokollieren. Die Speicherung der personenbezogenen Daten darf gemäß dem Teledienstedatenschutzgesetz nur in dem Maße erfolgen, in dem sie für die Aufrechterhaltung des Betriebes und die Abrechnung erforderlich sind. Diese Daten sind zweckgebunden. Um den Betrieb aufrechtzuerhalten, wird jedoch das IDS wahrscheinlich mögliche Angriffe protokollieren dürfen. Das bedeutet, dass das IDS nicht grundsätzlich sämtliche Daten protokollieren darf, wenn sie personenbezogene Daten enthalten.

13.2 Benutzerordnungen

Die einfachste Methode, den Anwender über die Art und den Umfang der Protokollierung und die Verwendung der personenbezogenen Verbindungsdaten aufzuklären, ist es, die entsprechenden Informationen in einer Benutzerordnung oder einer Betriebsvereinbarung niederzulegen. Es kann sich auch um eine Ergänzung des Arbeitsvertrages handeln.

Im Folgenden werden Auszüge aus Beispiel-Benutzerordnungen vorgestellt. Es werden einige URLs genannt, unter denen öffentliche Stellen ihre Benutzerordnungen oder Orientierungshilfen veröffentlicht haben.

Der Landesbeauftragte für den Datenschutz des Landes Saarland hat unter *http://www.lfd.saarland.de/dschutz/BRLInt.htm* eine Beispiel-Benutzerrichtlinie veröffentlicht.

Die wesentlichen Punkte dieser Benutzerordnung sind:

- Unter Punkt 2:
  - »Die Nutzung der erlaubten Dienste ist ausschließlich zu dienstlichen/geschäftlichen Zwecken und im ausdrücklich erlaubten Umfang zur Erledigung Ihrer Aufgaben gestattet. Die Nutzung der Dienste zu privaten Zwecken ist – auch aus Kostengründen – untersagt.«
  - »Das Ausprobieren, ob weitere Dienste als die ausdrücklich erlaubten zur Verfügung stehen und evtl. genutzt werden können, ist unzulässig.«

- Unter Punkt 6:
  - »Jeder Datenverkehr innerhalb des Lokalen Netzes und zwischen dem Lokalen Netz und dem Internet kann/wird einer automatischen vollständigen/gezielten Protokollierung (Verbindungs- und Inhaltsdaten) unterzogen.«
  - »Die Protokolle werden für den Zeitraum von wenigstens einem Jahr aufbewahrt und bei Verdacht auf einen Sicherheitsverstoß durch eigens hierfür Berechtigte ausgewertet. ...«

Diese Punkte definieren die Nutzung des Internets nur für dienstliche/berufliche Zwecke und erlauben die Protokollierung der Verbindungs- und Inhaltsdaten.

Der Hauptpersonalrat des Landes Berlin veröffentlicht unter *http://www.berlin .de/hpr/dv-8.html* die Dienstvereinbarung über die Nutzung des Internets und anderer elektronischer Informations- und Kommunikationsdienste in der Berliner Verwaltung.

Die wesentlichen Ausführungen dieser Vereinbarung sind in § 3:

- »Um unbefugte Eingriffe in das Berliner Verwaltungsnetz (Berliner Landesnetz BELA, Metropolitan Area Network MAN) und die lokalen Netze (z. B. durch Hacking, Viren, Ausspähen, Einschleusen trojanischer Pferde) verfolgen zu können, dürfen Zugriffe auf die Dienste mit den Daten Proxy, Zeit, Ziel beim zentralen Infrastrukturbetreiber protokolliert werden.«
- »Zum ordnungsmäßigen Betrieb der Brandmauer-Rechner (Firewalls) zwecks Durchlassens zulässigen oder Stoppens nicht zulässigen Netzverkehrs und der vermittelnden Rechner (Proxies) werden personenbezogene Daten wie Rechneradresse oder Nutzerkennung nur soweit und nur solange in Verbin-

dung mit Kommunikationsinhaltsdaten wie Ziel unter Wahrung der gesetzlichen Zweckbindung gespeichert, wie dies für die Sicherstellung der Betriebsfähigkeit zwingend erforderlich ist.«

Des Weiteren veröffentlicht der Hauptpersonalrat des Landes Berlin auch eine Musterdienstanweisung. Diese enthält ein weiteres Mal den Hinweis auf die nicht erlaubte private Nutzung des Internets.

Der Datenschutzbeauftragte des Landes Nordrhein-Westfalen veröffentlicht unter *http://www.lfd.nrw.de/fachbereich/fach_9_1_1.html* eine Orientierungshilfe für datenschutzgerechte Nutzung von E-Mail und Internetdiensten am Arbeitsplatz.

Eine weitere Musterdienstanweisung wird vom Datenschutzbeauftragten des Landes Mecklenburg-Vorpommern unter *http://www.lfd.m-v.de/download/mdv_intn.html* veröffentlicht.

Weitere Quellen sind *http://hagen.tbs-nrw.de/aschwerp/down/a6.pdf* (Technologieberatungstelle Südwestfalen), *www.lrz-muenchen.de/~rgerling/pdf/email97.pdf* (Landesrechnungzentrum München), *http://home.nikocity.de/schmengler/hbv/bv/bv_net.htm* (Beispiel von Uwe Schmengler) und *http://www.arbeitsrecht.de/abisz/kommentare/kommentar9.htm* (Rechtsanwalt Thomas Adam, Rechtsreferendarin Silvia Pestke, Bremen).

Weitere Quellen lassen sich sicherlich leicht im Internet finden.

Wichtig bei einer derartigen Dienstanweisung oder Betriebsvereinbarung ist jedoch, dass die Benutzer diese Anweisung gelesen, verstanden und dies auch schriftlich quittiert haben.

Um dies einwandfrei nachvollziehen zu können, sollte die Dienstanweisung für jeden Beteiligten zweimal ausgedruckt werden. Nach dem Studium der Dienstanweisung sollte diese auf der letzten Seite vom Anwender unterschrieben werden.

Hierzu kann folgender Beispieltext verwendet werden:

Kenntnisnahme
Mit meiner Unterschrift bestätige ich den Erhalt und die Kenntnisnahme dieser Dienstanweisung. Ich verpflichte mich zu deren Einhaltung. Über die von mir zu verantwortenden Sicherheitsmaßnahmen bei der Nutzung des Internet und anderer Dienste bin ich informiert. Mir ist bewußt, dass bei Verstößen gegen diese Arbeitsanweisung entsprechende Maßnahmen eingeleitet werden können.

Name:

Personalnummer:

Ort:

Datum:

Unterschrift:

Teil IV

Incident Response – Reaktion und Wiederherstellung

Häufig werden die Maßnahmen zur Sicherheit von Rechnern und Netzwerken wie eine simple Liste von den Unternehmen abgearbeitet. Hierbei erhalten die entsprechenden Punkte dieser Liste einmalig eine gewisse Aufmerksamkeit. Bestimmte Lösungen werden implementiert und der Punkt auf der Liste abgehakt. Anschließend wenden sich die Unternehmen wieder anderen scheinbar wichtigeren Aufgaben zu.

Die Unternehmen gehen davon aus, dass 100% Sicherheit gegeben ist, sobald die entsprechenden Maßnahmen getroffen wurden. Leider wird viel zu häufig verkannt, dass Sicherheit kaum messbar ist.[1] Sicherheit ist ein Prozess und muss ständig gepflegt werden. Hierzu ist es erforderlich, dass im Vorfeld bereits gewisse Vorbereitungen getroffen wurden und ständig die eingerichteten Lösungen überwacht werden. Ein wesentlicher Punkt bei einem Sicherheitskonzept ist die *Incident Response*. Hiermit bezeichnet man die Reaktion auf einen unerlaubten Vorgang.

Die erfolgreiche Incident Response erfordert eine genaue Planung im Vorfeld. Eine effektive Incident Response-Planung ist vergleichbar mit der Planung für den Fall eines Feuerausbruches. Die Incident Response, die Reaktion auf den Vorfall, ist vergleichbar mit der Brandbekämpfung.

---

1 Gibt es 90% Sicherheit? Was sind 90% Sicherheit? Jeder zehnte Angreifer ist erfolgreich!

Kapitel 14

Reaktion auf den Einbruch

Im Teil 1 des Buches wurde bereits eine ganze Reihe an Maßnahmen besprochen, die für eine erfolgreiche Reaktion auf einen Einbruch sinnvoll sind. Hierzu gehört die Bildung eines Notfallteams und die Erstellung eines Notfallplans. In diesem Teil soll davon ausgegangen werden, dass diese Maßnahmen durchgeführt und abgeschlossen wurden. Hier sollen nun allgemeine Ratschläge gegeben werden, die nach einem Einbruch hilfreich sein können.

14.1 Do not Panic!

Die wichtigste Regel bei einem Einbruch lautet: *Do not Panic!* Um dies zu gewährleisten und keine falsche Richtung einzuschlagen, ist es wichtig, den Notfallplan zu kennen. Wenn dieser nicht bekannt ist, ist dies nun der richtige Zeitpunkt, ihn zu lesen. Der Notfallplan sollte wie alle anderen Sicherheitsrichtlinien nur wenige Seiten umfassen. Dies lässt sich in wenigen Minuten lesen. Außerdem sollten alle weiteren Sicherheitsrichtlinien des Unternehmens bekannt sein. Beispiele für Sicherheitsrichtlinien wurden bereits im ersten Teil des Buches gegeben und können in dem Buch *Writing Information Security Policies* von Scot Barman nachgelesen werden. Dies erlaubt der handelnden Person entsprechend der Unternehmenspolitik zu reagieren und zu entscheiden.

Sind diese Eck-Richtlinien bekannt, so sollte zunächst das betroffene kompromittierte System vom Netzwerk getrennt werden.[1] Dies stellt sicher, dass der Angreifer keine weiteren Aktionen auf dem System ausführen kann und das System keine Gefahr für weitere Systeme darstellt. Das System sollte nicht sofort abgestellt werden. Ein Ausschalten des Systems könnte möglicherweise sehr wertvolle flüchtige Daten zerstören, die bei der forensischen Analyse des Systems Hinweise auf den Einbrecher geben könnten.

Nun ist es wichtig, das System einer ersten Analyse zu unterziehen. Hierbei ist es sinnvoll, sich auf Scripts zu verlassen, die die Analyse automatisch durchführen. Lesen Sie das Kapitel 16, »Analyse des Rechners nach einem Einbruch« ab Seite 415, für die Vorgehensweise in diesem Fall. Das Werkzeug *grave-robber* aus dem *The Coroner's Toolkit* ist eine geeignete Anwendung für diesen Fall. Hierbei ist besonders wichtig, auf mögliche Anzeichen eines Sniffers zu achten (Netzwerkkarte in promiscuous Mode). Ein Sniffer kann eine sofortige Reaktion erfordern, da der Einbrecher möglicherweise in der Lage war, Kennworte zu ermitteln.

Anschließend sollte die Festplatte für eine spätere forensische Analyse gesichert werden. Hierbei ist die Beachtung der Sicherheitsrichtlinien erforderlich. Möglicherweise befinden sich auf dem System sensitive Daten, die nicht in die Hände von Jedermann gelangen dürfen. Dann gilt dies auch oder umso mehr für die

---

1 Zuvor sollten möglicherweise vorhandene Netzwerkverbindungen protokolliert werden (siehe Abschnitt 16.2, »Dokumentation der Analyse« ab Seite 418).

gesicherten Daten des Systems. Diese Daten müssen so gelagert werden, dass ein Zugriff nur für autorisierte Personen möglich und eine nachträgliche Modifikation der Daten unmöglich ist.

Für die weitere Analyse verweise ich hier auf das entsprechende Kapitel 16, »Analyse des Rechners nach einem Einbruch« ab Seite 415.

Abschließend soll noch in Erinnerung gerufen werden, dass das System, auf dem der Einbruch erkannt wurde, nicht das einzige betroffene System sein muss. Es kann auf weiteren Systemen ein Einbruch stattgefunden haben. Das betroffene System und seine Umgebung sollten auf mögliche Anzeichen weiterer Einbrüche untersucht werden. Es gibt nichts peinlicheres als alle zwei Tage einen weiteren Einbruch zu melden.

14.2 Meldung des Einbruchs

Nach einem Einbruch ist es wichtig, dass alle zuständigen Stellen ausreichend und hinreichend schnell über den Einbruch und sein Ausmaß informiert werden. Dies sollte zunächst sofort nach der Entdeckung des Einbruchs geschehen. Die Form und die Ansprechpartner sollten im Notfallplan definiert sein. Des Weiteren sollte der Notfallplan definieren, wann und in welchem Umfang weitere Berichte zu verfassen sind.

Ist im Vorfeld genau geklärt worden, wer in welchem Umfang informiert werden muss, so können später im tatsächlichen Einbruchsfall keine Missverständnisse auftreten. Hierbei sollte jedoch auch eindeutig geklärt sein, wie weit diese Informationen veröffentlicht werden dürfen. Eine frühe Veröffentlichung von möglicherweise nicht korrekten oder widersprüchlichen Daten ist häufig kontraproduktiv. Derartige Meldungen können Panik bei den Benutzern oder Kunden erzeugen. Außerdem besteht die Gefahr, dass bei widersprüchlichen Meldungen, die sich vielleicht später auch als falsch herausstellen, das Ansehen des Unternehmens stark leidet. Es kann der Eindruck entstehen, dass die Kräfte, die für die Sicherheit verantwortlich sind, nicht den Überblick über die Situation behalten.

Die initiale Meldung sollte kurz und knapp die bekannten Informationen über den Einbruch und eine Abschätzung seines Ausmaßes und seiner Gefährlichkeit enthalten. Als Anhalt können die folgenden Stichpunkte dienen:

- Wann wurde der Einbruch erkannt?
- Wann hat wahrscheinlich der Einbruch stattgefunden?
- Wie erlangte der Einbrecher Zugang zum System?
- Was hat der Einbrecher auf dem System modifiziert?
- Welche Sofortmaßnahmen sind erforderlich? (Wenn ein Sniffer installiert wurde, ist es sinnvoll, sofort alle Kennworte zu ändern.)

Diese Meldung sollte, wenn möglich, an dem Tag erfolgen, an dem auch der Einbruch erkannt wurde. Um diese Meldung zu vereinfachen, sollten für diese Meldungen vorgefertigte Vordrucke existieren, in die die relevanten Informationen nur eingetragen werden müssen.

Im Folgenden soll ein Beispiel für eine derartige Meldung vorgeschlagen werden:

```
An: "Security-Verteiler" security@nohup.info
Betreff: Vorläufiger Bericht eines (möglichen) Einbruchs auf ......

Am ....... wurden (verdächtige) Ereignisse auf ....... festgestellt, die den
Verdacht erzeugen, dass auf diesem System ein Einbruch stattgefunden hat.
Wir sind (nicht) in der Lage, dies bisher zu bestätigen.
Wir haben (nicht) bereits mit der Analyse des Einbruchs begonnen.

Von dem Einbruch sind die folgenden Rechner (wahrscheinlich) betroffen:
..................  IP .................
..................  IP .................
..................  IP .................

Erste Untersuchungen legen den Verdacht nahe, dass der (externe/interne)
Einbrecher am ......... Zugang auf den Maschinen erlangte. Dieser Zugang
erfolgte wahrscheinlich über .............
Der Einbrecher kam dabei von den folgenden Rechnern:
..................  IP .................
..................  IP .................

Alle weiteren Verbindungen der oben aufgeführten Rechner der Gruppe 1 und 2
müssen daher als verdächtig eingestuft werden.

Alle in diesem Bericht aufgeführten Informationen sind streng vertraulich und
vorläufig. Diese Informationen können sich durch eine genauere Analyse als
falsch herausstellen. Weitere wertvolle Informationen können aber auch gewonnen
werden. Sobald weitere Informationen zur Verfügung stehen, wird ein
ausführlicherer Bericht erstellt werden.
```

Sobald die Analyse genauere Daten geliefert hat oder der Notfallplan oder die Sicherheitsrichtlinien es erfordern, sollte ein ausführlicher Bericht erstellt und an die zuständigen Personen übermittelt werden.

Der ausführliche Bericht sollte versuchen, eine Antwort auf die folgenden Fragen zu liefern:

- Wann wurde der Einbruch erkannt?
- Wie wurde der Einbruch erkannt?
- Wann fand der Einbruch statt?
- Wie fand der Einbruch statt (Sicherheitslücke)?
- Wie tief ging der Einbruch (*root*)?

- Wurde das System modifiziert?
- Von wo erfolgte der Einbruch (intern/extern)?
- Welches Ziel verfolgte der Einbrecher wahrscheinlich?

Um die Erzeugung eines derartigen Berichtes zu vereinfachen, soll auch hier ein Beispiel vorgestellt werden:

```
An: "Security-Verteiler" security@nohup.info
Betreff: (Abschluss-) Bericht eines  Einbruchs auf ......

Am ....... wurden Ereignisse auf ....... festgestellt die den
Verdacht erzeugten, dass auf diesem System ein Einbruch stattgefunden hat.
Dieser Einbruch wurde (nicht) bestätigt.
Die Analyse des Einbruchs wurde (noch nicht) abgeschlossen.

Von dem Einbruch sind die folgenden Rechner betroffen:
.................. IP .................
.................. IP .................
.................. IP .................

Die Untersuchungen legen den Verdacht nahe, dass der (externe/interne)
Einbrecher am ......... Zugang auf den Maschinen erlangte. Dieser Zugang
erfolgte  über .............
Der Einbrecher kam dabei von den folgenden Rechnern:
.................. IP .................
.................. IP .................

Dieser Einbruch war ein Einbruch auf root-Ebene.
Es wurde ein Sniffer installiert.
Dateien des Systems wurden modifiziert.

Die Systeme sind seitdem gereinigt worden und haben ihren Betrieb bereits
wieder aufgenommen.

Alle in diesem Bericht aufgeführten Informationen sind streng vertraulich.
Die Daten, auf die sich dieser Bericht bezieht, wurden bei ..........
archiviert.
```

Diese Meldungen sollen intern im betroffenen Unternehmen an die verantwortlichen Stellen geleitet werden. Dies sind die Mitglieder des Notfallteams selbst, aber auch die Leiter der betroffenen Abteilungen. Nähere Angaben sollten in dem Notfallplan enthalten sein.

Wenn bei der Analyse erkannt wird, dass der Einbrecher eine neue Sicherheitslücke auf dem Betriebssystem oder in einer Anwendung ausgenutzt hat, die noch nicht bekannt ist, so sollten der Hersteller kontaktiert und ihm möglichst viele Informationen zur Verfügung gestellt werden, damit er in der Lage ist, die Sicherheitslücke zu analysieren und einen Patch zu veröffentlichen.

Häufig ist es aber auch sinnvoll, die entsprechenden Meldungen anderen betroffenen Firmen und öffentlichen Notfallteams zukommen zu lassen. Hierbei sind natürlich die eigenen Sicherheitsrichtlinien zu beachten und die Meldungen dementsprechend anzupassen, sodass keine sensitiven Daten nach außen gelangen.

Es sollte nie vergessen werden, dass der Einbrecher häufig nicht direkt den Angriff durchführt, sondern zuvor auf weiteren Systemen eingebrochen ist, die er nun als Plattform für den Einbruch in Ihrem Unternehmen nutzt. Daher sind möglicherweise die Besitzer bzw. Administratoren der Rechner, von denen der Einbruch ausgeht, dankbar für mögliche Hinweise.

Hierbei sollten jedoch diese Meldungen nicht direkt per E-Mail an den Administrator des entsprechenden Rechners versendet werden. Es besteht dann die Gefahr, dass der Einbrecher diese E-Mail abfangen kann und so möglicherweise gewarnt wird. Hier sollten das Telefon oder alternative E-Mail-Konten gewählt werden. Das nächste Kapitel gibt einige URLs an, die hierbei helfen können.

Eine derartige Zusammenarbeit mit den betroffenen Firmen oder öffentlichen CERTs kann sich zu einer für beide Seiten sehr fruchtbaren Zusammenarbeit entwickeln, bei der beide Seiten zusätzliche Informationen erhalten, die sie alleine nie hätten erlangen können.

14.2.1 Adressenlisten und URLs

Dieses Kapitel wird nun einige Ansprechpartner aufführen, die diese Meldungen erhalten sollen und die bei dem Auffinden der Ansprechpartner helfen können.

Hier sind zunächst die CERTs zu nennen. Die international bedeutendsten CERTs sind:

- CERT/CC *http://www.cert.org*
  Telefon: +1-412-268-7090 24-hour hotline
  Telefax: +1-412-268-6989
  CERT Coordination Center
  Software Engineering Institute
  Carnegie Mellon University
  Pittsburgh, PA USA 15213-3890

- AusCERT *http://www.auscert.org.au*
  Telefon: +61 7 3365 4417
  Hotline: +61 7 3365 4417
  Telefax: +61 7 3365 7031
  Australian Computer Emergency Response Team
  The University of Queensland
  Brisbane
  Qld 4072
  AUSTRALIA

Die für Deutschland wichtigsten CERTs sind:

- Bund (ehemals BSI-CERT) *http://www.bsi.bund.de/certbund/index.htm*

  Bundesamt für Sicherheit in der Informationstechnik
  Referat I 2.1 CERT-Bund
  Postfach 20 03 63
  53133 Bonn
  Telefon: (+49) 01888 / 9582-222
  Telefax: (+49) 01888 / 9582-427
  E-Mail: certbund@bsi.bund.de

- DFN-CERT

  http://www.cert.dfn.de

  Zentrum für sichere Netzdienste GmbH
  Oberstraße 14b
  20144 Hamburg
  Telefon: (+49) 040 / 808077 555
  Telefax: (+49) 040 / 808077 556

Eine Liste mit weiteren europäischen CERTs findet sich unter *http://www.cert.dfn.de/eng/csir/europe/certs.html*.

Die Computer Incident Response Teams haben sich weltweit im *Forum of Incidents and Response Teams (FIRST)* zusammengeschlossen. FIRST ist im Internet erreichbar unter *http://www.first.org*. Hier wird auch eine Liste aller Mitglieder gepflegt: *http://www.first.org/team-info/*. Diese Liste bietet ebenfalls Zugriff auf die verfügbaren CERTs. Eine weitere ausführlichere Liste wird von Klaus-Peter Kossakowski unter *http://www.kossakowski.de/gsir/teams.htm* vorgehalten.

Nun ist es häufig auch sinnvoll, eine Meldung an die weiteren unmittelbar von dem Einbruch betroffenen Einrichtungen zu versenden. Häufig ist jedoch nur ein DNS-Name oder möglicherweise sogar nur eine IP-Adresse bekannt. Um aus diesem DNS-Namen oder der IP-Adresse auf die dazugehörige Einrichtung zu schließen, sind weitere Schritte erforderlich.

Ist nur eine IP-Adresse bekannt, so kann zunächst ein DNS Reverse-Lookup vorgenommen werden. Hierzu bieten sich die Befehle `host` und `dig` unter Linux an. Der Befehl `nslookup` bietet auch diese Funktionalität, jedoch wird dieser Befehl in einer der nächsten Versionen des Nameservers BIND nicht mehr unterstützt werden (deprecated).

```
$ host 207.46.197.100
100.197.46.207.in-addr.arpa domain name pointer microsoft.com.
100.197.46.207.in-addr.arpa domain name pointer microsoft.net.
100.197.46.207.in-addr.arpa domain name pointer www.domestic.microsoft.com.
100.197.46.207.in-addr.arpa domain name pointer www.us.microsoft.com.
$ dig -x 207.46.197.100
```

```
; <<>> DiG 9.2.1 <<>> -x 207.46.197.100
;; global options:  printcmd
;; Got answer:
;; ->>HEADER<<- opcode: QUERY, status: NOERROR, id: 59805
;; flags: qr rd ra; QUERY: 1, ANSWER: 4, AUTHORITY: 5, ADDITIONAL: 5

;; QUESTION SECTION:
;100.197.46.207.in-addr.arpa.   IN    PTR

;; ANSWER SECTION:
100.197.46.207.in-addr.arpa. 3544 IN    PTR   microsoft.com.
100.197.46.207.in-addr.arpa. 3544 IN    PTR   microsoft.net.
... gekürzt ...
```

Wenn diese Anfrage keine sinnvollen Daten liefert, kann vorsichtig eine Anfrage auf dem Port 80 des Rechners unternommen und so festgestellt werden, ob auf dem Rechner ein Webserver installiert wurde und welche Domäne dieser anbietet. Häufig handelt es sich jedoch um eine IP-Adresse, die von einem Internetprovider an Dial-Up-Kunden verteilt wird. Die folgende Adresse wurde zufällig gewählt!

```
$ host  217.82.225.188
188.225.82.217.in-addr.arpa domain name pointer pD952E1BC.dip.t-dialin.net.
```

In diesem Fall bleibt leider nur die Bitte an den Provider, die Angelegenheit zu untersuchen. Wurde tatsächlich ein Einbruch verübt und befindet sich der Provider in Deutschland oder Europa, so besteht die Möglichkeit, dass bei einem Strafantrag die Staatsanwaltschaft in der Lage ist, den Einbruch nachzuvollziehen und den Hacker zur Strecke zu bringen.

Wenn jedoch die Auflösung der IP-Adresse einen sinnvollen Namen ergeben hat oder von vornherein ein DNS-Name bekannt war, so kann eine Suche in der entsprechenden Whois-Datenbank weitere Informationen liefern:

```
$ whois spenneberg.net
... gekürzt ...

Registrant:
Ralf Spenneberg (SPENNEBERG2-DOM)
    Steinfurt, NRW 48565
    Steinfurt, NRW 48565
    DE

    Domain Name: SPENNEBERG.NET

    Administrative Contact, Technical Contact:
        Spenneberg, Ralf  (RS11792)      mct@SPENNEBERG.DE
        Linux-Consultant
```

```
Waldring 34
Steinfurt
48565
DE
+49 2552 638755 +49 2552 638757

Record expires on 09-Oct-2005.
Record created on 09-Oct-2000.
Database last updated on 10-Sep-2002 17:06:31 EDT.
```

Unter Linux ist das Werkzeug whois in der Lage, die Informationen für die Domänen *.com/.net/.org* und *.edu* zu liefern. Alle anderen Top-level-Domänen werden von anderen Whois-Servern verwaltet.

```
$ whois -h whois.denic.de spenneberg.de
... gekürzt ...
domain:     spenneberg.de
descr:      Ralf Spenneberg
descr:      Emmausstr. 15
descr:      D-48565 Steinfurt
descr:      Germany
nsentry:    spenneberg.de IN A 192.67.198.4
nsentry:    www.spenneberg.de IN A 192.67.198.4
nsentry:    spenneberg.de IN MX 10 mailin.webmailer.de
nsentry:    *.spenneberg.de IN MX 10 mailin.webmailer.de
status:     connect
changed:    20010709 132653
source:     DENIC
```

Eine umfassende Liste von Whois-Servern befindet sich unter *ftp://sipb.mit.edu/ pub/whois/whois-servers.list*. Ein Web-Interface um jeden möglichen Namen aufzulösen, wird unter *http://www.zoneedit.com/whois.html* angeboten.

Weitere Ansprechpartner können auf Mailinglisten gefunden werden. Es existieren eine Reihe von Mailinglisten für die Diskussion von Incidents. Die wichtigste ist sicherlich die Mailingliste *mailto:incidents@securityfocus.com*. Ein Abonnement der Mailingliste ist möglich über *http://online.securityfocus.com/archive*.

14.3 Aufsuchen professioneller Hilfe

Häufig wird bei der Analyse nach kurzer Zeit festgestellt, dass intern im Unternehmen nicht die Expertise und die Erfahrung vorhanden ist, um den Incident ausreichend und zufrieden stellend zu bearbeiten. Hier wird externe Hilfe benötigt. Es existieren eine ganze Reihe von Firmen, die derartige Hilfe anbieten. Zusätzlich existieren freie unabhängige Gruppen oder Institute, die diese Funktionen offerieren. Hier soll nicht eine bestimmte Firma oder ein bestimmtes Institut empfohlen werden, um den Wettbewerb nicht zu beeinflussen. Außerdem wären die Empfehlungen, die heute hier gedruckt werden würden, bereits nächstes Jahr überholt und nicht mehr aktuell.

Es macht jedoch Sinn, bereits im Vorfeld vor dem Einbruch, wenn erkannt wird, dass ein möglicher Einbruch nicht mit eigenen Mitteln bekämpft und analysiert werden kann, Kontakt mit dem einen oder anderen externen Team aufzunehmen. So können im Vorfeld mit genügend Zeit bereits wichtige Informationen ausgetauscht und theoretisch das Vorgehen abgestimmt werden.

Um nun das ideale Team für die eigene Umgebung zu finden, können die öffentlichen CERTs erste Ansprechpartner sein. Diese arbeiten häufig im Weiteren bereits mit einigen kommerziellen Firmen zusammen. So sind aktuelle Erfahrungen aus erster Hand vorhanden, die dann in Empfehlungen ausgesprochen werden können.

Als Ansprechpartner können daher die im letzten Kapitel aufgeführten Adressen dienen.

Es existieren auch Mailinglisten, die derartige Themen diskutieren. Hierzu gehört die im letzten Kapitel erwähnte Liste *mailto:incidents@securityfocus.com*, aber auch *mailto:forensics@securityfocus.com*. Die weiteren Mailinglisten auf der Webpage *http://www.securityfocus.com/archive* sind ebenfalls sehr nützlich.

14.4   Neuinstallation oder Reparatur

Wurde die Analyse beendet, so stellt sich die Frage nach der Wiederherstellung des Rechners. Wenn die Analyse noch nicht beendet wurde, aber diese Frage dennoch zu diesem Zeitpunkt gestellt werden muss, so ist es erforderlich, alle wichtigen Daten zumindest so zu sichern, dass sie eine spätere Analyse ermöglichen.

Die einfachste und sicherlich auch sicherste Variante, ein System wieder in Betrieb nehmen zu können und hierbei sämtliche Spuren des Einbrechers zu entfernen und die Sicherheit wiederherzustellen, ist die Neuinstallation des Systems. Diese Neuinstallation sollte mit Installationsmedien erfolgen, deren Herkunft bekannt ist und deren Integrität gewährleistet werden kann. Anschließend sollten sofort sämtliche vom Hersteller veröffentlichten Patches installiert werden. Hiermit können hoffentlich alle bekannten Sicherheitslücken geschlossen werden.

Unter Umständen hat die Analyse des Einbruchs Informationen geliefert, wie der Einbrecher in den Rechner eingedrungen ist. Nun soll nachvollzogen werden, ob dies immer noch möglich ist. Hierzu müssen die Versionen der installierten Software verglichen und geprüft werden, ob die ausgenutzte Sicherheitslücke bekannt ist. Ansonsten muss erneut der Hersteller kontaktiert werden. Dieser sollte hoffentlich einen Patch zur Verfügung stellen. Wenn dies nicht der Fall ist, sollte untersucht werden, ob eine Deaktivierung des Dienstes oder eine andere

Konfiguration in der Lage, ist die Sicherheitslücke zu unterdrücken. Möglicherweise ist die Anpassung einer Firewall erforderlich, um das System anschließend zu schützen.

Wurde das System vorher in regelmäßigen Abständen gesichert, so kann es durch das Einspielen einer Sicherung wiederhergestellt werden. Hierbei ist es jedoch erforderlich, einwandfrei nachzuweisen, dass der Einbruch später als die Erstellung der verwendeten Sicherung erfolgte. Befand sich der Einbrecher zum Zeitpunkt der Sicherung bereits auf dem System, so wurde er »mitgesichert«. Beim Zurückspielen wird auch der Einbrecher auf dem System virtuell wiederhergestellt. Anschließend sollten auch hier alle Herstellerpatches eingespielt werden.

Die letzte und sicherlich problematischste Variante der Wiederherstellung eines Systems ist die Reparatur. Diese Variante sollte nur gewählt werden, wenn die beiden anderen Methoden keine gangbare Lösung darstellen. Dieses Verfahren kann aber nur dann erfolgreich eingesetzt werden, wenn die forensische Analyse des kompromittierten Systems einwandfrei die Handlungen des Einbrechers aufklären konnte und hierbei keine Fragen offen blieben. Nur dann sind sämtliche Änderungen, die der Angreifer am System vollzogen hat, bekannt und können zurückgeführt werden. Die analysierende Person sollte immer damit rechnen, dass der Einbrecher schlauer und gewitzter als sie selbst ist. Einbrecher können falsche Spuren legen, die scheinbare Modifikationen vortäuschen, obwohl die eigentliche Intention des Einbruchs eine ganz andere war. Es kann daher nicht genug betont werden, dass für diese Variante der Wiederherstellung eine lückenlose Aufklärung aller Handlungen des Einbrechers erforderlich ist.

Unabhängig davon, wie das System wiederhergestellt wurde, sollte es anschließend einem Sicherheitsaudit unterzogen werden. Dieser Sicherheitsaudit soll die folgenden Punkte überprüfen und umsetzen:

- Einspielen aller Betriebssystem- und Anwendungspatches
- Deaktivierung aller unnötigen Dienste und Benutzerkonten
- Änderung aller Kennworte

Zusätzlich sollte ein Audit, wenn möglich, durch eine dritte Person/Partei vorgenommen werden. Diese dritte Partei ist häufig in der Lage, zusätzliche Sicherheitslücken oder Konfigurationsschwächen zu erkennen.

Kapitel 15

Lessons Learned

Ein wichtiges Sprichwort sagt: *Nur aus Fehlern lernt man!* Hierzu ist es jedoch erforderlich, die Fehler zu erkennen, zu verstehen und in Zukunft zu vermeiden. Ein Unternehmen, welches nach einem behobenen Einbruch einfach zur Tagesordnung zurückkehrt, wird dem nächsten Angriff genauso schutzlos gegenüberstehen wie dem letzten Angriff. Es ist erforderlich, den Einbruch zu analysieren und entsprechende Schlüsse aus der Analyse zu ziehen und die Präventionsmaßnahmen anzupassen oder neu zu entwickeln.

15.1   Anpassen der Maßnahmen

Nachdem ein Einbruch vollständig analysiert und bearbeitet wurde, gehen viele Notfallteams wieder zum Tagesgeschäft über. Der Einbruch wurde erfolgreich analysiert und behandelt. Hiermit ist der Vorgang abgeschlossen. Ein derartiges Vorgehen lässt jedoch einen wichtigen und sehr wertvollen letzten Schritt außer Acht: das so genannte Follow-Up.

In der Follow-Up-Phase werden der gesamte Einbruch und alle eingeleiteten Maßnahmen, die Tätigkeiten der beteiligten Personen und der Zeitplan erneut betrachtet und evaluiert. Zusätzlich sollten die allgemeinen Sicherheitsrichtlinien wie auch die eigentliche Implementierung dieser Sicherheitsrichtlinien in Form von Firewalls, IDS, Virenscanner etc. evaluiert und bewertet werden. Diese Evaluation soll bei zukünftigen Angriffen und Einbrüchen einer besseren Vorbereitung dienen.

Sie soll auch in einer Runde aller an der Bekämpfung des Einbruchs beteiligter Personen und der verantwortlichen Personen erfolgen. Hierbei ist es wichtig, dass tatsächlich eine Diskussion geführt wird. Schuldzuweisungen sind vielleicht erforderlich, sie sollten aber auf das notwendige Mindestmaß reduziert werden. Diese Gruppe sollte sich selbst als ein Team verstehen, welches die Zusammenarbeit fördern und nicht gegeneinander arbeiten soll.

Am einfachsten ist die Bewertung der Sicherheitssysteme. Diese kann wertfrei erfolgen, ohne andere Personen in der Runde bloßzustellen. Wenn sich das Team in diesem Zusammenhang warmgearbeitet hat, kann zu weiteren Themen übergegangen werden.

In Bezug auf die Sicherheitssysteme sind die folgenden Fragen aufzuwerfen und zu beantworten:

- Welche Systeme wurden erfolgreich bei der Bekämpfung des Einbrechers eingesetzt?
  - Sind Verbesserungen dieser Systeme möglich?
- Welche Systeme haben versagt?
  - Warum haben diese Systeme versagt?
  - Besteht die Möglichkeit, diese Systeme so einzusetzen, dass sie beim nächsten Mal nicht versagen?
  - Besteht die Möglichkeit, diese Systeme durch bessere Systeme zu ersetzen?

- Haben die Systeme schnell genug reagiert?
- Besteht die Möglichkeit, für eine schnellere und gezieltere Antwort die Systeme besser zu konfigurieren?
- Besteht die Möglichkeit, den Angriff in Zukunft durch eine automatische Antwort zu bekämpfen?
- Existieren ähnliche Probleme auf anderen Systemen im Unternehmen?

Diese Fragen sind zum Beispiel im Zusammenhang mit der Konfiguration der Firewall zu betrachten. Wie gelangte der Einbrecher in das interne Netzwerk? Wie konnte er die Sicherheitslücke ausnutzen?

Anschließend sollten der Notfallplan und die Sicherheitsrichtlinien überprüft und evaluiert werden. Diese Evaluation soll möglicherweise vorhandene Lücken aufdecken und Anpassungen der Dokumente vorschlagen.

- Sahen die Sicherheitsrichtlinien den speziellen Fall des Einbruchs vor?
- Enthielt der Notfallplan Maßnahmen, um auf die Form des Angriffs zu reagieren?
- Wurde bei der Behandlung des Einbruchs konform mit den Sicherheitsrichtlinien und dem Notfallplan vorgegangen? Wenn das nicht so war, warum nicht?
- Müssen die Sicherheitsrichtlinien modifiziert werden oder genügt eine modifizierte Implementierung dieser Richtlinien?
- Muss der Notfallplan modifiziert werden, da sich eine andere Vorgehensweise in der Praxis bewährt hat?

Der letzte Punkt in der Evaluation sollte die Arbeit im Team und die Zusammenarbeit mit weiteren, auch externen Gruppen sein. Hier ist es besonders wichtig, Koordinationsschwierigkeiten, Kooperationsprobleme und fehlende Fähigkeiten zu bestimmen, damit diese vor dem nächsten zu behandelnden Einbruch besprochen und beseitigt werden können. Hierbei ist auch gesunde Selbstkritik durchaus erwünscht. Alle beteiligten Personen sollten darüber hinaus Manns genug sein, eigene Fehler einzugestehen und konstruktive Kritik positiv aufzunehmen.

- War die Koordination des Teams durch den »Leiter« erfolgreich?
- Traten Kommunikationsprobleme innerhalb des Teams auf? Wurden alle Mitglieder gleichermaßen entsprechend den Randbedingungen (Sicherheitsrichtlinien) informiert? Wusste die rechte Hand, was die linke gerade tat?
- Funktionierte die Teamarbeit oder baute sich ein Konkurrenzdenken innerhalb des Teams auf?
- War jede Person im Team in der Lage, die Aufgaben, mit denen sie betraut wurde, zu erfüllen?
- Benötigte die Behandlung des Einbruchs Fähigkeiten oder Wissen, welches nicht im Team vorhanden war? Muss vorhandenes Wissen vertieft werden?

- Konnte fehlendes Wissen durch die Einbeziehung externer Gruppen hinzuge-
  wonnen werden?
- War die Kooperation mit externen Gruppen erfolgreich?
- Kann die Zusammenarbeit mit externen Gruppen verbessert werden?
- Sehen die Sicherheitsrichtlinien eine Zusammenarbeit mit externen Gruppen
  vor? Sind spezielle Schritte im Vorfeld nötig (Non-Disclosure Agreement)?

Die angeführten Beispielfragen sollen einen Eindruck vermitteln, wie ein derartiger Follow-Up erfolgen kann. Wenn dieser Follow-Up in einem Team durchgeführt wird, so bindet er es meist zusätzlich und die Zusammenarbeit profitiert
davon.

Ergebnis eines derartigen Follow-Ups ist häufig, dass die bisherigen Maßnahmen
nicht genügen. Wenn sie genügen würden, hätte wahrscheinlich auch kein Einbruch stattgefunden. Nicht in allen Fällen können die notwendigen Maßnahmen
jedoch umgesetzt werden, da möglicherweise personelle oder finanzielle
Beschränkungen dies unmöglich machen.

Eine wichtige Erkenntnis eines Follow-Ups ist jedoch eine fehlende Fähigkeit
oder fehlendes Wissen. Hier bestehen zwei verschiedene Möglichkeiten, dieses
Wissen beim nächsten möglichen Einbruch zu garantieren. Entweder das Wissen
beziehungsweise die Fähigkeit wird von außen eingekauft (Out-Sourcing) oder
ein oder mehrere Mitglieder des Teams eignen sich diese Fähigkeit selbst an.
Hierzu existieren mehrere Möglichkeiten der Weiterbildung.

15.2   Weiterbildung

Für eine erfolgreiche Behandlung von Einbrüchen und Angriffen ist es erforderlich, dass die Fähigkeiten der Mitglieder des Notfallteams immer auf dem neuesten Stand sind. Eine Weiterbildung sollte daher ununterbrochen erfolgen. Dies ist
auf drei unterschiedlichen Wegen möglich:

- **Selbststudium.** Ein Selbststudium ist möglich. Es stehen eine ganze Reihe
  von Büchern und Informationen im Internet zur Verfügung, die das Thema
  Intrusion Detection und digitale Forensik behandeln. Diese Informationen
  behandeln in erster Linie die Analyse von Netzwerkangriffen, jedoch wird
  auch die forensische Analyse einzelner Rechner betrachtet. Sicherlich eine
  der wichtigsten Ressourcen ist das Honeynet Project (*http://project.honeynet.
  org*), welches in regelmäßigen Abständen einen *Scan of the Month Challenge*
  durchführt. Hier besteht die Möglichkeit, die eigenen Kenntnisse zu testen
  und auf bisher nicht veröffentlichte Daten anzuwenden. Wenn die eigenen
  Ergebnisse eingereicht werden, werden diese anschließend auch bewertet.

Im Weiteren existieren eine Vielzahl von Mailinglisten, die sich mit dem Thema oder verwandten Themen beschäftigen. Hierbei ist es sicherlich sinnvoll, eine gewisse Auswahl dieser Mailinglisten zu abonnieren.

Ein Selbststudium ist immer mit einem sehr hohen Zeitaufwand verbunden. Es verlangt sehr viel Disziplin bei der Suche nach den entsprechenden Informationen. Bücher wollen gelesen und nachvollzogen werden. Deren Inhalt (dieses Buch eingeschlossen) wird irgendwann veraltet sein. Weitere Informationen stehen an unterschiedlichsten Stellen im Internet zur Verfügung und wollen gefunden werden.

• **Kurse.** Kurse können den hohen Zeitaufwand, der für ein Selbststudium erforderlich ist, abkürzen. Spezialkurse können diese Themen besonders aufbereitet behandeln. Der Dozent ist hierbei in der Lage, die Themen aus unterschiedlichen Sichtweisen darzustellen und auch Fragen zu beantworten. Wenn ein Buch Fragen offen lässt, so ist der Leser häufig auf sich selbst gestellt. (Ich bin jedoch gerne bereit, Anregungen entgegenzunehmen und Fragen zu beantworten, solange es das Volumen zulässt.) Ein Kurs-Dozent kann ebenfalls auf die Teilnehmer eingehen und Einzelfragen beantworten.

Kurse bieten aber noch einen weiteren Vorteil. Der Teilnehmer ist in der Lage, sich für einige Tage (für die Kursdauer) nur mit diesem Thema zu beschäftigen. Wenn die Weiterbildung parallel zur üblichen Arbeit erfolgt, besteht meist nicht die Möglichkeit, sich derartig konzentriert ohne weitere Ablenkung mit dem Thema zu beschäftigen. Daher sind solche Kurse, vorausgesetzt der Inhalt entspricht den Ansprüchen, meist ihr Geld wert.

• **Konferenzen.** Schließlich bietet sich noch die Möglichkeit, Konferenzen zu besuchen, die sich mit diesem Thema beschäftigen. Hierbei kommen sowohl allgemeine Computer- und Netzwerkkonferenzen in Frage, bei denen sich in den letzten Jahren immer einige Vorträge mit der Rechnersicherheit beschäftigten, als auch spezielle Konferenzen, die sich mit der Sicherheit beschäftigen.

Allgemeine Linux-Konferenzen in Deutschland, die jährlich stattfinden, sind der Linuxtag (*http://www.linuxtag.org*), der Internationale Linux-Kongress (*http://www.linux-kongress.org*), die LinuxWorld in Frankfurt am Main (*http://www.linuxworldexpo.de/*) und das Frühjahrsfachgespräch der GUUG (German Unix Users Group, *http://www.guug.de*).

Konferenzen, die sich mit der Rechnersicherheit beschäftigen, sind in Deutschland leider dünn gesät. Der bekannteste und größte Event ist sicherlich der *Chaos Computer Club* Congress, der üblicherweise zwischen Weihnachten und Silvester in Berlin stattfindet (*https://www.ccc.de*).

Das DFN-CERT führt einmal jährlich einen Workshop »Sicherheit in vernetzten Systemen« durch (*http://www.dfn-cert.de/events*). Weitere Termine werden auf der Webseite *http://www.veranstaltungen-it-sicherheit.de/* vorgehalten.

Nun bleiben die internationalen Konferenzen, die in ihrem Rahmen meist ein sehr ausführliches Tutorial-Programm anbieten. Diese Tutorien dauern üblicherweise einen oder wenige Tage. Hier besteht die Möglichkeit, einen Kurs während der Konferenz zu besuchen. Jedoch sind diese Tutorien meist mit sehr vielen Teilnehmern besetzt (50-500). Persönliche Fragen an den Dozenten sind meist nicht möglich.

Allgemeine Linux/UNIX-Konferenzen werden jährlich mehrfach von der USENIX (*http://www.usenix.org*) abgehalten. Diese Konferenzen finden meist in den USA statt.

Spezielle Konferenzen zum Thema Rechnersicherheit werden von verschiedenen Instituten organisiert. Sehr bekannt ist die DefCon-Konferenz, die jeden Juli in Las Vegas stattfindet. Hierbei handelt es sich um das nordamerikanische Pendant zum CCC-Congress (*http://www.defcon.org*). Der Organisator der DefCon, Jeff Moss, organisiert seit einigen Jahren in derselben Woche in Las Vegas eine weitere Konferenz: *Blackhat Briefings*. Diese Konferenz zielt weniger auf den (jugendlichen) Hacker, sondern mehr auf Unternehmen, die die neuesten Informationen über Sicherheitslücken erfahren wollen und die entsprechenden Personen kennen lernen möchten (*http:// www.blackhat.com*). Diese Konferenzen werden inzwischen mehrmals jährlich angeboten. Seit zwei Jahren wird eine jährliche Konferenz auch in Amsterdam durchgeführt.

Das *SANS Institute (System Administration and Network Security)* bietet ebenfalls mehrfach jährlich Konferenzen, die in erster Linie Schulungen und Tutorials bieten. Das SANS Institute hat auf der Basis dieser Schulungen auch ein Zertifizierungsprogramm (GIAC) entwickelt (*http://www.sans.org*). SANS bietet seit 2002 erstmals auch internationales Training in Europa und seit 2001 Online-Training.

Eine rein europäische Veranstaltung ist die *SANE (System Administration and Networking)*, die alle zwei Jahre von der niederländischen *Unix Users Group* ausgerichtet wird (*http://www.nluug.nl*). Sie fand im Mai 2002 statt und wird alle zwei Jahre stattfinden.

International ausgerichtet ist auch die Konferenz des *FIRST* (*Forum of Incident Response and Security Teams, http://www.first.org*). Diese Konferenz findet jährlich statt. Weitere Informationen finden sich auf der Webpage von FIRST.

Dies zeigt, dass es reichlich Konferenzen gibt, die das Thema besetzen. Die aufgezählten Veranstaltungen stellen lediglich eine Auswahl dar. Es existieren sicherlich weitere Veranstaltungen oder werden in der nächsten Zukunft geschaffen. Diese Aufzählung soll lediglich als Orientierungshilfe dienen.

Teil V

Fortgeschrittene Analyse

Kapitel 16

Analyse des Rechners nach einem Einbruch

Ein Intrusion Detection-System ist in der Lage, einen Einbruch oder einen versuchten Einbruch zu melden. Dieses Kapitel beschäftigt sich nun mit der forensischen Analyse eines Rechners nach einem Einbruch.

Nach einem bestätigten Einbruch stehen verschiedene Möglichkeiten zur Verfügung. In vielen Fällen wird lediglich der Rechner vorübergehend aus dem Netzwerk entfernt, eine Neuinstallation durchgeführt und der Rechner wieder in Betrieb genommen. In wenigen Fällen werden zusätzlich noch die neuesten Patches der Betriebssystemhersteller aufgespielt. Anschließend erfolgt eine Wiederherstellung der Dienste mithilfe eines Backups. Eine derartige Vorgehensweise lässt aber vollkommen außer Acht, dass hiermit möglicherweise die gleiche Sicherheitslücke wieder erzeugt wird, die für den ersten Einbruch genutzt wurde. Des Weiteren besteht so für den Administrator keine Möglichkeit, in irgendeiner Form eine Lehre aus den Ereignissen zu ziehen.

Aus diesen Gründen sollte über eine erschöpfende Analyse des Rechners nachgedacht werden. Eine derartige Analyse erfordert jedoch einiges an Ressourcen. So wird der Rechner für die Zeit der Analyse wahrscheinlich nicht zur normalen Verfügung stehen. Zusätzlich wird ein Rechner benötigt, auf dem die Analysen durchgeführt werden können. Das ausführende Team beziehungsweise die ausführende Person benötigt umfassendes Wissen, welches unter Umständen in Schulungen erlangt werden muss. Die wichtigste und knappste Ressource, die für eine derartige Analyse benötigt wird, ist jedoch Zeit. Im Vorfeld ist leider nicht absehbar, wie viel Zeit sie in Anspruch nehmen wird.

Das Ziel dieser forensischen Analyse ist die Ermittelung der Vorgänge und ihrer zeitlichen Abfolge, die zu dem Einbruch geführt haben, und die nach dem Einbruch auf dem Rechner vollzogen wurden. Die Ergebnisse erlauben eine Einsicht in die Vorgehensweise des Einbrechers und bieten so einen Blick hinter die Kulissen.

Damit eine Analyse auch ihre Berechtigung hat, ist eine saubere Dokumentation der Schritte unabdingbar. Die einzelnen Ergebnisse der Analyse sollten gemeinsam mit den betroffenen Administratoren besprochen und Gegenmaßnahmen formuliert werden. Bei einem erneuten Angriff mit denselben Methoden sollte der Angriff abgewehrt werden können.

Wichtig bei der forensischen Analyse ist das Einhalten einer bestimmten Reihenfolge: *Secure and isolate the scene. Record the Scene. Conduct a systematic search for evidence* (aus Saferstein, *An Introduction to Forensic Science*).

16.1 Forensische Analyse eines Rechners

Die Analyse eines Rechners bietet Aufschluss über die Aktionen, die ein Angreifer ausgeführt hat. Diese Analyse kann nicht alle Vorgänge rekonstruieren und bestimmen, doch bietet sie häufig ein sehr umfassendes Bild der Historie des Angriffes. Bei der Analyse eines Rechners sind mehrere Aspekte zu berücksichtigen. So befinden sich unterschiedlich empfindliche Daten in unterschiedlichen Speichern. Wurde der Rechner direkt nach der Detektion des Angriffes abgeschaltet, so reduzieren sich die zu untersuchenden Speichermedien schlagartig auf die nicht flüchtigen Speicher. Hierbei handelt es sich in erster Linie um die Festplatte. Das CMOS RAM des Rechners gehört zwar auch zu den nicht flüchtigen Speichern. Es kann aber meist bei einer forensischen Analyse vernachlässigt werden.

Üblicherweise muss man bei einem laufenden Rechner zwischen flüchtigen und nicht flüchtigen Informationen unterscheiden. Zu den flüchtigen Daten gehören:

- CPU-Register
- Arbeitsspeicher
- Kernel-Meldungen
- Uhrzeit

- Prozesse
- Offene Dateien
- Netzwerkkonfiguration
- Netzwerkverbindungen

Die nicht flüchtigen Daten befinden sich üblicherweise auf Massenspeichern wie Festplatten, Bandlaufwerken und Disketten. Hierzu gehören aber auch die Dokumente und Notizen, die sich in der Umgebung des Systems befinden.

Bei einer forensischen Analyse eines verdächtigen Systems sollten sämtliche verfügbaren Daten eingefroren und für eine spätere Analyse gesichert werden. Hierbei ist es wichtig, die durchgeführten Schritte zu dokumentieren und die spätere Verifikation der gewonnenen Daten mit Prüfsummen oder Signaturen zu ermöglichen.

Im Folgenden werden die verschiedenen Aufgaben bei der Analyse eines Systems besprochen. Hierbei sollten die Informationen entsprechend ihrer Vergänglichkeit gesammelt werden. Zunächst wird die Analyse flüchtiger Daten erläutert. Die Werkzeuge werden vorgestellt und Beispielergebnisse erläutert. Anschließend werden verschiedene Verfahren besprochen, um modifizierte Dateien zu erkennen. Hierbei handelt es sich um Methoden, die zum Einsatz kommen, wenn IDS-Systeme wie *Tripwire* nicht verwendet wurden. Den Abschluss macht eine Analyse des UNIX-Dateisystems, die die Suche nach gelöschten Dateien, ihre Wiederherstellung und anschließende Analyse behandelt.

Nach diesem Kapitel sollte der Leser in der Lage sein, selbstständig verdächtige Rechner zu analysieren und Aussagen über den Einbruch zu machen. Wenn eine derartige Analyse geübt und getestet werden soll, so bietet das Honeynet Project (*http://www.honeynet.org*) ein Archiv von *Scan of the Month Challenges*. Diese enthalten alle in der einen oder anderen Form Angriffe auf verschiedenste Rechner, die analysiert werden können. Das Honeynet Project bietet diese Informationen als Open Source, sodass keinerlei Kosten für die Nutzung der Daten anfallen. Das Honeynet Project hält auch Analysen der Daten vor, die als Beispiele für die eigenen Analysen dienen können. Im Weiteren werden häufig auch diese Daten als Grundlage für die gezeigten Beispiele verwendet. Wann immer dies der Fall ist, wird dementsprechend auf die Quelle der Daten verwiesen.

Ein wichtiger Aspekt bei der Analyse eines kompromittierten Systems ist die Integrität der eingesetzten Werkzeuge. Daher sollte für die Analyse eines verdächtigen Systems eine CD-ROM oder eine Diskette vorbereitet werden, die die entsprechenden Befehle in einem bekannten sauberen Zustand enthält. Dennoch besteht die Möglichkeit, dass der Einbrecher die Bibliotheken ausgetauscht hat, die von diesen Befehlen genutzt werden. Deshalb sollte überlegt werden, ob diese Befehle statisch übersetzt werden, damit sie für ihre Ausführung keine Bibliotheken mehr benötigen.

Eine derartige Diskette hat auch noch einen anderen Zweck. Unter allen Umständen ist ein Schreibvorgang auf den Festplatten des zu analysierenden Rechners zu vermeiden, um eine Verfälschung der Daten zu verhindern. Die Ergebnisse können daher sehr gut auf der Diskette gespeichert werden oder mit Netcat auf einen anderen Rechner übertragen werden.

16.2 Dokumentation der Analyse

Bevor mit der Dokumentation begonnen wird, sollten Vorkehrungen getroffen werden, die es ermöglichen, jeden Schritt der Analyse zu dokumentieren. Hierbei sollten tatsächlich alle ausgeführten Befehle dokumentiert werden, da einzelne Befehle durchaus Nebeneffekte haben können, die das Ergebnis verfälschen können. Wurde die Abfolge der Befehle nicht dokumentiert, können die Ergebnisse später nicht verifiziert werden. Es ist dann nicht mehr nachvollziehbar, ob es sich um ein aussagekräftiges Ergebnis handelt oder ob es durch die Handlungen des analysierenden Betrachters verfälscht wurde.

Das wichtigste Werkzeug zur Dokumentation ist ein Notizbuch. Dieses Notizbuch sollte durchnummerierte Seiten besitzen. Ein Hinzufügen oder ein Entfernen von Blättern wird so auffallen. Sämtliche Vorgänge sollten in diesem Notizbuch aufgeführt und protokolliert werden. Dies erfolgt idealerweise während der Analyse und nicht später in Form einer Rekapitulation. Die Verwendung von Bleistift und Radiergummi verbieten sich von selbst. Wurden bei den Notizen Fehler gemacht, so genügt ein Streichen der entsprechenden Zeilen. Diese Streichungen sollten jedoch noch erkennen lassen, was dort ursprünglich stand. Normalerweise sind Streichungen jedoch nicht nötig. Es genügt eine Notiz, dass die letzten zehn Zeilen aus diesem oder jenem Grund fehlerhaft sind.

Wenn die Verwendung eines Notizbuches bei der eigentlichen Analyse nicht möglich ist, kann ein Diktiergerät eine große Hilfe sein. Es dient bei der späteren Dokumentation der durchgeführten Schritte als Gedächtnisstütze und sorgt so für eine komplette Dokumentation der durchgeführten Schritte.

Unabhängig von diesen harten Dokumentationen existieren mehrere Werkzeuge unter Linux, die bei der Dokumentation der eingegebenen Befehle und ihrer Ausgaben auf dem Linux-System eine große Unterstützung sein können. So können anschließend die Ausgaben dieser Befehle ausgedruckt und in das Notizbuch eingeklebt werden. Dies verhindert Schreibfehler und Zweideutigkeiten.

Zunächst bietet fast jede Shell die Möglichkeit der Speicherung der eingegebenen Kommandos in einer Geschichtsdatei (*BASH History*) an. Der Name dieser Datei hängt von der verwendeten Shell ab. Die BASH verwendet üblicherweise entweder *~/.bash_history* oder *~/.history*. Diese Dateien speichern jedoch nur die eingegebenen Befehle ab. Leider werden dort nicht die Ausgaben der Befehle abgespeichert. Dennoch kann diese Datei bereits eine wertvolle Hilfe sein; insbesondere, wenn die von dem Einbrecher eingegebenen Befehle in dieser Datei zu finden sind. Eine Betrachtung dieser Datei lohnt also in jedem Fall.

Um nun die eingegebenen Befehle und deren Ausgaben zu protokollieren, kann der Befehl `script` eingesetzt werden. Dieser Befehl fängt alle Terminalausgaben ab und speichert sie in einer Datei. Der Name dieser Datei ist üblicherweise *typescript*, wenn er nicht beim Aufruf übergeben wird. Die Datei wird bei jedem Aufruf neu angelegt, außer der Befehl wird mit der Option `-a` gestartet. Eine weitere wichtige Optionen ist `-f`. Die Option `-f` führt dazu, dass die Ausgabe in der Datei direkt erfolgt (flush). Hiermit ist es möglich, die erzeugte Datei in Echtzeit zu überwachen. Für den Analysator besteht die Möglichkeit, diese Datei direkt während der Erzeugung auf einen anderen Rechner zu übertragen. Hierzu wird zunächst eine Named Pipe erzeugt, die von `script` gefüllt wird und von einem Befehl wie `nc` (Netcat) auf einen anderen Rechner übertragen wird (s.u.).

```
# mkfifo named_pipe
# script -f named_pipe
# cat named_pipe | nc loghost port &
```

Wenn bei der Analyse grafische Werkzeuge eingesetzt werden, so ist es wichtig, auch deren grafische Ausgabe zu protokollieren. Inzwischen weisen die meisten grafischen Desktops unter Linux die Möglichkeit auf, derartige Fenster zu »fotografieren«. Hierzu lesen Sie bitte die Dokumentation Ihrer Distribution und Ihrer Desktop-Umgebung. Dennoch existiert zusätzlich ein Werkzeug, welches meistens zur Verfügung steht: `xwd`. Nach dem Aufruf von `xwd -out datei` ändert sich der Cursor zu einem Kreuz. Bei einem Klick auf ein Fenster wird das entsprechende Fenster in der angegebenen Datei gespeichert. Die Datei kann anschließend mit `xwud -in datei` wieder angezeigt werden. Der Befehl `convert` ist in der Lage, die Datei in jedes erdenkliche Grafikformat zu konvertieren (z. B. `convert datei datei.jpg`).

Um die Integrität und Authentizität der gesammelten Daten zu dokumentieren, sollten direkt nach der Erzeugung der Protokolle die MD5-Prüfsummen mit `md5sum` ermittelt werden und die Dateien mit `gpg` (GnuPG) signiert werden. Das Unterkapitel »Snort« ab S. 204 enthält einige weitere Hinweise zur Vorgehensweise. Die Prüfsummen sollten in dem Notizbuch vermerkt werden, sodass eine spätere Modifikation der Originaldatei ausgeschlossen ist.

16.3 Analyse flüchtiger Daten

Die Analyse flüchtiger Daten wird häufig versäumt. Dies hängt in vielen Fällen mit einer gewissen Übereifrigkeit der Administratoren zusammen, die den Einbruch entdecken. Nach einem Einbruch werden die betroffenen Systeme direkt abgeschaltet, um weiteren Schaden zu vermeiden. Dieses Verhalten ist sicherlich nachvollziehbar und verständlich, jedoch genügt in vielen Umgebungen ein Unterbrechen der Netzwerkverbindung, um weiteren Schaden von anderen Systemen abzuwenden. Das betroffene System kann dann offline lokal zunächst analysiert werden, ohne es sofort abschalten zu müssen.

> **ACHTUNG**
> Es ist denkbar, dass der Einbrecher diese Aktion vorhersieht. Es besteht daher die Möglichkeit, dass der Einbrecher, um seine Spuren zu verwischen, ein Script auf der betroffenen Maschine gestartet hat, welches bei Verlust der Netzwerkkonnektivität sämtliche Daten des Rechners löscht. Es handelt sich hier zwar um ein sehr unwahrscheinliches Szenario, dennoch sollte diese Möglichkeit in Betracht gezogen werden. Daher macht es durchaus Sinn, die Analyse online durchzuführen.

Die Protokollierung der flüchtigen Daten erfolgt sinnvollerweise durch einen sequenziellen Aufruf der im Folgenden besprochenen Befehle. Die Ausgaben der Befehle werden am einfachsten mit dem Kommando `script` eingefangen. Um eine reproduzierbare Eingabe der Befehle zu ermöglichen, kann es sinnvoll sein, die Befehle in einem Script auszuführen.

16.3.1 Zeitsynchronisation

Eine der wesentlichsten Informationen für die weitere Analyse ist die lokale Rechnerzeit. Wenn auf dem Rechner keine zentralen Zeitsynchronisationswerkzeuge (z. B. `ntpd`) eingesetzt wurden, so besteht die große Wahrscheinlichkeit, dass die Systemzeit nicht mit der tatsächlichen Uhrzeit übereinstimmt. Dies verhindert jedoch einen späteren Vergleich der Ereignisse mit anderen Systemen und deren Korrelation. Es sollte daher ein Vergleich der Systemzeit mit einer zentralen Zeitquelle vorgenommen werden. Dazu kann einfach der Befehl `date` eingesetzt werden. Dieser Befehl gibt die Uhrzeit an. Gleichzeitig sollte die Uhrzeit einer Referenzquelle ermittelt und notiert werden. Schließlich kann aus beiden Zeiten der Offset der Systemzeit errechnet werden.

16.3.2 Kernel-Mitteilungen, Module und Arbeitsspeicher

Der Dienst `klogd` protokolliert die Meldungen des Kernels an den *Syslogd*. Dieser führt die Protokollierung entsprechend seiner Konfigurationsdatei */etc/ syslog.conf* durch. Häufig werden nicht alle Meldungen dort protokolliert. Einige Meldungen mögen noch nicht auf die Festplatte geschrieben worden sein. Diese

Meldungen können mit dem Befehl dmesg angezeigt werden. In diesen Kernel-Meldungen können unter Umständen Hinweise auf kernel-basierte Rootkits gefunden werden. Häufig wird das Laden von Kernel-Modulen protokolliert.

Um unabhängig von den Kernel-Protokollen eine Liste der geladenen Module zu erhalten, sollte der Befehl lsmod aufgerufen werden. Als zusätzliche Kontrolle kann die Datei */proc/modules* mit dem Befehl cat ausgegeben werden. Die Ergebnisse können anschließend verglichen werden. Bei einem Unterschied sollten das entsprechende Modul und der Befehl lsmod genauer untersucht werden. Dies könnte ein Hinweis auf ein Rootkit sein.

Eine Anzeige der Kernel-Symbole kann mit *cat /proc/ksyms* erhalten werden. Kernel-basierte Rootkits führen häufig zu Modifikationen in dieser Datei.

Wenn genügend Speicherplatz zur Verfügung steht, sollte auch der Arbeitsspeicher des Systems gesichert werden. Dies kann auch sehr komfortabel über das Netzwerk erfolgen, wenn ein solches noch zur Verfügung steht. Die Sicherung des erfolgt mit dd. Eine Sicherung über das Netzwerk ist möglich mit dem Befehl dd if=/dev/mem | nc loghost port. Hiermit wird der Inhalt des Arbeitsspeichers mit dem Befehl nc *(Netcat)* über das Netzwerk auf einem anderen Rechner gesichert (siehe Exkurs »Netcat« ab Seite 430).

16.3.3 Prozess-Analyse

Anschließend sollten die laufenden Prozesse betrachtet werden. Hierzu können unterschiedliche Werkzeuge eingesetzt werden. Eine der ausführlichsten Ausgaben kann mit dem Befehl im nachfolgend gezeigten Listing erhalten werden. Zur Kontrolle sollten auch die in */proc* angezeigten Prozesse angezeigt werden.

```
# # Ausführliche Anzeige der Prozesse
# ps enf -Aelf --cols 1000
#
# # Anzeige der Prozesse in /proc
# ls -lR /proc/[0123456789]*
```

Wurden bei dieser Analyse interessante Prozesse gefunden, die im Weiteren genauer analysiert werden sollen, so kann über den symbolischen Link */proc/ >pid</exe* auf die Datei zugegriffen werden, in der sich der ausführbare Code befindet. Wurde diese Datei gelöscht, so zeigt dieser Link leider ins Leere. Soll ein Prozess genauer untersucht werden, so kann mit dem Befehl pcat -H >pid< der Speicher des Prozesses ausgelesen und in einer Datei für die spätere Analyse abgespeichert werden. Der Befehl pcat wird standardmäßig nicht von den Distributionen mitgeliefert, sondern ist Teil des *The Coroner's Toolkit (TCT)*. Dieser Werkzeugsatz wurde von Dan Farmer und Wietse Venema entwickelt. Die Installation des TCT wird weiter unten erläutert.

16.3.4 Analyse der Netzwerkkonfiguration

Die Analyse der Netzwerkkonfiguration liefert unter Umständen Hinweise auf installierte Hintertüren oder zusätzlich aktivierte Dienste. Eine Modifikation der Routing-Tabellen lässt Rückschlüsse auf mögliche Lücken in der Firewall oder auf existente Tunnel zu. Die Analyse dieser Einstellungen sollte mit sämtlichen zur Verfügung stehenden Mitteln erfolgen, um so Differenzen zwischen den Anzeigen der verschiedenen Werkzeuge ermitteln zu können und potentiell ausgetauschte Befehle zu erkennnen.

Die Konfiguration der Netzwerkkarten kann angezeigt werden mit:

```
# ifconfig -a
# netstat -iea
# ip addr show
```

Der letzte Befehl ist besonders wichtig. Die Befehle ifconfig und netstat zeigen unter Umständen nicht mehr die Tatsache an, dass sich eine Netzwerkkarte in dem *Promiscuous-Modus* befindet. Der Befehl ip zeigt diese Information jedoch unabhängig von diesen Befehlen an. Eine promiscuous Netzwerkkarte lässt auf einen Sniffer schließen. Der Befehl ip ist Bestandteil der *iproute2*-Utilities. Wenn diese auf Ihren Rechnern nicht installiert sind, sollten sie nun installiert werden.

Die Routing-Tabelle kann mit den folgenden Befehlen angezeigt werden:

```
# route -n
# route -Cn
# netstat -rn
# ip route show table main
# ip rule show
0:     from all lookup local
32766:   from all lookup main
32767:   from all lookup 253
```

Die Ausgabe des Befehls ip rule show wurde mit angegeben. Wenn die Ausgabe auf dem System von dieser Ausgabe abweicht, so existiert wahrscheinlich eine weitere Routing-Tabelle auf dem System und das System nutzt *Advanced Routing*. Die einzelnen Tabellen können mit dem Befehl ip route show table >name< angezeigt werden. Unter Umständen werden auf diesem Rechner bestimmte Pakete anders geroutet.

Eine Analyse möglicher Firewallregeln sollte die Untersuchung der Netzwerkkonfiguration abschließen. Dies erfolgt mit den Befehlen ipchains und iptables.

```
# ipchains -L -vn --line-numbers
# ipchains -L -M -v
# iptables -t nat -L -vn --line-numbers
```

```
# iptables -t mangle -L -vn --line-numbers
# iptables -t filter -L -vn --line-numbers
```

Diese Befehle werden sehr wahrscheinlich zumindest teilweise Fehlermeldungen liefern. Diese werden generiert, wenn der Kernel keine Unterstützung für den einen oder den anderen Paketfilter enthält.

Nun fehlt noch der Cache. Dieser kann angezeigt werden mit:

```
# arp -a
```

16.3.5 Offene Dateien

Jede Ressource unter UNIX stellt eine Datei dar. Hierbei spielt es keine Rolle, ob es sich um eine echte Datei (z. B. */bin/ls*), ein Gerät (z. B. */dev/ttyS0*) oder um eine Netzwerkverbindung handelt. Die offenen Dateien können sehr gut mit dem Werkzeug lsof analysiert werden. Dieses Werkzeug ist in der Lage, sämtliche geöffneten Dateien anzuzeigen oder nur die Dateien eines bestimmten Prozesses. Wurde eine geöffnete Datei gefunden, so ist lsof fähig, den entsprechenden Prozess anzuzeigen.

```
# # Zeige alle geöffneten Dateien an
# lsof
# # Zeige nur geöffnete Netzwerkverbindungen an
# lsof -i
# # Zeige sämtliche Sockets
# lsof -U
# Zeige alle gelöschten aber geöffneten Dateien
# lsof +L1
```

Der letzte Befehl stellt wieder einen Sonderfall dar. Dieser Aufruf wird alle im Verzeichnisbaum gelöschten, aber immer noch existenten weil geöffneten Dateien anzeigen. Angreifer verwenden häufig diesen Trick, um zum Beispiel Sniffer-Daten zu verstecken. Ein Zugriff auf den Inhalt der Datei ist über die Inode-Nummer weiterhin möglich. Erst wenn der letzte Prozess, der die Datei referenziert, beendet wird, wird die Datei tatsächlich gelöscht und die Datenblöcke werden freigegeben.

Zusätzlich sollten noch die gemounteten Dateisysteme überprüft werden. Dies kann recht einfach erfolgen mit:

```
# mount
# cat /etc/mtab
# cat /proc/mounts
```

16.3.6   Analyse des Kernels auf ein kernel-basiertes Rootkit

Ein kernel-basiertes Rootkit modifiziert nicht einzelne Dateien, sondern den Kernel. Dies führt dazu, dass die Modifikationen vom Kernel selbst versteckt werden und der Ausgabe keines einzigen Befehls mehr getraut werden darf. Die Funktionsweise und die Installation kernel-basierter Rootkits wird im Anhang erklärt. Hier soll die Erkennung eines derartigen Rootkits besprochen werden.

Das beste und das eindeutigste Verfahren für die Erkennung eines kernel-basierten Rootkits ist die Analyse des Arbeitsspeichers selbst. Hier besteht für das Rootkit kaum die Möglichkeit, sich selbst zu verstecken.

Die manuelle Analyse des Arbeitsspeichers ist jedoch ein sehr umständliches und zeitaufwändiges Verfahren. Erfreulicherweise wurde jedoch von *FuSyS*, einem Mitglied der Gruppe *sOftprOject* (*http://www.s0ftpj.org/en/site.html*), das Werkzeug *kstat* entwickelt. Dieses Werkzeug wurde ursprünglich für den Linux-Kernel 2.2 entwickelt und kürzlich auf den Kernel 2.4 portiert. Mit diesem Werkzeug können versteckte Prozesse entdeckt werden und Änderungen der Systemaufrufe (Kernel SysCalls) erkannt werden.

Die Installation von `kstat` muss erfolgen, bevor die Installation des Rootkits passiert. Kann dies nicht gewährleistet werden, so muss `kstat` auf einem Rechner mit identischem Kernel übersetzt werden.

Die Übersetzung erfolgt mit dem Befehl `./install.sh`.

```
# ./install.sh
```

Bei der Installation treten häufig (besonders bei aktuellen Distributionen) Probleme auf. Die Version *kstat24* konnte auf einem Red Hat Linux 7.3-Rechner mit folgender Änderung im `Makefile` erfolgreich übersetzt werden:

```
# Zu Beginn
CC      = gcc -O2 -Wall #-Werror
INCLUDE = -I/usr/src/linux-2.4/include -I./include # Red Hat Linux

# Zu Ende
    $(CC) $(INCLUDE) -c $(SRC)knull.c
```

Anschließend kann `kstat` mit `make install` installiert werden. Sinnvollerweise wird eine Kopie von `kstat` und `knull.o` an anderer Stelle vorgehalten. Kann ein Einbrecher diese Dateien nach der Installation des Rootkits modifizieren, wird dieser Befehl dasselbe unter Umständen nicht mehr finden.

Nun können die installierten Module überprüft werden. Beim folgenden Rechner handelt es sich um einen Rechner, auf dem das Modul *adore.o* geladen und anschließend versteckt wurde.

```
# lsmod
Module                  Size  Used by    Tainted: P
```

```
autofs           12164    0  (autoclean) (unused)
pcnet32          15968    1
mii               2408    0  [pcnet32]
usb-uhci         24484    0  (unused)
usbcore          73152    1  [usb-uhci]
ext3             67136    2
jbd              49400    2  [ext3]
BusLogic         94592    3
sd_mod           12864    6
scsi_mod        108576    2  [BusLogic sd_mod]
```

Der Befehl lsmod ist nicht in der Lage, das Modul *adore.o* zu finden und anzuzeigen. Ein Aufruf von kstat zeigt jedoch das Modul bei einem Scan der geladenen Module. Für diesen Scan wird das Kernel-Modul *knull.o* benötigt. Dieser Scan ist also nur bei modularen Kernels möglich. Bei monolithischen Kernels ist er aber auch nicht sinnvoll!

```
# kstat -M
Using /lib/modules/misc/knull.o
Module          Address         Size
knull           0xca8b2000       592
autofs          0xca8aa000     12164
pcnet32         0xca8bd000     15968
mii             0xca8bb000      2408
usb-uhci        0xca8a3000     24484
usbcore         0xca890000     73152
ext3            0xca855000     67136
jbd             0xca847000     49400
BusLogic        0xca82e000     94592
sd_mod          0xca829000     12864
scsi_mod        0xca80d000    108576

Do you want to scan memory for LKMs ? [y] y
Insert initial address: [0xca78d000]<enter>

Searching Kernel Memory for LKMs from 0xca78d000 to 0xcb8b2000

0xca80d000
0xca829000
0xca82e000
0xca847000
0xca855000
0xca890000
0xca8a3000
0xca8aa000
0xca8ae000    # Taucht oben nicht auf!
0xca8bb000
```

```
0xca8bd000
0xca8c0330


Insert address to probe: 0xca8ae000

Probing memory at 0xca8ae000

Name:   adore
Size:   8416
Flags:  MOD_RUNNING
First Registered Symbol:
__insmod_adore_O/root/adore/adore.o_M3D4A09A7_V132114 at 0xca8ae000


Do you want to make this LKM removable ? [y]
```

Das Modul wurde zunächst auch von kstat nicht gefunden. Bei einem Scan der geladenen Module wurde jedoch ein zusätzliches Modul an der Adresse 0xca8ae000 gefunden. Eine Analyse dieses Moduls zeigt, dass es sich hierbei um *adore*, ein Modul aus dem Adore Rootkit, handelt. Anschließend ist das Modul auch mit lsmod zu sehen und kann mit rmmod entfernt werden.

Häufig werden daher die Module vom Angreifer nicht unsichtbar gemacht, sondern geben sich einen unscheinbaren Namen wie zum Beispiel *ide_cdrom.o*. Hier fällt das zusätzliche Modul nicht sofort auf. Eine Analyse der Systemaufrufe zeigt jedoch, dass diese verändert wurden. Bei der Übersetzung von kstat wurden die Systemaufrufe des laufenden Kernels ausgelesen und in den Befehl kstat fest einprogrammiert. Dieser Befehl kann daher später eine Modifikation einwandfrei feststellen. Befand sich adore vorher bereits im Speicher, so schlägt diese Methode natürlich fehl.

```
# kstat -S

Probing System Calls FingerPrints...
WARNING! sys_fork modified:
        <\x55\x89\xe5\x57\x56\x53\x83\xec\x18\x31> instead of
<\x6a\x0\x8d\x54\x24\x8\x89\xd0\x50\x8b>

WARNING! sys_write modified:
        <\x55\x89\xe5\x57\x56\x53\xba\x0\xe0\xff> instead of
<\x55\x57\xbf\xf7\xff\xff\xff\x56\x53\x83>

WARNING! sys_open modified:
        <\x55\x89\xe5\x57\x56\x53\x83\xec\x24\x8d> instead of
<\x55\x57\x56\x53\x8b\x54\x24\x14\x52\xe8>
```

```
WARNING! sys_close modified:
        <\x55\x89\xe5\x83\xec\x8\x8b\x45\x8\x3d> instead of
<\x53\xb8\x0\xe0\xffx89\xe3\x53\x8b\x44\x24>

WARNING! sys_oldstat modified:
        <\x55\x89\xe5\x57\x56\x53\x83\xec\x54\x8d> instead of
<\x53\x83\xec\x40\x89\xe3\x53\x8b\x44\x24>

WARNING! sys_kill modified:
        <\x55\x89\xe5\x57\x56\x53\x83\xec\xc\x8b> instead of
<\x53\x83\xc4\x80\x8b\x8c\x24\x8c\x0\x0>

WARNING! sys_mkdir modified:
        <\x55\x89\xe5\x57\x56\x53\x83\xec\x54\x68> instead of
<\x55\x57\x56\x53\...
```

Dieser Befehl zeigt noch wesentlich mehr veränderte Systemaufrufe an. Adore Version 0.42 verändert insgesamt 15 Systemaufrufe. Zusätzlich ist kstat in der Lage, die folgenden Aktionen durchzuführen und damit fast alle kernel-basierten Rootkits zu erkennen:

```
Usage: kstat [-i iff] [-P] [-p pid] [-M] [-m addr] [-s 0|1] [-S] [-n] [-r] [-T]

-i      iff may be specified as a name (e.g. eth0)
        displays info about the queried interface


-P      displays all processes


-p      pid is the process id of the queried task


-M      displays the kernel's LKMs' linked list and scans stealth LKMs


-m      addr is the hex address of the queried module
        displays info about the module to be found at addr


-s      looks for commonly hijacked system calls
        -s 0 checks for sys_calls hijacking
        -s 1 restores original sys_calls addresses


-S      checks system calls fingerprints


-n      checks commonly hijacked TCP/IP functions


-r      verifies commonly hijacked /proc functions


-T      dumps network connections with associated pids and descriptors
```

So ist `kstat` in der Lage, modifizierte TCP/IP-Funktionen zu erkennen, promiscuous Netzwerkkarten zu lokalisieren, alle (auch versteckte) Prozesse anzuzeigen und sämtliche Netzwerkverbindungen inklusive der Prozesse aufzulisten. Damit kann eigentlich jedes LKM Rootkit gefunden werden.

Im Anhang über Rootkits wird auch das Kernel Intrusion-System von *Optyx* erwähnt. Dieses System erlaubt auch einen Einbruch in monolithischen Linux-Kernels und ist wahrscheinlich momentan das gefährlichste Rootkit für Linux. Jedoch ist es möglich, mit `kstat` auch dieses Rootkit zu erkennen. Da es jedoch kein ladbares Kernel-Modul (LKM) im eigentlichen Sinne darstellt, kann es nicht durch einen Scan der geladenen Module gefunden werden. Es ist lediglich möglich, durch den Vergleich der Kernel SysCalls dieses Rootkit zu finden:

```
Probing System Calls FingerPrints...
WARNING! sys_exit modified:
        <\x53\x83\xec\x14\xbb\x0\xe0\xff\xff\x21> instead of
<\xf\xb6\x44\x24\x4\xc1\xe0\x8\x89\x44>

WARNING! sys_fork modified:
        <\x57\x56\x83\xec\x44\xfc\x89\xe7\x8d\x74> instead of
<\x6a\x0\x8d\x54\x24\x8\x89\xd0\x50\x8b>

... (gekürzt)
```

Für diese Funktion benötigt `kstat` nicht das Modul *knull.o*. Das bedeutet, dass diese Überprüfung auch bei monolithischen Kernels durchgeführt werden kann. Jedoch sollte auf kritischen Systemen der Einsatz von LIDS angedacht werden. LIDS ist in der Lage, den Linux-Kernel vor derartigen Angriffen zu schützen.

16.4   Analyse der Dateisysteme

Wenn die flüchtigen Daten des Systems gesichert und analysiert wurden, können die nicht flüchtigen Spuren gesichert werden. Hierbei handelt es sich in erster Linie um die Analyse der Dateisysteme und des SWAP-Speichers. Bevor irgendeine weitere Tätigkeit die Daten auf den Dateisystemen verfälschen kann, sollten die Systeme gesichert werden. Dabei ist es wichtig, nicht nur ein einfaches Backup durchzuführen. Ein Backup würde nur die tatsächlichen Dateien sichern. Bei der forensischen Analyse ist jedoch der freie Speicherplatz genauso interessant oder möglicherweise sogar interessanter als die vorhandenen Dateien. Hier können vom Einbrecher gelöschte Dateien gefunden werden. Möglicherweise hat der Einbrecher bestimmte Daten direkt auf der Festplatte unter Umgehung des Dateisystems gespeichert. Diese Informationen können nur extrahiert werden, wenn die gesamte Festplatte 1:1 kopiert (gespiegelt) wird. Außerdem erfolgt bei einer derartigen Spiegelung keine Modifikation des Dateisystems (Zugriffszeiten).

16.4.1 Sicherung der Dateisysteme

Die Sicherung der Dateisysteme kann online oder offline erfolgen. Wurde der Rechner nicht abgeschaltet, so sollten die Festplattencaches vor der Sicherung geleert werden. Hierzu sollte der Befehl `sync` aufgerufen und anschließend etwa zehn Sekunden gewartet werden. Wurde der Rechner abgeschaltet, so sollte der Rechner mit einer Rettungsdiskette oder -CD gestartet werden. So wird vermieden, dass die Ergebnisse der Analyse durch einen modifizierten Kernel oder modifizierte Befehle und Startscripts verfälscht werden. Hier sind die verschiedensten Mini Linux-Distributionen verwendbar, wie Trinux (*http://www.trinux.org*), Tomscrbt, Plac (*http://sourceforge.net/projects/plac*) oder Biatchux (*http://biatchux.dmzs.com/*). Einige große Linux-Distributionen bieten bootfähige CDs in Form einer Visitenkarte, die sich ebenfalls hierfür eignen.

Unabhängig von der gewählten Methode sollte nun ein zweiter Rechner zur Verfügung stehen, um die Dateisysteme über das Netzwerk zu empfangen und lokal abzuspeichern. Die Verbindung zum kompromittierten Rechner kann hierbei über ein gekreuztes (cross-over) Ethernet-Kabel hergestellt werden. Um auf dem zweiten Rechner nun die Daten entgegenzunehmen, wird dort ein Server gestartet mit dem Befehl:

```
# nc -l -p 3000 > host_>partition<
```

Dieser Befehl nimmt nun auf dem Port 3000 Daten entgegen und speichert sie in der Datei *host_<partition>* ab.

> **ACHTUNG**
> Anstelle von Netcat kann auch Cryptcat eingesetzt werden. Laut Homepage von Cryptcat (*http://farm9.com/content/Free_Tools/Cryptcat*) ist *cryptcat = netcat + encryption*. Cryptcat bietet dieselbe Funktionalität wie Netcat, jedoch werden die Netzwerkverbindungen verschlüsselt. Diese Verschlüsselung erfolgt mit Twofish und einem statischen Schlüssel, der mit der Option `-k` definiert wird.

Um nun die Daten zu übertragen, sollte zunächst das Partitionsschema des zu untersuchenden Rechners ermittelt werden. Dies kann am sinnvollsten mit dem Befehl `fdisk` erfolgen:

```
# fdisk -l /dev/hda    # bei einer IDE Platte am Master des 1. Controllers
# fdisk -l /dev/sda    # bei einer SCSI Platte
```

Die angezeigten Partitionen werden nun eine nach der anderen gesichert. Besitzt der kompromittierte Rechner zum Beispiel eine Partition */dev/hda1*, so wird sie mit den in Listing 16.1 und 16.2 abgedruckten Befehlen gesichert.

Listing 16.1: Netcat-Server

```
# nc -l -p 3000 > host_hda1
# nc -l -p 3000 | gzip > host_hda1.gz   # Bei Platzmangel
```

Listing 16.2: Netcat-Client

```
# dd if=/dev/hda1 | nc -w 10 server 3000
```

> **HINWEIS**
>
> Netcat erkennt selbst das Ende der Verbindung und beendet sich. Hierzu
> testet Netcat, ob weitere Daten gesendet werden. Bei sehr unterschiedli-
> chen Rechnern kann es daher zu vorzeitigen Abbrüchen kommen. Die
> Option -w definiert die Zeit, die Netcat auf weitere Daten wartet.

An die Sicherung sollte sich direkt eine Prüfsummenermittelung anschließen.
Diese kann später zur Überprüfung der Integrität der gesammelten Beweise
genutzt werden.

Netcat

Netcat wird als das Schweizer Messer des Netzwerkadministrators bezeichnet. Es ist ein einfaches UNIX-Werkzeug, welches Daten über Netzwerkverbindungen austauschen kann. Hierbei kann sowohl das TCP- als auch das
UDP-Protokoll mit beliebigen Ports genutzt werden. Netcat ist verfügbar
unter *http://www.atstake.com/research/tools/nc110.tgz*.

In seiner einfachsten Verwendung nc host port baut Netcat eine TCP-Verbindung zum angegebenen Rechner (host) auf dem angegebenen Port (port)
auf. Anschließend werden alle Daten, die von der Standardeingabe gelesen
werden, auf den anderen Rechner übertragen.

In seiner Anwendung als Server ist Netcat in der Lage, sich auf einen beliebigen Port zu binden und dort Netzwerkverbindungen entgegenzunehmen.
Dies erfolgt mit dem Kommando nc -l port.

Netcat bietet somit ähnliche Funktionen wie *Telnet*. Es existieren jedoch drei
Unterschiede:

1. NetCat kann als Server auf jedem Port laufen.

2. NetCat kann UDP verwenden. Es ist gewissermaßen ein UDP-Telnet.

3. NetCat kümmert sich nicht um Dateienden (End of File, EOF). NetCat
   bricht im Gegensatz zu Telnet nicht die Verbindung ab. Darüber hinaus
   modifiziert oder interpretiert Netcat keine Sonderzeichen, sondern überträgt die originalen Daten auf den Server.

Die prominentesten Fähigkeiten von Netcat sind:

- Client und Server für UDP und TCP auf jedem Port
- Beliebiger Client-Port wählbar
- Eingebauter Portscanner mit zufällig gewählten Ports
- Source Routing-Fähigkeit
- Telnet-Funktionalität

Die folgenden Netcat-Optionen sind im täglichen Einsatz nützlich:

`-v`	Verbose
`-n`	Numerische Angabe der Parameter, keine Namensauflösung
`-w`	Timeout für die Verbindung in Sekunden
`-u`	UDP-Verbindungen
`-o` *log*	HexDump in der Datei `log`
`-p` *port*, `-s` *ip*	Angabe der lokalen IP-Adresse und des lokalen Ports
`-l`	Listen; Wartet auf Verbindungen auf dem Port
`-t`	Telnet-Modus

16.4.2 Analyse einzelner Dateien

Wenn für die Analyse des Linux-Systems kein Toolkit wie *The Coroner's Toolkit* zur Verfügung steht, sollten dennoch einzelne Dateien manuell analyisert werden. Bei diesen Dateien handelt es sich um Konfigurations- und Protokolldateien. Zusätzlich sollten die History-Dateien der einzelnen Benutzer untersucht werden.

Die History-Dateien werden von den meisten Kommando-Shells bei der Abmeldung vom System geschrieben. Sie enthalten alle vom Benutzer eingegebenen Befehle in einer chronologischen Reihenfolge. Ihr Dateiname und ihre maximale Größe hängt von der Shell ab und lässt sich meist mit Umgebungsvariablen konfigurieren. Mit etwas Glück können hier die Befehle des Einbrechers nachgelesen werden.

Die wichtigsten Konfigurationsdateien nach einem Einbruch sind sicherlich */etc/passwd* und */etc/shadow*. Diese Dateien enthalten die Benutzerdatenbank des Linux-Systems. Zusätzlich sind die Konfigurationsdateien der Netzwerkdienste bekannt, da sie häufig dazu verwendet werden, zusätzliche Hintertüren zu implementieren (*/etc/inetd.conf*, */etc/xinetd.conf*, */etc/ssh/sshd_config*, etc.). Hierzu zählen auch alle eventuell auf dem System vorkommenden Dateien *.rhosts* und */etc/hosts.equiv*.

Einige Protokolldateien geben ebenfalls Aufschluss über die Systemaktivitäten. Hier kann jedoch keine allgemeine Feststellung zu den wichtigsten Protokolldateien gemacht werden, da diese sich bei den unterschiedlichen Linux-Distributionen unterscheiden.

Zwei Protokolldateien existieren jedoch, die auf allen Linux-Distributionen identisch sind: *wtmp* und *pacct*. Die Datei *wtmp* befindet sich üblicherweise im Standard-Protokollverzeichnis */var/log*. Diese Datei enhält die Informationen, wann sich wer von wo erfolgreich auf dem Rechner angemeldet hat. Diese Information wird binär abgespeichert und kann mit dem Befehl last eingesehen werden.

```
# last -f /var/log/wtmp.1   # rotierte Datei
spenneb  pts/4       :0          Wed Jul 31 20:20 - 22:10  (01:50)
spenneb  pts/3       :0          Wed Jul 31 20:20 - 22:10  (01:50)
spenneb  pts/2       :0          Wed Jul 31 20:20 - 22:10  (01:50)
...
```

Sollen auch fehlerhafte Anmeldungen derartig abgespeichert werden, so muss manuell die Datei */var/log/btmp* angelegt werden, wenn sie noch nicht existiert. Anschließend können mit dem Befehl lastb die fehlerhaften Anmeldungen analog betrachtet werden.

Die zweite Datei pacct dient dem Prozess-Accounting. Hierbei besteht die Möglichkeit, jeden Befehl eines jeden Benutzers mit der Dauer seiner Ausführung protokollieren zu lassen. Diese Datei befindet sich meist auch in */var/log*. In neuen Red Hat Linux-Distributionen befindet sie sich in */var/account*. Hierzu müssen die entsprechenden Werkzeuge installiert (accton, sa, lastcomm) und das Accounting angeschaltet worden sein. Anschließend kann mit dem lastcomm-Kommando die Liste abgefragt werden:

```
# lastcomm
bash        F    root    stdout     0.00 secs Thu Aug  1 09:21
crond       F    root    ??         0.00 secs Thu Aug  1 09:19
mrtg        S    root    ??         0.34 secs Thu Aug  1 09:19
crond       F    root    ??         0.00 secs Thu Aug  1 09:20
sadc        S    root    ??         0.00 secs Thu Aug  1 09:20
date             root    ??         0.00 secs Thu Aug  1 09:20
crond       F    root    ??         0.00 secs Thu Aug  1 09:15
```

16.4.3 Analyse der Dateisysteme mit RPM

Die einfachsten Lösungen sind häufig die besten. Viele Linux-Distributionen setzen heute das Red Hat Package Management-(RPM-)System ein. Dieses System erlaubt eine einfache Installation, Deinstallation und Aktualisierung der Softwarepakete.

Hierzu pflegt das RPM-System eine Datenbank, in der die installierten Softwarepakete eingetragen werden. Die hierbei gespeicherten Informationen sind sehr ausführlich. So werden das Datum der Installation und die Namen der im Paket enthaltenen Dateien abgespeichert. Zusätzlich wird für jede Datei ihre Größe, die Zeitstempel und ihre MD5-Prüfsumme zum Zeitpunkt der Installation abgespeichert. Diese Informationen können zu jedem späteren Zeitpunkt mit dem Befehl `rpm -verify` überprüft werden. Hierbei wird entweder der explizite Paketname oder `-all` angegeben. Der Befehl zeigt nun alle Dateien an, die seit ihrer Installation modifiziert wurden. Dies sind insbesondere Konfigurationsdateien. Werden aber binäre Dateien oder gar Bibliotheken angezeigt, so sollten diese einer genaueren Überprüfung unterzogen werden.

Um die Funktionsfähigkeit dieses Befehls und der im Weiteren zu besprechenden Befehle zu zeigen, sollen die Daten eines tatsächlichen Einbruches eingesetzt werden. Das bereits erwähnte Honeynet Project (*http://www.honeynet.org*) hat im Januar 2001 den *Forensic Challenge* gestartet. Hierbei handelte es sich um eine Art Wettbewerb, bei dem die Daten eines kompromittierten Red Hat Linux 6.2-Servers vorgestellt wurden. Auf CD findet sich die originale Erläuterung des *Forensic Challenge*. Diese enthält weitere Erläuterungen zum Einbruch, Uhrzeit, Netzwerkdienste etc.

Jeder wurde aufgerufen, diese Daten zu analysieren und die Ergebnisse der Analyse einzureichen. Dazu wurden sechs Festplattenpartitionen des Rechners zum Download angeboten. Zusätzlich befinden sich auf der Homepage des Honeynet Projects auch die hervorragenden Analysen der Mitglieder des Honeynet Projects selbst und der Teilnehmer des Wettbewerbs. Diese Analysen gehen in vielen Punkten über die in diesem Buch angesprochenen Punkte hinaus und stellen eine sehr nützliche Sekundärliteratur dar. Die Daten des *Forensic Challenge* sollen nun verwendet werden, um die Funktionsfähigkeit und die Anwendung des `rpm`-Befehls und der folgenden Befehle zu demonstrieren.

Hierzu ist es zunächst erforderlich, die entsprechenden Daten herunterzuladen. Diese Daten befinden sich unter *http://honeynet.linuxsecurity.com/download/* oder alternativ unter *http://honeynet.treachery.net/*. Die Datei, die heruntergeladen werden muss, lautet *images.tar* und ist 170 Mbyte groß. Im ausgepackten Zustand handelt es sich um etwa 3 Gbyte!

Diese Datei sollte an geeigneter Stelle ausgepackt werden. Hierbei entstehen die folgenden Dateien:

```
# mkdir /analyse
# cd /analyse
# tar xf /pfad/images.tar
./honeypot.hda1.dd.gz
./honeypot.hda5.dd.gz
./honeypot.hda6.dd.gz
./honeypot.hda7.dd.gz
./honeypot.hda8.dd.gz
./honeypot.hda9.dd.gz
./readme
```

Bevor nun fortgefahren wird, sollten die Prüfsummen überprüft werden. Die letzten sechs Zeilen der Datei *readme* enthalten die Prüfsummen für den Befehl md5sum. Die Überprüfung kann mit dem folgenden Befehl gestartet werden:

```
# tail -6 readme | md5sum -c -
honeypot.hda1.dd.gz: Ok
honeypot.hda5.dd.gz: Ok
honeypot.hda6.dd.gz: Ok
honeypot.hda7.dd.gz: Ok
honeypot.hda8.dd.gz: Ok
honeypot.hda9.dd.gz: Ok
```

Nun sollten die Dateien dekomprimiert und zu einem Verzeichnisbaum zusammengefügt werden:

```
#  gunzip -v *.gz
honeypot.hda1.dd.gz:    93.0% -- replaced with honeypot.hda1.dd
honeypot.hda5.dd.gz:    88.5% -- replaced with honeypot.hda5.dd
honeypot.hda6.dd.gz:    99.8% -- replaced with honeypot.hda6.dd
honeypot.hda7.dd.gz:    99.2% -- replaced with honeypot.hda7.dd
honeypot.hda8.dd.gz:    90.8% -- replaced with honeypot.hda8.dd
honeypot.hda9.dd.gz:    98.5% -- replaced with honeypot.hda9.dd
# ls -hs *.dd
 20M honeypot.hda1.dd  1.2G honeypot.hda6.dd  261M honeypot.hda8.dd
1.2G honeypot.hda5.dd  261M honeypot.hda7.dd  150M honeypot.hda9.dd
# mkdir root
# mount -o loop,nodev honeypot.hda8.dd root
# mount -o loop,nodev honeypot.hda1.dd root/boot
# mount -o loop,nodev honeypot.hda6.dd root/home
# mount -o loop,nodev honeypot.hda5.dd root/usr
# mount -o loop,nodev honeypot.hda7.dd root/var
```

Normalerweise sollte zur Analyse das Dateisystem zusätzlich mit den Optionen noexec,ro gemountet werden, um die Ausführung von trojanischen Befehlen und eine Modifikation der Daten zu verhindern. Der Befehl rpm benötigt jedoch diesen Zugriff. Nun kann mit diesem Befehl die Unversehrtheit der Befehle überprüft werden.

```
# root/bin/rpm --verify --all --root /analyse/root/ > rpm_verify
# grep bin rpm_verify | grep "^..5"
S.5.....  /bin/ls
S.5....T  /usr/sbin/named
S.5.....  /bin/netstat
S.5.....  /sbin/ifconfig
SM5.....  /usr/sbin/in.identd
S.5.....  /bin/ps
S.5.....  /usr/bin/top
```

```
S.5..... /usr/sbin/tcpd
S.5....T /usr/sbin/in.telnetd
```

Es werden mit dem Befehl eine große Anzahl modifizierter Dateien gefunden. Um jedoch die interessanten Dateien zu finden, wird die Ausgabe des Befehls in eine Datei umgelenkt und nur die Einträge angezeigt, die die Zeichenkette »bin« in ihrem Pfad besitzen und bei denen das dritte Zeichen in der Zeile eine 5 ist. Diese 5 weist auf eine veränderte MD5-Prüfsumme hin. Diese Dateien wurden seit der Installation des Systems verändert. Hierbei handelt es sich wahrscheinlich um modifizierte Dateien, die Hintertüren oder andere zusätzliche Funktionen besitzen. Diese Dateien sollten weiter analysiert werden (s.u.).

16.4.4 Analyse der Dateisysteme mit ChkRootKit

Sobald die Dateisysteme gesichert wurden, kann die Analyse dieser Systeme beginnen. Der Einbrecher hat wahrscheinlich einige Modifikationen am System vorgenommen. In vielen Fällen werden wichtige Systemdateien wie zum Beispiel */bin/ls* oder */usr/sbin/sshd* gegen modifizierte Varianten ausgetauscht. Zusätzlich werden weitere Angriffswerkzeuge oder Sniffer installiert, mit denen weitere Rechner angegriffen oder die im Netzwerk verwendeten Kennwörter protokolliert werden sollen. In einigen Fällen wurde auch die Installation von Internet Relay Chat-Servern (IRC) und Raubkopie-Archiven beobachtet. Ziel der folgenden Analyse ist es, diese Ereignisse festzustellen, zu dokumentieren und die angewendete Einbruchsmethode und das Ausmaß des Einbruchs zu beurteilen.

Wenn im Vorfeld auf Tripwire auf dem Rechner installiert wurde, so sollte Tripwire bereits sehr wertvolle Hinweise geben können, welche Dateien modifiziert, gelöscht und unter Umständen neu erzeugt wurden. Häufig fehlt jedoch eine derartige Installation oder in seltenen Fällen hat der Einbrecher die Installation von Tripwire bemerkt und die Datenbank gelöscht. Existiert keine Sicherung dieser Datenbank, so kann lediglich nachvollzogen werden, dass ein Einbruch stattgefunden hat, jedoch ist keine Aussage über die veränderten Dateien möglich.

Um dennoch die modifizierten Dateien ermitteln zu können, gibt es nun eine ganze Reihe von Methoden, von denen im Folgenden zwei vorgestellt werden: chkrootkit und im nächsten Kapitel *The Coroner's Toolkit* bzw. TASK.

Das Programm chkrootkit wendet die Erfahrungen, die in der Vergangenheit gemacht wurden, an. Im Laufe der letzten Jahre sind viele Rootkits für Linux bekannt geworden.

> **HINWEIS: Was ist ein Rootkit?**
> Die wörtliche Übersetzung von Rootkit ist in etwa Admin-Bausatz. Dies trifft auch recht gut den Punkt. Hierbei handelt es sich um eine Sammlung von Befehlen und Dateien, die nach einem Einbruch vom Einbrecher auf einem Rechner installiert werden können. Die originalen Befehle werden dabei gegen die Dateien des Rootkits ausgetauscht. Die neuen Varianten sind nun so modifiziert worden, dass sie zusätzliche Funktionen bieten. Denkbar sind Hintertüren im Befehl `login` oder ein `ssh`-Befehl, welcher sämtliche eingegebenen Kennwörter zusätzlich protokolliert. Häufig enthalten die Rootkits zusätzlich noch Sniffer oder weitere Angriffswerkzeuge, um den Angriff auf weiteren Rechnern fortsetzen zu können. Ein Rootkit führt aber nicht den Angriff selbst durch. Der Einbruch als *root* ist also bereits erfolgt, wenn das Rootkit installiert wird.

Diese Rootkits wurden gesammelt und analysiert. Die in ihnen verwendeten Befehle weisen häufig charakteristische Eigenschaften auf, die sie von ihren normalen Pendants unterscheiden. Die Anwendung *chkrootkit* (*http://www.chkrootkit.org*) erkennt alle in den veröffentlichten Rootkits enthaltenen Programme und kann diese erkennen.

Dieser Ansatz erlaubt natürlich nur eine positive Aussage, wenn *chkrootkit* eine modifizierte Datei erkennt. Wurde keine modifizierte Datei gefunden, so kann auch kein negatives Ergebnis bekannt gegeben werden. Es besteht die Möglichkeit, dass ein noch unbekanntes Rootkit vom Einbrecher verwendet wurde.

Die Anwendung `chkrootkit` Version 0.36 ist laut Webpage in der Lage, die folgenden Rootkits zu erkennen: *lrk3, lrk4, lrk5, lrk6, Solaris rootkit, FreeBSD rootkit, t0rn, ARK, Ramen Worm, rh[67]-shaper, RSHA, Romanian rootkit, RK17, Lion Worm, Adore Worm, LPD Worm, kenny-rk, Adore LKM, ShitC Worm, Omega Worm, Wormkit Worm, Maniac-RK, dsc-rootkit, Ducoci rootkit, x.c Worm, RST.b trojan, duarawkz, knark LKM, Monkit, Hidrootkit, Bobkit, Pizdakit, t0rn 8.0 variant), Showtee, Optickit, T.R.K, MithRa's Rootkit, George* und *SucKiT*.

Trotz dieser großen Anzahl erkannter Rootkits ist die Anwendung dennoch recht einfach. Hierzu wird lediglich die Software von ihrer Homepage *http://www.chkrootkit.org* geladen, ausgepackt und übersetzt. Anschließend kann bereits der Aufruf von *chkrootkit* erfolgen. In Listing 16.3 kann ein Beispiellauf verfolgt werden.

Listing 16.3: Übersetzung und Aufruf von *chkrootkit*

```
# wget -q http://us.chkrootkit.org/chkrootkit.tar.gz
# wget -q http://us.chkrootkit.org/chkrootkit.md5
# md5sum --check chkrootkit.md5
chkrootkit.tar.gz: Ok
# tar xzf chkrootkit.tar.gz
```

```
# cd chkrootkit->version<
# make sense > /dev/null
# ./chkrootkit

ROOTDIR is `/'
Checking `amd'... not found
Checking `basename'... not infected
Checking `biff'... not found
Checking `chfn'... not infected
Checking `chsh'... not infected
Checking `cron'... not infected
Checking `date'... not infected
Checking `du'... not infected
Checking `dirname'... not infected
Checking `echo'... not infected
Checking `egrep'... not infected
Checking `env'... not infected
Checking `find'... not infected
Checking `fingerd'... not infected
Checking `gpm'... not infected
Checking `grep'... not infected
Checking `hdparm'... not infected
Checking `su'... not infected
Checking `ifconfig'... not infected
Checking `inetd'... not tested
Checking `inetdconf'... not found
Checking `identd'... not infected
Checking `killall'... not infected
Checking `ldsopreload'... not infected
Checking `login'... not infected
Checking `ls'... not infected
Checking `lsof'... not infected
Checking `mail'... not infected
Checking `mingetty'... not infected
Checking `netstat'... not infected
Checking `named'... not infected
Checking `passwd'... not infected
Checking `pidof'... not infected
Checking `pop2'... not found
Checking `pop3'... not found
Checking `ps'... not infected
Checking `pstree'... not infected
Checking `rpcinfo'... not infected
Checking `rlogind'... not infected
Checking `rshd'... not infected
Checking `slogin'... not infected
Checking `sendmail'... not infected
Checking `sshd'... not infected
```

```
Checking `syslogd'... not infected
Checking `tar'... not infected
Checking `tcpd'... not infected
Checking `top'... not infected
Checking `telnetd'... not infected
Checking `timed'... not found
Checking `traceroute'... not infected
Checking `w'... not infected
Checking `write'... not infected
Checking `aliens'... no suspect files
Searching for sniffer's logs, it may take a while... nothing found
Searching for HiDrootkit's default dir... nothing found
Searching for t0rn's default files and dirs... nothing found
Searching for t0rn's v8 defaults... nothing found
Searching for Lion Worm default files and dirs... nothing found
Searching for RSHA's default files and dir... nothing found
Searching for RH-Sharpe's default files... nothing found
Searching for Ambient's rootkit (ark) default files and dirs... nothing found
Searching for suspicious files and dirs, it may take a while...
/usr/lib/perl5/site_perl/5.6.0/i386-linux/auto/IO-stringy/.packlist
/usr/lib/perl5/site_perl/5.6.0/i386-linux/auto/Mail/.packlist
/usr/lib/perl5/site_perl/5.6.0/i386-linux/auto/MIME-tools/.packlist
/usr/lib/perl5/site_perl/5.6.0/i386-linux/auto/Compress/Zlib/.packlist
/usr/lib/perl5/site_perl/5.6.0/i386-linux/auto/Unix/Syslog/.packlist
/usr/lib/perl5/site_perl/5.6.0/i386-linux/auto/Convert/UUlib/.packlist
/usr/lib/perl5/site_perl/5.6.0/i386-linux/auto/Convert/TNEF/.packlist
/usr/lib/perl5/site_perl/5.6.0/i386-linux/auto/Archive/Tar/.packlist
/usr/lib/perl5/site_perl/5.6.0/i386-linux/auto/Archive/Zip/.packlist
/usr/lib/perl5/5.6.1/i386-linux/.packlist

Searching for LPD Worm files and dirs... nothing found
Searching for Ramen Worm files and dirs... nothing found
Searching for Maniac files and dirs... nothing found
Searching for RK17 files and dirs... nothing found
Searching for Ducoci rootkit... nothing found
Searching for Adore Worm... nothing found
Searching for ShitC Worm... nothing found
Searching for Omega Worm... nothing found
Searching for Sadmind/IIS Worm... nothing found
Searching for MonKit... nothing found
Searching for Showtee... nothing found
Searching for OpticKit... nothing found
Searching for T.R.K... nothing found
Searching for Mithra... nothing found
Searching for anomalies in shell history files... nothing found
Checking `asp'... not infected
Checking `bindshell'... not infected
Checking `lkm'... nothing detected
```

```
Checking `rexedcs'... not found
Checking `sniffer'...
eth0 is not promisc
eth1 is not promisc
Checking `wted'... nothing deleted
Checking `z2'...
nothing deleted
```

Bei der Ausführung verwendet *chkrootkit* viele auf dem System vorhandene
Befehle. Wenn *chkrootkit* also auf einem laufenden System ausgeführt wird,
kann es zu verfälschten Ergebnissen kommen, da einige der Befehle, die *chkrootkit* verwendet, vom Angreifer ausgetauscht wurden. Dieser Gefahr kann mit zwei
verschiedenen Lösungen vorgebeugt werden:

1. Für die Analyse des Systems wird ein kompletter Satz an Befehlen auf einem
   vertrauenswürdigen Medium zur Verfügung gestellt. Es werden folgende
   externe Programme benutzt: *awk*, *cut*, *echo*, *egrep*, *find*, *head*, *id*, *ls*, *netstat*,
   ps, *sed*, *strings* und *uname*. Der Pfad zu diesen Befehlen muss dann beim
   Aufruf von chkrootkit übergeben werden.

   ./chkrootkit -p /mnt/cdrom/trusted_bin

2. Das Root-Dateisystem des zu analysierenden Rechners wurde wie oben
   beschrieben gesichert und wird auf einer forensischen Analysestation
   gemountet. Die Integrität der Binärdateien auf dieser Station ist gewährleistet. Beim Aufruf von *chkrootkit* kann das scheinbare Root-Verzeichnis übergeben werden.

   ./chkrootkit -r /mnt/analyse_root

Da ein großer Anteil der Funktionalität von *chkrootkit* auf den normalen Linux-
Befehlen beruht, ist es auch nicht in der Lage, Fehler dieser Programme zu
erkennen und zu beheben. Leider ist der Befehl ifconfig bei vielen Distributionen nicht in der Lage zu bestimmen, ob sich die Netzwerkkarten im promiscuous-Modus befinden. Daher wird *chkrootkit* dies nie feststellen. Hier sollten
zusätzliche Werkzeuge genutzt werden, wie bereits im letzten Kapitel ausgeführt
wurde.

chkrootkit ist so bereits in der Lage, viele modifizierte Dateien zu finden und
Anzeichen für einen Einbruch aufzuzeigen. Daher kann *chkrootkit* auch direkt
als IDS eingesetzt werden. Hierzu kann der Befehl per *crond* täglich oder gar
mehrfach täglich aufgerufen werden. Die Ausgabe des Befehls kann dann in
einer E-Mail an den Administrator des Rechners weitergeleitet werden.

Hierfür wird sinnvollerweise eine CD-ROM vorbereitet, die sowohl den Befehl
chkrootkit als auch alle weiteren benötigten Befehle enthält. Anschließend kann
dann ein Eintrag in der */etc/crontab* erfolgen, die eine tägliche Ausführung
garantiert:

Listing 16.4: Crontab-Eintrag für chkrootkit

```
0 3 * * *  root (cd /pfad/chkrootkit; ./chkrootkit 2>&1 | mail -s \
                "chkrootkit Ergebnis" chkrootkit@nohup.info)
```

Chkrootkit stellt also bereits sehr mächtige Analysewerkzeuge zur Verfügung. Jedoch ist das Programm nur in der Lage, bekannte Rootkits zu erkennen. Noch unbekannte, modifizierte oder neue Rootkits können von dem Programm nicht detektiert werden. Jedoch bietet das Programm zusätzlich den Experten-Modus, der wesentlich mehr Ausgaben liefert. Hier werden alle in den Befehlen gefundenen Zeichenketten ausgegeben. Diese können dann auf kritische oder verdächtige Zeichenketten hin untersucht werden.

Nun soll die Funktionsweise und Anwendung von *chkrootkit* auf dem Dateisystem des *Forensic Challenge* getestet werden. Dazu wird der folgende Befehl benötigt:

```
# ./chkrootkit -r /analyse/root/ > chk_run
# egrep "INFECTED|Warning" chk_run
Checking `ifconfig'... INFECTED
Checking `identd'... INFECTED
Checking `ps'... INFECTED
Checking `tcpd'... INFECTED
Checking `top'... INFECTED
Searching for anomalies in shell history files... Warning:
`/analyse/root//root/.bash_history' is linked to another file
Checking `asp'... Warning: Possible Ramen Worm installed (/analyse/root/asp)
```

Der Befehl chkrootkit hat ebenfalls einige modifizierte Befehle gefunden. Zusätzlich wurde festgestellt, dass die Datei */root/.bash_history* eine symbolische Verknüpfung mit einer anderen Datei ist. Außerdem wurde die Datei */asp* entdeckt, die ein Hinweis auf den Wurm *Ramen* ist.

> **ACHTUNG**
>
> Der Befehl chkrootkit liefert ab und zu falsch-positive Meldungen:
>
> ```
> Checking `lkm'... You have     1 process hidden for readdir command
> You have     1 process hidden for ps command
> Warning: Possible LKM Trojan installed
> ```
>
> Hierbei handelt es sich um Prozesse, die so schnell gestartet und wieder beendet werden, dass *chkrootkit* nicht in der Lage ist, ihre Einträge zu finden. Dann nimmt *chkrootkit* an, dass diese Prozesse versteckt wurden. Beta-Code, der diese Meldung vermeidet, existiert bereits und wird in einer der zukünftigen Versionen verteilt werden. Momentan kann *chkrootkit* lediglich zweimal nacheinander aufgerufen werden. Wenn die Meldung erneut ausgegeben wird, handelt es sich um eine echte Meldung.

16.5 Analyse des Rechners mit The Coroner's Toolkit

The Coroner's Toolkit (TCT) ist eine Sammlung von Programmen, welche von Wietse Venema (Autor von Satan, Postfix und TCP-Wrappers) und Dan Farmer (Autor von Titan, Satan und COPS) geschrieben wurde, um die forensische Analyse von UNIX-Systemen zu ermöglichen. Inzwischen haben verschiedene Personen TCT auf andere Plattformen portiert und weitere Werkzeuge geschrieben, die auf dem TCT aufbauen oder es unterstützen. Hierbei ist besonders Brian Carrier zu erwähnen, der zunächst die *tctutils* entwickelte und nun auf der Basis des TCT das *The @stake Sleuth Kit (TASK)* entwickelt hat. Dieses erweitert die Funktionalität des TCT um die Möglichkeit, auch FAT- und NTFS-Dateisysteme zu analysieren. Zusätzlich entwickelte Brian Carrier *Autopsy*, einen grafischen Browser zur Betrachtung der Ergebnisse. TASK ist wie TCT Open Source.

> **ACHTUNG**
> Sowohl TCT als auch TASK unterstützen nicht die forensische Analyse von ext3fs- und reiserfs-Dateisystemen. Daher sollten diejenigen Rechner, bei denen später eine forensische Analyse erfolgen soll, möglichst ext2fs verwenden. Selbst ext2fs ist leider nicht identisch mit ext2fs. Ein Red Hat Linux-Kernel 2.4.18-3 ermöglicht bei einem ext2fs mit dem Werkzeug `icat` nur die Rekonstruktion der ersten zwölf Blöcke der Datei. Weitere Blöcke existieren und können mit `unrm` wiederhergestellt werden, jedoch nicht mit `icat`.
> Reiserfs wird nicht unterstützt. Die Unterstützung für ext3fs ist so weit vorhanden, wie ext3fs eine Kompatibilität zu ext2fs aufweist. Leider speichert ext3fs in gelöschten Inodes nicht mehr die Blocknummern ab. Daher können gelöschte Dateien nicht einfach wie bei ext2fs mit `icat` wiederhergestellt werden. Hier kann lediglich mit `unrm` eine Wiederherstellung erfolgen.

Im Folgenden wird zunächst das *Coroner's Toolkit* betrachtet und anschließend auf die Erweiterungen durch *TASK* und *Autopsy* eingegangen.

TCT stellt eine Sammlung von Programmen dar, die sowohl die Sicherung und die Analyse der flüchtigen Daten als auch die Analyse der Dateisysteme erlauben. Bei den unterstützten Dateisystemen handelt es sich um das Berkeley FFS und Linux EXT2. Die wichtigsten Werkzeuge des Toolkits sind:

- `grave-robber`. Der Befehl `grave-robber` (Grabräuber) durchsucht ein Rechnersystem nach sämtlichen interessanten Daten. Hierzu werden alle Daten über Speicherzustand, Prozesse, Netzwerkkonfiguration, offene Dateien, Zeitstempel der Dateien etc. automatisch gesammelt und gesichert. Für diesen Vorgang ruft `grave-robber` eine Reihe weiterer Befehle auf.

- `unrm`. Dieser Befehl durchsucht ein Dateisystem nach nicht allozierten Inodes und Datenblöcken. Die erhaltenen Dateien können dann mit weiteren Werkzeugen wie *grep*, *strings* oder *lazarus* durchsucht werden.

- lazarus. lazarus versucht Ordnung in ungeordnete Daten zu bringen. Hierzu akzeptiert es als Eingabe zum Beispiel die Ergebnisse von *unrm*, aber auch den Inhalt einer SWAP-Partition. Das Ergebnis kann in HTML dargestellt werden.

- mactime. Die M(modify)A(access)C(change)-Zeitstempel einer Datei erlauben die Generierung einer chronologischen Zeittafel der Ereignisse auf einem Rechner.

- **Hilfsprogramme**
  - file. Bestimmt den Typ einer Datei.
  - icat. Liest den Inhalt einer Datei mit der angegebenen Inode-Nummer.
  - ils. Zeigt gelöschte Dateien (Inodes) an.
  - lastcomm. Zeigt die letzten ausgeführten Befehle an (Processaccounting).
  - pcat. Liest den Speicher eines laufenden Prozesses aus.

16.5.1 Installation und Konfiguration von TCT

Die Installation von TCT ist sehr einfach. Hierzu wird zunächst das Toolkit von seiner Homepage geladen (*http://www.porcupine.org/forensics/tct.html*) und an geeigneter Stelle entpackt. Anschließend wird der Befehl make aufgerufen. Dieser Befehl übersetzt die Hilfsprogramme und passt die Pfade an die lokale Perl-Installation an.

```
# cd /analyse
# tar xvzf /pfad/tct->version<.tar.gz
# cd tct->version<
# make
```

Anschließend darf das TCT-Verzeichnis nicht mehr verschoben werden, da sein Pfad nun in den Dateien hartkodiert vorliegt. Ist ein Verschieben oder Kopieren erforderlich, so muss der Befehl perl reconfig aufgerufen werden.

Eine Konfiguration des TCT ist in den meisten Fällen nicht erforderlich. Jedoch sollten die Konfigurationsdateien zumindest eingesehen werden, da sie häufig zusätzliche Funktionen erkennen lassen. Die folgenden Dateien konfigurieren TCT:

Listing 16.5: TCT-Konfigurationsdateien

```
# ls conf/
coroner.cf        lazarus.cf  mac_file.headers  paths.pl      save_these_files
grave-robber.cf   look@first  mac_file.lst
# ls etc/
magic
```

16.5.2   Leichenfledderei: grave-robber

Für die Sicherung und die Analyse der flüchtigen Daten bietet das TCT den Befehl `grave-robber`. Dieser Befehl kann sowohl flüchtige Daten als auch gewisse Daten des Dateisystems ermitteln. *grave-robber* wurde in Perl geschrieben, sodass das System, auf dem es ausgeführt wird, mindestens über eine funktionsfähige Version von Perl verfügen muss. Die Verwendung dieses Befehls erlaubt eine exakte Reproduzierbarkeit der Ergebnisse und schützt vor Tippfehlern oder logischen Fehlern bei einer manuellen Analyse. Daher sollte immer die Verwendung derartiger Scripts gewählt werden.

Die Konfigurationsdatei des *grave-robber* ist die Datei *conf/grave-robber.cf*. Zusätzlich wird auch die Datei *conf/coroner.cf* eingelesen. Diese Dateien definieren die Pfade und Dateinamen für die Ausführung des *grave-robber*.

Der Befehl versucht die Daten entsprechend ihrer Flüchtigkeit zu sammeln. So gewährleistet er, dass Daten nicht durch die Untersuchung selbst verfälscht werden. Bevor er die Datensammlung beginnt, werden jedoch die systemkritischen Befehle und Dateien untersucht. So können diese Ergebnisse bereits betrachtet werden, bevor der *grave-robber* mit seiner langwierigen Untersuchung fertig ist. Wird der *grave-robber* gestartet, so sammelt er bei Standardeinstellungen Daten über die laufenden Prozesse und den Zustand der Netzwerkverbindungen, Hardwarekonfiguration und durchsucht anschließend das Dateisystem nach kritischen Dateien. Bei der Ausführung kann mit Optionen angeben werden, welche Informationen der *grave-robber* sammeln soll. Hierbei werden folgende Optionen unterstützt:

- **Datensammlung**
  - `-E`. Dies sammelt alle Daten (zusätzlich `-I` `-p`)
  - `-f`. Führt keine Analyse des Dateisystems durch (`fast`)
  - `-n`. Standardeinstellung (`-iIlmMOPsStV`)
  - `-F`. Sichert System(konfigurations)dateien (verlangt auch `-m`)
  - `-i`. Sichert Inode-Informationen des freien Festplattenplatzes
  - `-I`. Sichert die ausführbaren Binärdateien aller laufenden Prozesse
  - `-l`. Sichert zunächst die MAC-Zeitstempel der Dateien im Pfad, in der Datei *look@first* und im TCT-Verzeichnis
  - `-M` Sichert MD5-Prüfsummen aller erzeugter Dateien
  - `-m` Sammelt die MAC-Zeitstemple für den Befehl `mactime`
  - `-O`. Sichert offene, aber im Verzeichnisbaum bereits gelöschte Dateien
  - `-p`. Speichert den Arbeitsspeicher der laufenden Prozesse
  - `-P`. Analysiert die laufenden Prozesse
  - `-S`. Sichert Dateien, die in *save_these_files* aufgeführt sind
  - `-s`. Ruft Shell-Befehle auf, um weitere Informationen zu erlangen (`netstat`, `df`, `ifconfig`)

- – -t. Sichert Dateien, die Vertrauensstellungen definieren (*/etc/hosts.equiv*, *~/.rhosts*)
- – -V. Ermittelt die Major- und Minor-Nummern von Geräten im Verzeichnis */dev*.

- **Allgemeine Optionen**
  - – -b *datei*. Name und Ort der Datei *Body*. Diese Datei enthält die MAC-Zeitstempel für den Befehl `mactime` (Default: *$TCT_HOME/data/hostname/body)*
  - – -c *corpse*. Verzeichnis, in dem ein »totes« Dateisystem zur Analyse gemountet wurde. Die Angabe von -c erlaubt nicht die gleichzeitige Angabe von -l, -P, -p oder -O.
  - – -d *data*. Name und Ort des Verzeichnisses, in dem die gesamten Ergebnisse gespeichert werden (Default: $TCT_HOME/data/hostname)
  - – -e *error*. Name und Ort der Datei, in der Fehler abgespeichert werden
  - – -o *OS*. Angabe des Betriebssystems. Erforderlich bei -c. Mögliche Werte sind: `FREEBSD2`, `FREEBSD3`, `OPENBSD2`, `BSDI2`, `BSDI3`, `SUNOS4`, `SUNOS5` und `LINUX2`.
  - – -v. *Verbose*. Ausführliche Ausgabe
  - – -D. *Debug*

Normalerweise ist bei einem Start von *grave-robber* eine zusätzliche Angabe von Optionen nicht erforderlich. Dennoch ist zu bedenken, dass ein Schreibvorgang auf dem zu analysierenden System unter allen Umständen zu vermeiden ist. Möglicherweise werden dabei bereits gelöschte, aber für die Analyse sehr wichtige Daten überschrieben. Vor dem Start von *grave-robber* sollten daher die Dateisysteme auf einem anderen Rechner gesichert werden. Ist dies nicht möglich, so sollte sichergestellt werden, dass *grave-robber* seine Ergebnisse auf einem anderen Rechner zum Beispiel über NFS sichert. In diesem Fall ist eine Angabe des Verzeichnisse für die Ergebnisse erforderlich (-d).

Wurden die Dateisysteme gesichert, so kann `grave-robber` auch eingesetzt werden, um diese Dateisysteme auf einem anderen Rechner zu untersuchen. Hierzu werden die Dateisysteme nur-lesend auf dem Rechner gemountet und an das Wurzelverzeichnis übergeben (-c). Zusätzlich erfolgt die Angabe des Dateisystems, zum Beispiel `LINUX2`.

Nach dem Aufruf von *grave-robber* können die Ergebnisse betrachtet werden. Diese werden standardmäßig im Verzeichnis *$TCT_HOME/data/hostname* angelegt. In diesem Verzeichnis befinden sich einige Dateien und weitere Verzeichnisse, deren Bedeutung kurz erklärt werden soll:

- *body*. Diese Datei enthält eine MAC-Zeitstempel-Datenbank aller Dateien.
- *body.S*. Diese Datei enthält die MAC-Daten aller SUID-Dateien.

- *command_out.* Dies ist ein Verzeichnis, in dem die Ausgaben aller extern aufgerufenen Programme abgespeichert werden. Zusätzlich befindet sich für jede Datei zusätzlich noch die MD5-Prüfsumme in einer eigenen Datei, wenn die Option `-M` spezifiziert wurde.

- *conf_vault.* Dieses Verzeichnis stellt ein Archiv aller Konfigurationsdateien des untersuchten Rechners dar. Hier werden die Dateien abgespeichert, die in den Konfigurationsdateien *save_these_files*, *coroner.cf* und *grave-robber.cf* definiert werden.

- *coroner.log.* Zeitpunkt und Dauer des Aufrufes der externen Befehle

- *deleted_files.* Dieses Verzeichnis enthält alle im Verzeichnisbaum gelöschten, aber noch geöffneten Dateien.

- *error_log.* Alle Fehlermeldungen, die während des Aufrufes von `grave-robber` aufgetreten sind

- *MD5_all, MD5_all.md5.* Diese Datei enhält zusätzlich noch einmal die MD5 Prüfsummen aller erzeugter Dateien. Die zweite Datei enthält die Prüfsumme der ersten Datei. Diese Dateien werden nur erzeugt, wenn die Option *-M* angegeben wurde.

- *pcat.* Dieses Verzeichnis enhält den Arbeitsspeicher aller laufenden Prozesse (Option *-p*).

- *trust.* Dieses Verzeichnis enhält alle gefundenen Dateien, die Vertrauensstellungen definieren können. Dies funktioniert nicht ganz richtig in der Version 1.09 mit der Angabe der Option `-c`.

- *user_vault.* Dieses Verzeichnis enthält die interessanten Dateien der Benutzer auf dem System.

Zunächst kann mit diesen Informationen nicht besonders viel angefangen werden. *grave-robber* dient in erster Linie zur Sicherung dieser Informationen. Um nun auf dieser Basis die interessanten Dateien zu bestimmen, sollten die Zeitstempel aller Dateien analysiert werden. Hierbei ist insbesondere der Zeitraum des Einbruches interessant. Entsprechend der Beschreibung (im Anhang) erfolgte der Einbruch am 7. November.

16.5.3 Erzeugen eines Logbuches: mactime

MAC-Zeitstempel sind sehr interessant für die forensische Analyse. Bei jedem Dateizugriff werden diese Informationen im Inode der Datei angepasst. Mit diesen Daten kann daher nachvollzogen werden, wann welcher Zugriff auf eine Datei erfolgte. Im Einzelnen werden die folgenden Daten gespeichert:

- `M` (Modify). Der letzte Schreibzugriff auf eine Datei wird hier abgespeichert. Jede Änderung des Inhaltes der Datei oder dessen Erzeugung aktualisiert diesen Zeitstempel.

- `A` (Access). Der letzte lesende Zugriff auf die Datei wird hier abgespeichert. Wird zum Beispiel ein (trojanisches) Programm übersetzt, so hinterlässt dies ganz charakteristische Spuren, da für die Übersetzung eine ganze Reihe von Include-Dateien und auch der Compiler selbst gelesen werden. Anhand der verwendeten Include-Dateien kann häufig bereits ein Rückschluss auf die Funktion des Programmes durchgeführt werden.

- C (Change). Die letzte Änderung der Dateieigenschaften (Rechte, Besitzer etc.) wird hier gespeichert. So aktualisiert der folgende chmod-Aufruf die C-Zeitstempel der betroffenen Datei: chmod 755 sniffer.

Wie im letzten Abschnitt ausgeführt wurde, ist *grave-robber* in der Lage, die MAC-Zeitstempel aller Dateien zu ermitteln. Dies muss sehr früh in der Analyse erfolgen, da ansonsten durch spätere lesende Zugriffe auf die Dateien die Zeitstempel verfälscht werden würden. Für diese Sammlung der MAC-Zeitstempel muss der grave-robber mindestens mit folgender Zeile aufgerufen werden:

```
# /pfad/grave-robber -m /
```

Nach dem Aufruf wird sich im Verzeichnis *$TCT_HOME/data/hostname/* eine Datei body befinden, in der die MAC-Zeitstempel gesammelt wurden. Diese kann nun mit dem mactime-Kommando gelesen und analysiert werden. Dieses Kommando bringt die Einträge in eine chronologische Reihenfolge und erlaubt die Ausgabe eines bestimmten Zeitraumes. Uns interessieren natürlich der 7. November 2000 und die folgenden Tage!

Vor dem Aufruf des Kommandos sollen kurz die Optionen vorgestellt und erläutert werden. Diese Optionen erlauben einen sehr mächtigen Einsatz von mactime.

- -b *datei.* Diese Option gibt die body-Datei mit den MAC-Zeitstempeln an.
- -d *verzeichnis.* Analysiert das angegebene Verzeichnis und verwendet dabei keine body-Datei, sondern ermittelt die Daten aus dem Dateisystem
- -D. Debug
- -f *datei.* Zeigt die in der Datei aufgeführten Dateien in einer anderen Farbe an (HTML)
- -g *datei.* Erzeugt Dateigruppen entsprechend der angegebenen Datei
- -h. Erzeugt HTML statt ASCII
- -l. Erlaubt die Angabe des Zeitraumes im last-Stil:

```
spenneb  pts/8    :0     Thu Aug  1 07:39 - 08:52  (01:12)
```

- -n. Erlaubt die Angabe des Zeitraumes im date-Stil:

```
Don Aug  1 15:43:24 CEST 2002
```

- -p *datei.* Definiert die Datei passwd für die Auflösung von UIDs in Benutzernamen
- -R. Erlaubt die Rekursion bei Verzeichnissen (sinnvoll bei -d)
- -s. SUID/SGID-Dateien werden farblich gekennzeichnet (HTML)

- -t. Gibt die Uhrzeit im Rechnerformat aus
- -y. Gibt das Jahr in der ersten Spalte aus (YYYY/MM/DD)
- -u *benutzer*. Dateien des Benutzers werden farblich gekennzeichnet (HTML)

Die Darstellung als HTML erlaubt häufig eine wesentlich bessere Übersicht über die Informationen, da hier einzelne Daten farblich gekennzeichnet werden können. Für die Wahl des Datumsformats sollte immer die Option **-y** verwendet werden, um Zweideutigkeiten auszuschließen. Ansonsten wird das Datum in amerikanischem Format (MM/DD/YYYY) ausgegeben.

Das allgemeine Format des Befehls mactime ist:

```
# bin/mactime MM/DD/YYYY
```

Im letzten Abschnitt wurden mit *grave-robber* die Dateisysteme des kompromittierten Red Hat 6.2-Servers untersucht und auch die MAC-Zeitstempel ermittelt. Interessant sind alle Veränderungen, die an Dateien seit dem 7. November 2000 vorgenommen wurden. Um den Befehl mactime nun auf die von grave-robber ermittelten Informationen anzuwenden, sollte der folgende Befehl verwendet werden:

```
# bin/mactime -b /analyse/data/body -p /analyse/root/etc/passwd \
         -y 11/07/2000 > interesting_macs
# md5sum interesting_macs >interesting_macs.md5
```

Das Kommando mactime übersetzt dabei die Zeiten in die lokale Zeitzone. Wenn die forensische Analysestation und der analysierte Rechner in unterschiedlichen Zeitzonen lokalisiert sind, verfälscht dies die angezeigten Uhrzeiten. Dann ist es sinnvoll, vorübergehend die Zeitzone umzustellen.

Bei der Anwendung des Befehls auf die Testdaten werden sehr viele Dateien ausgegeben. Deshalb sind diese zunächst in eine Datei umzuleiten und anschließend genauer zu analysieren. Zunächst sind insbesondere die Dateien interessant, die eine Modifikation anzeigen.

```
# grep "[0-9] m.. " interesting_macs
00 Nov 08 15:52:09      9 m.c lrwxrwxrwx root      root      root/.bash_history
    -> /dev/null
00 Nov 08 15:52:10    23568 mac -rwxr-xr-x root      root
root/usr/man/.Ci/backup/tcpd
                      60080 mac -r-xr-xr-x root      root
root/usr/man/.Ci/backup/ps
                      34896 mac -r-xr-xr-x root      root
root/usr/man/.Ci/backup/top
                      66736 mac -rwxr-xr-x root      root
root/usr/man/.Ci/backup/netstat
                          9 m.c lrwxrwxrwx root      root
```

```
root/tmp/.bash_history -> /dev/null
                       4096 m.c drwxr-xr-x root      root      root/usr/games
                       4096 mac drwxr-xr-x root      root
root/usr/man/.Ci/backup
                          9 mac lrwxrwxrwx root      root
root/usr/games/.bash_history -> /dev/null
                      42736 mac -rwxr-xr-x root      root
root/usr/man/.Ci/backup/ifconfig
                      43024 mac -rwxr-xr-x root      root
root/usr/man/.Ci/backup/ls
...
00 Nov 08 15:52:13        0 mac -rw-r--r-- root      root
root/usr/man/.Ci/tcp.log
                          5 mac -rw-r--r-- root      root
root/usr/man/.Ci/sniff.pid
```

Hiermit wurde im Grunde ein Logbuch der Ereignisse auf dem Rechner während des Einbruches erzeugt. Dies zeigt sehr schön, in welcher Reihenfolge und wann an welchen Dateien Änderungen durchgeführt wurden. So beginnt die obige Auflistung mit einer symbolischen Verknüpfung der Datei *.bash_history* mit dem Gerät */dev/null*. Dadurch wird bei Verlassen der Bash Shell die Geschichte nicht in dieser Datei gespeichert, sondern im UNIX-Nirwana. Anschließend ist die Erzeugung eines Verzeichnisses */usr/man/.Ci* inklusive Inhalt zu erkennen. Weiter unten erkennt man die Erzeugung der Dateien *tcp.log* und *sniff.pid*. Diese Dateien weisen auf einen Sniffer hin. Diese Liste lässt sich noch über einige Seiten fortsetzen. Wir werden im nächsten Kapitel auf einige interessante Einträge zurückkommen, wenn die Analyse von Skripten und Binärdateien erläutert wird.

16.5.4 Auferwecken der Toten: unrm und lazarus

Nachdem nun festgestellt wurde, dass einige Dateien modifiziert wurden, wahrscheinlich auch ein Sniffer installiert wurde, soll der Rechner auf gelöschte Dateien untersucht werden. Dies ist sinnvoll, da in der von mactimes erzeugten Liste nicht die ursprüngliche Datei erkennbar ist, mit der dieser Sniffer installiert wurde.

Um die freigegebenen Bereiche auf der Festplatte zu finden, kann das unrm-Werkzeug eingesetzt werden. Dieses Werkzeug untersucht ein Dateisystem auf einem Gerät oder in einer Datei. Hierzu genügt der Aufruf:

```
# bin/unrm /dev/sda5 > unrm_sda5
```

Dieser Aufruf wird nun für jedes Dateisystem durchgeführt. Für die Speicherung des Ergebnisses wird mindestens so viel Speicherplatz benötigt, wie zuvor auf dem Dateisystem frei war. Das bedeutet, wenn auf dem Rechner zuvor noch 4 Gbyte Speicherplatz zur Verfügung standen, werden mindestens auch 4 Gbyte zur Speicherung der unrm-Daten benötigt. Die spätere Analyse mit *Lazarus* benötigt erneut mindestens dieselbe Menge Speicherplatz. Bei etwa 10 – 20% Fluktuation ist für die gesamte Analyse mit etwa 9 Gbyte Speicherplatz zu rechnen.

Dennoch sollte diese Analyse durchgeführt werden. Meistens ist die Analyse von sehr nützlichen Erfolgen gekrönt.

Der Befehl `unrm` bietet die folgenden Optionen, um sein Verhalten zu modifizieren:

`-b`	Wenn das Dateisystem unterschiedliche logische Block- und Fragmentgrößen aufweist, wird bei dieser Option nicht mit Nullen aufgefüllt. Linux hat identische Block- und Fragmentgrößen.
`-e`	Kopiere jeden Block ähnlich `dd`.
`-f` *fstype*	Dateisystemtyp (ufs oder ext2fs)
`-v`	Verbose auf der Standardfehlerausgabe
`-V`	Verbose auf der Standardausgabe

Der allgemeine Aufruf lautet:

```
# bin/unrm [-bevV] [-f fstype] Gerät [start-stop]
```

Um nun aber die Ergebnisse des `unrm`-Befehls auch analysieren zu können, muss in diesen zusammenhanglosen »Müll« noch Ordnung gebracht werden. Wietse Venema spricht in diesem Zusammenhang von »Dumpsterdiving«. Dies ist die Aufgabe von *Lazarus*.

Wie bereits erwähnt wurde, benötigt *Lazarus* mindestens so viel Speicher für die Ergebnisse, wie zuvor an Rohdaten zur Verfügung gestellt wurde. Da die Rohdaten nicht gelöscht werden, muss dieser zusätzliche Speicherplatz zur Verfügung gestellt werden. Eine weitere Ressource wird jedoch noch mehr benötigt: Zeit. Lazarus benötigt für die Verarbeitung der Daten viel Zeit. Jeder Block wird betrachtet und mit dem Kommando `file` bezüglich seines Inhaltes untersucht. Eine Analyse größerer Datenmengen kann leicht mehrere Stunden dauern. Dabei ist meist nicht die Geschwindigkeit der Festplatte entscheidend, sondern die Rechengeschwindigkeit des Prozessors. Auch der Arbeitsspeicher ist eher zweitrangig. Der Rechner sollte jedoch über 256 Mbyte RAM verfügen, um den Zugriff auf die Festplatte mit einem Cache beschleunigen zu können. Dennoch: Die Analyse von etwa 2 Gbyte Daten kann auf einem Mobile Pentium III-Rechner gut 10 – 12 Stunden dauern.

Das Kommando `lazarus` unterstützt die folgenden Optionen bei Aufruf:

`-1`	Analysiert die Daten Byte für Byte und nicht blockweise. Möglicherweise ist das bei einem Zugriff auf den Arbeitsspeicher sinnvoll.
`-b`	Gibt keine unbekannten Binärdaten auf der Festplatte aus

`-B`	Gibt keinerlei Binärdaten auf der Festplatte aus
`-d`	Debug
`-h`	Erzeugt eine farbige HTML-Ausgabe
`-H` *verzeichnis.*	Speichert die HTML-Frames in diesem Verzeichnis
`-D` *verzeichnis.*	Speichert die Ergebnisdaten in dem angegebenen Verzeichnis
`-t`	Gibt keine unbekannten Textformate auf der Festplatte aus
`-T`	Gibt keinerlei Textblöcke auf der Festplatte aus
`-w` *verzeichnis*	Erzeugt die HTML-Dateien im angegebenen Verzeichnis

Bei einem Aufruf von *Lazarus* ist die Erzeugung von HTML-Code besonders sinnvoll. Anschließend können dann die Daten in einem Browser betrachtet und analysiert werden.

Funktionsweise von Lazarus

Lazarus ist wie viele andere Bestandteile des *Coroner's Toolkit* ein Perl-Programm. Dieses Program liest zunächst einen Datenblock. Dieser Datenblock kann das Ergebnis eines `unrm`-Aufrufes sein, aber auch direkt ein dd-Image der SWAP Partition oder des Arbeitsspeichers.

Dieser Block (üblicherweise 1 Kbyte) wird nun analysiert. Zunächst werden die ersten 10% des Blockes untersucht. Befinden sich hier lediglich druckbare Zeichen, so wird im Weiteren von einem ASCII-Block ausgegangen. Ansonsten handelt es sich um Binärdaten.

Falls es sich um Textdaten handelt, so werden diese mit mehreren regulären Ausdrücken getestet, um festzustellen, welche Syntax dieser Block enthält. So kann *lazarus* unterscheiden zwischen C, HTML etc.

Handelt es sich um Binärdaten, so wird das Kommando `file` aufgerufen. Dieses Kommando versucht die Art der Binärdaten zu ermitteln.

Wurde der Block erfolgreich erkannt, so wird er dementsprechend markiert (C-C, H-HTML etc.). Handelt es sich um einen anderen Typ als beim letzten Block, so wird er in einer neuen Datei abgespeichert. Ist dies nicht der Fall, so wird er an den alten Block angehängt. Wurde der Typ nicht erkannt, wird er ebenfalls an den letzen erkannten Block angehängt.

In der Ausgabe wird *lazarus* dies später wie folgt ausgeben: `CccMCMmmm`. Dies ist eine logarithmische Darstellung und wird folgendermaßen interpretiert. Das erste C markiert exakt einen Block (oder weniger) vom Typ C Sprache. Das erste kleine c markiert 0-2 weitere Blöcke, das zweite kleine c markiert 0-4 weitere Blöcke. Das große M markiert einen Block mit E-Mail-Daten.

Das Ergebnis einer derartigen Analyse kann in Abbildung 16.1 betrachtet werden.

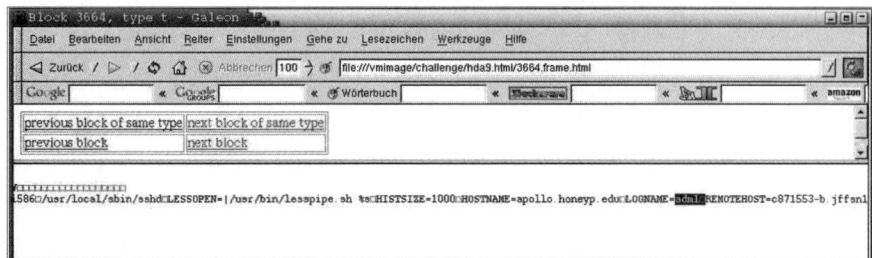

Abbildung 16.1: SWAP-Analyse mit Lazarus im Browser

16.5.5 TCTs kleine Helfer: ils und icat

Die beiden Werkzeuge *unrm* und *lazarus* sind in der Lage, alle auf dem System vorhandenen Daten zu analysieren und darzustellen. Häufig ist dies jedoch gar nicht nötig. Es genügt in vielen Fällen, lediglich die auf dem System gelöschten Dateien wiederherzustellen. Das TCT-Toolkit bietet hierfür zwei sehr einfache und kleine Programme an: ils und icat.

Das Werkzeug ils ist in der Lage, die Inodes der gelöschten Dateien anzuzeigen. Dieser Befehl kann auf einem lebenden wie auch auf einem toten Dateisystem durchgeführt werden. Dabei hat der Befehl folgende erwähnenswerte Optionen:

-e   Führt jeden Inode auf

-f *fstype*   Gibt das Dateisystem an (*ffs* oder *ufs*)

-o   Führt nur gelöschte aber noch offene Inodes auf (-aL)

-r	Führt nur gelöschte Inodes auf (-LZ)
-v	Verbose auf der Standardfehlerausgabe
-V	Verbose auf der Standardausgabe
-a	Führt nur allozierte Inodes auf (existente und geöffnete Dateien)
-A	Führt nur nicht allozierte Inodes auf (gelöscht)
-l	Führt nur Inodes mit mindestens einer Referenz im Verzeichnisbaum auf
-L	Führt nur Inodes ohne jede Referenz im Verzeichnisbaum auf
-z	Führt nur Inodes auf, die eine *ctime* von 0 besitzen. Diese Inodes sind nie verwendet worden.
-Z	Führt nur Inodes auf, die eine *ctime* ungleich 0 besitzen

Werden nun alle Inodes gesucht, die gelöscht wurden, so kann der Befehl folgendermaßen aufgerufen werden:

```
# ils -r /dev/hdX
st_ino|st_alloc|st_uid|st_gid|st_mtime|st_atime|st_ctime|st_dtime|st_mode|
st_nlink|st_size|st_block0|st_block1
1890|f|17275|20|973695367|973695367|973695367|973695367|40755|0|0|6172|0
1891|f|17275|20|846630170|973695173|973695367|973695367|100644|0|1082|6173|0
...
```

Die Ausgabe enthält die Informationen über die gesuchten Inodes. Diese Informationen in den einzelnen Spalten lassen sich wie folgt deuten:

1. st_ino. Inodenummer
2. st_alloc. a-alloziert, f-frei
3. st_uid. Eigentümer-UID
4. st_gid. Eigentümer-GID
5. st_mtime. Letzte Modifikation
6. st_atime. Letzter Zugriff (Access)
7. st_ctime. Letzte Änderung des Inodes (Change)
8. st_dtime. Linux: Löschdatum (Deletion)
9. st_mode. Datei-Typ und Rechte (Oktal)
10. st_nlink. Anzahl der Referenzen im Verzeichnisbaum (link)
11. st_size. Größe der Datei
12. st_block0, stblock1. Die ersten beiden Blöcke der Datei

Der ils-Befehl gibt so sämtliche benötigen Informationen aus. Die interessanten Inodes sind diejenigen, die eine Größe ungleich Null aufweisen. Die Größe wird im Feld 11 ausgegeben. Eine Liste der Inodes, die auf Dateien verweisen, deren Größe ungleich Null ist, lässt sich sehr leicht mit folgendem AWK-Code erzeugen:

```
# ils -r dev/hdX | awk -F '|' '(NR > 3 && $11 > 0) {print $1}'
```

Um nun auf diese gelöschten Inodes zuzugreifen, existiert der Befehl `icat`. Dieser Befehl wird unter Angabe des Gerätes und der Inodenummer aufgerufen und liest die in den Datenblöcken gespeicherten Informationen und gibt sie auf der Standardausgabe aus. Durch Umlenken in eine Datei kann so der Inhalt der gelöschten Datei wiederhergestellt werden. Dieser Befehl besitzt nur sehr wenige Optionen, um sein Verhalten zu modifizieren:

* `-f` *fstype*. Definiert das Dateisystem
* `-h`. Überspringt Löcher in Dateien. Spart Speicherplatz
* `-H`. Kopiert die Löcher und füllt sie mit Nullen auf
* `-v`. Verbose auf der Standardfehlerausgabe
* `-V`. Verbose auf der Standardausgabe

Ein Beispielaufruf:

```
# bin/icat /dev/hdX 4537
```

Beide Befehle können nun nacheinander eingesetzt werden, um sämtliche Inodes auf dem System wiederherzustellen. Hierzu bedient man sich am besten eines kleinen Einzeilers, der das automatisch durchführt. Angewendet auf das Image `honeypot.hda5.dd` sieht die Zeile folgendermaßen aus:

```
# bin/ils -r honeypot.hda5.dd | awk -F '|' '(NR > 3 && $11 > 0) {print $1}' | \
    while read in; do bin/icat honeypot.hda5.dd $in > data/hda5.icat/$in; done
```

Anschließend werden sich alle ehemals gelöschten Dateien mit einer Größe von mindestens einem Byte im Verzeichnis *data/hda5.icat* befinden.

Um nun die interessanten Dateien zu finden, sollte das Kommando `file` benutzt werden. Dieses kann den Typ einer Datei erkennen:

```
# file data/hda5.icat/* > hda5.datatypen
```

Mit `grep` kann nun nach interessanten Dateien gesucht werden. Soll das Rootkit zum Beispiel gesucht werden, so kann die Datei nach den Typen *tar* oder *gzip* durchsucht werden. Dazu kann einfach der folgende Befehl verwendet werden:

```
# egrep "tar|gzip" hda5.datatypen
/data/hda5.icat/109791: GNU tar archive
/data/hda5.icat/109861: GNU tar archive
/data/hda5.icat/79324:  gzip compressed data, deflated, last modified: Sun Feb  6
18:07:24 2000, max compression, os: Unix
# ls -l data/hda5.icat/109791 data/hda5.icat/109861 data/hda5.icat/79324
```

```
18284 /data/hda5.icat/109791
10036 /data/hda5.icat/109861
  196 /data/hda5.icat/79324
```

Diese Dateien werden kurz betrachtet, um den Erfolg der Methode abschätzen zu können:

```
# tar tzf /data/hda5.icat/79324
gmp-2.0.2-ssh-2/
gmp-2.0.2-ssh-2/README
gmp-2.0.2-ssh-2/COPYING.LIB
gmp-2.0.2-ssh-2/ChangeLog
gmp-2.0.2-ssh-2/INSTALL
gmp-2.0.2-ssh-2/Makefile.am
....
```

```
# tar tf /data/hda5.icat/109861
bin/
bin/dig/
bin/dig/dig
bin/addr/
bin/addr/addr
bin/dnskeygen/
bin/dnskeygen/dnskeygen
bin/dnsquery/
bin/dnsquery/dnsquery
....
```

```
# tar tf /data/hda5.icat/109791
ssh-1.2.27/
ssh-1.2.27/COPYING
ssh-1.2.27/README
ssh-1.2.27/README.SECURID
ssh-1.2.27/README.TIS
....
```

Diese Archive wurden auf dem System gelöscht und vom Einbrecher genutzt, um auf dem System neue Eigenschaften zu implementieren. Wie sich später herausstellte, wurde das `bind`-Nameserver-Paket (109861) verwendet, um einen verwundbaren Nameserver gegen einen gepatchten auszutauschen. Die beiden Secure Shell-Versionen wurden verwendet, um eine Hintertür einzubauen. Genauere Analysen zeigten, dass die Secure Shell bei Eingabe eines vordefinierten Kennwortes Root-Zugang erlaubte.

So konnte gezeigt werden, dass dieser Ansatz auch zum Ziel führt. Bei genauerer Analyse der bisher gesammelten Daten werden weitere Protokolldateien und Skripte zum Vorschein kommen, die es erlauben, die Tätigkeiten des Einbrechers nachzuvollziehen. Die Analyse dieser Daten bleibt dem Leser, der auf der Home-page des Honeynet-Projektes hervorragende Analysen findet, die ihn bei seiner eigenen Analyse begleiten und leiten können.

16.5.6 The @stake Sleuth Kit (TASK) und Autopsy

Das *The @stake Sleuth Kit* (TASK) wurde von Brian Carrier bei *@stake* (*http://www.atstake.com*) geschrieben und in der ersten Hälfte 2002 unter der GNU GPL veröffentlicht. Brian Carrier hat im Vorfeld bereits die TCT-Utils geschrieben, die die Fähigkeiten des TCT-Toolkits stark erweiterten. Mit TASK wurde das gesamte Toolkit neu geschrieben und um wesentliche Punkte erweitert. Die wesentlichen neuen Funktionen sind:

*   Unterstützung für wesentlich mehr Dateisysteme: *bsdi, fat, fat12, fat16, fat32, freebsd, linux-ext2, linux-ext3, ntfs, openbsd, solaris*
*   Grafischer Webserver Autopsy (läuft unter UNIX)

Darüber hinaus wurden viele Befehle überarbeitet (z. B. ils) und erweitert oder neue Befehle erzeugt (z. B. fls). Beide Befehle ersetzen den TCT *grave-robber* und können *body*-Dateien für den Befehl mactime erzeugen. Grave-robber war jedoch nur in der Lage, die MAC-Zeitstempel für existente Dateien zu ermitteln, die gelöschten Dateien eines toten Dateisystems waren nicht erreichbar. Jedoch handelt es sich hier mit um die interessantesten Daten. Die beiden Befehle ils und fls sind in der Lage, diese Daten zu extrahieren und aufzubereiten.

Eine wesentliche Erleichterung in der Analyse der Daten stellt aber der grafische Webserver (Auch *forensischer Autopsy Browser* genannt) dar.

Um einen Eindruck von diesem Browser zu gewinnen, sollten TASK und Autopsy zunächst installiert werden.

Zuerst sollte die Installation von TASK erfolgen. Hierzu wird das Paket aus dem Internet geladen (*http://www.atstake.com/research/tools/task/*) und an geeigneter Stelle ausgepackt. Anschließend ist der Befehl make aufzurufen:

```
# cd /analyse
# tar xvzf /pfad/task->version<.tar.gz
# cd task->version<
# make
```

Bei der Übersetzung des Programmes sollten keine Fehlermeldungen ausgegeben werden.

Anschließend kann Autopsy installiert werden. Hierzu wird zunächst auch das Quellpaket geladen (*http://www.atstake.com/research/tools/autopsy/*), ebenfalls ausgepackt und ebenfalls der Befehl make aufgerufen:

```
# cd /analyse
# tar xvzf /pfad/autopsy->version<.tar.gz
# cd autopsy->version<
# make

    Autopsy Forensic Browser ver 1.60 Installation

perl found: /usr/bin/perl
strings found: /usr/bin/strings
  Testing decimal offset flag of strings: PASS
  Testing non-object file arguments: PASS
grep found: /bin/grep

Enter TASK Directory:
/analyse/task->version<
  TASK bin directory was found

Enter Morgue Directory:
  /morgue already exists

Enter Default Investigator Name (for the Autopsy Reports) [unknown]:
Ralf Spenneberg

Settings saved to conf.pl
```

Nun sind Autopsy und TASK einsatzbereit. Autopsy muss konfiguriert werden. Dazu wird die Datei *fsmorgue* im Verzeichnis *analyse* editiert, sodass sie folgenden Inhalt hat:

```
#Datei           Dateisystem Mountpoint  Zeitzone
#
honeypot.hda1.dd linux-ext2  /boot       CST6CDT
honeypot.hda5.dd linux-ext2  /usr        CST6CDT
honeypot.hda6.dd linux-ext2  /home       CST6CDT
honeypot.hda7.dd linux-ext2  /var        CST6CDT
honeypot.hda8.dd linux-ext2  /           CST6CDT
```

Anschließend wird Autopsy gestartet:

```
/analyse/autopsy->version</autopsy -m /morgue 8888 localhost
============================================================================

                        Autopsy Forensic Browser
                             ver 1.60


============================================================================

Morgue: /analyse
Start Time: Fri Aug  2 16:23:47 2002
Investigator: Ralf Spenneberg

Paste this as your browser URL on localhost:
    localhost:8888/974262811121455403/autopsy

Keep this process running and use >ctrl-c< to exit
```

Nun muss ein Browser gestartet und die entsprechende URL eingegeben werden. Im Browser ist anschließend die Oberfläche aus Abbildung 16.2 zu erkennen.

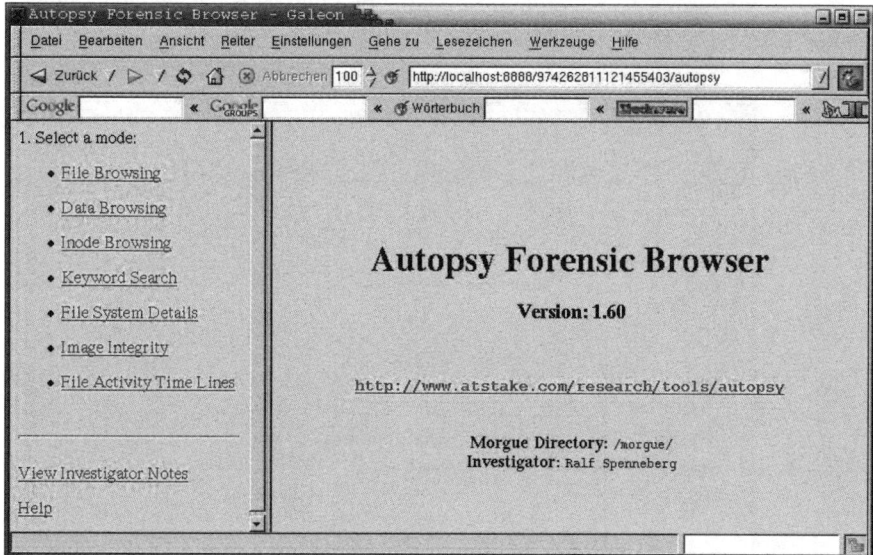

Abbildung 16.2: Autopsy-Startbildschirm

Wird nun der Modus FILE BROWSING ausgewählt, kann das zu analysierende Dateisystem gewählt werden (Abbildung 16.3).

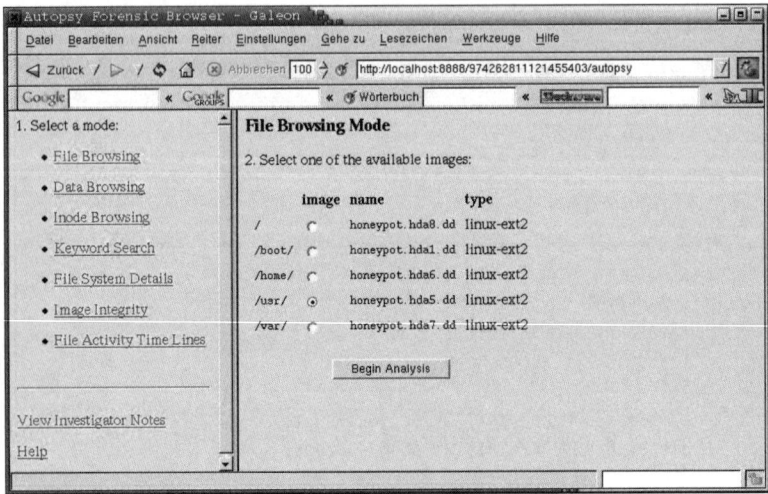

Abbildung 16.3: Dateisystemauswahl in Autopsy

Hier ist nun ein Zugriff auf alle Dateien oder auch alle gelöschten Dateien möglich (ALL DELETED FILES). Die Liste der angezeigten Dateien kann dann mit dem Browser sehr angenehm betrachtet und einzelne Dateien können zur genaueren Analyse ausgewählt werden (Abbildung 16.4).

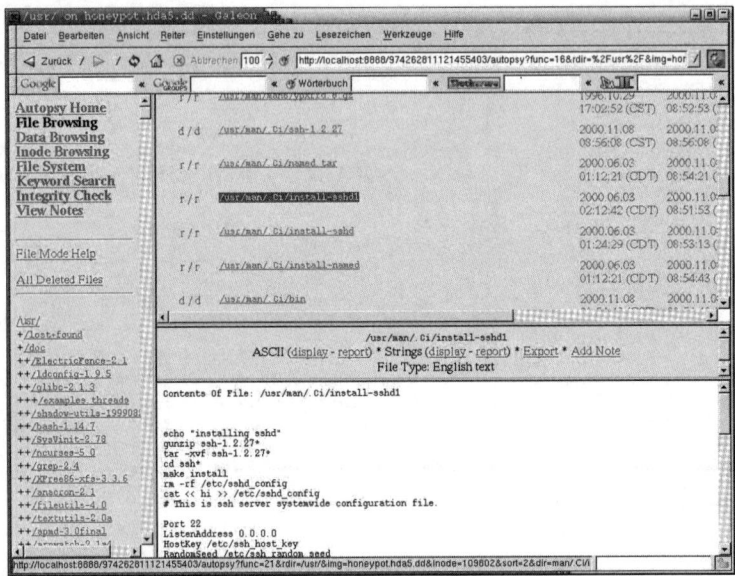

Abbildung 16.4: Betrachtung gelöschter Dateien mit Autopsy

Autopsy kann auch verwendet werden, um die zeitlichen Ereignisse im Dateisystem zu analysieren. Hierzu dient FILE ACITIVITY TIME LINES. Nach Auswahl dieser Funktion muss zunächst die *body*-Datei erzeugt werden. Hierbei handelt es sich im Grunde um eine ähnliche *body*-Datei, wie sie von *grave-robber* erzeugt wird. Jedoch verwendet Autopsy die Werkzeuge des TASK-Toolkits und bietet damit auch die Möglichkeit, gelöschte Dateien mit aufzunehmen. Die Erzeugung erfolgt mit CREATE DATA FILE (siehe Abbildung 16.5).

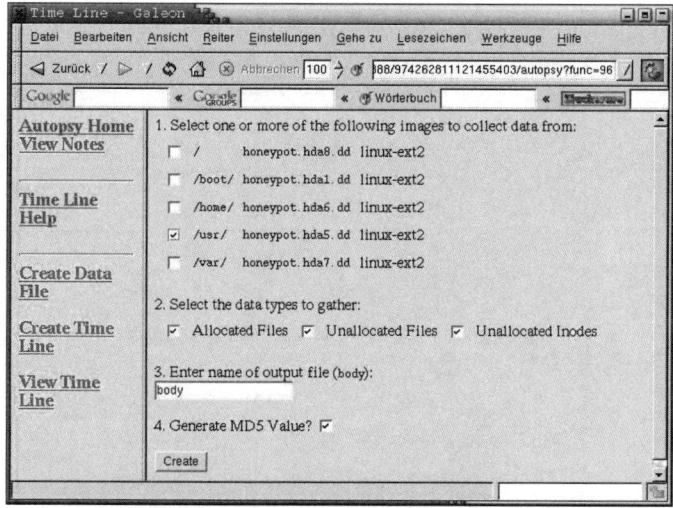

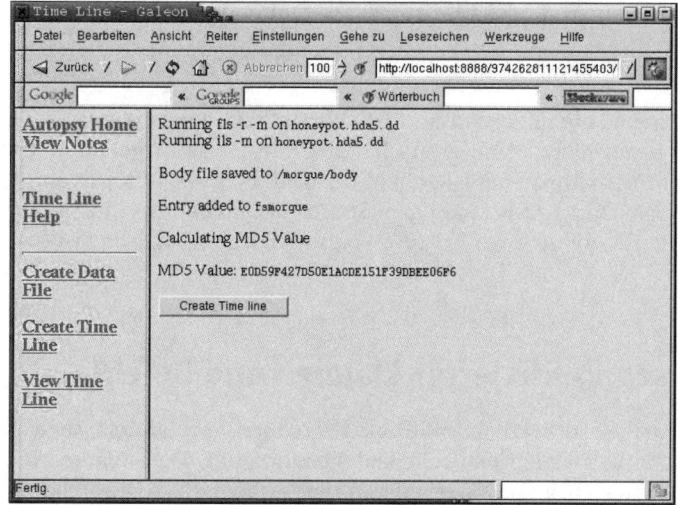

Abbildung 16.5: Erzeugung der Datei body mit Autopsy

Bei der Erzeugung der Time Line wird ein zweiter großer Vorteil von Autopsy deutlich. Es ist hier in der Lage, die Zeitzone des gerade analysierten Rechners zu berücksichtigen. Des Weiteren kann hier wie beim Befehl mactime ein Zeitraum angegeben werden. Schließlich kann das erzeugte Logbuch betrachtet werden. Hier ist jetzt ebenfalls die Erzeugung der kompromittierten SSH zu sehen. Am 8. November 2000 um 8:53:12 lokaler Zeit wurde die Datei */usr/local/bin/ sshd1* modifiziert (siehe Abbildung 16.6).

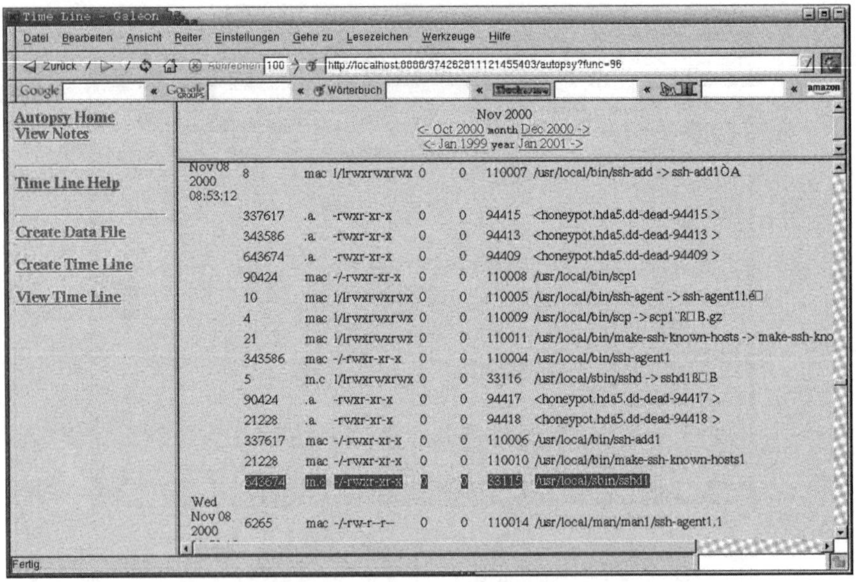

Abbildung 16.6:   Analyse der chronologischen Ereignisse in Autopsy

Autopsy kann so gemeinsam mit TASK sämtliche Funktionen des TCT nachbilden und bietet hierzu eine grafische Oberfläche. Die Ergebnisse können direkt mit MD5-Prüfsummen versehen und Notizen direkt in Autopsy eingegeben werden. Autopsy und TASK sind Open Source und stellen das einzige Open Source-Toolkit für die forensische Analyse von sowohl UNIX- als auch Windows-Systemen dar.

16.6   Analyse modifizierter Dateien und Befehle

Ist die Analyse des kompromittierten Rechners erfolgreich, so werden häufig verschiedenste Dateien entdeckt und sichergestellt. Die weitere Analyse dieser Dateien kann häufig Hinweise auf den Einbrecher liefern.

Bei dieser Analyse kann oft bereits mit den UNIX-Standardwerkzeugen eine erstaunliche Menge an Informationen gewonnen werden. Zu diesen Standardwerkzeugen gehören `file`, `strings`, `grep`, `ldd` und `strace`. Wenn Programmierkenntnisse vorhanden sind, ist auch der Befehl `objdump` sinnvoll.

Der `file`-Befehl ist der wichtigste Befehl bei der Analyse unbekannter Dateien. Er ist bereits mehrfach eingesetzt worden. Er versucht zu ermitteln, welche Daten in der Datei abgespeichert wurden. Hierzu verwendet er die *Magic Mimetypes*. Dabei wird meist der Anfang der Datei betrachtet und nach charakteristischen Zeichenfolgen gesucht. Dateien, deren Anfang wiederhergestellt werden konnte, können so meist sehr gut bestimmt werden.

In wenigen Fällen schlägt dies jedoch komplett fehl. Dies ist der Fall, wenn entweder tatsächlicher Müll rekonstruiert wurde oder die Datei verschlüsselt ist. Dies zu entscheiden ist nun nicht recht einfach. Wie erkennt man, ob die Datei verschlüsselt wurde oder tatsächlich zufälligen Müll enthält? Wurde ein allgemein übliches Programm wie PGP für die Verschlüsselung eingesetzt, so bettet dieses Programm häufig wieder Zeichenketten in die Datei ein, die die Version und die verwendeten Algorithmen erkennen lassen. Wenn jedoch ein möglicherweise sogar vom Einbrecher selbst geschriebenes Programm verwendet wurde, so sind derartige Header nicht vorhanden. Verschlüsselte Dateien sollten jedoch bei der Anwendung eines halbwegs akzeptablen Kryptografie-Algorithmus eine hohe Entropie aufweisen. Diese lässt sich auf zwei Arten messen: direkt und indirekt. Zur direkten Messung kann die Software *ent* (*http://www.fourmilab.ch/random/*) eingesetzt werden. Dieses Programm versucht die Entropie zu messen und wurde für die Analyse von Zufallszahlengeneratoren entwickelt. Eine indirekte Messung kann durch eine versuchsweise Kompression der Daten erfolgen. Verschlüsselte Daten sollten eine nur sehr geringe Kompressionsrate aufweisen.

Die Befehle `grep` und `egrep` sind für die Analyse von Textdateien wie von Binärdateien sinnvoll. Sie sind in der Lage, Zeichenketten sowohl in Textdateien als auch in Binärdateien zu finden. Wurden von *unrm* und *lazarus*, zwei Werkzeugen des TCT-Toolkits, viele gelöschte Dateischnipsel gefunden, so kann mit `grep` sehr einfach nach Protokolleinträgen gesucht werden. Ist bekannt, dass die interessanten Protokolleinträge am 8. November des Jahres 2000 erzeugt wurden, so findet der folgende Befehl alle diese Schnipsel:

```
grep "^Nov  8 " *
```

Genauso kann nach Kennwörtern in Binärprogrammen gesucht werden.

Häufiger findet man bei der Analyse jedoch Binärprogramme, deren Funktion nicht feststeht. Dann ist es wichtig herauszufinden, welche Absicht der Einbrecher mit diesen Programmen verfolgt hat. Dies erlaubt häufig eine Abschätzung der Schwere des Einbruchs. Wurde zum Beispiel ein Sniffer installiert, so besteht die Gefahr, dass sämtliche Kennwörter vom Einbrecher in Erfahrung gebracht wurden.

Die Analyse eines Binärprogrammes sollte mit dem Befehl `strings` beginnen. Um auf die Dateien des *Forensic Challenge* zurückzukommen, soll hier beispielhaft die Analyse des Befehls `/bin/ps` gezeigt werden. Dieser Befehl wurde von dem Einbrecher ausgetauscht. Das ist durch den Befehl `chkrootkit` gemeldet worden.

Die Analyse des Kommandos `/bin/ps` mit dem `strings`-Befehl zeigt zunächst, dass es sich um ein Programm handelt, welches die `libc5` verwendet. Dies ist ungewöhnlich, da Red Hat Linux beginnend mit der Version 6 eine `libc6`-basierte Distribution ist.

```
# strings /analyse/root/bin/ps | head -2
/lib/ld-linux.so.1
libc.so.5
...
/dev/ptyp
...
```

Bei einer weiteren Betrachtung der Zeichenketten, die von `strings` angezeigt werden, fällt der Eintrag `/dev/ptyp` auf. Dies ist kein üblicher Eintrag des Befehls `/bin/ps`. Eine Analyse des kompromittierten Rechners zeigt, dass diese Datei tatsächlich existiert.

```
# ls -l root/dev/ptyp*
-rw-r--r--   1 1010     users        171 Jun  3  2000 root/dev/ptyp
crw-rw-rw-   1 root     tty        2,  0 Mai  5  1998 root/dev/ptyp0
....
```

Die Datei weist ungewöhnliche Besitzer und ein ungewöhnliches Datum auf. Außerdem handelt es sich nicht um ein Gerät, sondern um eine Datei. Der Inhalt dieser Datei liest sich wie das Inhaltsverzeichnis eines Rootkits. Wahrscheinlich werden die in dieser Datei erwähnten Prozesse von `ps` versteckt.

Listing 16.6: Die Datei */dev/ptyp*

```
2 slice2
2 snif
2 pscan
2 imp
3 qd
2 bs.sh
3 nn
3 egg.lin
.... (gekürzt)
```

Um letzte Gewissheit über die Funktionsweise des Programmes zu gewinnen, sollte es jedoch gestartet und dabei überwacht werden. Im Falle des ps-Kommandos ist sicherlich der Hintergrund bereits erkannt worden, jedoch ist bei vielen anderen Programmen der Sinn nicht derart einfach zu erkennen.

Die Ausführung eines unbekannten Programmes sollte jedoch nicht einfach auf einem Rechner erfolgen. Die Gefahr, dass hierbei unerwünschte Nebeneffekte auftreten, ist zu groß. Für die Ausführung derartiger Programme sollte eine genau definierte geschlossene Umgebung geschaffen werden. Idealerweise steht hierfür ein eigener Rechner zur Verfügung, der nach der Ausführung komplett neu installiert werden kann.

Dieser zusätzliche Rechner kann jedoch auch durch VMware oder User-Mode-Linux ersetzt werden. Im Grunde handelt es sich um eine Art Honeypot für das unbekannte Binärprogramm.

Existiert ein derartiges System, so sollte ein Überwachungssystem eingesetzt werden, welches das Testsystem ähnlich einem Honeypot überwacht. Hierzu eignet sich eine Netzwerküberwachung mit *tcpdump* und *iptables*. Die Kapitel über Honeypots in Teil IV geben weitere Hinweise und Informationen.

Wurden diese Vorbereitungen getroffen, so kann der Befehl mit `strace` aufgerufen werden. Strace ist ein Werkzeug, welches alle Systemaufrufe und Signale überwacht und ausgibt.

Listing 16.7: Strace-Aufruf

```
# strace ps
execve("/bin/ps", ["ps"], [/* 33 vars */]) = 0
uname({sys="Linux", node="kermit.spenneberg.de", ...}) = 0
brk(0)                                  = 0x8162608
open("/etc/ld.so.preload", O_RDONLY)    = -1 ENOENT (No such file or directory)
...
```

Das gerade angesprochene Problem der verschlüsselten Dateien ist nicht ein rein theoretisches Problem. Das Team Teso (*http://www.team-teso.net*) hat in der Internetzeitung Phrack (*http://www.phrack.org*) in der Ausgabe 58 einen Artikel veröffentlicht, der die Verschlüsselung von Binärprogrammen in dem unter Linux verwendeten ELF-Format beschreibt. In diesem Artikel wird sowohl der Algorithmus beschrieben als auch der notwendige Code vorgestellt.

16.7 Fazit

TCT und Autopsy/TASK bieten noch sehr viele weitere Funktionen, die in der Kürze nicht besprochen werden können. Die forensische Rechneranalyse könnte alleine mehrere Bücher füllen. Die Methoden und Werkzeuge sind zu vielfältig, um in diesem Buch ausreichend zur Sprache zu kommen. Dennoch ist hoffentlich ein guter Eindruck von den Fähigkeiten dieser Werkzeuge entstanden.

Jedoch sollte auch klar geworden sein, dass eine forensische Analyse ohne ein hohes Verständnis des Systems oder der Werkzeuge nicht möglich ist und auch dann noch ein großes Maß an Zeit benötigt. Ungeachtet dieser Nachteile ist die forensische Analyse eines Rechners immer noch eine der spannendsten und interessantesten Beschäftigungen.

Kapitel 17

Analyse von Netzwerkdaten

Wenn das Network Intrusion Detection-System unerlaubten Netzwerkverkehr gemeldet hat, so klingeln häufig bereits die Alarmglocken und Gegenmaßnahmen werden erwogen. Jedoch ist meistens nicht klar, ob bereits ein Einbruch stattgefunden hat. Handelte es sich nur um einen versuchten Angriff ohne Folgen oder fand tatsächlich ein erfolgreicher Einbruch statt?

Die Analyse eines Rechners, auf dem eingebrochen wurde, ist bereits besprochen worden. Häufig handelt es sich bei den Einbrüchen aber lediglich um Einbrüche, die auf der Netzwerkebene stattfinden und dort analysiert werden müssen. Wurden zum Beispiel Sicherheitslücken in einem Webserver ausgenutzt, um an die server-seitigen Scriptdateien zu gelangen, so kennt der Angreifer möglicherweise nun die Kennworte für die Verbindung mit der Datenbank. Diese können von ihm wiederum genutzt werden, um Änderungen an der Datenbank vorzunehmen.

Derartige Tätigkeiten hinterlassen jedoch kaum Spuren auf den Rechnern. Lediglich die Einträge in den Protokolldateien der Netzwerkdienste können hier analysiert werden. Um bei diesen Angriffen einen Überblick und eine Einsicht zu erhalten, muss der Netzwerkverkehr untersucht werden.

Für eine derartige Analyse ist es natürlich wichtig, nicht nur das eine Paket, welches den Alarm ausgelöst hat, zu speichern, sondern den gesamten Netzwerkverkehr. Dies erfolgt am besten mit `tcpdump` oder `snort -bl`. Bei einer derartigen Speicherung sämtlicher Daten dürfen jedoch nicht datenschutzrechtliche Belange vernachlässigt werden!

17.1 Analyse der Paket-Header: SYN/FIN, ACK, und FIN Scan

Die Analyse der Netzwerkpakete erfordert gewisse Kenntnisse der verwendeten Werkzeuge und noch tiefere Kenntnisse der Header der Netzwerkpakete. Im Folgenden wird das an dem Beispiel einiger TCP-Pakete gezeigt. Hierzu werden drei verschiedene Portscans untersucht. Dies soll zum einen zeigen, wie diese Scans untersucht werden können, und zum anderen die Antwort des Betriebssystems auf diese Scans erläutern.

17.1.1 SYN/FIN Scan

Im Folgenden ist ein so genannter SYN/FIN Scan abgedruckt. Hierbei handelt es sich um einen Portscan, bei dem TCP-Pakete gesendet werden, die gleichzeitig das SYN- und das FIN-Flag gesetzt haben.

Listing 17.1: SYN/FIN Scan

```
    19:35:18.732251 aaa.bbb.ccc.ddd.http > 192.168.0.101.ftp-data: SF [tcp sum
ok] 555:555(0) win 512 (ttl 64, id 21, len 40)
0x0000    4500 0028 0015 0000 4006 f83b c0a8 00ca    E..(....@..;....
```

```
0x0010    c0a8 0065 0050 0014 0000 022b 5437 7d01    ...e.P.....+T7}.
0x0020    5003 0200 579a 0000                         P...W...
      19:35:18.732613 192.168.0.101.ftp-data > aaa.bbb.ccc.ddd.http: R [tcp sum
ok] 0:0(0) ack 556 win 0 (ttl 255, id 41125, len 40)
0x0000    4500 0028 a0a5 0000 ff06 98aa c0a8 0065    E..(...........e
0x0010    c0a8 00ca 0014 0050 0000 0000 0000 022c    .......P.......,
0x0020    5014 0000 2ac1 0000 0204 0218 0d0a    P...*.........
      19:35:19.730517 aaa.bbb.ccc.ddd.81 > 192.168.0.101.ftp: SF [tcp sum ok]
555:555(0) win 512 (ttl 64, id 21, len 40)
0x0000    4500 0028 0015 0000 4006 f83b c0a8 00ca    E..(....@..;....
0x0010    c0a8 0065 0051 0015 0000 022b 7236 045a    ...e.Q.....+r6.Z
0x0020    5003 0200 b240 0000                         P....@..
      19:35:19.730861 192.168.0.101.ftp > aaa.bbb.ccc.ddd.81: S [tcp sum ok]
1289587992:1289587992(0) ack 556 win 32696 <mss 536> (DF) (ttl 64, id 41126, len
44)
0x0000    4500 002c a0a6 4000 4006 17a6 c0a8 0065    E..,..@.@.....e
0x0010    c0a8 00ca 0015 0051 4cdd 8d18 0000 022c    .......QL......,
0x0020    6012 7fb8 bcf2 0000 0204 0218 0d0a    `............
19:35:19.730889 aaa.bbb.ccc.ddd.81 > 192.168.0.101.ftp: R [tcp sum ok] 556:556(0)
win 0 (DF) (ttl 255, id 0, len 40)
0x0000    4500 0028 0000 4000 ff06 f94f c0a8 00ca    E..(..@....O....
0x0010    c0a8 0065 0051 0015 0000 022c 0000 0000    ...e.Q.....,....
0x0020    5004 0000 2acf 0000                         P...*...
```

Der Hintergrund dieses Scans ist in frühen Router-Implementierungen zu suchen. Die ersten Paketfilter erlaubten die Definition einer Regel, die SYN-Pakete nur in einer Richtung passieren ließ. Ein SYN-Paket wurde definiert als ein Paket, welches nur das SYN-Flag gesetzt hat. Ein SYN/ACK-Paket zählte somit nicht dazu. Die Entwickler des Paketfilters ließen aber außer Acht, dass manuell ein SYN/FIN-Paket erzeugt werden konnte. Dies ließ der Paketfilter ebenfalls passieren, da zusätzlich zu dem SYN-Flag ein weiteres Flag gesetzt war. Ein Betriebssystem, welches ein SYN/FIN-Paket erhält, ignoriert jedoch das FIN-Flag und akzeptiert das Paket als SYN-Paket zum Verbindungsaufbau. (Abbildung 17.1)

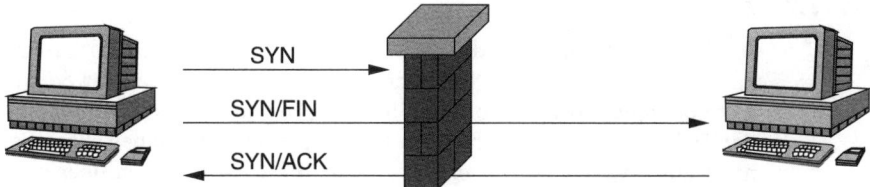

Abbildung 17.1: SYN/FIN Scan

Dieser abgebildete SYN/FIN Scan ist eindeutig künstlich erzeugt worden.[1] Mehrere eindeutige Anzeichen sprechen dafür. Die Pakete von aaa.bbb.ccc.ddd haben alle das SYN/FIN-Flag gesetzt. Diese Kombination wird nicht von einem TCP/IP-Stack natürlich erzeugt. Ein SYN/FIN-Paket ist gleichzeitig eine SYNchronisationsanfrage der Sequenznummer und damit ein Paket zum Verbindungsaufbau und ein Paket mit der Aufforderung des Verbindungsabbaus (FIN). Der Ablauf des TCP Handshakes wird im Anhang A, Abschnitt A.4.1, »Auf- und Abbau einer TCP-Verbindung« ab Seite 542 erklärt. Weitere Hinweise auf den künstlichen Charakter sind die identischen Sequenznummern der Pakete, die *aaa.bbb.ccc.ddd* erzeugt. Alle Pakete haben als Sequenznummer 555. Der Source-Port aller TCP-Pakete ist 80 und aufsteigend. Der Port 80 ist normalerweise ein Server-Port eines Webservers. Häufig werden derartige Ports verwendet, da sie von vielen Firewalls nicht gefiltert werden. Schließlich ist die IP-Identifikationsnummer ID bei beiden Paketen 21.

Auffallen bei dem Scan sollte das Verhalten des gescannten Rechners. Obwohl es sich um ein Paket mit gesetzten SYN- *und* FIN-Flags handelt, reagiert das Zielsystem auf dieses Paket, als sei es ein reines SYN-Paket. Ist der Port geschlossen (erstes Paketpaar), so antwortet das System mit einem RST/ACK-Paket. Ist der Port offen, so antwortet es mit einem SYN/ACK-Paket. Dieses wird vom Scanner mit einem RST/ACK beantwortet, um einen Verbindungsaufbau zu vermeiden. Die Vermeidung des Verbindungsaufbaus mit einem kompletten TCP Handshake verhindert in vielen Fällen eine Protokollierung durch das Zielsystem. Die meisten Netzwerkdienste protokollieren lediglich erfolgreich aufgebaute Verbindungen.

Der Angreifer ist mit diesem Scan in der Lage, festzustellen, dass der Port 20 geschlossen und der Port 21 geöffnet ist. Jedoch wird dieser Scan von jedem IDS-System erkannt und moderne Firewalls weisen auch nicht mehr diesen Implementationsfehler auf. Jedoch besteht weiterhin die Gefahr, dass dieser Fehler durch eine fehlerhafte Anwendung der Firewall-Software vom Administrator wieder eingeführt wird.

17.1.2 ACK Scan

Im Folgenden wird nun der ACK-Scan besprochen. Dieser ist recht selten und kann nur von wenigen IDS-Systemen und Firewalls erkannt werden. Jede TCP-Verbindung überträgt ihre Daten in ACK-Paketen. Sie stellen den größten Anteil der TCP-Pakete dar. Die meisten Firewalls und IDS können diese Pakete jedoch nicht einer Verbindung zuordnen, da sie die Informationen über die Verbindungen nicht speichern. Sie müssen daher alle TCP-ACK-Pakete passieren lassen, denn sie könnten Teil einer validen Datenübertragung darstellen. Eine Erken-

---

1 Scheinbare Portscans können auch legitime Hintergründe haben. So verbindet sich der Microsoft Internet Explorer mehrfach gleichzeitig mit einem Webserver, wenn er die in einer Webseite eingebetteten Bilder lädt. Dies kann als SYN-Scan missverstanden werden.

nung des ACK-Scans ist daher überhaupt nur durch IDS und Firewalls mit Zustandstabellen möglich.

```
21:29:13.147684 aaa.bbb.ccc.ddd.80 > 192.168.0.101.20: . [tcp sum ok] ack
566430751 win 512 (ttl 64, id 50, len 40)
0x0000   4500 0028 0032 0000 4006 f81e c0a8 00ca   E..(.2..@......
0x0010   c0a8 0065 0050 0014 5773 bb58 21c3 0c1f   ...e.P..Ws.X!...
0x0020   5010 0200 ea42 0000                       P....B..
21:29:13.148079 192.168.0.101.20 > aaa.bbb.ccc.ddd.80: R [tcp sum ok]
566430751:566430751(0) win 0 (ttl 255, id 43698, len 40)
0x0000   4500 0028 aab2 0000 ff06 8e9d c0a8 0065   E..(...........e
0x0010   c0a8 00ca 0014 0050 21c3 0c1f 0000 0000   .......P!.......
0x0020   5004 0000 ff1a 0000 0204 0218 004e        P...........N
21:29:14.140381 aaa.bbb.ccc.ddd.81 > 192.168.0.101.21: . [tcp sum ok] ack
689025957 win 512 (ttl 64, id 50, len 40)
0x0000   4500 0028 0032 0000 4006 f81e c0a8 00ca   E..(.2..@......
0x0010   c0a8 0065 0051 0015 376d 679a 2911 b3a5   ...e.Q..7mg.)...
0x0020   5010 0200 af30 0000                       P....0..
21:29:14.140663 192.168.0.101.21 > aaa.bbb.ccc.ddd.81: R [tcp sum ok]
689025957:689025957(0) win 0 (ttl 255, id 43699, len 40)
0x0000   4500 0028 aab3 0000 ff06 8e9c c0a8 0065   E..(...........e
0x0010   c0a8 00ca 0015 0051 2911 b3a5 0000 0000   .......Q).......
0x0020   5004 0000 5044 0000 0204 0218 004e        P...PD.......N
```

Dieser Scan ist zunächst nur schwer einzuordnen. Zwei Hinweise existieren, die andeuten, dass er künstlich generiert wurde. Dies ist zum einen der Source-Port der Pakete. Das erste Paket kommt von Port 80. Dies ist vollkommen glaubwürdig, da es sich um ein Antwortpaket eines Webservers handelt könnte, wenn ein Client vorher eine Verbindung mit einem TCP Handshake aufgebaut hätte. Jedoch reagiert das Zielsystem mit einem Reset (R). Das bedeutet, dass diese Verbindung dem System unbekannt ist. Das zweite Paket kommt jedoch von Source-Port 81. Dies ist unwahrscheinlich, da auf dem Port 81 normalerweise kein Dienst läuft und es sich daher nicht um ein legitimes Antwortpaket handeln kann. Der zweite Hinweis ist die gleichbleibende IP-Identifikationsnummer 50. Dies ist sehr ungewöhnlich, da ein Betriebssystem, wenn es diese Nummer setzt[2], aufsteigende Nummern verwendet.

Auffallend sollte auch das Verhalten des Zielsystems sein. Es handelt sich um dasselbe Zielsystem wie in dem SYN/FIN Scan. Wir wissen, dass der Port 20 geschlossen und der Port 21 geöffnet ist. Das Zielsystem reagiert jedoch in beiden Fällen identisch. Es antwortet mit einem reinen RST (R) ohne ACK. Dieser Scan erlaubt nicht die Erkennung, ob der entsprechende Port geöffnet oder geschlossen ist. Zunächst scheint daher der Sinn dieses Scans unerklärbar. Das ändert sich schlagartig, wenn der FIN Scan erkannt wird.

---

2 Der Linux-Kernel 2.4 löscht die ID, wenn gleichzeitig das Do-not-Fragment-Flag (DF) gesetzt ist. Die Identifikationsnummer wird nicht benötigt, da keine Fragmentierung auftreten kann.

17.1.3 FIN Scan

Der FIN Scan scannt einen Rechner lediglich mit TCP-Paketen, bei denen das FIN-Flag gesetzt ist. Er tritt meist zusammen mit dem ACK Scan auf.

```
21:49:47.249753 aaa.bbb.ccc.ddd.80 > 192.168.0.101.20: F [tcp sum ok]
1987204606:1987204606(0) win 512 (ttl 64, id 61562, len 40)
0x0000    4500 0028 f07a 0000 4006 07d6 c0a8 00ca    E..(.z..@......
0x0010    c0a8 0065 0050 0014 7672 55fe 002d 020f    ...e.P..vrU..-..
0x0020    5001 0200 5c53 0000                         P...\S..
21:49:47.250110 192.168.0.101.20 > aaa.bbb.ccc.ddd.80: R [tcp sum ok] 0:0(0) ack
1987204606 win 0 (ttl 255, id 44345, len 40)
0x0000    4500 0028 ad39 0000 ff06 8c16 c0a8 0065    E..(.9.........e
0x0010    c0a8 00ca 0014 0050 0000 0000 7672 55fe    .......P....vrU.
0x0020    5014 0000 607c 0000 0101 080a 0050         P...`|.......P
21:49:48.240383 aaa.bbb.ccc.ddd.81 > 192.168.0.101.21: F [tcp sum ok]
1795501722:1795501722(0) win 512 (ttl 64, id 14574, len 40)
0x0000    4500 0028 38ee 0000 4006 bf62 c0a8 00ca    E..(8...@..b....
0x0010    c0a8 0065 0051 0015 6b05 2e9a 33ca 14f3    ...e.Q..k...3...
0x0020    5001 0200 48a1 0000                         P...H...
21:49:49.240385 aaa.bbb.ccc.ddd.82 > 192.168.0.101.22: F [tcp sum ok]
1637225553:1637225553(0) win 512 (ttl 64, id 35634, len 40)
0x0000    4500 0028 8b32 0000 4006 6d1e c0a8 00ca    E..(.2..@.m....
0x0010    c0a8 0065 0052 0016 6196 1451 78df 77b1    ...e.R..a..Qx.w.
0x0020    5001 0200 c483 0000                         P.......
```

Abgesehen von der Tatsache, dass es sich hierbei um FIN-Pakete von niedrigen Ports (80, 81 und 82) handelt, deutet nichts auf einen künstlichen Charakter hin. Identifikations- und Sequenznummern der Pakete sind sinnvoll.

Was kann nun der Sinn dieses Scans sein? Wenn die Reaktion des Zielsystems betrachtet wird, so wird deutlich, dass das Zielsystem ein Reset sendet, wenn das FIN-Paket an einen geschlossenen Port gesendet wird. Trifft das FIN-Paket auf einen offenen Port, erfolgt keinerlei Reaktion. Der Angreifer ist also in der Lage, definitiv festzustellen, welche Ports geschlossen sind. Bedeutet dies automatisch, dass die restlichen Ports offen sind? Nein, es könnte sich ein Paketfilter zwischen dem Angreifer und dem Zielsystem befinden, welcher die Pakete filtert, sodass der Angreifer keine Antwort erhält.[3] Hier kommt nun der ACK-Scan des letzten Abschnittes zum Tragen. Im ACK-Scan erhielt der Angreifer für jedes Paket, unabhängig vom Zustand des Ports, eine Antwort. Das bedeutet, dass sämtliche Ports nicht gefiltert werden. Die Ports, die beim FIN-Scan nicht antworten, sind also **offene** Ports!

---

3 Die meisten Paketfilter werden unerwünschte Pakete einfach verwerfen. Jedoch besteht auch die Möglichkeit, diese Pakete mit einem TCP RST oder einem ICMP Port Unreachable-Paket abzulehnen.

17.2   Analyse des Paketinhaltes

17.2.1   Beispiel: verdächtige ICMP-Pakete

Dieser Abschnitt beschäftigt sich mit ungewöhnlichen ICMP-Paketen (Listing 17.3). ICMP ist das *Internet Control Message Protocol* (RFC792). Dieses Protokoll wird in erster Linie verwendet, um Fehlermitteilungen (z. B. *Host unreachable*) zu versenden. Der Ping-Befehl verwendet ebenfalls ICMP. Hierzu benutzt er die beiden ICMP-Nachrichten *echo-request* und *echo-reply*. Der anfragende Rechner sendet ein *echo-request*, auf den das Zielsystem mit genau einem *echo-reply* antwortet (siehe Listing 17.2).

Listing 17.2: Normaler ICMP-Verkehr

```
10:42:55.025446 aaa.bbb.ccc.ddd > 192.168.0.101: icmp: echo request (DF)
10:42:55.025853 192.168.0.101 > aaa.bbb.ccc.ddd: icmp: echo reply
10:42:56.030944 aaa.bbb.ccc.ddd > 192.168.0.101: icmp: echo request (DF)
10:42:56.031303 192.168.0.101 > aaa.bbb.ccc.ddd: icmp: echo reply
```

Listing 17.3: Verdächtige ICMP-Pakete: lediglich Echo Reply-Pakete ohne Echo Request

```
23:34:05.287614 aaa.bbb.ccc.ddd > 192.168.0.101: icmp: echo reply (DF)
23:34:08.246084 aaa.bbb.ccc.ddd > 192.168.0.101: icmp: echo reply (DF)
23:34:14.178228 192.168.0.101 > aaa.bbb.ccc.ddd: icmp: echo reply
23:34:14.178317 192.168.0.101 > aaa.bbb.ccc.ddd: icmp: echo reply
23:34:14.178461 192.168.0.101 > aaa.bbb.ccc.ddd: icmp: echo reply
23:34:14.178550 192.168.0.101 > aaa.bbb.ccc.ddd: icmp: echo reply
23:34:14.178697 192.168.0.101 > aaa.bbb.ccc.ddd: icmp: echo reply
23:34:14.178770 192.168.0.101 > aaa.bbb.ccc.ddd: icmp: echo reply
23:34:14.178940 192.168.0.101 > aaa.bbb.ccc.ddd: icmp: echo reply
23:34:14.178978 192.168.0.101 > aaa.bbb.ccc.ddd: icmp: echo reply
23:34:14.179092 192.168.0.101 > aaa.bbb.ccc.ddd: icmp: echo reply
```

Bei Betrachtung der aufgeführten Pakete fällt auf, dass es sich lediglich um *echo-reply*-Pakete handelt. Es taucht nicht ein einziges *echo-request*-Paket auf. Weiterhin kommen nur zwei *echo-reply*-Pakete von `aaa.bbb.ccc.ddd`. Der Rechner `192.168.0.101` sendet jedoch neun *echo-reply*-Pakete an ihn zurück.

Folgende Erklärungen sind möglich:

1. Es existieren zwei Netzwerkverbindungen zwischen den Rechnern. Der Rechner, der die oben aufgeführten Pakete protokolliert hat, sieht nur eine Richtung. Dies ist theoretisch möglich. In der Praxis wird man dies jedoch meist vermeiden.

2. Die Rechner sind Opfer eines Spoofing-Angriffes. Ein dritter nicht aufgeführter Rechner sendet *echo-request*-Pakete an `192.168.0.101` und `aaa.bbb.ccc.ddd`

und fälscht jeweils die Absenderadresse des anderen. Dies ist ebenso möglich. Jedoch ist es recht schwer, den Sinn derartiger Pakete zu erklären.

3. Die dritte Möglichkeit: **Es sind keine PING-Pakete!**

Hier zahlt es sich aus, dass nicht nur die Paket-Header protokolliert wurden, sondern die kompletten Pakete bis zur `snaplen` von `tcpdump` für eine spätere Analyse gespeichert wurden. Werden diese Pakete nun mit `tcpdump -nnvX` aufbereitet, so bietet sich das Bild in Listing 17.4.

Listing 17.4: Ein ICMP-Tunnel

```
23:34:05.287614 aaa.bbb.ccc.ddd > 192.168.0.101: icmp: echo reply (DF) (ttl 64,
    id 0, len 36)
0x0000   4500 0024 0000 4000 4001 b859 c0a8 00ca   E..$..@.@..Y....
0x0010   c0a8 0065 0000 2dd7 6a1d 0000 6364 202f   ...e..-.j...cd./
0x0020   746d 700a                                 tmp.
23:34:08.246084 aaa.bbb.ccc.ddd > 192.168.0.101: icmp: echo reply (DF) (ttl 64,
    id 0, len 31)
0x0000   4500 001f 0000 4000 4001 b85e c0a8 00ca   E.....@.@..^....
0x0010   c0a8 0065 0000 1f6f 6a1d 0000 6c73 0a     ...e...oj...ls.
23:34:14.178228 192.168.0.101 > aaa.bbb.ccc.ddd: icmp: echo reply (ttl 64, id
    50593, len 101)
0x0000   4500 0065 c5a1 0000 4001 3277 c0a8 0065   E..e....@.2w...e
0x0010   c0a8 00ca 0000 b5c6 6a1d 0000 4164 6f62   ........j...Adob
0x0020   6546 6e74 3036 2e6c 7374 2e30 2020 6770   eFnt06.lst.0..gp
0x0030   6d49 6339 3377 4909 2020 2020 2020 206b   mIc93wI........k
0x0040   696f 5f30 5f31 3938 3367 726f 6269 5f30   io_0_1983grobi_0
0x0050   2e30                                      .0
23:34:14.178317 192.168.0.101 > aaa.bbb.ccc.ddd: icmp: echo reply (ttl 64, id
    50594, len 92)
0x0000   4500 005c c5a2 0000 4001 327f c0a8 0065   E..\....@.2....e
0x0010   c0a8 00ca 0000 d8f0 6a1d 0000 5468 6f74   ........j...Thot
0x0020   3133 3936 3809 2020 6770 6d6b 3532 6879   13968...gpmk52hy
0x0030   6309 2020 2020 2020 206b 696f 5f30 5f33   c........kio_0_3
0x0040   3333 3267 726f 6269 5f30 2e30 2020 6f72   332grobi_0.0..or
0x0050   6269                                      bi
23:34:14.178461 192.168.0.101 > aaa.bbb.ccc.ddd: icmp: echo reply (ttl 64, id
    50595, len 85)
0x0000   4500 0055 c5a3 0000 4001 3285 c0a8 0065   E..U....@.2....e
0x0010   c0a8 00ca 0000 d588 6a1d 0000 5468 6f74   ........j...Thot
0x0020   3133 3936 3909 2020 6770 6d71 7973 7258   13969...gpmqysrX
0x0030   3809 2020 2020 2020 206b 736f 636b 6574   8........ksocket
0x0040   2d72 6f6f 7409 2020 2020 6f72 6269 742d   -root.....orbit-
0x0050   726f                                      ro
23:34:14.178550 192.168.0.101 > aaa.bbb.ccc.ddd: icmp: echo reply (ttl 64, id
    50596, len 91)
0x0000   4500 005b c5a4 0000 4001 327e c0a8 0065   E..[....@.2~...e
0x0010   c0a8 00ca 0000 fba8 6a1d 0000 616d 616e   ........j...aman
```

```
0x0020    6461 0909 2020 6b64 652d 7370 656e 6e65    da....kde-spenne
0x0030    6209 2020 2020 2020 206b 736f 636b 6574    b........ksocket
0x0040    2d73 7065 6e6e 6562 0920 2020 206f 7262    -spenneb.....orb
0x0050    6974                                        it
23:34:14.178697 192.168.0.101 > aaa.bbb.ccc.ddd: icmp: echo reply (ttl 64, id
    50597, len 89)
0x0000    4500 0059 c5a5 0000 4001 327f c0a8 0065    E..Y....@.2....e
0x0010    c0a8 00ca 0000 c165 6a1d 0000 6770 6d34    .......ej...gpm4
0x0020    5274 4147 3909 2020 6b66 6d2d 6361 6368    RtAG9...kfm-cach
0x0030    652d 3009 2020 2020 2020 206c 6f67 7761    e-0........logwa
0x0040    7463 682e 3834 3936 0920 2020 2073 6f66    tch.8496.....sof
0x0050    6669                                        fi
```

Bei dieser Darstellung fallen sofort mehrere Informationen ins Auge. Die Pakete haben eine unterschiedliche Größe. Die übliche Länge eines ICMP-Paketes unter Linux beträgt 84 Bytes. Das erste und zweite Paket sind zu klein und ab dem dritten Paket sind die Pakete zu groß! Der Inhalt der Pakete wird bei den großen Paketen nicht komplett angegeben, da *tcpdump* bei einer Standardeinstellung nur die ersten 82 Bytes sammelt. Soll das ganze Paket gespeichert werden, so ist die Angabe der `snaplen` erforderlich.

Direkt nach dem Größenvergleich sollte der Inhalt der Pakete auffallen. Ein typisches Linux Ping-Paket hat folgenden Inhalt:

```
10:22:11.928685 127.0.0.1 > 127.0.0.1: icmp: echo request (DF) (ttl 64, id 0,
    len 84)
0x0000    4500 0054 0000 4000 4001 3ca7 7f00 0001    E..T..@.@.<.....
0x0010    7f00 0001 0800 e00a 8e0d 1400 b37b 533d    .............{S=
0x0020    762b 0e00 0809 0a0b 0c0d 0e0f 1011 1213    v+.............
0x0030    1415 1617 1819 1a1b 1c1d 1e1f 2021 2223    .............!"#
0x0040    2425 2627 2829 2a2b 2c2d 2e2f 3031 3233    $%&'()*+,-./0123
0x0050    3435                                        45
```

Im Datenbereich des Paketes, der bei Byte 24 beginnt (IP-Header 20 Bytes + ICMP Header 4 Bytes = 24) befinden sich keine sinnvollen Daten. Dies ist bei den oben protokollierten Paketen nicht der Fall.

1. Das erste Paket enthält die Zeichenkette `cd /tmp`.
2. Das zweite Paket enthält die Zeichenkette `ls`.
3. Das erste und das zweite Paket wurden von *aaa.bbb.ccc.ddd* gesendet. Hierbei handelt es sich scheinbar um Befehle!
4. Nun kommen in den folgenden Paketen die Antworten von 192.168.0.101. Es handelt sich um den Inhalt des Verzeichnisses */tmp*. Einträge wie `orbit` und `ksocket-root` sind üblicherweise hier enthalten.

Bei den Paketen handelt es sich also nicht um harmlose *echo-reply*-Pakete, die das Ergebnis eines gespooften Scans sind, sondern um einen handfesten ICMP-

Tunnel, der es ermöglicht, Daten an der Firewall vorbei auszutauschen, als handele es sich um eine Telnet-Verbindung.

Wieso verwendet der Tunnel nur ICMP *echo-reply*-Pakete? Warum werden keine *echo-request*-Pakete verwendet?

Ein zustandsloser Paketfilter (z. B. *ipchains* ohne *Masquerade*) ist nicht in der Lage festzustellen, ob das anfordernde *echo-request*-Paket jemals das Netzwerk verlassen hat, wenn das *echo-reply*-Paket zurückkommt. Damit bei derartigen Firewalls ein reguläres Ping überhaupt möglich ist, muss der Administrator grundsätzlich jedes *echo-reply*-Paket in das Netz erlauben und darf lediglich die *echo-request*-Pakete filtern. Selbst bei zustandsorientierten Paketfiltern (z. B. Checkpoint Firewall 1) sind häufig nicht alle Versionen in der Lage gewesen, auch ICMP zustandsorientiert zu filtern oder die Definition der Regeln war derartig aufwändig und kompliziert, dass die Administratoren der Firewall dies unterlassen haben.

Wenn also ein ICMP-Tunnel nur *echo-reply*-Pakete verwendet, so ist die Wahrscheinlichkeit sehr hoch, dass er bei einer großen Anzahl von Firewalls in der Lage ist, Daten durch die Firewall zu tunneln. Diese Tunnel können auch erkannt werden, wenn die prozentuale Verteilung der Netzwerkprotokolle im Netzwerk überwacht wird[4]. Steigt der Anteil der ICMP-Pakete stark an, so besteht der Verdacht eines ICMP-Tunnels.

Die oben aufgeführten Pakete wurden mit *itunnel* erzeugt. *itunnel* wurde von dem Team Teso entwickelt.

17.2.2 Fragmentiertes Paket

Die in diesem Abschnitt besprochenen Pakete wurden in einem Angriff auf den Linux ipchains-Paketfilter verwendet. Dieser Paketfilter wies in der Vergangenheit eine Sicherheitslücke auf. Diese war in der einen oder anderen Form in den meisten Paketfiltern zu finden. Der Angriff kann erzeugt werden mit dem Werkzeug *fragrouter* von Dug Song.

```
11:16:48.045418 aaa.bbb.ccc.ddd.1025 > 192.168.0.101.53: [|tcp] (frag
766:16@0+)0x0000    4500 0024 02fe 2000 4006 8a65 0a00 0264    E..$....@..e...d
0x0010    c0a8 0065 0401 0035 c3eb 022d 0000 0000    ...e...5...-....
0x0020    a002 7d78                                  ..}x
11:16:48.045477 aaa.bbb.ccc.ddd.1038 > 192.168.0.101.23: [|tcp] (frag 766:4@0+)
0x0000    4500 0018 02fe 2000 4006 8a71 0a00 0264    E.......@..q...d
0x0010    c0a8 0065 040e 0017                        ...e....
11:16:48.045496 aaa.bbb.ccc.ddd > 192.168.0.101: (frag 766:24@16)
0x0000    4500 002c 02fe 0002 4006 aa5b 0a00 0264    E..,....@..[...d
0x0010    c0a8 0065 e7e8 0000 0204 05b4 0402 080a    ...e...........
0x0020    0003 4af4 0000 0000 0103 0300              ..J........
```

---

4 Dies kann zum Beispiel mit dem Werkzeug *ntop* erfolgen (*http://www.ntop.org*).

Bei Betrachtung der Pakete fällt auf, dass es sich um sehr kleine Pakete handelt. Zusätzlich sind diese Pakete fragmentiert. Die Fragmentierung wird von `tcpdump` mit der Syntax (`frag ID:Length@Offset`) angezeigt.

Zunächst sollen die Fragmente genauer untersucht werden. Die Abbildung 17.2 zeigt die Fragmente mit ihren Offsets und ihrem Inhalt.

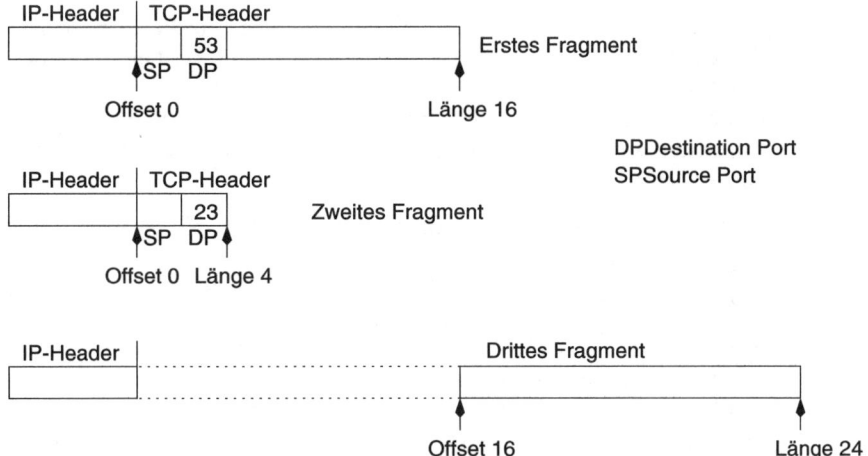

Abbildung 17.2: Angriff mit Fragmenten auf Linux-Kernel ≤ 2.2.10

Wenn diese Fragmente das Zielsystem erreichen, reagieren viele Zielsysteme folgendermaßen:

1. Erstes Fragment wird gelesen und gespeichert. Das resultierende Paket ist an Port 53 gerichtet.

2. Zweites Fragment wird gelesen und entsprechend dem Offset in das resultierende Paket eingefügt. Dabei werden Quell- und Zielport überschrieben. Das resultierende Paket ist nun an Port 23 gerichtet (Telnet).

3. Drittes Fragment und letztes Fragment werden gelesen und entsprechend dem Offset an das erste Fragment gehängt. Das Paket ist komplett defragmentiert worden und wird an das Betriebssystem übergeben.

Wo liegt nun das Problem?

Das Problem liegt in der Verarbeitung dieser Fragmente durch eine Firewall, die das Zielsystem schützen soll. Die Firewall hat das Problem, dass in dem obigen Fall das dritte Paket zwar noch einen kompletten IP-Header trägt, jedoch keinen TCP-Header mehr. Das zweite Paket enthält ebenfalls keinen kompletten TCP Header, aber wenigstens noch die Angabe der TCP-Ports. Die Firewall kann daher bei dem dritten Fragment nicht aufgrund eines TCP-Ports die Entscheidung fällen. Es gibt zwei grundsätzliche Möglichkeiten, wie eine Firewall mit diesem Problem umgehen kann.

1. Die Firewall sammelt sämtliche Fragmente, defragmentiert sie und untersucht das resultierende defragmentierte Paket. Dies ist sicherlich die beste und sicherste Lösung. Jedoch benötigt diese Lösung Arbeitsspeicher zur Zwischenspeicherung der bereits gesehenen Fragmente.

2. Die Firewall erlaubt allen Fragmenten außer dem ersten, sie zu passieren. Diese Methode basiert auf der Überlegung, dass das Zielsystem das Paket nicht ohne das erste Fragment defragmentieren kann.

Der Linux-Kernel 2.2 bietet beide Funktionen an. Hierfür existiert zum einen ein Kernel-Parameter `net.ipv4.ip_always_defrag` und die Option `-f` des `ipchains`-Befehls. Ist `net.ipv4.ip_always_defrag=1`, so werden sämtliche Fragmente gesammelt und nur die defragmentierten Pakete vom Paketfilter untersucht. Ansonsten kann mit der Option `-f` definiert werden, dass alle Fragmente außer dem ersten passieren dürfen.[5]

Thomas Lopatic fand heraus, dass der Linux ipchains-Paketfilter bis einschließlich Kernel-Version 2.2.10 folgenden Fehler aufweist. Ein sehr kleines Fragment, welches nicht den kompletten TCP Header beschreibt, wird nicht als erstes Fragment angesehen, selbst wenn es den Offset 0 hat. In dem beschriebenen Fall würde also ein ipchains-Paketfilter, der lediglich das erste Fragment filtert, das zweite und dritte ohne weitere Kontrolle passieren lassen. Das erste Fragment würde passieren, da es an einen harmlosen Port (53) gerichtet ist. Ein Paket an den Port 23 würde der Paketfilter nicht passieren lassen. Jedoch ist das Paket, nachdem es auf dem Zielsystem zusammengesetzt wurde, an den Port 23 gerichtet. Der Angreifer ist also in der Lage, eine Verbindung unter Verwendung eines vorgetäuschten Ports auf einem anderen Port aufzubauen.

Thomas Lopatic hat seine Erkenntisse auf der Homepage der Firma Dataprotect veröffentlicht. Leider existiert diese Firma nicht mehr. Das Advisory kann jedoch noch an verschiedenen Stellen im Internet gefunden werden.

Diese Analyse sollte zeigen, dass es mitunter erforderlich ist, sehr genau die Pakete zu betrachten, die bei einem Angriff eingesetzt werden. Kleinste Ungereimtheiten können wichtig sein.

17.3 Auffinden der Nadel im Heuhaufen

Die bisherigen Beispiele bestanden immer nur aus wenigen Paketen. Bei einer derart geringen Anzahl an Paketen ist es häufig einfach, Fehler zu finden. Eine Firewall oder ein IDS protokolliert jedoch unter Umständen mehrere Tausend Pakete pro Tag. Die Suche nach kritischen Paketen gleicht dann häufig der Suche nach einer Nadel in einem Heuhaufen. Es existieren jedoch einige Werkzeuge, die bei der Suche und der Analyse helfen können.

---

5 Der Linux-Kernel 2.4 bietet diesen Parameter nicht mehr. Sobald eines der Module *ip_conntrack.o*, *ipchains.o* oder *ipfwadm.o* geladen ist, werden Fragmente grundsätzlich defragmentiert, bevor sie untersucht werden.

17.3.1 Ethereal

Ethereal ist ein Netzwerkprotokoll-Analysator für Linux, UNIX und Win32. Ethereal ist Open Source-Software und wird veröffentlicht unter der GNU General Public License. Ethereal ist inzwischen Teil der meisten Linux-Distributionen geworden. Die neueste Version befindet sich jedoch immer auf der Hompage *http://www.ethereal.com*

Ethereal ist einer der mächtigsten verfügbaren Protokoll-Analysatoren. Es kann selbstständig Pakete mit der *libpcap*-Bibliothek sammeln oder die Protokolle anderer Sniffer (z. B. *tcpdump*, *snort* etc.) einlesen. Es bietet dann eine komplette Protokoll-Analyse für fast sämtliche gängigen oder auch seltenen Protokolle. Für TCP bietet es eine Stream-Reassemblierung zur Analyse kompletter TCP-Verbindungen.

Wenn keine grafische Oberfläche (siehe Abbildung 17.3) zur Verfügung steht, kann `tethereal` auf der Textoberfläche verwendet werden.

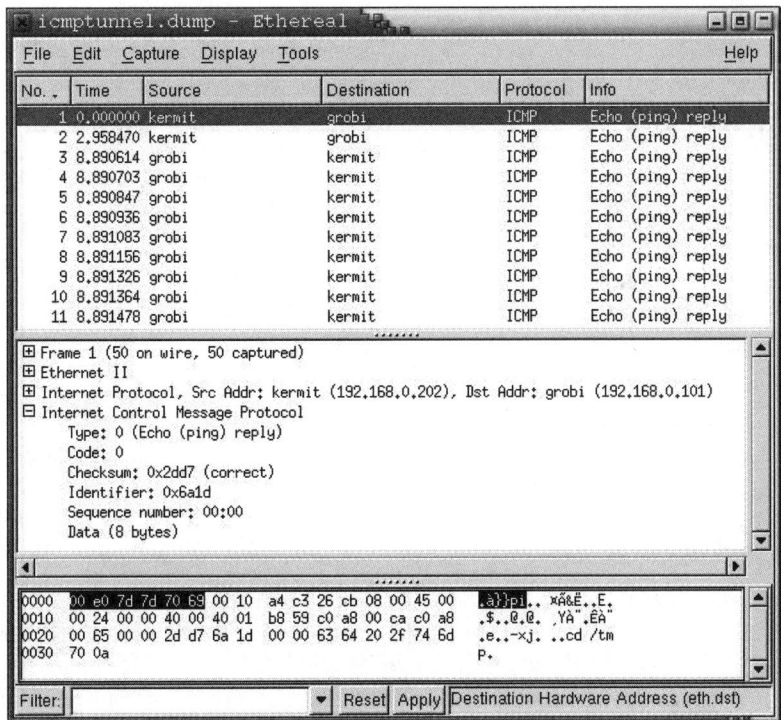

Abbildung 17.3: Ethereal im Einsatz

17.3.2 TCPshow

TCPshow ist ein kleines Werkzeug, welches eine *tcpdump*-Dumpdatei einlesen und als Klartext aufbereiten kann. Hierbei legt *TCPshow* wenig Wert auf die Header des Paketes, sondern mehr Wert auf den Inhalt.

TCPshow kann unter der URL *http://ftp.cerias.purdue.edu/pub/tools/unix/ sysutils/tcpshow/* bezogen werden. Es wird unter der GNU General Public License vertrieben.

Das nachfolgende Listing zeigt eine Beispielausgabe. Es handelt sich bei den ausgegebenen Paketen um die Pakete des ICMP-Tunnels.

```
# tcpshow --noHostNames host 192.168.0.101 and icmp < icmptunnel.dump
-----------------------------------------------------------------------
Packet 1
TIME:   23:34:05.287614
ICMP:   aaa.bbb.ccc.ddd -> 192.168.0.101 echo-reply
DATA:   j...cd /tmp
-----------------------------------------------------------------------
Packet 2
TIME:   23:34:08.246084 (2.958470)
ICMP:   aaa.bbb.ccc.ddd -> 192.168.0.101 echo-reply
DATA:   j...ls
-----------------------------------------------------------------------
Packet 3
TIME:   23:34:14.178228 (5.932144)
ICMP:   192.168.0.101 -> aaa.bbb.ccc.ddd echo-reply
DATA:   j...AdobeFnt06.lst.0  gpmIc93wI        kio_0_1983grobi_0.0
  <*** Rest of data missing from packet dump ***>
-----------------------------------------------------------------------
Packet 4
TIME:   23:34:14.178317 (0.000089)
ICMP:   192.168.0.101 -> aaa.bbb.ccc.ddd echo-reply
DATA:   j...Thot13968      gpmk52hyc        kio_0_3332grobi_0.0  orbi
  <*** Rest of data missing from packet dump ***>
-----------------------------------------------------------------------
Packet 5
TIME:   23:34:14.178461 (0.000144)
ICMP:   192.168.0.101 -> aaa.bbb.ccc.ddd echo-reply
DATA:   j...Thot13969      gpmqysrX8        ksocket-root      orbit-ro
  <*** Rest of data missing from packet dump ***>
-----------------------------------------------------------------------
```

Die Analyse des Datenanteils dieser Pakete ist nun sehr einfach. TCPShow ist in der Lage, eine identische Analyse bei HTTP- oder Telnet-Verkehr durchzuführen.

17.3.3 TCPflow

TCPflow ist ein Programm, welches Netzwerkpakete in TCP-Verbindungen sammelt und die einzelnen TCP-Verbindungen in getrennten Dateien abspeichert. Es bietet im Grunde dieselbe Funktionalität wie *tcpdump* mit dem Unterschied, dass *tcpdump* lediglich einzelne Pakete und *TCPflow*-Verbindungen betrachtet. TCPflow ist Open Source und wird von Jeremy Elson auf *http://www.circlemud.org/~jelson/software/tcpflow/* unter der GNU GPL veröffentlicht.

TCPflow ist aber auch in der Lage, *tcpdump*- bzw. *snort*-Dumpdateien (*libpcap*-Format)einzulesen und entsprechend aufzubereiten. Ist zum Beispiel eine 2,5 Mbyte große Dumpdatei zu analysieren, so kann diese Analyse häufig stark vereinfacht werden, wenn diese Datei vorher entsprechend den Verbindungen aufgesplittet wird. Dies erlaubt *TCPflow*.

```
# ls -l newdat3.log
-rw-rw-r--   1 spenneb  spenneb   2530295 Okt  3  2001 newdat3.log
# tcpflow -r newdat3.log
# ls
064.004.049.071.00025-192.168.001.102.01031
128.175.106.247.06346-192.168.001.102.65281
192.168.001.102.00021-207.035.251.172.01243
192.168.001.102.00021-207.035.251.172.02243
192.168.001.102.00023-206.075.218.084.01026
192.168.001.102.00023-207.035.251.172.03202
192.168.001.102.00023-217.156.093.166.61200
192.168.001.102.00023-217.156.093.166.61209
192.168.001.102.00023-217.156.093.166.61216
192.168.001.102.00023-217.156.093.166.61227
192.168.001.102.00024-217.156.093.166.61223
192.168.001.102.00024-217.156.093.166.61226
192.168.001.102.00024-217.156.093.166.61230
192.168.001.102.00025-207.035.251.172.03123
192.168.001.102.00079-207.035.251.172.01158
192.168.001.102.00513-207.035.251.172.02796
192.168.001.102.00515-207.035.251.172.02082
192.168.001.102.01025-193.231.236.042.00021
192.168.001.102.01029-207.035.251.172.00113
192.168.001.102.01031-064.004.049.071.00025
193.231.236.042.00020-192.168.001.102.01026
193.231.236.042.00020-192.168.001.102.01027
193.231.236.042.00020-192.168.001.102.01028
193.231.236.042.00021-192.168.001.102.01025
207.035.251.172.00113-192.168.001.102.01029
207.035.251.172.02243-192.168.001.102.00021
217.156.093.166.61200-192.168.001.102.00023
217.156.093.166.61209-192.168.001.102.00023
217.156.093.166.61216-192.168.001.102.00023
```

```
217.156.093.166.61223-192.168.001.102.00024
217.156.093.166.61226-192.168.001.102.00024
217.156.093.166.61227-192.168.001.102.00023
217.156.093.166.61230-192.168.001.102.00024
```

Die Namen der erzeugten Dateien setzen sich aus den IP-Adressen und den Ports zusammen. Der Rechner mit dem höheren Port (Client) wird zuerst im Namen genannt. Es handelt sich also um Namen nach der Syntax: client.port-server. port

17.3.4 TCPtrace

TCPtrace analysiert ebenfalls die Verbindungen ähnlich **TCPflow**. Es überprüft aber zusätzlich die Korrektheit der Verbindung. Listing 17.5 zeigt eine Beispielausgabe.

Listing 17.5: TCPtrace-Ausgabe

```
Ostermann's tcptrace -- version 6.0.1 -- Mon Dec  3, 2001

625 packets seen, 334 TCP packets traced
elapsed wallclock time: 0:00:00.003581, 174532 pkts/sec analyzed
trace file elapsed time: 0:01:59.442126
TCP connection info:
    1: 192.168.1.37:500 - ccc.bbb.103.221:443 (a2b)    88>    76<
    2: 192.168.1.33:1357 - aaa.64.2.230:53 (c2d)         3>     0< (unidirectional)
    3: 192.168.1.84:32774 - bbb.97.54.131:443 (e2f)     22>    18< (complete)
(reset)
    ** Warning, f2e: detected 1 hardware duplicate(s) (same seq # and IP ID)
    4: 192.168.1.84:32775 - bbb.97.54.131:443 (g2h)     11>     7< (complete)
(reset)
    5: 192.168.1.84:32776 - bbb.97.54.131:443 (i2j)     13>     8< (complete)
(reset)
    6: 192.168.1.33:1361 - aaa.64.2.230:53 (k2l)         3>     0< (unidirectional)
    7: 192.168.1.84:32777 - bbb.97.54.131:443 (m2n)     13>     8< (complete)
(reset)
    8: 192.168.1.33:1365 - aaa.64.2.230:53 (o2p)         3>     0< (unidirectional)
    9: 192.168.1.33:1372 - aaa.64.7.55:53 (q2r)          5>     5< (complete)
   10: 192.168.1.33:1376 - aaa.64.7.55:53 (s2t)          5>     5< (complete)
   11: 192.168.1.33:1380 - aaa.64.7.55:53 (u2v)          5>     5< (complete)
   12: 192.168.1.84:32778 - bbb.97.54.131:443 (w2x)     16>    15<
    ** Warning, x2w: detected 1 hardware duplicate(s) (same seq # and IP ID)
```

TCPtrace stellt fest, welche Verbindungen komplett durchlaufen wurden. Zusätzlich kann *TCPtrace* feststellen, dass die Verbindungen mit einem TCP Reset beendet wurden oder dass bestimmte Verbindungen rein unidirektional waren. Doppelte Pakete werden ebenfalls gemeldet.

17.3.5 Traffic-Vis

Traffic-Vis ist eine Familie von Programmen, die die Visualisierung der Verbindungen erlaubt: Wer spricht mit wem? Traffic-Vis ist unter *http://www*
.mindrot.org/traffic-vis.html verfügbar und wird unter der GNU General Public License vertrieben.

Eigentlich enthält Traffic-Vis einen kompletten Sniffer. Hier stehen aber mit *tcpdump*, *snort* und *ethereal* wahrscheinlich bessere Sniffer zur Verfügung. Traffic-Vis ist in der Lage, ebenfalls libpcap-Dateien zu lesen. Dennoch kann *Traffic-Vis* zur grafischen und statistischen Visualisierung der Daten genutzt werden.

Der Aufruf ist recht einfach:

```
# traffic-collector -r tcpdump_file
# traffic-sort -Hb -L10 < /var/run/traffic-collector | traffic-resolve |\
    traffic-tohtml > report.html
# traffic-sort -Hb -L10 < /var/run/traffic-collector | traffic-resolve |\
    traffic-tops > report.ps
```

Traffic-Vis bereitet so den Verkehr auf, dass er entweder grafisch (Abbildung 17.4) oder in HTML betrachtet werden kann.

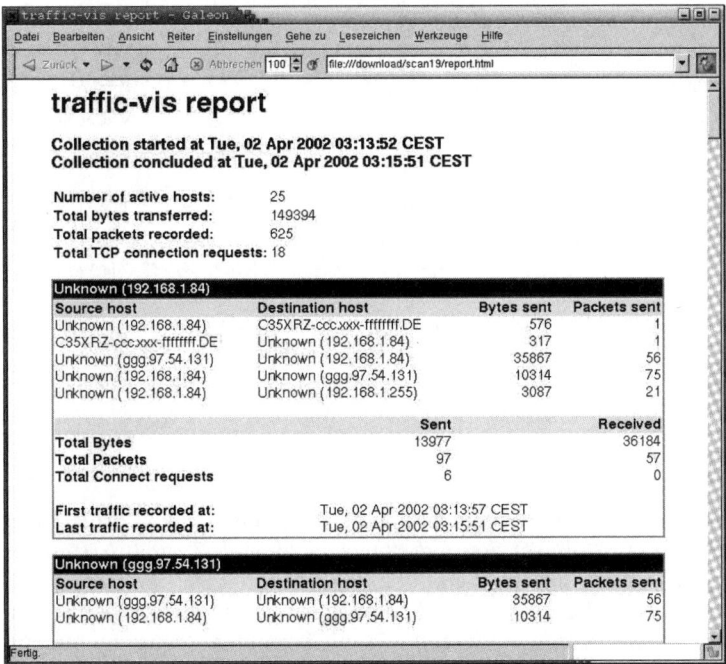

Abbildung 17.4: Traffic-Vis

17.4 TCP-Streamreassemblierungsangriff

Im Folgenden soll nun ein Angriff auf ein IDS-System beschrieben werden. Fortgeschrittene IDS-Systeme wie Snort sind in der Lage, TCP-Streamreassemblierung durchzuführen. Das bedeutet, dass sie in der Lage sind, bei einer Telnet-Verbindung (oder einem Netcat-Tunnel) die Daten, die in einzelnen Paketen übertragen werden, zusammenzusetzen und den zusammengesetzten Zeichenstrom auf Signaturen möglicher Angriffe hin zu untersuchen. So ist Snort in der Lage, die während einer Telnet-Sitzung eingegebenen Buchstaben auf die Zeichenkette su - root abzusuchen.

Diese zustandsorientierte Analyse ist jedoch sehr aufwändig. Viele Network Intrusion Detection-Systeme implementieren daher nicht einen kompletten TCP-Stack oder erlauben die Deaktivierung dieser Option. Wurde im IDS-System nicht ein kompletter TCP-Stack implementiert, so kann möglicherweise der in dem folgenden Listing abgedruckte Angriff erfolgreich durchgeführt werden.

Listing 17.6: Angriff auf die TCP-Streamreassemblierung eines IDS oder einer Firewall

```
12:06:54.257608 aaa.bbb.ccc.ddd.1041 > 192.168.0.101.23: S
4271820107:4271820107(0) win 32120 <mss 1460,sackOK,timestamp 1123280
0,nop,wscale 0> (DF)
12:06:54.257700 aaa.bbb.ccc.ddd.1041 > 192.168.0.101.23: F
4271820108:4271820108(0) win 0 (DF)
12:06:54.257824 aaa.bbb.ccc.ddd.1041 > 192.168.0.101.23: R
4271820109:4271820109(0) win 0 (DF)
12:06:54.258279 192.168.0.101.23 > aaa.bbb.ccc.ddd.1041: S 756389748:756389748(0)
ack 4271820108 win 32120 <mss 1460,sackOK,timestamp 942340 1123280,nop,wscale 0>
(DF)
12:06:54.259990 aaa.bbb.ccc.ddd.1041 > 192.168.0.101.23: . ack 1 win 32120
<nop,nop,timestamp 1123280 942340> (DF)
12:06:54.277907 aaa.bbb.ccc.ddd.1041 > 192.168.0.101.23: P 1:2(1) ack 1 win 32120
<nop,nop,timestamp 1123281 942340> (DF)
12:06:54.277993 aaa.bbb.ccc.ddd.1041 > 192.168.0.101.23: P 2:3(1) ack 1 win 32120
<nop,nop,timestamp 1123281 942340> (DF)
12:06:54.278092 aaa.bbb.ccc.ddd.1041 > 192.168.0.101.23: P 3:4(1) ack 1 win 32120
<nop,nop,timestamp 1123281 942340> (DF)

...gekürzt...
```

Auffallend sind in der Folge der Pakete das zweite und das dritte Paket. Das erste Paket ist ein SYN-Paket von *aaa.bbb.ccc.ddd* an *192.168.0.101* auf dem Port 23 (Telnet). Direkt anschließend, bevor *192.168.0.101* antworten kann, sendet *aaa.bbb.ccc.ddd* bereits ein FIN- und dann sofort ein RST-Paket. Diese beiden Pakete werden von *aaa.bbb.ccc.ddd* mit korrekten Sequenznummern versendet. Bei der Betrachtung dieser drei Pakete ist davon auszugehen, dass die Verbindung, bevor sie überhaupt begonnen wurde, bereits wieder beendet wird.

Dennoch antwortet *192.168.0.101*! Dieser Rechner scheint diese beiden Pakete (FIN und RST) ignoriert zu haben! Wie kann das sein? Es handelt sich doch scheinbar um korrekte Pakete!

Eine Darstellung der Pakete mit dem Befehl tcpdump -v (Listing 17.7) oder in ethereal (Abbildung 17.5 auf Seite 484) zeigt den Grund.

Listing 17.7: Darstellung der TCP-Prüfsummen mit tcpdump -v

```
12:06:54.257608 aaa.bbb.ccc.ddd.1041 > 192.168.0.101.23: S [tcp sum ok]
4271820107:4271820107(0) win 32120 <mss 1460,sackOK,timestamp 1123280
0,nop,wscale 0> (DF) (ttl 64, id 13432, len 60)
12:06:54.257700 aaa.bbb.ccc.ddd.1041 > 192.168.0.101.23: F [bad tcp cksum 5f12!]
4271820108:4271820108(0) win 0 (DF) (ttl 64, id 61544, len 40)
12:06:54.257824 aaa.bbb.ccc.ddd.1041 > 192.168.0.101.23: R [bad tcp cksum 5b12!]
4271820109:4271820109(0) win 0 (DF) (ttl 64, id 61800, len 40)
12:06:54.258279 192.168.0.101.23 > aaa.bbb.ccc.ddd.1041: S [tcp sum ok]
756389748:756389748(0) ack 4271820108 win 32120 <mss 1460,sackOK,timestamp 942340
1123280,nop,wscale 0> (DF) (ttl 64, id 516, len 60)
12:06:54.259990 aaa.bbb.ccc.ddd.1041 > 192.168.0.101.23: . [tcp sum ok] ack 1 win
32120 <nop,nop,timestamp 1123280 942340> (DF) (ttl 64, id 13433, len 52)
12:06:54.276476 arp who-has 192.168.0.1 tell 192.168.0.101
12:06:54.276631 arp reply 192.168.0.1 is-at 0:50:bf:11:23:df
12:06:54.276853 192.168.0.101.1148 > 192.168.0.1.53:  [udp sum ok] 16067+ PTR?
100.2.0.10.in-addr.arpa. [|domain] (ttl 64, id 517, len 69)
12:06:54.277907 aaa.bbb.ccc.ddd.1041 > 192.168.0.101.23: P [tcp sum ok] 1:2(1)
ack 1 win 32120 <nop,nop,timestamp 1123281 942340>unknown: ff6e
 (DF) (ttl 64, id 13434, len 53)
12:06:54.277993 aaa.bbb.ccc.ddd.1041 > 192.168.0.101.23: P [tcp sum ok] 2:3(1)
ack 1 win 32120 <nop,nop,timestamp 1123281 942340> (DF) (ttl 64, id 13434, len
53)
12:06:54.278092 aaa.bbb.ccc.ddd.1041 > 192.168.0.101.23: P [tcp sum ok] 3:4(1)
ack 1 win 32120 <nop,nop,timestamp 1123281 942340> (DF) (ttl 64, id 13434, len
53)
```

Das FIN- und das RST-Paket weisen eine falsche TCP-Prüfsumme auf. Daher ignoriert das Zielsystem diese Pakete. Ein zustandsorientiertes IDS-System wird jedoch, wenn es nicht den TCP-Prüfsummentest durchführt, von diesen Paketen verwirrt werden. Derartige Pakete können vom Angreifer nicht nur zu Beginn, sondern beliebig in den Paketstrom eingebaut werden. Die Kommunikation mit dem Zielsystem bleibt davon unbenommen, da das Zielsystem die Pakete aufgrund der falschen TCP-Prüfsumme verwirft.

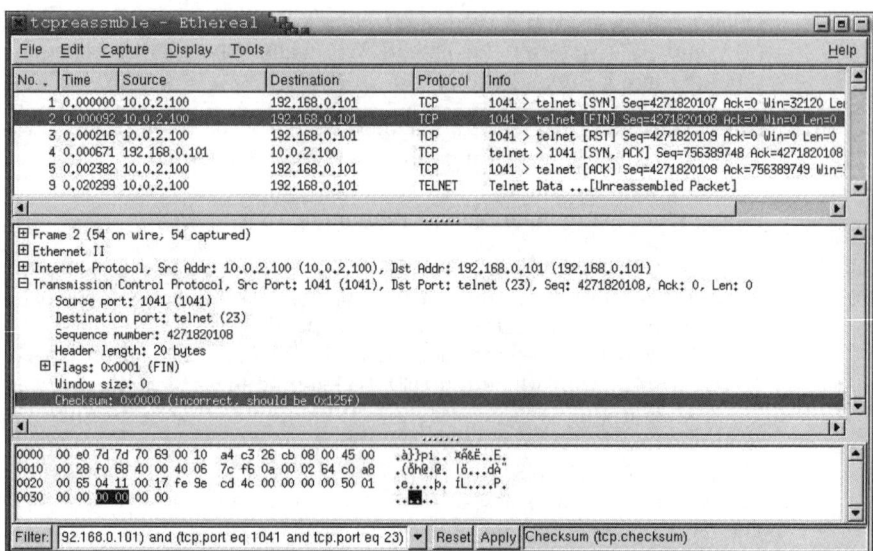

Abbildung 17.5: Ethereal zeigt auch die falsche Prüfsumme an.

Andere Varianten desselben Angriffes sind denkbar. Folgende Möglichkeiten existieren und sollten untersucht werden:

- Versendung zusätzlicher Pakete mit einem TTL-Wert, sodass das IDS, aber nicht das Zielsystem diese Pakete erhält

- Verwendung ungültiger IP-Optionen, sodass das Zielsystem das Paket verwirft

- Versendung von TCP-Paketen ohne jedes TCP-Flag. Selbst `ACK` ist abgeschaltet.

- Versendung von TCP-Paketen mit falscher Sequenznummer

Es existieren auch frei verfügbare Werkzeuge, die in der Lage sind, derartige Angriffe durchzuführen. Zwei besonders mächtige Werkzeuge sind *fragrouter* und die Weiterentwicklung *fragroute*, die als Router sämtliche Pakete derartig modifizieren können. Beide Werkzeuge wurden von Dug Song entwickelt, um die Schwächen der TCP/IP-Protokollfamilie und der aktuellen Firewall und IDS-Produkte zu demonstrieren.

Snort überprüft und kontrolliert übrigens die IP-, UDP- und TCP-Prüfsummen standardmäßig. Dieses Verhalten kann jedoch vom Benutzer deaktiiviert werden. Zusätzlich ist das Modul *stream4* in der Lage, TCP-Zustandsangriffe zu erkennen (`detect_state_problems`).

Teil VI

Honeypot

Kapitel 18

Einsatz eines Honeypots

18.1   Was ist ein Honeypot? Sinn und Unsinn

Bevor der Einsatz eines Honeypots geplant wird, sollte zunächst geklärt werden, was ein Honeypot ist, welchen Zweck dieser Honeypot erfüllen kann und welche Möglichkeiten es zur Implementierung eines Honeypots gibt. Zusätzlich ist eine Betrachtung des Zeitaufwandes und des möglichen Nutzens erfoderlich. Dies soll in diesem Kapitel geleistet werden. Die folgenden Kapitel beschreiben dann den Aufbau verschiedener Honeypots, deren Administration und Überwachung.

Ein Honeypot ist im Grunde nichts Neues. Clifford Stoll schreibt in seinem berühmten Buch *Kuckucksei* über die Verfolgung eines deutschen Crackers 1986 und beschreibt hier bereits einen ersten Honeypot. Bill Cheswick (Autor von *Firewalls und Sicherheit im Internet*) beschreibt in einem Artikel die Verfolgung eines Angreifers mit einem Honeypot im Jahr 1991 (*http://cm.bell-labs.com/who/ ches/papers/*).

Was ist denn nun ein Honeypot?

Lance Spitzner, Gründer des Honeynet Project (*http://project.honeynet.org*) definiert in seinem Artikel *Honeypots* (*http://www.enteract.com/~lspitz/honeypot .html*) einen Honeypot als »a security resource who's value lies in being probed, attacked or compromised«. Frei übersetzt bedeutet dies, dass ein Honeypot ein Sicherheitsinstrument ist, dessen Sinn die Untersuchung, der Angriff und der Einbruch durch Cracker ist. Das bedeutet, dass ein Honeypot in keiner Weise eine Verteidigung darstellt. Im Gegenteil, es wird gehofft, dass dieser Rechner angegriffen wird.

Um den Sinn und die Vorteile des Einsatzes eines Honeypots besser beleuchten zu können, sollen zunächst zwei verschiedene Varianten des Honeypots unterschieden werden. Marty Roesch (Entwickler des NIDS Snort) unterteilt Honeypots in *Produktions-* und *Forschungssysteme*. Die Zuordnung zu diesen Gruppen erfolgt über die Zielsetzung des Honeypots. Die Produktions-Honeypots dienen in erster Linie der Sicherheit eines Unternehmens. Sie dienen zur Erkennung und Verfolgung der Angriffe und Einbrüche. Forschungs-Honeypots werden verwendet, um neue Erkenntnisse über das Verhalten der Cracker und neue Angriffe zu gewinnen.

Welche Vorteile bietet denn ein Honeypot? Kann denn mit der Installation eines Honeypots die Sicherheit des Netzwerks erhöht werden?

Die Verwendung eines dedizierten Honeypots kann mehrere Vorteile bieten. Lance Spitzner führt in seinem Artikel zwei Vorteile und zwei Nachteile auf. Die von ihm vorgestellten Vorteile sind:

- **Datensammlung.** Ein Honeypot wird üblicherweise nicht für reale Dienste eingesetzt. Vom Honeypot und den überwachenden Systemen wird daher nur eine geringe Menge an Daten gesammelt. Diese Daten sind dann jedoch höchst interessant, denn jede Verbindung mit dem Honeypot und jede Aktivität des Honeypots stellt einen potentiellen Angriff dar. Bei der Überwachung realer Server wird ein Vielfaches dieser Datenmenge protokolliert. Eine Analyse kämpft zu Beginn immer mit einer Filterung der für den Angriff relevanten Daten.

- **Ressourcen.** Die überwachenden Sicherheitssysteme können unter Umständen mit dem Verkehrsaufkommen nicht Schritt halten. Dies führt zum Beispiel bei Netzwerk-IDS zum Verlust von Paketen. Dadurch werden unter Umständen kritische Pakete verloren. Dies erschwert die spätere Analyse der Angriffe und der Einbrüche.

Zu den Nachteilen zählt Lance Spitzner die folgenden Punkte:

- **Singularität.** Es handelt sich bei einem Honeypot nur um eine einzige Maschine in den Weiten des Internets. Wenn kein Angreifer diese Maschine findet und angreift, verfehlt sie ihren Sinn. Ohne Angreifer erfolgt keine Datensammlung.

- **Erhöhtes Risiko.** Honeypots sollen angegriffen werden. Dadurch können sie eine erhöhte Gefahr für das Netzwerk darstellen. Es besteht die Gefahr, dass ein Einbruch auf einem Honeypot erfolgreich durchgeführt wird und dieser anschließend für weitere Angriffe gegen das Netzwerk genutzt wird.

Als zusätzlicher Vorteil beim Einsatz eines Honeypots ist die zusätzliche Kontrollfunktion zum IDS und zur Firewall zu sehen. Ein Honeypot wird immer auch mit einer Firewall gesichert und mit einem oder mehreren IDS überwacht werden. Wenn jedoch auf dem Honeypot nun ein Einbruch erkannt wird, sollte eine Korrelation der Daten mit dem IDS und der Firewall erfolgen. Zeigt dieser Vergleich, dass die Firewall und das IDS keine verdächtigen Aktivitäten protokolliert haben, müssen diese Systeme sowohl für den Honeypot als auch und umso wichtiger für die Produktionsnetze angepasst werden. Ein weiterer Einbruch auch auf einem Produktionssystem sollte nicht unerkannt bleiben. Des Weiteren müssen die Produktionssysteme untersucht werden, ob möglicherweise dort ein identischer Einbruch erfolgte. Ein Honeypot kann so zur Qualitätssicherung (QS) der eingesetzten Sicherheitssysteme verwendet werden. Er erlaubt die Überwachung ihrer Wirksamkeit.

Wie kann denn nun ein Honeypot zur Sicherheit eines Netzwerkes beitragen?

In der Vergangenheit wurde häufig ein Honeypot zur Ablenkung eines Angreifers installiert. Dieser sollte nicht die wichtigen und kritischen Rechner eines Netzwerkes angreifen, sondern sich mit dem Honeypot beschäftigen. Diese These ist heute jedoch nicht mehr aufrechtzuerhalten. Mit den modernen automatischen Werkzeugen werden alle Systeme gleichartig und meist auch fast gleichzeitig angegriffen. Besitzen verschiedene Systeme dieselben Sicherheitslücken, so wird ein automatisches Werkzeug die Lücke auf allen Systemen finden und einbrechen. Ein Honeypot kann daher nicht zum Schutz eines Netzwerkes eingesetzt werden. In gewissen Fällen kann es sogar einen Angreifer anlocken, der dann seine automatischen Werkzeuge mit mehr Energie auf die Zielsysteme ansetzt.

Ein Honeypot kann jedoch bei der Erkennung der Angriffe helfen. IDS-ysteme machen leider sehr häufig Fehler. Dies sollte bereits bei der Besprechung der IDS-ysteme klar geworden sein. Ansonsten wird spätestens beim ersten Einsatz eines IDS-Systems jedem Administrator deutlich werden, dass diese Systeme sowohl positive als auch negative Falschmeldungen erzeugen. Es werden viele Angriffe gemeldet, die in Wirklichkeit keine Angriffe darstellen, und jedes IDS übersieht auch eine gewisse Menge von Angriffen, da es entweder falsch konfiguriert wurde oder diese Angriffe noch unbekannt sind. Ein Honeypot kann zur Erkennung von Angriffen und Einbrüchen eingesetzt werden. Erfolgte ein Einbruch, so ist dies eine echte Meldung. Hier gibt es, eine ordentliche Überwachung des Honeypots vorrausgesetzt, keine Falschmeldungen. Dies kann recht einfach überwacht werden, da jedes Mal wenn der Honeypot eine Verbindung entgegennimmt oder sogar selbst eine Verbindung aufbaut, von einem (erfolgreichen) Einbruch auszugehen ist.

Insbesondere die Erkennung von Angriffen durch Insider ist mit einem Honeypot möglich. Wenn sich der Angreifer bereits im Netzwerk befindet, so schützt keine Firewall mehr. Der Angreifer kann auf unterschiedliche Weise Zugang zum Netzwerk erhalten haben. Die folgenden Möglichkeiten stellen eine kleine Auswahl dar:

- Es handelt sich um einen unzufriedenen Mitarbeiter.
- Es handelt sich um einen Kundendienstmitarbeiter, der morgens die Firma durch die Eingangstür betreten hat und seinen Laptop an eine freie Netzsteckdose anschließt.
- Der Angreifer hat im Vorfeld mit (bewusster oder unbewusster) Hilfe eines Mitarbeiters einen Trojaner im Netzwerk installiert, der einen Tunnel zu ihm öffnet. Eine ganz aktuelle Möglichkeit stellt die Verwendung der Dreamcast-Spielekonsole dar (*http://www.dcphonehome.com/*). Diese Spielekonsole wird im internen Netz an einer freien Netzsteckdose angeschlossen, spioniert das Netzwerk aus und baut einen Tunnel zum Angreifer auf.

Die bedeutendste Hilfe jedoch stellt ein Honeypot bei der Reaktion auf den Einbruch dar. Nach einem Einbruch zum Beispiel auf dem Webserver einer Firma hat der Wiederaufbau des Webservers und seine erneute Verfügbarkeit häufig höchste Priorität. Für die Untersuchung des Systems, die forensische Analyse der Vorgehensweise des Angreifers und der ausgenutzten Sicherheitslücke bleibt meist keine Zeit. Ein zweites Honeypot-System, auf dem der Angreifer möglicherweise auch eingebrochen ist, kann dann eine sehr nützliche Hilfe bei der Analyse und der Aufarbeitung der Ereignisse sein und wertvolle Hinweise für die Sicherung und Webservers geben. Die Erkenntnisse, die bei der Analyse des Honeypots gewonnen werden, können direkt für die Sicherung des Webservers genutzt werden. Möglicherweise werden hierbei weitere Hintertüren und Dateimodifikationen gefunden, die ansonsten nicht entdeckt worden wären. Dies kann die Sicherheit des Webservers in diesem Beispiel oder grundsätzlich des Netzwerkes stark erhöhen.

Wird der Honeypot als Forschungsobjekt eingesetzt, wie es zum Beipiel das *Honeynet Project* macht, so sind die bisher aufgezählten Punkte relativ irrelevant. Diese Honeypots steigern jedoch das allgemeine Wissen um die Vorgehensweise der Angreifer und die momentan im Umlauf befindlichen Angriffswerkzeuge. Hierzu sollten die Erkenntnisse, die aus den Forschungssystemen gewonnen werden, durch Veröffentlichungen allgemein zugänglich gemacht werden.

18.2 Honeypot-Varianten

In diesem Abschnitt sollen nun verschiedene Honeypot-Lösungen vorgestellt und ihre Vor- und Nachteile besprochen werden. Honeypots gibt es in verschiedenen Ausführungen.

Einige Honeypots bestehen lediglich aus einer kleinen Applikation, die verschiedene Netzwerkdienste simuliert und den Verbindungsaufbau simuliert. Dies wird in der englischsprachigen Literatur als *Low Involvement* bezeichnet. Der Angreifer hat kaum Möglichkeiten, mit dem System zu interagieren. Die Verbindungsaufbauten werden dann vom Honeypot protokolliert. Zu dieser Kategorie zählen *Backofficer Friendly* (BOF), *Hotzone, Tiny Honeypot* (THP), *Deception Toolkit* (DTK) und *honeyd.* Bei diesen Anwendungen wird lediglich eine Simulation eines Rechners durchgeführt. Im Allgemeinen wird davon ausgegangen, dass von diesen Systemen kaum Sicherheitsprobleme ausgehen. Dennoch muss immer mit einer Sicherheitslücke auch in diesen Systemen gerechnet werden.

Der *Backofficer Friendly* (*http://www.nfr.com/products/bof/*) wurde von Marcus Ranum bei seiner Firma *NFR Security* entwickelt. Markus Ranum ist der »Vater« der Firewall. Er entwickelte die erste Firewall *DEC Seal* für *Digital Equipment Corporation* in den Jahren 1990 – 1992. Später entwickelte er das TIS Toolkit (*http://www.fwtk.org*) bei der *Firma Trusted Information Systems* (TIS).

Backofficer Friendly ist für die persönliche Verwendung kostenlos von der Homepage zu laden. Auf einem Windows-System installiert, simuliert BOF einen Back Orifice-Server und zusätzlich erlaubt es die Simulation von FTP-, HTTP- und SMTP Diensten. Die Verbindungsaufnahmen werden dann protokolliert und können zur Analyse verwendet werden. Die Installation dieses Programms erzeugt kaum zusätzliche Last auf dem System und generiert kaum ein zusätzliches Sicherheitsrisiko, da die Dienste lediglich simuliert werden. Es erfolgte keine echte Interaktion des Angreifers mit echten Diensten.

Marcus Ranum hat ebenfalls *Hotzone* entwickelt. Die erste Vorstellung des Werkzeuges erfolgte während der *System Administration, Networking and Security-Konferenz* 2002 (SANS 2002, *http://www.sans.org/SANS2002/*) in Orlando, Florida. *Hotzone* ist ebenfalls ein Emulator wie *BOF. Hotzone* läuft jedoch unter UNIX/Linux und kann wesentlich mehr Dienste emulieren. Während der SANS2002-Konferenz war *Hotzone* noch nicht verfügbar. Seine kostenlose Verfügbarkeit wurde jedoch versprochen. Leider hat Marcus Ranum diesbezüglich einen Rückzieher gemacht. Aus Lizenzgründen wird *Hotzone* nicht öffentlich verfügbar sein.

Tiny Honeypot (THP, http://www.alpinista.org/thp/) wurde von George Bakos geschrieben. *THP* erlaubt die Simulation eines Dienstes auf jedem Port. Hierzu werden kleine Perl-Programme verwendet, die die Verbindungsanfrage entgegennehmen und jede Art von Dienst simulieren können. THP wurde für Linux geschrieben und benötigt die Netfilter-Architektur für die Implementierung des Honeypots. Da auch hier die Dienste lediglich simuliert werden, geht von THP grundsätzlich keine Gefahr aus. Es wird unter der GNU GPL veröffentlicht.

Das *Deception Toolkit (DTK, http://www.all.net/dtk/)* wurde von Fred Cohen bereits 1998 entwickelt. Es wurde wie *THP* in Perl programmiert und erlaubt ebenso die Simulation beliebiger Dienste unter UNIX/Linux. Hierzu kann mit einer Skriptsprache das Verhalten des simulierten Dienstes definiert werden. Das *Deception Toolkit* ist kostenlos erhältlich. Eine grafische Oberfläche für die einfache Administration wird kommerziell angeboten.

Honeyd wurde von Niels Provos geschrieben. Es erlaubt ebenfalls die Simulation von beliebigen Netzwerkdiensten. Es unterscheidet sich jedoch massiv von den bisher besprochenen Lösungen, da es auch die Simulation von beliebigen TCP/IP-Stacks erlaubt. So ist es möglich, auf einem Linux-Rechner den TCP/IP-Stack eines AIX 4.0-4.2-Rechners zu simulieren.[1] Wenn ein Angreifer nun einen Nmap Scan des Rechners durchführt, wird ihm suggeriert, dass er gerade mit einem IBM AIX-Rechner kommuniziert. Zusätzlich erlaubt *Honeyd* die Simulation nicht nur eines Rechners, sondern gesamter Netzwerke, wenn die entsprechenden IP-Adressen zur Verfügung stehen. *Honeyd* wird als Open Source veröffentlicht.

Eine zweite Kategorie von Honeypots stellt das komplette Betriebssystem zur Verfügung. Ein kommerzielles Produkt dieser Art ist *ManTrap* von *Recourse* (*http://www.recourse.com/product/ManTrap/*). *ManTrap* ist lauffähig auf Solaris-Systemen und erlaubt die Simulation von vier Subsystemen in so gennanten *Jails* (Gefängnissen). In diesen Subsystemen hat der Angreifer kompletten Zugriff auf das Betriebssystem und der Administrator ist in der Lage in diesen Subsystemen durch Installation Oracle oder Apache zur Verfügung zu stellen. Die Interaktion des Angreifers mit dem System kann dadurch wesentlich tiefer erfolgen. Der Angreifer ist in der Lage, mit den tatsächlichen Diensten zu interagieren und mögliche Sicherheitslücken echt auszunutzen. Jedoch sorgt *ManTrap* dafür, dass der Angreifer das *Jail* nicht verlassen kann.

Die letzte Kategorie der Honeypots besteht aus kompletten Rechnern. Diese können entweder auf echter Hardware oder in virtuellen Umgebungen wie *VMware* oder *UserModeLinux* (UML) implementiert werden. Hierbei wird ein echtes System zum Honeypot, indem sehr großer Aufwand bei der Protokollierung der

---

1 Dies ist auch mit einem Patch für den TCP/IP-Stack möglich (*http://ippersonality.sourceforge.net/*). Dann kann aber nur ein weiteres Betriebssystem simuliert werden. *honeyd* erlaubt die Simulation beliebig vieler Betriebssysteme.

Ereignisse und der Überwachung der Aktionen auf dem Rechner getrieben wird. Dies ist erforderlich, denn ein Honeypot, auf dem ein Einbruch nicht erkannt wird, verfehlt seinen Zweck vollkommen.

Eine Erweiterung dieses Konzeptes stellt das *Honeynet* dar. Hierbei handelt es sich um einen Aufbau aus mehreren Honeypots, die unterschiedliche Funktionen bieten und den Eindruck eines kompletten Netzwerkes erzeugen.

In den nächsten Kapiteln werden einige dieser Lösungen näher besprochen.

18.3 Honeypots und das Gesetz

Die Anwendung von Honeypots ist jedoch nicht unproblematisch. Leider existieren nur sehr wenige Informationen und Aufsätze zu diesem Thema. Jedoch ist in der Bundesrepublik Deutschland die Beihilfe zu einer Straftat ebenfalls unter Strafe gestellt.

Paragraph 26 und 27 des Strafgesetzbuches haben folgenden Wortlaut:

»§ 26. Anstiftung. Als Anstifter wird gleich einem Täter bestraft, wer vorsätzlich einen anderen zu dessen vorsätzlich begangener rechtswidriger Tat bestimmt hat.«

»§ 27. Beihilfe. (1) Als Gehilfe wird bestraft, wer vorsätzlich einem anderen zu dessen vorsätzlich begangener rechtswidriger Tat Hilfe geleistet hat. (2) Die Strafe für den Gehilfen richtet sich nach der Strafdrohung für den Täter. Sie ist nach § 49 Abs. 1 zu mildern.«

Einfache Honeypots, die lediglich eine Simulation eines Betriebssystemes aufbauen (*Tiny Honeypot* und *Honeyd*), stellen meiner Meinung nach kein Problem dar, da der Angreifer keine Straftat begehen kann. Daher kann auch keine Beihilfe geleistet werden. Jedoch kann bereits der Versuch des Angriffes strafbar sein. Dann kann auch die Beihilfe zu einer nicht erfolgreichen Straftat unter Strafe gestellt sein.

Die Installation eines richtigen Betriebssystems ist hier problematischer. Wenn auf diesem Betriebssystem vorsätzlich nicht sämtliche Patches eingespielt werden, sodass ein Einbruch möglich ist, besteht die Möglichkeit, dass dies als Beihilfe zum Einbruch ausgelegt werden kann. Wird dieser Rechner im Weiteren verwendet, um auf Rechnern dritter Personen einen Schaden anzurichten, so mag es sich hier um eine Beihilfe handeln, die strafbar ist.

Vorraussetzung für die Beihilfe ist jedoch die Vorsätzlichkeit. Ein Rechner, der schlecht gewartet wird, erfüllt diese Vorraussetzung wahrscheinlich nicht. Ein Honeypot, der bewusst als solcher überwacht wird und bei dem diese Patches nicht eingespielt werden, kann jedoch möglicherweise als Beihilfe angesehen werden.

Um welche Straftaten handelt es sich nun?

- **StGB § 202a. Ausspähen von Daten.** (1) Wer unbefugt Daten, die nicht für ihn bestimmt und die gegen unberechtigten Zugang besonders gesichert sind, sich oder einem anderen verschafft, wird mit Freiheitsstrafe bis zu drei Jahren oder mit Geldstrafe bestraft.
  (2) Daten im Sinne des Absatzes 1 sind nur solche, die elektronisch, magnetisch oder sonst nicht unmittelbar wahrnehmbar gespeichert sind oder übermittelt werden.

  Hervorzuheben ist jedoch, dass die Verfolgung einen Strafantrag des Verletzten vorraussetzt (§205 Abs. 1 StGB).

- **StGB § 303a. Datenveränderung.** (1) Wer rechtswidrig Daten (§ 202a Abs. 2) löscht, unterdrückt, unbrauchbar macht oder verändert, wird mit Freiheitsstrafe bis zu zwei Jahren oder mit Geldstrafe bestraft.
  (2) Der Versuch ist strafbar.

  StGB § 303b. Computersabotage. (1) Wer eine Datenverarbeitung, die für einen fremden Betrieb, ein fremdes Unternehmen oder eine Behörde von wesentlicher Bedeutung ist, dadurch stört, dass er
  1. eine Tat nach § 303a Abs. 1 begeht oder
  2. eine Datenverarbeitungsanlage oder einen Datenträger zerstört, beschädigt, unbrauchbar macht, beseitigt oder verändert, wird mit Freiheitsstrafe bis zu fünf Jahren oder mit Geldstrafe bestraft. (2) Der Versuch ist strafbar.

  StGB § 303c. Strafantrag. In den Fällen der § 303 bis 303b wird die Tat nur auf Antrag verfolgt, es sei denn, dass die Strafverfolgungsbehörde wegen des besonderen öffentlichen Interesses an der Strafverfolgung ein Einschreiten von Amts wegen für geboten hält.

Eine Verfolgung der Straftat und daher auch die Verfolgung der Beihilfe erfolgt nach meiner Meinung daher nur, wenn zuvor ein Strafantrag gestellt wurde. Dieser Strafantrag müsste von der verletzten Person, dem Besitzer des Honeypots, gestellt werden.

HINWEIS

Dieser Abschnitt gibt lediglich meine persönliche Interpretation der Gesetzeslage wieder. Er hat keinerlei Anspruch auf Richtigkeit und Vollständigkeit. Eine Verwendung der beschriebenen Ausführungen erfolgt auf eigenes Risiko!

Kapitel 19

Tiny Honeypot und Honeyd

Diese Kapitel betrachtet die beiden Honeypot Lösungen *Tiny Honeypot* und *honeyd* ein wenig genauer. Ihre Installation und ihre Verwendung werden erklärt und vorgestellt.

19.1   Tiny Honeypot

Tiny Honeypot (*THP*, *http://www.alpinista.org/thp/*) wurde von George Bakos geschrieben. *THP* erlaubt die Simulation eines Dienstes auf jedem Port. Hierzu werden kleine Perl-Programme verwendet, die die Verbindungsanfrage entgegennehmen und jede Art von Dienst simulieren können. *THP* wurde für Linux geschrieben und benötigt die Netfilter-Architektur für die Implementierung des Honeypots. Da auch hier die Dienste lediglich simuliert werden, geht von *THP* grundsätzlich keine Gefahr aus. *THP* wird unter der GNU GPL veröffentlicht.

Der Kern von *THP* ist das Perl-Programm *logthis*. Dieses Perl-Programm wird vom *xinetd* oder dem *inetd* bei einer Verbindung auf dem Port 6635 gestartet. Das Programm protokolliert dann die Verbindung und kann in Abhängigkeit vom übergebenen Kommandozeilenargument unterschiedliche Dienstsimulationen starten. Im Paket sind bereits Perl-Sripts enthalten, die den Apache-Webserver, den Microsoft Internet Information Server, eine Root Shell und den WU-FTP-Server simulieren können. Zusätzlich existiert ein Script *nullresp.pl*, welches lediglich Daten entgegen nimmt, jedoch keine Rückmeldung gibt. Dieses ist insbesondere geeignet, um automatische Werkzeuge, die nach einer erfolgreichen Verbindung sofort den Angriff (zum Beispiel mit einem Bufferoverflow) starten, zu ermitteln. Die übertragenen Daten würden dann in einer Datei gespeichert werden.

Wichtig ist nun, dass bei einer Verbindung zum Beispiel auf dem Port 1433 (Microsoft SQL-Server) diese Verbindung an den *Tiny Honeypot* weitergeleitet wird. Dies erfolgt beim *Tiny Honeypot* mit der Netfilter-Architektur. Diese erlaubt eine Änderung der Zieladresse und/oder des Zielports eines Paketes. Hier wird die Destination NAT verwendet, um für alle auf dem Rechner nicht verwendeten Ports die entsprechende Verbindung auf den Port 6635 umzuleiten. Dazu muss jedoch *Tiny Honeypot* die Ports, auf denen reguläre Dienste des Rechners laufen, kennen, damit diese nicht umgeleitet werden.

Die Installation von *Tiny Honeypot* ist sehr einfach. Nachdem das Programm geladen wurde, ist keine Übersetzung erforderlich, da es sich bei ihm um Perl-Scripts handelt. Es sollten lediglich die Dateien an die vorgesehenen Stellen kopiert werden und die Konfiguration angepasst werden.

Dazu wird zunächst das Paket an geeigneter Stelle ausgepackt und ein symbolischer Link auf das enstandene Verzeichnis erzeugt. Dies erlaubt später eine einfache Verwaltung unterschiedlicher Versionen.

```
# cd /usr/local
# tar xzf /pfad/thp-<version>.tar.gz
# ln -s thp-<version> thp
```

Nun sollten die entsprechenden Konfigurationsdateien für den *xinetd* in das Verzeichnis */etc/xinetd.d* kopiert werden. Diese Dateien definieren, ob der *xinetd* die entsprechenden Dienste anbieten soll. Hierzu existiert in den Dateien eine Variable disable. Diese Variable muss den Wert no für alle anzubietenden Dienste erhalten.

```
# cp xinetd/* /etc/xinetd.d/
```

Wird an der Stelle des xinetd der inetd eingesetzt, so ist entsprechend in der Datei /etc/inetd.conf folgende Zeile anzuhängen.

```
6635    stream tcp    nowait nobody   /usr/local/thp/logthis   logthis
```

In beiden Fällen wird bei einer Verbindung auf dem Port 6635 das Programm *logthis* mit den Rechten des Benutzers nobody aufgerufen. Anschließend müssen sowohl *xinetd* als auch der *inetd* neu gestartet werden.

Für die Protokollierung muss nun noch das Verzeichnis */var/log/hpot* mit den richtigen Rechten angelegt werden.

```
# mkdir /var/log/hpot
# chmod 700 /var/log/hpot
# chown nobody:nobody /var/log/hpot
```

Nun fehlt lediglich die Umleitung sämtlicher freier Ports auf den Port 6635. Diese Umleitung (ein Destination NAT) wird mit dem Befehl iptables konfiguriert. Eine genaue Besprechung dieses Befehls würde den Rahmen dieses Buches sprengen. Robert L. Ziegler beschreibt die Möglichkeiten in seinem Buch *Linux Firewalls* (Markt+Technik 2002, ISBN 3-8272-6257-7). Für die Konfiguration von Tiny Honeypot ist aber ein Verständnis dieses Befehls nicht zwingend erforderlich. (Jedoch ist der Einsatz eines Honeypots, dessen Funktionsweise nicht verstanden wird, vielleicht doch als fahrlässig zu bezeichnen.) Die Anpassung erfolgt in der Datei *iptables.rules*. Dort sind einige Anpassungen in den ersten Zeilen erforderlich:

```
# Das externe Interface, auf dem der Honeypot aktiv sein soll
EXTIF="ppp0"

# Ein internes Interface, auf dem der Honeypot nicht aktiv ist
# INTIF="eth0"
# INTNET=

# Wenn nur bestimmte Netzwerke an dem Honeypot vorbei auf Dienste zugreifen
# dürfen, werden sie hier definiert:
# GOODNET="192.168.0.0/24"

# Diese Ports werden nicht umgeleitet, da hier andere echte Dienste laufen
# Komma-separierte Liste!
GOOD_SVCS="22"
```

```
# Diese Ports werden auf spezielle Simulationen umgeleitet. Bisher sind 21 und
# 80 unterstützt
HPOT_TCP_SVCS="21,80"
```

Nun ist noch ein Blick in die Datei *thp.conf* erforderlich. Diese Datei erlaubt die Angabe des zu simulierenden Webservers und des FTP-Servers. Möglicherweise werden dort noch weitere Modifikationen gewünscht und dann ist THP einsetzbar.

Bei einer Verbindung auf einem beliebigen Port reagiert nun THP mit folgender Ausgabe:

```
# telnet honeynet.spenneberg.org 27
Trying 217.160.128.61...
Connected to honeynet.spenneberg.org.
Escape character is '^]'.
"If you ever want to get anywhere in politics, my boy, you're going to
have to get a toehold in the public eye."

[root@honeynet root]# ls
[root@honeynet root]# dir
[root@honeynet root]# ^]
```

HINWEIS

Wenn die Ausgabe eines Root-Promptes nicht gewünscht wird, so kann durch eine Modifikation der Datei */etc/xinetd.d/hpot* dies unterdrückt werden. Dazu wird in dieser Datei die Zeile server_args = shell auskommentiert. Nach einem Neustart des *xinetd* wird nun kein Prompt mehr ausgegeben.

Eine Protokollierung erfolgt in der Datei */var/log/hpot/captures*. Hier wird der Beginn der Verbindung, das Ende und die Anzahl der übertragenen Bytes protokolliert.

```
Aug 05 15:42:43 start thp SID 1028554963, UNIX pid 4035 source
212.93.24.187:33167
Aug 05 15:42:50 end thp SID 1028554963
    - elapsed time 00:00:07
    - total 9 bytes
```

Zusätzlich wird eine Datei mit der entsprechenden SID erzeugt. Bei dieser Sitzung wurde die Datei */var/log/hpot/1028554963* erzeugt.

```
# cat /var/log/hpot/1028554963
ls
dir
```

Diese Angaben verraten jedoch nicht, auf welchem Port ursprünglich die Verbindung erfolgte. Diese Information wird in der Datei */var/log/messages* protokolliert.

```
# grep 15:42 /var/log/messages
Aug  5 15:42:42 P15097491 kernel: HPOT_DATA: IN=eth0 OUT=
MAC=00:20:ed:2f:ed:68:00:00:5a:9d:10:ba:08:00 SRC=212.93.24.187
DST=217.160.128.61 LEN=60 TOS=0x10 PREC=0x00 TTL=51 ID=37580 DF PROTO=TCP
SPT=33167 DPT=27 WINDOW=5840 RES=0x00 SYN URGP=0 OPT
(020405B40402080A002ADC880000000001030300)
```

Wenn der Honeypot zusätzlich auch die RPC-Dienste unterstützen soll, so bietet Tiny Honeypot eine Liste aller möglichen RPC-Dienste *fakerpc*. Der lokale RPC Portmapper kann gestartet und mit dieser Liste gefüttert werden. Dann wird er auf die entsprechenden Anfragen immer die erwarteten Anworten liefern und das Vorhandensein der Dienste simulieren. Das Aufsetzen erfolgt folgendermaßen:

```
# /etc/init.d/portmap start    # startet den Portmapper
```

```
# pmap_set < fakerpc           # lädt die falsche Liste
```

> **ACHTUNG**
> Wenn der installierte RPC Portmapper eine Sicherheitslücke aufweist, so kann diese nun ausgenutzt werden. Ein Start des Portmappers sollte daher wohlüberlegt sein.

Der Tiny Honeypot ist also ein sehr gutes Werkzeug, um zunächst jegliche Verbindungsanfrage entgegenzunehmen und einen Angriff zu erlauben. Die übertragenen Informationen werden in lokalen Dateien gespeichert und der Verbindungsaufbau wird in der Datei */var/log/hpot/captures* und */var/log/messages* protokolliert. Seine einfache Installation und das geringe Risiko seiner Anwendung machen ihn zur idealen »Einsteigerlösung«.

19.2 Honeyd

Honeyd wurde von Niels Provos geschrieben. Es erlaubt die Simulation beliebiger Netzwerkdienste. Es unterscheidet sich jedoch massiv von den bisher besprochenen Lösungen, da es auch die Simulation beliebiger TCP/IP-Stacks erlaubt. So ist es möglich, auf einem Linux-Rechner den TCP/IP-Stack eines AIX 4.0-4.2-Rechners zu simulieren. Wenn ein Angreifer nun einen Nmap Scan des Rechners durchführt, wird ihm suggeriert, dass er gerade mit einem IBM AIX-Rechner kommuniziert. Zusätzlich erlaubt Honeyd die Simulation nicht nur eines Rechners, sondern gesamter Netzwerke, wenn die entsprechenden IP-Adressen zur Verfügung stehen. Honeyd wird als Open Source veröffentlicht.

Diese Fähigkeiten machen *honeyd* momentan zu einem der mächtigsten Werkzeuge. Jedoch ist *honeyd* nicht in der Lage, die Simulation eines Netzwerkes alleine auszuführen. Damit der für das simulierte Netzwerk bestimmte Verkehr auch bei *honeyd* ankommt, sind entweder explizite Routing-Einträge, ProxyArp oder der Dienst arpd erforderlich. Arpd ist ein Dienst, der bei Address Resolution Protocol-Anfragen für konfigurierbare IP-Adressen immer mit der eigenen MAC-Adresse antwortet. Das Programm *arpd* wurde von Dug Song und Niels Provos geschrieben.

Um die verschiedenen TCP/IP-Stacks zu simulieren, benötigt honeyd Informationen über diese Stacks. Dabei verwendet honeyd dieselbe Datenbank wie nmap (*http://www.nmap.org*). Die Datenbank von nmap ist inzwischen über 700 Einträge groß. So können bis zu 700 verschiedene TCP/IP-Stacks (einschließlich Druckern, Routern etc.) simuliert werden.

Die Installation von honeyd ist recht einfach. Jedoch werden für die Übersetzung die folgenden Bibliotheken benötigt:

*   *libevent http://www.monkey.org/~provos/libevent/*
*   *libdnet http://libdnet.sourceforge.net/*
*   *libpcap http://www.tcpdump.org/* (Meist in der Distribution enthalten)

Wurden die entsprechenden Bibliotheken installiert, so erfolgt die Übersetzung und Installation von honeyd folgendermaßen:

```
# cd /usr/local/src/
# tar xvzf /pfad/honeyd-<version>.tar.gz
# cd honeyd
# ./configure --with-libpcap=DIR --with-libdnet=DIR --with-libevent=DIR \
  --prefix=/usr/local --sysconfdir=/etc --mandir=/usr/local/share/man
# make
# make install
```

Zusätzlich sollte die Installation von *arpd* erwogen werden. Das Programm ist unter *http://www.citi.umich.edu/u/provos/honeyd/arpd-0.1.tar.gz* erhältlich. Seine Installation erfolgt ähnlich:

```
# cd /usr/local/src/
# tar xvzf /pfad/arpd-<version>.tar.gz
# cd arpd
# ./configure --with-libpcap=DIR --with-libdnet=DIR --with-libevent=DIR \
  --prefix=/usr/local --sysconfdir=/etc --mandir=/usr/local/share/man
# make
# make install
```

Nach der Installation sind *arpd* und *honeyd* einsatzbereit. Das Programm *honeyd* unterstützt die folgenden Optionen beim Aufruf:

- -d. *Honeyd* läuft nicht als Dienst im Hintergrund und gibt Debug-Meldungen auf der Konsole aus.
- -P. Polling Mode (nicht erforderlich unter Linux)
- -p *fingerprints.* Datei mit Nmap-Fingerabdrücken
- -f *datei.* Konfigurationsdatei
- -i *interface.* Netzwerkschnittstelle

Der Aufruf erfolgt dann mit:

```
honeyd [-dP] [-p fingerprints] [-f datei] [-i interface] [Netzwerk]
```

Nach dem Aufruf erzeugt *honeyd* virtuelle Rechner für alle IP-Adressen, die mit dem Ausdruck Netzwerk angegeben werden. Wird das Netzwerk nicht definiert, so beantwortet *honeyd* die Anfragen für jede sichtbare IP-Adresse. Dabei werden TCP- und UDP-Dienste simuliert. Sämtliche Anfragen auf UDP werden standardmäßig mit einem ICMP-Port unreachable beantwortet, wenn der simulierte TCP/IP-Stack genauso reagieren würde. Das bedeutet, der Port ist geschlossen. Zusätzlich beantwortet *honeyd ICMP* Echo Requests (Ping).

Um nun virtuelle Rechner zu erzeugen, muss eine Konfigurationsdatei erzeugt werden. Listing 19.1 zeigt eine Beispielskonfiguration.

Listing 19.1: Honeyd-Konfiguration 1

```
create win311
set win311 personality "Windows for Workgroups 3.11 / TCP/IP-32 3.11b stack or
Win98"
add win311 tcp port 80 "sh scripts/web.sh"
add win311 tcp port 23 "sh scripts/test.sh $ipsrc $dport"
set win311 default tcp action reset

annotate "Xerox DocuPrint N40" fragment drop
create printer
set printer personality "Xerox DocuPrint N40"
add printer tcp port 515 "scripts/test.sh $ipsrc $dport"
set printer default tcp action reset

bind 192.168.0.15 win311
bind 192.168.0.14 printer
```

Diese Konfiguration erzeugt zwei Beispielsysteme: *192.168.0.15* ist ein Windows 3.11-Rechner und *192.168.0.14* ist ein Xerox Docuprint N40-Drucker.

Um diese Systeme zu erzeugen, werden zunächst so genannte Template erzeugt. Dies erfolgt mit der Direktive `create` `Templat-Name`. Anschließend kann diesem Templat eine TCP/IP-Persönlichkeit zugewiesen werden: `set` `Templat-Name` `personality` `Persönlichkeit`. Der Name der Persönlichkeit ergibt sich aus der Datei mit den Nmap-Fingerabdrücken. Diese Persönlichkeit definiert dann das folgende Verhalten des TCP/IP-Stacks der entsprechenden Maschine.

Anschließend können die einzelnen Dienste und das Verhalten dieser Dienste definiert werden. Dazu werden dem Templat Dienste mit `add` hinzugefügt. Hierbei ist die Angabe des Protokolls (`tcp`, `udp`) erforderlich. Anschließend erfolgt die Angabe von `port` und der Portnummer. Es folgt dann die Aktion, die ausgeführt werden soll für diesen Port. Hier stehen die Funktionen `block`, `open`, `reset`, `proxy` oder eine Kommandoausführung zur Verfügung. Die Aktion `proxy` erlaubt die Weiterleitung der Anfrage auf einen anderen Rechner. Dieser nimmt dann die Anfrage entgegen. Damit kann die Illusion eines echten Dienstes erzeugt werden. Die Angabe eines Kommandos erlaubt den Aufruf eines Scripts. Dieses kann dann auch den Dienst simulieren. Beim *honeyd*-Paket sind momentan drei Script enthalten. Dies sind *web.sh* zur Simulation eines Microsoft IIS-5.0, *test.sh* zur Annahme und Protokollierung jeder Verbindung und *router-telnet.pl* zur Simulation eines Routers.

```
add templat proto port port action
```

Schließlich muss eine IP-Adresse auf dem Templat gebunden werden. Dies erfolgt mit dem Befehl `bind`. Anschließend wird *honeyd* gestartet.

Wird nun die IP-Adresse mit Nmap gescannt, so erscheint das folgende Bild:

```
# nmap -sS -O 192.168.0.14

Starting nmap V. 3.00 ( www.insecure.org/nmap/ )
Interesting ports on  (192.168.0.14):
(The 1600 ports scanned but not shown below are in state: closed)
Port       State       Service
515/tcp    open        printer
Remote operating system guess: Xerox DocuPrint N40

Nmap run completed -- 1 IP address (1 host up) scanned in 10 seconds
```

Die einzelnen TCP/IP-Persönlichkeiten können zusätzlich annotiert werden. Hierbei kann definiert werden, ob ein TCP FIN Scan erfolgreich ist und wie mit Fragmenten umgegangen werden soll.

```
annotate Persönlichkeit [no] finscan
annotate Persönlichkeit fragment [drop|new|old]
```

Der Dienst honeyd erlaubt auch die Erzeugung kompletter Netze. Hierzu können in der Konfigurationsdatei Router und Routen definiert werden. Dazu wird zunächst der erste Router mit der Zeile

```
route entry Router-IP
```

spezifiziert. Anschließend werden die Netze definiert, die über diesen Router direkt erreicht werden können. Das erfolgt mit der Zeile:

```
route Router-IP link Netzwerk
```

Zusätzlich können weitere Netze definiert werden, die über den zweiten Router erreicht werden. Die Verbindung des zweiten Routers muss dabei explizit definiert werden.

```
route Router-IP add net Netzwerk Gateway latency Zeitms loss Prozent
route Gateway link Netzwerk
```

Eine Beispielskonfiguration ist in Listing 19.2 abgedruckt.

Listing 19.2: Honeyd-Konfiguration mit Router

```
create win311
add win311 tcp port 80 "sh scripts/web.sh"
add win311 tcp port 23 "scripts/test.sh $ipsrc $dport"
set win311 personality "Windows for Workgroups 3.11 / TCP/IP-32 3.11b stack or
Win98"
set win311 default tcp action reset

bind 10.0.6.15 win311

route entry 192.168.0.13
route 192.168.0.13 link 192.168.1.0/24
route 192.168.0.13 add net 10.0.6.0/24 192.168.1.1
route 192.168.1.1 link 10.0.6.0/24
```

Wird anschließend *honeyd* gestartet, so kann zunächst ein *traceroute* auf den Rechner durchgeführt werden und anschließend der Rechner *10.0.6.15* mit *nmap* gescannt werden:

```
# traceroute 10.0.6.15
traceroute to 10.0.6.15 (10.0.6.15), 30 hops max, 38 byte packets
 1  192.168.0.13 (192.168.0.13)  0.753 ms  0.389 ms  0.420 ms
 2  192.168.1.1 (192.168.1.1)  11.308 ms  7.705 ms  9.897 ms
 3  10.0.6.15 (10.0.6.15)  19.942 ms  18.040 ms  20.193 ms

# nmap -sT -O 10.0.6.15

Starting nmap V. 3.00 ( www.insecure.org/nmap/ )
```

```
Interesting ports on  (10.0.6.15):
(The 1599 ports scanned but not shown below are in state: closed)
Port      State      Service
23/tcp    open       telnet
80/tcp    open       http
Remote operating system guess: Windows for Workgroups 3.11 / TCP/IP-32 3.11b
stack or Win98

Nmap run completed -- 1 IP address (1 host up) scanned in 9 seconds
```

Damit der Rechner, auf dem *honeyd* gestartet wurde, aber überhaupt die Pakete erhält, ist es erforderlich, dass dieser Rechner auf die ARP-Anfragen für die entsprechenden IP-Adressen antwortet. Die einfachste Lösung für dieses Problem ist der Befehl arpd. Dieser muss zusätzlich auf dem Rechner gestartet werden.

Der Befehl arpd unterstützt bei seinem Aufruf die folgenden Optionen:

-d *Arpd*   läuft nicht als Dienst im Hintergrund und gibt Debug-Meldungen auf der Konsole aus.

-i *interface*   Netzwerkschnittstelle

Der Aufruf erfolgt dann mit:

```
arpd [-d] [-i interface] [Netzwerk]
```

Hierbei müssen die simulierten Rechner im selben Netz oder der simulierte Router angegeben werden.

Honeyd hat momentan noch zwei Probleme:

1. Wenn ein Router spezifiziert wurde, besteht nicht die Möglichkeit, neben dem Router noch einen zusätzlichen Rechner im lokalen Netz zu definieren. Wenn das obige Beispiel (Listing 19.2) genommen wird, so ist es nicht möglich, zusätzlich einen Rechner *192.168.0.15* zu definieren. Lediglich Rechner der Netze *192.168.1.0/24* und *10.0.6.0/24* sind erlaubt.

2. Ein Nmap SYN-Scan auf Rechner hinter einem Router führt zu einem Absturz von *honeyd-0.3*, wenn ein offener Port getroffen wird. Dies ist ein sehr schwerwiegender Fehler, der momentan den echten Einsatz von *honeyd* unmöglich macht. Jedoch ist dieser Fehler bereits lokalisiert worden und wird in der nächsten Version behoben.

   ```
   end = p + (tcp->th_off << 2);
   ```

   ausgetauscht werden durch:

   ```
   end = (u_char *)tcp + (tcp-th_off << 2);
   ```

Der Honeypot *honeyd* ist somit sicherlich eines der mächtigsten Werkzeuge. Er erlaubt die Simulation beliebiger Rechnernetze und Dienste. Alle wichtigen Netzwerkfunktionen werden unterstützt. Auf der Homepage wurde bereits ein Bereich für Scripts eingerichtet, die von den Benutzern beigesteuert wurden. Insgesamt ist *honeyd* das Werkzeug der Wahl für einen simulierten Honeypot.

Kapitel 20

Aufbau und Konfiguration eines »echten« Honeypots

Dieses Kapitel beschäftigt sich mit dem Aufbau und der Überwachung eines selbst gebauten Honeypots. Dabei handelt es sich um einen kompletten Rechner, der zur leichten Überwachung und Wartung als virtueller Rechner implementiert wird. Zur Virtualisierung kann sowohl das kommerzielle Produkt *VMware Workstation* oder das Open Source-Produkt *UserModeLinux* verwendet werden. Die Konfiguration beider Produkte wird kurz vorgestellt. Das Hauptaugenmerk in diesem Kapitel liegt jedoch auf der Überwachung und Sicherung dieser Rechner. Sie dürfen keine zusätzliche Gefahr für das restliche Netzwerk oder andere Benutzer im Internet darstellen.

20.1   Auswahl und Installation des Betriebssystems

Die Auswahl des Betriebssystems ist essenziell für den Honeypot. Schließlich soll ein Angreifer dieses Betriebssystem erkennen, angreifen und einbrechen. Wenn also das Verhalten von Angreifern auf Microsoft Windows 2000 studiert werden soll, macht es selbstverständlich keinen Sinn, SuSE Linux zu installieren. Das Betriebssystem sollte also entsprechend der Zielgruppe der zu analysierenden Angreifer gewählt werden.

Wurde in diesem ersten Schritt die Entscheidung für ein Linux-Betriebssystem getroffen, so sollte im zweiten Schritt die Distribution gewählt werden. Diese Wahl ist meist recht einfach, da das eigene Interesse einer Distribution gilt. Viele Sicherheitslücken existieren jedoch nur in der einen oder anderen Distribution. Dies hängt zum einen mit unterschiedlichen Optionen bei der Übersetzung der Programme, aber auch mit vollkommen unterschiedlich installierten Programmen zusammen. So verwendete SuSE Linux lange Jahre den *Proftpd* als Standard-FTP-Server, während Red Hat den *WU-ftpd* verwendete.

Schließlich sollte die Version der Distribution gewählt werden. Hier sollte die gewählte Distribution wieder möglichst den zu studierenden Zielsystemen entsprechen. Jedoch ist zu bedenken, dass bei einem Red Hat 8 unter Umständen direkt nach der Veröffentlichung noch keine Sicherheitslücke bekannt ist. Dieser Rechner eignet sich daher gut für die Sammlung und das Studium neuer Angriffe. Wenn jedoch allgemein Angriffe studiert werden sollen, so ist es sicherlich sinnvoller, eine ältere Version zu wählen, bei der bereits mehrere Lücken entdeckt und Werkzeuge entwickelt wurden. Im Falle von Red Hat Linux wird daher gerne die Version 6.2 gewählt.

Red Hat Linux 6.2 wies in der Standardinstallation mehrere verwundbare Netzwerkdienste auf. Hierfür existieren bereits eine ganze Reihe von Werkzeugen, die die Ausnutzung dieser Dienste ermöglichen. Damit bietet sich Red Hat Linux 6.2 als Plattform für einen Honeypot an.

Bei der Installation sollten folgende Punkte beachtet werden, um eine spätere forensische Analyse zu vereinfachen:

- Die verwendeten Festplatten oder Festplattenpartitionen sollten vor der Installation gelöscht werden. Werden bereits gebrauchte Festplatten eingesetzt, so befinden sich auf diesen Festplatten bereits eine ganze Menge an Informationen. Einerseits dürfen diese Informationen möglicherweise nicht dem Angreifer in die Hände fallen, andererseits besteht die Gefahr, dass bei einer späteren forensischen Analyse diese Daten zu Verwirrungen führen. Es ist ein weitverbreiteter Irrglaube, dass bei der Formatierung von Festplatten diese gelöscht werden. Meist werden nur die Verwaltungsinformationen des Dateisystems auf die Festplatte übertragen. Eine Löschung kann unter Linux mit dem folgenden Befehl erfolgen: `dd if=/dev/zero of=/dev/hdaX`.

- Handelt es sich bei dem Honeypot um eine Linux-Distribution, so sollte diese so konfiguriert werden, dass die Schreiboperationen für die Festplatten synchron erfolgen. So befinden sich immer die aktuellen Daten auf den Festplatten. Ein Abschalten des Rechners führt daher nicht zu Datenverlust durch fehlende Informationen in den Festplattencaches. Hierzu sollte die Datei */etc/fstab* so modifiziert werden, dass die Mountoptionen den Eintrag `sync` tragen:

```
/dev/hda5      /home     ext2  rw,suid,dev,exec,auto,nouser,sync 0 2
```

20.2   Verwendung von UserModeLinux oder VMware als virtueller Rechner

Um den Honeypot optimal überwachen zu können, kann am besten der Honeypot als virtuelles System implementiert werden. Das Gastgeber-Betriebssystem kann dann die Netzwerkverbindungen überwachen, kontrollieren und protokollieren. Jedoch sollte sich der Administrator des Honeypots immer bewusst sein, dass der Einbrecher möglicherweise in der Lage ist, aus dem virtuellen Betriebssystem auszubrechen, wenn die Virtualisierung Sicherheitslücken aufweist. Eine derartige Sicherheitslücke existierte bereits bei UML.

Für diese Virtualisierung stehen zurzeit zwei verschiedene Möglichkeiten zur Wahl:

- *VMware Workstation 3.1* ist ein kommerzielles Produkt von VMware (*http://www.vmware.com*) und hat einen Preis von etwa EUR 300. Es simuliert einen kompletten Rechner mit BIOS, Arbeitsspeicher, Festplatten, Netzwerkkarten etc. Die Performanz dieses simulierten Rechners ist bei Verzicht auf die grafische Oberfläche sehr gut. Jedoch sollte das Gastgebersystem über genügend Hauptspeicher verfügen. 256 Mbyte Arbeitsspeicher ist ein guter Ausgangswert. Leider ist ein Angreifer in der Lage, nach einem Einbruch recht einfach diese Tatsache festzustellen.

- *UserModeLinux* ist ein Open Source-Produkt, verfügbar unter *http://user-mode-linux.sourceforge.net/*. Es handelt sich um einen Linux-Kernel, der so modifiziert wurde, dass er im Userspace booten kann. Sämtliche weiteren benötigten Programme und Dienste befinden sich auf einem Dateisystem, welches in Form einer Datei dem Kernel übergeben wird. Anschließend ist ein vollkommen funktionsfähiges Linux vorhanden. Die benötigten Ressourcen sind wesentlich geringer als bei VMware. Usermode Linux ist in der Lage, auf einem Mobile Pentium I mit 266 MHz und 128 Mbyte Arbeitsspeicher bei akzeptabler Geschwindigkeit zwei virtuelle Linux-Systeme zu simulieren.

20.2.1 Installation und Konfiguration von VMware

Die Installation von *VMware* erfolgt recht einfach mithilfe eines RPM. Dieses RPM kann von der Homepage *http://www.vmware.com* als Evaluationsversion geladen werden. Anschließend ist ein Evaluationsschlüssel für 30 Tage verfügbar. Nach Ablauf dieses Zeitraums kann dieser einige Male verlängert werden. Schließlich ist jedoch eine Registrierung und ein Kauf der Software erforderlich.

VMware ist eine grafische Software, die vor dem ersten Start zunächst konfiguriert werden muss. Vor dieser Konfiguration sollte bereits grundsätzlich die zu implementierende spätere Netzwerkstruktur, in die der Honeypot eingebettet werden soll, bekannt sein.

VMware bietet drei verschiedene Netzwerkmodi an:

- *Bridged.* Der virtuelle Rechner nutzt die physikalische Netzwerkkarte des Gastgeber-Rechners. Der Gastgeber-Rechner kann die Netzwerkverbindungen nicht einschränken.
- *NAT.* VMware erzeugt automatisch Network Address Translation-Regeln und ermöglicht damit dem virtuellen Rechner den Zugang auf das Netzwerk.
- *Host-Only.* Der virtuelle Rechner befindet sich in einem eigenen Netzwerk mit dem Gastgeber-(Host-)Rechner. Es existiert keine Verbindung zum physikalischen Netzwerk.

Für die Implementation eines Honeypots wird idealerweise die letzte Variante gewählt. Hier hat der Honeypot keine unerwünschte direkte Verbindung zum physikalischen Netz. Der Gastgeber-Rechner kann die Netzwerkverbindungen überwachen, kontrollieren und einschränken.

Um nun *VMware-Workstation* zu installieren, sind die folgenden Befehle erforderlich:

```
# rpm -ivh VMwareWorkstation-<version>.i386.rpm
Preparing...                    ############################################# [100%]
   1:VMwareWorkstation           ############################################# [100%]
[root@redhat root]# vmware-config.pl
Making sure VMware Workstation's services are stopped.
```

```
Stopping VMware services:
  Virtual machine monitor                              [ OK ]

You must read and accept the End User License Agreement to continue.
Press enter to display it.

END USER LICENSE AGREEMENT
FOR VMWARE(tm) DESKTOP SOFTWARE PRODUCT

---Lizenz gekürzt---

Do you accept? (yes/no) yes

Thank you.

Trying to find a suitable vmmon module for your running kernel.

None of VMware Workstation's pre-built vmmon modules is suitable for your
running kernel.  Do you want this script to try to build the vmmon module for
your system (you need to have a C compiler installed on your system)? [yes] yes

What is the location of the directory of C header files that match your running
kernel? [/lib/modules/2.4.<version>/build/include] <Enter>

Extracting the sources of the vmmon module.

Building the vmmon module.

---gekürzt---

The module loads perfectly in the running kernel.

Trying to find a suitable vmnet module for your running kernel.

None of VMware Workstation's pre-built vmnet modules is suitable for your
running kernel.  Do you want this script to try to build the vmnet module for
your system (you need to have a C compiler installed on your system)? [yes]
<Enter>

Extracting the sources of the vmnet module.

Building the vmnet module.

---gekürzt---

The module loads perfectly in the running kernel.
```

Do you want networking for your Virtual Machines? (yes/no/help) [yes] <Enter>

Configuring a bridged network for vmnet0.

Configuring a NAT network for vmnet8.

Do you want this script to probe for an unused private subnet? (yes/no/help)
[yes] <Enter>

Probing for an unused private subnet (this can take some time).

The subnet 192.168.188.0/255.255.255.0 appears to be unused.

Press enter to display the DHCP server copyright information.

---gekürzt---

Do you want to be able to use host-only networking in your Virtual Machines?
[no] yes

Configuring a host-only network for vmnet1.

Do you want this script to probe for an unused private subnet? (yes/no/help)
[yes] no

What will be the IP address of your host on the private network? 10.0.1.1

What will be the netmask of your private network? 255.255.255.0

The following hostonly networks have been defined:

. vmnet1 is a host-only network on subnet 10.0.1.0.

Do you wish to configure another host-only network? (yes/no) [no] no

Do you want this script to automatically configure your system to allow your
Virtual Machines to access the host's filesystem? (yes/no/help) [no] no

```
Starting VMware services:
   Virtual machine monitor                           [ OK ]
   Virtual ethernet                                  [ OK ]
   Bridged networking on /dev/vmnet0                 [ OK ]
   Host-only networking on /dev/vmnet1 (background)  [ OK ]
   Host-only networking on /dev/vmnet8 (background)  [ OK ]
   NAT networking on /dev/vmnet8                     [ OK ]
```

The configuration of VMware Workstation <version> for Linux for this
running kernel completed successfully.

```
You can now run VMware Workstation by invoking the following command:
"/usr/bin/vmware".

Enjoy,

--the VMware team
```

Nun kann VMware gestartet werden. Beim ersten Start ist es erforderlich, eine Lizenznummer einzugeben. Diese kann als Evaluationslizenz bei VMware angefordert werden. Anschließend wird mit dem Wizard die Konfiguration des virtuellen Rechners vorgenommen. Hierbei ist es wichtig, die Option *Host-Only Networking* auszuwählen.

Besonders wichtig ist jedoch die Wahl der Festplattensimulation. Hier sollten für forensische Zwecke physikalische Festplattenpartitionen gewählt werden. Diese lassen sich später wesentlich leichter offline bearbeiten und analysieren. Außerdem können durch Vergrößerung und Verkleinerung der virtuellen VMware-Festplattendatei Daten des Gastgebersystems nicht als Müll auf der virtuellen Festplatte auftauchen.

> ### HINWEIS
> Bevor jedoch die ausgewählte Partition durch VMware genutzt wird, sollte diese gelöscht werden. Das kann sehr komfortabel mit dem Befehl
>
> ```
> dd if=/dev/zero of=/dev/hdaX
> ```
>
> erfolgen. Es erleichtert die forensische Analyse nach einem Einbruch ungemein.

Was nun noch bleibt, ist die Installation des Betriebssystems. Dazu wird ein bootfähiger Datenträger (zum Beispiel CD) eingelegt und die virtuelle Maschine durch betätigen der Taste POWER ON gestartet. Es bootet nun ein kompletter virtueller Rechner und startet die Installation.

> ### HINWEIS
> VMware fängt die Maus ein. Wenn scheinbar der Mauszeiger verloren gegangen oder nicht aus dem VMware-Bildschirm zu bewegen ist, hat VMware diesen Mauszeiger eingefangen. Es gibt ihn wieder frei, wenn STRG-ALT gedrückt wird.

Die Verwendung von VMware bietet zusätzlich die folgenden Vorteile:

- **Zugriff auf die Dateisysteme.** Wenn das VMware Guest-Betriebssystem auf einer eigenen physikalischen Partition installiert wurde, so kann diese Partition gleichzeitig von dem Host-System readonly gemountet werden. Damit kann das Host-System in Echtzeit verfolgen, was auf dem Guest-System passiert. Hierzu können die e2tools verwendet werden (*http://www.ksheff.net/ sw/e2tools/index.html*), wenn es sich um ein *ext2fs*-Dateisystem handelt.

> **HINWEIS**
> Update kurz vor Drucklegung: Aufgrund meiner Anregung hat Keith W. Sheffield die *e2tools* um eine `e2tail`-Variante erweitert. Dieser Befehl versteht auch den Modus `-f`, `-follow`.

Auch wenn dieser Zugriff in Echtzeit nicht gewünscht wird, so kann das Dateisystem des Honeypots vorübergehend read-only gemountet und von Tripwire überprüft werden. Hierbei werden aber Veränderungen des Dateisystems während des read-only mounts nicht erkannt. Leider ist mir keine Möglichkeit bekannt, während des Read-only-Mounts den Lese-Cache des Linux-Kernels zu deaktivieren.

Listing 20.1: Beispielaufruf der e2tools

```
# ./e2ls -l /dev/sda1:var/log/messages
 77024 100600    0    0  226193  6-Aug-2002 01:08 messages
```

Selbst wenn das System sich in einem nicht bootfähigen Zustand befindet, besteht die Möglichkeit, das System zu untersuchen. Wird jedoch die VMware-virtuelle Disk gewählt, so besteht diese Möglichkeit nicht, da VMware ein proprietäres Format für die Speicherung der Festplatten gewählt hat.

- **Suspendmodus.** Der Suspend von VMware speichert den virtuellen Arbeitsspeicher in einer Datei **.vmss* ab. Diese Datei kann mit den Befehlen `strings` und `grep` untersucht werden.

20.2.2 Installation und Konfiguration von UserModeLinux

Die Installation von UserModeLinux (UML) ist eigentlich sehr einfach. Hierzu wird zunächst die Software von ihrer Homepage geladen. Dort ist der gepatchte Linux-Kernel als RPM-Paket verfügbar. Die Installation als RPM ist in jedem Fall einer Übersetzung vorzuziehen, da diese häufig mit Fehlern behaftet und langwierig ist.

Wurde das Paket mit RPM installiert, so befinden sich nun die folgenden Dateien auf dem Linux-Rechner:

```
/usr/bin/jailtest
/usr/bin/linux
/usr/bin/tunctl
/usr/bin/uml_mconsole
/usr/bin/uml_moo
/usr/bin/uml_net
/usr/bin/uml_switch
/usr/lib/uml/config
/usr/lib/uml/modules-2.2.tar
/usr/lib/uml/modules-2.4.tar
/usr/lib/uml/port-helper
```

Leider unterstützt der im RPM-Paket enthaltene Kernel meist nicht die für einen Honeypot sinnvollen Optionen `jail` und `honeypot`. Daher ist eine manuelle Übersetzung meist nicht zu umgehen.

> **ACHTUNG**
> Red Hat Linux 7.3 ist nicht in der Lage, mit seinem Standard-Kernel (2.4.18-[3,4,5] Usermode Linux im `jail`-Modus laufen zu lassen. Hier ist ein ungepatchter Kernel von *http://www.kernel.org* erforderlich.

Für die Übersetzung laden Sie bitte den letzten Patch von der Homepage und einen passenden Kernel von der Seite *http://www.kernel.org*. Anschließend benötigten Sie noch die *uml-tools* von der Homepage. Ist alles zusammen, kann der Kernel übersetzt werden:

```
# cd /usr/local/src
# tar xzf /pfad/linux-2.4.18.tar.gz
# cd linux
# bzcat /download/uml-patch-2.4.18-49.bz2 | patch -p1
```

Wurde bereits der UserModeLinux-Kernel aus dem RPM installiert, so kann nun ein kleiner Trick angewendet werden, um eine Startkonfiguration zu erhalten. Der folgende Befehl liest die Konfiguration aus dem installierten UML-Kernel aus und schreibt sie in der lokalen Datei *.config*. Diese kann nun angepasst werden.

```
# linux --showconfig > .config
```

Passen Sie in der Datei *.config* nun folgende Zeilen an:

```
CONFIG_HOSTFS=n
CONFIG_MODULES=n
CONFIG_KMOD=n
CONFIG_HPPFS=y
```

Anschließend rufen Sie bitte folgenden Befehl auf:

```
# make oldconfig ARCH=um
```

Die Angabe von `ARCH=um` ist bei allen `make`-Aufrufen erforderlich. Ansonsten schlägt die Übersetzung fehl. Wenn eine grafisches Werkzeug gewünscht wird, so kann dies aufgerufen werden mit:

```
# make xconfig ARCH=um
```

oder

```
# make menuconfig ARCH=um
```

Anschließend kann der UML-Kernel übersetzt werden mit:

```
# make linux ARCH=um
```

Der neue Kernel sollte nun in den Pfad kopiert werden, z. B.:

```
# cp linux /usr/bin
# chmod 755 /usr/bin/linux
```

Da die Module bei der Übersetzung deaktiviert wurden, brauchen sie nicht übersetzt und installiert zu werden.

Nun kann der Linux-Kernel bereits gestartet werden. Jedoch fehlt noch das zu bootende Dateisystem. Hier wird das Linux-Dateisystem benötigt, welches idealerweise in Form einer Datei vorliegt. Auf der Homepage von Usermode Linux werden unterschiedliche Dateisysteme zum Download angeboten. Jedoch sollten die Dateisysteme selbst erzeugt werden.

> **HINWEIS: Erzeugung der Dateisysteme**
>
> Installieren Sie die gewählte Linux-Distribution ganz regulär auf einem normalen PC. Wählen Sie dabei wie üblich die Partitionen und lassen Sie das Installationsprogramm die Pakete auf die Festplatte spielen. Wenn Sie noch keine Erfahrung mit UML haben, installieren Sie zunächst die Distribution in einer einzigen Partition (z. B. *hda1*). Anschließend fahren Sie den Rechner herunter und booten ein alternatives Linux-Betriebssystem oder von einer Linux-Bootdiskette. Nun können Sie die Dateisysteme mit dd in Dateien sichern:
>
> ```
> dd if=/dev/hda1 of=/root_fs.img
> ```
>
> Bitte löschen Sie die Dateisysteme vor der Installation zum Beispiel mit dem Befehl:
>
> ```
> dd if=/dev/zero of=/dev/hda1
> ```
>
> Dies stellt bei einer späteren forensischen Analyse sicher, dass Sie nicht alte Datei-Leichen wieder ausgraben müssen.

Liegt ein Dateisystem vor, so kann der UML Linux-Kernel gestartet werden. Dieser Linux-Kernel unterstützt eine ganze Reihe von Optionen. Werden keine Optionen angegeben, so sucht er sein Dateisystem unter dem Namen root_fs im aktuellen Verzeichnis und startet. Die folgenden Optionen verändern das Startverhalten:

- -showconfig. Zeigt die Konfiguration, mit der UML erzeugt wurde
- mem=*<RAM>*. Definiert die Größe des physikalischen Arbeitsspeichers. Weiterer Speicher wird im SWAP alloziert. Beispiel: mem=64M.
- iomem=*<name>,<file>*. Konfiguriert <file> als IO-Speicherregion mit Namen *<name>*

- `debugtrace`. Sinnvoll für das Debugging
- `honeypot`. Die Prozess-Stapel (Stacks) liegen an derselben Stelle, wie bei einem normalen Kernel. Dies ermöglicht einen Angriff mit Bufferoverflows. Impliziert auch `jail`
- `debug`. Startet den Kernel unter der Kontrolle des `gdb`.
- `-version`. Gibt die Versionsnummer aus.
- `root=<Root-Dateisystem>`. Dies wird vom UML-Kernel genauso gehandhabt wie von jedem anderen Kernel. Beispiel: `root=/dev/ubd5`
- `-help`. Gibt Hilfe aus
- `umid=<name>`. Weist der UML-Maschine einen eindeutigen Namen zu. Dieser Name wird auch für die PID-Datei und den Socket für die Managementkonsole verwendet.
- `uml_dir=<directory>`. Verzeichnis mit PID-Datei und `umid`-Dateien
- `initrd=<initrd image>`. Initrd-Image für den UML-Kernel
- `jail`. Schützt den Kernel-Speicher vor den Prozessen
- `con[0-9]*=<channel description>`. Verbindet eine Konsole mit einem Kanal des Gastgeber-Systems
- `ssl[0-9]*=<channel description>`. Verbindet eine serielle Schnittstelle mit einem Kanal des Gastgeber-Systems
- `eth[0-9]+=<transport>,<options>`. Konfiguriert die Netzwerkkarte mit einer der folgenden Möglichkeiten:
  - `eth[0-9]+=ethertap,<device>,<ethernet address>,<tap ip address>`
    `eth0=ethertap,tap0,,192.168.0.1`

  - `eth[0-9]+=tuntap,,<ethernet address>,<ip address>`
    `eth0=tuntap,,fe:fd:0:0:0:1,192.168.0.1`

  - `eth[0-9]+=daemon,<ethernet address>,<type>,<control socket>,<data socket>`
    `eth0=daemon,unix,/tmp/uml.ctl,/tmp/uml.data`

  - `eth[0-9]+=slip,<slip ip>`
    `eth0=slip,192.168.0.1`

  - `eth[0-9]+=mcast,<ethernet address>,<address>,<port>,<ttl>`
    `eth0=mcast,,224.2.3.4:5555,3`

- `mconsole=notify:<socket>`. Benachrichtigung der Managementkonsole.
- `fake_ide`. Erzeuge `ide0`-Einträge für die `ubd`-Geräte.
- `ubd<n>=<filename>`. Dies definiert die Geräte, auf denen sich Dateisysteme befinden. Es können maximal acht (0-7) Geräte definiert werden. Durch das Anhängen von `r` wird dieses Dateisystem als read-only angesehen. Beispiel: `ubd1r=./ext_fs`.

- fakehd. Benennt intern die ubd-Geräte in hd-Geräte um. Hiermit ist schwerer zu erkennen, dass es sich um ein UserModeLinux handelt.

- dsp=<*dsp device*>. Erlaubt die Verwendung des Soundtreibers auf dem Gastgeber-System.

- mixer=<*mixer device*>. Erlaubt die Verwendung des Mixers auf dem Gastgeber-System.

Einige dieser Optionen sind für den Einsatz als Honeypot sinnvoll. Ein Aufruf kann daher folgendermaßen erfolgen:

```
# tunctl -u <user>
# ifconfig tap0 <IP-Host-Adresse> up
# chmod 666 /dev/net/tun
[<user>]$ linux ubd0=root_fs ubd1=swap_fs jail honeypot fakeide fakehd mem=64M
eth0=tuntap,,,<IP-Host-Adresse>
```

Die ersten drei Befehle erzeugen das TAP-Gerät auf dem Host-System. Diese Netzwerkkarte wird vom Host-System für die Kommunikation mit dem Guest UML-System verwendet. UML bietet auch eine automatische Erzeugung dieses Gerätes mit dem Werkzeug *uml_net* an. Dieses erzeugt aber bei der Angabe der Option honeynet einen Fehler. Außerdem besteht damit die Möglichkeit, dass die UML-Session auf den SetUID-Befehl uml_net zugreifen kann.

Das Swap-Dateisystem kann mit den folgenden Befehlen angelegt werden:

```
# dd if=/dev/zero of=swap_fs count=128 bs=1024k
# mkswap swap_fs
```

20.3 Konfiguration der Netzwerkdienste

Damit das System als Honeypot genutzt werden kann, muss es auch gewisse Netzwerkdienste anbieten. Hier kann die gesamte Anzahl der Netzwerkdienste angeboten werden. Jedoch sollten einzelne Dienste auch konfiguriert werden, sodass der Angreifer die Illusion eines schlecht gepflegten aber genutzten Systems erhält.

In Frage kommende Dienste sind unter Linux sicherlich:

1. Apache-Webserver
2. WU-FTP-Server
3. BSD LPD
4. UCD-SNMP
5. RPC Statd
6. WU Imapd

Wenn eine ältere Distribution eingesetzt wird, so kann mit Sicherheit davon ausgegangen werden, dass der eine oder der andere Dienst eine Sicherheitslücke aufweist, die auch von einem Angreifer ausgenutzt wird, wenn sie entdeckt wird.

Diese Systeme sollten nicht nur installiert werden, sondern auch eine gewisse Konfiguration erfahren. Dazu sollten einzelne Benutzer mit willkürlichen Kennwörtern erzeugt werden. Diese Benutzer sollen scheinbare E-Mails in ihren E-Mail-Eingängen erhalten. Der Webserver sollte ein oder zwei unscheinbare Seiten anbieten und auf dem FTP-Server sollten gewisse Pakete oder Informationen zum Download verfügbar sein. Dies können zum Beispiel scheinbare *mp3*-Dateien sein oder Softwarepakete.

Eine scheinbare `mp3`-Datei kann zum Beispiel mit folgenden Befehlen aus einer echten Datei erzeugt werden:

```
# dd if=real.mp3 of=fault.mp3 bs=1 count=10
# dd if=/dev/urandom bs=1 count=3437328 >> fault.mp3
# file fault.mp3
# fault.mp3: MP3,  32 kBits, 22.05 kHz, Mono
```

20.4 Zugang zum Honeypot und Schutz weiterer Systeme vor dem Honeypot

Wenn ein Honeypot eingesetzt wird, ist es äußerst wichtig, dass weitere Rechner vor den Risiken geschützt werden. Es ist ja der Sinn des Honeypots, dass ein Angreifer in ihn eindringt und einbricht. Der Angreifer wird anschließend wahrscheinlich versuchen, von diesem Rechner aus weitere Rechner anzugreifen. Dies sollte unbedingt verhindert werden, um so andere Rechner nicht einer zusätzlichen Gefahr auszusetzen.

Hierzu sollten die Verbindungen, die vom Honeypot ausgehen, überwacht, kontrolliert und eingeschränkt werden.

Dennoch muss sichergestellt werden, dass der Honeypot von außen erreichbar ist. Die ideale Lösung für dieses Problem ist *Netfilter* mit dem Kommando `iptables`. Hintergründe und die genaue Funktionsweise werden in dem bereits erwähnten Buch *Linux Firewalls* von Robert Ziegler (Markt+Technik 2002, ISBN 3-8272-6257-7) erläutert. Hier soll nur so viel gesagt werden: *Netfilter* erlaubt den Aufbau eines zustandsorientierten Paketfilters.

Es existieren nun drei denkbare Varianten des Netzwerkaufbaus zum Honeypot:

- **Routing.** Der Honeypot bekommt eine eigene offizielle Adresse in einem eigenen Subnetz. Dies kann auch eine Point-to-Point-Verbindung sein. Das Betriebssystem auf dem physikalischen Rechner übernimmt die Rolle des Routers. Diese Anwendung ist insbesondere in internen Netzen interessant, wo relativ unproblematisch weitere IP-Adressbereiche zur Verfügung stehen.

- *NAT.* Der Honeypot bekommt eine private Adresse. Das Betriebssystem auf dem physikalischen Rechner erhält eine offizielle Adresse und nattet alle Anfragen so, dass sie direkt an den Honeypot geliefert werden.

- *Bridge/ProxyARP.* Der Honeypot erhält eine offizielle IP-Adresse aus demselben Netzwerk. Jedoch besitzt lediglich das physikalische Gastgeber-Betriebssystem eine Verbindung mit diesem Netzwerk. Daher muss es Anfragen für den Honeypot annehmen und weiterleiten. Dies kann mit Bridging bzw. mit ProxyARP erreicht werden. Das Honeynet Project hat neue Skripte auf seiner Webpage veröffentlicht, die diesen Aufbau erlauben.

Hier sollen das Routing und das NAT-Szenario genauer besprochen werden.

20.4.1 Routing des Honeypots

In der Abbildung 20.1 ist eine beispielhafte Umgebung skizziert. Dieser Aufbau kann sowohl mit einem virtuellen als auch mit einem physikalisch existenten Honeypot aufgebaut werden. Die Firma *nohup.info* setzt einen Router ein, der die demilitarisierte Zone vom Internet trennt. Dieser Router wird auch für die sich dahinter befindenden Systeme verwendet. Mit einer Netzwerkkarte ist der Honeypot verbunden. Um IP-Adressen zu sparen, wurde hier eine Point-to-Point-Verbindung gewählt. Dies erlaubt die Erzeugung eines Subnetzes mit nur einer einzigen IP-Adresse.

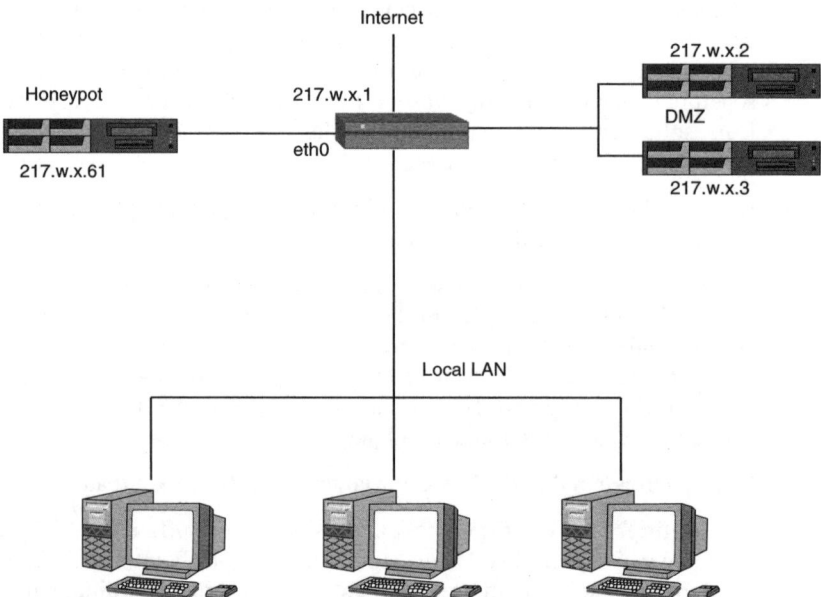

Abbildung 20.1: Implementierung des Honeypots mit Routing

Um diese Netzwerkkonfiguration zu implementieren, ist es erforderlich, die Netzwerkkarten als Point-to-Point-Netzwerke zu konfigurieren. Dies erfolgt unter Linux auf dem Honeypot mit den Befehlen:

```
/sbin/ifconfig eth0 217.w.x.61 netmask 255.255.255.255 pointopoint 217.z.y.1
/sbin/route add default gw 217.z.y.1
```

Auf dem Router ist der entsprechende Befehl mit ausgetauschten IP-Adressen zu verwenden.

```
/sbin/ifconfig eth0 217.z.y.1 netmask 255.255.255.255 pointopoint 217.w.x.61
```

Nun sind einige Paketfilterregeln erforderlich, um sicherzustellen, dass Verbindungen zum Honeypot aufgebaut werden können, aber der Honeypot keine Verbindungen selbst aufbauen kann. Dies erfolgt am einfachsten mit wenigen iptables-Aufrufen.

```
#!/bin/bash
#
# Erlaube Zugriff auf den Honeypot

IPCMD=/sbin/iptables
MPCMD=/sbin/modprobe

honeypot=217.w.x.61/32

rest=any/0

hpot_card=eth0

# Lade Modul
$MPCMD ip_tables

# Lösche und leere die Ketten
$IPCMD -F
$IPCMD -X

# Erzeuge eine Kette für den Honeypot
$IPCMD -N hpot_chain

# Sammele alle Pakete, die den Honeypot betreffen in einer Kette
$IPCMD -A FORWARD -s $honeypot -j hpot_chain
$IPCMD -A FORWARD -d $honeypot -j hpot_chain


# Erlaubte Verbindungen dürfen passieren
$IPCMD -A hpot_chain -m state --state RELATED,ESTABLISHED -j ACCEPT
```

```
# Erlaube den Verbindungsaufbau zum Honeypot und protokolliere ihn
$IPCMD -A hpot_chain -d $honeypot -m state --state NEW -j LOG \
       --log-prefix "Neue Verbindung: "
$IPCMD -A hpot_chain -d $honeypot -m state --state NEW -j ACCEPT

# Verweigere den Verbindungsaufbau vom Honeypot
$IPCMD -A hpot_chain -s $honeypot -m state --state NEW -j LOG \
       --log-prefix "HONEYPOT Verb.: "
$IPCMD -A hpot_chain -s $honeypot -m state --state NEW -j DROP

# Protokolliere und verweigere alles weitere
$IPCMD -A hpot_chain -j LOG "hpot_chain REST: "
$IPCMD -A hpot_chain -j DROP

sysctl -w net.ipv4.ip_forward=1
```

20.4.2 NAT (Network Address Translation) des Honeypots

In der Abbildung 20.2 ist eine beispielhafte Umgebung skizziert. Dieser Aufbau kann sowohl mit einem virtuellen als auch mit einem physikalisch existentem Honeypot aufgebaut werden. Die Firma *nohup.info* setzt einen Rechner ein, der die offizielle IP-Adresse trägt, die dem Honeypot zugewiesen wurde. Dieser Rechner verfügt über zwei Netzwerkkarten und ist mit einer Netzwerkkarte mit dem Honeypot verbunden. Der Honeypot erhält eine private IP-Adresse in einem eigenen Adressraum.

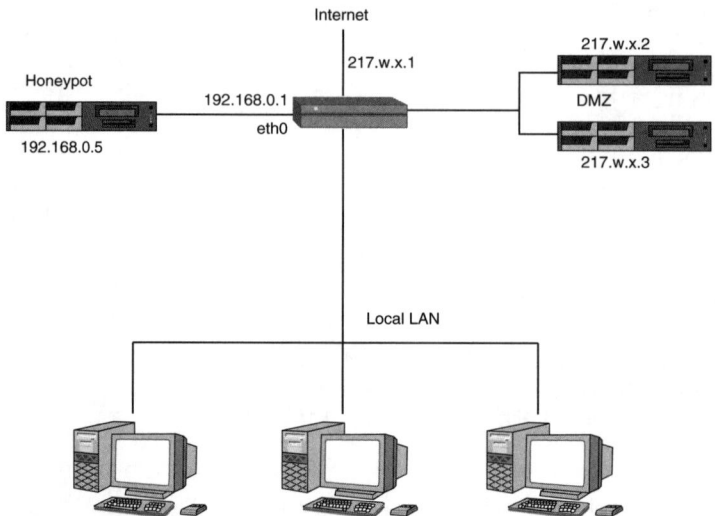

Abbildung 20.2: Implementierung des Honeypots mit NAT

Um diese Netzwerkkonfiguration zu implementieren, können die Netzwerkkarten wie üblich konfiguriert werden. Dies erfolgt unter Linux auf dem Honeypot mit den Befehlen:

```
/sbin/ifconfig eth0 192.168.0.5 netmask 255.255.255.0 broadcast 192.168.0.255
/sbin/route add default gw 192.168.0.1
```

Auf dem Router ist der entsprechende Befehl zu verwenden.

```
/sbin/ifconfig eth0 192.168.0.1 netmask 255.255.255.0 broadcast 192.168.0.255
```

Nun sind einige Paketfilterregeln erforderlich, um sicherzustellen, dass Verbindungen zum Honeypot aufgebaut werden können, aber der Honeypot keine Verbindungen selbst aufbauen kann. Eine derartige Umgebung erfordert zusätzlich Destination NAT. Die Regelerzeugung erfolgt am einfachsten mit wenigen `iptables`-Aufrufen.

```bash
#!/bin/bash
#
# Erlaube Zugriff auf den Honeypot

IPCMD=/sbin/iptables
MPCMD=/sbin/modprobe

# IP Adresse des Routers
guard=217.w.x.1/24

# IP Adresse des honeypot
honeypot=192.168.0.5
rest=any/0

hpot_card=eth0

# Lade Modul
$MPCMD ip_tables

# Lösche und leere die Ketten
$IPCMD -F
$IPCMD -t nat -F
$IPCMD -X

# Erzeuge eine Kette für den Honeypot
$IPCMD -N hpot_chain

# Erzeuge die Regeln für D-NAT
$IPCMD -A PREROUTING -s $rest -d $guard -j DNAT --to $honeypot
```

```
# Sammele alle Pakete, die den Honeypot betreffen in einer Kette
$IPCMD -A FORWARD -s $honeypot -j hpot_chain
$IPCMD -A FORWARD -d $honeypot -j hpot_chain


# Erlaubte Verbindungen dürfen passieren
$IPCMD -A hpot_chain -m state --state RELATED,ESTABLISHED -j ACCEPT

# Erlaube den Verbindungsaufbau zum Honeypot und protokolliere ihn
$IPCMD -A hpot_chain -d $honeypot -m state --state NEW -j LOG \
       --log-prefix "Neue Verbindung: "
$IPCMD -A hpot_chain -d $honeypot -m state --state NEW -j ACCEPT

# Verweigere den Verbindungsaufbau von dem Honeypot
$IPCMD -A hpot_chain -s $honeypot -m state --state NEW -j LOG \
       --log-prefix "HONEYPOT Verb.: "
$IPCMD -A hpot_chain -s $honeypot -m state --state NEW -j DROP

# Protokolliere und verweigere alles weitere
$IPCMD -A hpot_chain -j LOG "hpot_chain REST: "
$IPCMD -A hpot_chain -j DROP

sysctl -w net.ipv4.ip_forward=1
```

20.4.3 Weiter gehende Firewall-Konfiguration

Die bisher vorgestellte Firewall-Konfiguration erlaubt lediglich Verbindungen von außen auf den Honeypot. Sobald der Honeypot selbst eine Verbindung nach außen aufbaut, wird diese von der Firewall unterbunden. Damit besteht für den Angreifer nicht die Möglichkeit, weitere Werkzeuge per FTP herunterzuladen, weitere Rechner anzugreifen oder von diesem Rechner aus die umliegenden Rechner zu untersuchen und somit ihn als ein weiteres Sprungbrett zu neuen Angriffen zu nutzen.

Wenn der Honeypot nur als Mittel zu Detektion eingesetzt werden soll, so genügt diese Firewall-Konfiguration bereits. Sobald der Einbruch auf dem Honeypot erfolgte, kann dieser festgestellt werden. Eine weitere Schädigung dritter Personen oder weiterer Rechner ist ausgeschlossen.

Es ist jedoch unter Umständen nicht sinnvoll, den gesamten vom Honeypot ausgehenden Verkehr zu unterbinden. Dies kann die Attraktivität des Honeypots für den Angreifer stark herabsetzen. Unter Umständen führt es dazu, dass sich der Angreifer nicht für den Honeypot interessiert, keine zusätzlichen Werkzeuge installiert und somit diese Aktionen nicht studiert werden können.

Wenn das Studium des Angreifers das Hauptziel des Honeypots darstellt oder der Honeypot als forensisches Hilfswerkzeug bei einem Angriff eingesetzt werden soll, so ist es erforderlich, dass der Angreifer auf dem Rechner verbleibt und dort weitere Aktionen ausführt, die überwacht und analysiert werden können. Dies wird jedoch nur der Fall sein, wenn er auch erfolgreich Verbindungen nach außen aufbauen kann.

Damit aber dennoch keine große Gefahr vom Honeypot für andere Netzwerke und Rechner ausgehen kann, muss der Verkehr überwacht, kontrolliert und möglicherweise eingeschränkt werden. Hierzu gibt es verschiedene Möglichkeiten. Eine Auswahl soll im Folgenden vorgestellt werden.

Die Limitierung der ausgehenden Verbindungen auf eine bestimmte Anzahl pro Zeiteinheit ist eine sinnvolle Einschränkung. Dies erlaubt nicht den Scan oder den automatischen Angriff auf weitere Rechner. Dies kann sehr einfach mit Linux-Netfilter erfolgen.

Die Verwendung von *Hogwash* (*http://hogwash.sourceforge.net*) auf dem Host-System als Firewall kann direkt Angriffe unterbinden, da Hogwash die gefährlichen Pakete erkennt, verwirft und nicht durchlässt.

Der Linux-Kernel 2.4 bietet mit Netfilter die Möglichkeit, die Anzahl bestimmter Pakete pro Zeiteinheit zu limitieren. Dies erfolgt mit der Testerweiterung `limit`. Diese erlaubt die Angabe einer Paketrate pro Zeiteinheit und eines Schwellenwertes, ab dem die Paketrate erzwungen werden soll.

Zur Anwendung dieses Befehles sollten zunächst die maximalen Paketraten für bestimmte Protokolle bestimmt werden. Folgende Raten sind wahrscheinlich sinnvoll für ausgehende Verbindungen eines Honeypots:

TCP   Acht Verbindungen/Stunde

UDP   Zwölf Verbindungen/Stunde (Namensauflösung)

ICMP   20 Verbindungen/Stunde (Ping)

Um derartige Raten zu erzwingen, können mit dem Befehl `iptables` die folgenden Regeln implementiert werden.

```
# iptables -A FORWARD -s $honeypot -m state --state NEW -p tcp \
        -m limit --limit 8/h -j ACCEPT
# iptables -A FORWARD -s $honeypot -m state --state NEW -p udp \
        -m limit --limit 12/h -j ACCEPT
# iptables -A FORWARD -s $honeypot -m state --state NEW -p icmp \
        -m limit --limit 20/h -j ACCEPT
# iptables -A FORWARD -s $honeynet -j DROP
```

Die Regeln sollten außerdem ein Spoofing der Source IP-Adresse des Honeypots nicht erlauben. Als Spoofing bezeichnet man eine Fälschung der Absenderadresse durch den Angreifer. Dies wird in den oben aufgeführten Regeln erreicht, indem nur Verbindungen von der IP-Adresse des Honeypots nach außen erlaubt werden. So werden weitere Pakete, die möglicherweise vom Angreifer mit gefälschten Absender-IP-Adressen versendet werden, von den Regeln verworfen. Dies bezeichnet man auch als einen Egress-Filter.

Das Honeynet Project hat im Rahmen des *Know your Enemy*-Projektes ein Script veröffentlicht, das diese Regeln implementieren kann. Eine Betrachtung und möglicherweise ein Einsatz dieses Scripts sollte überlegt werden. Dieses Script ist frei im Rahmen des Honeynet Projects erhältlich und kann an die eigenen Zwecke angepasst werden. Es ist auf der Homepage des Honeynet Projects und auf verschiedenen Spiegeln verfügbar. Das Honeynet Project hat unter *http:// project.honeynet.org/papers/honeynet/rc.firewall* das Script veröffentlicht.

> **ACHTUNG**
> Das Honeynet Project hat im September 2002 neue Werkzeuge, Firewall-Scripts und Kernel-Patches veröffentlicht, unter anderem ein Script, um einen Honeypot in einem bridged mode zu betreiben. Weitere Patches für Snort als Inline Snort für die Verwendung auf einer Firewall und für den Kernel (Sebek führt ein Tastaturlogging durch) sind verfügbar! Diese Tools finden Sie unter *http://www.honeynet.org/papers/honeynet/ tools/index.html*.

Eine weitere Sicherheitsmaßnahme kann der Einsatz von *Hogwash* sein. Hogwash ist ein Produkt, welches die Funktionalität von Snort mit der einer Firewall verbindet. Hogwash funktioniert dabei als eine Bridge auf der Ebene 2 des OSI-Modells. Das bedeutet, dass der Rechner, auf dem Hogwash eingesetzt wird, keine IP-Adressen benötigt. Somit ist der Hogwash-Rechner für den Angreifer unsichtbar, aber er ist dennoch in der Lage, die Pakete zu analysieren und nur erlaubte Pakete durchzulassen.

Hogwash verwendet dieselben Regelsätze wie das Netzwerk-Intrusion Detection-System Snort. Anstatt jedoch die Angriffe zu protokollieren, ist Hogwash in der Lage, die Pakete zu verwerfen, die die Regeln verletzen. Hogwash wurde im Kapitel über Snort erwähnt und vorgestellt.

20.5 Überwachung des Honeypots von außen

Damit der Honeypot überhaupt als solcher genutzt werden kann, ist es wichtig, dass er überwacht wird, um die Aktionen des Angreifers zu protokollieren und einen Angriff zunächst überhaupt zu erkennen. Hierzu können unterschiedliche Methoden eingesetzt werden. Eine Besprechung dieser Methoden erfolgt nur oberflächlich, da die entsprechenden Themen entweder bereits ausführlich in anderen Teilen des Buches besprochen wurden oder ihre Konfiguration zu sehr von der speziellen Umgebung abhängt.

- **Netzwerkbasiertes IDS.** Dieses NIDS überwacht alle Pakete, die an den Honeypot gesendet und die von ihm versendet werden. Hier sollten nun keine weiteren Angaben erforderlich sein. Es sollte nur darauf hingewiesen werden, dass zusätzlich mit `tcpdump` oder `snort` der gesamte Netzwerkverkehr protokolliert werden muss. Dies stellt sicher, dass nach einem Angriff alle relevanten Pakete auch zur Analyse gespeichert wurden. Wenn es sich noch um einen unbekannten Angriff handelt, hat das NIDS möglicherweise diesen auch nicht erkannt und die entsprechenden Pakete nicht protokolliert. Eine Analyse des Angriffes ist dann kaum möglich. Da der Honeypot unter dauernder Beobachtung stehen sollte, ist es meist ausreichend, diese Daten für wenige Tage vorzuhalten.

- **Hostbasiertes IDS.** Dieses HIDS überwacht die Dateien des Honeypots und meldet Veränderungen. Wenn der Honeypot als virtuelles Betriebssystem unter Verwendung entweder von VMware oder Usermode-Linux aufgebaut wurde, so besteht die Möglichkeit, vom Gastgeber-(Host-)System aus stündlich die Dateisysteme des Honeypots read-only zu mounten und mit Tripwire zu analysieren. Des Weiteren können stündlich die Protokolldateien kopiert werden. Damit sämtliche Informationen so gesammelt werden können, ist es erforderlich, dass sowohl das Betriebssystem als auch die Virtualisierungssoftware (VMware) keinen Festplatten-Cache für Schreiboperationen verwendet. In Linux kann dies durch die Mountoption `sync` erreicht werden. VMware bietet die Möglichkeit, dies im Konfigurationseditor zu deaktivieren.

- **Modifizierte Shell.** Eine modifizierte Shell ist in der Lage, sämtliche eingegebene Befehle auf einen anderen Rechner zu übertragen und so ein Logbuch der Aktionen des Angreifers zu erzeugen. Dies ist selbst dann erfolgreich, wenn der Angreifer die Geschichte der Shell (z. B. `~/.bash_history`) löscht oder mit `/dev/null` verlinkt. Ein derartiger Ansatz wird auch von dem Honeynet Project verfolgt und mit Links zu derartigen Patches im Whitepaper *Know your Enemy: Honeynets* erklärt (*http://project.honeynet.org./papers/honeynet/index.html*).

- **Modifiziertes Script-Kommando.** Ryan Barnett beschreibt in seinem *GCFA Practical* (Eine Prüfung des SANS Institutes zum *GIAC Certified Forensic Analyst*) die Modifikation des Kommandos `script` und den Einsatz auf einem Honeypot. Dieses Kommando ist nicht nur in der Lage, die vom Angreifer eingegebenen Befehle zu speichern und zu übermitteln, sondern zusätzlich noch die Ausgaben dieser Befehle, wie der Angreifer sie sieht. Diese Informationen helfen insbesondere bei der Rekonstruktion der Ereignisse, denn die analysierende Person kann häufig so erkennen, warum der Angreifer den nächsten Befehl ausgeführt hat. Auch häufige Tippfehler werden protokolliert und erlauben möglicherweise die Identifikation des Angreifers, wenn sich verschiedene Personen auf dem Rechner befinden. Das GIAC Practical mit weiteren Informationen ist unter *http://mywebpages.comcast.net/rbarnett45/ryan_barnett_gcfa/ryan_barnett_gcfa_practical.html* verfügbar.

- **Kernel-Modul zur Protokollierung der Eingaben.** Das Honeynet Project hat auch den Befehl `ttywatcher` zu einem Kernel-Modul weiterentwickelt, welches die Aufgabe der Protokollierung der Eingaben des Angreifers übernehmen kann. Dieses Modul sendet die Informationen dann über eine TCP-Verbindung. Dieses Kernel-Modul ist jedoch nur für Solaris verfügbar. Ein ähnliches Modul ist *linspy*. Dieses wurde in *http://www.phrack.com/phrack/50/P50-05* besprochen.

- **e2tools.** Die *e2tools* von Keith Sheffield bieten die Möglichkeit, ohne Wissen des Angreifers vorübergehend auf die Dateisysteme eines virtuellen Honeypots zuzugreifen. So können direkt nach dem Angriff bereits die vom Angreifer veränderten Dateien betrachtet werden. Seit der Version 0.0.13 unterstützen die *e2tools* auch den Befehl `e2tail -f`. Dieser Befehl öffnet das Dateisystem read-only, liest die Datei und gibt die letzten Zeilen aus, schließt das Dateisystem, wartet eine Sekunde (einstellbar), öffnet das Dateisystem erneut und liest nur die angehängten Zeilen. Damit ist eine Protokollüberwachung online möglich, ohne eine Netzwerkverbindung aufbauen zu müssen, die von einem Angreifer leicht erkannt und deaktiviert werden kann. Dies funktioniert jedoch nur bei ext2fs-Dateisystemen.

- **Man-in-the-Middle: SSL/SSH.** Ein besonderes Problem bei der Überwachung des Honeypots stellen verschlüsselte Verbindungskanäle des Angreifers dar. Ein NIDS ist nicht in der Lage, bei derartigen Kanälen die vom Angreifer versendeten Informationen lesbar zu protokollieren. Es wurden bereits im Vorfeld Werkzeuge beschrieben, die die Eingaben des Angreifers direkt auf dem Honeypot protokollieren können. Setzt der Angreifer jedoch Werkzeuge ein, die automatisch Daten über verschlüsselte Kanäle versenden, so ist häufig eine Protokollierung der Daten nicht möglich.

  Eine in ihrer Konfiguration sehr aufwändige Lösung ist die Installation eines Man-in-the-Middle-Proxys auf dem Überwachungsrechner. Dieser fängt sämtliche Anfragen auf klassischen SSH- und SSL-Ports ab, handelt mit dem Client die Verschlüsselung aus und baut dann selbstständig eine neue verschlüsselte Verbindung zum Server auf. Die klassischen SSH- und SSL-Ports sind:

  22   *ssh*

  443   *http/ssl*

  465   *smtp/ssl*

  563   *nntp/ssl*

  636   *ldap/ssl*

  992   *telnet/ssl*

  993   *imap/ssl*

  994   *irc/ssl*

  995   *pop3/ssl*

Es existieren verschiedene Proxies, die für diese Zwecke verwendet werden können. Die wahrscheinlich ersten verfügbaren Proxies wurden von Dug Song im Rahmen seiner Sniffer-Suite *dsniff* veröffentlicht und heißen: *sshmitm* und *webmitm*. Dug Song hat aufgrund des *Digital Millenium Copyright Act* (DMCA) den Zugriff auf seine Homepage gesperrt. Die Werkzeuge sind aber an verschiedenen

Stellen immer noch verfügbar. Des Weiteren wurden verbesserte Proxies inzwischen auch von anderen Autoren zur Verfügung gestellt.

> **ACHTUNG**
> Das Honeynet Project hat im September 2002 neue Werkzeuge, Firewall-Scripts und Kernel-Patches veröffentlicht. Hierunter befindet sich auch ein Patch für den Kernel (Sebek führt ein Tastaturlogging durch)! Diese Tools finden Sie unter *http://www.honeynet.org/papers/honeynet/ tools/index.html*.

Dieses Kapitel hat kurz die verschiedenen Methoden, die zur Überwachung des Honeypots eingesetzt werden können, skizziert. Die Überwachung ist unumgänglich und sollte nicht auf die leichte Schulter genommen werden. Es besteht ansonsten die Gefahr, dass ein Einbruch nicht erkannt wird und der Honeypot vom Angreifer verwendet wird, um dritte Personen zu schädigen. Dies muss mit allen Mitteln verhindert werden.

20.6 Fazit

Nach der Besprechung der verschiedenen Optionen zur Installation und Konfiguration eines Honeypots sollte der hohe administrative Aufwand deutlich geworden sein. Dies ist ein sehr wichtiger Punkt und darf nie aus den Augen verloren werden. Ein Honeypot stellt in keiner Weise ein Spielzeug dar, welches gekauft wird, mit dem kurz gespielt wird und das, sobald Langeweile aufkommt, in die Ecke gelegt werden kann. Es ist vielmehr mit einem Spielzeug aus einem Horrorfilm vergleichbar, welches nach kurzer Zeit der Missachtung zum Leben erwacht und den Besitzer übel verfolgen kann.

In vielen Fällen kann die Energie und Zeit, die für Installation, Konfiguration, Überwachung und Analyse des Honeypots aufgewendet wird, sinnvoller in die allgemeine Sicherung des Netzwerkes gesteckt werden. Dies mag nicht so reizvoll und spannend erscheinen, ist jedoch häufig sinnvoller.

Die regelmäßige Analyse der Firewall-Protokolle, die Anpassung der Firewallregeln, die Aktualisierung der Virenscanner, die Überwachung und Pflege der IDS-Systeme inklusive der Reduktion der fehlerhaften Meldungen und der Entwicklung neuer Regeln für neue Angriffe erfordern bereits einen äußerst hohen Administrationsaufwand.

Welchen Honeypot sollen Sie nun wählen – und können Sie sich ihn leisten?

Wird dennoch der Einsatz eines Honeypots gewünscht, so sollte zunächst der Einsatz eines *low involvement*-Honeypots, der lediglich gewisse Netzwerkdienste simuliert, ins Auge gefasst werden. Dieser Honeypot erzeugt nur ein geringes Risiko auf der Seite des Anwenders und benötigt keine umfangreiche Überwachung. Er ist auch in der Lage, neuartige Angriffstrends zu erkennen und eine Aktualisierung der Regeln der Firewall und des IDS anzuregen.

Der Einsatz eines Honeypots hat meist verschiedene Ziele.

Der Honeypot soll mindestens der Detektion von Angriffen dienen, die das IDS nicht alleine erkennen kann. Dies kann daran liegen, dass das IDS falsch konfiguriert wurde oder ein Signatur-basiertes IDS diesen Angriff noch nicht kannte.

Zusätzlich wird meist gewünscht, durch eine Analyse des Angriffes die Sicherheitslücken zu erkennen und die Handlungen des Angreifers zu verstehen. Gebündelt mit einer anschließenden forensischen Analyse dient dies der Weiterbildung der Personen, die sich mit dem Honeypot beschäftigen. Weiterbildung ist im Zusammenhang mit Firewalls, IDS und Honeypots essenziell, denn Sicherheit ist kein Produkt, welches man kaufen kann, sondern ein Prozess. Um Sicherheit zu erreichen, ist eine dauernde Anpassung und Verbesserung der vorhandenen Strukturen erforderlich, die nur möglich ist, wenn das entsprechende Wissen vorhanden ist.

Im Rahmen des analysierten Angriffes auf den Honeypot erhält der Analysator sehr viele Informationen. Diese sollen meist in irgendeiner Form auf den Produktionsrechnern umgesetzt werden, um derartige Angriffe dort zu unterbinden. Dies kann eine Aktualisierung der betroffenen Software bedeuten. Des Weiteren ist eine Anpassung des IDS möglich, sodass der Angriff in Zukunft erkannt werden kann. Ist ein Schließen der Sicherheitslücke nicht möglich, da keine Patches des Herstellers zur Verfügung stehen, so sollte zumindest die Firewall angepasst werden, um den Angriff zu verhindern. In gewissen Fällen mag es auch sinnvoll sein, die im Angriff vom Angreifer verwendeten IP-Adressen auf der Firewall für das Produktionsnetz komplett zu sperren.

Schließlich ist häufig auch eine Verfolgung des Angriffes, eine Warnung anderer beteiligter Personen und eine Meldung an die zuständigen Gremien im Sinn des Einsatzes eines Honeypots. Diese Tätigkeiten wurden bereits in vorangegangenen Kapiteln angesprochen.

Anhang A

Netzwerkgrundlagen

Dieses Kapitel soll eine kurze Einführung in die im Internet verwendeten Protokolle geben. Es soll sowohl als Einführung, als Wiederauffrischung und als Nachschlagekapitel dienen. Die wesentlichen Punkte für das Verständnis der Netzwerkprotokolle im Zusammenhang mit der Intrusion Detection sollen erklärt werden. Ausführliche Darstellungen finden sich in den Büchern *TCP/IP Illustrated* von Stevens und *Internet Core Protocols* von Hall.

A.1 TCP/IP

Die TCP/IP-Protokollfamilie wird seit 1973 entwickelt. 1978 wurde die Version IPv4 fertiggestellt. Diese Version findet heute die meiste Verwendung. Beginnend 1982 wurde das damalige ARPAnet auf das neue Protokoll IP umgestellt. Heutzutage ist TCP/IP das im Internet verwendete Protokoll. Viele Firmen haben in den vergangenen Jahren ihre Netze ebenfalls auf TCP/IP umgestellt, um so intern Internet-ähnliche Dienste anbieten zu können und eine einfache Kommunikation auch mit dem Internet zu ermöglichen.

Das OSI-Referenzmodell wird verwendet, um die Netzwerkprotokolle in sieben verschiedene Schichten aufzuteilen. Hierbei handelt es sich um die folgenden Schichten: *Physical*, *Data-Link*, *Network*, *Transport*, *Session*, *Presentation* und *Application*. Das TCP/IP-Protokoll wurde vor dem OSI-Modell entwickelt. Es besitzt daher nicht diese exakte Unterteilung in sieben Schichten.

A.2 IP

Das Internet Protocol (IP, RFC 791, STD 5) ist verantwortlich für die Übertragung von IP-Datagrammen in Paketen von einer Quelle zu einem Zielrechner. Hierbei kümmert sich das IP-Protokoll um die Zustellung des Paketes zu diesem Zielrechner. Die revolutionäre Neuerung bei der Einführung des IP-Protokolls war die Tatsache, dass eine IP-Kommunikation keine dedizierte Verbindung (*circuit switched network*) mehr benötigte, sondern die Daten in einzelnen Paketen (*packet switched network*) unabhängig ihr Ziel erreichten (Abbildung A.1).

Dies ermöglicht eine Aufrechterhaltung der Kommunikation bei Ausfall redundanter Netzwerkkomponenten durch dynamische Routing-Protokolle. Diese sind in der Lage, den Ausfall zu erkennen und die Daten über andere Knoten weiterhin zu übermitteln. Die hierzu benötigten Informationen werden im IP-Header des Paketes abgespeichert: A.1. Dennoch ist IP ein Protokoll, welches die Zustellung des Paketes nicht garantiert und überprüft. Es wird auch als Best-Effort-Protokoll bezeichnet. Die höheren Protokolle oder die Anwendungen müssen die erfolgreiche Übertragung prüfen, wenn dies erforderlich ist.

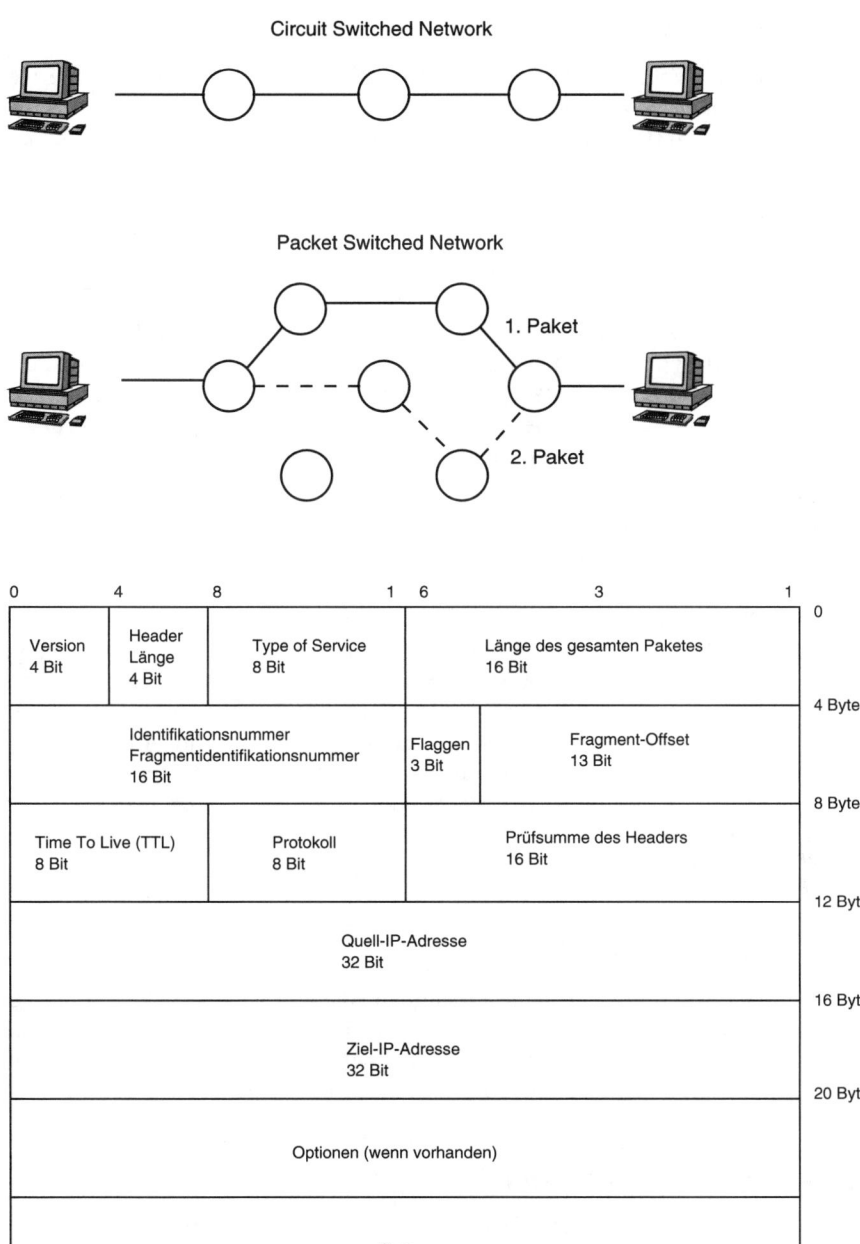

Abbildung A.1: IP-Header Version 4

Die Felder und ihre Bedeutung sollen nun kurz vorgestellt werden.

A.2.1   Version

Dieses Feld ist vier Bits lang. Es enthält die IP-Version. Üblicherweise enthält dieses Feld im Moment die Zahl 4. Jedoch werden in der nahen Zukunft sicherlich auch IPv6-Pakete auftreten. Diese enthalten dann hier die Zahl 6.

A.2.2   Header-Länge

Dieses Feld enthält die Länge des Headers. Es ist selbst 4 Bits lang. Jedoch wird die Länge nicht in Bits oder Bytes gemessen, sondern in Doppelworten. Ein Doppelwort entspricht 4 Bytes oder 32 Bits. Ein üblicher IP-Header ohne Optionen ist 20 Bytes lang. Daher befindet sich bei den meisten Paketen hier eine 5. Weist der Header weitere IP-Optionen auf (z. B. Source Routing, s.u.), so befindet sich hier entsprechend eine größere Zahl. Der Header kann maximal eine Länge von 15 (4 Bits) Doppelworten, also 60 Bytes einnehmen.

A.2.3   Type of Service

Die Type of Service sind acht Bits lang. Sie stehen seit der Entwicklung des IPv4-Protokolls zur Verfügung. Sie wurden ursprünglich implementiert, um eine Art Quality of Service zu bieten. Sie werden heutzutage nur von wenigen Anwendungen gesetzt. Die Anwendungen unter Linux nutzen sie jedoch recht häufig. Dennoch unterstützen nur wenige Router im Internet ihre Auswertung. Eine Verwendung durch die Anwendungen hat daher nur wenig Auswirkung auf den tatsächlichen Transport des Paketes. Es existieren die folgenden Werte: *Minimize-Delay 16* (0x10), *Maximize-Throughput 8* (0x08), *Maximize-Reliability 4* (0x04), *Minimize-Cost 2* (0x02) und *Normal-Service 0* (0x00). Sie werden heute abgelöst durch *Diffserv* und *ECN* (s.u.).

A.2.4   Gesamtpaketlänge

Dieses Feld definiert die Gesamtpaketlänge in Bytes. Das Feld ist 16 Bits lang, daher kann ein Paket maximal 65.535 Bytes lang sein. Üblicherweise sind die übertragenen Pakete wesentlich kleiner, da die Übertragungsmedien nicht in der Lage sind, derartig große Pakete zu transportieren.

A.2.5   Identifikationsnummer

Jedes Paket wird üblicherweise mit einer eindeutigen 16 Bit langen Identifikationsnummer verschickt. Dies erfolgt, damit im Falle einer Fragmentierung (siehe Seite 252) der Empfänger die Fragmente eines Paketes zuordnen kann. Daher wird in der Literatur häufig bei einem nicht fragmentierten Paket von der IP-Identifikationsnummer und bei einem fragmentierten Paket von der Fragment-Identifikationsnummer gesprochen.

Der Absender inkrementiert diese Zahl üblicherweise immer um 1. Hiermit sind jedoch gespoofte Portscans möglich (siehe in Anhang B Abschnitt B.6, »Gespoofter Portscan*gespoofter Portscan*« ab Seite 569). Daher existieren einige Betriebssysteme (z. B. OpenBSD), die diese Zahl zufällig vergeben. Der aktuelle Linux-Kernel 2.4 setzt diesen Wert auf Null, wenn das Paket gleichzeitig das DF-Flag (s.u.) gesetzt hat. In diesem Fall darf das Paket nicht fragmentiert werden, daher hat diese Zahl auch keinen Sinn.

A.2.6 Flaggen

Der IP-Header enthält drei Bits, die Informationen über die Fragmentierung des Paketes enthalten.

Das erste dieser drei Bits wird momentan nicht verwendet und muss immer Null sein.

Das folgende Bit ist das *Don't Fragment* DF-Bit. Ist dieses Bit gesetzt (1), so darf das Paket nicht fragmentiert werden. Ein Router, der dieses Paket aufgrund seiner Größe nicht zustellen kann, muss das Paket verwerfen und eine ICMP-Fehlermeldung an den Absender senden.

Das dritte und letzte Bit ist das *More Fragments follow* MF-Bit. Dieses Bit zeigt an, dass weitere Fragmente folgen. Das letzte Fragment und alle nicht fragmentierten Pakete haben dieses Bit gelöscht.

A.2.7 Fragment-Offset

Dieses Feld gibt bei einem Fragment dessen Beginn im Gesamtpaket an. Hierbei erfolgt die Angabe in Vielfachen von 8. Das bedeutet, dass ein Fragment (außer dem letzten) immer eine Länge aufweisen muss, die durch 8 ohne Rest teilbar ist. Das Feld ist 13 Bits lang und kann damit den ganzen Bereich von maximal 65.535 Bytes eines Paketes abdecken.

Der Empfänger verwendet diese Information, um das Paket in der richtigen Reihenfolge zusammenzusetzen.

Der Ping of Death nutzte Fragmente, um den TCP/IP-Stack einiger Betriebssysteme mit einem Bufferoverflow zum Absturz zu bringen. Es ist möglich, Fragmente so zu konstruieren, dass bei der Defragmentierung ein Paket größer 65.535 Bytes entsteht. Dies ist möglich, da das erste Fragment eine Größe von 1.500 Bytes aufweist. Jedes weitere Fragment ist 1.480 Bytes lang. 1.500 Bytes plus 43 mal 1.480 Bytes ergeben 65.140 Bytes. Nun kann ein weiteres Fragment erzeugt werden, welches erneut 1.480 Bytes lang ist. Erlaubt wären jedoch nur noch 395. Bei der Defragmentierung kommt es daher zum Bufferoverflow. Dieser Angriff erhielt den Namen Ping of Death, da es besonders einfach war, mit dem Kommando `ping` diese Pakete zu erzeugen.

A.2.8 Time To Live (TTL)

Bei dem Feld *Time To Live* handelt es sich um ein 8 Bits langes Feld. Es kann somit Werte von 0 bis 255 aufnehmen. Dieser Wert wird von jedem Router, der das Paket weiterleitet, gelesen und pro Hop um 1 dekrementiert. Erreicht hierbei das Feld den Wert Null, so muss der Router das Paket verwerfen und eine Fehlermeldung an den Absender zurücksenden.

Diese Funktion erlaubt es, mit dem Werkzeug *traceroute* die Route eines Paketes zu ermitteln. Hierzu werden Pakete mit steigenden TTL-Werten an den Zielrechner gesendet. Jeder Router wird entsprechende Pakete verwerfen müssen und eine Fehlermeldung an den Absender schicken. So wird die IP-Adresse eines jeden Routers ermittelt.

Diese Funktion eignet sich jedoch auch zur Verwirrung von IDS-Systemen und zur Ermittelung von Firewallregeln. Hierzu werden spezielle Pakete erzeugt. Diese weisen eine TTL auf, sodass die Firewall beziehungsweise das IDS-System die Pakete sieht, sie aber nie den entsprechenden Empfänger erreichen. Bei *Firewalking* (siehe im Anhang B, Abschnitt B.1, »Firewalking« ab Seite 562) handelt es sich um eine ähnliche Technik.

Verschiedene Betriebssysteme verwenden üblicherweise unterschiedliche Standard-TTL-Werte. Linux verwendet 64.

A.2.9 Protokoll

IP ist in der Lage, eine große Anzahl von Protokollen zu übertragen. Dies sind zum Beispiel ICMP (1), TCP (6) und UDP (17). Dieses Feld gibt die Nummer des enthaltenden Protokolls an. Unter Linux werden alle Nummern in der Datei */etc/protocols* aufgeführt

Werden ungewöhnliche Protokolle im Netzwerk entdeckt, so kann es sich hierbei auch um einen Tunnel handeln. Das Honeynet Project hat ein Werkzeug entdeckt, welches zum Beispiel einen NVP-(11-)Tunnel aufbaut.

A.2.10 Prüfsumme

Dies ist die Prüfsumme des IP Headers des Paketes. Hiermit können Netzwerkgeräte und auch der Empfänger die Validität des Paket-Headers bestimmen. Die Prüfsumme enthält nicht den Datenanteil des Paketes. Da einige Werte des Headers sich während der Übertragung ändern (z. B. TTL), wird diese Prüfsumme von jedem Netzwerkgerät (z. B. Router), welches Änderungen durchführt, neu berechnet. Pakete mit fehlerhaften Header-Prüfsummen können daher nur im lokalen Netzwerk erzeugt worden sein. Der Empfänger verwirft Pakete mit fehlerhaften Prüfsummen. Dies kann verwendet werden, um ein IDS-System zu verwirren, wenn dieses keine Prüfsummenermittlung durchführt.

A.2.11 Quell-IP-Adresse

Dieses Feld enthält die IP-Adresse des Absenders. Wenn beim Transport des Paketes ein Source NAT (Network Address Translation) durchgeführt wurde, befindet sich hier die entsprechende Adresse. Ein Source NAT ist im Header nicht erkennbar.

A.2.12 Ziel-IP-Adresse

Dieses Feld enthält die IP-Adresse des Empfängers. Wenn beim Transport des Paketes ein Destination NAT (Network Address Translation) durchgeführt wurde, befindet sich hier die entsprechende Adresse. Ein Destination NAT ist im Header nicht erkennbar.

A.2.13 IP-Optionen

Sämtliche für den Transport des IP-Paketes erforderlichen Informationen werden in den 20 Bytes des IP Headers gespeichert. Jedoch besteht gelegentlich die Notwendigkeit, zusätzliche Informationen zu senden, die das Verhalten des IP-Protokolls modifizieren. Diese werden als Option übertragen. Insgesamt können 40 Bytes Optionen übertragen werden. Standardmäßig werden keine Optionen verwendet.

Die Optionen bestehen aus einem Byte, der den Typ definiert, einem Byte für die Länge und entsprechenden Bytes für die Daten. Abbildung A.2 veranschaulicht das.

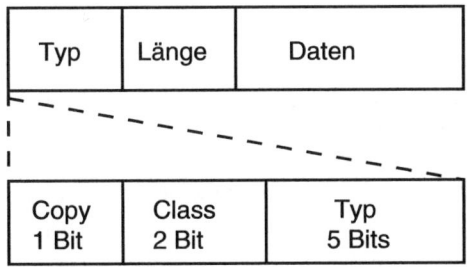

Abbildung A.2:   IP-Optionen-Aufbau

End of Optionlist

Dies definiert das Ende der Optionenliste. Es ist eine Option der Klasse 0 und des Typs 0. Diese Option besitzt kein Längenfeld und kein Datenfeld.

No Operation

No Operation ist eine Option der Klasse 0 mit Typ 1. Sie wird verwendet, um die Optionenliste aufzufüllen. Die Länge des IP Headers kann nur in Doppelworten angegeben werden. Wenn die Länge der Optionen nicht durch 4 teilbar ist, werden sie mit dieser Option aufgefüllt. Diese Option weist weder ein Längenfeld noch ein Datenfeld auf.

Security Options

Diese Option der Klasse 0 mit Typ 2 ist 88 Bits lang und wird für militärische Zwecke genutzt. Üblicherweise wird diese Option nicht im Internet beobachtet. Sie hat keine Verwandtschaft mit *IPsec*.

Record Route

Diese Option verwendet die Klasse 0 und den Typ 7. Router, die diese Option im Paket erkennen, sollen ihre IP-Adresse im IP-Header aufzeichnen. Da die Größe des IP Headers beschränkt ist, können hier nur maximal acht Router ihre IP-Adressen eintragen. Daher wird diese Funktion nur selten im Internet genutzt und stattdessen auf *traceroute* zurückgegriffen.

Loose Source Routing

Loose Source Routing ist eine Option der Klasse 0 und mit Typ 3. Die Größe dieser Option hängt von der Anzahl der angegebenen Router ab. *Loose Source Routing* erlaubt es dem Absender, eine Liste von Routern im IP-Header anzugeben, über die das Paket neben anderen transportiert wird. Es können aus Platzgründen maximal acht Router angegeben werden. Verschiedene Befehle unterstützen diese Funktion: `traceroute`, `netcat` etc.

Loose Source Routing erlaubt Pakete zu routen, die ansonsten nicht geroutet werden würden. Es erlaubt zum Beispiel, auf den meisten Internetroutern Pakete an RFC 1918-Netze (z. B. *192.168.0.0/24*) zu routen. So kann ein Angreifer von außen ein Paket an diese Adresse senden und eine Loose Source Route angeben, damit die Internetrouter auch wissen, wohin das Paket gesendet werden soll.

Strict Source Routing

Strict Source Routing ist eine Option mit der Klasse 0 und mit Typ 9. Hier definiert die Liste die exakte Abfolge der zu verwendenen Router. Es dürfen keine weiteren Router verwendet werden.

Router Alert

Diese Option (Klasse 0, Typ 20) definiert, dass der Router das Paket modifizieren muss, bevor er es weiterroutet. Es wird für experimentelle Erweiterungen genutzt.

TimeStamp

Diese Option (Klasse 2, Typ 4) verlangt, dass der Router ähnlich der *Record Route Option* seine IP-Adresse im Header ablegt, aber zusätzlich noch die Zeit hinterlegt, zu der das Paket prozessiert wurde.

Es besteht die Möglichkeit, nur die Timestamps oder Router-IP-Adressen und Timestamps anzufordern.

A.3   UDP

Das *User Datagram Protocol* (UDP, RFC 768, STD 6) stellt eines der beiden am häufigsten eingesetzten Protokolle auf Basis von IP dar. Die meisten Internetapplikationen verwenden TCP (s.u.). TCP garantiert die vollständige und korrekte Übertragung der Daten. Hierzu generiert es jedoch einen gewaltigen Overhead. Viele Anwendungen benötigen diese Garantie nicht oder können sie gar nicht nutzen, da es sich um Multicast- oder Broadcast-Anwendungen handelt, bei denen ein Paket gleichzeitig an mehrere Empfänger zugestellt wird. In diesen Fällen wird meist das UDP-Protokoll verwendet.

UDP ist ein unzuverlässiges und Datagramm-orientiertes Protokoll. Es garantiert weder die Ablieferung eines Datagramms noch bietet es Vorkehrungen gegen eine Duplizierung oder eine Vertauschung der Reihenfolge der Daten. Aufgrund seiner Unzuverlässigkeit bieten die höheren Protokolle meist eine gewisse Fehlerkontrolle. Dies äußert sich oft in einer gewissen Unempfindlichkeit gegenüber verlorenen Paketen. Wenn zum Beispiel ein Paket bei einer Videostreaming-Anwendung verloren geht, so macht sich das meistens nur durch ein leichtes Zittern der Darstellung bemerkbar. Eine TCP-ähnliche Fehlerkontrolle mit einer erneuten Sendung des Paketes würde meist zu einem Stottern und Anhalten des Streams führen.

UDP ist nur in der Lage, ein Datagramm gleichzeitig zu verarbeiten. Wenn gewisse Informationen mit UDP versendet werden, so werden diese nicht bereits von UDP sinnvoll auf einzelne Pakete aufgeteilt (TCP teilt die Daten entsprechend der MSS auf, s.u.), sondern unter Umständen sehr große UDP-Datagramme gebaut, die anschließend von der darunter liegenden IP-Schicht auf IP-Paketfragmente aufgeteilt werden müssen.

Um mehreren Anwendungen die Verwendung des UDP-Protokolls zu ermöglichen, verwendet UDP einen Multiplexer. Client- wie Server-Anwendungen müssen sich vor der Verwendung des UDP-Protokolls registrieren. Während dieser Registratur weist die UDP-Schicht diesen Anwendungen einen Port zu. Die Verwendung der Ports durch die verschiedenen Dienste ist grundsätzlich willkürlich, jedoch haben sich im Laufe der Jahre bestimmte Ports für bestimmte Dienste etabliert. Die Zuweisung der Ports zu den einzelnen Diensten erfolgt durch die *Internet International Assigned Number Authority* (IANA), die die Liste der *well-known ports* pflegt (*http://www.iana.org/assignments/port-numbers*).

Der UDP-Header (Abbildung A.3) ist acht Bytes lang. Er enthält den Quell- und den Zielport, die Datagrammlänge und eine Prüfsumme.

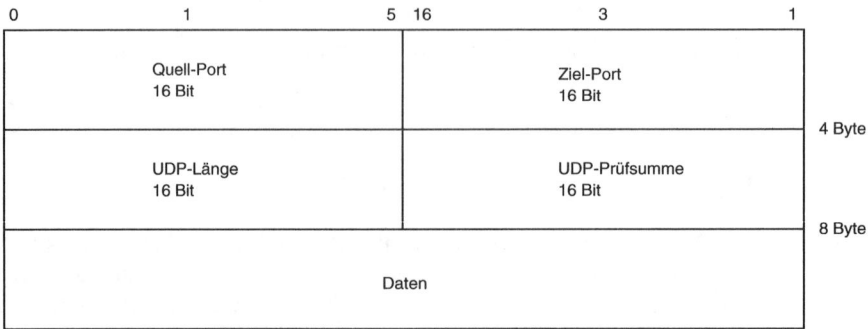

0	1	5	16	3	1	

Abbildung A.3: UDP-Header

Der UDP-Header enthält keine IP-Adressen. Diese werden im IP-Header spezifiziert. Der UDP-Header stellt bei einem UDP-IP-Paket die ersten acht Bytes im Datenanteil des IP-Paketes dar.

Der UDP-Quellport (Source Port) ist wie der UDP-Zielport (Destination Port) 16 Bits oder zwei Bytes lang. Die UDP-Protokollschicht verwendet diese Information um die übertragenen Daten einzelnen Anwendungen zuzuordnen.

Die Länge des UDP-Datagramms wird ebenfalls im UDP-Header übertragen. Da ein UDP-Header mindestens acht Bytes lang ist, ist die kleinste mögliche UDP-Nachricht acht Bytes lang. Ein IP-Paket darf maximal 65.535 Bytes lang sein. Abzüglich dem IP-Header von mindestens 20 Bytes kann eine UDP-Nachricht maximal 65.515 Bytes lang werden. Die Größe des UDP-Datagramms wird von der Anwendung bestimmt. Erzeugt diese Anwendung ein UDP-Datagramm, welches größer ist als die MTU (Maximum Transmission Unit), so wird das Paket auf IP-Ebene fragmentiert.

Die UDP-Prüfsumme im UDP-Header ist optional. Das bedeutet, dass die Anwendung entscheiden kann, ob diese Prüfsumme berechnet werden soll oder nicht. Viele Anwendungen verzichten auf die Erzeugung einer Prüfsumme zugunsten der Performanz. Wenn jedoch eine Prüfsumme erzeugt wurde, ist der Empfänger des Paketes laut RFC 1122 verpflichtet, diese Prüfsumme zu überprüfen und im Zweifelsfall das Paket zu verwerfen. Bei der Berechnung der Prüfsumme wird der Inhalt des UDP-Datagramms zusammen mit einem Pseudo-Header aus Quell- und Zielport, der UDP-Protokollnummer 17 und der Größe als Eingabe verwendet.

Es existieren verschiedene Anwendungen, die das UDP-Protokoll nutzen. UDP wird zum Beispiel verwendet, um Namensauflösungen durchzuführen. Hier sendet der Client ein UDP-Paket an einen DNS-Server mit der Bitte, den enthaltenen Namen aufzulösen. Der DNS-Server sendet seine Antwort in einem UDP-Paket an den Client zurück. Da UDP kein verlässliches Protokoll darstellt, achtet der DNS-Server darauf, maximal 512 Bytes Daten in seinem UDP-Datagramm zurückzusenden. Dies garantiert, dass nicht durch eine mögliche Fragmentierung des Paketes Daten verloren gehen können. Ist die zu sendende Antwort jedoch größer, so sendet der DNS-Server eine trunkierte (truncated) Antwort. Der Client ist nun verpflichtet, den DNS-Server erneut zu kontaktieren und die Anfrage erneut mit dem TCP-Protokoll zu stellen. TCP ist in der Lage, die fehlerfreie und komplette Übertragung größerer Datenmengen zu garantieren.

A.4 TCP

Das *Transmission Control Protocol* (TCP, RFC 793, STD 7) ist das im Internet hauptsächlich eingesetzte Protokoll. TCP garantiert die korrekte und vollständige Übertragung der Informationen. Hierzu setzt TCP unter anderem eine sehr intelligente Flussüberwachung und -steuerung ein. TCP ist ein verbindungsorientiertes Transportprotokoll für den Einsatz in paketvermittelten Netzen. Der häufigste Einsatz baut auf dem Internet-Protokoll IP auf. Es konzentriert sich auf die Verbindung und ihre Integrität. Hierzu bietet es die folgenden Dienste:

- **Virtuelle Verbindung.** Die beiden TCP-Endpunkte kommunizieren über eine dedizierte virtuelle Verbindung. Diese ist verantwortlich für die Flusskontrolle, die garantierte Übertragung und das I/O-Management.

- **I/O-Management ...**
  - **... für die Anwendung.** TCP bietet der Anwendung einen I/O-Puffer. Die Anwendung kann ihre Informationen als fortlaufende Daten in diesen Puffer schreiben, beziehungsweise aus ihm lesen. TCP wandelt diesen fortlaufenden Strom anschließend in Pakete um. Nicht die Anwendung definiert die Paketgröße (wie bei UDP), sondern das TCP-Protokoll erzeugt die Pakete.
  - **... auf Netzwerkebene.** TCP wandelt den Datenstrom der Anwendung in Segmente um. Hierbei werden die Segmente so erzeugt, dass sie effizient über das Netzwerk transportiert werden.

- **Flusskontrolle.** TCP bietet eine fortgeschrittene Flusskontrolle, die die unterschiedlichen Sende- und Empfangsfähigkeiten der vielfältigen Geräte berücksichtigt. Es ist in der Lage, vollkommen transparent für die Anwendung die Geschwindigkeit der Verbindung optimal anzupassen.

- **Zuverlässigkeit.** Jedes übertragene Byte wird mit einer Sequenznummer versehen. Dies ermöglicht eine Einordnung der übertragenen Daten in der richtigen Reihenfolge. Zusätzlich bestätigt der Empfänger mit dieser Nummer den Empfang der Daten. Stellt TCP fest, dass bestimmte Informationen nicht übertragen wurden, so werden sie transparent für die Anwendung automatisch erneut gesendet.

Zusätzlich bietet TCP wie UDP einen Multiplexer, sodass mehrere Anwendungen auf einem Rechner gleichzeitig das TCP-Protokoll verwenden können. Hier werden ebenfalls Ports eingesetzt. Jede Anwendung muss vor der Verwendung des Protokolls einen derartigen Port reservieren.

A.4.1 Auf- und Abbau einer TCP-Verbindung

Damit TCP die oben erwähnten Funktionen wahrnehmen kann, ist einiger Verwaltungsaufwand erforderlich. TCP muss zunächst eine Verbindung öffnen. Hierbei führen die beiden TCP-Kommunikationspartner eine Synchronisation ihrer Sequenznummern durch. Anschließend können die Daten ausgetauscht werden. Nach der Verbindung sollte diese auch wieder korrekt abgebaut werden, sodass die beiden Kommunikationspartner die Verwaltungstrukturen wieder freigeben können.

Die Abbildung A.4 zeigt beispielhaft den Auf- und Abbau einer TCP-Verbindung. Diese Abbildung führt bereits in einige Funktionen von TCP ein.

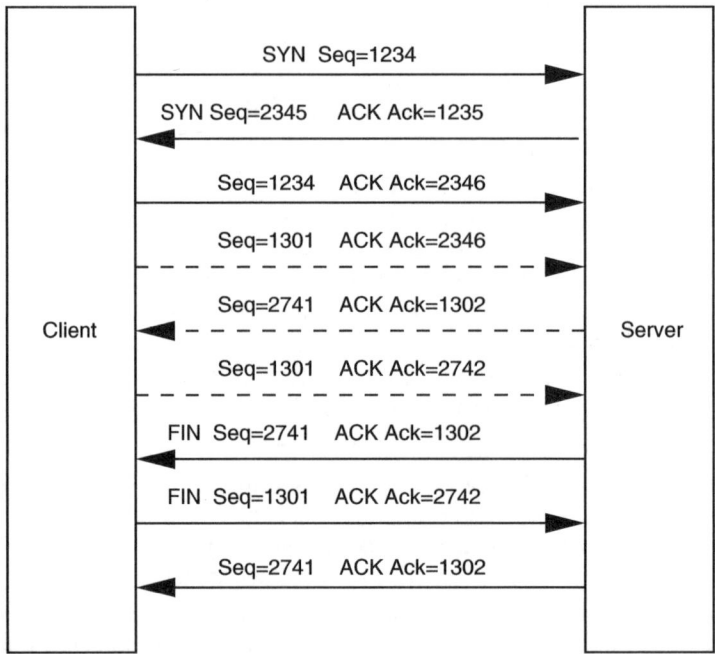

Abbildung A.4:   Der TCP-Handshake

Der TCP Handshake beginnt zunächst mit einem so genannten SYN-Paket. TCP besitzt sechs Bits im TCP-Header (s.u.), die die Funktion des TCP-Paketes bestimmen. Es handelt sich hierbei um die Bits SYN, FIN, ACK, RST, URG und

PSH. Ein SYN-Paket ist ein Paket, bei dem die eigene Sequenznummer an den Kommunikationspartner übermittelt wird. Dies ist erforderlich für die Synchronisation der Verbindung. Der Kommunikationspartner erhält hiermit die Information, dass die Datenzählung mit dieser Sequenznummer beginnt. Jedes übertragene Byte besitzt eine eigene Sequenznummer. In diesem Beispiel überträgt der Client an den Server die Sequenznummer 1234. Diese initiale Sequenznummer wird für jede Verbindung neu bestimmt.

Der Server beantwortet dieses Paket mit einem eigenen SYN/ACK-Paket. Das ACK- oder Acknowledge-Bit zeigt an, dass dieses Paket den Empfang von Daten bestätigt. Um der Gegenseite mitzuteilen, welche Daten bestätigt werden, übermittelt der Server eine Acknowledgementnummer: 1235. Diese Zahl definiert das nächste erwartete Byte von der Gegenstelle. Es entspricht also der Sequenznummer des letzten empfangenen Bytes plus 1. Mit dieser Bestätigung ist die Verbindung zwischen Client und Server in einer Richtung geöffnet worden. Man spricht von einer halboffenen Verbindung. In demselben Paket übermittelt jedoch der Server seinerseits seine Sequenznummer mit dem gesetzten SYN-Bit. Hiermit fordert er den Client auf, seine Seite mit dieser Nummer zu synchronisieren.

Eine Vollduplex-Verbindung, die in beide Richtungen Daten versenden kann, entsteht, wenn der Client diese Synchronisationsanfrage im dritten Paket bestätigt. Da der Client keine Daten übermittelt, erhöht er seine Sequenznummer nicht. Nun können Daten zwischen Client und Server ausgetauscht werden.

Der Client übermittelt nun zunächst 67 Bytes an den Server (4. Paket). Dies kann aus der Differenz der Sequenznummern des dritten und vierten Paketes errechnet werden. Anschließend bestätigt der Server den Empfang dieser Daten und sendet seinerseits 396 Bytes (5. Paket). Der Empfang wird erneut vom Client im 6. Paket bestätigt.

Nun beschließt der Server, dass die Verbindung beendet werden soll. Hierzu bestätigt er den letzten Empfang vom Client und setzt selbst das Bit FIN. Dieses Bit ist die Aufforderung, die Verbindung zu schließen. Hierbei werden keine Daten übermittelt. Daher wird die Sequenznummer nicht erhöht. Der Client bestätigt das FIN. Hiermit ist die Verbindung halb geschlossen. Um nun seine Richtung zu schließen, sendet der Client in demselben oder einem zusätzlichen Paket ebenfalls ein FIN an den Server. Dieser bestätigt dieses FIN ebenfalls in einem letzten Paket und die Verbindung ist in beiden Richtung geschlossen.

A.4.2   TCP-Header

Das TCP-Segment besteht ähnlich wie ein UDP-Datagramm aus einem Header und den Daten. Bevor nun das weitere Verhalten von TCP bezüglich der Flusskontrolle und der Zuverlässigkeit besprochen werden, soll kurz der TCP-Header mit seinen Informationen vorgestellt werden.

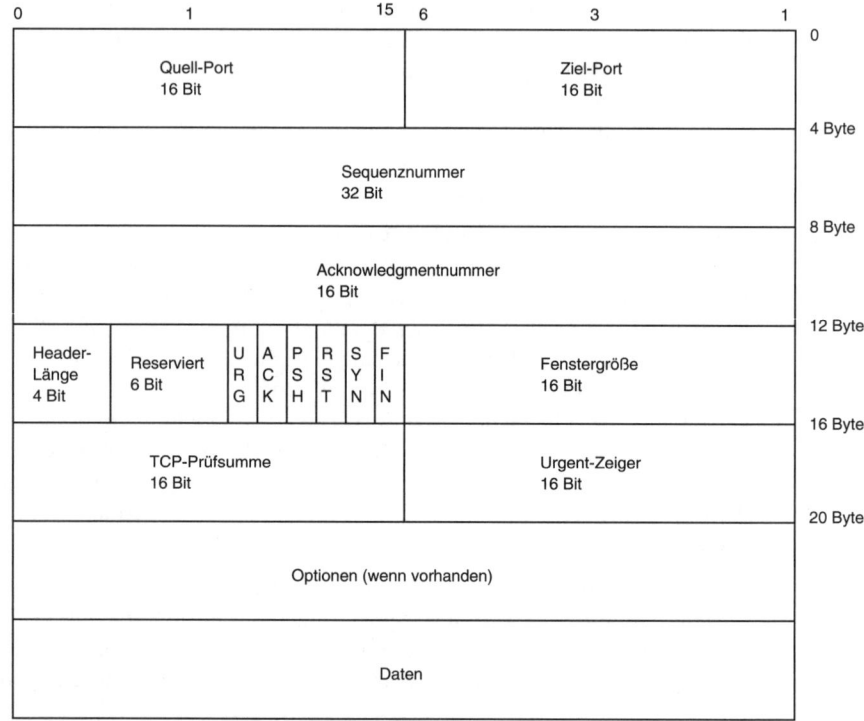

Abbildung A.5: TCP-Header

Quell- und Zielport

Die TCP-Ports werden vom TCP-Protokoll verwendet, um Multiplexer-Funktionalität zur Verfügung zu stellen. Das TCP-Protokoll ist hiermit in der Lage, mehrere Anwendungen gleichzeitig zu unterstützen. Hierzu bindet sich eine Anwendung zunächst an einen Port. Anschließend kann das TCP-Protokoll dieser Anwendung spezifisch ihre Daten zukommen lassen.

Das TCP-Protokoll unterstützt 65.536 Ports von 0 bis 65.535. Die Zuordnung der Ports zu den Applikationen ist grundsätzlich willkürlich. Jedoch wurden von IANA einige Ports gewissen Diensten fest zugewiesen (s. UDP).

Sequenznummer

TCP garantiert die Zustellung der zu übertragenen Daten. Damit die Kommunikationspartner diese Übertragung bestätigen und die Daten in der richtigen Reihenfolge zusammensetzen können, wird jedes übertragene Byte mit einer Sequenznummer versehen. Die Zuordnung der Daten und die Entscheidung über die Annahme der Daten erfolgt über diese Sequenznummer (s.u.). Die initiale

Sequenznummer sollte für jede Verbindung zufällig ermittelt werden. Besteht die Möglichkeit, die Sequenznummer von einer zur nächsten Verbindung vorherzusehen, so kann dies für gespoofte Angriffe auf das TCP-Protokoll genutzt werden (siehe auch Mitnick-Angriff).

Die Sequenznummer ist eine 32-Bit-Zahl.

Acknowledgementnummer

Wie bereits bei der Sequenznummer angesprochen, erhält jedes übertragene Byte eine eindeutige Sequenznummer. In dem Maße, in dem die Daten empfangen werden, übermittelt der Empfänger die Information an den Absender, dass er in der Lage ist, weitere Daten zu empfangen. Die Acknowledgementnummer enthält die Information, welches Byte als nächstes erwartet wird. Alle Bytes mit einer kleineren Sequenznummer wurden bereits empfangen.

Sendet der Absender vier Pakete mit den Bytes 1-100, 101-200, 201-300 und 301-400, so antwortet der Empfänger entsprechend mit einer Acknowledgmentnummer von 101, 201, 301 und 401. Geht das zweite Paket während der Übertragung verloren, so antwortet der Empfänger mit 101, 101, 101 und 101. Dies weist den Absender darauf hin, dass das zweite Paket erneut gesendet werden muss. Sendet der Absender anschließend das Paket 101-200 erneut, so bestätigt der Empfänger dies mit 401, da er die Daten 201-400 ebenfalls bereits erhalten hat.

Um dies noch zusätzlich zu optimieren, besteht die Möglichkeit, verzögerte oder selektive Bestätigungen des Empfangs zu versenden (s.u.).

Header-Länge

Dieses vier Bit lange Feld gibt die Länge des Headers in Doppelworten an. Die Länge in Bytes lässt sich aus dem Wert dieses Feld nach Multiplikation mit 4 ermitteln. Ein TCP-Header ist immer mindestens 20 Bytes lang. Dieses Feld trägt also mindestens die Zahl 5. Maximal kann ein TCP-Header 60 Bytes lang sein (15 mal 4). TCP definiert also nicht die Gesamtlänge des Paketes wie UDP, sondern nur die Länge des Headers. Die Gesamtlänge des Paketes lässt sich jedoch aus der Gesamtlänge des IP-Paketes minus der Länge des TCP-Headers ermitteln.

Reservierte Bits

Hierbei handelt es sich um sechs Bits, die bis vor kurzem keine weitere Verwendung hatten. Diese Bits mussten daher bisher gelöscht sein. Viele Firewalls und Intrusion Detection-Systeme lösen bei einer Verwendung dieser Bits einen Alarm aus. Viele Werkzeuge zur Erkennung von Betriebssystemen nutzen diese Bits, um entfernte Systeme zu untersuchen. Unterschiedliche Betriebssysteme reagieren meist unterschiedlich, wenn diese Bits gesetzt sind.

Seit einigen Jahren existieren jedoch Bemühungen, einige dieser Bits für die Explicit Congestion Notification (ECN) zu verwenden (RFC 3168). Hierbei handelt es sich um einen Mechanismus, bei dem die Kommunikationspartner eine Verstopfung des Internets im Vorfeld erkennen und die Übertragungsrate automatisch anpassen, um eine echte Verstopfung zu vermeiden.

Da ECN sowohl den IP als auch den TCP Header betrifft, wird es in einem eigenen Abschnitt behandelt (A.5, »Explicit Congestion Notification« ab Seite 552).

TCP-Flags

Bei den TCP-Flags handelt es sich um sechs Bits. Diese Bits klassifizieren die übertragenen Daten. Es sind nur sehr wenige Kombinationen dieser Bits in einem gültigen Paket erlaubt. Sie haben die folgenden Funktionen:

- **URG.** Das URG-Bit (Urgent) wird verwendet, um der Gegenstelle mitzuteilen, dass das Paket wichtige Daten enthält, die sofort verarbeitet werden müssen. Um den Anteil der wichtigen Daten zu definieren, wird der Urgent-Zeiger verwendet (s.u.). Ist das URG-Bit nicht gesetzt, so ist der Wert des Zeigers zu ignorieren.

- **ACK.** Das ACK-Bit (Acknowledgment) wird verwendet, um den Empfang von Daten zu bestätigen. Jedes TCP-Segment einer Verbindung, außer dem ersten Segment und RST-Segmenten zum Abbruch einer Verbindung muss dieses Bit gesetzt haben.

- **PSH.** Das PSH-Bit (Push) kennzeichnet Segmente, die von der sendenden Anwendung »gedrückt« werden. Häufig müssen Anwendungen (z. B. *Telnet*) nur sehr wenige Daten versenden. TCP würde zur Optimierung die Daten aber erst versenden, wenn ein komplettes Segment gefüllt wäre. Das PSH-Bit weist das TCP-Protokoll an, die Daten sofort zu versenden, da keine weiteren Daten in diesem Moment folgen.

- **RST.** Das RST-Bit (Reset) wird nur verwendet, wenn ein Fehler in einer Verbindung aufgetreten ist oder wenn der Wunsch eines Verbindungsaufbaus abgelehnt wird.

- **SYN.** Das SYN-Bit (Synchronize) wird verwendet, um die eigene Sequenznummer zur Synchronisation an den Kommunikationspartner zu übermitteln. Dies erfolgt während des TCP Handshakes (s.o.). Das SYN-Bit darf nur in diesem Moment gesetzt werden.

- **FIN.** Das FIN-Bit (Finish) wird gesetzt, wenn eine Seite der Kommunikation diese beenden will. Wenn die Gegenseite ebenfalls in der Lage ist, die Verbindung zu beenden, so antwortet sie ebenfalls mit einem FIN-Paket. Ein Paket mit gesetzten FIN-Bit ist nur in einer zuvor aufgebauten Verbindung gültig.

Grundsätzlich müssen alle TCP-Pakete das ACK-Bit gesetzt haben. Lediglich zwei Ausnahmen sind erlaubt. Hierbei handelt es sich um das erste Paket einer TCP-Verbindung, in dem lediglich das SYN-Bit gesetzt ist, und ein RST-Paket, welches einen Fehler in einer TCP-Verbindung anzeigt und diese abbricht. Die weiteren Bits können in Kombinationen mit dem ACK-Bit vorkommen.

Kombinationen von SYN/FIN, SYN/RST oder RST/FIN sind jedoch nicht erlaubt. Netzwerk Intrusion Detection-Systeme ermitteln üblicherweise sämtliche Pakete mit fehlerhaften TCP-Flag-Kombinationen. Der *Unclean*-Match des Linux-Paketfilters Netfilter ist ebenfalls in der Lage, diese Kombinationen zu erkennen und sogar zu verwerfen (Achtung: ältere Implementierungen von *Unclean* wiesen hier Fehler auf).

Fenstergröße

Das TCP-Fenster (*Receive Window*) gibt die Größe des Empfangsspeichers des sendenden Systems an. Diese Angabe wird von der TCP-Flusskontrolle verwendet. Die Größe dieses Feldes ist 16 Bits. Damit kann das Fenster maximal 64 Kbit groß werden. Da dies für einige Netzwerke (z. B. Token Ring) nicht ausreicht, existiert zusätzlich die Möglichkeit, die *Window Scale*-Option zu verwenden. Hiermit können 30 Bits für die Angabe der Fenstergröße verwendet werden. Dies erlaubt Fenster bis zu 1 Gbyte Größe.

Wurden so viele Daten gesendet, dass dieses Empfangsfenster gefüllt ist, so muss der Sender zunächst auf eine Bestätigung dieser Daten warten, bevor weitere Daten gesendet werden dürfen.

TCP-Prüfsumme

Dieses Feld speichert die TCP-Prüfsumme. Diese Prüfsumme erstreckt sich sowohl auf den Header als auch auf die Daten des TCP-Segments. Zusätzlich wird ein Pseudo-Header mit aufgenommen, der die IP-Adressen und das Protokoll (TCP, 6) enthält.

Die TCP-Prüfsumme ist 16 Bits lang und nicht optional. Der Absender muss die TCP-Prüfsumme berechnen und der Empfänger muss diese Prüfsumme kontrollieren. Wenn die Prüfsumme nicht gültig ist, wird das Paket verworfen. Der Absender erhält keinerlei Fehlermeldung.

Diese Eigenschaft wird sehr häufig verwendet, um Netzwerk Intrusion Detection-Systeme oder zustandsorientierte Paketfilter zu verwirren. Wenn diese Systeme versuchen, den Zustand der Verbindung zu überwachen, aber nicht die Prüfsumme testen, so besteht die Möglichkeit, weitere Pakete (z. B. RST-Pakete) einzuschleusen, die vom NIDS oder vom Paketfilter als gültige Pakete akzeptiert werden (und scheinbar die Verbindung abbrechen), aber vom echten Empfänger verworfen werden.

Urgent Pointer

TCP ist in der Lage, bestimmte Teile der Nachricht als wichtig zu kennzeichnen. Hierzu wird das URG-Flag in den TCP-Flags gesetzt. Zusätzlich wird der Urgent-Zeiger gesetzt. Der Urgent-Zeiger (oder Pointer) zeigt auf das Ende der wichtigen Informationen im aktuellen Segment.

Pakete, die das URG-Bit gesetzt haben, müssen vom Empfänger sofort bearbeitet werden. Dieses Paket sollte Vorrang vor allen weiteren Paketen in der Empfangswarteschlange haben.

Wenn der Urgent-Zeiger gesetzt, jedoch das URG-Bit gelöscht ist, muss das Paket wie ein normales Paket behandelt werden.

Optionen

Die bisher im TCP-Header spezifizierten Angaben genügen für eine erfolgreiche TCP-Verbindung. Jedoch werden häufig zusätzliche Optionen genutzt, um eine Anpassung der Eigenschaften zu ermöglichen.

TCP unterstützt die folgenden neun Optionen:

- `End of Option List`. Diese Option markiert das Ende der Optionen im TCP Header. Die Option ist acht Bits lang und hat den Typ 0.

- `No Operation`. Diese Option wird verwendet, um Bereiche zwischen den TCP-Optionen aufzufüllen. Es ist sinnvoll, dass einige Optionen auf einer 32-Bit-Grenze beginnen. Dann wird der Bereich zwischen diesen Optionen mit NOP aufgefüllt. NOP ist acht Bits lang und Typ 1.

- `Maximum Segment Size`. Diese Option (kurz: MSS) wird von den Endpunkten verwendet, um die Gegenseite über ihre MTU (Maximum Transmission Unit) beziehungsweise MRU (Maximum Receive Unit) zu informieren. Diese Funktion kann auch von Routern gesetzt werden. Netfilter besitzt zum Beispiel eine TCPMSS-Funktion. Dieser Austausch erfolgt lediglich bei der Synchronisation der Verbindung. Die MSS ist üblicherweise gleich der MTU minus 40 Bytes.

  Es handelt sich um eine Option von 32 Bit Länge und Typ 2. Wird keine MSS angegeben, so verlangt RFC 1122, dass als MSS 536 (IP-Default-Größe 576 - Header 40) verwendet wird.

- `Window Scale`. Hiermit ist es möglich, größere Empfangsfenster anzugeben als die üblichen 64 Kbyte. Maximal sind Fenster in der Größenordnung von 1 Gbyte möglich. Diese Option von Typ 3 ist drei Bytes lang. Das dritte Byte definiert den Maßstab des im Header angegebenen Empfangsfensters. Die Window Scale-Option darf lediglich in den beiden ersten Paketen ausgetauscht werden. Ansonsten wird sie ignoriert.

- `Selective Acknowledgment Permitted`. Bevor selektive Bestätigungen erlaubt sind, müssen beide Endpunkte sich darauf einigen. Die Option `Selective Acknowledgment Permitted` vom Type 4 ist 16 Bits lang. Sie muss ebenfalls in den ersten beiden TCP-Segmenten ausgetauscht werden. Später wird sie ignoriert.

- `Selective Acknowledgment Data`. Hiermit besteht für den Empfänger die Möglichkeit, einen unterbrochenen Strom von Daten zu bestätigen. Normalerweise kann der Empfänger nur das letzte Byte eines ununterbrochenen Datenstromes bestätigen. Dass der Empfänger bereits weitere Pakete erhalten hat, kann er dem Absender nicht mitteilen. Mit dieser Option `Selective Acknowledgment Data` vom Typ 5 und einer variablen Länge ist der Empfänger in der Lage, exakt ein fehlendes Segment nachzufordern und die bereits empfangenen diskontinuierlichen Segmente dem Absender mitzuteilen.

Diese Option darf in jedem TCP-Segment verwendet werden.

- `Timestamp`. Die Option `Timestamp` vom Typ 8 erlaubt den beiden Endpunkten, die Latenzzeit kontinuierlich zu messen. Diese Option mit einer Länge von zehn Bytes enthält die Zeitstempel beider Endpunkte in jedem Paket.

Diese Option darf in jedem TCP-Segment verwendet werden.

A.4.3 Fortgeschrittene Eigenschaften von TCP

Flusskontrolle

Wenn eine Anwendung unter Verwendung des TCP-Protokolls Daten versendet, so schreibt es die Daten in einen Sendepuffer. TCP wird in regelmäßigen Abständen die Daten dieses Sendepuffers in TCP-Segmenten versenden. Die Senderate wird hierbei ständig angepasst.

Ursprünglich wurde hierzu die Möglichkeit geschaffen, dass der Empfänger die Geschwindigkeit über sein Empfangsfenster *(Receive Window Sizing)* anpasst. Dazu übermittelt der Empfänger in jedem Paket die maximale Datenmenge, die er im Moment zu verarbeiten in der Lage ist. Der Sender darf nicht mehr Daten als die vorgeschriebene Menge übertragen. Anschließend muss der Sender zunächst auf eine Bestätigung des Empfangs und der Verarbeitung warten.

Das Empfangsschiebefenster *(Sliding Receive Windows)* erlaubt es dann dennoch dem Sender, einige weitere Pakete zu versenden, da der eine Bestätigung der bereits gesendeten Pakete in Kürze erwartet. Hierdurch ist ein wesentlich reibungsärmerer Austausch der Daten möglich.

Dies stellt jedoch eine rein vom Empfänger gesteuerte Flusskontrolle dar. Benötigt der Empfänger mehr Zeit zur Verarbeitung der Daten, so kann er sein Empfangsfenster verkleinern. Ist er in der Lage, die Daten schnell zu verarbeiten, so kann er es derartig vergrößern, dass die Geschwindigkeit nur noch durch das Netzwerk selbst gesteuert wird. Dies reicht jedoch nicht aus. Es ist auch eine durch den Sender gesteuerte Flusskontrolle sinnvoll.

Die vom Sender gesteuerte Flusskontrolle verwendet ein *Congestion Window* (Verstopfungsfenster), den langsamen Start *(Slow Start)* und die Verstopfungsvermeidung *(Congestion Avoidance)*.

Lediglich der Sender ist in der Lage, Verstopfungen zu erkennen. Hierzu existieren drei Möglichkeiten:

1. Der Sender erhält eine ICMP Source Quench-Meldung eines Routers. Dies zeigt an, dass der Router nicht in der Lage ist, die Pakete schnell genug zu verarbeiten.

2. Der Sender erhält mehrfache Acknowledgements mit identischer Acknowledgmentnummer. Man bezeichnet diese auch als doppelte Acknowledgements. Der Empfänger sendet ein Acknowledgment, wenn er ein weiteres Paket erhält. Wenn ihm jedoch ein Paket fehlt, so weisen alle diese Pakete dieselbe Acknowledgmentnummer auf. Die Acknowledgementnummer zeigt das nächste vom Empfänger erwartete Datenbyte an! Daher sind für den Sender doppelte Acknowledgements ein Hinweis, dass wahrscheinlich ein Paket zwischendurch verloren gegangen ist.

3. Der Sender erhält kein Acknowledgment innerhalb einer bestimmten Zeit (Acknowledgment Timer). Dies weist ebenfalls auf verloren gegangene Pakete hin.

Wenn nun der Sender weiterhin die Pakete mit gleicher Geschwindigkeit sendet, wird die Verstopfung bestehen bleiben und möglicherweise schlimmer werden. Es ist also erforderlich, dass der Sender reagiert und die Rate senkt, um die Verstopfung zu beheben und schließlich den alten Paketdurchsatz wieder zu erreichen.

Hierzu wird ein Congestion Window verwendet. Dieses definiert, wie viele Daten der Sender ohne eine Bestätigung der Gegenseite versenden darf. Zu Beginn weist dieses Fenster die gleiche Größe auf wie das Empfangsfenster (Receive Window). Dieses Fenster wird nun in Abhängigkeit von der Verstopfung reduziert.

• Wurden mehr als drei doppelte Acknowledgements erkannt, so wird das Congestion Window halbiert. Anschließend wird die Congestion Avoidance aktiviert. Diese vergrößert das Fenster wieder in sehr kleinen Schritten.

• Wurde eine Source Quench-Meldung erhalten oder fehlen Acknowledgments, so wird das Fenster so stark reduziert, dass jeweils nur ein Segment gesendet werden kann. Anschließend wird der Slow Start aktiviert.

Der Slow Start vergrößert das Congestion Window exponentiell. Würde das Congestion Window sofort wieder auf den Ausgangswert reinitialisiert, so würde die Verstopfung sofort wieder auftreten. Beim Slow Start wird das Congestion Window *für jedes* bestätigte Segment um *ein* weiteres Segment vergrößert. Diese Technik wird verwendet, wenn eine neue Verbindung aufgebaut wird und eine Verstopfung aufgetreten ist. Im Falle einer Verstopfung wird jedoch beim Erreichen des halbmaximalen Congestion Windows auf Congestion Avoidance umgeschaltet.

Congestion Avoidance stellt eine langsamere vorsichtigere Methode zur Vergrößerung des Congestion Windows dar. Wurden *alle* Pakete, die innerhalb eines Congestion Windows versandt wurden, bestätigt, so wird das Congestion Window um *ein* Segment vergrößert.

Zuverlässigkeit

Die Zuverlässigkeit ist eine der wichtigsten Eigenschaften des TCP-Protokolls. Daher soll hier kurz beschrieben werden, welche Mechanismen von TCP verwendet werden, um dies effizient garantieren zu können.

RFC 793 verlangt, dass TCP in der Lage ist, Daten, die beschädigt, verloren, dupliziert oder in falscher Reihenfolge übermittelt wurden, so zu handhaben, dass dies transparent für die Anwendung erfolgt. Um dies Ziel zu erreichen, verwendet TCP Prüfsummen, Sequenznummern, Acknowledgmentnummern und Zeitgeber.

Die TCP-Prüfsummen ähneln den UDP-Prüfsummen. Im Gegensatz zu UDP sind sie bei TCP jedoch obligatorisch. Hierbei werden zusätzlich zum TCP-Header und zu Daten die IP-Adressen und das IP-Protokoll zur Ermittlung der Prüfsumme verwendet. Diese Prüfsumme garantiert die fehlerfreie Übertragung der Daten.

Die Sequenznummern ermöglichen es dem Empfänger, die Daten in der richtigen Reihenfolge zu verarbeiten, auch wenn die Daten möglicherweise in einer anderen Reihenfolge erhalten wurden. Jedes übertragene Byte besitzt seine eigene eindeutige Sequenznummer. Diese Sequenznummern erlauben auch die Erkennung duplizierter Informationen, da diese identische Sequenznummern aufweisen. Um eine Störung durch veraltete Pakete beim Empfang zu vermeiden, sollte der Empfänger nur Pakete mit Sequenznummern verarbeiten, die seinem Empfangsfenster (Receive Window) entsprechen.

Die Acknowledgmentnummern erlauben es dem Absender, den korrekten Empfang der gesendeten Daten zu prüfen. Der Empfänger bestätigt den Empfang der Daten und bestätigt, dass er in der Lage ist, weitere Daten zu verarbeiten. Wurden gesendete Daten nicht mit der entsprechenden Acknowledgmentnummer bestätigt, so werden diese Daten nach Ablauf des entsprechenden Zeitgebers erneut versendet.

Da häufig nur wenige Pakete verloren gehen, wurde mit dem RFC 1072 die Möglichkeit geschaffen, selektive Bestätigungen *(Selective Acknowledgments)* zu versenden. Meist hat der Empfänger bereits zehn Segmente erhalten, jedoch fehlt das erste Segment. Ein klassisches Verhalten des Empfängers, bei dem dieser mehrfach nur dieselbe Acknowledgmentnummer versendet, führt häufig dazu, dass sämtliche Pakete erneut versendet werden. Dies ist jedoch nicht erforderlich und beinträchtigt die Bandbreite. Die Selective Acknowledgements erlauben es mithilfe der TCP-Option *Selective Acknowledgement*, trotz doppelter Acknowledgementnummern weitere Segmente selektiv zu bestätigen.

Wenn der Datendurchsatz sehr hoch ist, ist es sinnvoller, nicht jedes Paket zu bestätigen, sondern die Bestätigung verzögert zu versenden *(Delayed Acknowledgments)*. Hierbei wird nur der Empfang jedes zweiten oder dritten Paketes bestätigt. Dies stellt kein Problem dar, da ein Acknowledgment bedeutet, dass alle Daten bis zu dieser Acknowledgmentnummer empfangen wurden.

A.5 Explicit Congestion Notification

TCP kann bereits sehr gut mit einer Netzwerkverstopfung umgehen und trotz Verstopfung die Datenübertragung zuverlässig garantieren. Jedoch kann es weiterhin zu einer Verstopfung und damit auch zu einer Verzögerung der Übertragung kommen. Die *Explicit Congestion Notification* (ECN) versucht nun, dies zu verhindern, indem die Kommunikationspartner bereits vor dem Auftreten der Verstopfung gewarnt werden und dem Entstehen entgegenwirken können.

Die Erweiterung des IP-Protokolls um die Explicit Congestion Notification wird in RFC 3168 beschrieben. Linux ist eines der ersten Betriebssysteme, die dieses RFC umgesetzt haben. Es beschreibt die notwendigen Modifikationen des IP- und des TCP-Protokolls zur Umsetzung von ECN.

Die bisher besprochenen Verfahren des TCP-Protokolls zur Vermeidung einer Netzwerkverstopfung gehen davon aus, dass es sich beim Netzwerk um eine Black Box handelt. Das Netzwerk selbst ist nicht in der Lage, eine Verstopfung anzuzeigen. Die Verstopfung zeichnet sich dadurch aus, dass keine Pakete mehr transportiert werden.

Moderne Netzwerke und ihre Komponenten sind jedoch wesentlich intelligenter und sehr wohl in der Lage, eine Verstopfung bereits in ihrem Entstehen zu erkennen. Ein Router ist bei aktiver Verwaltung *(Random Early Detection, RED)* seiner Warteschlangen in der Lage, eine Verstopfung zu erkennen, bevor die Warteschlange überläuft und der Router die Pakete verwerfen muss. Er ist in der Lage, diese Informationen an die Endpunkte einer Kommunikation zu übermitteln, wenn die Protokolle dies vorsehen und verstehen. Dies erfolgt durch die Angabe *Congestion Experienced (CE)*.

Damit dies möglich ist, müssen das IP-Protokoll und das Transport-Protokoll (TCP) dies auch unterstützen. Hierzu werden im IP-Header ein ECN-Feld und in dem TCP-Header zwei neue ECN-Flags definiert. Diese Definition erlaubt eine fließende Migration, da diese Felder von Systemen, die nicht ECN-fähig sind, ignoriert werden. Leider werden Pakete, die diese Felder verwenden, von vielen Firewalls und Netzwerk Intrusion Detection-Systemen noch als gefährlich eingestuft.

Das ECN-Feld im IP-Header ist zwei Bits lang. Ist dieses Feld gelöscht, so ist der Absender des Paketes nicht ECN-fähig. Tragen die beiden Bits den Wert 01 oder 10, so ist der Absender des Paketes ECN-fähig. Trägt dieses Feld den Wert 11, so hat ein Router dies gesetzt, da er eine Congestion bemerkt hat: Congestion Experienced. Das ECN-Feld entspricht den bisher ungenutzten Bits 6 und 7 des Type-Of-Service-Feldes. Das ehemalige Verwendung des Type-Of-Service-Feldes wird nun durch die Differentiated Services ersetzt. Diese nutzen die Bits 0 bis 5 dieses Feldes.

Erhält ein Endpunkt ein Paket, bei dem *Congestion Experienced (CE)* gesetzt ist, so muss dieser Endpunkt sich so verhalten, als ob das Paket verloren gegangen wäre. Im Falle von TCP muss das TCP-Protokoll das Congestion Window halbieren.

ECN benötigt eine Unterstützung durch das Transport-Protokoll. Dieses muss zunächst die ECN-Fähigkeit der Endpunkte aushandeln. Anschließend sollten die Endpunkte jeweils Informationen über CE-Pakete austauschen.

Insgesamt sind drei Funktionalitäten für ECN in TCP erforderlich. Hierbei handelt es sich um die Aushandlung der ECN-Fähigkeit zwischen den beiden Endpunkten. Zusätzlich ist ein ECN-Echo erforderlich, mit dem der Empfänger eines CE-Paketes dem Absender diese Tatsache mitteilt, und ein Congestion Window Reduced-(CWR-)Flag, mit dem der Absender dem Empfänger mitteilt, dass das Congestion Window reduziert wurde.

Diese Fähigkeiten werden in TCP mit zwei neuen Flags realisiert. Hierbei handelt es sich um zwei bisher reservierte Bits im TCP-Header. Das Bit 9 der Bytes 13 und 14 im TCP-Header ist das ECN-Echo-Bit (ECE). Das CWR-Bit ist das Bit 8 im TCP-Header. Abbildung A.6 zeigt den veränderten Header.

Header-Länge 4 Bit	Reserviert 4 Bit	C W R	E C E	U R G	A C K	P S H	R S T	S Y N	F I N

Abbildung A.6:   ECN-Header

Während des Verbindungsaufbaus sendet ein ECN-fähiger Rechner nun ein TCP-SYN-Paket, bei dem das ECE- und das CWR-Bit gesetzt sind. Ein ECN-fähiger Rechner kann dies mit einem TCP-SYN/ACK-Paket, bei dem das ECE-Bit gesetzt und das CWR-Bit gelöscht ist, beantworten. Anschließend kann ECN genutzt werden.

Weitere Informationen befinden sich im RFC 3168. Für die Intrusion Detection ist nun wichtig, zu erkennen, dass derartige Pakete nicht grundsätzlich als fehlerhaft und gefährlich einzustufen sind. Wenn die gesamte TCP-Kommunikation überwacht wird, lässt sich während des Verbindungsaufbaus der Austausch der ECN-Informationen überwachen.

Der Linux-Kernel bietet die Möglichkeit, die ECN-Funktionalität ein- oder abzuschalten. Um die Funktionalität einzuschalten, genügt:

```
# sysctl -w net.ipv4.tcp_ecn=1
```

Das Abschalten erfolgt über die Zuweisung einer 0.

A.6 ICMP

IP ist ein Protokoll, welches die Zustellung des Paketes nicht garantiert. Dies ist die Aufgabe der höheren Protokolle. Diese müssen bei Verlust eines Paketes dies bemerken und das Paket erneut senden. Jedoch können Situationen auftreten, in denen kein Paket zum Ziel übertragen wird. In diesem Fall sollte der Absender informiert werden, um dauernde Neuübertragungen zu vermeiden oder um die Pakete modifiziert zu versenden. Es ist die Aufgabe des Internet Control Message Protocol (ICMP, RFC 792, STD 5), diese Informationen zu übertragen.

> **ACHTUNG**
>
> ICMP kann eingesetzt werden, um das Betriebssystem eines Rechners zu bestimmen. Ofir Arkin und Fyodor Yarochkin haben das Werkzeug *X* entwickelt, welches mit einigen wenigen ICMP-Paketen und den Antworten ermitteln kann, mit welchem Betriebssystem es sich gerade unterhält. Das Werkzeug und Whitepapers sind verfügbar unter *http://www.sys-security.com/html/projects/X.html*.

ICMP ist das IP-Protokoll Nummer eins. Es wird in einem IP-Datagramm übertragen. Der ICMP Header besteht aus dem acht Bit langen ICMP Type-Feld, dem acht Bit langen ICMP Code-Feld und einer 16 Bit langen Prüfsumme. Anschließend können Daten in Abhängigkeit vom Typ und Code angehängt werden.

Die folgenden ICMP-Typen und -Codes sind definiert:

```
Nachricht                              Type   Code
Echo reply                              0      0
Destination unrechable                  3
   Network unreachable                  3      0
   Host unreachable                     3      1
   Protocol unreachable                 3      2
   Port unreachable                     3      3
   Fragmentation needed but DF set      3      4
   Source route failed                  3      5
   Destination network unkown           3      6
   Destination host unkown              3      7
   Source host isolated (obsolete)      3      8
   Destination network admin. prohibited 3     9
   Destination host admin prohibited    3      10
   Network unreachable for TOS          3      11
   Host unreachable for TOS             3      12
   Communication admin prohibited       3      13
   Host precedence violation            3      14
   Precedence cutoff in effect          3      15
Source quench                           4      0
Redirect                                5
```

```
      Redirect for network              5      0
      Redirect for host                 5      1
      Redirect for TOS and network      5      2
      Redirect for TOS and host         5      3
Echo request                            8      0
Router advertisment                     9      0
Router solicitation                    10      0
Time exceeded                          11
      Time exceeded during transit     11      0
      Time exceeded during reassembly  11      1
Parameter problem                      12
      IP header bad                    12      0
      Required option missing          12      1
Timestamp request                      13      0
Timestamp reply                        14      0
Information request (obsolete)         15      0
Information reply   (obsolete)         16      0
Address mask request                   17      0
Address mask reply                     18      0
```

Die wichtigsten dieser Nachrichten sollen im Weiteren erläutert werden.

A.6.1 Destination Unreachable

Destination Unreachable ist eine der wichtigsten ICMP-Nachrichten. Sie wird verwendet, um dem Absender mitzuteilen, dass der Empfänger nicht erreichbar ist. Diese Nachricht verwendet verschiedene Subtypen, die über den ICMP-Code unterschieden werden.

Die häufigsten Subtypen sind: *Network Unreachable*, *Host Unreachable* und *Port Unreachable*. Die Nachricht *Network Unreachable* wird versendet, wenn ein Router keine Route für das Zielnetzwerk kennt. Die Nachricht *Host Unreachable* wird vom letzten Router versendet, wenn er den Zielrechner nicht erreichen kann (z. B. weil er ausgestellt ist). *Port Unreachable* wird vom Zielrechner verwendet, wenn das Paket versucht, einen nicht existenten UDP-Dienst auf dem Zielrechner anzusprechen. Handelt es sich um einen TCP-Dienst, so versendet der Zielrechner ein TCP Reset-Paket (siehe TCP).

Firewalls in Form eines Paketfilters verwenden ebenfalls häufig diese Meldungen, um einen Zugriff auf bestimmte Rechner und Dienste abzulehnen. Einfache Paketfilter können so auch erkannt werden, da sie häufig TCP-Anfragen mit einem *ICMP Port Unreachable* beantworten. Das Zielsystem hätte ein TCP Reset geschickt.

Die Meldung *Fragmentation Needed but DF Bit set* wird verwendet, wenn ein Router das Paket nicht weiter senden kann, da es für das nächste Netzwerk zu groß ist. Zusätzlich wird dann die MTU des nächsten Netzwerkes mit der Fehlermeldung übertragen. Diese Fehlermeldung wird von der *Path Maximum Trans-*

mission Unit Discovery (Path MTU Discovery) eingesetzt. Hierbei versucht das Betriebssystem eine Fragmentierung der Pakete zu vermeiden, indem es zunächst die MTU für den gesamten Pfad ermittelt. Anschließende Pakete werden dann mit dieser PMTU versand.

Damit der Empfänger der Fehlermeldung Destination Unreachable erfährt, auf welches Paket sich die Fehlermeldung bezieht, enthält diese den IP-Header des originalen Paketes mit den ersten acht folgenden Bytes des Paketes. Dies erlaubt eine eindeutige Zuordnung des Paketes durch den Empfänger.

> **ACHTUNG**
> Viele Paketfilter erlauben die Definition einer Network Address Translation. Das bedeutet, dass die Adressen der Pakete im IP-Header modifiziert werden. Einige Paketfilter kontrollieren jedoch nicht die IP-Adressen, die im IP-Header enthalten sind, der in der ICMP-Meldung eingebettet ist. So können private IP-Adressen nach außen gelangen!

A.6.2 Source Quench

Dies ist eine sehr einfache Fehlermeldung. Mit ihr teilt der Absender mit, dass er die Pakete nicht schnell genug verarbeiten kann und einige Pakete verwerfen muss. Diese Meldung wurde früher auch von Routern versendet. Diese verwenden jedoch heutzutage modernere Quality of Service-Funktionen. Source Quench-Meldungen tauchen daher nur noch recht selten auf.

> **ACHTUNG**
> Source Quench-Meldungen können für einen Denial of Service-Angriff genutzt werden, wenn sie geeignet gespooft werden.

A.6.3 Time Exceeded

Die Time Exceeded-Meldungen werden in erster Linie heute vom Werkzeug *traceroute* verursacht. Dieses Werkzeug versendet Pakete mit steigendem Time To Live-(TTL-)Wert an den Empfänger. Die Router, über die die Pakete zum Ziel transportiert werden, werden die entsprechenden Pakete verwerfen und Fehlermeldungen mit ihrer Absender-IP-Adresse zurücksenden. So kann der Weg des Paketes rekonstruiert werden.

Es existieren zwei wesentliche Varianten dieses Programmes Traceroute: *traceroute* (UNIX) und *tracert.exe* (Microsoft Windows). Diese Programme versenden unterschiedliche Pakete. *tracert.exe* versendet jeweils drei Echo-Request-Pakete und die Ziel-IP-Adresse mit identischer TTL und inkrementiert dann den TTL-Wert. Die Rücklaufzeit der Pakete wird gemessen und angezeigt. Das UNIX-Programm *traceroute* versendet UDP-Pakete an die Ports 33434 ff. Hierbei werden ebenfalls immer drei Pakete mit identischer TTL an einen Port gesendet. Jedes Mal, wenn das Programm die TTL inkrementiert, wird auch der Port inkrementiert.

A.6.4 Redirect

Die Redirect-Nachrichten werden von einem Router versendet, der den Absender eines Paketes über einen kürzeren Pfad informieren möchte. Router können ihre Routing-Tabellen dynamisch untereinander mit dem Routing Information Protocol (RIP) austauschen. Hierdurch kennt ein Router alle weiteren Router und sämtliche möglichen Routen. Erhält ein Router nun ein Paket und stellt fest, dass sich in demselben Netzwerk ein weiterer besser geeigneter Router befindet, so übermittelt er diese Information an den Client. Der speichert die Information in seinem Routing-Cache ab und wird das nächste Paket direkt an diesen geeigneteren Router versenden. Der Routing-Cache kann unter Linux mit dem Befehl `route -Cn` betrachtet werden.

> **ACHTUNG**
> Redirect-Meldungen können verwendet werden, um Router zu spoofen. Wenn ein Netzwerk keine dynamische Routing-Protokolle einsetzt, sollten derartige Meldungen starkes Misstrauen hervorrufen. Unter Linux kann die Annahme derartiger Meldungen mit der Kernel-Variablen `/proc/sys/net/ipv4/conf/*/accept_redirects` abgestellt werden.

A.6.5 Parameter Problem

Die Fehlermeldung Parameter Problem ICMP wird versendet, wenn das IP-Datagramm selbst Fehler aufweist. Meistens wurde eine IP-Option falsch verwendet. Da die meisten IP-Implementierungen inzwischen jedoch recht ausgereift sind, kommen diese Fehlermeldungen eigentlich nur noch gehäuft vor, wenn Pakete manuell fehlerhaft konstruiert werden.

A.6.6 Echo-Request und Reply

Echo-Request und -Reply sind die ICMP-Nachrichten, die vom Kommando `ping` verwendet werden. Hierbei sendet ein Rechner den ICMP Echo-Request. Der Empfänger antwortet auf jedes Echo-Request-Paket mit einem Echo-Reply-Paket. Um die Pakete voneinander trennen zu können, enthalten sie eine eindeutige Identifikationsnummer und eine Sequenznummer. Die Identifikationsnummer wird verwendet, um die Pakete mehrerer gleichzeitiger `ping`-Aufrufe voneinander zu trennen. Die Sequenznummer wird für jedes versandte Paket inkrementiert und identifiziert die einzelnen Pakete. Dies erlaubt die eindeutige Zuordnung eines Reply-Pakets zu dem Request-Paket und die Ermittlung der Übertragungszeit.

Die meisten Implementierungen des `ping`-Kommandos erlauben es, die Anzahl der zu übertragenen Bytes und den Inhalt zu definieren. So kann unter Linux mit der Option `-p` ein Muster (Pattern) definiert und mit der Option `-s` die Größe angegeben werden. Werden diese Informationen nicht modifiziert, so erlaubt häufig die Größe und der Inhalt des Paketes einen Rückschluss auf das sendende Betriebssystem.

Eine weitere Option, die vor allem in UNIX-Implementierungen des Befehls existiert, ist `-b`. Diese erlaubt ein Broadcast Ping. Hierbei werden die Echo-Request-Pakete an eine Broadcast-Adresse gesendet. Üblicherweise antworten sämtliche UNIX- und Linux-Rechner auf eine derartige Anfrage. In der Vergangenheit konnten hiermit Denial of Service-Angriffe erzeugt werden. Der Angreifer spoofte ein Echo-Request-Paket und sendete es an eine Broadcast-Adresse. Sämtliche Rechner antworteten und schickten ihre Antwort an den gespooften Rechner. Wurden hierzu Netzwerke mit mehreren hundert Rechnern verwendet, konnte der gespoofte Rechner häufig überflutet werden. Heute existieren kaum noch Netzwerke, die diese Pakete, welche an die Broadcast-Adresse gerichtet sind, hineinlassen. Dieser Angriff ist berühmt geworden unter dem Namen SMURF. Die Netzwerke bezeichnet man als SMURF Amplifier-Netzwerk (Verstärker). Informationen hierzu finden sich zum Beispiel unter: *http://www. powertech.no/smurf/*.

Ping-Pakete sind in modernen Netzwerken vollkommen normal. Das Vorkommen lediglich von Echo-Reply-Paketen sollte jedoch die Aufmerksamkeit erregen. Hierbei könnte es sich um einen Tunnel handeln.

A.6.7 Address Mask Request und Reply

Diese beiden Nachrichten können verwendet werden, um die Subnetzmaske eines Rechners zu ermitteln. Diese Nachrichten verwenden ähnlich dem Echo eine Identifikationsnummer und eine Sequenznummer, um die Nachrichten zuordnen zu können.

Diese Anfragen werden häufig verwendet, um herauszufinden, ob ein bestimmter Rechner erreichbar ist und welche Adressmaske er verwendet. Leider existiert kein klassisches Kommandozeilenwerkzeug für die Erzeugung der Anfrage. Ein Werkzeug, welches jedoch genutzt werden kann, ist *icmpquery*. Dieses Werkzeug ist erhältlich unter *http://www.angio.net/security/*. Hiermit können Rechner erreicht werden, bei denen ein Ping durch einen Firewall blockiert wird. Linux reagiert auf einen Address Mask Request nicht.

A.6.8 Timestamp Request und Reply

Diese Meldungen sind in der Lage, die Latenz des Netzwerkes zu messen. Hierzu ist es jedoch erforderlich, dass sowohl Absender als auch Empfänger synchrone Uhrzeiten verwenden. Ähnlich den Echo-Meldungen und den Address Mask-Meldungen verwenden diese Meldungen auch eine Identifikationsnummer und eine Sequenznummer, um die Pakete zuordnen zu können. Ein Werkzeug, welches in der Lage ist, diese Meldungen zu erzeugen, ist *icmpquery*. Es wurde bereits bei den Address Mask-Meldungen erwähnt. Der Linux-Kernel 2.4 reagiert auf eine derartige Anfrage nicht mehr. Der Linux-Kernel 2.2 beantwortet diese Anfrage.

A.6.9 Router Solicitation und Advertisement

Wenn ein Netzwerkgerät, welches das Router Discovery-Protokoll unterstützt, eingeschaltet wird, sendet es eine Router Solicitation-Meldung. Alle weiteren Router in demselben Netzwerk antworten mit einer Router Advertisement-Nachricht. Damit alle Router die Solicitation-Nachricht erhalten, wird diese entweder an die Broadcast-Adresse *255.255.255.255* oder die *All-Routers* Multicast-Adresse *224.0.0.2* gesendet. Alle Router antworten auf diese Anfragen mit einem Unicast-Paket. Zusätzlich versenden die Router regelmäßig ohne Aufforderung Router Advertisement-Meldungen an die Adresse *224.0.0.1*.

A.7 ARP

Wenn zwei IP-fähige Netzwerkgeräte sich in einem lokalen Netz unterhalten möchten, so müssen sie zunächst ihre Hardware-Adressen austauschen. Die tatsächliche Kommunikation erfolgt nicht auf der Basis der IP-Adressen, sondern dieser Hardware-Adressen. Für das Medium Ethernet wurde das Address Resolution Protocol (ARP) entwickelt. Dieses Protokoll wurde inzwischen auf die meisten anderen Netzwerkmedien portiert. Es erlaubt einem Netzwerkgerät eine Anfrage (ARP Request) zu senden, die von der entsprechenden Gegenstelle mit einer Antwort (ARP Reply) beantwortet wird.

ARP-Pakete werden auf der Data-Link-Schicht versendet. Das ist dieselbe Schicht, die von IP-Paketen genutzt wird. ARP-Pakete sind also unabhängig von IP-Paketen.

ARP-Anfragen werden üblicherweise an alle Rechner eines Netzes versandt. Die Zieladresse des Paketes ist daher *ff:ff:ff:ff:ff:ff*. Dies ist die Ethernet Broadcast-Adresse. Alle Rechner des Netzes verarbeiten das Paket. Es antwortet aber nur derjenige Rechner, der die richtige IP-Adresse besitzt.

Die Ergebnisse dieser Anfragen werden von den Rechnern in einem ARP-Cache zwischengespeichert. Das Verhalten des ARP-Caches wird unter Linux über das *sysctl*-Interface in */proc/sys/net/ipv4/neigh/*/* gesteuert. Die Manpage des ARP-Kernel-Moduls *arp (7)* gibt nähere Auskunft über die Werte. Der Inhalt des ARP-Caches kann mit dem Befehl arp angezeigt werden:

```
# tcpdump -np arp
tcpdump: listening on eth1
15:22:23.374171 0:10:a4:c3:26:cb Broadcast arp 42: arp who-has 192.168.0.101 tell
```

```
192.168.0.202
15:22:23.374625 0:e0:7d:7d:70:69 0:10:a4:c3:26:cb arp 60: arp reply 192.168.0.101
is-at 0:e0:7d:7d:70:69
Ctrl-C
# arp -an
? (192.168.0.1) auf 00:50:BF:11:23:DF [ether] auf eth1
? (192.168.0.101) auf 00:E0:7D:7D:70:69 [ether] auf eth1
```

Der Linux-Kernel kann maximal 1.024 Einträge in seinem Cache verwalten.

ACHTUNG: ARP-Spoofing

ARP führt keine Authentifizierung durch. ARP-Antworten können daher gefälscht werden. Viele Betriebssysteme verarbeiten alle ARP-Antworten, die sie sehen, ohne dass sie jemals eine ARP-Anfrage gesendet hätten. Des Weiteren gibt es die Möglichkeit des so genannten *Gratuitous ARP*. Hierbei aktualisiert der Empfänger einen bereits vorhandenen Eintrag. Weitere Informationen zum Thema ARP Spoofing finden Sie auf S. 257 im Exkurs zu »ARP-Spoofing«.

Anhang B

Typische Netzwerkangriffe

Dieses Kapitel stellt einige typische Angriffe und ihre Funktionsweise vor. Es soll bei der Erkennung und dem Verständnis typischer Angriffssituationen helfen. Zusätzlich soll die Besprechung der Angriffe die Informationen des vorangegangenen Anhangs zu »Netzwerkgrundlagen« wiederholen und verdeutlichen. Diese Angriffe werden nicht so ausführlich besprochen und analysiert wie im Kapitel »Netzwerkanalysen«. Hiermit wird keine Hacking-Anleitung gegeben, sondern es sollen lediglich die üblichen Angriffe zum besseren Verständnis erklärt werden.

B.1　Firewalking

Firewalking　(*http://www.packetfactory.net/Projects/Firewalk/firewalk-final.html*) ist eine alte Methode, bei der ein Angreifer versucht, mit einem *traceroute*-ähnlichen Werkzeug die Regeln einer Firewall zu ermitteln. Hiermit besteht die Möglichkeit, die Pakete, die eine Firewall passieren können, zu bestimmen und die Router hinter der Firewall zu kartieren. Dies erfolgt, ohne dass die Pakete von den eigentlichen Zielrechnern protokolliert werden.

Hierzu werden die Pakete so an die entsprechenden Ports der Zielrechner versandt, dass diese Pakete die Zielrechner nicht erreichen können, sondern vorher von der Firewall selbst oder von einem weiteren Router verworfen werden müssen. Dies erfolgt über eine entsprechende Modifikation des Time to Live-Wertes.

Der Angreifer ist in der Lage, die internen Router zu kartieren und zu ermitteln, welche Pakete die Firewall passieren können, ohne dass der Zielrechner diese Untersuchung protokollieren kann.

Dieser Angriff hat heutzutage kaum noch von Bedeutung, da zum einen die meisten Firewalls ICMP Time Exceeded-Meldungen nicht nach außen passieren lassen und zusätzlich die Firewall oder das Netzwerk Intrusion Detection-System diese Aktivitäten auch protokollieren.

B.2　SYN-Flood

Der SYN-Flood ist ein Angriff, bei dem ein einfacher Paketfilter oder ein Netzwerk Intrusion Detection-System nicht in der Lage ist, einen Schutz zu bieten oder bei der Verarbeitung des Angriffes zu helfen.

Ein SYN-Flood stellt einen Denial of Service-Angriff dar. Hierbei versucht der Angreifer einen Dienst auszuschalten. Dies erfolgt, indem das TCP-Protokoll auf dem angegriffenen Rechner mit Anfragen überlastet wird.

Bei der Besprechung des TCP-Protokolls wurde der TCP Handshake vorgestellt. Bei ihm wird ein TCP-SYN-Paket an einen Server gesendet. Der Server antwortet auf dieses Paket mit einem SYN/ACK-Paket. Damit sich der Server später an diesen Verbindungsaufbau erinnern kann, speichert er die Verbindungsinformationen in einer Tabelle ab, in der alle schwebenden Verbindungen vorgehalten werden (Pending Connections). Sobald das dritte Paket, das TCP-ACK-Paket des Clients, erhalten wird, erhält die Verbindung den Status einer aufgebauten Verbindung und wird aus der Pending Connections-Tabelle gelöscht und in der Tabelle der aufgebauten Verbindungen (Established Connections) eingetragen.

Bei einem SYN-Flood überflutet der Angreifer den Server mit einer Vielzahl von TCP-SYN-Paketen. Hierbei fälscht der Angreifer zufällig die Absenderadresse der Pakete. Sinnvoll sind hier Absenderadressen von nicht existenten Rechnern. Der Server wird auf alle TCP-SYN-Pakete mit einem TCP-SYN/ACK-Paket antworten und diese Verbindungen in die Pending Connections-Tabelle eintragen. Diese Tabelle weist jedoch (ähnlich allen anderen Tabellen in Computern) nur eine begrenzte Größe auf. Sendet der Angreifer mehr Pakete, als Verbindungen in dieser Tabelle gespeichert werden können, so muss der Server Verbindungen aus dieser Tabelle zu löschen.

Erfolgt gleichzeitig zum SYN-Flood ein korrekter Verbindungsaufbau durch einen echten Client, so kann der Server nicht zwischen dieser Verbindung und den Verbindungen des Angreifers unterscheiden. Sendet der Angreifer so schnell die TCP-SYN-Pakete, dass der Server auch die echte Verbindung aus der Tabelle der Pending Connections entfernen muss, bevor das dritte Paket des TCP Handshakes vom Client empfangen wird, so wird der Server dieses Paket zurückweisen, da er keine Informationen über die Verbindung mehr besitzt. Die Verbindung wird abgebrochen und der Dienst steht nicht mehr zur Verfügung.

Die meisten TCP-Implementierungen brechen ab 100 TCP-SYN-Paketen pro Sekunde zusammen. Linux bietet die SYN-Cookies. Diese erlauben immer noch einen Verbindungsaufbau bei 15.000 SYN-Paketen pro Sekunde. Hierbei wird die Tabelle der Pending Connections ignoriert und lediglich auf Basis der Sequenznummer über einen Verbindungsaufbau entschieden. Die Funktionsweise wird in Anhang A im Abschnitt A.4 ab S. 541 beschrieben.

B.3   Spoofing

Spoofing bezeichnet Angriffe, bei denen der Angreifer bestimmte Informationen fälscht. Meist erfolgt dies, um die Identität eines anderen Rechners anzunehmen. Drei verschiedene Arten des Spoofings werden heute durchgeführt. Hierbei handelt es sich um:

- **IP-Spoofing.** Der Angreifer fälscht seine Absender-IP-Adresse. Hiermit kann er die Identität eines anderen Rechners annehmen. Dies erfolgt, um entweder seine Spuren zu verwischen oder um Vertrauensstellungen zwischen gewissen Rechnern auszunutzen.

- **ARP-Spoofing** Dies wird besonders von Angreifern in geswitchten Netzen eingesetzt, um trotz des Einsatzes eines Switches weiterhin sämtliche ausgetauschten Pakete zu protokollieren. Hierbei werden ARP-Antworten gefälscht. Außerdem wird es für ein TCP-Session Hijacking verwendet (s.u.).

• **DNS-Spoofing** Hierbei fälscht ein Angreifer die Zuordnung eines DNS-Namens zu einer IP-Adresse, indem er die Antwort eines DNS-Servers fälscht.

B.3.1 IP-Spoofing

Dies ist die älteste Variante des Spoofings. Hierbei täuscht der Angreifer eine andere IP-Adresse als Absender vor. Dies wird zum Beispiel beim SYN-Flood verwendet, um die eigenen Spuren zu verwischen.

Das IP-Spoofing kann jedoch auch für einen direkten Angriff genutzt werden. Bei der Betrachtung des ICMP-Protokolls wurde der SMURF-Angriff erwähnt. Hierbei sendet der Angreifer ein ICMP Echo-Request-Paket an die Broadcast-Adresse eines Netzwerkes. Sämtliche UNIX-Rechner dieses Netzwerkes reagieren mit einem ICMP Echo-Reply-Paket. Der Angreifer erhält hiermit also eine Multiplikation seiner Pakete. Fälscht der Angreifer nun die Absenderadresse so, dass sie die IP-Adresse des anzugreifenden Rechners darstellt, antworten alle UNIX-Rechner bei einem Broadcast Ping an diesen Rechner. Erfolgt dies häufig genug, so besteht die Möglichkeit, die Netzwerkverbindung des angegriffenen Rechners zu überlasten.

Schließlich kann das IP-Spoofing auch verwendet werden, um Vertrauensstellungen zwischen Rechnern auszunutzen. Das UDP-Protokoll bietet keinen Schutz vor gespooften Paketen, da es nicht verbindungsorientiert arbeitet. Bei einer TCP-Verbindung genügt nicht das Fälschen der IP-Adresse. Der Angreifer muss darüber hinaus auch den TCP Handshake und die Sequenz- und Acknowledgementnummern spoofen (siehe Mitnick-Angriff in Abschnitt B.4, »Mitnick-Angriff« ab Seite 567).

Erlaubt zum Beispiel ein Syslogd-Server die Protokollierung von Meldungen mit dem UDP-Protokoll nur bestimmten IP-Adressen, so genügt es in diesem Fall, wenn der Angreifer die IP-Adresse entsprechend fälscht. Das Paket wird dann akzeptiert und die Meldung dementsprechend protokolliert, als käme sie von dem korrekten Rechner.

B.3.2 ARP-Spoofing

Beim ARP-Spoofing verfolgt der Angreifer entweder das Ziel, ein TCP-Session Hijacking durchzuführen (s.u.) oder in einer Umgebung, die durch einen Switch kontrolliert wird, dennoch einen Netzwerksniffer einzusetzen.

Der zweite Angriff soll hier ein wenig ausführlicher betrachtet werden.

Wenn zwei Netzwerkgeräte sich mit dem IP-Protokoll unterhalten möchten, so benötigen sie in einem Ethernet-Netzwerk für die eigentliche Kommunikation zunächst auch noch die Ethernet-MAC-Adressen. Hierfür ist das ARP-Protokoll zuständig. Der Rechner, der ein IP-Paket an die IP-Adresse des Zielsystems senden möchte, sendet zunächst einen ARP Request, um die dazugehörige MAC-

Adresse zu ermitteln. Anschließend sendet er das IP-Paket an die IP-Adresse des Zielsystems und den Ethernet-Rahmen an die MAC-Adresse des Zielsystems.

Wird aus Geschwindigkeitsgründen in diesem Netzwerk ein Switch eingesetzt, so wird dieser zunächst den ARP Request, da dieser an die Broadcast-Ethernet-Adresse gerichtet ist, an alle angeschlossenen Geräte weiterleiten. Der anschließend versandte Ethernet-Rahmen mit IP-Paket wird jedoch vom Switch nur an das tatsächliche Ziel versandt. Um dies zu ermöglichen, besitzt der Switch eine Liste, in der alle angeschlossenen Geräte mit dem Port, an dem sie angeschlossen sind, und ihren MAC-Adressen abgespeichert sind.

Bei dem ARP-Spoofing-Angriff (Abbildung B.1), fälscht der Angreifer (Laptop) den ARP-Reply.

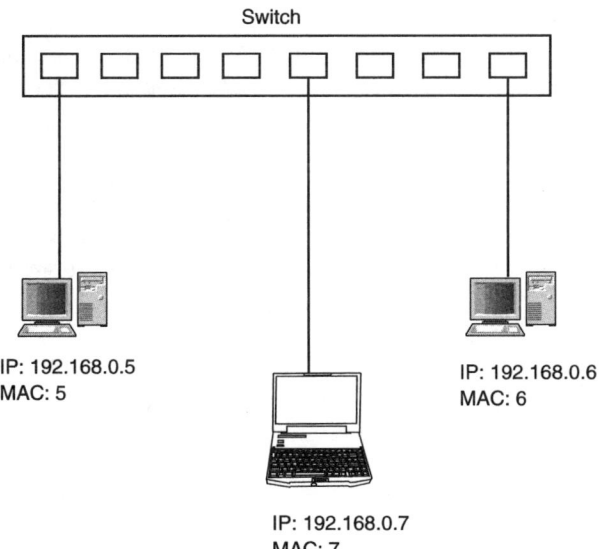

Abbildung B.1:   ARP-Spoofing bei einem Switch

1. Der Rechner *192.168.0.5* möchte ein Paket an den Rechner *192.168.0.6* senden. Er sendet einen ARP Request: Welche MAC-Adresse hat der Rechner *192.168.0.6?*

2. Der Angreifer beantwortet diese Anfrage nun. Hierzu fälscht er die Antwort, indem er Folgendes sendet: Der Rechner mit der IP-Adresse 192.168.0.6 besitzt die MAC-Adresse 7.

3. Der Rechner *192.168.0.5* sendet nun sein IP-Paket an: Ziel-IP: *192.168.0.6*; Ziel-MAC: 7. Der Switch ist nicht in der Lage, die IP-Adressen zu lesen. Er arbeitet lediglich auf der Ebene der MAC-Adressen. Er schlägt in seiner Tabelle nach und stellt fest, dass das Netzwerkgerät mit der MAC-Adresse 7 am Port 4 angeschlossen ist und leitet das Paket an diesen Port weiter.

4. Der Angreifer muss auf seinem Rechner eine Routing-Software aktivieren. Der Rechner des Angreifers erhält nun das Paket und verarbeitet es, da es an die MAC-Adresse seiner Netzwerkkarte gerichtet ist. Es ist jedoch nicht an seine IP-Adresse gerichtet. Dies ist typisch für einen Router. Wurde das Routing aktiviert, so leitet dieser Rechner das Paket nun weiter an die IP-Adresse *192.168.0.6* und die MAC-Adresse 6. Als Absender trägt er die IP-Adresse *192.168.0.5* und seine eigene MAC-Adresse 7 ein. Der Switch wird dieses Paket nun beim richtigen Empfänger zustellen. Dieser wird das Paket verarbeiten und umgekehrt antworten.

Es existieren fertige Werkzeuge, die in der Lage sind, unter Linux ein ARP-Spoofing durchzuführen.

B.3.3 DNS Spoofing

Das DNS Spoofing führt einen Angriff auf DNS-Ebene durch, der dem Angriff auf ARP-Ebene gleicht. Ein Beispiel wird in der Abbildung B.2 dargestellt.

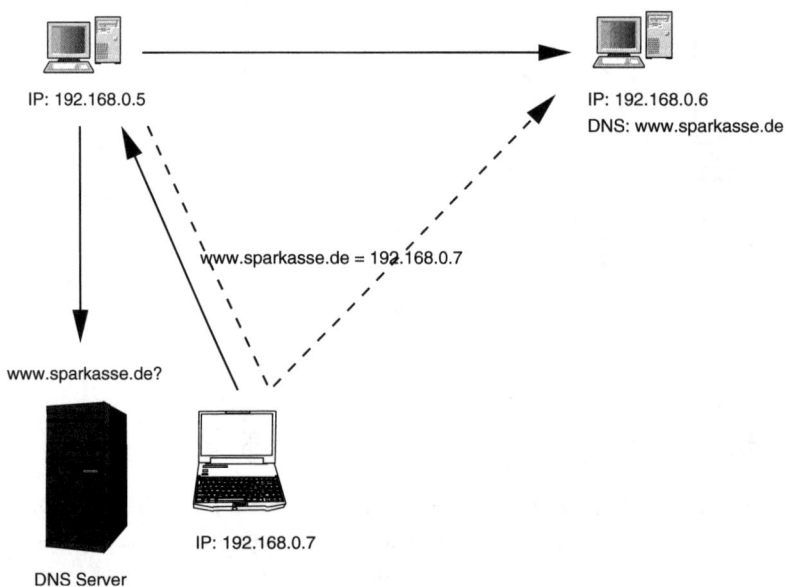

Abbildung B.2: DNS Spoofing

Beim DNS Spoofing erfolgen die folgenden Schritte:

1. Der Client *192.168.0.5* möchte eine Netzwerkverbindung mit dem Rechner *www.sparkasse.de* aufbauen. Hierzu benötigt er zunächst die IP-Adresse dieses Rechners. Um diese zu ermitteln, kontaktiert er seinen DNS-Server und fragt ihn nach der IP-Adresse von *www.sparkasse.de*.

2. Da für diese DNS-Anfrage üblicherweise zunächst das UDP-Protokoll eingesetzt wird, existiert kein Schutz gegen gespoofte Pakete. Der Angreifer antwortet an der Stelle des echten DNS-Servers (schneller als der echte DNS-
Server) und teilt dem Client mit, dass der Rechner *www.sparkasse.de* die
IP-Adresse *192.168.0.7* aufweist.

3. Der Client wird sich nun mit diesem Rechner verbinden und in Wirklichkeit
den Rechner *www.sparkasse.de* erwarten. Damit der Client diese Illusion
erhält, richtet der Angreifer auf dem Rechner ein Proxy ein, der sämtliche
Anfragen an den echten Rechner weiterleitet und die Anworten an den Client
übermittelt.

4. Dieser Angriff ist leicht durch die Verwendung von SSL zu vereiteln. Dazu
ist aber zusätzlich erforderlich, dass der Client das SSL-Protokoll auch korrekt einsetzt und die Authentifizierung des Servers überprüft.

Es existieren fertige Werkzeuge, die in der Lage sind, unter Linux ein DNS
Spoofing durchzuführen.

B.4 Mitnick-Angriff

Der Mitnick-Angriff ist einer der bekanntesten Angriffe in der Geschichte der
Computersicherheit. Dieser Angriff zeigt sehr eindrucksvoll, wie unterschiedliche Probleme der TCP/IP-Protokollfamilie, wenn sie richtig ausgenutzt werden,
große Sicherheitslücken erzeugen können. Dieser Angriff ist heute bei den meisten (UNIX-) Betriebssystemen nicht mehr möglich. Dennoch sind ähnliche
Angriffe bei anderen Betriebssystemen weiterhin denkbar. Es handelt sich hierbei unter anderem um einen Angriff auf die TCP-Sequenznummern. Hier soll der
entsprechende Teil des Mitnick-Angriffes erläutert werden.

1. Der Angriff beginnt zunächst mit einigen Anfragen an die beiden Rechner
mit den UNIX-Befehlen `finger`, `showmount` und `rpcinfo`, um die Vertrauensstellung zwischen diesen beiden Rechnern zu ermitteln. Hierbei deutet sich
an, dass der rechte Rechner einer Anmeldung auf dem linken Rechner vertraut.

2. Anschließend erfolgt ein SYN-Flood des linken Rechners. Dies führt dazu,
dass dieser Rechner nicht in der Lage ist, auf weitere Verbindungsaufbauten
zu reagieren. Zusätzlich wird dieser Rechner auch nicht auf unerwartete
SYN/ACK-Pakete mit einem RST-Paket reagieren.

3. Anschließend kontaktiert der Angreifer mehrmals hintereinander (20) einen
TCP-Dienst auf dem rechten Rechner. Hiermit versucht er den Mechanismus
zu bestimmen, mit dem der rechte Rechner die initiale Sequenznummer für
eine Verbindung wählt.

4. Nun fälscht der Angreifer ein SYN-Paket an den Dienst *x-terminal.shell*. Er
sendet es an den rechten Rechner mit der Absender-IP-Adresse des linken
Rechners. Da sich der Angreifer nicht in einem Netzwerk mit beiden Rechner

befindet, sieht er die Antwort nicht, die der rechte Rechner an den linken Rechner sendet. Diese Anmeldung versucht eine Vertrauenstellung auszunutzen, die es dem linken Rechner erlaubt, ohne Eingabe eines Kennwortes sich als *root* anzumelden.

5. Der linke Rechner empfängt das SYN/ACK-Paket des rechten Rechners. Er kann jedoch aufgrund des SYN-Floods nicht reagieren und verwirft es.

6. Der Angreifer ist in der Lage, die Sequenznummer des SYN/ACK-Pakets vorherzusagen und ein eigenes ACK-Paket so zu konstruieren, dass es für den rechten Rechner als ein gültiges Antwortpaket erscheint. Hierzu muss er die Sequenznummer, die der rechte Rechner für sein SYN/ACK-Paket gewählt hat, vorhersagen.

7. Der rechte Rechner geht nun von einem vollständigen TCP Handshake aus.

8. Der Angreifer sendet nun ein Paket an den rechten Rechner mit folgendem Inhalt: `echo ++ >>/.rhosts`. Hiermit erlaubt er jedem weiteren Rechner eine Anmeldung als *root* auf dem angegriffenen rechten Rechner, ohne dass eine weitere Authentifizierung erforderlich ist.

9. Anschließend beendet der Angreifer die gespoofte Verbindung mit entsprechenden TCP-FIN-Paketen.

10. Nun löst der Angreifer den SYN-Flood durch Senden von TCP-RST-Paketen auf. Der linke Rechner ist nun wieder in der Lage, Verbindungen entgegenzunehmen und aufzubauen.

11. Der Angreifer ist nun in der Lage, sich von jedem Rechner aus als *root* auf dem angegriffenen rechten Rechner anzumelden. Kevin Mitnick installierte anschließend ein Kernel-Modul, welches weitere Angriffe erlaubte.

Kevin Mitnick hat bei diesem Angriff die Tatsache ausgenutzt, dass der angegriffene Rechner seine initiale Sequenznummer nach einem vorhersagbaren Muster ermittelte. Heute verwenden alle UNIX-Systeme zufällige initiale Sequenznummern, sodass ein derartiger Angriff weitaus schwerer ist.

B.5 Session Hijacking

Der Mitnick-Angriff hat die Verwundbarkeit des TCP-Protokolls vorgeführt, wenn die initialen Sequenznummern vorhergesagt werden können. Aber selbst wenn das nicht der Fall ist, ist ein Übernehmen der Verbindung durch einen Angreifer (Session Hijacking) möglich. Hierzu ist es jedoch erforderlich, dass der Angreifer in der Lage ist, die Verbindung zu beobachten. Er kann dann die verwendeten TCP-Sequenznummern direkt von den ausgetauschten Paketen ablesen.

Durch eine sinnvolle Konstruktion von gespooften Paketen ist es dann möglich, eigene Daten in diese Verbindung zu injizieren. Dieser Angriff war in der Vergangenheit sehr kompliziert und schwer durchzuführen. Seit einigen Jahren existieren jedoch mehrere Werkzeuge, die dies stark vereinfachen. Die bekanntesten Werkzeuge sind *juggernaut* und *hunt*.

Im Folgenden soll schematisch die Funktionsweise von *hunt* erläutert werden.

1. Wenn *hunt* eine laufende Verbindung beobachtet, so ist es in der Lage, diese Verbindung zu übernehmen. Das Programm *hunt* ist hierbei für *Rlogin-* und *Telnet*-Verbindungen optimiert. Dies erfolgt, in dem *hunt* sowohl den Client als auch den Server überzeugt, dass sie die Pakete an andere MAC-Adressen versenden müssen (ARP Spoofing). Anschließend senden sowohl Client als auch Server weiterhin korrekte TCP/IP-Pakete. Diese werden jedoch nicht mehr von der Gegenseite gesehen, da sie an falsche und unter Umständen nicht existente MAC-Adressen gerichtet sind. *hunt* sieht jedoch weiterhin diese Pakete und ist in der Lage, die wichtigen Informationen zwischen Client und Server auszutauschen.

2. Nun kann *hunt* weitere Informationen in den Fluss dieser Verbindung injizieren. Da *hunt* die TCP-Pakete sieht, kann *hunt* die erforderlichen Sequenznummern berechnen.

3. Der Server wird den Empfang der zusätzlichen Daten bestätigen. Da er jedoch das ACK-Paket zwar an die korrekte IP-Adresse des Clients sendet, aber die falsche MAC-Adresse nutzt, sieht der Client diese Bestätigung nicht und sendet keine Fehlermeldung an den Server. *hunt* ist weiterhin in der Lage, weitere Daten mit der Vertrauensstellung des Clients an den Server zu senden.

4. Nachdem die Injektion erfolgt ist, bestehen zwei grundsätzliche Möglichkeiten. *hunt* ist in der Lage, die Verbindung mit einem RST-Paket abzubrechen. *hunt* ist aber auch in der Lage, die Verbindung zu resynchronisieren. Hierbei werden einige Daten an den Client und den Server gesendet. Außerdem ist es erforderlich, dass der Benutzer auf dem Client weitere Daten eingibt. Dann kann eine Resynchronisation erfolgreich sein. Der Client hat den Eindruck, dass die Netzwerkverbindung lediglich vorübergehend ausgefallen ist.

Das Werkzeug *hunt* ist erhältlich auf der Homepage von Pavel Krauz (*http://lin.fsid.cvut.cz/~kra/index.html*).

B.6 Gespoofter Portscan

Normalerweise ist ein gespoofter Portscan nicht möglich. Bei einem Portscan versucht der Angreifer Daten über das untersuchte System zu ermitteln. Spooft er jedoch seine Absenderadresse, so erhält er nie das Ergebnis seines Scans.

Verschiedene Werkzeuge wie zum Beispiel *Nmap* (*http://www.nmap.org*) versuchen das Problem zu lösen, indem sie jedes Paket in einem Scan mehrfach senden. Alle zusätzlichen Pakete weisen eine gefälschte Absenderadresse auf. Dies erschwert eine Analyse und Bestimmung des Ursprungs des Portscans sehr oder macht diese Bestimmung sogar unmöglich.

Jedoch gibt es auch die Möglichkeit, einen echten gespooften Portscan durchzuführen. Hierzu ist ein dritter Rechner erforderlich. Dieser Rechner sollte gleichzeitig keine aktiven Netzwerkverbindungen besitzen. Daher wird er als *Silent Host* bezeichnet. Abbildung B.3 demonstriert die Vorgehensweise.

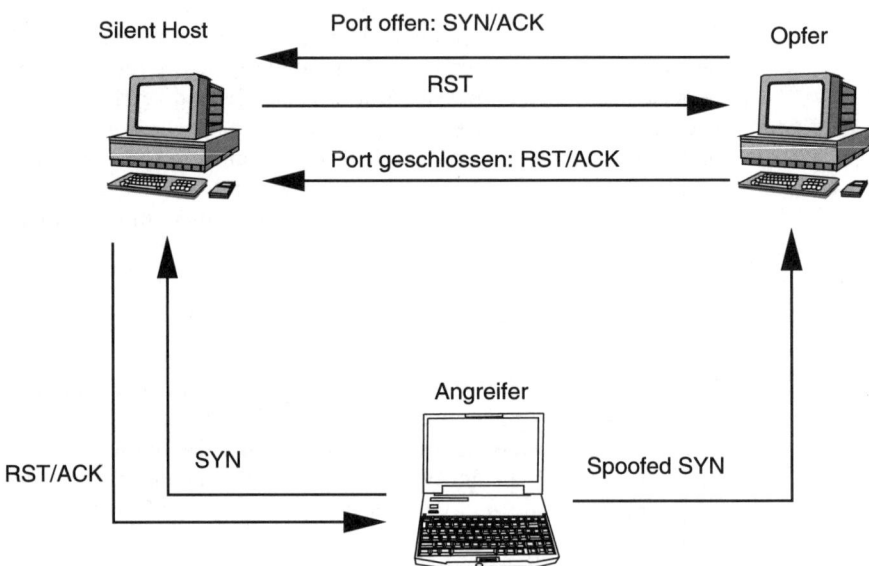

Abbildung B.3:   Gespoofter Portscan

Der Angreifer sucht zunächst einen so genannten *Silent Host*. Dies ist ein Rechner, der gleichzeitig keine anderen Netzwerkverbindungen unterhält. Hierbei kann es sich zum Beispiel um einen Windows 98-Rechner einer asiatischen Universität handeln. Er beginnt nun, TCP-SYN-Pakete in regelmäßigen Abständen (1/Sekunde) an einen geschlossenen Port zu senden. Er erhält für jedes Paket ein TCP-RST/ACK-Paket zurück. Diese Pakete weisen eine steigende IP-Identifikationsnummer auf (vgl. auf S. 533 Abbildung A.1). Wenn der Rechner gleichzeitig keine weiteren Pakete versendet, so wird diese Nummer immer um 1 inkrementiert. (Achtung: Windows vertauscht die beiden Bytes der Identifikationsnummer. Unter Linux erscheint damit der Inkrementierungsschritt als 256.)

Nun beginnt der Angreifer mit dem Portscan. Er sendet mehrere Pakete in den gleichen regelmäßigen Abständen an das Opfer. Hierbei fälscht er die Absenderadresse so, dass das Opfer seine Antworten an den *Silent Host* sendet. Es existieren nun zwei Möglichkeiten: Der Port ist offen oder der Port ist geschlossen.

1. **Offen:** Wenn der Port auf dem Opfer offen ist, so antwortet das Opfer mit einem TCP-SYN/ACK-Paket an den *Silent Host*. Dieser kann dieses Paket nicht zuordnen und sendet ein TCP-RST-Paket an das Opfer. Damit ist die Verbindung für alle beendet.

2. **Geschlossen:** Wenn der Port auf dem Opfer geschlossen ist, so antwortet das Opfer mit einem TCP-RST/ACK-Paket an den *Silent Host*. Eine Fehlermeldung darf nie mit einer Fehlermeldung beantwortet werden. Daher reagiert der *Silent Host* nicht.

Da der *Silent Host*, wenn der Port auf dem Opfer offen war, nun weitere Pakete in regelmäßigen Abständen an das Opfer versendet, wird die IP-Identifikationsnummer der Pakete, die vom *Silent Host* an den Angreifer gesendet werden, immer um 2 inkrementiert. Dies ist ein Zeichen, dass der Port offen war. Ändert sich dies nicht, so war der Port geschlossen.

Das Opfer vermutet, dass es vom *Silent Host* gescannt wird. Wenn der *Silent Host* nicht durch eine Firewall überwacht wird, kann die Herkunft des Portscans nicht festgestellt werden.

Anhang C

Rootkits

Sobald ein Einbrecher auf einem Rechner eingebrochen hat, möchte er diesen Rechner möglichst lange benutzen können. Hierzu ist es wichtig, dass seine Aktivitäten nicht entdeckt werden. Um dies zu erreichen, bedient er sich häufig eines so genannten Rootkits. Diese Rootkits sind vorbereitete Bausätze, die die Aktivitäten auf dem Rechner verbergen können. Im Folgenden sollen drei verschiedene Ansätze der Rootkits vorgestellt werden. Ihr Verständnis ist erforderlich, um die Angriffe basierend auf diesem Rootkit abwehren zu können. Es mag sinnvoll sein, zu Testzwecken diese Rootkits und ihre Erkennung auf eigenen isolierten Systemen zu testen. Wir unterscheiden zwischen folgenden Varianten:

- Klassische Rootkits tauschen wichtige Systembefehle aus.
- Kernel-basierte Rootkits laden ein Kernel-Modul, welches die Dateien und Prozesse auf Kernel-Ebene versteckt.
- Das Kernel Intrusion-System (KIS) ist in der Lage, selbst bei einem monolithischen Kernel, der keine Module verwendet, diesen zu kompromittieren.

C.1   Klassische Rootkits

Die ersten Rootkits, die aufkamen, waren ganz klassische. Sie enthalten wichtige Systembefehle, die gegen die normalen Befehle ausgetauscht werden. Diese Befehle besitzen dann zusätzliche Funktionen, können Prozesse oder Dateien verstecken oder öffnen eine Hintertür auf dem System. Bekannte Rootkits dieser Art sind das *Linux Rootkit* (lrk3, lrk4, lrk5) und das *T0rnkit*.

Das Linux Rootkit Fünf ist ein sehr einfaches Rootkit, welches komplett mit Quelltext kommt. Um dieses Linux Rootkit Fünf einsetzen zu können, muss es zunächst übersetzt werden. Die Übersetzung des Rootkits ist häufig mit Problemen verbunden und benötigt Anpassungen der Datei *Makefile*. Sind die Programme übersetzt worden und wurden die Systembefehle durch die entsprechenden Befehle des Linux Rootkits ersetzt, so kann zum Beispiel jeder Benutzer bei Kenntnis eines Kennwortes zu *root* werden. Das Standardkennwort des Linux Rootkit Fünf ist *Satori*. Dieses Kennwort wird vor der Übersetzung festgelegt und in den Programmen statisch hinterlegt.

Ein Beispielaufruf sieht folgendermaßen aus:

```
[ralf@localhost ralf]$ chfn
Changing finger information for ralf.
Name [test]: satori
Office [test]:
Office Phone [test]:
Home Phone [test]:

[root@localhost ralf]#
```

Eine Erkennung des Kennwortes in der Binärdatei ist nicht möglich. Ein Aufruf von strings oder grep findet das Kennwort nicht. Die Erkennung ist nur durch den Vergleich der MD5-Prüfsummen möglich, wie es zum Beispiel von Tripwire durchgeführt wird oder durch den Aufruf von chkrootkit.

Das Linux Rootkit enthält die folgenden Programme mit den aufgelisteten Funktionen:

bindshell	*port/shell-Dienst*
chfn	User->root
chsh	User->root
crontab	Versteckt Crontab-Einträge
du	Versteckt Dateien
find	Versteckt Dateien
fix	Repariert Dateien
ifconfig	Versteckt die Promiscuous-Marke
inetd	Fernzugang
killall	Beendet keine versteckten Prozesse
linsniffer	Paketsniffer!
login	Fernzugang
ls	Versteckt Dateien
netstat	Versteckt Verbindungen
passwd	User->r00t
pidof	Versteckt Prozesse
ps	Versteckt Prozesse
rshd	Fernzugang
sniffchk.	Testet, ob der Sniffer läuft
syslogd	Verhindert Protokolleinträge
tcpd	Versteckt Verbindungen
top	Versteckt Prozesse
wted	*wtmp/utmp*-Editor
z2	Löscht *utmp/wtmp/lastlog*

Das T0rnkit erlaubt einen noch einfacheren Einsatz. Es ist vorkompiliert und wird installiert durch den Aufruf `./t0rn <password> <ssh-port>`. Dies erlaubt den Einsatz des Rootkits auch durch so genannte Script-Kiddies. Als Script-Kiddie werden Personen bezeichnet, die nicht über das notwendige Wissen verfügen, um selbst ein Einbruchswerkzeug zu übersetzen oder gar zu schreiben. Sie sind auf vorgefertigte Werkzeuge angewiesen. Es ist keine besondere Fähigkeit zur Installation dieses Rootkits auf einem Linux-Rechner nötig.

Dies führt zur automatischen Installation der Befehle `du`, `find`, `ifconfig`, `in.fingerd`, `login`, `ls`, `netstat`, `pg`, `ps`, `pstree` und `sz`. Das Kennwort wird in einer externen Datei abgespeichert und erlaubt eine spätere Anmeldung als *root* am System. Das Standardkennwort ist *t0rnkit*. Die Anwendungen funktionieren ähnlich wie beim Linux-Rootkit.

Eine Erkennung ist sehr einfach mit *Tripwire* oder *ChkRootKit* möglich. Des Weiteren genügt es, eine Diskette mit »sauberen« Befehlen zur Analyse des Systems mitzubringen. Diese Befehle sehen alle versteckten Prozesse und Dateien. Ein erfahrener Administrator entdeckt diese Rootkits daher sehr schnell.

C.2   Kernel-basierte modulare Rootkits

Die klassischen Rootkits sind sehr einfach zu erkennen. Ein einfacher Vergleich der Rootkit-Dateien mit den normalen Dateien genügt. Tripwire führt diesen Vergleich automatisch durch. Ein gutes kernel-basiertes Rootkit ist jedoch nicht mehr so zu erkennen. Es tauscht im Kernel Systemaufrufe (Syscalls) aus. Dadurch sehen die einzelnen Programme, die im Userspace ablaufen, nicht mehr die wahren Zustände des Systems, sondern nur noch die Informationen, die das Kernel-Rootkit erlaubt.

Die bekanntesten Kernel-Rootkits sind *Knark* und *Adore*. *Knark* ist ein Rootkit, welches speziell für die Täuschung von Tripwire geschrieben wurde. Ein Zitat aus seiner Beschreibung:

»Hides files in the filesystem, strings from /proc/net for netstat, processes, and program execution redirects for seamlessly bypassing tripwire / md5sum.«

Knark erreicht dies, indem es prüft, ob ein lesender oder ein ausführender Zugriff auf eine Datei erfolgt. Soll nun ein Systembefehl durch einen Trojaner ausgetauscht werden, so befinden sich weiterhin beide Dateien auf System. Sobald ein lesender Zugriff erfolgt (um zum Beispiel eine MD5-Prüfsumme zu ermitteln), erfolgt der Zugriff auf die unveränderte Datei. Wenn jedoch ein ausführender Zugriff erfolgen soll, so wird der Trojaner gestartet.

Knark wurde für den Linux-Kernel 2.2 entwickelt. Dieser Kernel wird jedoch heute kaum noch eingesetzt, daher ist eine Begegnung mit diesem Rootkit eher selten. Adore wurde ursprünglich auch für den Linux-Kernel 2.2 entwickelt, ist aber inzwischen auf den Linux-Kernel 2.4 portiert worden. Daher soll das Adore Kernel-Rootkit etwas genauer besprochen werden.

Adore ist ein kernel-basiertes Rootkit, welches in der Lage ist, modulare Kernel zu unterwandern. Es bietet hierbei ähnliche Funktionalität wie Knark. Hierzu erzeugt Adore ein ladbares Kernel-Modul (Loadable Kernel Module LKM) *adore.o*, welches zur Laufzeit des Kernels geladen wird. Zusätzlich existiert ein Module *cleaner.o*. Dieses Modul entfernt jede Referenz auf das Modul *adore.o* im Kernel. Ein Aufruf des Befehls lsmod zeigt das Modul später nicht an.

Adore wurde vom *Team Teso* (*http://www.team-teso.net/*) für den Linux-Kernel 2.2 geschrieben und inzwischen auf den Linux-Kernel 2.4 portiert. Im Folgenden wird der Einsatz von *Adore* auf dem Linux-Kernel 2.4 vorgestellt.

Die Installation von Adore erfolgt sehr einfach mit einem Konfigurationsscript. Dieses Script wird aufgerufen mit dem Befehl ./configure und fragt anschließend nach einigen Informationen. Mit diesen Informationen wird ein *Makefile* für die Übersetzung des Rootkits erzeugt. Anschließend genügt ein Aufruf von make für die Kompilierung.

```
# ./configure

Starting adore configuration ...

Checking 4 ELITE_UID ... found 30
Checking 4 ELITE_CMD ... using 26287
Checking 4 SMP ... NO
Checking 4 MODVERSIONS ... YES
Checking for kgcc ... found cc
Checking 4 insmod ... found /sbin/insmod -- OK


Loaded modules:
autofs          12164   0 (autoclean) (unused)
pcnet32         15968   1
mii              2408   0 [pcnet32]
usb-uhci        24484   0 (unused)
usbcore         73152   1 [usb-uhci]
ext3            67136   2
jbd             49400   2 [ext3]
BusLogic        94592   3
sd_mod          12864   6
scsi_mod       108576   2 [BusLogic sd_mod]


Since version 0.33 Adore requires 'authentication' for
its services. You will be prompted for a password now and this
password will be compiled into 'adore' and 'ava' so no further actions
by you are required.
This procedure will save adore from scanners.
```

```
Try to choose a unique name that won't clash with normal calls to mkdir(2).
Password (echoed): test
Preparing /root/adore (== cwd) for hiding ...

Creating Makefile ...

*** Edit adore.h for the hidden services and redirected file-access ***

# make
```

In Abhängigkeit von der Distribution ist die Übersetzung ab und zu mit Problemen verbunden. Die benötigten Header-Dateien werden dann nicht gefunden. In diesen Fällen ist eine Anpassung des Makefiles erforderlich.

Verlief die Übersetzung erfolgreich, so kann das Modul geladen werden. Dies erfolgt relativ einfach mit:

```
# insmod adore.o
```

Sobald das Modul `adore.o` geladen wurde, kann mit dem Kommandozeilenwerkzeug *ava* das Verhalten von Adore modifiziert werden. Der Befehl `ava` bietet die folgenden Optionen:

```
# ./ava
Usage: ./ava {h,u,r,R,i,v,U} [file, PID or dummy (for U)]

        h hide file
        u unhide file
        r execute as root
        R remove PID forever
        U uninstall adore
        i make PID invisible
        v make PID visible
```

Das Verstecken eines Prozesses ist nun sehr einfach und kann folgendermaßen geschehen:

```
# ps
  PID TTY          TIME CMD
  966 tty1     00:00:01 bash
 1900 tty1     00:00:00 ps
# ./ava i 966
Checking for adore  0.12 or higher ...
Adore 0.42 installed. Good luck.
Made PID 966 invisible.
# ps
  PID TTY          TIME CMD
#
```

Diese Prozesse wurden jetzt auf Kernel-Ebene versteckt. Eine Analyse und Erkennung mit »sauberen« Varianten des Befehls ps sind nicht mehr möglich. Die Befehle wurden auch nicht infiziert oder ausgetauscht. Die Erkennung eines derartigen Rootkits gelingt nur sehr schwer. Die Erkennung wird im Kapitel 16, »Analyse des Rechners nach einem Einbruch« ab Seite 415 beschrieben.

Die Entwicklung dieser Rootkits führte vor einigen Jahren zu der Empfehlung in einschlägiger Literatur, auf sicherheitssensitiven Linux-Systemen keine LKMs zu verwenden, sondern immer nur monolithische Kernel einzusetzen.

C.3 Intrusion System (KIS)

Ein monolithischer Kernel bietet laut einschlägiger Literatur den besten Schutz gegen Kernel-basierte Rootkits. Es existiert jedoch bereits seit einiger Zeit das Know-how und seit dem Jahr 2001 das erste öffentlich bekannte Rootkit, mit dem auch ein monolithischer Kernel unterwandert werden kann.

Hierbei wird eine Technik verwendet, die als *Kernel-Memory-Patching* bezeichnet wird (*http://www.big.net.au/~silvio/runtime-kernel-kmem-patching.txt*). Diese Technik wurde zuerst im November 1998 von Silvio Cesare beschrieben und erlaubt es, den Kernel über das Gerät */dev/kmem* direkt zu modifizieren. Diese Technik ist bei allen Standard-Linux-Kernels anwendbar, da ein Schreibzugriff auf */dev/kmem* ein »Feature« des Linux-Kernels ist. Lediglich ein Security-Patch (LIDS, Grsecurity etc.) kann diese Eigenschaft abschalten.

Erstaunlicherweise und auch erfreulicherweise waren jedoch lange Zeit keine fertigen Werkzeuge öffentlich verfügbar, die diese Technik einsetzen konnten. Im letzten Jahr wurde jedoch von Optyx (*http://www.uberhax0r.net*[1]) das Kernel Intrusion System entwickelt und auf der Konferenz DefCon 9 in Las Vegas vorgestellt. Dieses System besteht aus einem Client und einem Server, die auf unterschiedlichen Systemen installiert werden können und sich über das Netzwerk unterhalten. Dazu verwendet KIS keinen dedizierten Netzwerkport. Der Server reagiert nur, wenn zuvor ein spezielles Paket an ihn gesendet wurde. Ein üblicher Portscan führt zu keiner Antwort.

Der Server wird nach der Übersetzung durch einen Aufruf von ./kis geladen. Dies führt dazu, dass das Modul sich direkt in den Kernel-Speicher patcht. Es handelt sich nicht um ein LKM im klassischen Stil. Daher kann es auch auf monolithischen Kernels eingesetzt werden.

Der grafische KIS-Client ist nach der Konfiguration direkt einsatzbereit. Zur Konfiguration muss der KIS-Client die auf dem Server eingegebenen Informationen für die Authentifizierung am Server mitgeteilt bekommen.

---

1 Diese Webpage ist leider nicht mehr verfügbar. Jedoch kann das *kis-0.9*-Rootkit an verschiedenen Stellen im Internet heruntergeladen werden.

Für den eigentlichen Einsatz muss sich der Client zunächst an den Server binden. Hierzu dient der PING im Client. Dabei ist es erforderlich, die IP-Adresse des Servers und einen *beliebigen* Port anzugeben. Der KIS-Server ist nicht auf einen Port beschränkt, sondern verwendet den Port, auf dem das magische erste Paket gesehen wurde. Anschließend können zum Beispiel die versteckten Dateien angezeigt werden. Eine zusätzliche Datei wird versteckt und anschließend im Client die Liste erneut angezeigt (Abbildung C.1).

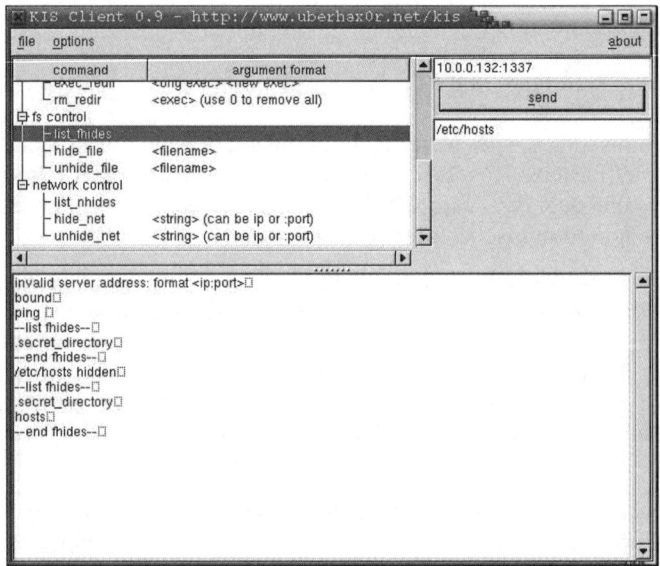

Abbildung C.1:   KIS-Client bei der Arbeit

Auf dem KIS-Server bietet sich folgendes Bild. Vor dem Verstecken der Datei */etc/hosts* war diese noch sichtbar. Direkt danach ist sie nicht mehr sichtbar. Ein Zugriff mit cat ist ebenfalls nicht zugelassen, gibt aber zusätzliche Informationen aus, die als Hinweis auf KIS dienen können.

```
# ls /etc/hosts    # Vorher
/etc/hosts

# ls /etc/hosts    # Nachher
ls: /etc/hosts: No such file or directory
# cat /etc/hosts
cat: /etc/hosts: File exists
```

Das Kernel Intrusion System ist momentan sicherlich das gefährlichste Rootkit für Linux, welches öffentlich erhältlich ist und darüber hinaus eine kinderleichte Bedienung ermöglicht. Seine Erkennung mit dem Werkzeug kstat wird im Kapitel 16, »Analyse des Rechners nach einem Einbruch« ab Seite 415 besprochen.

Anhang D

Kryptografie

Die Implementierung sicherer Netzwerke ist nicht möglich ohne Grundkenntisse der Kryptografie. Dieses Kapitel versucht einen Überblick über die Geschichte der Kryptografie und die heute verfügbaren Algorithmen und Systeme zu geben. Dabei wird in diesem Kapitel besonderer Wert auf die Anschaulichkeit (z. B. Diffie-Hellmann-Schlüsselaustausch) und weniger auf die exakten mathematischen Hintergründe gelegt. Der Diffie-Hellmann-Schlüsselaustausch wird hierzu sogar an einigen echten Zahlen durchgespielt. Anschließend sollen Sie in der Lage sein, die verschiedenen Verfahren und ihren Einsatz zu verstehen und angewendete Schlüssellängen bewerten zu können.

D.1   Geschichte

Der Bedarf, geheime Nachrichten vertraulich zu übermitteln, ist bereits sehr alt. Es ist bekannt, dass bereits frühe Hochkulturen (Ägypter, Inder, Assyrer) eine Nachricht zum Beispiel in die Kopfhaut eines Sklaven tätowierten. Nachdem die Haare nachgewachsen waren, wurde der Sklave losgeschickt. Der Empfänger rasierte den Kopf und konnte die Nachricht lesen.

Etwa 500 Jahre vor Christus entwickelten die Spartaner ein System (Skytale von Sparta), bei dem ein Papierstreifen um einen Holzstab gewickelt wurde. Die Nachricht wurde nun quer zur Wickelrichtung auf den Papierstreifen geschrieben und der Papierstreifen verschickt. Hierdurch verschoben sich die Buchstaben. Dies wird als Transpositions-Algorithmus bezeichnet. Der Empfänger musste einen Holzstab gleichen Durchmessers besitzen und konnte dann die Nachricht lesen.

Julius Caesar entwickelte den Caesar-Code (Caesar's cipher). Hierbei werden zwei Alphabete gegeneinander rotiert. Caesar rotierte die Alphabete um 13 Buchstaben. Dies lässt sich sehr leicht nachvollziehen am Beispiel des Namens des Rechners aus dem Spielfilm von Stanley Kubrick »Space Odyssee 2001«. Dieser Rechner erhielt den Namen HAL. Eine Rotation um eine Stelle im Alphabet ergibt: IBM. Dies wird auch als Verschiebechriffre bezeichnet.

Seit dem ersten Weltkrieg ist die Bedeutung der Kryptografie insbesondere in der Kriegsführung stark gestiegen und wurde teilweise kriegsentscheidend. Im Zweiten Weltkrieg waren die Alliierten in der Lage, die Verschlüsselung der *Enigma*, einer deutschen Verschlüsselungsmaschine, zu brechen. Seit den 60-er Jahren steigt das allgemeine öffentliche Interesse an der Kryptografie mit dem Erscheinen des Buches *The Codebreakers* von David Kahn, in dem dies beschrieben wird.

Relativ bald wurde der Kryptografie von vielen Regierungen ein ähnlicher Stellenwert zugesprochen wie anderen Kriegsmitteln. Starke Kryptografie fiel ab diesem Zeitpunkt in vielen Ländern unter die Kriegswaffenkontrollgesetzgebung. In den Vereinigten Staaten von Amerika war ab 1993 der Export starker Kryptografie verboten. Diese Beschränkungen sind inzwischen wieder weitgehend aufgehoben worden, da allgemein verstanden wurde, dass dies nicht durch Gesetze regulierbar ist.

Zum Abschluss einige Begriffe:

- *Kryptografie* ist die Durchführung und das Studium der Verschlüsselung und Entschlüsselung. Hierbei werden Daten so mathematisch kodiert, dass nur bestimmte ausgewählte Personen die Daten dekodieren können. Üblicherweise werden die lesbaren Daten (Klartext, plaintext) entsprechend einem Algorithmus mit einem geheimen Schlüssel verschlüsselt (Ciphertext). Ziel der Kryptografie ist es, möglichst sichere Verschlüsselungssysteme zu entwickeln.

- Die *Kryptoanalyse* beschäftigt sich ebenfalls mit dem Studium der Ver- und Entschlüsselung. Ihr Ziel ist jedoch die Entdeckung von Lücken in den eingesetzten Algorithmen oder Schlüsseln und so eine Entschlüsselung der verschlüsselten Daten.

- Der *Brute-Force-Angriff* ist ein Angriff, der bei jeder Verschlüsselungsmethode eingesetzt werden kann, deren Algorithmus bekannt ist. Der Brute-Force-Angriff probiert nacheinander alle verschiedenen möglichen Schlüssel für die Entschlüsselung durch. Da das Alphabet 26 Buchstaben hat, würde ein Brute-Force-Angriff auf Caesar's Cipher alle 26 verschiedenen Varianten durchprobieren. Im statistischen Durchschnitt würde er 13 Durchläufe benötigen.

- *Alice*, *Bob* und *Eve* (oder *Charles*) sind die üblicherweise in der kryptografischen Literatur verwendeten Beispielpersonen. Hierbei versuchen Alice und Bob eine gesicherte Kommunikation aufzubauen. Eve (für Eavesdropper, Lauscher) oder Charles (wegen den Buchstaben A, B und C) versucht die Kommunikation abzuhören. Diese Namen werden daher auch hier verwendet.

D.2 Anwendungen

Die Verschlüsselung kann für eine ganze Reihe von Aufgaben eingesetzt werden. Übliche Anwendungen der Verschlüsselung sind die Vertraulichkeit, Authentifizierung, die Wahrung der Integrität und die Nichtabstreitbarkeit (Non-Repudiation).

- Die klassische Anwendung der Kryptografie ist die Sicherung der Vertraulichkeit eines Dokumentes. Die Verschlüsselung erlaubt die Speicherung und die Versendung von vertraulichen Daten, da dritte Personen nicht auf den Inhalt zurückschließen können.

- Die Authentifizierung ist ein Prozess, in dem ein Benutzer nachweist, dass es sich bei ihm tatsächlich um den legitimierten Benutzer handelt. Dies erfolgt üblicherweise mit einem verschlüsselten Kennwort. Ein weiteres Authentifizierungsverfahren ist die digitale Signatur. Diese gararantiert, dass eine bestimmte Nachricht von einem bestimmten Benutzer stammt und anschließend nicht modifiziert wurde. Es existieren verschiedene Verfahren, um eine digitale Signatur zu erzeugen. Üblicherweise werden hierzu öffentliche Schlüssel (public keys) eingesetzt.

- Wird die Verschlüsselung zur Wahrung der Integrität eines Systems oder von Daten eingesetzt, so kann der Benutzer kontrollieren, ob diese Informationen verändert wurden. Dies erfolgt häufig ebenfalls mit einer digitalen Signatur.

- Die Nichtabstreitbarkeit erlaubt es den Teilnehmern einer Kommunikation, einwandfrei nachzuweisen, dass sie sich tatsächlich mit der Gegenseite unterhalten haben.

Eine zu 100% sichere Verschlüsselung existiert bei den heute täglich eingesetzten Verfahren nicht. Alle Verfahren sind mit entsprechendem Zeit- und Ressourcenaufwand zu brechen. Jedoch wird bei den modernen Verfahren nicht der Algorithmus, sondern nur ein Schlüssel gebrochen. Es können dann nur die mit diesem Schlüssel chiffrierten Daten gelesen werden. Ein Angriff auf diesen Schlüssel muss bei guten Algorithmen mit brutaler Gewalt (brute-force) durch Ausprobieren aller möglichen Schlüsselvarianten erfolgen. Eine geeignete Schlüssellänge vorrausgesetzt, dauert dieser Vorgang mehrere Millionen Jahre.

D.3   Funktionsweise

Wie funktioniert nun die Verschüsselung? Bei der Betrachtung der Geschichte der Kryptografie wurden bereits einige historische Algorithmen erläutert. Klassische Kryptografie basierte lediglich auf einer Methode. Die Kenntnis der Methode genügte zur Ver- und Entschlüsselung von Daten. Beispiele sind der Caesar Code oder die angesprochene Verwendung der Sklavenkopfhaut.

D.3.1   Schlüssel-basierte Verfahren

Moderne Verfahren basieren auf einem Algorithmus und einem Schlüssel. Der Algorithmus der meisten heute eingesetzten Verfahren ist öffentlich bekannt. Jedoch ist ein Kryptoanalytiker nicht in der Lage, bei Kenntnis des Algorithmus und des verschlüsselten Textes, auf den Schlüssel und/oder den Klartext zurückzuschließen. Die Sicherheit des Verschlüsselung lässt sich bei einem guten Algorithmus direkt an seiner Länge messen. So kann ein acht Bits langer Schlüssel 256 verschiedene Schlüssel darstellen. Ein 40-Bit-Schlüssel besitzt bereits 2^{40} verschiedene Werte. Das entspricht etwa einer Dezimalzahl mit 12 Nullen (1 Billiarde). Um einen guten Algorithmus zu knacken, müssen sämtliche möglichen Schlüssel versucht werden. Gute Algorithmen weisen keine Hintertür auf. Daher ist es besonders wichtig, dass diese Algorithmen öffentlich bekannt sind, damit verschiedenste Gruppen von Kryptoanalytikern die Algorithmen testen können.

Die schlüssel-basierten Verfahren werden wieder aufgeteilt in symmetrische und asymmetrische Kryptografie.

D.4 symmetrische Kryptografie

Die symmetrische Kryptografie verwendet für den Vorgang der Ver- und der Entschlüsselung einen identischen Schlüssel. Dieser Schlüssel muss daher beiden Kommunikationspartnern bekannt sein und von ihnen geheim gehalten werden. Haben dritte Personen Zugriff auf diesen Schlüssel, so können sie die gesamte ausgetauschte Information lesen. Symmetrische Verfahren sind üblicherweise sehr schnell und sehr sicher. Ihr Problem ist jedoch meist ein Henne-Ei-Problem. Bevor ein Austausch erfolgen kann, muss ein geheimer Schlüssel ausgetauscht werden oder beide Partner müssen sich zumindest auf einen gemeinsamen geheimen Schlüssel einigen. Da zu diesem Zeitpunkt noch keine verschlüsselte Verbindung existiert, kann der Schlüssel nicht vertraulich ausgetauscht werden. Der Diffie-Hellmann-Schlüsselaustausch (s.u.) löst dieses Problem.

Das bekannnteste symmetrische Verfahren ist der Data Encryption Standard (DES). Er wurde 1977 nach mehrjähriger Entwicklung freigegeben und verwendet einen 56-Bit-Schlüssel. Weitere bekannte Verfahren sind Blowfish, Twofish, IDEA, AES (Rijndael) und CAST.

D.5 Asymmetrische Kryptografie

Die asymmetrische Verschlüsselung bezeichnet man auch als Public Key-Kryptografie. Sie verwendet ein Schlüsselpaar. Diese beiden Schlüssel werden gleichzeitig erzeugt und sind mathematisch miteinander verknüpft. Es wird von der erzeugenden Software ein Schlüssel als öffentlich und ein Schlüssel als privat gekennzeichnet. Der private Schlüssel wird meist zusätzlich mit einer Passphrase geschützt. Aus dem privaten Schlüssel lässt sich meist der öffentliche Schlüssel ableiten.

Wird nun mit dem öffentlichen Schlüssel eine Nachricht verschlüsselt, so kann sie nur mit dem privaten Schlüssel entschlüsselt werden. Eine Entschlüsselung mit dem öffentlichen Schlüssel ist nicht möglich. Daher kann eine Benutzerin Alice ihren öffentlichen Schlüssel zum Beispiel auf einer Webpage veröffentlichen. Jede Person, die nun Alice eine verschlüsselte Nachricht senden möchte, kann diese mit dem öffentlichen Schlüssel der Webpage verschlüsseln und an Alice senden. Lediglich Alice ist in der Lage, mit ihrem privaten Schlüssel die Nachricht zu dechiffrieren. Alice muss nun jedoch darauf achten, dass andere Personen keinen Zugriff auf ihren privaten Schlüssel haben. Daher wird er meist mit einer Passphrase gesichert.

Möchte nun Alice ein Dokument digital signieren (digitale Signatur), so erzeugt sie von dem Dokument eine Prüfsumme mit einer Hash-Funktion (s.u.). Diese Prüfsumme verschlüsselt sie mit ihrem privaten Schlüssel und hängt die verschlüsselte Prüfsumme an das Dokument. Der Vorgang ist in Wirklichkeit meist komplizierter, jedoch genügt diese Annäherung für diese Betrachtung. Nun kann sie das Dokument versenden. Dieses Dokument wird nun für jeden lesbar übertragen. Jeder kann den Inhalt lesen und jeder kann seine Integrität überprüfen. Hierzu sind nur die folgenden Schritte notwendig. Der Empfänger des Dokumentes ermittelt mit demselben Verfahren, welches von Alice gewählt wurde, die Prüfsumme des reinen Dokumentes. Anschließend entschlüsselt er die Prüfsumme, die Alice angehängt hat mit dem öffentlichen Schlüssel von Alice, den er von der Webpage erhält. Stimmen beide Prüfsummen überein, so wurde das Dokument nicht verändert und stammt tatsächlich von Alice, denn nur Alice kennt ihren privaten Schlüssel. Stimmen die beiden Prüfsummen nicht überein, bestehen folgende Möglichkeiten:

1. Das Dokument wurde während der Übertragung verändert. Daher ergibt der Prüfsummenalgorithmus einen anderen Wert.

2. Das Dokument wurde nicht von Alice erzeugt. Der Erzeuger hatte keinen Zugriff auf den privaten Schlüssel von Alice und konnte daher nicht die Prüfsumme so verschlüsseln, dass sie mit dem öffentlichen Schlüssel dechiffriert werden konnte.

3. Alice hat ihre Schlüssel gewechselt.

Häufig werden die öffentlichen Schlüssel zentral auf Schlüsselservern gespeichert. Diese bieten zusätzlich den Dienst einer Zertifizierung des Schlüssels. Hierzu kann sich Alice gegenüber dem Anbieter des Schlüsselservers ausweisen. Nach Überprüfung der Identität garantiert der Anbieter, dass es sich bei dem Schlüssel tatsächlich um den Schlüssel der Benutzerin Alice handelt.

Die Verfahren der digitalen Signatur werden häufig auch zur Authentifizierung eingesetzt. Hierbei wird der öffentliche Schlüssel der Anwenderin Alice auf dem Server gespeichert, der einen Dienst anbietet. Wenn Alice auf diesen Dienst zugreifen möchte, schickt der Server eine große Zufallszahl als Herausforderung (Challenge) an die Benutzerin Alice. Diese wird von Alices Anmeldesoftware mit ihrem privaten Schlüssel chiffriert und an den Server zurückgesendet. Dieser kann nun eine Entschlüsselung mit dem öffentlichen Schlüssel vornehmen und das Ergebnis mit der gesendeten Herausforderung vergleichen. Der Vorteil dieses System liegt in der Tatsache, dass kein Kennwort übertragen wurde. Die übertragenen Informationen sind bei jeder Anmeldung verschieden. Dieses Verfahren wird zum Beispiel von der SSH (siehe Exkurs »Authentifizierung bei der Secure Shell«), Kerberos, HTTPS etc. eingesetzt.

D.6 Diffie-Hellmann-Schlüsselaustausch

Der Diffie-Hellmann-Schlüsselaustausch ist die Lösung für das Henne-Ei-Problem bei symmetrischer Verschlüsselung. Bevor jedoch der Diffie-Hellmann-Schlüsselaustausch durchgeführt werden darf, muss eine Authentifizierung der Kommunikationspartner erfolgen. Ansonsten besteht die Gefahr eines Man-in-the-Middle-Angriffes. Diese Authentifizierung erfolgt üblicherweise mit öffentlichen Schlüsseln.

Eigentlich ist der Diffie-Hellmann-Schlüsselaustausch kein echter Austausch, sondern vielmehr ein Verfahren, um sich auf einen gemeinsamen Schlüssel zu einigen. Das Besondere an diesem Verfahren ist die Tatsache, dass die Kommunikation über unsichere Kanäle erfolgen kann. Salopp ausgedrückt erlaubt der Diffie-Hellmann-Schlüsselaustausch, dass sich die zwei Personen Alice und Bob in einer Kneipe voller Kryptoanalytiker und Mathematiker gegenseitig Zahlen zuwerfen. Nachdem die Zahlen einmalig ausgetauscht wurden, haben sich Alice und Bob auf eine geheime Zahl geeinigt, ohne dass ein anderer Anwesender die Zahl kennt.

Mathematisch formuliert einigen sich Alice und Bob zu Beginn auf eine große Primzahl p und eine weitere zufällige Zahl z. Diese Informationen sind öffentlich. Nun wählen Alice und Bob jeder persönlich eine weitere zufällige geheime Zahl a und b . Alice wie Bob berechnen nun die Potenz z^a bzw. z^b. Anschließend berechnen sie den Rest einer Division (Modulo) durch p. Alice hat nun berechnet A=z^a % p. Bob hat berechnet B=z^b % p. Nun tauschen Alice und Bob A und B aus. Dieser Austausch erfolgt wieder öffentlich. Bisher sind öffentlich bekannt A, B, p und z. Ein direkter Rückschluss auf die Zahlen a und b ist nicht möglich. Durch die Anwendung der Modulo-Operation können dies unendlich viele Zahlen sein, die einzeln ausprobiert werden müssen. Alice und Bob führen nun dieselben Operationen ein weiteres Mal durch. Alice berechnet also B^a % p und Bob berechnet A^b % p. Diese beiden Zahlen sind identisch. Da die weiteren Anwesenden im Raum nicht die Zahlen b und a kennen, können sie diese Operation nicht durchführen.

Damit dies nicht trockene und schwer nachvollziehbare Theorie bleibt, soll es kurz mit echten (kleinen) Zahlen demonstriert werden.

Stellen wir uns vor, Alice und Bob wählen als Primzahl 479 und als Zufallszahl 5. Diese beiden Zahlen sind öffentlich bekannt. Anschließend wählt Alice als geheime Zahl 8 und Bob 13. Nun wird gerechnet:

```
Alice: 5 ^  8 % 479 = 390625      % 479 = 240
Bob  : 5 ^ 13 % 479 = 1220703125 % 479 = 365
```

Diese Zahlen werden ausgetauscht, und Alice und Bob führen die Operationen ein weiteres Mal durch.

```
Alice: 365 ^  8 % 479 = 315023473396125390625 % 479       = 88
Bob  : 240 ^ 13 % 479 = 8764883384653578240000000000000 % 479 = 88
```

Soll dies nachvollzogen werden, so kann mit dem Befehl bc dies unter Linux erfolgen. bc ist ein Rechenprogramm mit beliebiger Genauigkeit. Ein Taschenrechner würde bei den obigen Zahlen bereits Rundungsfehler einführen. Das folgende Programm erlaubt die Berechnung des Diffie-Hellmann-Schlüsselaustausches.

```
primzahl = 479
zufall  = 5
alice   = 8
bob     = 13


alicepot = zufall ^ alice
alicemod = alicepot % primzahl
print "\nAlice: ",zufall," ^ ",alice," % ",primzahl," = ",alicemod,"\n";


bobpot   = zufall ^ bob
bobmod   = bobpot % primzahl
print "\nBob: ",zufall," ^ ",bob," % ",primzahl," = ",bobmod,"\n";


print "Austausch!\n"
alicepot = bobmod ^ alice
print bobmod," ^ ",alice," = ";alicepot
aliceres = alicepot % primzahl
print "Alice erhält als Ergebnis  = ",aliceres,"\n"


bobpot   = alicemod ^ bob
print alicemod," ^ ",bob," = ";bobpot
bobres   = bobpot % primzahl
print "Bob erhält als Ergebnis  = ",bobres,"\n"


quit
```

D.7   Hash-Algorithmen

Hash-Algorithmen sind unter vielen Namen bekannt. Sie werden auch als Kompressionsfunktion, Message Digest, Fingerabdruck und kryptografische Prüfsumme bezeichnet. Die letzte Bezeichnung gibt ihren Sinn am besten wieder. Es handelt sich bei Ihnen um mathematische Funktionen, die aus einer Eingabe (meist variabler Länge) eine Ausgabe bestimmter Länge erzeugen. Dieselbe Eingabe erzeugt immer eine identische Ausgabe. Hierbei versuchen die meisten Hash-Algorithmen, eine Gleichverteilung der Ausgaben zu erzeugen. Dass bedeutet, dass bei vier Eingaben, AAAA, AAAB, AAAC und ZZZZ, die Ausgaben über den gesamten Bereich der möglichen Hash-Ausgaben gleich verteilt sind. Dies ist ähnlich vergleichbar mit Fingerabdrücken. Werden die Fingerabdrücke von drei Europäern und einem Nordamerikaner aufgenommen, so zeigen diese nicht die nähere Verwandschaft der drei Europäer. Ein Rückschluss vom Fingerabdruck auf die Person ist ohne Vergleich nicht möglich. Die Erzeugung eines zweiten Fingers mit demselben Abdruck ist ebenfalls sehr unwahrscheinlich. Genauso arbeiten die Hash-Funktionen in der Kryptografie. Ist nur das Ergebnis vorhanden, so ist ein Rückschluss auf die Eingabe unmöglich. Die Erzeugung einer zweiten Eingabe ist fast unmöglich.

Hashes werden daher eingesetzt für Integritätsprüfungen und Authentifizierungen. Die Integritätsprüfung ermittelt die kryptografische Prüfsumme eines Datums und kann diese mit einer zu einem späteren Zeitpunkt ermittelten Prüfsumme vergleichen. Stimmen sie überein, so wurde das Datum nicht modifiziert. Die Authentifizierung nimmt das Klartextkennwort einer Person und ermittelt den Hash. Dieser wird abgespeichert. Anschließend kann bei jeder Anmeldung der Person aus dem Klartextkennwort sofort der Hash ermittelt werden und mit dem abgespeicherten Hash verglichen werden. Stimmen sie überein, so wurde das richtige Kennwort eingegeben.

Eine besondere Form ist der Message Authentication Code (MAC). Hierbei wird die Hash-Funktion auf die Nachricht und einen geheimen Schlüssel angewendet. Nur die Person, die den geheimen Schlüssel kennt, kann die Hash-Funktion ausführen und die Integrität überprüfen.

D.8 Verfahren und ihre sinnvollen Schlüssellängen

Dieser Abschnitt stellt nun die verschiedenen möglichen Verschlüsselungsverfahren und ihre unterstützten und empfohlenen Schlüssellängen vor.

Zuvor soll jedoch versucht werden, zu erklären, was ein starker kryptografischer Standard ist. Ein kryptografischer Algorithmus kann als stark angesehen werden, wenn

1. keine Lücke im Algorithmus existiert, die es ermöglicht, den Ciphertext zu entschlüsseln, ohne einen Brute-Force-Angriff einzusetzen und

2. die hohe Anzahl der möglichen Schlüssel einen Brute-Force-Angriff praktisch unmöglich machen.

D.8.1 Symmetrische Verfahren

Symmetrische Verfahren sollten Schüssel mit ausreichenden Längen einsetzen. Was ist nun ausreichend? Dies hängt im Grunde von den zu schützenden Informationen ab. Ein Schüssel mit 56 Bits Länge (DES) sollte nur noch eingesetzt werden, um Informationen, deren Vertraulichkeit nur für wenige Minuten oder Stunden gesichert werden muss, zu verschlüsseln. Ansonsten sollten Schlüssellängen von 112 Bits für einige Jahre und 128 Bits für einige Jahrzehnte ausreichen. Wenn die Vertraulichkeit von Informationen darüber hinaus sichergestellt werden muss, sollten noch längere Schlüssel (z. B. 168 Bits) verwendet werden.

DES (DES)

DES ist ein Verschlüsselungsalgorithmus, der immer ganze Datenblöcke von 64 Bits verschlüsselt. Er verwendet einen Schlüssel mit 56 Bits Länge. Dieser Schlüssel enthält zusätzlich acht Bits Paritätsdaten, sodass der gesamte Schlüssel

64 Bits lang ist. DES lässt sich sehr gut in Software und noch besser in Hardware implementieren. Es existieren Hardwarechips der unterschiedlichsten Hersteller, die mehrere 100 MByte/s verschlüsseln können. Dies führt inzwischen auch zur Unsicherheit von DES. Bereits 1993 entwickelte Michael Wiener einen Rechner für 1 Million Dollar, der in der Lage sein sollte, einen Brute-Force-Angriff in durchschnittlich 3,5 Stunden erfolgreich durchzuführen.

3DES

3DES oder auch Triple-DES stellt die Antwort auf die Verwundbarkeit von DES dar. Wie oben dargestellt wurde, ist DES aufgrund des kurzen Schlüssels von 56 Bits recht schnell zu knacken. 3DES umgeht dieses Problem, indem es zwei beziehungsweise drei 56-Bit-Schlüssel verwendet. Diese Schlüssel werden genutzt, um eine Verschlüsselung der Daten dreimal durchzuführen.

Hierzu werden die Daten zunächst mit dem ersten Schlüssel verschlüsselt, anschließend mit dem zweiten entschlüsselt und schließlich mit dem ersten (bei zwei Schlüsseln) oder dem dritten Schlüssel (bei drei Schlüsseln) erneut verschlüsselt. So verwendet 3DES einen 112 Bits oder 168 Bits langen Schlüssel. Leider ist dieses Verfahren sehr zeitaufwändig.

International Data Encryption Algorithm (IDEA)

IDEA ist ein patentierter Verschlüsselungsalgorithmus, der wie DES 64-Bit-Datenblöcke bearbeitet. Er verwendet einen Schlüssel mit 128 Bits Länge. Bruce Schneier bewertet ihn in seinem Buch *Applied Cryptography* als den besten und sichersten verfügbaren Algorithmus. Software-Implementierungen des IDEA-Algorithmus sind etwa doppelt so schnell wie DES. Patentinhaber ist die *Firma Ascom Systec AG* in der Schweiz.

CAST

CAST wurde von *Carlisle Adams* und *Stafford Tavares* entwickelt. Es verwendet eine Blockgröße von 64 Bits und einen Schlüssel von 64 Bits Länge. CAST scheint sicher zu sein. Es existiert bisher keine Möglichkeit, die CAST-Verschlüsselung zu knacken außer mit Brute-Force.

RC5

RC5 wurde von Ron Rivest erfunden. Der Algorithmus ist in der Lage, mit variabler Blockgröße, Schlüssellänge und Schleifendurchläufen zu arbeiten. Kryptoanalysen zeigen, dass der Algorithmus wahrscheinlich ab einer Schleifenanzahl von 6 sicher ist. Ron Rivest empfiehlt eine Schleifenanzahl von wenigstens 12.

Der Name RC5 ist als Warenzeichen und Patent angemeldet.

Blowfish

Blowfish wurde von Bruce Schneier entwickelt. Die Entwicklung zielte auf den Einsatz auf großen Mikroprozessoren. Ein 32-Bit-Mikroprozessor kann ein Byte Daten üblicherweise in 26 Takten verschlüsseln. Der Algorithmus benötigt nur 5 KByte Speicher und verwendet lediglich einfache 32-Bit-Operationen. Die Schlüssellänge von Blowfish ist variabel und kann bis zu 448 Bits lang sein. Blowfish ist ideal für Anwendungen, bei denen der Schlüssel nur selten getauscht wird und große Datenmengen mit demselben Schlüssel verarbeitet werden. Der Algorithmus ist auf einem Pentium-Prozessor wesentlich schneller als DES. Blowfish weist einige Schwächen auf, wenn er nicht komplett implementiert wird. Wie die meisten anderen Algorithmen arbeitet diese Methode mit Schleifen. Wird die Schleifenanzahl gekürzt, so sinkt möglicherweise die Sicherheit drastisch (siehe Bruce Schneier: *Applied Cryptography*).

Blowfish ist frei von Patenten und in der Public-Domain. Der Algorithmus wird unter anderem von der OpenSSH und von OpenBSD eingesetzt.

Twofish

Twofish wurde ebenfalls wie Blowfish von Bruce Schneier entwickelt. Es verarbeitet Daten in 128-Bit-Blöcken und kann einen 128, 192 oder 256 Bits langen Schlüssel verwenden. Es eignet sich für die Implementierung in Hardware, auf Smartcards und in Software. Bisher konnte kein Angriff gegen Twofish entwickelt werden. Twofish gelangte mit einigen anderen Kandidaten (Serpent, RC6, Rijndael) in die Endausscheidung zum Advanced Encryption Standard.

Twofish ist wie Blowfish nicht patentiert, frei von Copyright und in der Public-Domain.

AES

Im Jahr 1997 hat das National Institute of Standards and Technology (NIST) einen Wettbewerb für einen neuen Verschlüsselungsstandard ausgeschrieben. Dieser Advanced Encryption Standard (AES) sollte die längst überfällige Ablösung des DES darstellen. Insgesamt 15 Algorithmen nahmen als Kandidaten an dem Wettbewerb teil (*http://csrc.nist.gov/encryption/aes/index2.html*). Zu den Finalisten gehörten MARS, RC6, Rijndael, Serpent und Twofish. Schließlich wurde der Algorithmus Rijndael von den Belgiern Joan *Dae*men und Vincent *Rij*men zum AES gekürt. Hierbei handelt es sich um einen Algorithmus mit variabler Block- und Schlüssellänge. Definiert wurde bisher das Verhalten für Blöcke und Schlüssel von 128, 192 und 256 Bits Länge. Rijndael kann sehr effizient sowohl in Hard- als auch in Software implementiert werden. Er stellt einen der schnellsten momentan verfügbaren Algorithmen dar.

Die Spezifikation zur Wahl des AES erfordert unter anderem die lizenzfreie weltweite Verfügbarkeit des Algorithmus. Er unterliegt also keiner Einschränkung.

D.8.2   Asymmetrische Verfahren

Asymmetrische Verfahren sollten Schüssel mit ausreichenden Längen einsetzen. Was ist nun ausreichend? Dies hängt im Grunde von den zu schützenden Informationen ab. Alle eingesetzten asymmetrischen Verfahren weisen Lücken in ihrem Algorithmus auf, die eine Abkürzung des Brute-Force-Angriffes erlauben. Daher müssen die Schlüssel etwa Faktor 10 größer sein als bei den symmetrischen Verfahren. Bei den asymmetrischen Verfahren sind die Schlüssellängen meist variabel und nicht fest von den Verfahren vorgeschrieben. Bereits im Februar 2000 gelang eine Faktorisierung eines 512 Bit langen RSA-Modulus (siehe Cavallar et al.: *Factorisation of a 512-bit RSA modulus*). Dieses Dokument vermutet, dass zehn Jahre später (2010) die Faktorisierung von 768 Bits langen Schlüsseln erfolgreich durchgeführt werden kann. Namhafte Kryptografen empfehlen jedoch schon eine geraume Zeit größere Schlüssellängen (siehe Lenstra et al.: *Selecting Cryptographic Key Sizes* und Schneier: *Applied Cryptography*). Ein Schüssel mit 768 Bits Länge (z. B. Standard SSH Serverkey) sollte nur noch eingesetzt werden, um Informationen, deren Vertraulichkeit nur für wenige Minuten oder Stunden gesichert werden muss, zu verschlüsseln. Im Falle von SSH wird der Serverkey alle 60 Minuten neu generiert. Ansonsten sollten Schlüssellängen von 1.024 Bits für einige Monate und 2.048-Bit-Schlüssel für einige Jahrzehnte ausreichen. Wenn die Vertraulichkeit von Informationen darüber hinaus sichergestellt werden muss, sollten noch längere Schlüssel verwendet werden.

Symmetrische Verfahren sind vom Sicherheitsstandpunkt aus betrachtet wirksamer als asymmetrische Verfahren. Alle eingesetzten asymmetrischen Verfahren weisen eine Lücke im Algorithmus auf (shortcut, trapdoor). Deshalb benötigen sie Schlüssellängen, die etwa um Faktor 10 größer sind (siehe Blaze et al.: *Minimal Key Length of Symmetric Ciphers to Proved Adequate Commercial Security*). Des Weiteren sind asymmetrische Verfahren etwa um Faktor 1.000 langsamer als symmetrische Verfahren. Die symmetrischen Verfahren haben aber das Problem des Schlüsselaustausches. Daher wird meist ein so genanntes Hybridverfahren eingesetzt. Dieses ermittelt aus Zufallszahlen einen symmetrischen Schlüssel, mit dem die Daten verschlüsselt werden. Anschließend wird dieser Schlüssel asymmetrisch verschlüsselt und angehängt. Alle modernen »asymmetrischen« Verfahren wie IPsec, GnuPG und PGP sind in Wirklichkeit Hybridverfahren (siehe auch GnuPG-Handbuch *http://www.gnupg.org/gph/de/manual/x112.html*). Diese verwenden die asymmetrischen Verfahren für den Schlüsselaustausch und die symmetrischen Verfahren für die eigentliche Verschlüsselung.

RSA

RSA wurde von Ron *R*ivest, Adi *S*hamir und Leonard *A*dleman entwickelt. Dies war der erste komplette Public Key-Algorithmus und bis heute auch der populärste. Über die Jahre konnte durch Kryptoanalyse weder seine Sicherheit nachgewiesen noch eine Sicherheitslücke entdeckt werden. Das Diffie-Hellmann-Protokoll wurde bereits 1976 entwickelt. Es handelt sich jedoch lediglich um ein Protokoll zum Schlüsselaustausch.

Der Algorithmus beruht auf der Faktorisierung sehr großer Zahlen. Der öffentliche und der private Schlüssel sind Funktionen eines Paars Primzahlen mit 100 bis 500 Stellen. Der Algorithmus kann sowohl zur Verschlüsselung als auch zur digitalen Signatur genutzt werden.

Die Implementierung von RSA in Hardware ist etwa um Faktor 1.000 langsamer als DES. RSA war lange Zeit durch die Firma RSA patentiert. Jedoch wurde der Algorithmus im Jahre 2000 kurz vor Ablauf des Patentschutzes öffentlich zur Verfügung gestellt. RSA ist heute der Standard für öffentliche Kryptografie.

ElGamal

ElGamal kann wie RSA zur digitalen Signatur und auch zur Verschlüsselung eingesetzt werden. Seine Sicherheit beruht auf der Komplexität der Berechnung diskreter Logarithmen im finiten Feld.

Die Berechnung von ElGamal ähnelt sehr stark dem Diffie-Hellman-Schlüsselaustausch. In der Gleichung y = g ^ x % p sind y, g und p der öffentliche Schlüssel. x ist der private Schlüssel.

Aufgrund seiner Ähnlichkeit war, obwohl ElGamal selbst nicht patentiert war, dennoch der Algorithmus bis 1997 durch das Diffie-Hellmann-Patent geschützt.

DSA

Der Digital Signature Algorithm (DSA) wurde 1991 vom National Institute of Standards and Technology (NIST) vorgeschlagen. Der Standard wurde als Digital Signature Standard (DSS) bezeichnet.

DSA wurde ursprünglich nur für die Signatur entwickelt. Dieser Algorithmus sollte nicht in der Lage sein, eine Verschlüsselung durchzuführen. Jedoch besteht die Möglichkeit, mit diesem Algorithmus eine ElGamal-Verschlüsselung durchzuführen.

Die Sicherheit von DSA ist stark von der Schlüssellänge abhängig. Der Algorithmus ist erst ab einer Schlüssellänge von 1.024 Bits als sicher einzustufen.

Die weltweite Verwendung des Algorithmus ist momentan leicht problematisch. Es existiert ein weltweites Patent des Herrn Schnorr für den gleichnamigen Algorithmus. Dieses überschneidet sich mit dem DSA-Algorithmus. Jedoch herrscht inzwischen die einhellige Meinung vor, dass das Schnorr-Patent nur Anwendung bei bestimmten Smartcards findet und nicht auf die Implementierung in Software zu übertragen ist.

D.8.3 Hash-Algorithmen

MD5

MD5 ist eine verbesserte Variante des MD4-Hash-Algorithmus. Der MD4-Algorithmus wird zum Beispiel vom Microsoft Windows NT Betriebssystem zur Speicherung der Kennworte eingesetzt. Es erzeugt einen 128 Bits langen Hash. Dies erfolgt in mehreren Durchläufen. MD5 weist einige Probleme in seiner Kompressionsfunktion auf. Diese haben keine direkte praktische Auswirkung auf die Sicherheit von MD5. Jedoch schreibt Bruce Schneier in seinem Buch *Applied Cryptography*, dass er der Verwendung mit Vorsicht gegenübersteht.

Ripe-MD

Ripe-MD wurde im Rahmen des RIPE Projects der Europäischen Union entwickelt. Er stellt eine Variation des MD4-Hash-Algorithmus dar und erzeugt normalerweise einen 128 Bits langen Hash.

Es existieren jedoch Erweiterungen auf 160, 256 und 320 Bits lange Hashes. Dies stellt daher im Moment einen der längsten Hash-Algorithmen dar.

Ripe-MD160 ist frei von Patentschutz und kann frei eingesetzt werden.

SHA

Der Secure Hash Algorithm ist für die Verwendung beim DSA-Algorithmus entwickelt worden. Er erzeugt einen 160-Bit-Hash. Dies ist wesentlich mehr als bei MD5. Leider existieren einige Anwendungen (z. B. IPsec), die sowohl MD5 als auch SHA einsetzen können, aber die Länge des verwendeten Hashes reduzieren (z. B. auf 96 Bits bei IPsec).

Es existieren keine bekannten kryptoanalytischen Angriffe auf SHA. Aufgrund des längeren Hashes wird er Brute-Force-Angriffen länger widerstehen könnnen.

HAVAL

HAVAL ist ein Hash mit variabler Länge. Er verarbeitet die Daten in 1.024-Bit-Blöcken und kann einen Hash mit 128, 160, 192, 224 oder 256 Bits Länge erzeugen. Es existieren bisher keinerlei bekannte erfolgreiche Angriffe auf HAVAL.

HAVAL ist nicht patentiert.

D.9 Fazit

Bei der Anwendung kryptografischer Verfahren spielen mehrere Aspekte eine Rolle. Dies sind insbesondere die Offenlegung des Verfahrens, die Schlüssellänge und die Patentfreiheit. Verschiedene Verfahren existieren heutzutage, die sich in der Vergangenheit bewährt haben. Anwendungen, die eine Verschlüsselung durchführen, sollten diese bewährten Verfahren einsetzen.

Bei der Bewertung von Anwendungen sollte überprüft werden, inwieweit diese die bekannten Verfahren einsetzen und welche Schlüssellängen verwendet werden. Zusätzlich spielt die Schlüsselverwaltung durch die Anwendung eine große Rolle. Leider kann diese meist nicht überprüft werden.

Symmetrische kryptografische Verfahren zeichnen sich aus durch ihre schnelle, sichere und effiziente Verschlüsselung von Datenmengen. Asymmetrische Verfahren eignen sich insbesondere für die Authentifizierung, die Signatur und den Schlüsselaustausch, der bei symmetrischen Verfahren das größte Problem darstellt. Häufig werden daher beide Verfahren von einer Anwendung genutzt. Hierbei handelt es sich dann um Hybridverfahren, obwohl die meisten Hersteller lediglich von asymmetrischen Verfahren oder Public Key Cryptography sprechen. Dies ist eigentlich ein Etikettenschwindel.

Bei der Wahl der Schlüssellängen sollte beachtet werden, dass ein Schlüssel mit einer heute ausreichenden Länge in 10 oder 20 Jahren möglicherweise nicht mehr genügt. Da jedoch die Schlüssellänge bei den meisten Verfahren relativ einfach erhöht werden kann, sollten ausreichend lange (lieber zu lange) Schlüssel gewählt werden.

Anhang E

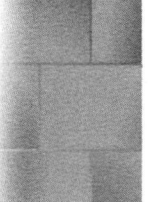

URLs

E.1 Umfragen

Aus CERT-Umfrage zur Computersicherheit 2002: *http://www.auscert.org.au/ Information/Auscert_info/2002cs.pdf*

CSI-Umfrage zur Computersicherheit 2002: *http://www.gocsi.com/press/ 20020407.html*

E.2 Eingesetzte Werkzeuge

LIDS: *http://www.lids.org*

Tripwire: *http://www.tripwire.com* und *http://sourceforge.net/projects/tripwire/*

Snort: *http://www.snort.org*

- Barnyard: *http://www.snort.org/dl/barnyard*
- SPADE-Plug-In: *http://www.silicondefense.com/*
- Hogwash: *http://hogwash.sourceforge.net*
- Snortconf: *http://www.xjack.org/snortconf*
- Sneak: *http://sourceforge.net/projects/sneak*
- Snortkonsole: *http://sourceforge.net/projects/snortkonsole*
- Snort-Center: *http://users.pandora.be/larc/index.html*
- PHPlot: *http://www.phplot.com*
- ADOdb: *http://php.weblogs.com/ADODB*
- ACID: *http://www.cert.org/kb/acid*
- MySQL: *http://www.mysql.org*
- Curl: *http://curl.haxx.se*

TCPdump: *http://www.tcpdump.org*

Ethereal: *http://www.ethereal.com*

TCPshow: *http://ftp.cerias.purdue.edu/pub/tools/unix/sysutils/tcpshow*

TCPflow: *http://www.circlemud.org/~jelson/software/tcpflow*

Traffic-Vis: *http://www.mindrot.org/traffic-vis.html*

Msyslogd: *http://sourceforge.net/projects/msyslog*

Ngrep: *http://ngrep.sourceforge.net*

ntpd: *http://www.cis.udel.edu/~ntp*

Logsurfer: *ftp://ftp.cert.dfn.de/pub/tools/audit/logsurfer/logsurfer-1.5a.tar*

FWlogwatch: *http://cert.uni-stuttgart.de/projects/fwlogwatch*

Logwatch: *http://www.logwatch.org*

Logsentry: *http://www.psionic.com/products/logsentry.html*

SNARE: *http://www.intersectalliance.com/projects/Snare*

Nmap: *http://www.nmap.org*

Netcat: *http://www.atstake.com/research/tools/nc110.tgz*

Cryptcat: *http://farm9.com/content/Free_Tools/Cryptcat*

ARPwatch: *ftp://ftp.ee.lbl.gov/arpwatch.tar.gz*

Kstat: *http://www.s0ftpj.org/en/site.html*

Chkrootkit: *http://www.chkrootkit.org*

TCT: *http://www.porcupine.org/forensics/tct.html*

TASK: *http://www.atstake.com/research/tools/task*

Autopsy: *http://www.atstake.com/research/tools/autopsy*

Tiny Honeypot: *http://www.alpinista.org/thp*

Honeyd: *http://www.citi.umich.edu/u/provos/honeyd*

VMware: *http://www.vmware.com*

UserModeLinux: *http://user-mode-linux.sourceforge.net*

E2tools: *http://www.ksheff.net/sw/e2tools/index.html*

E.3 CERTs

BSI-CERT: *http://www.bsi.bund.de/certbund*

DFN-CERT: *http://www.cert.dfn.de/*

CERT/CC: *http://www.cert.org*

AusCERT: *http://www.auscert.org.au*

Weitere Listen: *http://www.first.org/team-info* und *http://www.kossakowski.de/gsir/teams.htm*

E.4 Datenbanken für Sicherheitlücken

Bugtraq: *http://www.securityfocus.com/bid*

CVE: *http://cve-mitre.org*

Whitehats: *http://www.whitehats.com/info/IDS*

Network Associates: *http://vil.nai.com*

E.5 Konferenzen

Linux-Kongress: *http://www.linux-kongress.org*

Linuxtag: *http://www.linuxtag.org*

FFG, German Unix Users Group: *http://www.guug.de*

Chaos Computer Club: *https://www.ccc.de*

Usenix: *http://www.usenix.org*

Defcon: *http://www.defcon.org*

Blackhat Briefings: *http://www.blackhat.com*

SANS Institute: *http://www.sans.org*

SANE, Niederländische Unix Users Group: *http://www.nluug.nl*

FIRST: *http://www.first.org*

E.6 Linux-Distributionen

Diese Linux-Distributionen eignen sich besonders für forensische Zwecke:

Trinux: *http://www.trinux.org*

PLAC (discontinued): *http://sourceforge.net/projects/plac*

Biatchux (nun Fire): *http://biatchux.dmzs.com*

Anhang F

Die CD-ROM zum Buch

Die CD-ROM zum Buch hat zwei Funktionen. Zum einen bietet sie einen Rescue-Modus. Ein Rechner kann von dieser CD gebootet und forensisch untersucht werden. Zum anderen befinden sich auf der CD die Daten des Honeynet Projects. Diese werden mit freundlicher Genehmigung auf dieser CD zur Verfügung gestellt.

F.1 Rescue-Modus

Diese CD-ROM bietet einen Rescue-Modus. Dieser basiert auf der RedHat Sysadmin Survival CD 7.3. Diese CD wird von RedHat Deutschland erzeugt und als Visitenkarten-CD vertrieben. Sie wurde um einige Programme zur forensischen Analyse erweitert, die nicht von RedHat zur Verfügung gestellt werden. Hierbei handelt es sich um:

- *tct-1.10*: The Coroner's Toolkit

    Achtung: tct wurde im Verzeichnis */usr/tct* installiert. Der Pfad muss beim Aufruf angegeben werden.

- *chkrootkit-0.37*: Erkennt fast alle Rootkits
- *netcat-1.10*: Ermöglicht beliebige Datenübertragung über das Netz
- *cryptcat*: Netcat + Verschlüsselung = Cryptcat
- *task-1.50*: The @state Sleuth Kit
- *e2tools-0.0.13*: Erlaubt Offline-Zugriff auf Linux ext2/ext3-Partitionen
- *wipe-2.1.0*: Implementiert ein sicheres Löschen von Dateien
- *ftimes-3.0.0*: Erzeugt eine forensische Baseline
- *biew-532*: Betrachter für Binärdateien

Die Anwendung dieser Programme wurde im entsprechenden Kapitel besprochen oder kann der auf der CD verfügbaren Online-Hilfe entnommen werden.

F.2 Honeynet-Daten

Das Verzeichnis */Honeynet* auf der CD enthält die veröffentlichten Daten des Honeynet Projects in gepackter Form:

- *index.html*: Beschreibung der Dateien
- *sotm.tar.gz*: Sämtliche Dateien aller Scans of the Month
- *reverse.tar.gz*: Der Reverse Challenge
- *challenge.tar.gz*: Die Beschreibung des Forensic Challenge und die eingesandten Lösungen
- *images.tar*: Die Festplattenabbilder des Forensic Challenge

Anhang G

Glossar

ACK – TCP-Flag, welches den Empfang eines TCP-Segments bestätigt

Adore – Ein kernel-basiertes Rootkit, welches in der Lage, ist einen modularen Kernel zu kompromittieren. Anschließend ist Tripwire nicht in der Lage, Dateimodifikationen zu erkennen.

Broadcast Paket – Ein Paket, welches an alle Rechner in einem Netz gerichtet ist.

Bufferoverflow – Ein Bufferoverflow tritt auf, wenn ein Puffer bestimmter Größe mit mehr Daten gefüllt wird. Hierbei kommt es meist zum Absturz des angegriffenen Programms. Durch sinnvolle Wahl der Daten kann aber auch fremder Code im Kontext des Programms ausgeführt werden. Dies kann daher zum Denial of Service oder zum Einbruch führen.

CERT – *siehe* Computer Emergency Response Team

chkrootkit – Ein Werkzeug, das einen Rechner auf mögliche Anzeichen der bekannten Rootkits untersucht und diese meldet.

Computer Emergency Response Team – Ein Team, welches in Notfallsituationen für die Reaktion verantwortlich ist. Es existieren einige nationale und internationale Teams, die die Arbeit koordinieren. (CERT/CC, AusCERT, CERT-Bund, DFN-CERT, etc.).

dDoS – *siehe* Distributed Denial of Service

Denial of Service – Ein Denial of Service ist die fehlende Verfügbarkeit eines Dienstes. Dies kann durch einen Absturz des Betriebssystems oder des Rechners, aber auch durch eine Überlastung des Systems hervorgerufen werden.

Distributed Denial of Service – Hierbei handelt es sich um einen Denial of Service, bei dem viele verteilte Rechner gleichzeitig einen einzelnen Rechner durch (meist gespoofte) Pakete überlasten.

DNS – *siehe* Domain Name Service

Domain Name Service – Dieser Dienst ist zuständig für die Auflösung von Rechnernamen in IP-Adressen und umgekehrt.

DoS – *siehe* Denial of Service

ECN – *siehe* Explicit Congestion Notification

Explicit Congestion Notification – Eine IP-Protokollerweiterung, deren Sinn es ist, Netzwerkverstopfungen zu vermeiden. Dies muss vom Transportprotokoll unterstützt und von den Kommunikationspartnern zunächst ausgehandelt werden. ECN nutzt ehemals reservierte Bits des TCP Headers und wird daher von vielen Firewalls als bösartig eingestuft.

Exploit – Ein Exploit ist ein Programm, welches eine Sicherheitslücke auf einem System lokal oder über das Netz ausnutzt, um eine nicht autorisierte Aktion durchzuführen (z. B. Einbruch).

FIA – *siehe* File Integrity Assessment

File Integrity Assessment – *siehe* System Integrity Verifier

File Transfer Protocol – Ein Protokoll, welches für den Transport von Dateien verwendet wird. Die Dateien können in zwei verschiedenen Modi übertragen werden: Aktiv und Passiv. Bei der aktiven Übertragung öffnet der Server eine Verbindung zum Client. Bei der passiven Übertragung öffnet der Client den Datenkanal.

FIN – TCP-Flag, welches den Verbindungsabbau anzeigt.

Firewall – Ein Rechner oder eine Rechnerstruktur, die den Informationsfluss zwischen zwei Netzen entsprechend einer Sicherheitsrichtlinie überwacht und regelt

Flood – Ein Flood ist eine Flut von Paketen. Meist handelt es sich um so viele Pakete, dass es zu einer Überflutung des Empfängers kommt. Dies ist dann ein Denial of Service.

Forensic Challenge – Ein Wettbewerb des Honeynet Projects, bei dem die Teilnehmer eine forensische Analyse eines kompromittierten Rechners durchführen mussten.

Fragment – IP-Pakete können in Stücke zerteilt werden, wenn die Pakete größer sind als die MTU des Netzwerkmediums. Diese Stücke werden als Fragmente bezeichnet und vom Empfänger wieder zusammengesetzt.

FTP – *siehe* File Transfer Protocol

GnuPG – GNU Privacy Guard. Eine Open Source-Alternative zu PGP (Pretty Good Privacy)

Handshake – Den Aufbau einer TCP-Verbindung bezeichnet man als Handshake. Hierbei sendet der Client ein SYN-Paket an den Server. Der Server antwortet mit einem SYN/ACK-Paket, welches wieder vom Client mit einem ACK-Paket beantwortet wird. Die ersten beiden Pakete werden verwendet, um die Sequenznummern von Client und Server auszutauschen.

HIDS – *siehe* Host Intrusion Detection System

Honeynet Project – Eine Gruppe von weltweit anerkannten Sicherheitsspezialisten, die eine Reihe von Honeypots implementieren und ihre Ergebnisse veröffentlichen.

Honeynet – Eine größere Anzahl von Honeypots, die miteinander vernetzt sind

Honeypot – Ein Rechner, dessen Zweck es ist, nach einem Einbruch dem Studium des Einbruchs zu dienen.

Host Intrusion Detection System – Ein IDS, welches einen einzelnen Rechner überwacht. Die Datenquelle stellen die Informationen des einzelnen Rechners dar. Ein SIV ist zum Beispiel ein Host Intrusion Detection System.

HTTP – *siehe* HyperText Transfer Protocol

Hub – Ein Repeater, der mehrere Netzwerksegmente physikalisch miteinander verbindet. Hierbei werden alle Pakete an alle angeschlossenen Segmente weitergeleitet.

HyperText Transfer Protocol – Das Applikationsprotokoll, welches von Webservern und Browsern für die Kommunikation genutzt wird.

IANA – Internet Assigned Numbers Authority

ICMP – *siehe* Internet Control Message Protocol

IDS – *siehe* Intrusion Detection System

IMAP – Internet Message Access Protocol

Internet Control Message Protocol – Dieses Protokoll wird für die Übertragung von Status- und Kontrollnachrichten verwendet.

Intrusion Detection System – Ein Programm, welches unautorisierte Handlungen oder den Versuch einer unautorisierten Handlung meldet.

IP Adresse – Eine eindeutige numerische Bezeichnung eines Teilnehmers in einem IP-Netz.

IP – Internet Protocol

Kernel Intrusion System – Ein kernel-basiertes Rootkit, welches in der Lage ist, sogar monolithische Kernel zu kompromittieren. Anschließend kann das System mit einem grafischen Werkzeug über das Netz administriert werden. Diese Netzwerkverbindung kann kaum mit einem NIDS erkannt werden.

KIS – *siehe* Kernel Intrusion System

Knark – Ein kernel-basiertes Rootkit, welches in der Lage ist, einen modularen Kernel zu kompromittieren. Anschließend ist Tripwire nicht in der Lage, Dateimodifikationen zu erkennen.

LIDS – *siehe* Linux Intrusion Detection System

Linux Intrusion Detection System – Das Linux Intrusion Detection System ist ein Kernel-Patch, der es ermöglicht, die Rechte von Root einzeln aufzuteilen und ihre Ausführung zu kontrollieren. Zusätzlich bietet es dadurch Schutz gegen die aktuellen kernel-basierten Rootkits.

MD5 – Message Digest Fünf. Ein krytografischer Prüfsummen-Algorithmus

MRU – Maximum Receive Unit

MSS – Maximum Segment Size

MTU – Maximum Transmission Unit

Multicast Paket – Ein Paket, welches an eine bestimmte Auswahl von Rechnern in einem Netzwerk gerichtet ist.

NAT – Network Address Translation

Netcat – Ein Werkzeug, welches als Client und Server beliebige Netzwerkverbindungen aufbauen kann.

Network Intrusion Detection System – Ein IDS, welches ein Netzwerk und seine Verbindungen überwacht. Die Datenquelle stellen die ausgetauschten Netzwerkpakete dar. Hierzu enthält das NIDS meist einen Sniffer, der sämtliche Pakete sammelt und analysiert.

Network Time Protocol – Das Network Time Protocol ermöglicht die Synchronisation der Uhren mehrerer Rechner.

NIDS – *siehe* Network Intrusion Detection System

Nmap – Ein Werkzeug, mit dem Portscans und Netzwerkkartierungen durchgeführt werden können.

NTP – *siehe* Network Time Protocol

Paketfilter – Eine auf der Netzwerk- und Transportschicht implementierte Firewall. Die Informationen werden paketweise gefiltert und in Abhängigkeit vom Paket-Header erlaubt oder verworfen.

PMTU Discovery – Path Maximum Transmission Unit Discovery

Port – Ein Port ist eine Nummer, die einen Kommunikationskanal des TCP- oder UDP-Protokoll bezeichnet. Dieser Port wird vom protokolleigenen Multiplexer zur Verfügung gestellt. Man unterscheidet die privilegierten Ports (0-1023) und unprivilegierten Ports (1024-65535). Privilegierte Ports können nur mit *root*-Rechten benutzt werden.

Portscan – Ein Test, bei dem überprüft wird, welche Ports auf einem Rechner geöffnet oder geschlossen sind

Proxy – Ein Proxy ist ein Anwendung, die auf Applikationsebene Verbindungen entgegennimmt und aufbaut. Sie arbeitet als Man in the Middle und kann auch Filterfunktionen übernehmen. So kann sie auch als Firewall eingesetzt werden.

PSH – TCP-Flag, welches signalisiert, dass die Daten im Sendepuffer sofort versandt werden sollen, obwohl der Puffer nicht voll ist.

Receive Window – Das TCP-Empfangsfenster gibt an, wie viele Daten der Empfänger einer TCP-Verbindung aufnehmen kann.

RIP – Routing Information Protocol

RipeMD160 – Ein kryptografischer Prüfsummen-Algorithmus

Rootkit – Eine Sammlung von Trojanern und Sniffern, die es einem Einbrecher ermöglichen, den Einbruch und seine Tätigkeiten zu verstecken.

RST – TCP-Flag, welches einen Fehler in der Verbindung anzeigt und diese Verbindung abbricht.

Secure Shell – Ein sicherer Ersatz für *telnet*, *rsh*, *rcp*, *rexec* und *ftp*. Sowohl die Authentifizierung als auch die Datenübertragung erfolgt verschlüsselt.

SHA-1 – Secure Hash Algorithm. Ein kryptografischer Prüfsummen-Algorithmus.

SIV – *siehe* System Integrity Verifier

Snort – Eines der führenden Network Intrusion Detection Systeme. Snort ist Open Source.

Social Engineering – Eine Einbruchstechnik, die soziale Aspekte für den Einbruch einsetzt. Beispiel: Ein Anrufer behauptet, Systemadministrator zu sein, und bittet den Benutzer um die Angabe seines Kennwortes.

Spoofing – Eine Technik, bei der bestimmte Informationen gefälscht werden. Hierbei kann es sich um IP-Adressen (IP Spoofing) IP/MAC-Adresspaarungen (ARP-Spoofing) und DNS/IP-Paarungen (DNS Spoofing) handeln.

ssh – *siehe* Secure Shell

SSL – Die Secure Socket Layer wird von einigen Applikationsprotokollen genutzt, um eine authentifizierte und verschlüsselte Verbindung aufzubauen.

Switch – Ein Switch ist ein Netzwerkgerät, welches mehrere Netzwerksegmente ähnlich einem Hub miteinander verbindet. Der Unterschied zu einem Hub ist, dass ein Switch nicht jedes Paket an jedes Paket weiterleitet, sondern auf der Layer 2 die Pakete an die entsprechenden Zielrechner weiterleitet; eine Art Router auf Layer 2.

SYN – TCP-Flag, welches die Bitte um Synchronisation anzeigt. Hiermit wird ein Verbindungsaufbau signalisiert.

System Integrity Verifier – Ein Programm, welches die Integrität eines Systems und seiner Dateien überwacht.

TASK – *siehe* The @stake Toolkit

TCP – *siehe* Transmission Control Protocol

TCT – *siehe* The Coroner's Toolkit

The @stake Toolkit – Eine Weiterentwicklung von *The Coroner's Toolkit*

The Coroner's Toolkit – Eine Sammlung von UNIX-Werkzeugen zur forensischen Analyse eines Rechners.

TOS – Type of Service

Transmission Control Protocol – Dieses Protokoll garantiert die vollständige Zustellung aller Informationen in der richtigen Reihenfolge mit der höchsten möglichen Geschwindigkeit.

Tripwire – Das führende SIV unter UNIX. Für Linux ist Tripwire Open Source.

TTL – Time To Live

UDP – *siehe* User Datagram Protocol

URG – TCP-Flag, welches anzeigt, dass das Paket wichtige Daten enthält, die sofort bearbeitet werden müssen.

User Datagram Protocol – Diese Protokoll ermöglicht die Übertragung von einzelnen unabhängigen Nachrichten. Die Zustellung und die Reihenfolge des Nachrichtenempfangs werden nicht von dem Protokoll garantiert.

Anhang H

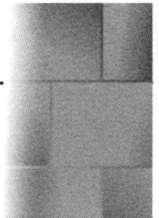

Bibliographie

Schneier, Bruce: *Applied Cryptography*. 2., überarbeitete Aufl. New York u. a.: John Wiley & Sons 1995.

Stoll, Clifford: *Kuckucksei*. 5. Aufl. Frankfurt am Main: Fischer Taschenbuchverlag 1998.

Bellovin, William, Steven Cheswick: *Firewalls und Sicherheit im Internet*. 2., überarbeitete Aufl. Bonn u. a.: Addison-Wesley 1995.

Ziegler, Robert L.: *Linux Firewalls*. 2., überarbeitete Aufl. München: Markt+Technik Verlag 2002.

Friedl, Jeffrey E.F.: *Reguläre Ausdrücke*. 1. Aufl. Köln: O'Reilly 1997.

Kahn, David: *The Codebreakers*. 2., überarbeitete Aufl. New York: Simon & Schuster Inc. 1997.

Barrett, Daniel J., Richard E. Silverman: *SSH: Secure Shell - Ein umfassendes Handbuch*. 1. Aufl. Köln: O'Reilly 2001.

Stevens, W. Richard: *TCP/IP Illustrated*. Bd. 1. 1. Aufl. Reading u. a.: Addison Wesley 1994.

Hall, Eric A.: *Internet Core Protocols: The Definitive Guide*. 1. Aufl. Sebastopol u. a.: O'Reilly 2000.

Wyk, Kenneth R. van, Richard Forno: *Incident Response*. 1. Aufl. Sebastopol u. a.: O'Reilly 2001.

Mandia, Kevin, Chris Prosise: *Incident Response: Investigating Computer Crime*. 1. Aufl. New York u. a.: Osborne/McGraw Hill 2001.

Proctor,Paul E.: *The Practical Intrusion Detection Handbook*. 1. Aufl. Upper Saddle River: Prentice Hall PTR 2001.

Bace, Rebecca Gurly: *Intrusion Detection*. 1. Aufl. Indianapolis: Newriders 2000.

Barman Scot: *Writing Information Security Policies*. 1. Aufl. Indianapolis: New Riders 2002.

Northcutt, Stephen, Judy Novak: *Network Intrusion Detection: An Analyst's Handbook*. 2. Aufl. Indianapolis: New Riders; 2001; ISBN 0-7357-1008-2

Schultz, E. Eugene, Russell Shumway: *Incident Response*. 1. Aufl. Indianapolis: New Riders 2001.

Kurtz, George, Stuart McClure, Joel Scambray: *Das Anti-Hacker Buch*. 3. Aufl. Bonn: MITP 2001.

Northcutt, Stephen, Mark Cooper, Matt Fearnow, Karen Frederick: *Intrusion Signatures and Analysis*. 1. Aufl. Indianapolis: New Riders 2001.

The Honeynet Project: *Know Your Enemy*. 1. Aufl. Reading u. a.: Addison Wesley 2002.

Anonymous: *Der neue Hacker's Guide*. 2., überarbeitete Aufl. München: Markt+Technik 2001.

Anonymous: *Der neue Linux Hacker's Guide*. 1. Aufl. München: Markt+Technik 2001.

Mann, Scott, Ellen L. Mitchell: *Linux System Security*. 1. Aufl. Upper Saddle River: Prentice Hall 2002.

Toxen, Bob: *Real World Linux Security*. 1. Aufl. Upper Saddle River: Prentice Hall 2001.

Blaze, Matt, Whitfield Diffie, Ronald I. Rivest, Bruce Schneier, Tsutomu Shimomura, Eric Thomson, Michael Wiener: *Minimal Key Length of Symmetric Ciphers to Proved Adequate Commercial Security*. 1996. *http://www.counterpane.com/keylength.html*

Lenstra, Arjen K., Eric R. Verheul: *Selecting Cryptographic Key Sizes*. In: Journal of Cryptology. Bd. 14(4) 2001. S. 255-293.

Cavallar, Stefania, Bruce Dodson, Arjen K. Lenstra, Walter Lioen, Peter L. Montgomery, Brian Murphy, Herman te Riele, Karen Aardal, Jeff Gilchrist, Gérard Guillerm, Paul Leyland, et al.: »Factorisation of a 512–bit RSA modulus«, In: *Theory and Application of Cryptographic Techniques*, *ftp://ftp.gage.polytechnique.fr/pub/publications/jma/rsa-155.ps*.

Stichwortverzeichnis

Über den Autor

Ralf Spenneberg ist seit einigen Jahren als freier Trainer und Consultant im Linux- und UNIX-Umfeld tätig. Das vorliegende Buch ist aus verschiedenen, im Laufe der Jahre gehaltenen Kursen und Workshops entstanden. Nach dem Studium der Biochemie war er lange Zeit als Systemadministrator des Zentrums für Molekularbiologie der Entzündung in Münster tätig. Anschließend begann er bereits 1998, Schulungen für Linux und UNIX anzubieten. Seit Januar 2000 ist er zertifiziert als RHCE und RHCX und führt auch für Red Hat in Deutschland und England Schulungen durch. Im Rahmen dieser Zusammenarbeit hat er für Red Hat zwei Kurse entwickelt zum Thema Firewalling und VPN.